CIDADÃO DO MUNDO
o Brasil diante do Holocausto e
dos judeus refugiados do nazifascismo

COLEÇÃO PERSPECTIVAS
dirigida por J. Guinsburg

Supervisão editorial: J. Guinsburg
Preparação de texto: Maura Cristina Pereira Loria
Revisão: Luiz Henrique Soares
Índices: Priscila de Freitas Oliveira, Ana Carolina de Almeida Duarte e Lilian Ferreira de Souza
Projeto gráfico e capa: Sergio Kon
Produção: Ricardo W. Neves, Sergio Kon e Lia N. Marques

MARIA LUIZA TUCCI CARNEIRO

CIDADÃO DO MUNDO

O Brasil diante do Holocausto
e dos judeus refugiados do nazifascismo

(1933-1948)

CIP-BRASIL. CATALOGAÇÃO-NA-FONTE
SINDICATO NACIONAL DOS EDITORES DE LIVROS, RJ

C289c

Carneiro, Maria Luiza Tucci
Cidadão do Mundo: O Brasil Diante do Holocaus-
to e dos Judeus Refugiados do Nazifascismo (1933-1948) / Maria Luiza Tucci Carneiro. – São Paulo: Perspectiva: Fapesp, 2010.
___il. – (Perspectivas)

Inclui bibliografia
ISBN 978-85-273-0892-2

1. Refugiados judeus – Brasil – História. 2. Judeus alemães – Brasil – História. 3. Alemães – Brasil – História. 4. Antissemitismo – Brasil
– História. 5. Holocausto judeu (1939-1945) – História. 6. Brasil – Política e governo – 1930-1945. I. Fundação de Amparo à Pesquisa do Estado de São Paulo. II. Título. III. Título: O Brasil diante do Holocausto
e dos judeus refugiados do nazifascismo (1933-1948). IV. Série.

10-3014.   CDD: 305.8924081
                  CDU: 316.347 (=411.16) (81)

28.06.10   07.06.10
019997

[PPD]

Direitos reservados à

EDITORA PERSPECTIVA LTDA.

Av. Brigadeiro Luís Antônio, 3025
01401-000 São Paulo SP Brasil
Telefax: (11) 3885-8388
www.editoraperspectiva.com.br
2018

Ao Boris

Sumário

11 Abreviaturas e Siglas
13 Prefácio [Luis Roniger]
19 Agradecimentos

23 Introdução

I Espuma da Brutalidade

39 Na Trilha da Diáspora
43 O Projeto Étnico-Político do Governo Brasileiro
55 A Construção de uma Ordem Autoritária
59 Códigos de Solidariedade
63 O Prelúdio de uma Catástrofe

II Construindo a Imagem de uma Nação

73 Um Memorial Frustrado Pró-Refugiados
83 As Utopias Democráticas do Judaísmo Liberal
87 O Brasil Diante do Problema Alheio
93 O Brasil na Conferência de Evian
111 Uma Política de Conveniências
135 Uma Política de Aparências

III Estratégias de uma Missão

149 Caminhos da Liberdade
165 A Casta dos Protegidos
181 Negócios Triangulares

IV	Metamorfose do Êxodo
193	O Círculo das Minorias Escoriaçadas
203	Os Poloneses Judeus como *Grupo de Risco*
221	Amplia-se o Rol dos Refugiados Judeus

V	Metáforas de uma Civilização
229	O Discurso da Intolerância
245	Indústria de Judeus
249	Considerações a Propósito do Mal
255	A Trivialidade do Mal
279	Delação Velada

VI	Os Excluídos da Guerra
285	Máscaras da Cordialidade
309	O Perigo Semita em Trânsito
321	A Difícil Conquista da Cidadania
323	O Êxodo das Crianças Judias

VII	O Processo de Gestação da Cidadania
345	O Gerenciamento da Anormalidade
357	Uma Questão de Princípios
363	Eretz Israel: Ensaio de uma Solução para a Questão Judaica
391	Sob o Signo da Modernidade

407	Limites das Utopias

413	Fontes
445	Bibliografia
455	Iconografia
459	Índice Onomástico
467	Índice Remissivo

Abreviaturas e Siglas

AHI/RJ	Arquivo Histórico do Itamaraty/Rio de Janeiro
AHJ/SP	Arquivo Histórico Judaico de São Paulo
AN/RJ	Arquivo Nacional do Rio Janeiro
Aperj	Arquivo Público do Estado do Rio de Janeiro
Apesp	Arquivo Público do Estado de São Paulo
Arqshoah	Arquivo Virtual sobre Holocausto e Antissemitismo
ATC	Arquivo Tucci Carneiro
BN/RJ	Biblioteca Nacional do Rio de Janeiro
CGB	Consulado-Geral da Bélgica
CGM	Consulado-Geral do México
CI	Comissão de Inquérito
CIC	Conselho de Imigração e Colonização
CIP	Congregação Israelita Paulista
CNIPN	Conselho Nacional de Investigação dos Patrimônios Nazistas
CPDOC	Centro de Pesquisa e Documentação de História Contemporânea do Brasil
Dasp	Departamento Administrativo do Serviço Público
Deops/SP	Departamento Estadual de Ordem Política e Social de São Paulo
Dops	Departamento de Ordem Política e Social
DPS	Displaced Persons (Deslocados de Guerra)
FGV/RJ	Fundação Getúlio Vargas. Rio de Janeiro
IPMA	Inspetoria de Polícia Marítima e Aérea
Leer	Laboratório de Estudos sobre Etnicidade, Racismo e Discriminação
MI/SP	Memorial do Imigrante de São Paulo
MJNI	Ministério da Justiça e Negócios Interiores
MLS/SP	Museu Lasar Segall – IPHAN/MINC/SP
MNE	Bruxelas Ministério de Negócios Estrangeiros de Bruxelas
MRE	Ministério das Relações Exteriores
MTIC	Ministério do Trabalho, Indústria e Comércio
OESP	jornal *O Estado de S.Paulo*
OIR	Organização Internacional para os Refugiados
PBR	Prefeitura Bouches du Rhône
PH-G	Prefeiture de Haute-Garonne [Toulouse]
PP	Prefeitura de Polícia [Paris]
P. do B-R	Prefeiture do Baixo-Reno [Strasburgo]
P. do S.M	Prefeiture do Senna e Marne [Melun]
P. do L.	Prefeiture do Lot [Gahors]
P. des H-P.	Prefeiture des Hautes-Pyrénées [Tarbes]
QP	Quadro Permanente
UNRR	Administração das Nações Unidas para o Socorro e a Reconstrução

Prefácio

Cidadão do Mundo, de Maria Luiza Tucci Carneiro, é uma importante contribuição aos estudos sobre a sociedade e a política externa brasileiras durante um período crítico do século xx. Seu foco de análise está centralizado nas décadas de 1930 e de 1940, logo após a ascensão do nazismo na Alemanha e na Europa, quando milhares de judeus buscaram, desesperadamente, rotas de fuga e asilo político. Procuraram obter vistos para emigrar junto as missões diplomáticas, mas tiveram seus pedidos negados e acabaram encontrando a morte nos campos de concentração e nas câmaras de gás planejadas pelos nazistas.

Em julho de 1938, na conferência de Evian convocada pelo governo de Franklin D. Roosevelt nos EUA, organizada com o objetivo de buscar soluções ao deslocamento de judeus alemães e austríacos, o Brasil – um dos países convidados a participar – se apresentava como um local de asilo propício para os refugiados. Com um território vasto e escassamente povoado, o país havia sido até o final da Primeira Guerra Mundial um importante polo de atração de imigrantes, inclusive judeus. Impelidos pela necessidade de buscar meios de subsistência, os esses imigrantes deixaram as cidades superpovoadas da Europa e o Império Otomano, dirigindo-se a países das Américas e de outros continentes. Essas nações, dentre os quais o Brasil, transmitiam uma imagem de crença no futuro, progresso material, liberdade e civilização. As políticas de incentivo à imigração em massa ao continente americano resultaram na entrada de mais de onze milhões de imigrantes somente na América Latina entre 1854 e 1924, durante uma fase que ficou conhecida como "período da grande imigração".

Essa abertura chegou ao fim entre 1920 e 1930. Movidos pelo medo e pela xenofobia, muitos países, inclusive o Brasil, fecharam suas portas aos imigrantes avaliados como "indesejáveis", muitos dos quais eram perseguidos por suas ideias políticas. A consciência da possibilidade de um genocídio iminente e o termo utilizado para referir-se a esse tipo de crime, cunhado por Rafael Lemkin, ainda não haviam se consolidado. Apenas as revelações da brutalidade do Holocausto, que vieram à tona após a Segunda Guerra Mundial, possibilitariam que o mundo tivesse consciência do drama e do sofrimento dos apátridas. Nas décadas de 1930 e 1940, a falta de experiência das nações em tratar de uma crise humanitária global, caracterizada pela grande quantidade de indivíduos definidos como *apátridas,* convenceu os nazistas e seus colaboradores de que seria possível realizar impunemente uma das maiores violações massivas de direitos humanos e de crimes contra a humanidade da era moderna. Nesse sentido, o livro de Maria Luiza Tucci Carneiro é uma acusação à indiferença dos governos e dos indivíduos em relação à difícil condição das pessoas consideradas "indesejáveis".

Embora tenham surgido nos últimos anos diversas tentativas revisionistas mal-intencionadas que relativizam a memória do Holocausto e a magnitude das políticas genocidas do nazismo, o panorama desse período sombrio da história das sociedades ocidentais é bem conhecido. Entretanto, ainda se sabe pouco a respeito das maneiras e dos motivos da indiferença de algumas nações e sociedades diante do sofrimento de milhões de pessoas que, sem conseguirem obter asilo em outros países, foram deixadas à mercê das políticas de degradação humana, da inanição e dos massacres praticados pelo nazistas e seus colaboradores.

O presente trabalho de Tucci Carneiro nos permite compreender como essa situação foi facilitada pelas políticas intolerantes de países que poderiam ter salvo as vidas dessas pessoas que fugiam desesperadamente em busca de ajuda. Por meio de intensiva pesquisa em arquivos nacionais e estrangeiros, o livro traz à tona descobertas surpreendentes sobre a postura do governo brasileiro diante do Holocausto e dos judeus refugiados do nazifascismo.

Demonstra, em primeiro lugar, que houve uma sistemática política de negação de vistos a judeus, cuidadosamente mantida em sigilo. Os vistos de entrada (tanto permanentes como temporários) eram negados porque os diplomatas em missão no exterior e as autoridades políticas brasileiras responsáveis pela atribuição de vistos viam os judeus da mesma maneira como eles eram descritos nos textos antissemitas e nos estereótipos xenófobos dos nazistas: como improdutivos, desprovidos de lealdade nacional, membros de um complô internacional e potencialmente perigosos à lei e à ordem. A natureza contraditória de muitos desses estereótipos (o judeu como explorador capitalista e como revolucionário comunista, o judeu rico e o judeu pobre, o iletrado e o instruído com alta qualificação profissional) não abalava a crença dos leitores da literatura antissemita e xenófoba que defendia uma mensagem pseudocientífica de uma nova era, baseada na pureza da raça ariana e na perseguição e aniquilação definitiva das raças e dos segmentos degradados da sociedade.

Tucci Carneiro identifica uma das principais razões para a adoção dessas ideias em países de imigração como o Brasil: a ideologia da miscigenação destinada à 'melhoria da raça', e ajustada pelo Estado brasileiro em diferentes direções. Assim, o substrato racista, que existia desde o final do século XIX em relação aos escravos negros libertos, projetou-se no contexto das décadas de 1920 e 1930 em direção a outros grupos como os judeus, interpretados pelos responsáveis pelas decisões políticas e intelectuais racistas como "indesejáveis" à mistura racial brasileira. Além disso, Tucci Carneiro habilmente identifica alguns dos mais importantes mecanismos de projeção das ideias antissemitas e racistas no processo de formação da política imigratória xenófoba durante os governos de Getúlio Vargas e Eurico Gaspar Dutra. Em primeiro lugar, houve uma estrutura hierárquica e burocrática para a tomada de decisões no Ministério das Relações Exteriores do Brasil, o que significa que os diplomatas não intercediam em nome dos refugiados a não ser que tivessem permissão para isso, e as decisões críticas acabavam sendo adiadas ou nem levadas em consideração.

A autora mostra ainda que esses mesmos diplomatas em missão nos países ocupados pelos nazistas foram atentas testemunhas das políticas repressoras praticadas contra os judeus, chegando a informar seus superiores sobre o assunto e a escrever livros sobre o processo de deterioração das condições dos judeus durante a ocupação. Mais significativo ainda é o fato de que muitos desses diplomatas contribuíam para a reprodução da visão antissemita das vítimas. Tudo isso reforçava as convicções xenófobas dos principais burocratas no Brasil, partidários de uma posição nacionalista e do antissemitismo político, mesmo quando o Brasil aliou-se à coalisão internacional contra a Alemanha e os demais países do Eixo, de maneira implícita no início e abertamente depois de 1942. Segundo Tucci Carneiro:

> Se o antissemitismo político encontrou condicões para se manifestar noBrasil foi porque contou com os endossos da Igreja católica, do Exército e dos ministérios responsáveis pela imigração no Brasil, ou seja, das Relações Exteriores, da Justiça e Negócios Interiores e do Trabalho. Antissemitas convictos, atuaram como uma espécie de *articulistas políticos*, gerenciando cargos de poder junto aos governos xenófobos de Getúlio Vargas e de Eurico Gaspar Dutra. Alguns eram germanófilos declarados, como Filinto Müller, Francisco Campos e Góes Monteiro; outros eram americanófilos, como Oswaldo Aranha. Havia os antissemitas convictos, como Cyro de Freitas Valle, Jorge Latour, Labienno dos Santos, dentre outros; em comum tinham o fato de serem todos anticomunistas e racistas [...].
>
> [...] no Brasil, os judeus vivenciaram um sistema oficial de intolerância, acusados de serem comunistas, sionistas revolucionários, conspiradores e hipócritas.
>
> Assim como na Argentina, esse antissemitismo oficial não ameaçou a existência da comunidade judaica, que continuou a cumprir suas funções religiosas, cultivando suas tradições culturais traduzidas nas grandes festas ou nas múltiplas cerimônias do ciclo de vida (p. 408).

Os burocratas e a elite pareciam ser mais xenófobos do que a sociedade em geral. Uma vez estabelecidos no Brasil, os judeus não eram perseguidos sistematicamente, mesmo estando ocasionalmente sob a vigilância do Departamento de Ordem Política e Social (Dops), comandado pelo germanófilo e antissemita Filinto Müller, e do Deops em nível estadual, e à mercê de *delatores*. Graças à autoimagem de uma sociedade de acomodação mútua e de *cordialidade*, o Brasil oferecia aos judeus muitas possiblidades de integração e prosperidade. No entanto, cabe ressaltar que, entre 1933 e 1950, a solidariedade maior aos refugiados judeus foi oferecida pela própria comunidade judaica estabelecida no Brasil desde o final do seçulo XIX. Como demonstra Tucci Carneiro, não houve nenhuma política de acolhimento por parte do governo brasileiro, ciente das dificuldades enfrentadas pelos judeus

Prefácio   15

sobreviventes dos atos de exclusão praticados pelos nacional-socialistas e pelos países colaboracionistas.

O livro também traz algumas revelações inquietantes. Após 1937, os responsáveis pelas decisões políticas fizeram o possível para definir as normas referentes à imigração judaica por meio de *circulares secretas,* ocultando, dessa forma, a forte relutância em aceitar os judeus no país. Oficialmente, os governos de Vargas e Dutra estavam interessados em manter diante do mundo uma imagem de país liberal e cordial e, por isso, tentavam explicar de maneira racional os motivos que o impediam de acolher refugiados (judeus), embora instruíssem secretamente seus diplomatas a discriminar judeus de não judeus e a negar vistos e ajuda aos não arianos, por serem "indesejáveis" ao projeto étnico-político do governo brasileiro. "Melhor prevenir do que sanear", aconselhava a diretriz racista. Entretanto, também ocorreram algumas exceções. Entre 1942-45, centenas de refugiados judeus conseguiram entrar no Brasil graças a relações pessoais, ao trabalho e à dedicação de alguns raros diplomatas e de cidadãos, muitos dos quais anônimos. Importante lembrar que muitos agiram sob a influência e/ou pressão de organizações judaicas e católicas, que no panorama internacional alertando para as atrocidades em curso e as dificuldades enfrentadas pelos refugiados na Europa atuavam sem ofertas de refúgio e acolhimento.

Tucci Carneiro mostra que entre as mais eficazes formas de influência estava a pressão exercida pela imprensa internacional, relacionada ao desejo do Itamaraty em manter uma imagem positiva no exterior e particularmente diante dos EUA, que tinha uma preocupação especial com o destino dos refugiados judeus. Os capítulos que detalham melhor esse tema são aqueles que tratam do papel desempenhado pelos delegados brasileiros na conferência de Evian em 1938 e nas diversas organizações internacionais estabelecidas posteriormente para lidar com o problema dos refugiados europeus.

Este é o ponto crucial de uma política mantida em sigilo e agora revelada neste importante livro: a contínua disposição do Brasil, durante aquele período, de exercer o papel de um estado liberal e esclarecido diante do cenário internacional, ao mesmo tempo em que colocava em prática políticas discriminatórias contra os refugiados. Os líderes brasileiros executaram de maneira hábil essa política de *conveniências* e *aparências* nos anos de 1930 e 1940, mas apenas com a experiência do século XXI podemos ser críticos sobre esse jogo duplo. Em um certo sentido, este livro, escrito por uma importante historiadora brasileira, é uma denúncia do racismo e da visão orgânica de construção de uma nação que negligenciou a preocupação com a defesa dos direitos humanos universais.

Além disso, a obra nos demonstra de forma contundente que até mesmo indivíduos bem intencionados podem acreditar nas ideias dominantes de seu tempo, porque são professadas por muitos e acabam tornando-se hegemônicas. Representa, portanto, um alerta para manter a autonomia crítica de pensamento e resistir à tendência que, em várias gerações, pode levar à demonização do "outro". Na Europa e nas Américas, durante as décadas de 1930 e 1940, a xenofobia e a intolerância eram características do nazismo, do fascismo e das políticas de direita. No entanto, ao olhar para trás com a experiência atual, podemos concluir que tantos os movimentos de esquerda quanto os da direita estiveram envolvidos em políticas que causaram violações massivas dos direitos humanos. Mesmo nos dias de hoje, este livro nos lembra que deve-se evitar a polarização da retórica e a demonização dos "outros" em nome de uma postura política que favoreça o diálogo aberto entre todas as nações e a defesa dos direitos humanos.

LUIS RONIGER[*]

---

[*] Reynolds Professor de Estudos sobre a América Latina na Wake Forest University, EUA. Coautor de *O Legado das Violacões dos Direitos Humanos no Cone Sul* (Perspectiva, 2004) e *The Politics of Exile in Latin America* (Cambridge University Press, 2009).

Agradecimentos

Este livro resultou da minha tese de livre docência apresentada à Faculdade de Filosofia, Letras e Ciências Humanas da Universidade de São Paulo em 2001. Todos aqueles que já escreveram uma tese, seja com cem, duzentas ou quinhentas páginas, sabe que ela é resultado de uma somatória de forças positivas e negativas. Nem sempre nós recebemos bons fluídos, como dizem alguns, mas a sabedoria está em usá-los como incentivo para continuarmos caminhando. Assim fizeram, acredito, os meus "caminhantes errantes", refugiados do nazifascismo, que com os pés calejados de tanto andar e querendo viver, continuaram sempre em frente. Quando caíam, uma alma santa lhes oferecia a mão; quando tinham fome e sede alguém lhes dava pão e água; e quando choravam, um ombro amigo se prestava como apoio. Muitas vezes, eram pisoteados, desprovidos de seus bens, de seus entes queridos, de seus cabelos e dentes e, até mesmo, do seu nome. O importante era lutar sempre para alcançar aquela luz na escuridão. O difícil, sempre, é atravessar a fronteira.

Assim, quero nomear os cidadãos do "meu mundo" pois, sem eles eu não alcançaria a minha luz. Um documento, um livro, uma ficha, uma foto, um *e-mail*, um xerox, uma palavra...tudo conta; até mesmo o silêncio oferecido na hora certa. Meus sinceros agradecimentos aos sobreviventes e refugiados do Holocausto no Brasil que permitiram o registro de suas histórias de vida: Alice Brill (artista plástica, fotógrafa), Bruno e Ana Levi, Cláudia Gentilli, Else Bruch, Jules Roger Sauer (Rio de Janeiro), Inge Marion Rosenthal (sobrevivente do *Kindertransport* radicada em Rolândia), Nicolaus Schaulff. *In Memorian*: ao rabino Fritz Pinkuss, Maria Romano Schreiber, Mathilde Maier, Samuel Malamud, Ricardo Loeb-Caldenhoff, Johannes Schauff, Mathilde Maier, Max e Herta Moser e Herman Gürgen cujos testemunhos foram fundamentais para recompor os labirintos dessa memória.

Aos queridos colaboradores e amigos: Anita Novinsky (minha sempre mestra), Dieter Strauss (ex- diretor do Instituto Goethe de São Paulo), João Carlos Tourinho Dantas, José Azoubel, Lourdes Benigni (Casa de las Américas/Cuba), Jaime Antunes (Diretor do Arquivo Nacional do Rio de Janeiro), Lucia Monte Alto Silva (ex-diretora do Arquivo Histórico do Itamaraty), Marcelo Mattos Araujo (ex-Diretor do Museu Lasar Segall, atualmente diretor da Pinacoteca do Estado de São Paulo), Midory Kimura Figuti (Museu da Imigração/SP), Rachel Mizhari (coordenadora do Núcleo de História Oral do Arqshoah), Rifka Berezin (do Programa de Pós-Graduação em Língua

Hebraica, Literatura e Cultura Judaicas, FFLCH-USP), Sílvio Spiegler (colecionador), entre outros.

A Helena Levin (Programa de Estudos Judaicos/UERJ e companheira de Jornada), Tobias Cetelowicz (dos Amigos da Universidade de Haifa), Leonardo Senkman e Mario Sznajder (ambos da Universidade Hebraica de Jerusalém) que abriram espaço para que este trabalho chegasse até a Terra Prometida. Através deles eu conheci Israel pela primeira vez.

Aos pesquisadores do PROIN – Laboratório de Estudos da Memória Política Brasileira e do Leer-Arqshoah – Arquivo Virtual sobre Holocausto e Antissemitismo, ambos sediados no Departamento de História da FFLCH-USP, que tornaram realidade o sonho de muitos historiadores: de contar com uma equipe em nível de excelência e de ter seu arquivo pessoal digitalizado.

A Elie Horn e Aron Zylberman, da Cyrella Brazil que acreditaram no projeto Arqshoah enquanto força matriz para a história e memória do Holocausto. Extensivo ao meu amigo Abraham Goldstein, Presidente da B'Nai B'rith do Brasil, parceiro desse mesmo programa voltado para o direito à memória e aos direitos humanos.

À Fapesp – Fundação de Amparo à Pesquisa do Estado de São Paulo pelos auxílios liberados para a execução do projeto Arqshoah, agora uma realidade. Da mesma forma agradeço à Pró-Reitoria de Pesquisa e à Pró-Reitoria de Cultura e Extensão cujos recursos garantiram monitores para as nossas pesquisas. Nomeio aqui as gestões de Sedi Hirano e Mayana Watz.

À editora Perspectiva que, através de Jacó e Gita Guinsburg, e também de Fany Kon, abriu espaço para que este livro fechasse a minha trilogia* sobre intolerância.

In memorian: aos meus pais Anunciata Tucci Carneiro e Manoel Alves Carneiro, dos quais sempre me orgulhei. Saudade é a melhor palavra.

Meus agradecimentos especiais: aos meus filhos, Milena Carneiro Issler e Marcos Carneiro Issler, sempre presentes.

A Boris, meu companheiro, com quem atravessei a fronteira...

---

* Os outros títulos são *O Anti-Semitismo na Era Vargas* (2001) e *Preconceito Racial em Portugal e Brasil Colônia* (N. da E.).

*Que minha morte sirva de protesto
contra a indiferença do mundo,
testemunha passiva do extermínio
do povo judeu.*

SAMUEL ZYGELBOJM,
representante do Partido Operário
Autonomista (o Bund) no Conselho
Nacional Polonês. Suicidou- se em
12 de maio de 1943.

Introdução

Nas décadas de 1930 e 1940, o Brasil encontrou diante de si um personagem que, apesar de ser um velho conhecido, colocou-o diante de sérios problemas em níveis nacional e internacional: o judeu, *cidadão do mundo*. Tornado apátrida pelo nacional-socialismo alemão, esse cidadão passou a vagar pelo mundo em busca de um refúgio seguro que lhe garantisse as mínimas condições de sobrevivência. Transformado no principal alvo das revoluções nacionais ocorridas em distintos países, o judeu passou a ser visto como um indivíduo "despersonalizado" sem direitos e deveres para com sua pátria-mãe, agora indefinida. Aliás, este é um dos trunfos da ideologia totalitária: transformar os indivíduos em meros objetos, reduzindo-os a categoria de seres sub-humanos.

Perseguido, assustado e humilhado pelo Estado nazista, o judeu não tinha para onde ir, pois nem todas as nações expressavam o desejo de adotá-lo como cidadão, como ser humano. Sua imagem encontrava-se desgastada pela propaganda antissemita que, como um vírus, proliferava pelos quatro cantos do mundo alimentando sentimentos de ódio e repulsa. Nos documentos oficiais brasileiros, essa sua condição de apátrida (ou desterrado) ganha dimensão com as palavras *proscrito* e *profugo* (*desertor*) empregadas como sinônimos de *judeu*. Tais termos emergem no discurso político enquanto códigos simbólicos de comunicação que, carregados de subjetividade, assumem um tom depreciativo. Em qualquer situação, a figura daquele que foi expulso de sua pátria, ficava subtendida para além da ideia de fuga. Seu destino não tinha fronteiras. Caminhava-se em direção ao infinito. Em 1938, o diplomata brasileiro Barros Pimentel, responsável pela legação brasileira em Berna, definiu-os como "pertencentes todos à Humanidade"[1].

Nações ditas civilizadas acionaram incríveis teorias para justificar suas leis e seus projetos étnicos, com vistas a impedir que esses indivíduos sem pátria buscassem refúgio em suas terras. Mas nem todos tornaram públicas suas ideias e seus atos, preocupados que estavam em construir uma imagem de nação calcada em ideais humanísticos e democráticos. Para muitos países, dentre os quais o Brasil, a imagem de país fascista e antissemita poderia provocar uma

---

[1] J. R. de Barros Pimentel, da Legação Brasileira de Berna para Oswaldo Aranha, Ministro das Relações Exteriores. Berna, 20 de setembro de 1938, Lata 1243, Maço 27865; AHI/SP.

reação internacional alterando abruptamente suas relações com os Estados Unidos e Grã-Bretanha[2].

O moderno pensamento antissemita, cujo processo de gestação tem suas raízes nas últimas décadas do século XIX, veio à tona no período entreguerras quando uma série de acontecimentos modificou radicalmente a situação econômica e jurídica da população judaica da maior parte dos países europeus. Um novo aspecto foi dado à questão judaica: colocava-se em dúvida a possibilidade da existência de um povo judeu. Segundo o historiador Léon Poliakov, "a tragédia dos refugiados está ligada à outra tragédia que é a negação do direito de Israel à existência"[3]. Da mesma forma, esse fenômeno expressa o precário equilíbrio entre a sociedade e Estado, contexto ideal para a gestação do antissemitismo enquanto instrumento do poder e reforço às políticas imperialistas. E, sempre que necessário, a questão judaica foi acionada para garantir a projeção internacional de países periféricos às grandes potências.

A vitória de uma ideologia e de um sistema econômico das classes médias na maior parte dos países da Europa Central e Oriental incentivou medidas nacionalistas que induziram na década de 1930, a expulsão dos judeus de suas posições econômicas e, por consequência, seu isolamento social. Nesse caso nos referimos diretamente aos nacional-socialistas que, com a ascensão de Adolf Hitler ao poder em 1933, deram início ao processo de industrialização e de urbanização da Alemanha, criando seu próprio grupo de intelectuais, burocratas e funcionários. A partir daí, cresceu a oposição aos judeus que, em vários países europeus, encontravam-se assimilados, gozando de direitos iguais de cidadania[4].

As maiorias locais empreenderam uma nacionalização radical e desumana das vilas e cidades onde os judeus predominavam, forçando-os a procurar outros lugares para viver. Com o fortalecimento do nacional-socialismo na Alemanha, o mundo se deparou com um novo problema decorrente da emigração política que, de maneira incompreensível, assumiu proporções extraordinárias e trágicas[5].

Nesse sentido, a emigração política deve ser avaliada como um fenômeno característico do século XX, cuja memória se apresenta delineada pela crise econômica de 1929, por duas grandes guerras mundiais, pelo Holocausto e pela criação do Estado de Israel. Esses conflitos deixaram cicatrizes permanentes traduzidas em sentimentos reais: a desilusão, o medo e a banalização

---

2   Segundo Hannah Arendt, ninguém pode ser cidadão do mundo quando é cidadão do seu país. Um cidadão é, por definição, de um país entre países. Seus direitos e deveres devem ser definidos e limitados, não só pelos seus companheiros cidadãos, mas também pelas fronteiras de um território. Daí a ideia de um Estado soberano mundial, como pretendiam os nazistas, ser considerado como o resposável pelo fim de qualquer cidadania. Cf. *Homens em Tempos Sombrios.*

3   L. Poliakov, *Do Anti-sionismo ao Anti-semitismo,* p. 81.

4   H. Arendt, *O Sistema Totalitário,* p.104. Arendt destaca o conceito de igualdade como o novo desafio do mundo moderno. Esse conceito tornou difíceis as relações raciais cujas diferenças naturais não estão sujeitas a interferências políticas. A relutância está em reconhecer no "outro" os elementos de igualdade, o que leva os conflitos a assumirem formas tão cruéis . Hannah Arendt, .

5   Ier Congrés Juif Mondial, Genève, 9 août, 1936. Legação brasileira em Berna, 164/1936, Anexo 9, Lata 462, Maço 6980; AHI/RJ.

da violência. Valores de referência no mundo ocidental foram abalados pelas imagens da morte premeditada como "Solução Final" obrigando as sociedades a reordenarem seus princípios morais, políticos e "religiosos. Ainda hoje, no limiar do século XXI, outros tantos conflitos fundamentados na ideia de limpeza étnica e em movimentos nacionalistas de extrema-direita demonstram que o homem não aprendeu a lição. Insiste nos mesmo erros. Mais uma razão para que a história e a memória do Holocausto não sejam silenciadas, pois o esquecimento garante espaço para o retorno da (des)razão.

Em 1938, Ernest E. Noth em sua obra-testemunho, *L'Homme contre le partisan*, argumentava o quanto esses cidadãos refugiados distinguiam-se do tipo de Dante, Victor Hugo ou Heinrich Heine, de outrora, ou mesmo de seus contemporâneos Thomas Mann e Toscanini. O mundo, dessa vez, tinha diante de si grandes massas humanas que estavam sendo expulsas de seus países e despojadas de tudo que possuíam. Valendo-se da metáfora da erupção vulcânica, do terremoto e da ressaca de grandes proporções, Noth procura expressar as dimensões daquela tragédia enquanto fruto das medidas extremas e desumanas dos sistemas totalitários. Daí a característica forçada da emigração decorrente da inevitável necessidade de *se escapar puramente e simplesmente da morte*, fato que o levou a questionar o caráter político dessa emigração moderna desconhecida em épocas anteriores. Segundo Noth, com exceção de alguns chefes de partidos perseguidos, certos jornalistas e escritores, a maioria dos emigrantes era constituída por cidadãos, vítimas passivas da ação dos regimes políticos do momento, que nunca tinham agido ou sequer se interessado por política.

São esses momentos de crise aguda – quando os valores têm de ser reordenados – que possibilitam o (re)aparecimento de movimentos radicais que, diante do recuo das instituições liberais, oferecem soluções políticas baseadas ação arbitrária e no terror. O clima de instabilidade econômica, desemprego, miséria e fome que caracterizou o período entreguerras, favoreceu a inversão de valores possibilitando soluções totalitárias fundamentadas no ideal de salvação. Mitos políticos foram acionados para justificar atos de repressão contra as minorias étnicas avaliadas como perigosas à configuração de uma raça pura e à segurança nacional. Tradicionais clichês racistas foram resgatados sob o viés de pseudoteorias científicas, se prestando a legitimar a continuidade de alguns poucos no poder.

A paz idealizada em 1919 esteve longe de resolver os problemas das minorias nacionais que continuaram divididas por ódios seculares Os primeiros apátridas (*Heimatlosen*) foram assim denominados pelos tratados de paz firmados no pós-guerra, em 1919 e 1920. Poucos desses eram judeus: somente quando o Terceiro Reich os obrigou a deixar a Alemanha é que eles se tornaram um número considerável. Ao buscarem refúgio nos países recém-criados à imagem do Estado-Nação, esses apátridas transformavam-se em um grande problema. Segundo Hannah Arendt, o fato de eles serem considerados (e tratados) como minorias nacionais, quebrava todo e qualquer princípio de igualdade. E quanto maior fosse o grau de arbitrariedade sustentado pelo Estado, maiores eram as privações vivenciadas pelos apátridas sujeitos aos abusos de uma polícia onipotente[6]. Essa situação tornou-se característica após a Primeira Guerra Mundial quando a crise do capitalismo se fez acompanhar pelo declínio do Estado liberal. Os ideais democráticos foram questionados e as liberdades individuais colocadas em descrédito. Em vários países da Europa e das Américas, a livre expressão do pensamento deu lugar à censura, enquanto a repressão tornou-se uma prática institucionalizada sustentada pela ação de polícias especializadas.

Dentre os diferentes matizes do fascismo, um traço tornou-se comum onde esse regime foi implantado: anular a dimensão individual do cidadão integrando-o no corpo da nação. Aqueles que não se enquadravam no modelo de homem idealizado pelo regime eram classificados de *indesejáveis*, segundo critérios raciais e/ou políticos. No caso da Alemanha, os judeus deveriam deixar o país pois, como "raça inferior", seriam eliminados em massa segundo o plano arquitetado pelo Estado. Tal prática é decorrente da concepção orgânica de nação que se vale do desequilíbrio entre o indivíduo e o Estado, característica típica dos regimes fascistas de entreguerras. Mario Sznajder, estudioso das origens do fascismo europeu, enfatiza que nesses casos o indivíduo, cuja existência não se concebe como válida fora do marco nacional, encontra-se totalmente subordinado às necessidades operacionais do Estado, que representa os interesses nacionais.

A partir do momento em que os direitos individuais – os direitos humanos – ficam submetidos ao interesses nacionais, o modelo político baseado nas liberdades individuais – a democracia liberal – sucumbe frente ao outro, baseado em interesses nacionais. Quando isso acontece estamos diante do processo de aniquilação total do indivíduo justificado em nome da segurança nacional e da pureza da raça[7].

Após a Primeira Guerra Mundial, e mais especificamente entre 1918-1923, o mundo assistiu à uma intensa mobilização de russos, armênios, assírios--caldeus e assimilados que, por motivos políticos e econômicos, haviam sido obrigados a deixar seu país de origem. Tal situação exigiu a criação de organizações internacionais que cuidassem da assistência e proteção a esses indivíduos. José H. Fischel de Andrade, que analisou essa questão sob a ótica do direito internacional, delimitou o tema dos refugiados em dois períodos:

1º) 1921 *a* 1938: fase que tem como característica uma *perspectiva coletiva*, pelo fato da proteção ter sido concedida a grupos inteiros que vivenciavam uma

---

6 Sobre este tema ver David Erdstein, *Le Statut juridique des minorités en Europe*; C.A Macartney, *National States and National Minorities*, apud H. Arendt, *Origens do Totalitarsmo*, p. 322.

7 L. Senkman; M Sznajder (orgs.), *El Legado del Autoritarismo*; M. Sznajder et al. (orgs.), *Nascimento da Ideologia Fascista*; L. Senkman, La Política Inmigratoria del Primer Peronismo Respecto de los Refugiados de la Postguerra: Una Perspectiva Comparada com Brasil, 1945-1954, em B. Gurevich e C. Escudé (orgs.), *El Genocídio Ante la História y la Naturaleza Humana*, p. 263-298; H. M. Meding, Refugio Seguro, La Emigracion Alemana de la Postguerra al Rio de la Plata , em B. Gurevich e C. Escudé (orgs.), op. cit, p. 249-261.

situação comum. Eles eram destituídos de qualquer proteção jurídica, visto terem sido desnacionalizados. Assim, formavam categorias de refugiados, distintos por sua nacionalidade, etnia, religião, raça e, até mesmo, ideologia. Nesse período atuaram uma série de instituições internacionais encarregadas de estabelecer mecanismos de proteção aos refugiados, a saber: Alto Comissariado para os Refugiados Russos (1/11/1921 a 31/03/1931) e o Bureau Internacional Nansen para os Refugiados (4 /09/1930 a 30/12/38).

2º) 1938 *a* 1952: fase em que os refugiados passaram a ser definidos pela *perspectiva individualista*, sendo que as suas convicções pessoais eram avaliadas em primeira instância. Os russos contabilizavam entre 1,5 milhão e 2 milhões de pessoas destituídas de qualquer documento de identidade. Por múltiplas razões haviam deixado a Rússia tumultuada pela Revolução Bolchevique desde novembro de 1917. A guerra civil foi acompanhada de uma crise econômica marcada pela escassez de mercadorias. A fome atingiu os camponeses que recebiam o mínimo para não morrer à míngua. Ao mesmo tempo, assistia-se o colapso das frentes antibolcheviques na Rússia européia (1919-1920) e o término da resistência dos "russos brancos" na Sibéria (1921). Aqueles que deixavam sua pátria-mãe não tinham mais condições para retornar[8].

Por iniciativa do comitê internacional da Cruz Vermelha foi convocada, em fevereiro de 1921, uma conferência internacional para discutir a questão dos refugiados russos que, por terem sido desnacionalizados, haviam se tornado apátridas. Convocado, o Conselho da Liga das Nações designou um Alto Comissariado que, a partir de 1º de novembro, teve à sua frente o estadista norueguês Fridtjof Nansen que impôs diretrizes à questão dos refugiados políticos. Sob a responsabilidade da Liga das Nações, o Alto Comissariado para os Refugiados Russos teria a duração de dez anos devendo definir a situação jurídica dos refugiados, organizar sua repatriação ou reassentamento nos países dispostos a recebê-los, além de providenciar-lhes trabalho e garantir-lhes assistência e socorro através de associações filantrópicas.

A primeira conquista aconteceu durante a realização de uma conferência em Genebra, entre 3 e 5 julho de 1922, quando cinquenta e três países aprovaram a expedição do primeiro documento de identidade destinado a refugiados: o passaporte Nansen que possibilitou aos refugiados russos a reconquista de sua personalidade jurídica. Com esse documento – Ajuste Relativo à Expedição de Certificados de Identidade para os Refugiados Russos – legalizava-se e facilitava-se a mobilidade desses indivíduos que haviam perdido o direito de retorno ao seu país de origem[9].

Os russos não estavam sozinhos nessa grande caminhada. Armênios, gregos, turcos, búlgaros e assírios-caldeus, por se posicionarem como contrários a política nacional de seus países, também tiveram que abrir mão dos seus

---

8   Cf. O Direito Internacional dos Refugiados em Perspectiva Histórica, em A. do Amaral Júnior. e C. Perrone-Moisés (orgs.), *O Cinquentenário da Declaração Universal dos Direitos do Homem*, p. 77-78.

9   Idem, p. 78.

lares indo se radicar em territórios de nações amigas. Os armênios, que totalizavam cerca de 300 mil e 400 mil pessoas, exigiram a atenção da Liga das Nações que, em 1923, assumiu a responsabilidade pela proteção jurídica do grupo[10]. A partir de 1924, os armênios passaram a usufruir do direito de usar o passaporte Nansen e de contar com a proteção jurídica equivalente àquela delegada aos russos. Cerca de 35 países, dentre os quais o Brasil, endossaram este acordo conhecido como Plano Relativo à Expedição dos Certificados para os Refugiados Armênios, concluído em 31 de maio de 1924. Apesar de tal plano ter sido ajustado em 1926 – e com o qual, então, se comprometeram apenas treze países[11] – ele não garantia a aplicação universal do conceito de *refugiado* que ainda clamava por uma definição jurídica definitiva[12]. Porém, a situação internacional do pós-guerra se fazia por demais tumultuada. Cidadãos indesejáveis que haviam sido expulsos por seus países de origem, multiplicavam-se aos milhares, exigindo atenção especial da Liga das Nações.

Um novo documento foi produzido durante uma conferência intergovernamental realizada em Genebra, em 1928, com o qual onze países se comprometeram. Com esse acerto – Ajuste Relativo à Extensão a Outras Categorias de Refugiados de Certas Medidas Tomadas em Favor dos Refugiados Russos e Armênios – tentava-se chegar, em termos jurídicos e na forma de um instrumento internacional, à um estatuto legal para todos aqueles que estivessem incluídos na "comunidade Nansen". A partir de 15 de setembro de 1927, por resolução do Conselho da Liga das Nações, o Alto Comissariado passou a julgar os pedidos encaminhados pelos refugiados assírios, assírios-caldeus, montenegrinos e turcos[13]. Estes últimos, com o Ajuste de Extensão de 1928, foram reconhecidos como "refugiados Nansen", ampliando as categorias de refugiados políticos.

Os turcos totalizavam apenas cento e cinquenta pessoas que, de acordo com o Protocolo à Declaração de Anistia de 1923, estavam proibidas – por

---

10 Idem, p. 79-80. Durante anos, os armênios haviam apoiado os turcos formando o mais antigo reino cristão da história. A derrota dos turcos em inúmeras batalhas resultou em terríveis massacres dos armênios, vítimas do primeiro genocídio organizado do século xx. Entre 1922-1923, os refugiados armênios foram privados de suas propriedades e nacionalidade.

11 Idem, n. 38, p. 82. Segundo levantamento bibliográfico apresentado por Fischel de Andrade, há aqui uma discordância entre os autores que trataram destes números, variando entre 13, 11 e 10 os Estados que o adotaram.

12 Idem, p. 81-82. Fischel de Andrade chama a atenção para este debate procurando esclarecer os cuidados com a terminologia que deveria ser adequada aos dois grupos: armênios e russos. *Refugiado russo* seria "toda pessoa de *origem russa*" (leia-se *origem territorial russa* e não origem étnica russa) que não goze, ou não mais goze, da proteção do governo da União das Repúblicas Socialistas Soviéticas e que não tenha adquirido outra nacionalidade. Essa distinção possibilitava a proteção dos refugiados armênios provenientes do território russo – e os que fugissem da Armênia Soviética. *Refugiado armênios*: toda a pessoa de "*origem armênia*", preteritamente cidadã do Império Otomano, que não goze, ou que não mais goze, da proteção do governo da República Turca e que não tenha adquirido outra nacionalidade. O termo "origem" significa "origem étnica" e a expressão "preteritamente cidadã do Império Otomano", os distinguia dos refugiados russos.

13 Idem, p. 85. Por refugiado assírio, assírio-caldeu ou assimilado entendia-se toda pessoa de origem assíria ou assíria-caldaica, e também por assimilação, toda pessoa de origem síria ou curda, que não goze, ou não mais goze, da proteção do Estado ao qual preteritamente pertenceu e que não tenha adquirido ou não tenha outra nacionalidade.

motivos políticos e militares – de permanecer e ter acesso à Turquia. Essa situação irreversível tornava-os apátridas *de fato* e carentes de proteção jurídica[14]. Mas a República turca fez outras vítimas além destes 150 "indesejáveis" que, após 1928, ficaram sob a proteção da Liga das Nações. A eles se incorporaram os assírios que, durante a Primeira Guerra Mundial haviam lutado contra os turcos. Na tentativa de "uniformizar" sua população, o governo turco expulsou do seu território todos aqueles que expressassem qualquer diferença religiosa ou racial. Cerca de 30 mil assírios e assírios-caldeus tentaram fugir em direção ao Iraque e, após 1918, para o Líbano. Assim como os russos e os armênios, esse grupo necessitava de documentos que, além de identificá-lo, lhe possibilitasse livre-trânsito pelas terras da Ásia e Europa.

Nansen, envolvido com a causa dos refugiados e acreditando que a questão seria resolvida nos próximos dez anos, clamava pela continuidade do seu trabalho. Nas plenárias de 1929, a Assembléia Geral da Liga das Nações respondeu ao apelo de Nansen ao estender o prazo de seu trabalho até 1939[15]. No entanto, Nansen faleceu em maio de 1930, interrompendo as negociações que somente foram retomadas em 4 de setembro daquele ano. A obra humanitária pró-refugiados ficou confiada ao Bureau Internacional Nansen, configurado como uma organização autônoma, de caráter descentralizado, subvencionada com recursos da Liga das Nações (280.000 francos em 1935), fundos privados e contribuições de voluntários[16].

A Europa e a América não faltaram ao seu dever, mas também não procuraram recriminar os responsáveis por tal situação. Endossando o plano sugerido pela Liga das Nações em 1931, o Bureau Internacional Nansen atuou, até o final de 1939, enfrentando o caos da depressão econômica do entreguerras, a debilitação moral da Liga das Nações e a proliferação do antissemitismo na Alemanha que, instigado por Hitler, gerou uma nova categoria de refugiado: a dos *apátridas judeus*.

Em 1933, a situação vivenciada pelos judeus na Alemanha reacendeu o debate sobre os refugiados políticos na Liga das Nações que culminou com o estabelecimento de um Alto Comissariado para os Refugiados da Alemanha, organismo autônomo controlado por um conselho administrativo. Novas levas compostas por judeus e os classificados pelos nacional-socialistas como "não-arianos e outros tantos inconformados com o regime nazista (católicos e protestantes)" sacudiram durante muito tempo os países ditos democráticos.

---

14   Idem, p. 83-86. A Declaração de 1923 anistiava as pessoas que haviam sido presas, condenadas ou sentenciadas por razões de ordem política e militar, durante o periodo de 1º de agosto de 1914 a 20 de novembro de 1922. Caso fossem encontradas em território turco, essas pessoas poderiam ser expulsas. Por *refugiado turco* entendia-se toda pessoa de origem turca, preteritamente cidadão do Império Otomano, que, consoante o Protocolo de Lausanne, de 24 de julho de 1923, não goze, ou não mais goze, da proteção da república turca e não tenha adquirido outra nacionalidade.

15   Sobre este tema ver Luigi Sturzo, La Conférence d'Evian pour les réfugiés politiques. Les Réfugiés politiques, *Journal des Nations*, 6 juil 1938, p.3.

16   Ver J. H. Fischel de Andrade, op. cit., n. 62, p. 86-88. O Bureau Internacional Nansen foi estabelecido de acordo com o artigo 24 do Pacto da Liga das Nações. Ainda que autônomo dependia da autoridade do Conselho da Liga para a aprovação final das políticas a serem implantadas. Equivocados, alguns autores indicam o ano de 1929 como sendo o de início da atuação do Bureau Nansen.

Introdução   29

Os acontecimentos antissemitas ocorridos nos territórios do Reich servem de termômetro para avaliarmos o fluxo e o refluxo desse movimento emigratório. Até 1938, os judeus italianos gabavam-se da simbiose da *hebraicidade-italianidade* que caracterizava o governo de Mussolini. Em 1936, Angiolo Orvieto ao se manifestar durante o Primeiro Congresso Mundial Judaico apontou a Itália como um dos mais nobres exemplos de igualdade diante do Estado, onde todos os cidadãos, quaisquer que fosse sua classe ou religião, conviviam sem preconceitos[17].

Aos judeus alemães e austríacos somaram-se os espanhóis que, durante a Guerra Civil Espanhola (1936-1939) e a primeira fase da ditadura franquista (1939-1950), buscaram asilo temporário na França, na esperança de voltar e restaurar a democracia na Espanha[18]. Não tardou para que a marcha dos refugiados recebesse novos participantes: os judeus italianos discriminados racialmente pelo fascismo. Triste ilusão do Dr. Orvieto: mal podia ele imaginar – nem ele e nem outros tantos milhares de judeus italianos – que Mussolini iria endossar, em 1938, as leis raciais propagadas pelo Reich. Assim como outros tantos caminhantes, os judeus italianos saíram em busca de refúgio dando preferência aos países onde já existia uma comunidade patrícia organizada[19].

Os focos de irradiação do terror multiplicaram-se por toda a Europa: Áustria, Polônia, França, União Soviética, Tchecoslováquia e Itália. Enquanto isso, o Bureau Internacional Nansen assistia aos refugiados de diversas categorias chegando a ter, sob a sua proteção, cerca de um milhão de pessoas. Deste total, cerca de 250.000 foram enviados à França e os demais disseminados pelos Balcãs e pelo Extremo-Oriente, particularmente a China. O número de refugiados armênios foi avaliado, segundo documento distribuído pelas Liga das Nações, em aproximadamente 180.000 e os assírios, assírios-caldeus e turcos em 14.000. O total de refugiados provenientes da Alemanha era de 80.000, dos quais 20.000 foram se estabelecer na Palestina[20].

A medida que se diversificavam as categorias dos refugiados, os riscos de crise econômica, social e política nos países receptores aumentavam, assim como piorava a qualidade de vida dos sem-pátria. Persistia sempre a apreensão de que o Bureau International Nansen encerraria em breve suas atividades deixando milhares de refugiados desamparados. Daí a insistência da Liga das

---

17 Diskussion Generale. Discours du Dr. Angiolo Orvieto. Ier Congrès Juif Mondial. Genève, 10 aout 1936, p.1-2; Lata 462, Maço 6980. AHI/RJ.

18 M. L. T. Carneiro, Literatura de Imigração e Literatura de Exílio: Realidades e Utopias, *Revista de Crítica Literária Latonoamericana*, Año XXIII, n. 45, p. 67-80.

19 Centenas de famílias de judeus italianos dirigiram-se para São Paulo onde, desde o final do século XIX, existia uma comunidade de imigrantes organizada. Trieste, Marselha, Gênova e Livorno transformaram-se nos principais portos de embarque de judeus e católicos com vistos de entrada para o Brasil. Nessa época, vieram da Itália as famílias Pincherle Cardoso, Schreider, Levi, Cammerini, Civita, Corinaldi, Brentani, Cevidalli, Finzi, Tagliacozzi, Salmini, Beer, Cales, De Fiori, Di Segni, Terni, Wilheim, Swebo, Milano, Rinini, Bondi, Anau, Temin, dentre outras. Ver M. L. T. Carneiro, *Brasil: Um Refúgio nos Trópicos*. p. 80, 167-170,177-178.

20 Mémorandum Assistance Internationale aux Refugie. Anexe. Oslo, 27 juin 1935; Lata 1243, Maço 27864. AHI/RJ.

Nações em manter, em Genebra, uma organização central em condições de decidir e articular acordos de socorro aos refugiados, funções até então exercidas pelo Bureau Nansen. Pairava no ar a ideia de uma catástrofe mundial e que aquela era uma emigração diferenciada.

A partir do momento em que a vida econômica dos judeus ia se desintegrando na Europa, aumentava a procura por vistos junto aos consulados e embaixadas que nem sempre mantinham regras sistemáticas para avaliar o cidadão do mundo. Os países que ainda não possuíam tais critérios procuravam criá-los ao sabor dos seus valores racistas adaptados às circunstâncias nacionais e internacionais. À medida que o Reich conquistava novos territórios diversificava-se, ainda mais, o mosaico de nacionalidades cuja dimensão humana dificilmente poderá ser compreendida. Acompanhando o processo de exclusão que atingiu, num primeiro momento, os judeus alemães, poderemos traçar um perfil aproximado daqueles que, do ponto de vista racial, foram transformados em párias.

Os atos antissemitas premeditados pelo Estado nazista eram responsáveis pelo fim de qualquer direito. Em um primeiro momento, uma série de leis editadas pelo Reich excluíram os judeus de todas as profissões liberais (educação, literatura, jornalismo, advocacia, tabelionatos, medicina, farmácia, música, pintura, dentre outras) e empresas (cinematográficas e teatrais, editoras, livrarias etc.). O comércio não só foi interditado aos judeus como dele foram expulsos profissionais atingidos pelos boicotes: proibição daqueles que tinham empregos públicos de comprar de judeus; isolamento em "guetos" de comerciantes "indesejáveis"; difusão de listas de lojistas judeus propondo o boicote às suas lojas, indicação por meio de cartazes dos estabelecimentos comerciais de arianos. Uma outra forma de boicote fazia-se pelo terror, penalizando e marginalizando socialmente os clientes de magazines cujos proprietários fossem judeus.

A transferência de grandes *maisons* de judeus para os arianos, à um preço bem baixo, culminou no processo de expropriação de bens. Como resultado, 20 a 22% dos judeus alemães tiveram que apelar para a ajuda beneficente ou da emigração, o que só era possível através de alguma instituição social. Cerca de 20% das famílias alemãs se viram obrigadas a liquidar seus negócios (quando ainda os tinham) e se preparar para emigrar. Aqueles que permaneceram no país dificilmente escaparam de ser exterminados pelo regime. Muitos tinham consciência de que a permanência na Alemanha deveria ser avaliada diariamente, tendo sempre em mente a possibilidade de fuga.

A situação econômica dos judeus austríacos era muito semelhante a dos judeus alemães, apesar de que na Áustria – segundo informações divulgadas no Primeiro Congresso Mundial Judaico (1936) – o processo de expulsão da vida econômica e de desintegração da vida social *foi muito mais lento, com menos vítimas, menos sadismo e menos terror*. No entanto, sabemos o quanto é difícil quantificar o medo, principalmente quando está em questão a vida de um povo. Enfim, esta era a essência que sustentava o processo de exclusão acionado pelo Estado nazista[21].

A tendência inicial dos refugiados judeus foi de procurar os países limítrofes da Alemanha, tais como a França, Tchecoslováquia e Holanda. Aos poucos, as correntes tiveram que ser direcionadas para outros países. Até 1936, calcula-se que mais de 30.000 pessoas (sendo 5.500 só no ano de 1935) já haviam emigrado para a Palestina, entre 15 a 20.000 para a França, 6.000 para os Estados Unidos, 5.000 para a Espanha, 4.000 para a Holanda, 2.500 para a Inglaterra, 1.600 para a Tchecoslováquia, 1.500 para a Dinamarca, 1.100 para a Itália. Pressupõe-se que para a América Latina e África do Sul, os números tenham aumentado com o decorrer do tempo. Mas nem todos tiveram a sorte de encontrar um refúgio seguro: uma pequena parte dos refugiados, cerca de 8.000 aproximadamente, foi repatriada para os países da Europa Central e Oriental.

Mesmo em alguns países (como Polônia, Romênia, Lituânia e Letônia) os direitos dos judeus foram radicalmente reduzidos, assim como de outras minorias nacionais, em um grande número de competências: eleições no Parlamento, eleições municipais, câmaras de comércio e de artífices, admissão nas universidades, escolas de ensino médio e profissionais do Estado e do município, nomeação de funcionários públicos. Pode-se afirmar que ocorreu uma terrível desclassificação e um empobrecimento da população judaica que, desprovida de seus meios de sobrevivência, se viu obrigada a viver de caridade[22]. Essa situação explica, em parte, a ampliação do raio de atuação das associações judaicas de ajuda mútua nos países de acolhimento[23].

A situação catastrófica repercutiu na economia dos países visados como "pátria de acolhimento" ou "zona de trânsito", desorganizando-a e levando-os ao pânico. Dois terços da população judaica, os que trabalhavam no comércio ou eram artesãos, ficaram sem garantias de sobrevivência para o dia de amanhã. Deve-se considerar que os judeus constituíam, sobretudo nos

---

21 1er Congrés Juif Mondial, Genève, 9 août, 1936. Legação brasileira em Berna, 164/1936, Anexo 9, Lata 462, Maço 6980, AHI/RJ.

22 Deve-se ter em consideração que a caridade, há séculos, faz parte da tradição judaica podendo vir a ser considerada como uma das suas expressões máxima de organização social e princípios morais. Na vida judaica, a assistência sempre teve um importante papel diferenciando-se do papel de filantropia identificado em outros grupos. Nestes, os problemas políticos e sociais e os tributos de ajuda social são objetos de atenção do Estado, das municipalidades e de outros orgãos de direito público. Pouco resta para a filantropia privada, num campo de ação restrito e relativamente importante. Por motivos religiosos, assim como por uma forma peculiar de viver, os judeus não podem depender de benefícios governamentais e municipais. Resulta daí uma assistência judaica que assume a função que deveria ser do Estado. Os campos de assistência social judaica se ampliaram consideravelmente, angariando fundos, principalmente após a guerra. Essas redes de solidariedade tiveram ampla repercussão nos momentos cruciais marcados por *pogroms*, pela ruína do judaísmo polonês, pelas perseguições antissemitas na Alemanha etc. A diferença é que a assistência judaica se estende às grandes massas populacionais, sem visar lucros, além de atender ao povo judeu do mundo inteiro. Definição apresentada por I. Jefroykin em seu pronunciamento, Les Taches et les methodes de l'assistance sociale juive, no 1er Congrés Juif Mondial. Anexo 9, Lata 462, Maço 6980, AHI/RJ.

23 Sobre esse tema, ver R. M. Barbosa, *Solidariedade e Resistência em Tempos Sombrios*.

países agrários e semiagrários, um importante fator para a vida econômica, pois representavam mais de 2/3 do comércio e 3/4 da artesania[24].

Poderíamos, até mesmo, nos referir aos graus de opressão política ou econômica, mas jamais conseguiremos compreender o grau de perseguição praticada pelo Estado totalitário alemão. Enquanto os países democráticos lutavam pela igualdade de direitos e pela prática da tolerância procurando preservar o respeito mútuo e garantir os valores morais, políticos e religiosos dos diferentes grupos étnicos, os países totalitários defendiam a ideia da homogeneidade política e cívica transformada por Adolf Hitler em homogeneidade da raça. Sob o signo da raça pura, a Alemanha criou um sistema artificial e brutal com o objetivo de legitimar os meios de opressão, alimentando sentimentos de obsessão pela limpeza racial. Aqueles que não se enquadravam nos "tipos" aceitos pelo regime estavam condenados à expulsão ou à morte premeditada pelo Estado. Daí essa verdadeira revolução no fluxo migratório que, nesse período incomum da História, passou a ser alimentado por uma população reduzida ao "nada" .

Para essa população judaica acuada pelo terror e pelas práticas antissemitas se apresentaram possibilidades de emigração muito restritivas. Desde 1921, os Estados Unidos havia imposto limites de liberdade de entrada valendo-se do sistema de cotas, o qual, nos anos subsequentes, foi adotado por outros países, reduzindo ainda mais as oportunidade de emigração nos anos 30 e 40. Vivendo uma situação econômica e política intolerável, milhões de judeus passaram a vagar pelo mundo em busca de um espaço para viver, fugindo da morte lenta nos campos de concentração.

Classificados como membros de uma raça impura, haviam perdido seus direitos e deveres de cidadãos, assim como suas fronteiras, agora sem limites pré-fixados. Haviam-lhe tirado todas as referências, inclusive a de Nação pois, desde as Leis de Nuremberg (1935), todos os judeus do Reich foram transformados, juridicamente, em *apátridas* ou seja, em homens que não pertenciam a nenhuma comunidade política. Como tais não tinham direitos: haviam perdido o direito a um espaço público em virtude da inexistência do vínculo político com o Estado[25]. E todos aqueles que vivenciaram a experiência de privação da cidadania jamais a esqueceram[26].

Para Hannah Arendt isto só pode acontecer porque os Direitos do Homem, apenas formulados mas nunca estabelecidos, apenas proclamados mas nunca politicamente garantidos, perderam na sua forma tradicional toda a validade. A seu ver, o primeiro passo essencial no caminho do domínio total é matar a identidade jurídica do homem. E isso foi conseguido quando certas categorias de pessoas foram excluídas da proteção da lei e quando o

---

24 1er Congrés Juif Mondial..., p. 4
25 H. Arendt, O Declínio do Estado-Nação e o Fim dos Direitos do Homem, *O Sistema Totalitário*, p. 371-374.
26 C. Lafer, Posfácio – Hannah Arendt: Vida e Obra, em H. Arendt, *Homens em Tempos Sombrios*, p. 245.

mundo não totalitário foi forçado, por causa da desnacionalização maciça, a aceitá-los como os "homens sem pátria", os "fora da lei"[27].

Em 26 de novembro de 1941, o Decreto 11º do governo do Terceiro Reich dispôs que os judeus com residência no exterior ou que emigrassem definitivamente, perdiam o direito à nacionalidade alemã. Esse fato, no nível das relações internacionais, colocou em pauta questões que diziam respeito à soberania do Estado: *os países que haviam aceitado receber tais indivíduos o haviam feito com a garantia oficial de que estes possuíam cidadania.* Segundo o governo da Colômbia, em abril de 1942, o passaporte – ainda que um instrumento internacional de identidade que poderia ser modificado ou anulado em qualquer momento pela legítima autoridade de que emana – era um documento internacional que não poderia invalidar-se *a posteriori* sem nenhuma responsabilidade para aquele que o expediu. Ou seja, o Estado soberano tem para com seus nacionais o poder de *"dar, quitar ou condicionar uma carta de natureza ou cidadania a qualquer momento"* com todos os efeitos consequentes e subsequentes. No entanto, essa soberania do Estado não pode atuar contra outra soberania lesando-a com os efeitos retroativos de sua atuação, como poderia ocorrer se a Colômbia admitisse a legitimidade dessa atuação.

Em síntese: o Reich havia garantido a um país amigo (no caso, a Colômbia) a cidadania de um indivíduo que conceituava de *indesejável.* Ao retira-lhe a cidadania, o Reich estaria criando um dano nacional à essa nação amiga que não poderia mais repatriar esse indivíduo para seu país de origem. Nesse caso, não estava sendo guardada a *recíproca lealdade que devem guardar as nações* e, muito menos, às normas da justiça imanente. A qualidade do cidadão de um Estado não pode fundar-se senão dentro da lei desse Estado, e toda convenção que se refira a essa qualidade deve remeter-se tacitamente à lei nacional[28].

---

27   *O Sistema Totalitário*, p. 555.
28   Ofício n. Ex-1085 de Luis Lopez de Mesa, Ministro das Relações Exteriores da Colômbia para Gonzalo de Ojeda, Enviado Extraordinário e Ministro Plenipotenciário da Espanha. Bogotá, 6 de abril de 1942, Lata 1913, Maço 36.380. AHI/RJ.

1. Hitler e seu Estado-Maior durante o desfile que inaugurou o Congresso Nacional-Socialista, 1934.

I.

Espuma da Brutalidade

*É entristecedor que a civilização
europeia não tenha onseguido produzir
uma cultura capaz de reverter
o barbarismo da indiferença, expressa
não apenas na questão dos refugiados
como também no que concerne
aos mais elementares dos direitos
humanos das nações.*

MYRON TAYLOR
Representante dos Estados junto ao
Comitê Intergovernamental
dos Refugiados Políticos, 1939.

Na Trilha da Diáspora

Era como se uma imensa nuvem negra pairasse sobre a Alemanha envolvendo os judeus em uma profunda escuridão. Buscava-se em alguma parte do mundo uma luz, uma mão amiga, coisa tão difícil em tempos de crise. Aqueles que estavam sob o mesmo teto dos nazistas não podiam se comprometer dando abrigo a um judeu: isso significava prisão e morte na certa. Os *camisas pardas* não perdoavam; nem os alemães, que assumiram com orgulho sua condição de arianos puros. Para eles uma nova Alemanha estava sendo forjada sob a direção de um grande chefe. A versão oficial era de que, durante catorze anos, eles (alemães) haviam se resignado à ideia da derrota, pobres e humilhados. Agora, sob o comando de Adolf Hitler, estavam limpando as impurezas que maculavam o sangue do povo alemão, tornando-o forte para, enfim, erguer a cabeça entre os povos da terra.

Esse é o tom sustentado pela novela *Destinatário Desconhecido*, de Kressmann Taylor, traduzida para o português em 1944 pela *Seleções do Reader's Digest*, revista que desempenhou importante papel na difusão do americanismo no Brasil[1]. A história – que se passa entre 1932-1934 – é narrada por meio da troca de cartas entre dois amigos: Max Eisenstein, *judeu*, e Martin Shulze, *ariano*, ex-sócios de uma galeria de arte em São Francisco, Califórnia (EUA). Martin Shulze regressara a Munique, em 1932, na esperança de educar seus filhos no clima daquela Alemanha renovada e democrática da República de Weimar. A partir de 1933, Shulze foi se mostrando cada vez mais empolgado com Hitler, que surge como *uma espécie de choque elétrico, forte como só um iluminado ou fanático pode ser*. A seu ver, a inquietante perseguição aos judeus – recém-iniciada – representava "um pormenor sem importância, a espuma que se forma à superfície de uma caldeira onde ferve um grande movimento".

Max, ainda proprietário da galeria Shulze-Eisenstein, buscava, desesperado, por sua irmã Griselle, artista de teatro em Berlim e que desaparecera após ter sido vaiada pela plateia por ser judia. Tentara contatá-la, mas as cartas eram devolvidas com o carimbo: destinatário desconhecido (*Adressat Unbekannt*). É a partir desse momento que Max pede ajuda ao ex-sócio Shulze,

---

1   Ao trazer o drama dos refugiados judeus, ainda sem endereço certo, para o leitor brasileiro da classe média urbana, a revista tornava explícita sua posição contrária à política antissemita propagada pela Alemanha nazista, postura liberal que marcou as edições publicadas durante a Segunda Guerra Mundial. A sessão mais popular da *Seleções* foi a de livros, dedicada a "romances simplificados e resumidos para facilitar a leitura". Cf. A. P. Tota, *O Imperialismo Sedutor*, p. 59-61.

mostrando-se preocupado com o ressurgir de um velho espectro que poderia ser muito mais que espuma da brutalidade.

A narrativa novelesca vai, aos poucos, expressando a metamorfose que tomava conta do povo alemão, para o qual as severas medidas antissemitas eram uma solução para os males que atingiam a Alemanha. Martin confessa compactuar com a ideia de que a raça de Israel se tornaria um "ponto nevrálgico para qualquer nação que lhe abrisse as portas". O fim trágico de Griselle – que havia procurado em vão abrigo com Martin – é narrado na última carta endereçada a Max, ironicamente saudado com a consagrada expressão "Heil Hitler!"

Os tempos já eram outros. As primeiras levas emigratórias de judeus incomodavam o mundo, que ainda não tinha a mínima ideia do que Hitler seria capaz. Griselle era, para além do contexto novelesco, o símbolo de milhares de outros tantos judeus que, apátridas, vagavam pelo mundo com destino desconhecido. Essa foi uma das características desse movimento populacional que, entre 1933-1948, assumiu um perfil específico, principalmente por envolver pessoas oprimidas e escamoteadas por força das armas e do antissemitismo e por ação política. Ação incompreensível, se pensarmos que essa fuga forçada foi promovida por países ditos civilizados, com alto grau de tecnologia e de cultura.

As levas de refugiados do nazismo diferenciam-se dos movimentos de colonização dos tempos modernos, que se constituíam, sobretudo, de grupos organizados que, com autorizações diretas dos poderes políticos, visavam objetivos governamentais. Ou então, como aconteceu no século XIX e início do XX, quando famílias inteiras ou indivíduos isolados deixaram suas pátrias para sairem em busca de melhores condições de vida. Muitos trocaram seu país de origem pela promessa de um nível de vida mais elevado em uma nova terra onde pudessem se estabelecer. Foi com esse espírito que muitos italianos, alemães, poloneses e russos vieram "fazer a América" no Brasil. Calcula-se que, entre 1825 e 1925, cerca de sessenta milhões de cidadãos deixaram a Europa para se estabelecer em territórios americanos. Até então, esses indivíduos se locomoviam livremente, ainda que forçados por condições miseráveis, de ordem econômica e existencial, e ainda que fugindo das manifestações antissemitas que, no final do século XIX e na primeira década do século XX, proliferavam por vários países da Europa.

Desde 1933, alteravam-se os motivos e os perfis dos judeus que, desesperadamente, procuravam deixar a Europa em direção ao continente americano. Estimulada artificialmente por métodos governamentais adotados pela Alemanha, a diáspora dos refugiados do nazismo antecipou as dimensões de uma tragédia que estava por vir. Nesse contexto, a Conferência de Evian, convocada pelo governo norte-americano em 1938, deve ser interpretada como um primeiro sinal de alerta para uma grave situação de anormalidade. A discriminação e o constrangimento praticados contra os grupos minoritários e o desprezo pelos direitos humanos elementares foram considerados por Myron C. Taylor, então presidente daquele encontro, como "contrários aos princípios a que estamos acostumados a considerar como representantes de regras admissíveis de civilização"[2]. A partir desse momento, o problema deixava de ser de interesse puramente privado para se tornar relevante do ponto de vista de uma intervenção governamental, sobretudo por ser de ordem humanitária.

No entanto, a mobilização da população judaica na Europa em direção aos países da América – no que diz respeito às políticas emigratórias – era dificultada por um conjunto de fatores a serem aqui considerados:

* o sistema de cotas adotado pelos Estados Unidos em 1924, e pelo Brasil a partir de 1934, como restrição legal que impunha um número de emigrantes por nacionalidades;
* o procedimento das autoridades encarregadas da emigração, assim como de órgãos diplomáticos competentes (embaixadas, consulados e legações), que, com base em uma legislação restritiva e em valores antissemitas, dificultava a entrada no Brasil por meio de complicadas formalidades;
* alteração na composição social dos emigrantes em consequência dos dispositivos legais adotados pelos países ocupados pelos nacional-socialistas e, a partir de 1938, pela Itália fascista.

O conceito de *refugiado político* tornou-se muito mais amplo, implicando, também, o conceito de *emigração forçada*. Nessa categoria, os refugiados judeus apresentavam-se como um problema particular (e angustiante) do ponto de vista das minorias nacionais. Transformaram-se em uma das questões mais delicadas a serem tratadas pelos conferencistas de Evian, visto que nem todos os países estavam interessados em abrigar esse tipo de indivíduo. A Argentina, desde o momento em que foi convidada a participar da Conferência de Evian, questionou a expressão *refugiado político*, considerando que aqui não se tratava de simples emigrantes políticos. Alegava que não haveria necessidade de nenhuma comissão especial, pois, por norma e costume, a maioria dos países já os recebia oferecendo-lhes a necessária hospitalidade[3].

O Brasil, como outros países latino-americanos, havia adotado desde 1937 uma política imigratória que dificultava o processo de acomodação desses milhares de refugiados apátridas. Getúlio Dornelles Vargas (1882-1954), que continuou no poder após o golpe de 1937, valia-se de seus próprios medos para justificar os atos de intolerância e exclusão. E mesmo no pós-guerra, quando o mundo tomou ciência da barbárie cometida nos campos de extermínio, o presidente eleito Eurico Gaspar Dutra (1946-1950) manteve duas

---

2 Discours de M. Taylor, presidente da Conferência de Evian, 1938, Anexo ao Ofício n. 12, de Hélio Lobo, para Oswaldo Aranha, ministro das Relações Exteriores, p. 3, Genebra, 26 jul. 1938, Ofícios Recebidos, 101.34, Lata 643, Maço 9.769, AHI/RJ.

3 Emigrados Políticos, *La Fuonda*, 30 mar. 1938, 601.34 (00), Lata 1.100, Maço 21.158, AHI/RJ (com a seguinte anotação à margem: "Atenção").

circulares secretas contra a entrada de israelitas e fechou os olhos à ação da Missão Militar Brasileira, que, instalada em Berlim em 1946, acobertava a entrada de nazistas no país[4].

Hoje, a concentração de várias comunidades judaicas no continente americano deve ser avaliada como uma conquista coletiva do povo judeu no exílio. Em uma escala sem paralelos na história, a Diáspora trouxe milhares de judeus às terras americanas, apesar de vários países terem sustentado uma política imigratória antissemita. E a opção pelo Brasil – entre tantos outros países da América, como Estados Unidos, Cuba, Argentina, Chile ou México – ocorreu, na maioria das vezes, por questões práticas e imediatistas[5].

4   L. Senkman, La Política Inmigratoria del Primer Peronismo…, em B. Gurevich; C. Escudé (orgs.), op. cit., p. 263-298.
5   Sobre a postura desses países diante dos pedidos de vistos por parte dos judeus perseguidos pelo nazifascimo, ver M. L. T. Carneiro (org.), *O Anti-Semitismo nas Américas*.

O Projeto Étnico-Político do Governo Brasileiro

A postura antissemita sustentada pelo governo Vargas entre 1937-1945 tem suas raízes na mentalidade racista persistente no Brasil desde os tempos coloniais[1]. Mas foi a partir das últimas décadas do século XIX que as teorias racistas importadas da Europa sustentaram um caloroso debate sobre qual seria a *melhor raça* para compor o povo brasileiro: amarela, branca ou negra? Que tipo étnico deveria ser incentivado a imigrar para o Brasil?

Antropólogos, psiquiatras, militares, bacharéis em direito, médicos, eugenistas, economistas, jornalistas e escritores dedicaram-se a *pensar* essa questão, procurando detectar os responsáveis pelos males que assolavam o país. Apropriando-se dos modelos oferecidos pelos teóricos racialistas europeus, valorizando os métodos apontados pela antropologia social e pela eugenia, esse grupo ditou regras que classificavam os negros, os judeus, os japoneses e os árabes como *raças* indesejáveis para compor a população brasileira. Pactuando com o Estado, ofereceram elementos para uma intensa campanha de brasilidade ufanista, antiliberal, anticomunista e xenófoba que, aprimorada nos anos de 1930 e 1940, prestou-se para encobrir valores racistas e antissemitas sustentados pela elite política. Por meio do *slogan* "promover o homem brasileiro e defender o desenvolvimento econômico e a paz social do país", encontraram uma fórmula para acobertar as práticas autoritárias. Tanto a legislação como a polícia política brasileiras foram acionadas de forma a legitimar a ação repressiva contra aqueles que, segundo o discurso oficial, eram considerados como elementos ameaçadores à composição racial e à ordem social e política brasileiras[2].

Desde as primeiras décadas do século XX, as autoridades federais se posicionaram como controladoras dos surtos imigratórios e de povoamento com o objetivo de evitar conflitos verticais. A criação de uma série de departamentos com sessões destinadas a regulamentar a imigração expressa a ação de um Estado gerenciador da população, que passou a ser avaliada por sua capacidade produtiva[3]. Interessava manter no campo e na cidade homens disciplinados e trabalhadores incorporados de forma orgânica por meio do sistema produtivo. O trabalho transformou-se em medida de avaliação social e racial, cujos critérios foram reciclados pelo governo Vargas após 1937.

---

1 Essa questão foi analisada por mim em *Preconceito Racial em Portugal e Brasil Colônia*.
2 A. de C. Gomes, Ideologia e Trabalho no Estado Novo, em D. Pandolfi (org.), *Repensando o Estado Novo*, p. 53-72.
3 Esta questão foi amplamente analisada por Octavio Ianni em duas de suas obras: *A Ideia de Brasil Moderno*; *Estado e Planejamento Econômico no Brasil (1930-1970)*.

Cidadãos parasitários eram identificados ora com a figura do caipira improdutivo ora com a do imigrante judeu, que, ao longo dos anos 1920 e 1930, foram se transformando, no imaginário racista, em verdadeiras pragas. Comparado a um "sombrio urupê de pau podre", o caboclo era visto como incapaz de criar o progresso. Foi em 1914 que Monteiro Lobato publicou *Uma Praga Nacional*[4] e Oliveira Vianna, seus princípios racistas louvando os milagres do arianismo alemão[5]. Anos mais tarde, a figura negativa do caboclo encarnou-se no retrato do Jeca Tatu, acusado de trazer na alma "as verminoses que tem no corpo". Esse personagem – que se tornou célebre graças às ilustrações de Storni – foi retratado em *Urupês*, livro de contos em que Lobato reconheceu que as causas dos males desse velho caboclo estavam na falta de saúde e instrução e não na sua fragilidade racial[6].

Os eugenistas e os higienistas, independentes da reformulação de Lobato, continuaram a identificar o caboclo como uma praga a ser afastada do cenário nacional. Uma série de estudos liderados pelo médico eugenista Renato Kehl[7] defendia a ideia de o Estado formular um plano com o objetivo de selecionar jovens capazes, representantes de uma raça pura. Diante dessas *utopias da felicidade coletiva*, o judeu também foi avaliado como um indesejável, por sua *índole parasitária* e sua *incapacidade atávica para o trabalho*. O imigrante europeu (branco e católico) despontava como uma opção de mão de obra produtiva, mas desde que selecionado. O apelo era feito em nome da *vocação agrária*, que, nos anos de 1930, foi reforçada pelo conceito de *vocação humanitária e imigratória do Brasil*.

Desde a primeira década do século, o Estado – como agente da modernidade – procurou interferir no processo civilizatório brasileiro, valendo-se dos conhecimentos de médicos eugenistas e de técnicos convocados para avaliar os focos das enfermidades que assolavam as cidades e o campo. A falta de higiene e a imigração transformaram-se em questões de *ordem pública*, e foram responsabilizadas pela proliferação de doenças, do parasitarismo e pelo atraso econômico. Na década de 1930, o enfoque foi reformulado em consequência da ação de um Estado intervencionista preocupado em conter outro tipo de vírus: o comunismo, interpretado como "o monstro de mil cabeças". O

---

4   Sobre esta questão, ver a polêmica sustentada por Monteiro Lobato em *Urupês*, p. 141-147. Nesse mesmo *ano do Jeca*, Oliveira Vianna despontou no cenário nacional com sua obra *Populações Meridionais do Brasil*, expressão do darwinismo social e da ideologia do arianismo, influenciado pelos princípios de Arthur de Gobineau, Vacher de Lapouge etc. O historiador A. J. V. Escobar, em *Política e Poder*, faz uma série de reflexões acerca desse tema, reunindo textos de Lobato, como *Urupês*, dentre outros. Escobar defende a ideia da construção de um saber técnico sustentado por médicos eugenistas, que, dentre outros objetivos, procuravam detectar os focos de disfunção tentando dominar o aleatório, punindo revoltas e expulsando os *males* do corpo social (sujeição dos corpos).

5   Cf. *O Idealismo na Evolução Política do Império e da República*; O Tipo Étnico Brasileiro e os seus Elementos Formadores, *Dicionário Histórico, Geographico Ethonographico Brasileiro*; *Pequenos Estudos de Psycologia Social*.

6   A indústria farmacêutica, aproveitando o sucesso do personagem junto à opinião pública, vendeu o Biotônico Fontoura como xarope com gosto de vinho, capaz de recuperar até os males da alma!

7   Cf. *Eugenia e Medicina*; *Lições de Eugenia*; *Conduta*; *Por Que Sou Eugenista*; *Utopia da Felicidade Coletiva*.

medo da revolução bolchevique (ou vermelha, como ficou conhecida) obrigou o Estado a reavaliar o papel dos imigrantes judeus (principalmente dos russos e dos lituanos), acusados, genericamente, de comunistas e, como tais, de perigosos à *ordem social* e à Segurança Nacional[8].

Os ecos da Revolução Russa (1917) e o impacto da experiência soviética como proposta de planejamento econômico e de um Estado gerenciador atentavam contra a imagem dos judeus russos, que, em 1921, foram avaliados pela Diretoria do Serviço de Povoamento, do Ministério da Agricultura, Indústria e Comércio. Respondia pela direção Dulphe Pinheiro Machado, cuja trajetória pública no governo Vargas ficou marcada pela persistência de seu pensamento antissemita. Homens como esse estiveram, ao longo de três décadas consecutivas, gerenciando cargos de direção e, por terem poder de decisão, interferiram nos rumos da política imigratória nacional[9].

Em 30 de setembro de 1921, Dulphe Pinheiro Machado foi consultado pelo diretor dos Negócios Comerciais e Consulares do Ministério das Relações Exteriores sobre a introdução no Brasil de agricultores russos, de origem israelita. Em sua opinião, o Brasil necessitava de agricultores *de verdade* e a entrada de judeus não contribuiria para o incremento da atividade agrícola. Fazia questão de afirmar que, na melhor das hipóteses, essa imigração importaria em um impulso ao *urbanismo*, como já havia sucedido com o ingresso no país de imigrantes turcos, sírios e árabes[10]. Enfim, o imigrante judeu era criticado por sua *inaptidão para a agricultura* – argumento clássico do antissemitismo tradicional – e, por preferir viver na cidade, era responsabilizado pelo desequilíbrio entre ruralismo e urbanismo[11].

Para Pinheiro Machado, a intenção dos judeus russos não deveria ser avaliada como um fato isolado. Tinha antecedentes: certo tempo atrás, o governo brasileiro havia recebido uma proposta do ministro moscovita Maximoff de aceitar, em grande escala, imigrantes russos de origem judaica. Maximoff argumentava que essa iniciativa visava o intercâmbio marítimo direto entre os portos russos do Mar Negro e o Brasil. Ainda que expressiva de um

8   T. Wiazovski inventariou os prontuários desses judeus russos e lituanos processados pelo Deops/sp, em *Bolchevismo e Judaísmo*. Ver também A. A. da S. Gordo, *Expulsão dos Estrangeiros*; G. Flores, *Direitos e Deveres do Estrangeiro no Brasil*.

9   Na década de 1930, Dulphe Pinheiro Machado ocupou o cargo de diretor do Departamento Nacional de Povoamento junto ao Ministério do Trabalho, Indústria e Comércio. Assim como ele, outros técnicos e intelectuais antissemitas opinaram (e decidiram) em questões diretamente ligadas à imigração semita para o Brasil. Outros exemplos são: Jorge Latour e Oliveira Vianna, que foi nomeado em 1934 pelo Ministério do Trabalho e Negócios Interiores para chefiar a comissão que iria elaborar um anteprojeto de reforma da lei relativa à entrada de estrangeiros no Brasil. Esses estudos resultaram nos decretos n. 24.215 e n. 24.258, ambos de maio de 1934, que convergem com a nova orientação da Constituição de julho de 1934.

10   Ofício n. 13, do diretor geral dos Negócios Comerciais e Consulares para Dulphe Pinheiro Machado, diretor do Serviço de Povoamento do Maic, Rio de Janeiro, 30 set. 1921; Ofício n. 2941, de Dulphe Pinheiro Machado, diretor do Serviço de Povoamento do Maic, Rio de Janeiro, 18 out. 1921, v. 293/3/4, AHI/RJ.

11   Uma série de decretos-leis foi implementada entre 1940-1941 com o objetivo de valorizar a terra e o homem. Ver decreto n. 1968, de 17 jan. 1940, e decreto n. 2610, de 20 set. 1940, ambos dedicados à concessão de terras nas fronteiras; e o decreto n. 3.059, de 14 fev. 1941, com o objetivo de organizar as colônias agrícolas no oeste.

momento de descontração do governo russo – que estava reatando suas relações internacionais após graves momentos de crise econômica[12] –, essa proposta foi interpretada segundo os filtros antissemitas de Pinheiro Machado. Segundo ele, esse empreendimento "visava descongestionar o ex-império russo de fortes núcleos de população judaica, elemento, sabidamente, parasitário e inassimilável, causa de constantes e sangrentos conflitos, motivados por ódios de raça e religião"[13].

Nesse mesmo ano de 1921, a ICA – instituição judaica internacional envolvida com projetos de colonização planejada na América – priorizou o auxílio aos imigrantes ao se decidir pela coordenação de diferentes comitês e sociedades de emigração judaica durante uma conferência realizada em Bruxelas. Daí o empenho dessa instituição em conseguir que o governo brasileiro autorizasse a entrada no Brasil de um grupo de sessenta cultivadores tchecoslovacos que poderiam ser aproveitados nas fazendas de café[14]. Pinheiro Machado informou que, nessa época, o governo brasileiro já havia recusado outra proposta de colonização tendo em vista a "incapacidade atávica daquela raça, para o trabalho agrícola, ao qual é de toda avessa, chegando ao extremo de julgá-lo humilhante"[15].

Ao recuperar as justificativas antissemitas do governo brasileiro, o diretor do Serviço de Povoamento, simplesmente omite os empreendimentos da ICA na região Sul do Brasil, que, desde 1904 (colônia Philippson) e 1913 (colônias Quatro Irmãos, Baronesa Clara, Barão de Hirsch e Rio Padre), estavam recebendo imigrantes judeus de distintas nacionalidades (russos, poloneses, romenos, alemães e argentinos) para trabalhar na agricultura[16].

---

12 Esse momento na Rússia deve ser avaliado como um momento de descontração interna implicando em reformulação e estabilidade, ainda que temporária. Em março de 1921, Lênin havia anunciado a Nova Política Econômica (NEP). O confisco de alimentos foi substituído por um imposto em gêneros e os camponeses puderam vender produtos excedentes no mercado. Empresas privadas foram liberadas do controle estatal e o comércio varejista voltou à iniciativa privada. O Estado retinha o controle de setores vitais: indústria pesada, bancos e comércio exterior. Essa descontração foi seguida pela retomada das relações internacionais. O tratado de comércio com a Grã-Bretanha, em 1921, foi seguido pelo Tratado de Rapallo, de 1922, com a Alemanha, e do reconhecimento diplomático, entre outros, pela Grã-Bretanha e pela França, em 1924 (ano da criação da URSS).

13 Ofício n. 2941, de Dulphe Pinheiro Machado, diretor do Serviço de Povoamento, para o diretor Geral dos Negócios Comerciais e Consulares, Rio de Janeiro, 18 out. 1921, p. 1, v. 293/3/4, AHI/RJ.

14 Cf. Correspondência de Paris para Quatro Irmãos, de 14 abr. 1921, n. 572, Caixa 9; Correspondência de Paris para Quatro Irmãos, de 17 maio 1921, n. 575, Caixa 9, AHLB/SP, apud I. R. Gritti, *Imigração Judaica no Rio Grande do Sul*, p. 48-49.

15 Ofício n. 4122, de Pinheiro Machado, 18 out. 1921.

16 Uma das principais preocupações do barão Maurice de Hirsch, idealizador da ICA, era com a sorte dos judeus russos, que, desde 1881, começaram a ser perseguidos pelo regime tsarista. Maurice de Hirsch tentou instalar ali escolas profissionais e agrícolas para jovens judeus, fornecendo um subsídio de dois milhões de libras. O governo tsarista não consentiu. Maurice de Hirsch chegou à conclusão de que a imigração era a melhor opção para tentar salvar os judeus russos. Com esse objetivo, a ICA criou colônias agrícolas na Argentina, no Brasil, na Galícia (Polônia austríaca), e estabeleceu o Fundo Barão Hirsch, em Nova York, destinado ao treinamento técnico e agrícola dos imigrantes judeus. Em 1912, haviam sido encaminhadas para trabalhar em Quatro Irmãos sessenta famílias vindas da Bessarábia e, em 1913, outras 150 famílias provenientes da Rússia, totalizando 285 pessoas. Cf. M. Eizirik, *Aspectos da Vida Judaica no Rio Grande do Sul*, p. 21-25.

2. Trabalhadores judeus do início do século XX.

A constante vigilância das autoridades brasileiras aos projetos de colonização judaica no Brasil demonstra que a questão jamais saiu de pauta. Em 1928, Dulphe Pinheiro Machado foi informado por meio da Secretaria de Estado das Relações Exteriores que a publicação *Jewish Graphic*, de Londres, de 3 de fevereiro, havia feito um comentário a propósito da conferência que as três organizações judaicas Hicem, IMIGDIREKT e ICA haviam realizado em Berlim. O alerta se fazia em torno do fato de que tanto o Brasil como a Argentina haviam sido considerados "um magnífico campo para absorção da imigração d'essa raça"[17].

A partir de 1931, o aparelho do Estado procurou definir uma série de mecanismos inibidores dos movimentos imigratórios e dos conflitos sociais. Atento à mobilização de uma série de grupos estrangeiros que se organizavam politicamente nos subterrâneos da sociedade, o governo brasileiro procurou traçar um sistema de regras que impedisse a entrada maciça de imigrantes e, em especial, de judeus, suspeitos em potencial de práticas comunistas. Ao avaliarem os projetos de colonização, estariam não apenas selecionando o *bom* imigrante como também controlando o processo de ocupação do território nacional, o acesso à terra, o abastecimento de mão de obra, o fluxo de

---

17 Ofício de Raul de Campos, da Secretaria de Estado das Relações Exteriores, para Dulphe Pinheiro Machado, diretor do Serviço de Povoamento, Rio de Janeiro, 31 mar. 1928 (*ms*), v. 293/3/6, AHI/RJ.

riqueza no país. Enfim, estariam colocando em prática os ideais de *justiça social* por meio de uma política de proteção ao trabalhador nacional[18].

Em nome da civilização e do progresso material, a pobreza deveria ser evitada assim como as doutrinas exóticas e a diversidade étnica. O equilíbrio social, racial e político só seria alcançado por meio da intervenção direta do Estado que, ao redimensionar seu discurso e se posicionar como *avalista do valor social dos cidadãos*, impôs parâmetros legais de conduta. Não interessava receber ou manter entre nós elementos provocadores da desagregação social, da heterogeneidade racial e da desordem política. Daí o fortalecimento da polícia política, que, enquanto braço repressor do Estado, alimentava a sobrevivência de uma série de mitos políticos, dentre os quais o *mito do complô (judaico-comunista) internacional*[19].

Políticas imigratórias foram estabelecidas com o objetivo de limitar a entrada de estrangeiros em território nacional. Intelectuais racistas, do cunho de um Oliveira Vianna, foram chamados pelo Estado para pensar uma nova política imigratória voltada para a configuração de uma raça eugênica e para a preservação da brasilidade. *Racismo* e *nacionalismo* se prestaram para dar sustentação ao discurso da exclusão que caracterizou o Estado Novo, discurso este gestado desde o final do século XIX[20].

A questão, até então racial e social, assumiu *status* de problema político ao ser considerada como afeto às decisões do Ministério da Justiça e Negócios Interiores, conforme decreto-lei n. 1.532 de 23 de agosto de 1938. O governo pautava-se na orientação oferecida pelos métodos seletivos proporcionados pela ciência moderna e na experiência histórica de alguns países, dentre os quais os Estados Unidos. Artigos publicados nas revistas oficiais – porta-vozes da mentalidade seletiva e racista de intelectuais orgânicos – registraram a pauta desse debate centralizado no tema da imigração e da colonização, da política social e da política sanitária, do trabalho e da medicina social[21].

Esses ensaios expressavam a busca incessante dos elementos fundantes da nação por parte de uma intelectualidade e de um corpo diplomático imbuídos da sua missão social. Evocavam-se estudos produzidos por médicos e psiquiatras, que apontavam as soluções eugênicas como a grande saída para o aperfeiçoamento da raça, questão que não poderia ser pensada sem a ajuda da Ciência. Pesquisas desenvolvidas no campo da psiquiatria – e que tinham os alienados e criminosos internos no Hospital do Juqueri como objeto de

---

18   A. de C. Gomes, Ideologia e trabalho no Estado Novo, em D. Pandolfi (org.), *Repensando o Estado Novo.*

19   R. Girardet, *Mitos e Mitologias Políticas*; R. P. Sá Motta, O Mito da Conspiração Judaico-Comunista, *Revista de História*, n. 138, p. 93-106; T. Wiazovski. *O Mito do Complô Judaico-Comunista no Brasil.*

20   Basta acompanharmos o conjunto de decretos-leis e comissões que foram acionados com vistas a conferir legitimação a esse projeto que transformou a imigração em problema político: decreto n. 19.492, conhecido como Lei dos 2/3, que obrigava o emprego proporcional de trabalhadores nacionais; o art. 121, parágrafo 6º da Constituição de 1934, que instituía o regime de cotas imigratórias nos moldes daquele aplicado pelos Estados Unidos em 1921.

21   T. R. de Luca, *A Revista do Brasil: Um Diagnóstico para a (N)ação*; A. J. V. Escobar, *Política e Poder*. Ver sobre os artigos publicados na revista *Cultura Política* e *Revista de Colonização e Imigração*, em E. P. Peres, "Proverbial Hospitalidade"? A *Revista de Imigração e Colonização* e o Discurso Oficial sobre o Imigrante (1945-1955), *Acervo, Revista do Arquivo Nacional*, v. 10, n. 2.

estudo – forneciam subsídios para o julgamento dos refugiados e dos deslocados de guerra avaliados, no pós-guerra, como "raças estanques", "psicopatas incubados", "parasitas do asfalto e das boiates", "propagandistas ocultos de ideologias reacionárias", "indivíduos perigosos à segurança nacional", "inaptos física e mentalmente" etc.[22]

A construção dessa biotipologia do imigrante fundamentada na avaliação de psiquiatras veio à tona em momentos distintos, reelaborando o paradigma racial clássico. Discursos científicos enfatizavam as possibilidades de branqueamento, em uma verdadeira exaltação às propostas eugênicas. Basta lembrar o ano de 1933, por ocasião dos debates para as emendas que deram origem à Constituição Brasileira de 1934; e o ano de 1945, quando um possível deslocamento em massa de refugiados de guerra colocou as autoridades científica e política brasileiras em estado de alerta. Os psiquiatras Antonio Carlos Pacheco e Silva, Antonio Xavier de Oliveira e Adalberto Lyra Cavalcanti apresentam-se como modelos exemplares dessa "maneira de se pensar a política nacionalista" nas décadas de 1930 e 1940. Os dois primeiros tiveram participação ativa na formulação de uma campanha antinegros e antinipônicos durante a assembleia que discutiu as emendas para a Constituinte de 1934[23]. Em 1920, Xavier de Oliveira já havia publicado um estudo sobre o sertanejo, *Beatos e Cangaceiros: Uma História Real*, no qual traça uma série de observações pessoais e impressões psicológicas acerca dos mais célebres. Em 1946, Lyra Cavalcanti creditava suas conclusões "científicas" sobre a imigração do pós-guerra aos dados recolhidos por Pacheco e Silva no Hospital do Juqueri entre 1921-1942[24].

Em 1945, J. Rodrigues Valle – professor da Faculdade de Ciências Econômicas do Rio de Janeiro e da Faculdade Nacional de Direito da Universidade do Brasil – defendia, no campo do direito administrativo e do direito internacional, a necessidade de fazer prevalecer em nossa legislação *medidas de polícia de estrangeiros*[25]. Subsidiando suas reflexões, identificamos as teorias defendidas pelos racialistas Arthur Gobineau, Gustave Le Bon, Paul Broca, Vacher de Lapouge, Hammon e Hippolyte Taine, reafirmadas nas propostas apresentadas por Arthur Hehl Neiva, Dulphe Pinheiro Machado, Oliveira Vianna, Roquete Pinto e Miguel Couto, dentre outros[26]. Rodrigues Valle retomou o tema da imigração e da homogeneidade racial condenando a fusão de elementos étnicos diversos e a valorização do mestiço por alguns teóricos. Ocupando cargos de confiança junto ao poder ou fazendo circular suas ideias através dos meios de comunicação, esses homens conseguiram interferir nos rumos da política imigratória modelada segundo propostas seletivas e racistas.

---

22 A. X. de Oliveira, Da Incidência das Psicoses nos Estrangeiros no Brasil, *Revista de Imigração e Colonização*, v. 4, p. 638-640; J. Caracas, Imigração Holandesa e Italiana, *Revista de Imigração e Colonização*, v. 1, p. 66-74;

23 F. V. Luizetto, *Os Constituintes Face da Imigração*.

24 Apud E. P. Peres, op. cit., p. 69.

25 Rodrigues Valle é autor de *Pátria Vindoura*; *Reorganização Nacional*; *Formação da Raça Brasileira*, dentre outros.

26 Sobre a posição racista destes teóricos, ver T. Todorov, *Nós e os Outros*, v. 1.

Arnaldo de Souza Paes de Andrade[27] – chefe do Estado-Maior do Exército e homem afinado com o ideário racista e com as práticas repressivas adotadas pelo governo Vargas contra os "subversivos" da ordem – pronunciou-se, em 1937, acerca do projeto étnico-político sustentado pelo regime. Atendendo ao pedido do ministro de Estado das Relações Exteriores, Paes de Andrade opinou sobre assuntos de imigração. Naquele momento, o governo polonês tentava conseguir o apoio do Brasil na Repartição Internacional do Trabalho em Genebra, com o objetivo de colocar em discussão na Liga das Nações a emigração como um dos problemas básicos internacionais. Medidas de emergência deveriam ser acionadas levando-se em consideração a força alcançada pelo nacional-socialismo na Alemanha, a proliferação do antissemitismo na Europa e o grande número de judeus poloneses que começavam a deixar a Polônia. O governo polonês propunha uma ação conjunta internacional, quer seja do ponto de vista organizacional, quer do financeiro, a fim de tornar possível uma ação colonizadora em grande escala. Sua intenção era de atuar junto ao Bureau Internacional do Trabalho com o objetivo de:

a. criar no seio daquela organização células especiais que se ocupassem dos problemas de imigração;
b. elaborar um relatório sobre imigração que deveria apontar os problemas internacionais de colonização, além de sugerir soluções;
c. tentar viabilizar os créditos internacionais, a fim de tornar possível uma ação colonizadora em larga escala;
d. convocar a Comissão Internacional de Peritos a apresentar-lhes os problemas que poderiam produzir resultados concretos[28].

Fundamentando-se em informações fornecidas por Jorge Latour – encarregado dos Negócios do Brasil na Polônia e um dos mais ferrenhos diplomatas antissemitas brasileiros atuantes neste período –, Paes de Andrade respondeu ao Ministério das Relações Exteriores que tais questões expressavam os "interesses imperialistas" da Polônia[29]. Considerava os filhos dos poloneses

27 Participou da deflagração do movimento revolucionário de 1930, dirigido pela Aliança Liberal, ao comandar as forças legalistas no sul do Brasil. Em 1932, participou da repressão à Revolução Constitucionalista deflagrada em São Paulo, chefiando o Estado-Maior das forças legalistas. E, em 27 de novembro de 1935, foi incumbido pelo general Eurico Dutra de dominar o levante organizado pela ALN na Escola de Aviação Militar, no Rio de Janeiro, debelado em poucas horas. Promovido a general-de-divisão, foi nomeado, em fevereiro de 1936, chefe do Estado-Maior do Exército. Exerceu a função até junho de 1937, transferindo o cargo ao general Góis Monteiro. Faleceu em 8 de agosto de 1947. Cf. I. Beloch; A. A. de Abreu (coords.), *Dicionário Histórico-Biográfico Brasileiro* (1930-1945), v. 1, p. 141.
28 Ofício Secreto n. 13, de Arnaldo de Souza Paes de Andrade, gen. de divisão, chefe do Estado-Maior do Exército, Rio de Janeiro, 2 fev. 1937, Lata 803, Maço 11.232/A; Ofício de Mario de Pimentel Brandão, ministro Interino das Relações Exteriores, para João Carlos Muniz, cônsul geral do Brasil em Genebra, Rio de Janeiro, 26 jan. 1937, Lata 803, Maço 11.232/4; Ofício de T. St. Grabowski, ministro da Polônia, para Mario de Pimentel Brandão, ministro Interino das Relações Exteriores, Rio de Janeiro, 20 jan. 1937, Lata 803, Maço 11.232/4, AHI/RJ.
29 Ofício Reservado de Jorge Latour, Encarregado de Negócios do Brasil em Varsóvia, para José Carlos de Macedo Soares, ministro das Relações Exteriores, Varsóvia, 15 nov. 1936, Lata 803, Maço 11.232/A, AHI/RJ.

nascidos no estrangeiro como indesejáveis por manterem um espírito continuamente voltado para a pátria de origem. Nessa perspectiva, enquadrava os poloneses no modelo de infiltração dos povos expansionistas, que visavam a criação de núcleos onde era impossível a assimilação do estrangeiro, ou seja: "criavam quistos territoriais dentro de nossa Pátria". Segundo Paes de Andrade, esse modelo já havia sido tentado pelos japoneses, com a diferença de que estes eram indubitavelmente um fator de trabalho e de progresso.

Para o chefe do Estado-Maior do Exército, qualquer iniciativa contrária à entrada de poloneses no Brasil não seria novidade, pois, visando *melhorar a nossa raça*, já havíamos nos posicionado anteriormente contra a imigração de negros norte-americanos e refugiados do Iraque, estes localizados na Guiana inglesa. Em sua opinião, o Brasil "temia a infiltração d'esses nômades indesejáveis" e, do ponto de vista qualificativo, também temia os poloneses judeus: "homens sem profissão e sem trabalho, provavelmente comunistas"[30]. Para Paes de Andrade, deveríamos negar a entrada aos poloneses judeus, pois estes, além de "serem avessos ao trabalho agrícola, só imigravam para o Brasil para entregarem-se às especulações de um baixo comércio, e após, conseguidas a cidadania brasileira e economias, regressar ao país de origem". Como exemplo dessa situação, cita o caso de judeus alemães que, depois de se naturalizarem, regressaram à Alemanha sob o amparo das leis brasileiras.

Defendendo a sustentação de uma política imigratória seletiva, o chefe do Estado-Maior do Exército desaconselhou, *em tese*, a emigração em massa de poloneses para o Brasil. Em sua opinião, eles "viriam constituir colônias, encravadas e isoladas em territórios do Sul". *Em tese* porque considerava que, em suas diretrizes, esse vasto programa já estavam sendo "inteligentemente estudado e orientado" pelo Ministério do Trabalho por meio do Conselho Nacional de Imigração (CNI). Importante lembrar que o CNI tinha como atribuição: a. determinar as cotas anuais de admissão de estrangeiros; b. propor ao governo as medidas necessárias para promover a assimilação e evitar a concentração de imigrantes em qualquer ponto do território; c. estudar o problema relativo à seleção dos imigrantes, à antropologia étnica e social, à biologia racial e à eugenia[31].

Ponderando as vantagens e desvantagens acarretadas pela imigração judaica, Hildebrando Accioly, da Secretaria das Relações Exteriores, chegou à conclusão de que ela não era conveniente, pois modificaria sensivelmente a composição étnica do tipo brasileiro, com predominância, provavelmente, do elemento judaico. Alegava que este era mais forte ou mais resistente à assimilação devido aos séculos de segregação em que havia vivido na Europa. Aqui as imagens de "raça amaldiçoada" e de "perigo político-social" se completam, exigindo a adoção de rígidas medidas restritivas à imigração. Segundo Accioly,

30 Ofício Secreto n. 13, de Arnaldo de Souza Paes de Andrade..., p. 5.
31 Idem, p. 6; Ofício de Dulphe Pinheiro Machado, diretor do Departamento Nacional de Povoamento, para Agamenon Magalhães, ministro do Trabalho, Indústria e Comércio, Rio de Janeiro, 20 mar. 1937, Lata 803, Maço 11.232/A, AHI/RJ.

caso isso não fosse feito, "os judeus transformariam o Brasil na pátria de Israel, fato que nem na Palestina eles haviam conseguido"[32].

A sugestão era de que o Brasil adotasse uma cota de imigração para os judeus classificados como *nacionalidade* (sic), "ainda que fossem indivíduos sem pátria, desprovidos de qualquer sentimento de patriotismo". Essa proposta inspirava-se em outra elaborada anteriormente por Carlos de Ouro Preto, chefe dos Serviços Políticos, visto que não era possível impedi-la totalmente, ainda que tal emigração fosse pouco desejável. A prova desta *indesejabilidade* era apresentada como indiscutível e justificada:

- *indiscutível,* pois sua legitimidade se confirmava por meio da aprovação da Circular Secreta n. 1.127, resultada do entendimento entre o Ministério do Trabalho, o Ministério das Relações Exteriores e a Presidência da República;
- *justificada,* pois, segundo Accioly, "os judeus se constituíam em elementos subversivos ou de desagregação social, inassimiláveis, destituídos de quaisquer escrúpulos e que serviam aos desígnios da propaganda comunista"[33].

Para Accioly, os judeus eram perigosos, pois poderiam instigar a revolta dos nacionais contra a concorrência israelita, fazendo existir um sentimento que, a seu ver, ainda não existia entre nós: o antissemitismo. E o que expressavam as Circulares Secretas adotadas pelo Itamaraty desde 1937? A ideia defendida por Accioly era a de que o Ministério das Relações Exteriores incluísse na elaboração da nova lei de imigração uma disposição no sentido de indicar ou decretar uma lei especial para o caso dos judeus[34]. Enquanto secretário de Estado, Accioly sugeria o seguinte adendo, tendo como base estas hipóteses:

1ª *hipótese*: "Os judeus nascidos em quaisquer países estrangeiros serão tomados globalmente como uma nacionalidade distinta e, assim, o número de indivíduos de tal nacionalidade admitidos no Brasil, em caráter permanente, não excederá o limite anual de dois por cento (2%) do número de judeus entrados no país, nesse caráter, no período de 1º de janeiro de 1884 a 31 de dezembro de 1933".

2ª *hipótese*: Em caso de dificuldades de estabelecimento de cálculo, adotar-se uma cota arbitrária, igual à mínima das outras nacionalidades. Nesse caso, deveria ser acrescentado: "Enquanto se não obtiverem dados definitivos para o cálculo de tal cota, o Conselho de Imigração e Colonização poderá fixá-la no máximo em (x) pessoas, das quais oitenta por cento (80%), pelo menos, serão agricultores ou técnicos de indústrias rurais".

---

32   Ofício Secreto, de Hildebrando Accioly, da Secretaria das Relações Exteriores, para Oswaldo Aranha, ministro das Relações Exteriores, Rio de Janeiro, 22 abr. 1938, Lata 741, Maço 10.561, AHI/RJ.

33   Idem, p. 3.

34   M. L. T. Carneiro, *O Anti-Semitismo na Era Vargas*, p. 326-327.

3ª *hipótese:* Redigir uma lei especial, caso não fosse possível semelhante acréscimo à lei de imigração, ou se fosse julgada mais útil ou conveniente[35].

Ouro Preto e Accioly não estavam sozinhos nessa empreitada antissemita. Outros diplomatas sediados no exterior clamavam por medidas de profiláticas de expurgo dos cidadãos judeus. Edgardo Barbedo, cônsul geral do Brasil em Capetown (África do Sul), chegou a lamentar que as circulares não tivessem entrado em vigor dois anos mais cedo. Para Barbedo, se isso tivesse ocorrido, "não estaríamos chorando a morte de bravos militares patrícios, sacrificados no cumprimento do dever em defesa da Pátria, em 1935. O cônsul atribuía essa responsabilidade a Harry Berger ('o judeu'), que, após ter escapado dos campos de concentração na Alemanha, havia tentado implantar à violência o tão nefasto sistema comunista"[36].

35 Projeto de decreto-lei que Regula a Entrada de Indivíduos de Nacionalidade Judaica, Ministério das Relações Exteriores, 1939, Maço 558 (99), AHI/RJ.
36 Ofício n. 52, de Edgardo Barbedo, do Consulado-Geral do Brasil em Capetown, para Oswaldo Aranha, ministro das Relações Exteriores, Capetown, 12 jul. 1938, p. 1-2, Lata 677, Maço 9.953, AHI/SP.

A Construção
de uma Ordem Autoritária

Hannah Arendt, em sua clássica obra *O Sistema Totalitário*, já havia alertado para o fato de que o totalitarismo no poder usa o Estado como fachada externa para representar o país perante o mundo não totalitário. Essa foi, por assim dizer, a postura do governo Vargas, que, durante todo o Estado Novo, procurou sustentar no exterior uma imagem de nação soberana, com perfil de país humanitário e hospitaleiro. No entanto, a mentalidade que caracterizou a postura das autoridades integrantes do *núcleo do poder* estadonovista acabou por cunhar no Estado uma *imagem autoritária*[1]. É nesse sentido que sugerimos uma (re)leitura da Era Vargas (1930-1945), período em que o Estado brasileiro, inspirando-se em modelos totalitários, se fez portador de um projeto antiliberal.

Os homens que cercavam Vargas e que usufruíam de postos de comando junto aos aparelhos de Estado, construíram uma ordem autoritária valendo-se do imaginário anticomunista, do mito do complô secreto internacional, do antissemitismo político e da censura às ideias políticas[2]. Tornar públicas as circulares contrárias à entrada dos judeus no Brasil reafirmaria a imagem de nação conivente com o antissemitismo sustentado pela Alemanha nazista, além de abalar as relações amistosas com os Estados Unidos, fortalecidas após 1942.

Artigos publicados pela imprensa internacional questionavam esta dubiedade do governo brasileiro, que procurava neutralizar sua faceta fascista[3]. Distantes da realidade brasileira, alguns jornais europeus avaliavam a repressão às colônias alemãs e italianas no sul do país como atos de repulsa à ideologia nazifascista e não como prática de um nacionalismo exacerbado. Em Estocolmo, por exemplo, o *Diário Social-Democrata* publicou, em agosto de 1939, um editorial intitulado "A América do Sul e o Eixo", no qual Getúlio Vargas era apresentado como "o governante sul-americano mais forte e prestigiado e o principal adversário da expansão nazista no Continente". Seu propósito de realizar uma doutrina Monroe sul-americana – e de organizar o continente em uma unidade política – era comparado à grande obra de Bolívar[4].

---

1 Sobre esta questão, ver E. Dutra, *O Ardil Totalitário*; H. Arendt, *O Sistema Totalitário*, p. 524.
2 Sobre o tema da censura, ver M. L. T. Carneiro (org.), *Minorias Silenciadas; Livros Proibidos, Ideias Malditas*.
3 M. L. T. Carneiro; B. Kossoy, Propaganda e Revolução: Os Caminhos do Impresso Político 1930-1945, em L. R. Torgal; H. Paulo (orgs.), *Estados Autoritários e Totalitários e suas Representações*, p. 145-166; M. L. T. Carneiro, La polizia politica brasiliana: il lato fascista del governo Vargas, em M. Passetti (org.), *Progetti corporativi tra le due guerre mondiali*, p. 235-243.
4 Telegrama de S. S. Leão Gracie, da Legação de Estocolmo, para o Ministério das Relações Exteriores, 11/VIII/1939, 600.1 (30), Lata 983, Maço 15.643, AHI/RJ.

Baptista Lusardo – embaixador brasileiro em Montevidéu –, preocupado com a imagem do Brasil no exterior, mandou publicar no jornal *La Mañana* o discurso radiofônico proferido por Vargas no dia 1º de janeiro de 1939. A seu ver, esse pronunciamento corroborava a configuração da imagem serena de energia do chefe de Estado que dava orientação franca e segura aos assuntos internos e internacionais[5]. Mas nem sempre os atos colaboravam. A ação sistemática do Ministério das Relações Exteriores contra os judeus e a prática repressiva da polícia política aos comunistas e, aos estrangeiros de uma forma geral, expressavam o engajamento do governo em projetos de cunho autoritário.

Às vezes, o próprio Vargas se traía abrindo espaço para a crítica internacional. Em dezembro de 1939, o periódico *Japan Advertiser* publicou, sob o título "Totalitarian States Policy Upheld by Brasil's President in Address to Latin American", a síntese do discurso que Vargas proferiu durante a Conferência de Lima. Segundo a agência *Domei* – que espalhou telegramas por vários jornais de língua inglesa –, Vargas havia declarado que três fatores dominavam a política mundial: "o respeito pelos direitos do Estado sobre os indivíduos; a vitória das necessidades econômicas sobre os conceitos puramente jurídicos e o advento de países fortemente nacionalistas, cujos atos consumados justificavam suas ações"[6].

Na opinião de Vargas, as nações da América Latina deveriam tomar esses fatos em consideração; quanto ao Brasil, ele pedia o respeito do mundo pelos seus direitos e apontava para um *único* inimigo: o bolchevismo[7]. Esse discurso provocou comentários em vários jornais japoneses, dentre os quais o *Japan Times* e o *Tokyo Nichi-Nichi* – ambos impressos em língua inglesa –, que, nos dias 17 e 21 de dezembro de 1938, interpretaram o discurso de Vargas como "uma desaprovação à campanha dos Estados Unidos contra os países antidemocráticos". Segundo o *Tokyo Nichi-Nichi*, Vargas sustentava certos princípios do totalitarismo, gosto este avaliado como *um tanto rude para o paladar dos Estados Unidos*[8].

Com base na realidade histórica do Brasil, constatamos que as práticas autoritárias sustentadas pelo governo Vargas (1930-1945) se faziam fundamentadas nas teorias da exclusão, acarretando a recomposição do tecido social sob diferentes formas. Algumas mais visíveis, outras mais sutis, dada a força de suas características simbólicas. A documentação iconográfica (livros didáticos, revistas ilustradas, álbuns e exposições comemorativas) e sonora (discursos radiofônicos, músicas e hinos nacionalistas) expressa a tensão com as imagens que o Brasil pretendia sustentar: de país de acolhimento e de nação moderna. No entanto, esse conjunto de representações produzia *conflitos de*

---

5 Ofício n. 10, de Baptista Lusardo, da Embaixada Brasileira de Montevidéu, para Oswaldo Aranha, ministro das Relações Exteriores, Montevidéu, 17 jan. 1939, 500, Lata 983, Maço 15.643, AHI/RJ.

6 Ofício n. 3, de (ass. ileg.), embaixador do Brasil em Tóquio, para Oswaldo Aranha, ministro das Relações Exteriores, Tóquio, 2 jan. 1939, 500. 962, VIII, Lata 983, Maço 15.643, AHI/RJ.

7 Idem, p. 2.

8 Idem, p. 3-4.

3. Campanha contra Vargas.

valores decorrentes do fato de o Brasil ser um país intolerante, fechado às diferenças étnicas e políticas. Tudo se passa como se falsos semblantes fossem utilizados para acobertar "estratégias de segredo"[9].

Esses conflitos são expressivos do momento em que o governo Vargas tentava se estruturar enquanto Estado moderno, valendo-se do paradigma do individualismo e da *estranheza* em relação ao Outro. Daí a postura fria, hostil e imprópria à agregação dos homens entre si sustentada pelas autoridades brasileiras, que, a partir de 1933, tiveram que buscar soluções para a questão do refugiado judeu. A relação de *conflito* e *exclusão* com relação ao grupo *semita* já estava em curso desde o início do século XX. Ao Estado Nacional coube dar-lhe forma, garantindo a instituição de uma nova ordem social. Enfim, a política antissemita sustentada pelo Estado republicano entre 1921-1948 deve ser interpretada como um fenômeno da exclusão produzido por múltiplas rupturas em curso: dos direitos de cidadania, dos conceitos de justiça, humanidade e solidariedade, dentre tantos outros.

---

9   M. Xiberras, *As Teorias da Exclusão*, p. 142.

Códigos de Solidariedade

As circulares secretas antissemitas que vigoraram no Brasil a partir de 1937 não devem ser vistas apenas como expressão do projeto étnico idealizado pelos dirigentes políticos brasileiros, mas também como uma solução isolada para um problema que se apresentava internacional: a dos refugiado políticos, judeus em sua maioria. Remando contra a maré dos países e dos grupos que lutavam pela preservação dos direitos humanos e protestavam contra os métodos empregados pelos regimes totalitários, o Brasil – que procurava sustentar a falsa imagem de país democrata – preferiu dar tempo ao tempo. Em vários momentos, a elite política do governo Vargas articulou um pseudodiscurso humanitário em prol das minorias espoliadas pelos regimes nazifascistas com o objetivo de se fazer simpática, principalmente, aos olhos dos Estados Unidos. Mas, avaliando a documentação produzida pela diplomacia brasileira em missão no exterior e pelas principais autoridades que cercavam Getúlio Vargas, constatamos que estavam em jogo situações de poder e não vidas.

Sempre que possível, o governo brasileiro manteve nos bastidores uma política imigratória seletiva, excludente das minorias e que hoje deve ser interpretada como uma posição de descomprometimento com a causa judaica, que, naquele momento, clamava por soluções imediatas. Quando longe das pressões dos Estados Unidos e da Grã-Bretanha, assim como dos grupos de ajuda internacional, o governo Vargas fez valer seus princípios em prol da higienização da raça brasileira. Tanto assim que penalizou (a bem do serviço público) aqueles que, na condição de membros da diplomacia brasileira, haviam se disposto a salvar algumas centenas de refugiados judeus. Como exemplo citamos o processo administrativo movido contra o embaixador brasileiro Luiz Martins de Souza Dantas, acusado de irregularidades na concessão de vistos.

Os governantes brasileiros tinham conhecimento da trágica situação vivenciada pelos judeus na Europa, pois, além dos relatórios mensais recebidos das missões diplomáticas no exterior, alguns jornais brasileiros informavam, dia a dia, sobre o processo de desintegração econômica e social dos judeus alemães, austríacos, tchecos etc.[1] Desde os primeiros anos da década de 1930, as organizações internacionais e judaicas, em um espírito único, tentavam somar forças contra o antissemitismo. Em 1932, representantes de diferentes grupos nacionais haviam se reunido em Viena com o objetivo de discutir seus problemas e qualificar suas reivindicações. Ali estavam representadas,

---

1 Sobre esta questão da imprensa brasileira e o Holocausto, ver A. R. Guglielmo, *A Questão Judaica e o Holocausto Enquanto Notícia*.

dentre tantas outras, as minorias eslovena e tirolesa existentes na Itália, alemã da Letônia, húngara da Tchecoslováquia, russa da Estônia, ucraniana da Polônia, catalã da Espanha e a israelita, espalhada por toda a Europa.

Alertava-se para o fato de que a questão das minorias, separadas por tantas raças e ódios seculares, estava assumindo dimensões inimagináveis, envolvendo o destino de toda a Europa. Os problemas extrapolavam a sensibilidade que exigia a preservação das línguas e das culturas nacionais, provocando sérias tensões internacionais. Um objetivo comum se prestava como critério para as reivindicações: a consolidação da paz mundial, a manutenção das identidades nacionais e a liberdade do respectivo desenvolvimento cultural[2].

A partir de 1933, a questão com as minorias nacionais alcançou novas dimensões com a ascensão do nacional-socialismo na Alemanha. Nessa época, a legislação brasileira ainda não impunha restrições específicas aos judeus, que, erroneamente, eram tratados como raça ou nacionalidade. A partir do momento em que estes foram classificados pelas leis do Terceiro Reich como apátridas (com base na ideia de que os judeus eram impuros quanto à raça), o governo brasileiro endossou essa categoria fundamentando seu posicionamento excludente na ideia de que eles eram *inassimiláveis* por natureza. Daí a sustentação por certas autoridades políticas brasileiras, ainda que de postura americanófila, da ideia de que os judeus eram "elementos subversivos ou dissolventes" e "com tendências a gerar quistos raciais, verdadeiros corpos estranhos no organismo nacional"[3].

Antes mesmo da ascensão de Hitler ao poder, o Brasil já se valia de critérios antissemitas para selecionar seus imigrantes, que, para ingressarem em território nacional, o faziam na condição de trabalhador rural. Fica evidente, pela legislação em vigor, que interessava ao país incentivar a entrada de agricultores destinados aos serviço da lavoura desde que chamados *por sociedades agrícolas idôneas*. Visava-se o desenvolvimento das populações rurais se os candidatos ao visto não fossem da *raça semita* (leia-se aqui árabes e judeus).

Após a ascensão do nacional-socialismo, em 1933, a situação vivenciada pelas comunidades judaicas na Alemanha assumiu outro colorido, transformando-se no tema emergencial das associações filantrópicas privadas, dos comitês de socorro e das organizações intergovernamentais[4]. As atividades programadas por esses grupos de ajuda (tanto oficiais como privados) foram, com o tempo, mostrando-se insuficientes. A gravíssima situação vivenciada

2   Congresso das Minorias, Ofício n. 108, de Luiz de Lima e Silva, da Legação do Brasil em Viena, para Afrânio de Mello Franco, ministro das Relações Exteriores, Viena, 11 jul. 1932, 640.16 (82), Lata 1.041, Maço 18.227, AHI/RJ.

3   Carta de Oswaldo Aranha, ministro das Relações Exteriores, para Adhemar de Barros, interventor de São Paulo, Rio de Janeiro, 20 nov. 1938, Maço 9.601, Lata 612; *Memorandum* Secreto n. 115, de Mário Moreira da Silva para Oswaldo Aranha, 10 set. 1938, Maço 10.561 (741), AHI/RJ. ; M. L. T. Carneiro, *O Anti-Semitismo na Era Vargas*, p. 205. Essa ideia é reafirmada por J. Lesser em *O Brasil e a Questão Judaica*, p. 169, 207.

4   Uma série de reuniões se deu entre 1933-1938. Em 1938 os Estados Unidos convocaram uma conferência específica para discutir a questão da emigração dos refugiados políticos alemães e austríacos. Este encontro, do qual do Brasil participou, ficou conhecido como Conferência de Evian, tema que trataremos em item à parte.

pelos judeus alemães e austríacos em seus países, em uma primeira instância, exigia uma ação oficial de socorro que se encarregasse, também, de negociar facilidades para a instalação dos refugiados judeus em países interessados em acolher essa emigração. Procurava-se também obter autorização para que os refugiados pudessem transferir seus bens da Alemanha para o país de destino.

Inicialmente, os grupos privados desenvolveram uma obra de ajuda com base nacional. Calcula-se que, entre 1933-1936, mais de dois milhões de libras esterlinas foram angariadas e empregadas para ajudar os refugiados. Procurava-se utilizar esse fundo de forma produtiva, além de se investir em estabelecimentos definitivos em determinados países e na reeducação profissional dos emigrantes. Importante papel teve a Hicem[5], que conseguiu estabelecer mais de seis mil pessoas e encaminhar cerca de 2.300 para uma nova profissão[6].

A maior parte desses refugiados ultrapassavam as fronteiras desprovidos de documentos, pois as autoridades alemãs se haviam negado a lhes entregar novos passaportes ou prorrogar a validade dos antigos. Muitos deles haviam sido rotulados de *apátridas* pelas medidas de desnaturalização impostas pelo Terceiro Reich, que afetaram todos os alemães naturalizados entre 1919 a 1933. Segundo documento produzido pelo Bureau Central do Primeiro Congresso Mundial Judaico (1936), cerca de 10.300 pessoas de origem judaica ficaram expostas a essas medidas. A maioria era proveniente da Europa Oriental e havia adquirido a nacionalidade alemã após a Primeira Guerra Mundial. No dia 1º de setembro de 1935, cerca de quatro mil pessoas foram desnaturalizadas pelo Estado nazista. Privados dos seus direitos de cidadania, esses *párias errantes* iniciaram uma longa caminhada pelo mundo afora[7].

Ficava difícil obter autorização de residência, ainda que provisória, ou, então, quando alcançada, tentar renová-la por mais algum tempo. Por outro lado, os refugiados sem documentos não conseguiam sequer obter autorização para trabalhar, situação ainda mais delicada nos países que sustentavam uma

5   A Hicem havia sido criada em 1927 como uma organização de ajuda à emigração. A sigla expressa a reunião de Hias, ICA e Emigdirect. Teve Paris como sede até 1940, quando, após ter se ligado a Hias, esta foi transferida para Nova York (1945). A Hias – Hebrew Immigrant Aid Society foi criada em 1885 com o objetivo de ajudar os imigrantes vindos da Europa oriental para os Estados Unidos. Após 1945, quando se ligou ao Hicem, passou a atuar em outros países. Em 1954, depois do acordo com a United Service for New Americans e a seção de migração do Joint, transformou-se em United Hias Service, com sede em Nova York. Tinha como objetivo principal apoiar os judeus na emigração de qualquer país, exceto Israel.

6   Estes números constam do documento *Rapport sur le Problème des Réfugiés d'Allemagne*, Bureau Central, 1er Congrès Juif Mondial, Genève, août 1936, Legação do Brasil em Berna, 164/1936, Anexo 21, Lata 462, Maço 6.980, AHI/. Além da Hicem, atuaram no Brasil a Joint – American Jewish Joint Distribution Committee, a Cime – Comitê Intergovernamental para Migrações Europeias, a Hias – Hebrew Immigrant Aid Society, Delegação Brasileira do Conselho Mundial das Igrejas, Sesi – Serviço Social da Indústria, Registro dos Estrangeiros. A Cruz Vermelha brasileira encarregou-se de manter um índice (atualizado até 1965) de todas as agremiações, associações e organizações relacionadas com a questão dos refugiados. Sobre as várias associações que atuavam no Brasil (Rio de Janeiro, São Paulo e Porto Alegre) ver M. L. T. Carneiro, *Brasil, Um Refúgio nos Trópicos*, p. 85-89.

7   *Rapport sur le Problème des Réfugiés d'Allemagne*, Bureau Central, 1er Congrès Juif Mondial, Genève, 8 a 14 août 1936,;Lata 462, Maço 6.980, AHI/RJ.

legislação nacionalista (muitas vezes secreta) para os estrangeiros. Assim, a preocupação das associações de apoio aos refugiados era a de evitar que estes fossem empobrecendo e ficassem desmoralizados. Diante da gravidade da situação, chegou-se à conclusão que essas questões deveriam ser tratadas oficialmente por uma instância internacional.

Em outubro de 1933, a Liga das Nações concluiu, em Genebra, uma convenção específica com o objetivo de elaborar o *Estatuto Internacional dos Refugiados.* Os países-membros, dentre os quais o Brasil, deveriam se pronunciar aderindo ou não à causa. Nessa época, já era visível a má vontade do governo brasileiro de associar-se àquela proposta aplicável aos *refugiados russos e armênios,* tais como eram definidos pelos acordos de 12 de maio de 1926 e 28 de junho de 1928. Apesar de louvar o objetivo desta Convenção, as autoridades brasileiras procuraram cercar-se de opiniões jurídicas antes de assumir qualquer posicionamento. A regra era pautar-se pela lei e não pelo sentimento, visto que a Convenção permitia a adesão *com reservas,* respeitando as instituições, a segurança e a ordem pública de cada país.

Essa questão circulou pelo Ministério da Justiça e Negócios Interiores e pelo Ministério das Relações Exteriores do Brasil, que solicitaram às suas consultorias jurídicas pareceres sobre o assunto. Avaliando os prós e os contras, C. Gordilho, da Secretaria de Estado das Relações Exteriores, concluiu pela inutilidade da nossa adesão àquele ato. A seu ver – posição reafirmada por Maurício Nabuco em 23 de março de 1934 –, a Convenção "nada mais era do que particularização desnecessária de um caso geral". Naquele momento, provocar ou favorecer novas correntes de imigração não parecia indicado para o Brasil, ainda que a causa fosse de reconhecimento internacional[8].

Durante a 14ª Assembleia da Liga das Nações, adotou-se – a partir de uma proposta do governo neerlandês – uma resolução reconhecendo o problema dos refugiados em seus aspectos econômicos, financeiros e sociais e que este só teria condições de ser resolvido por meio de colaboração internacional: um conselho designaria um Alto Comissariado para tratar de tais questões, sendo este assistido por um conselho administrativo composto por representantes de vários países.

---

8 Maurício Nabuco, que nesta data respondia em nome do ministro das Relações Exteriores, solicitou a Clovis Bevilaqua, consultor jurídico daquele Ministério, que se pronunciasse a respeito; Ofício de Clovis Bevilaqua para o ministro Nabuco, Secretário Geral do Ministério das Relações Exteriores, Rio de Janeiro, 12 mar. 1934, 5 (04).0034, AHI/RJ.; *Memorandum* de C. Gordilho para Maurício Nabuco, secretário geral do Ministério das Relações Exteriores, Rio de Janeiro, 15 mar. 1934, 6(04)0034, Lata 1100, Maço 21.156, AHI/RJ.

O Prelúdio de uma Catástrofe

Desde o final do século XIX, a América havia se projetado como foco de atração para imigrantes judeus. Portanto não é de se estranhar que, entre 1930--1940, milhares de refugiados procurassem abrigo em terras americanas, onde poderiam contar com algum tipo de ajuda comunitária. Tanto nos Estados Unidos como na Argentina e no Brasil haviam se desenvolvido comunidades agrícolas e urbanas organizadas, onde os imigrantes se aglutinavam de acordo com sua origem: asquenazitas, sefarditas e orientais. O mesmo aconteceu em Cuba, Argentina, México, Chile e Uruguai. Ao término da Primeira Guerra Mundial, nenhum desses países sustentava qualquer tipo de restrição à imigração judaica até que, em 1921-1924, os Estados Unidos instituíram cotas de imigração, obrigando os imigrantes a buscarem outros países como opção.

No mesmo ano de 1924, Plutarco Elias Calles, presidente eleito do México, declarou-se favorável à entrada de judeus no seu país, o que provocou manifestações antissemitas por parte de comerciantes e autoridades locais[1]. No entanto, a crise de 1929 e o fortalecimento dos regimes nazifascistas na Europa alteraram o movimento emigratório de judeus para a América, dando-lhe nova feição[2].

As décadas de 1930 e 1940 ficaram registradas na memória do século XX como símbolo da decadência dos ideais democráticos e do fortalecimento de um nacionalismo xenófobo e racista. Nesse período, múltiplas portas de entrada na América fecharam-se aos judeus, que, de imigrantes comuns, passaram a ser tratados como membros de uma *raça indesejável: a semita*. Após 1938, a imigração judaica estava praticamente proibida na maioria dos países da América. Mesmo assim, apesar das restrições impostas por Argentina, Brasil, México, Cuba, Chile e Uruguai, refugiaram-se na América Latina cerca de cem mil judeus, dos quais a maior parte era de alemães e poloneses[3].

Uma das características essenciais da nova ordem europeia – nacionalista e totalitária na sua essência – foi a perseguição às minorias transformadas no principal alvo do nacional-socialismo alemão. Desde a ascenção de Adolf Hitler como chanceler do Reich, em janeiro de 1933, o que até então era discriminação transformou-se em perseguição alimentada por um fanatismo curtido ao longo dos séculos. Milhares de judeus iniciaram uma longa marcha

---

1 J. B. Liwerant, O México nos Anos 1930: Cardenismo, Imigração Judaica e Anti-Semitismo, em M. L. T. Carneiro (org.), *O Anti-Semitismo nas Américas*, p. 545-584.

2 Idem, p. 549-550.

3 Sobre as cotas impostas pelo governo mexicano em 1998, ver J. B. Liwerant, op. cit., p. 560.

(*emigração forçada*) em direção à vida, deixando atrás de si um vazio impossível de ser computado pela história. Mas, ainda hoje, os países que compactuaram com a política antissemita propagada pelo Terceiro Reich colhem frutos ácidos, amargos.

Essa longa marcha deve ser analisada em dois momentos, distintos pelo sentimento e pela causa histórica que impulsionavam os refugiados:

1ª fase: *de emigração forçada* (1933-1945), caracterizada pela busca de um refúgio (*sobrevivência ao terror nazifascista*);

2ª fase: *de emigração espontânea* (1945-1950), delineada pela ideia de retorno (de volta para casa, de retorno à vida).

A intensificação dessa fuga, a partir de 1933, pode ser avaliada como um prelúdio da catástrofe que ainda estava por acontecer. Cada golpe contra a comunidade judaica europeia atingia o movimento migratório que, por sua vez, alterava o cotidiano das missões diplomáticas pressionadas a fazer concessões. Além dos Estados Unidos e da Palestina, os países latino-americanos eram cotados como grandes centros receptores da Diáspora. Dois imensos blocos humanos caminhavam em sentido opostos. Enquanto os nazistas avançavam em direção ao leste procurando ampliar seu espaço geográfico vital, a massa de refugiados políticos (judeus, comunistas, sindicalistas, católicos, intelectuais etc.) caminhava em direção ao Ocidente, idealizado como espaço da salvação. Em setembro de 1933, cerca de cinquenta mil judeus já haviam se refugiado nos países vizinhos da Alemanha, na Grã-Bretanha, nos Estados Unidos e na Palestina[4].

O início de uma longa caminhada

Podemos considerar que a marcha forçada dos refugiados judeus iniciou-se com a ascensão do nacional-socialismo ao poder. Em um primeiro momento, a maioria dos judeus preferiu aguardar o retorno da razão, avaliando Hitler "como uma tempestade passageira". Os anciãos, negando-se a emigrar, diziam: *árvore velha não se transplanta!* Outros, como se fossem uma revoada de pássaros assustados, saíram em busca de um asilo seguro, ainda que provisório. Sem muitas opções, a primeira leva de judeus alemães passou a perambular sem destino pelos países limítrofes à Alemanha. Os que tinham mais recursos ou apoio familiar refugiaram-se na Inglaterra, na Holanda e na França. Aqueles que optaram por *viver na América* tiveram que sair em busca de um visto[5].

4   E. ben Elissar, *La Diplomatie du III Reich et les Juifs* (1933-1939), p. 95.

5   Ver os importantes estudos sobre o tema do exílio dos judeus alemães: *Heimat Exil, Emigration Der Deutschen Juden Nach 1933*; M. Eckl, Goethe in den Tropen – Kulturvermittlung im brasilienisches

4. Berlim, 1933: Dois homens são forçados pela ss a desfilar portando cartazes com os dizeres *Os alemães não devem comprar dos judeus!*

Os Estados Unidos eram o país mais visado, principalmente por abrigar, na cidade de Nova York, a maior comunidade judaica do mundo. Mas seu sistema de cotas, implantado entre 1922 e 1924, vedava o acesso imediato ao território americano. Depois dos Estados Unidos, a Argentina e o Brasil eram os países mais cotados, ainda que muitos desconhecessem os hábitos, os climas e os idiomas locais. Em ambos os países haviam florescido, desde o final do século XIX, comunidades agrícolas implantadas Jewish Colonization Association[6]. Além

    Exil, *Estudes Germaniques*, v. 63, n. 4, p. 773-789, idem, Die Blüte Feder und sein "Brasilianisches Tagebuch", *Martius-Staden-Jahrbuch*, n. 54, p. 103-124; idem, Ein Brasilianer wie er, *Zum*, n. 95; idem, Gerburtstag von Anatol Rosenfeld, *Tópicos Detsch-brasilianische Hefte*, v. 46, n. 4, p. 42-43.

6 Conhecida ainda pelas siglas JCA ou ICA, também empregadas neste livro, agia segundo modernos padrões de administração de empresas, desenvolvendo um novo tipo de ação filantrópica, atuando inicialmente com capital inicial de dois milhões de libras esterlinas doadas pelo barão Maurice de Hirsch, um dos principais defensores deste tipo de filantropia. O Conselho de Administração Central ficava em Paris. O primeiro projeto foi implementado na Argentina, sendo o Brasil uma espécie de extensão. O final do século XIX era, de uma parte, momento privilegiado em que a jovem República brasileira assegurava igualdade para todos os cidadãos, independente de religião e raça, dependendo apenas da aceitação dos governos estaduais, que tinham completa autonomia. De outra parte, a grave situação dos judeus na Rússia exigia uma solução, o que levou à formação em Berlim do Comitê Central para a Ajuda aos Judeus Russos, que tinha como proposta a implementação de colônias agrícolas na América Latina. Por recomendação do Brasilianische Bank füer Deutschland, foi indicado o nome de Maximiliano Nothmann, comerciante do Rio de Janeiro, que sugeriu a instalação de colônias agrícolas mistas com indústrias caseiras e artesanato sediadas no interior dos estados de Minas Gerais, Rio de Janeiro ou São Paulo. Em

disso, tanto na capital argentina[7] como nas principais cidades brasileiras[8], a população judaica dispunha de infraestrutura básica e de assistência que poderia ser aproveitada pelos recém-chegados.

Em agosto de 1933, o consulado do Brasil em Colônia (Alemanha) registrou a procura de vistos por judeus alemães em razão dos últimos acontecimentos políticos na Alemanha. A maioria era constituída de antigos funcionários públicos, profissionais liberais e especialistas em diversos campos da indústria, além de médicos, engenheiros, dentistas, agrônomos e, sobretudo, comerciantes[9]. Nessa data, Afrânio de Mello Franco respondia pelo Ministério das Relações Exteriores, que ainda não havia estruturado uma política sistemática de controle imigratório. O governo provisório, saído do golpe de 1930 – ou "Revolução de 30", expressão criada pelos golpistas – , procurava caminhos, mostrando-se indefinido quanto às suas opções ideológicas. Naquela época, a Alemanha despontava no cenário nacional como um modelo político a ser imitado[10].

A institucionalização de um projeto imigratório étnico (seletivo) para o Brasil ocorreu a partir de 1937, após um longo processo de gestação, cujas raízes ideológicas remontam ao final do século XIX. Até então, os judeus candidatos a um visto brasileiro não tinham contra si nenhuma legislação discriminatória especial, ainda que nossos diplomatas os tratassem com a necessária discrição e como indivíduos da raça semítica, mesmo que fossem cidadãos provenientes das civilizações ditas superiores.

Em 1933, alguns diplomatas brasileiros mais liberais, chegaram mesmo a apoiar a entrada de judeus no país, vendo nessa iniciativa alguns aspectos positivos. Atenção especial mereciam os comerciantes judeus, que poderiam trazer parte de seu capital mediante concessão especial do governo alemão. Argumentava-se que, além do capital, esses cidadãos poderiam contribuir

---

    agosto de 1891, com a missão de estudar as condições *in loco*, o Comitê Central enviou Oswald Boxer, jornalista austríaco que optou por São Paulo. Fez várias sugestões, mas faleceu de febre amarela em 26 de janeiro de 1892 sem ver o projeto realizado.

7   Sobre este tema, ver N. Falbel, *Estudos Sobre a Comunidade Judaica no Brasil*, p. 39; J. Lesser, *Jewish Colonization no Rio Grande do Sul, 1904-1925*.

8   Sobre a ICA, ver B. Sorj (org.), *Identidades Judaicas no Brasil*; J. Lesser, op. cit.; N. Falbel, op. cit. Outros estudos: H. Rattner, *Tradição e Mudança*; *Enciclopédia Rio Grandense*, v. 4 e v. 5; E. Nicolaiewsky, *Israelitas no Rio Grande do Sul*; M. Eizirick, *Aspectos da Vida Judaica no Rio Grande do Sul*,; I. R. Gritti, *Imigração Judaica no Rio Grande do Sul*; M. F. Pargendler, *A Promessa Cumprida: Histórias Vividas e Ouvidas e Colonos Judeus no Rio Grande do Sul* (*Quatro Irmãos, Baronesa Clara, Barão de Hirsh e Erbango*), Porto Alegre: Metrópole, 1990. Farto material iconográfico e documentação escrita sobre a ICA podem ser consultados no Instituto Cultural Judaico Marc Chagall/RS e no Arquivo Histórico Judaico Brasileiro/SP. Importante documento é o *Relatório aos Administradores da ICA em Quatro Irmãos*, por S. Schwartzman, [s/d] (manuscrito), IHCMC/RS.

9   Ofício n. 52, de Ildefonso Falcão, do Consulado do Brasil em Colônia, para Afrânio de Mello Franco, Colônia, 27 jun. 1933, AHI/RJ.

10   O historiador Boris Fausto define esse momento pós-Revolução de 1930 como *vazio*, carente de projetos políticos. Essa situação explica a proliferação das ideias da extrema-direita que, através dos partidos integralista, nazista e fascista, encontram um campo propício, livre do aparelho repressivo do Estado. M. L. T. Carneiro, Os Fascistas sob a Vigilância do Deops, em E. dos Santos (org.), *Actas do XII Congresso Internacional de* AHILA.

com novas técnicas no ramo dos negócios em decorrência de suas habilidades e da experiência nesse campo. Enquadravam-se nessa categoria os chefes das grandes casas Schürmann e Tietz A. G., sendo a primeira fabricante de móveis finos, conceituadíssima em toda a Renânia e a Westfalia. A segunda era proprietária de magazines que ocupavam áreas enormes e comercializavam, além de gêneros alimentícios, sedas e objetos de arte. Rio de Janeiro e São Paulo eram indicados como centros adequados para a instalação de estabelecimentos desse tipo, assim como Porto Alegre (RS)[11].

Ildefonso Falcão insistia no fato de que esses homens não tinham mais condições de viver na Alemanha pelas *razões sabidas*: o período era por demais delicado. Mas garantia que suas atividades seriam proveitosíssimas na "obra de engrandecimento nacional, pelos recursos de que dispõem e pela experiência técnica que adquiriram num ambiente de alta indústria e de comércio organizado"[12]. Em 2 de outubro de 1933, o governo brasileiro ainda não havia se manifestado acerca do pedido do cônsul, que se dizia *vexado* em ter de dizer que a resposta ainda não havia chegado[13].

Após ter consultado o Ministério do Trabalho, Indústria e Comércio sobre a vinda desses cidadãos, o Ministério das Relações Exteriores do Brasil finalmente respondeu: "não interessava ao Brasil receber emigrantes vulgares, sem recursos". Inconformado, Ildefonso Falcão cobrou das autoridades brasileiras uma leitura mais atenta ao seu pedido: os interessados não eram indigentes e sim diretores de grandes empresas comerciais, com capitais depositados em bancos holandeses e ingleses. Alertando para o período delicado pelo qual passava a Alemanha, criticou os critérios do governo brasileiro que, menos patrióticos, só contribuíam "para aumentar a aflição ao aflito"[14].

No entanto, ao defender Schürmann e Tietz como representantes de progresso para a nossa pátria, Falcão tropeçou em seus próprios preconceitos. Ponderava que, apesar daqueles homens serem de origem semítica, eles não apresentavam "as características criticáveis da raça (semita): continuavam a ser politicamente alemães, com a mentalidade e o espírito de trabalho e de investigação da melhor expressão ariana"[15].

Em direção a Porto Alegre – capital sulina que desde a década de 1920 abrigava uma importante comunidade judaica asquenazita –, havia seguido, nessa mesma época, a família Flögerhöver, com o propósito de ali montar uma papelaria moderna. Segundo o cônsul brasileiro Ildefonso Falcão, o Sr. Flögerhöver era alemão de origem e, por estar casado com uma judia,

---

11   Ofício n. 52,. de Ildefonso Falcão, 1933.
12   Sobre a posição de Ildefonso Falcão, ver outros detalhes em M. L. T. Carneiro, *O Anti-Semitismo na Era Vargas*, p. 227-228.
13   Ofício n. 76, de Ildefonso Falcão, do Consulado do Brasil em Colônia, para Afrânio de Mello Franco, ministro das Relações Exteriores, Colônia, 2 out. 1933, Lata 741, Maço 10.561, AHI/RJ.
14   Ofício Reservado n. 93, de Ildefonso Falcão, do Consulado do Brasil em Colônia, para Afrânio de Mello Franco, ministro das Relações Exteriores, Colônia, 24 nov. 1933, Lata 741, Maço 10.561, AHI/RJ.
15   Idem, p. 2.

encontrava-se em uma difícil situação. Da mesma forma, Ildefonso Falcão procurou favorecer outra empresa de proprietários judeus interessada em se instalar no Rio de Janeiro, em São Paulo, em Santos ou em Porto Alegre: a Empresa de Locação Ludolf Marx, conhecida em toda a Renânia. Na opinião do cônsul brasileiro, os indivíduos que dela faziam parte eram homens de grande habilidade comercial e que, por meio de suas empresas, poderiam prestar serviços de grande monta à população, auxiliando inquilinos e proprietários. Articulando um discurso filossemítico, Falcão procurou aconselhar-se junto ao Itamaraty, que ainda não dispunha de uma política definida sobre a questão judaica.

Da mesma forma comportou-se Régis de Oliveira, que, em novembro de 1935, respondia pela embaixada do Brasil em Londres. Há cerca de um mês haviam entrado em contato com o embaixador brasileiro duas personalidades londrinas, ambos judeus: Otto M. Schiff e Leonard Cohen, este presidente da Hias-jca-Emigdirect. Em carta, descreviam a situação dos judeus alemães e solicitavam informações sobre a possibilidade de sua emigração para o Brasil[16]. O embaixador não se sentiu à vontade para decidir por conta própria: tratava-se de judeus. Necessitava do aval do Ministério das Relações Exteriores, que, por sua vez, deveria consultar o Ministério do Trabalho, Indústria e Comércio. O pedido requeria especial atenção dada a personalidade de *sir* Leonard Cohen, que, segundo o embaixador brasileiro, ocupava lugar de destaque na sociedade israelita de Londres, além de ser relacionado com eminentes banqueiros ingleses: N. M. Rothschild & Sons e lord Reading[17].

Cohen argumentava em nome da Jewish Colonization Association – pioneira da imigração judaica para o Brasil e que havia colonizado uma porção de terras no Rio Grande do Sul – e da Hias-jca-Emigdirect, associação para a emigração, que o Brasil era uma das soluções para a imigração alemão pelas seguintes razões:

    a.   a dimensão do território e as possibilidades ilimitadas de suas terras;

    b.   o fato de a ica já ter instalado uma obra de colonização como suporte para a imigração, considerada como uma boa obra pelo governo brasileiro. Seria possível que, nas terras ainda desocupadas, se pudesse, com elementos apropriados, estender essa obra de colonização;

    c.   a Hicem organizaria os comitês de recepção e de assistência aos imigrantes interessados em procurar trabalho no interior do país;

    d.   segundo a ica e a Hicem, mais de trinta mil imigrantes poderiam ser introduzidos no Brasil nos próximos dez anos. Considerando-se o espírito de trabalho, a lealdade, a

---

16   Carta de Otto M. Schiff para Raul Régis de Oliveira, embaixador do Brasil em Londres, Londres, 4th October, 1933; Carta de Leonard Cohen, presidente da Hias-jca-Emigdirect para Raul Régis de Oliveira, embaixador do Brasil em Londres, Londres, 19th October, 1933, Lata 741, Maço 10.561, ahi/rj.

17   Ofício n. 394, de Raul Régis de Oliveira, embaixador do Brasil em Londres, para Afrânio de Mello Franco, ministro das Relações Exteriores, Londres, 26 out. 1933; Ofício de Afrânio de Mello Franco, ministro das Relações Exteriores, para Joaquim Pedro Salgado Filho, ministro do Trabalho, Indústria e Comércio, Rio de Janeiro, 17 nov. 1933, Lata 741, Maço 10.561, ahi/rj.

tenacidade daqueles imigrantes que contribuiriam com todas as suas forças para a prosperidade do país[18].

Ponderando esses aspectos positivos, Leonard Cohen solicitava a remoção das seguintes barreiras: a exigência da apresentação de cartas de chamada e que a Hias-JCA-Emigdirect fosse autorizada a arregimentar duzentos a trezentos emigrantes por mês para o Brasil sob os seus auspícios. Em anexo, sua carta ressaltava as qualidades profissionais e a cultura dos judeus alemães, apresentados como verdadeiros mestres e técnicos especializados. Como trabalhadores qualificados, enumeravam: *eletricistas, montadores de automóveis, químicos, decoradores, engenheiros, arquitetos etc.* O rabino Isaias Raffalovich foi indicado como intermediário por gozar de livre trânsito com as autoridades brasileiras e as várias comunidades judaicas do Brasil[19]. À margem desse documento, alguém (provavelmente um funcionário da Secretaria das Relações Exteriores) anotou a seguinte pergunta: *Onde [estão] os agricultores?* Era exatamente esse o filtro de controle (instrumento de exclusão) que desclassificava grande segmento de judeus interessados em vir para o Brasil, ainda que portadores dos caracteres físicos (portanto positivos) da raça branca europeia. Perdiam, no entanto, para os alemães *ditos* arianos e para os portugueses, pilares-símbolo da cultura nacional[20].

Em 1934, o consulado do Brasil em Paris consultou o Ministério das Relações Exteriores sobre a possibilidade de visar os passaportes de grande número de israelitas alemães, na maioria operários. Como garantia de que não precisariam recorrer à assistência do governo brasileiro, cada um deles apresentava: um cheque de três contos de réis para as primeiras despesas e certificado judiciário e de bom comportamento acompanhados de cartas de "poderosas sociedades judias francesas"[21].

Consultado, o Ministério do Trabalho informou não convir a referida corrente imigratória: a não ser em casos excepcionais, ela deveria ser evitada o quanto possível. Em tom confidencial, o Itamaraty ampliava tais instruções para os consulados brasileiros sediados na Antuérpia e em Amsterdã[22]. A mesma postura de *prudência* se pedia com relação aos portadores de passaportes Nansen[23].

18 Ofício da Hias-JCA-Emigdirect, Association pour l'Émigration, para Leonard Cohen, presidente dessa mesma associação. Paris, 1er Octobre 1933, Anexo 3 ao Ofício de A. de Mello Franco, ministro das Relações Exteriores, Rio de Janeiro, 17 nov. 1933, Lata 741, Maço 10.561, AHI/RJ.
19 Importante atuação teve o rabino Isaias Raffalovich, representante da ICA no Brasil e que, apesar de residir no Rio de Janeiro, garantiu a continuidade dos projetos implantados no Rio Grande do Sul (Quatro Irmãos e Philippson), interferindo junto às autoridades brasileiras. Somando esforços com a ICA e outras instituições internacionais, e, em especial, na Lituânia e na Letônia, conseguiu melhorar as condições de vida dos colonos, que passaram a receber auxílio da Hias (Hebrew Immigration Aid Society, com sede em Nova York) e da Emigdirekt (Emigrations-Direktion, com sede em Berlim).
20 Ofício da Hias-JCA-Emigdirect..., p. 1.
21 Telegrama n. 34, de João Lopes, do Consulado-Geral do Brasil, para o MRE, Paris, 12 jul. 1934, Lata 477, Maço 7.412, AHI/RJ.
22 Telegrama n. 37, do MRE para o Consulado-Geral do Brasil em Paris, Rio de Janeiro, 20 jun. 1934, Lata 477, Maço 7.412, AHI/RJ.
23 Telegrama n. 41, do MRE para o Consulado-Geral do Brasil em Paris, Rio de Janeiro, 19 dez. 1934, Lata 477, Maço 7.412, AHI/RJ.

Múltiplas eram as estratégias empregadas pelos judeus interessados em conseguir a liberação do visto dependente da apresentação de uma carta de chamada. Nessa direção, caberia investigar o papel desempenhado por algumas indústrias brasileiras e empresas artísticas que, após 1933, se dispuseram a *gerar* empregos, ainda que fictícios, com o objetivo de facilitar a fuga de judeus dos territórios europeus. Dentre a documentação inventariada junto ao Arquivo Histórico do Itamaraty, nos chama a atenção uma série de pedidos do Balneário da Urca s.a., que, em diferentes datas, trouxe para o Rio de Janeiro grupos de artistas bailarinos e cantores, ora de Paris, ora de Trieste, ora de Nova York. Dirigia essa casa de jogo e lazer Nicolau Fazani, articulador das referidas solicitações que visavam liberar vistos para inúmeros artistas judeus contratados para atuar por um tempo determinado no Rio de Janeiro[24].

Em 25 de maio de 1937 – portanto antecipando o teor antissemita da Circular Secreta n. 1.127, de 7 de junho de 1937 –, o Ministério das Relações Exteriores expediu a Ordem de Serviço n. 25, com o intuito de "impedir, quanto possível, a entrada no Brasil de imigrantes israelitas sem nacionalidade e, também, de apátridas". Tal postura era justificada pelo fato de que estes (judeus), incluídos nas cotas de imigração dos países de onde procediam, estavam "burlando" as disposições constitucionais pela impossibilidade de sua expulsão[25].

Sabia-se, *com certeza*, que judeus, negros e japoneses não se prestavam para a configuração do tipo étnico nacional, ainda que alguns intelectuais tivessem encontrado uma saída honrosa para a questão da mestiçagem brasileira. A entrada de imigrantes europeus brancos (não judeus) continuava a ser encarada como uma necessidade premente para alcançarmos a almejada purificação racial e ideológica.

---

24 Nota Declaratória de Nicolau Fazani, do Balneário da Urca s.a., para mre, Rio de Janeiro, 27 jun. 1936; Telegrama n. 13, do mre o Consulado-Geral em Paris, Rio de Janeiro, 11 abr. 35; Telegrama n. 11, do mre para o Consulado-Geral em Paris, Rio de Janeiro, 25 mar. 35; Telegrama n. 20, do mre para Consulado-Geral em Paris, Rio de Janeiro, 28 maio 1835, Lata 477, Maço 7.412, ahi/rj.

25 Ofício Confidencial-Urgente, de Hildebrando Accioly, secretário interino do mre, para Arthur Leite de Barros Junior, secretário da Segurança Pública do estado de São Paulo, Rio de Janeiro, 11 jun. 1937; Ordem de Serviço n. 25, 25 maio 1937, Visto em passaporte de apátridas, Ministério das Relações Exteriores, Lata 602, Maço 9.458, ahi/rj.

II.

Construindo a Imagem de uma Nação

*Não são perigosos apenas,
os comunistas rubros, ativos e práticos
[...] Igualmente o são os de outras
variedades, mais difíceis de caracterizar
que, ao contrário dos primeiros,
escapam à enérgica e pronta ação
defensiva do Estado. Também não
podem escapar ao vosso repúdio os seres
acomodatícios, inertes, colaboradores,
os bolchevistas, por complacência
ou covardia [...]*

"Apelo ao Patriotismo dos Brasileiros
no Dia da Pátria". GETÚLIO VARGAS, 7
de setembro de 1936.

Um Memorial Frustrado Pró-Refugiados

As primeiras perseguições raciais empreendidas pelo Terceiro Reich exigiram, de imediato, o estabelecimento do Alto Comissariado para Refugiados (judeus e outros) Provenientes da Alemanha. O tema, trazido pelo representante holandês, foi discutido em setembro de 1933 durante a Assembleia da Liga das Nações. Colocava-se em pauta o desequilíbrio econômico e social acarretado pelo fluxo contante dos refugiados que, de forma assistemática, estavam se instalando nos países limítrofes da Alemanha. Esses indivíduos – a maioria desprovida de documentos e recursos – necessitavam de proteção jurídica. Em 11 de outubro, a Liga das Nações sugeriu, por meio de uma resolução, os caminhos possíveis na tentativa de encontrar uma solução para essa questão[1].

Em 26 de outubro de 1933, foi indicado pelo presidente do conselho da Liga das Nações, na qualidade de alto comissário, o norte-americano James G. McDonald, que convidou, posteriormente, dezesseis países para integrarem o Conselho Administrativo, dos quais três se recusaram a participar: Argentina, Brasil e Espanha. Inicialmente, o Alto Comissariado instalou sua sede em Lausanne, posteriormente transferida para Londres[2]. O visconde Cecil of Chelwood foi designado como presidente do referido conselho, que passou a ser integrado pelos seguintes países: Bélgica, Tchecoslováquia, Dinamarca, França, Grã-Bretanha, Itália, Iugoslávia, Holanda, Polônia, Suécia, Suíça, Estados Unidos e Uruguai. Um órgão consultivo foi composto por representantes de uma série de organizações interessadas em solucionar a questão dos refugiados, assim como por outros ligados aos comitês das delegações judaicas. No entanto, por um compromisso entre a Liga das Nações e o governo do Reich, o Alto Comissariado tinha mais títulos do que poderes, sendo essa uma das razões de sua ineficácia[3].

---

1 Organisation, sur une Base Internationale, de L'Assistance aux Réfugiés (Israélites et Autres) Provenant d'Allemagne: Résolution Adoptée par l'Assemblée le 11 octobre 1933. *League of Nations Official Jounrnal* (12.12.33), p. 1616-1618, apud J. H. Fischel de Andrade, O Direito Internacional dos Refugiados..., em A. do Amaral Júnior; C. Perrone-Moisés (orgs.), *O Cinquentenário da Declaração Universal...*, p. 94.

2 *Memorandum* sur l'oeuvre en faveur des refugies d'Allemagne, James G. McDonald, juillet, 1935. Haut Commissariat pour Refugies (Israelites et autres) provenant d'Allemagne. Anexo ao Ofício n. 294, do Consulado Brasileiro em Genebra para José Carlos de Macedo Soares, Genebra, 9 set. de 1935; Lata 1.243, Maço 27.864. AHI/RJ.

3 O governo alemão levantou uma série de objeções contra o Alto Comissariado. Muitas condições foram impostas no que dizia respeito a sua autoridade e a seus recursos. O Alto Comissariado deveria ser autônomo, respondendo a um conselho executivo, independente da autoridade do Conselho da Liga das Nações, e seu orçamento deveria vir de entidades privadas e não de governamentais.

O Brasil e a Argentina foram avaliados como países em condições de abrigar um grande número de refugiados, razão pela qual o alto comissário James G. McDonald entrou em contato com o o governo brasileiro em março de 1935. Um extenso memorial foi apresentado ao Ministério das Relações Exteriores expondo, sem rodeios, que aquela comissão preocupava-se com os refugiados *judeus e demais* procedentes da Alemanha. O discurso que permeia esse texto articula-se em torno de duas imagens: a *da tragédia humana*, cujos efeitos ainda se faziam sentir em todo o mundo; e a da *cordialidade brasileira*, imputada ao país por seu amplo humanitarismo e por seus propósitos contra as perseguições raciais[4].

O Reich foi apresentado como mentor da tragédia que, naqueles últimos dois anos, já havia atingido setenta mil homens, mulheres e crianças residentes na Alemanha. A crítica era dirigida aos princípios racistas dos nacional--socialistas, que apregoavam a absurda tese da superioridade da raça nórdica sobre a latina, os judeus e outros povos. Metade dessa massa de refugiados já havia sido reinstalada em diferentes lugares; caberia ao Alto Comissariado reinstalar a outra metade. A essência dessa iniciativa não estava no ato da emigração (no sentido estrito da palavra) e sim no problema de como encarar aquela catástrofe, comparada, por analogia, a um terremoto.

A imagem da avalanche humana se prestava como recurso para dimensionar o problema, mas nem sempre repercutia positivamente a favor dos expatriados. A mensagem era de que os países deixassem de lado os princípios usuais ou constitucionais que limitavam a imigração e abrissem suas portas sem restrições. Bélgica, Holanda, Tchecoslováquia, Suíça e França, principalmente, prestavam-se como exemplos positivos pró-refugiados. Tanto os Estados Unidos como a Grá-Bretanha haviam permitido a residência permanente de alguns milhares de refugiados; e a Inglaterra, sob cujo protetorado estava a Palestina, é lembrada por ter admitido mais de vinte mil residentes permanentes[5].

Para outros trinta mil que ainda não haviam conseguido residência permanente, o Brasil despontava como uma grande esperança. O pedido era de que a generosidade brasileira admitisse regularmente uma centena de famílias ou, aproximadamente, quinhentos indivíduos por mês, durante um período de dois anos, em um total de 12 mil refugiados. A contrapartida oferecida pelo Alto Comissariado era de que as grandes organizações particulares obrigar--se-iam a empregar esforços para ajudar o estabelecimento definitivo de um limitado número de refugiados no Brasil. Antecipava-se que os candidatos à colonização no Brasil seriam rigorosamente selecionados optando-se por

---

Sobre esse tema, ver J. H. Simpson, *The Refugee Problem*; L. W. Holborn, The Legal Status of Political Refugees, 1920-1938, *The American Journal of International Law*, v. 32; K. W. Yundt, *Latin American States and Political Refugees*.

4   Memorial ao ministro do Exterior da Alta Comissão Pró-Refugiados (judeus e demais), procedentes da Alemanha, por James G. McDonald, Alto Comissário Pró-Refugiados, Rio de Janeiro, 18 de março de 1935, Lata 1.243, Maço 27.864, AHI/RJ.

5   Idem, p. 1-2.

aqueles cujas aptidões especiais estivessem de acordo com a realidade brasileira. As organizações assumiriam o transporte, além de garantirem fundos suficientes para o sustento dos recém-chegados, facilitando-lhes a integração na vida econômica do país.

Inteirados da posição ideológica do governo brasileiro, que, até então, não ocultava a repressão sistemática aos portadores de *ideologias exóticas*, o Alto Comissariado esclarecia que as organizações dariam garantias definitivas de que entre os selecionados não estariam nem os comunistas, nem membros de outros credos políticos radicais, ou seja, os "politicamente indesejáveis"[6].

Nesse mesmo ano de 1933, o Ministério das Relações Exteriores do Brasil e a embaixada da Argentina chegaram a esboçar um anteprojeto de Convenção para Prevenção e Repressão de Delitos contra a Ordem Social a ser celebrado entre os dois países. A ideia era, em uma ação conjunta, defender os seus territórios contra os elementos estrangeiros considerados como pertubadores da ordem social[7].

Até essa data, as iniciativas contrárias à presença dos refugiados judeus no Brasil se faziam de forma esporádica, sem contar com um plano sistemático de exclusão. As resoluções eram imediatistas, fundamentadas em pareceres técnicos que, combinados entre si, influenciavam a cristalização do antissemitismo político. Daí a importância de avaliarmos as minúcias das regras burocráticas e a obediência às leis, as tendências culturais e políticas do *establishment* do governo Vargas e as convergências de vários campos do saber em direção à implementação de um racismo político. Presumia-se que, a partir de polarizações radicais, poder-se-ia discenir melhor o inocente do culpado, o bom do mau, o falso do verdadeiro[8].

6　Idem, p. 3-4. Cabe ressaltar que o termo *indesejável* já tinha uso corrente, aparecendo tanto na documentação da polícia política como na dos ministérios e dos departamentos de imigração. Vinha sempre atrelado ao conceito de perniciosidade à ordem política e social. Em 1932, a regulamentação dos vistos se fazia com base no decreto n. 18.408, de 25 de setembro de 1928, considerando sempre que os interessados não fossem *"comunistas, apristas, ou qualquer outra seita prejudicial ao Brasil"*. Esse decreto legislava sobre a documentação necessária aos passageiros, que, para desembarcar, deveriam apresentá-los legalizados à polícia marítima. Aos cônsules caberia o maior rigor possível no exame e na aceitação dos documentos de todo estrangeiro que se destinasse ao Brasil. Ofício n. 12, de Heraclito H. de Vasconcelos, cônsul geral do Brasil em Cobija [Bolívia], para Afrânio de Mello Franco, ministro das Relações Exteriores. Cobija, 27 set. 1932. O conceito de "indesejável" se prestava também para rotular mulheres dedicadas à prostituição, violação flagrante do disposto no art. 1º, n. 3, do decreto n. 4.247, de 6 jan. 192. A polícia agia através do Serviço de Repressão ao Lenocínio e Meretrício. Ofício de Filinto Müller, chefe da Polícia do Distrito Federal, para Cavalcanti de Lacerda, embaixador encarregado do expediente do Ministério das Relações Exteriores, Rio de Janeiro, 4 jan. 1933, Lata 479, Maço 7.580, AHI/RJ; Ofício de Vicente Ráo, ministro da Justiça e Negócios Interiores, para Filinto Müller, chefe da Polícia do Distrito Federal, Rio de Janeiro, outubro de 1934; Ofício Reservado n. 7.438, de Filinto Müller, chefe da Polícia Civil do Distrito Federal, para Vicente Ráo, ministro da Justiça e Negócios Interiores, Rio de Janeiro, 14 de outubro de 1935; Ofício de Vicente Ráo, ministro da Justiça e Negócios Interiores, para o ministro do Trabalho, Indústria e Commércio, Rio de Janeiro, 29 de outubro de 1935; Despacho de Vicente Ráo referente ao ofício n. 7.438, de 14 de outubro de 1935, emitido por Filinto Müller, Lata 158, Polícias, 1935, AN/RJ.

7　Ante-Projeto de Convenção para Prevenção e Repressão de Delitos contra a Ordem Social. Anexo ao Ofício Confidencial do Ministério das Relações Exteriores para (destinatário não identificado), Rio de Janeiro, 22 de dezembro de 1933, Lata 1188, Maço 25.730, AHI/RJ.

8　S. Kovadloff, Antisemitas: La Lógica del Ódio, *La Nueva Ignorancia*, p. 183.

Construindo a Imagem de uma Nação

Em uma ação simultânea, ainda que não sistemática, os distintos ministérios e a polícia política procuravam traçar diretrizes para uma ação mais radical, ordenadora do social e do político. A resolução de casos esporádicos ocorria, inicialmente, com base em valores pessoais que, ao longo dos anos, somaram precedentes para a instituição do projeto étnico de exclusão. A repulsa ao judeu se expressava, então, como ódio à diferença. A figura do judeu indesejável emergia por meio de múltiplas formas, ora como *heimatlos* (apátridas), ora como colono polonês, ora como russo comunista, dentre outras. A estratégia estava em facilitar a saída dos judeus que já se encontravam no Brasil (medidas profiláticas) e impedir a entrada de outros, inclusos na mesma categoria (medidas preventivas).

Essa situação se fez sentir em novembro de 1934, quando o Ministério das Relações Exteriores ordenou a Filinto Müller, chefe da Polícia do Distrito Federal, que ficasse atento aos documentos dos apátridas que estavam encontrando dificuldades para sair do país. Era de toda a conveniência agilizar a partida daqueles que já haviam manifestado esse intento, como Hersch Weinrieb e seu filho Lejb Weinrieb, ambos de origem russa. Segundo Mário de Pimentel Brandão, secretário de Estado, tratava-se de estrangeiros sem recursos pecuniários e que, por não terem se adaptado em nosso país, desejavam regressar à Europa[9]. No entanto, os Weinrieb não eram os únicos casos de retorno. Centenas de outros apátridas circulavam pelo território nacional em busca de uma definição de vida. Outros tantos tentariam entrar no país no decorrer de 1935, em consequência do acirramento do antissemitismo na Alemanha após a promulgação das Leis de Nuremberg, em 15 de setembro de 1935[10].

A aplicação das Leis de Nuremberg anunciava a configuração de uma nova leva migratória alimentada, dia a dia, por milhares de cidadãos sem pátria. Acusados pelo Reich de se tornarem indesejáveis por sua própria atitude, os cidadãos judeus passaram a ser acusados de deslealdade com a pátria alemã, além de serem identificados como representantes de uma raça inferior. Valendo-se do órgão oficioso *Voelkischer Beobachter* para divulgar suas versões acerca do perigo semita, o Reich havia se recusado a responder aos argumentos de McDonald baseados na lealdade dos israelitas durante o Reich alemão e a Primeira Guerra Mundial.

Anos depois, ao dar seu testemunho para este trabalho, alguns refugiados me perguntaram: "Que direito tinha o Estado alemão de lhes tirar a cidadania se eles, como tantos outros alemães, haviam nascido na Alemanha e por ela lutado na Primeira Guerra Mundial?". Segundo o periódico *Voelkischer*

---

9   Ofício n. 104, de Muniz de Aragão, secretário geral do MRE, para capitão Filinto Müller, chefe de Polícia do Distrito Federal, Rio de Janeiro, 31 de outubro de 1943; Ofício n. 113, de Muniz de Aragão, secretário geral do MRE, para capitão Filinto Müller, chefe de Polícia do Distrito Federal, Rio de Janeiro, 7 de novembro de 1934, Lata 456, Maço 6.855, AHI/RJ.

10   As Leis de Nuremberg negavam a cidadania do Reich aos judeus e proibia casamentos mistos entre judeus e não judeus.

5. Judeu combatente da Primeira Guerra Mundial.

Beobachter, as razões eram muito mais profundas e, como tais, deveriam ser examinadas pela Liga das Nações.

O mito do complô comunista, somado ao mito do complô judaico, prestava-se como justificativa para o Reich reprimir os judeus, acusados de integrar o *sistema sanguinário do bolchevismo* implantado na Rússia e que a ferro e fogo queria se estender ao mundo inteiro. Alegava-se que eles pretendiam destruir a civilização alemã e os princípios consagrados de respeito *a Deus, à Pátria e à Família.* Argumentos como esses eram endossados pela maioria dos diplomatas brasileiros que, em seus relatórios político-econômicos dirigidos ao Ministro das Relações Exteriores do Brasil, não conseguiam ser imparciais. Ofuscados pelo brilho das ideias do *Führer* e anestesiados pelos valores racistas herdados da cultura brasileira, aprovavam o discurso oficial que justificava as Leis de Nuremberg. Importante ressaltar que – baseando-se no princípio da desigualdade das civilizações e culturas das diversas raças humanas – o direito alemão julgava como justo e natural recusar aos judeus os direitos de cidadão do Reich.

A questão dos direitos dos homem era avaliada pelos diplomatas brasileiros como entraves à civilização alemã, que precisava valer-se de leis próprias para se proteger dos inimigos da comunidade:

> Devemos considerar como parentes próximos do povo alemão todos os povos que se compõem das mesmas misturas de raças. Essas são essencialmente as que formam os povos europeus e seus descendentes que se encontram fora do continente, estando assim consequentemente excluídos todos os indivíduos de raça estrangeira que vivem entre esses povos e, em primeira linha, os judeus[11].

Avaliando a consequências das Leis de Nuremberg, poderemos dimensionar a fuga desenfreada de milhares de judeus do Reich e o trauma vivenciado por aqueles que haviam sido educados sob a ética do judaísmo[12]. Pregando o ódio à raça impura – na forma mais brutal e desumana que se possa imaginar – os nacional-socialistas intensificaram, a partir de 1935, as medidas governamentais contra os israelitas que, dia a dia, iam sendo privados dos meios de subsistência decorrentes de suas especialidades profissionais. Estas

---

11 Ofício Reservado n. 27, de Muniz de Aragão, da Legação Brasileira em Berlim, para José Carlos de Macedo Soares, ministro das Relações Exteriores, Berlim, 21 jan. 1936, 640.16 (81), Lata 1.041, Maço 18.225, AHI/RJ.

12 Os ideais de justiça social, de unidade, de progresso, de liberdade e de paz inserem-se entre as dimensões estruturais do judaísmo. Aliás, o social e o coletivo são aspectos que dentro da comunidade judaíca não devem ser subestimados; sua memória se reveste de exemplos de grande solidariedade diante do sofrimento e do perigo. A responsabilidade do homem em relação a seu semelhante faminto não está sujeita a escolha: *deixar homens sem alimento é uma falta que não pode ser expiada em nenhuma circunstância* [...] (Rabi Yohanan, no tratado *Sanhedrim*). Em hebraico, uma única palavra é empregada para explicar *justiça* e *caridade*: *tzedek*. Esse é o conceito de justiça social que persiste como pedra angular da vida pública e da teologia judaíca, além de ser a mais poderosa alavanca do progresso histórico. E a paz (*schalom*, cuja raiz hebraica é *schalem*, que denota totalidade, plenitude) só poderá ser alcançada com justiça social para todos e, consequentemente, *sem a rejeição humana em qualquer forma que seja: não há verdadeira paz senão a paz total, e não há paz sem uma plenitude de progresso e ação.* J. Halperin, Uma Abordagem Judaica à História, *Herança Judaica*, v. 2, n. 8, p. 15-25.

condições de intensa perseguição aos cidadãos judeus serviram de base para que o alto comissário McDonald formulasse seus protestos contra o Reich, que se sentiu melindrado em sua soberania.

As autoridades alemães, por meio de notas oficiosas da Agência D.N.B., criticavam abertamente a Liga das Nações, que "havia esperado dezessete anos, depois da guerra, para tomar conhecimento e querer impôr deveres que considerava devidos, por obrigação de caráter humanitário". Essas versões expressavam, desde o início, a altivez do Reich, que não ocultava seu descaso pelos direitos das minorias que, segundo ele, "sequer haviam despertado a mínima piedade de quem quer que seja". Criticando as experiências materiais e morais da Liga das Nações, o governo alemão deixou claro que, como nação independente e soberana, responsável pela reconstrução da vida e da felicidade do seu povo, não aceitaria interferências em seu território. Essa mesma postura foi reintegrada pela *Correspondência Nacional-Socialista*, editada pelo próprio partido e que se inspirava nos princípios ditados pelo ministro Joseph Goebbels, dirigente do Departamento de Propaganda Nacional[13].

Hitler estava disposto a desafiar a ordem do pós-guerra e, desde sua ascensão ao poder, a Alemanha concentrava suas energias tentando reverter o veredito do Tratado de Versalhes (1918). Para isso, valia-se das fraquezas da França e da Inglaterra, assim como da debilidade de autoridade da Liga das Nações. A partir de 1935, uma série de investidas expansionistas da Alemanha demonstrou que Hitler estava desconsiderando as restrições do Tratado de Versalhes: reconquistou o Sarre por plebiscito (1935), reocupou e remilitarizou a Renânia sem enfrentar qualquer reação da França (março de 1936) e firmou com a Itália e o Japão o Pacto Anticomintern, visando neutralizar a URSS. A ordem existente havia sido desafiada, golpeando o núcleo dos sistema de alianças.

Essa reacomodação da Alemanha impulsionou novos grupos de judeus alemães a deixarem seus lares, engrossando a leva de refugiados. Centenas de indivíduos de origem alemã, ex-habitantes do território do Sarre, refugiaram-se na França logo após o plebiscito. Eles haviam votado pelo *status quo*, não aceitando sujeitar-se ao governo alemão. A França lhes havia garantido refúgio na hipótese da vitória da causa alemã e no caso de eles se sentirem ameaçados de represálias. Os que não possuíam recursos foram reagrupados em várias localidades e sustentados pelo governo francês. Alguns deles, encaminhados por uma delegação do Bureau Internacional Nansen, sediada em Toulouse – e sob a autoridade da Liga das Nações –, procuraram o consulado do Brasil em Bordeaux com a esperança de ali conseguirem visto de entrada. A ideia da delegação era de tentar empregá-los na agricultura, estratégia que não foi bem aceita pelas autoridades brasileiras, que consideraram como "pouco provável por ser o território do Sarre uma região mineira"[14].

13 Ofício Reservado n. 27, de Muniz Aragão..., p. 3-4.
14 Ofício n. 43, de Francisco de M. Mascarenhas, cônsul geral do Brasil em Bordeaux, para José Carlos de Macedo Soares, ministro de Estado das Relações Exteriores, Bordeaux, 12 set. 1935, Lata 1.243, Maço 27.865, AHI/RJ.

Francisco de M. Mascarenhas, responsável pelo consulado do Brasil em Bordeaux, ao ser procurado por refugiados alegou que a emigração para o Brasil estava suspensa. Em sua opinião, o exílio voluntário desses "comunistas e judeus havia sido para a Alemanha um benefício, já para a França estavam se tornando um incômodo". Ainda, segundo ele, interessava ao governo francês que esses indivíduos procurassem outros países, não sendo conveniente sequer sua permanência nas colônias francesas. A versão apresentada pelo cônsul Mascarenhas era de que aqueles indivíduos (*pessoas duvidosas*), não obstante o favor recebido do governo francês, haviam se revoltado contra as autoridades encarregadas de sua manutenção, alegando maus tratos e fazendo exigências.

O cônsul brasileiro sugeria, como "cautela para os interesses brasileiros", que o Itamaraty respondesse oficialmente à delegação do Bureau Internacional Nansen, informando-o de que a emigração para o Brasil estava suspensa, além de prevenir as companhias de navegação acerca de qualquer compromisso com passageiros daquela categoria[15]. Em 16 de setembro, Mascarenhas reiterou sua opinião, mostrando-se desfavorável à imigração daqueles refugiados, avaliados como *elementos nocivos*. Insistia na urgência de uma posição do Ministério das Relações, pois o Bureau Internacional Nansen já havia reservado as passagens[16].

Posições como essa demonstram que a receptividade à questão dos refugiados não era das melhores, conforme constatou o alto comissário ao visitar vários países da América do Sul e da Europa. Em agosto de 1935, Samuel Guy Inman, diretor da Comissão dos Refugiados Alemães, procurou o governo da Colômbia para negociar a emigração de um certo número de judeus perseguidos pelos nazistas. Sua visita ocasionou um protesto por parte de Julio Prieto, presidente da Federação do Comércio que, em carta aberta, posicionou-se como contrário ao estabelecimento no país daqueles *súditos* do Reich: "temia pela concorrência no comércio local e nas indústrias nacionais". Tais temores foram desfeitos pela Chancelaria colombiana, que garantiu àquela associação comercial que seriam aplicadas as disposições da legislação em vigor sobre a entrada de estrangeiros no país[17].

Os governos dos países visitados por McDonald recusaram todas as suas propostas, principalmente aquelas que diziam respeito às questões de regulamentação da ajuda, do trabalho e da situação individual de cada refugiado.

---

15 Idem, p. 4. Com o objetivo de reforçar sua opinião contra os judeus, ex-habitantes do território do Sarre, o cônsul Mascarenhas anexou o artigo de J. Lassere, "France, Terre d'Asile", publicado no jornal parisiense *Le Matin*, em 29 de agosto de 1935. Alegava que os demais artigos publicados sobre o mesmo tema não haviam sido recortados e guardados; somente aquele no qual um israelita francês, referindo-se aos seus irmãos de raça, ex-habitantes do Sarre, declarava haver entre os mesmos "pessoas duvidosas, cuja partida havia sido um alívio para a Alemanha".

16 Telegrama n. 5, de Miranda Mascarenhas, cônsul geral do Brasil em Bordeaux, para a Secretaria de Estado das Relações Exteriores, Bordeaux, 16 set. 1935, Lata 1.243, Maço 27.865, AHI/RJ.

17 Ofício de Manoel Coelho Rodrigues, da Legação Brasileira em Bogotá, Bogotá, 17 ago. 1935, 601.34 (81) (33), Lata 1.101, Maço 21.165; matérias publicadas pelo jornal *El Tiempo*, Bogotá, 30 maio-16 jun. 1935.

Sem opção, o alto comissário se viu obrigado a ocupar-se apenas de casos particulares, situação que culminou com seu pedido de demissão em 31 de dezembro de 1935. O projeto idealizado por McDonald esbarrou no caráter privado da sua própria organização, que clamava por amparo oficial.

Na Assembleia da Liga das Nações, em 1935, a questão dos refugiados políticos retornou como pauta, encontrando um clima mais favorável para o debate, dada a ausência da Alemanha. Uma proposta formal foi encaminhada pelo governo norueguês, que colocou na ordem do dia a criação de uma instância central para os refugiados, inserida no quadro institucional da Liga das Nações. Esse organismo especial acumularia as funções do Bureau Nansen, encarregado da proteção dos refugiados russos e armênios, e as do Alto Comissariado para os refugiados alemães, ambos sob controle do mesmo órgão. Alguns governos se opuseram à criação de uma seção para os refugiados em meio ao Secretariado; outros preferiam que a ajuda aos refugiados fosse confiada a organizações privadas, cabendo à Liga das Nações apenas recomendar aos países-membros que facilitassem, "na medida do possível", os esforços dessas organizações[18].

Como de praxe, protelou-se a solução. Decidiu-se pela criação do Comitê para Assistência Internacional aos Refugiados, composto por especialistas nomeados pelo Conselho da Liga das Nações[19]. Esse grupo reuniu-se em 28 de novembro, sendo presidido por Stefan Osusky, ministro da Tchecoslováquia em Paris. Organizações privadas interessadas na assistência aos refugiados foram convidadas para compor um comitê de socorro. O Comitê das Delegações Judaicas pronunciou-se pela criação de uma instância oficial, submetida à autoridade da Liga das Nações, que desse atenção especial à difícil transferência dos bens dos judeus interessados em deixar a Alemanha.

Em decorrência dessa decisão, Neill Malcolm, nomeado como alto comissário, convocou uma conferência intergovernamental para julho de 1936, com sede em Genebra. O objetivo era de se estabelecer um estatuto jurídicos para os refugiados e a liberação de documentos de identidade. Esse encontro resultou em um acordo provisório que foi, imediatamente, assinado pela França e pela Dinamarca, vigorando a partir de agosto de 1936. Bélgica, Noruega, Países Baixos e Suíça não aceitaram assinar *ad referendum*. Esse acordo – que deveria ser endossado por todos os países membros da Liga das Nações e pelos não membros, desde que citados pelo conselho – definia o conceito de *refugiado alemão*, os direitos dos países receptores e a condição jurídica dos refugiados no país de residência[20].

18 Ofício n. 415, do Consulado Brasileiro de Genebra, para José Carlos de Macedo Soares, ministro das Relações Exteriores, Genebra, 18 dez. 1935, Lata 1.243, Maço 27.864, AHI/RJ.

19 Idem, p. 3-4.

20 Idem, p. 6. *Refugiado alemão* era todo cidadão que estivesse estabelecido no país e não possuísse outra nacionalidade além da alemã, e que, por direito ou de fato, não gozasse da proteção do Reich. Os países contratantes poderiam deliberar sobre os refugiados alemães regulamentos por um certificado de identidade (válido por um ano) que lhes permitiria circular livremente pelo país de residência. Eles não tinham o compromisso de oferecer abrigo aos refugiados, mas somente de providenciar-lhes os documentos de identidade e fornecer-lhes autorização para residência provisória. Os refugiados

O acordo, apesar de não ser definitivo, deve ser compreendido como a primeira tentativa de regulamentação internacional de um estatuto de emigração e que daria início ao princípio de segurança jurídica aos refugiados políticos. Em agosto de 1936, esse projeto foi avaliado pelos congressistas judeus reunidos no I Congresso Mundial Judaico, que reivindicavam à Liga das Nações a adoção de um estatuto definitivo. Tinha-se consciência de que a situação dos judeus na Alemanha exigia uma ação direita e de larga envergadura.

Em setembro de 1936, medidas provisórias foram anunciadas na Assembleia Ordinária da Liga das Nações, que nomeou um outro alto comissário que, apoiado pelos serviços técnicos daquela organização, deveria preparar e convocar uma Conferência Intergovernamental com o objetivo de redigir um estatuto jurídico para os refugiados provenientes da Alemanha. Além disso, deveria manter uma estreita colaboração com as organizações privadas de assistência. Mas, diante da saída da Alemanha da Liga das Nações, a situação exigiu um ajuste provisório que oferecesse proteção rápida aos necessitados[21].

---

não poderiam ser objeto de medidas de expulsão ou de repressão que não fossem por questões de segurança nacional ou de ordem pública. Eles teriam também condição jurídica, ou seja, as leis aplicadas seriam aquelas do país de sua residência; teriam fácil acesso aos tribunais, com os mesmo direitos dos nacionais (salvo excessões estabelecidas por lei).

21   Ajuste Provisório Relativo ao Estatuto dos Refugiados Provenientes da Alemanha, com o qual apenas sete países se comprometeram. O seu 1º artigo definia o conceito de *refugiado proveniente da Alemanha*, que poderia ser aplicado a qualquer pessoa que habitava aquele país e que não possuía nenhuma outra nacionalidade além da alemã, e a cujo respeito havia sido estabelecido que, de direito ou de fato, não gozava da proteção do governo do Reich. Provisional Arrangement Concerning the Status of Refugees coming from Germany, 4 jul. 1936. League of Nations Treaty Series, 1939, p. 75-87. Cf. J. H. Fischel de Andrade, op. cit, p. 95.

As Utopias Democráticas
do Judaísmo Liberal

Enquanto a Liga das Nações procurava aprovar o estatuto provisório para a questão dos refugiados políticos, as organizações judaicas, além de criarem fórmulas de ajuda imediata aos refugiados, tentavam tomar ciência do que estava acontecendo com os judeus na Europa e divulgar esses fatos. A reunião de trezentos delegados de trinta e dois países europeus e do além-mar ocorreu em um imenso congresso realizado em Genebra, entre 8 e 14 de agosto de 1936[1]. Esse encontro, além de representar o resultado das primeiras reuniões do Comitê das Delegações Judaicas, criado em 1919, era também uma reação ao recrudescimento do antissemitismo na Alemanha.

O Primeiro Congresso Mundial Judaico, além de expressar o idealismo democrático do povo judeu, propunha-se a pedir justiça para todos os judeus e a divulgar os benefícios que o judaísmo liberal havia trazido para a humanidade. Pretendia-se demonstrar, durante os vários dias de exposições e debates, que os judeus não haviam sido agentes passivos da História, mas enfrentavam seus próprios problemas. A ideia era valorizar a força do judaísmo mundial unido e mostrar que a questão judaica não derivava apenas da natureza dos judeus e de sua vida, mas também das relações do mundo não judeu com o mundo judeu[2].

O tom de denúncia dominou o discurso dos conferencistas, que recorreram ao passado de perseguições e aos caminhos da Diáspora judaica na tentativa de se diagnosticar o que estava acontecendo na Alemanha. O historiador Simon Dubnow, de Riga, membro do conselho administrativo, chamou a atenção para esse momento de "novas cruzadas". "A cruz gamada retornara para declarar a exterminação do povo judeu", afirmava o historiador. Seu cálculo era de que cerca de meio milhão de judeus alemães estavam sendo aterrorizados e privados dos direitos mais elementares do homem, transformados em uma casta de párias. Dubnow alertou também para o perigo de alguns países que, seduzidos pelo discurso nacionalista fascista, estavam interpretando essa postura como uma atividade renovadora, expressiva de progresso, de

---

1   M. Jarblum representou o Brasil no Primeiro Congresso Mundial Judaico. As sessões foram assumidas por três comitês (executivo, administrativo e central). Como presidente de honra estava Julian W. Mack; o comitê executivo era presidido por Stephen S. Wise, o administrativo, por Nahum Goldmann, e o Central por Louis Lipsky. Do comitê administrativo participavam membros provenientes de Nice, Varsóvia, Antuérpia, Londres, Jerusalém, Riga, Cernauti, Nova York, Cluj, Kaunas, Praga, Tel-Aviv, Vilna, Cracóvia, Lwow, Canadá, Viena e Lodz. *Les Tâches du Congrès Juif Mondial*, Genève, 8-14 août 1936, Legação do Brasil em Berna 164/1936, Anexo n. 24, Lata 462, Maço 6.980, AHI/RJ.

2   *Communiqué pour la Presse*. Genève, 17 août 1936. I*ᵉ* *Congrès Juif Mondial*, Legação do Brasil em Berna 164/1936, Anexo n. 23, Lata 462, Maço 6.980, AHI/RJ.

civilização. A igualdade de direitos, até então garantida pela legislação, estava sendo sistematicamente destruída pelo antissemitismo econômico, responsável pela violência ao comércio judaico, e pelos *pogroms*.

O conceito de tempo histórico construía-se comparando os períodos de perseguições antissemitas com os de emancipação, definidos pelas ideias de perda e (re)conquista. Assim, para Dubnow, após um século de luta pela libertação e emancipação, os judeus viviam novamente um período de contraemancipação. E após cinquenta anos, o movimento antissemita atingira o nível de terror. O sentimento que pairava entre os congressistas era de desamparo e de descrédito com relação aos tratados de paz que, após a Primeira Guerra Mundial, haviam garantido igualdade de direitos e autonomia cultural às minorias nacionais. Todos clamavam por um fórum onde pudessem colocar suas revindicações, configurando a formação de uma forte liga internacional das minorias judaicas espalhadas por todos os continentes[3].

A ideia central – segundo pronunciamento de Nahum Goldmann, diretor do comitê administrativo do Congresso e representante político da Agência Judaica para a Palestina junto à Liga das Nações – era de incentivar a união voluntária das comunidades judaicas em busca de uma solução comum a todos os judeus. Pretendia-se defender os direitos dos judeus que estavam sendo ameaçados em numerosos países e coordenar a assistência em favor da população judaica miserável, sofrida. Dever-se-ia alimentar a ideia da reconstrução de um lar nacional judaico na Palestina e coordenar a luta contra o antissemitismo no mundo inteiro. Para tanto, Goldmann propunha a criação de vários organismos para dirigir esse empreendimento, e também elaborar um orçamento, ainda que modesto, que permitisse dar início a tal investida[4].

Esse encontro deu origem a um projeto de resolução sobre a questão dos refugiados provenientes da Alemanha a ser apresentado à Liga das Nações com vistas a melhorar o estatuto provisório. As reivindicações dos participantes do Primeiro Congresso Mundial Judaico – e que eram dirigidas particularmente aos países que participariam da sessão de setembro da Liga das Nações – eram as seguintes:

- que as residências dos refugiados alemães deveriam ser legalizadas, com o objetivo de impedir que milhares de seres humanos continuassem sendo perseguidos e que inocentes continuassem a caminhar errando pelo mundo ilegalmente e sob a ameaça de arbitrariedade policial;
- que a decisão de expulsão pudesse ser objeto de recurso jurídico por meio do qual o refugiado e as organizações dos refugiados fossem ouvidos;
- que se impedisse o emprego abusivo das disposições legais sobre extradições criminais em detrimento dos refugiados. Propunha-se que se reexami-

---

3 S. Dubnow, *Messages de bienvenue adressés au Premier Congrès Mondial*, p. 1-2. Legação do Brasil em Berna 164/1936, Anexo 25, Lata 462, Maço 6.980, AHI/RJ.

4 *Communiqué pour la Presse*. Genève, 17 août 1936, p. 3. Iᵉʳ Congrès Juif Mondial, Legação do Brasil em Berna 164/1936, Anexo n. 23, Lata 462, Maço 6.980, AHI/RJ.

nassem os tratados de extradição elaborados com a Alemanha. Na maioria dos casos, as acusações que se realizavam com base nos requerimentos alemães nada mais eram do que pretextos exaltados pelo governo nacional-socialista para amenizar a seu favor as adversidades políticas;

* que se reconhecesse o direito de trabalho para os refugiados pelos governos dos países onde residissem;
* e fazia-se um apelo a todos os governos e assembleias legislativas de todos os Estados para que não tolerassem a aplicação em seus países da legislação racial do Terceiro Reich. Essa legislação não só restringiria a liberdade de ação dos refugiados, por mais elementar que esta fosse, mas também subordinaria toda a população (judaica e não judaica) aos preceitos racistas do Terceiro Reich[5].

A comissão econômica do Congresso Mundial Judaico considerava que a população judaica arruinada economicamente não conseguiria refazer sua nova vida em outros países, dada a difícil situação em que se encontrava. Nesse caso, caberia ao comitê executivo:

* intermediar as negociações com os órgãos competentes da Liga das Nações e as organizações internacionais com o objetivo de facilitar as migrações judaicas;
* fazer com que as organizações judaicas entrassem em contato com as de readaptação profissional, procurando racionalizar a preparação e a readaptação profissional dos emigrantes judeus;
* promover a colonização agrícola e industrial, seguindo como exemplo a colonização judaica na Palestina;
* incentivar a ideia de uma cooperativa que, através da ajuda mútua, criasse uma caixa de crédito;
* criar junto ao bureau central um departamento especial para questões de emigração;
* empreender, com autorização do Congresso Mundial Judaico, os trabalhos preliminares para a criação de um banco judaico de emigração[6].

O Congresso Mundial Judaico encerrou as atividades exprimindo sua solidariedade a todos as outras camadas populares, classes e comunidades perseguidas na Alemanha por razões políticas, religiosas ou econômicas. Apelava aos amigos da humanidade e da justiça do mundo inteiro para que, no interesse de se preservar os mais elevados valores da civilização, se posicionassem

---

5   Idem, p. 2-3.
6   *Projet de resolution sur la question des réfugiés provenant d'Allemagne, Ier Congrès Juif Mondial*, Genève, août 1936, Legação do Brasil em Berna 164/1936, Anexo n. 27; *Resolution relative à la Emigration, Commission Economique, Ier Congrès Juif Mondial*, Genève, août 1936, Legação do Brasil em Berna 164/1936,. Anexo n. 29, Lata 462, Maço 6.980, AHI/RJ.

contra os princípios do nacional-socialismo alemão e contra a política anti-judaica[7].

Após a realização do Congresso Mundial Judaico, a legação do Brasil em Berna encaminhou a José Carlos de Macedo Soares, ministro das Relações Exteriores em 1936, um dossiê contendo: uma cópia do protesto do comitê executivo contra a campanha antissemita levada a efeito pelos dirigentes da política nacional-socialista germânica durante a vigência do Congresso de Nuremberg, as atas e os projetos de resolução do referido congresso. Em ofício dirigido ao governo brasileiro, o comitê fazia um apelo aos homens de Estado e aos membros da imprensa de todos os países civilizados para que se opusessem energicamente às difamações sustentadas pelas altas autoridades do Reich e pelo Partido Nacional-Socialista contra os judeus de todo o país[8].

---

7   Résolution sur le boycottage. Commission de l'Organisation de la Self-Défense, Legação do Brasil em Berna 164/1936, Anexo n. 35, Lata 462, Maço 6.980, AHI/RJ.

8   Ofício n. 164 e n. 189, da Legação Brasileira de Berna para José Carlos de Macedo Soares, ministro das Relações Exteriores, Berna, 17 ago./14 set. 1936, 140.16, Lata 462, Maço 6.980, AHI/RJ.

O Brasil Diante
do Problema Alheio

Nos anos de 1930, o governo brasileiro estava *cego e mudo* para os problemas do mundo. Rodeado por políticos racistas e uma polícia política repressora, Getúlio Vargas colocou-se de prontidão contra aqueles que poderiam dificultar sua continuidade no poder e comprometer o projeto étnico-político idealizado pelo Estado. Eleitos os inimigos, um complexo sistema de vigilância e controle foi arquitetado em conjunto com o Deops e suas filiais estaduais. Anarquistas, comunistas, russos, lituanos e refugiados judeus entraram para o rol dos suspeitos de subversão. Questões humanitárias não se prestavam como justificativas para a formação de grupos de solidariedade, principalmente quando a vítima era de origem judaica.

Desde 1932, o delegado da Ordem Social de São Paulo investigava um grupo de comunistas que, ligados à comunidade israelita da capital, organizavam reuniões políticas camufladas de festivais beneficentes. Dentre os líderes destes "verdadeiros *meetings* subversivos", estava Gudik Gutkind, identificado em 1934 como "comunista, refugiado da Alemanha". Nessa data, Antônio Júlio Penna, do Gabinete de Investigações do Deops/SP, foi incumbido de averiguar a formação do Comitê Pró-Auxílio dos Refugiados na Alemanha, cuja comissão era composta por H. Nusboim, Gudik Gutkind e B. Grinfelder. O intuito do grupo era de auxiliar a colonização de israelitas em Birodidjan[1], cujo tema seria discutido durante uma palestra pública a ser realizada em 6 fevereiro de 1934 no Salão Luso-Brasileiro, na rua da Graça, no bairro do Bom Retiro. Disfarçado de ouvinte, o investigador escalado para "observar" compareceu no local às oito horas da noite: "apurou que ali apenas se realizaria a festa de um casamento"[2].

O investigador Júlio Penna deu continuidade às suas investigações indo até o consulado alemão da capital, onde obteve informações "desfavoráveis a essas pessoas". Conforme registrado no relatório de investigação, Nusboim, Gutkind e Grinfelder eram "refugiados alemães, professantes de ideias comunistas" e faziam parte de uma organização com ramificações até no estado do Paraná. Por sugestão do próprio cônsul alemão, "urge que a Chefatura de Polícia proibisse a tal reunião e ordenasse uma *batida*". A "batida" não se

---

1   Birobidjan constava do projeto de colonização idealizado pela União Soviética para abrigar a população camponesa judaica. Esse empreendimento teve início, de maneira promissora, na Crimeia, na Ucrânia Meridional, e no Birobidjan. Cf. L. Poliakov, *Do Anti-Sionismo ao Anti-Semitismo*, p. 31.

2   Relatório de investigação de Antônio Júlio Penna para Costa Ferreira, delegado da Ordem Social, São Paulo, 7 fev. 1934, Doc. 3, Pront. n. 2808, Comitê Provisório Pró-Auxílio dos Refugiados Israelitas da Alemanha, Fundo Deops/SP, Apesp.

efetivou, mas a vigilância persistiu até junho de 1935, acompanhando os pedidos de autorização para a realização de novas palestras e eventos litero-musicais[3]. Ao mesmo tempo em que esse grupo tentava conscientizar a comunidade judaica de São Paulo dos avanços do fascismo na Europa, um outro segmento sionista promovia um festival no Conservatório de São Paulo em prol do Fundo Nacional Israelita Pró-Palestina[4].

Questões de ordem interna, como essas, eram tratadas como sendo de segurança nacional, estando sob a responsabilidade do Ministério da Justiça e Negócios Interiores, das polícias política, marítima e aérea, e do Ministério do Trabalho, Indústria e Comércio, com seus respectivos departamentos dedicados ao tema da imigração. Nessa mesma direção, as questões de ordem internacional cabiam ao Itamaraty, que se encontrava diretamente envolvido (e pressionado) pelas organizações internacionais comprometidas com a causa dos refugiados. Distintos por suas funções, esses ministérios tinham uma missão em comum: cuidar da entrada ou da permanência dos refugiados judeus no Brasil. O essencial era evitar que estes se organizassem como grupo de resistência ao autoritarismo, dentro ou fora do país, desestabilizando as regras antissemitas adotadas pelo governo como "critérios de seleção da população brasileira ideal". Esse período (1930-1945) foi avaliado por Oswaldo Aranha, em 1947, como uma "fase racista e restritiva", baseada em preconceitos raciais ou políticos. Ninguém melhor do que Oswaldo Aranha – personagem orgânica do Poder – para fazer um balanço dessa fase negra do passado político brasileiro[5].

Em 24 de março de 1937, o governo brasileiro foi informado de que o Conselho da Liga das Nações – em consideração a uma resolução de 24 de janeiro, que dizia respeito aos refugiados israelitas e outros, provenientes da Alemanha – atribuíra uma missão ao Alto Comissariado: preparar e realizar uma Conferência Intergovernamental, com o objetivo de assegurar um regime de proteção jurídica aos refugiados provenientes da Alemanha. Os países membros da Liga das Nações, incluindo o Brasil, foram convocados a participar de uma reunião a ser realizada em Genebra. Porém, antes desse encontro, o governo brasileiro deveria analisar o anteprojeto encaminhado pelo Alto Comissariado e posicionar-se sobre o seu conteúdo[6].

---

3   Requerimento da Côlonia israelita de São Paulo, assinado por Fany Kuthno, Aron Schmitz e Gudik Gutkind para o chefe de Polícia de São Paulo, São Paulo, 29 maio 1935, Doc. 6, Pront. 2808, Fundo Deops/sp. Apesp.

4   Informe de Investigação de J. Rodrigues para Ignácio da Costa Ferreira, delegado da Ordem Social de São Paulo, São Paulo, 8 jan. 1934, Doc. 5, Pront. n. 2807, Fundo Deops/sp, Apesp.

5   Ofício de Oswaldo Aranha, delegado do Brasil junto às Nações Unidas, para Raul Fernandes, ministro das Relações Exteriores, Nova York, 30 abr. 1947, p. 4, Lata 1.897, Maço 36.314, AHI/RJ.

6   Ofício da Liga das Nações para o Ministério das Relações Exteriores do Brasil, Genebra, 18 mar. 1936, 640.34 (04), Lata 1.100, Maço 21.157, AHI/RJ; Ofício de J. Olinto de Oliveira, do Consulado brasileiro em Genebra, para Mário de Pimentel Brandão, ministro das Relações Exteriores, Genebra, 10 jan. 1938, 601.34 (04), Lata 1.100, Maço 21.157, AHI/RJ; *Avant projet de convention. Conférence internationale pour l'adoption d'une convention relative aux réfugiés provenant d'Allemagne*, C. L. 214.193, Lata 1.100, Maço 21.157, AHI/RJ.

O anteprojeto dividia-se em três partes distintas: definição da categoria de refugiado, medidas administrativas (a edição de um documento de identidade, possibililidades de expulsão e repressão) e condição jurídica. Ênfase especial era dada ao documento de identidade, que, além de regulamentar o direito de residência, facultaria ao refugiado o direito de circulação no território do país de destino. As medidas administrativas eram sugeridas respeitando sempre as normas internas de cada país, assim como a aplicação de uma legislação trabalhista prevendo acidentes do trabalho, assistência e benefícios de previdência. Os filhos de refugiados teriam direito a instrução, assim como livre e fácil acesso aos tribunais. Em sua essência, esse estatuto estaria devolvendo aos apátridas judeus a condição de cidadãos que lhes havia sido negada pelo Terceiro Reich[7].

Em 2 de julho de 1937, Mário de Pimentel Brandão, ministro interino das Relações Exteriores, pronunciou-se sobre a questão, informando que, naquele momento, o governo brasileiro "não julgava oportuno entrar na apreciação daquele anteprojeto de convenção"[8]. Esse posicionamento – bastante radical e destituído de sentimento humanitário, se considerarmos a trágica situação vivenciada pelos refugiados judeus – não expressava apenas a opinião de um único homem. Pimentel Brandão compartilhava essa opinião com outras autoridades brasileiras, cujo posicionamento antissemita já foi avaliado pela historiografia brasileira contemporânea. Dentre os antissemitas orgânicos, cumpre citar: Agamenon Magalhães, ministro do Trabalho, Indústria e Commércio, Francisco Campos, ministro da Justiça, Dulphe Pinheiro Machado, diretor do Departamento Nacional de Povoamento (DNP)[9].

Dulphe Pinheiro Machado, como diretor do DNP, não ocultava seus sentimentos contrários aos judeus, avaliados como "estrangeiros parasitários, quiçá perigosos à ordem pública"[10]. Sempre que teve a oportunidade, Pinheiro Machado defendeu a prática de uma política imigratória restritiva por parte do governo brasileiro. Trabalhou em conjunto com Filinto Müller, chefe da polícia política do Distrito Federal e com João Carlos Muniz, presidente do Conselho de Imigração e Colonização (C.I.C.), criado em 1938. Portanto, não

---

7   Avant Projet de Convention. Communication from the Secretary-General. L. N. Doc. C. L. 58.1937.XII (1937), apud J. C. Hathaway; Provisional Minutes of the International Conference for the Adoption of a Convention concerning the Status of Refugees coming from Germany. L.N. Conf/CR.S.A/P.V.1-4(1938), p.7-10, apud J. C. Hathaway; *The Evolution of Refugee Status in International Law: 1920-1950*, 33 (2). International and Comparative Law Quarterly (1984), p. 364. Esse levantamento de leis encontra-se devidamente arrolado em J. H. Fischel de Andrade, O Direito Internacional dos Refugiados..., em A. do Amaral Júnior; C. Perrone-Moisés (orgs.), op. cit., p. 75-120.

8   Ofício de Mário de Pimentel Brandão, ministro interino das Relações Exteriores para o secretário geral das Nações Unidas, Rio de Janeiro, 2 jul. 1937. LA/27/601.34 (04), Lata 1.100, Maço 21.157, AHI/RJ.

9   Cf. J. Lesser, *O Brasil e a Questão Judaica*, p. 280, 291; M. L. T. Carneiro, *O Anti-Semitismo na Era Vargas*, p. 185.

10 Ofício de Dulphe Pinheiro Machado, Diretor do Departamento Nacional de Povoamento para o chefe de Polícia do estado do Amazonas, Rio de Janeiro, 15 de abril de 1937, Maço 558(99), AHI/RJ. Sobre a posição antissemita de Agamenon Magalhães, quando interventor de Pernambuco, ver M. das G. Á. de A. Ataíde, *A Construção da Verdade Autoritária*; M. L. T. Carneiro, *O Anti-Semitismo na Era Vargas*, p. 158.

é de estranhar que, assim como Pimentel Brandão, ao emitir seu parecer sobre um possível estatuto jurídico aos refugiados, tenha sido categoricamente contra[11]. Em sua opinião, não nos interessava a convenção, pois o problema dos refugiados afetava, única e exclusivamente, a economia interna da Europa. Apesar de considerar o Brasil como um país imigrantista, Pinheiro Machado foi contundente em sua posição: "só nos convém o elemento útil, especialmente ao trabalho agrícola ou às indústrias agropecurárias. Não temos, portanto, sugestão alguma a apresentar ao anteprojeto de que se trata"[12]. Esse parecer foi aprovado pelo ministro do Trabalho e pelo ministro das Relações Exteriores, que deu uma forma diplomática ao "desinteresse brasileiro".

A Conferência Intergovernamental realizou-se em Genebra no período de 7 a 10 de fevereiro de 1938, durante a qual foi votada a *Convenção Relativa ao Estatuto dos Refugiados Provenientes da Alemanha*. Apenas três países endossaram o seu conteúdo, que, na sua essência, expressava uma evolução do conceito jurídico do termo *refugiado*, que incluía a definição de *apátrida*. Estes, assim como os nacionais alemães, deveriam comprovar que, de fato, não gozavam de nenhuma proteção do Reich, inaugurando a fase de transição de *qualificação coletiva* para *individual*. Aqueles que haviam deixado a Alemanha por razões econômicas, sem terem sido pressionados a fazerem isso, encontravam-se excluídos dessa categoria. Em sua essência, as regras eram impostas com base na ideia de que a fuga havia sido fundada e precipitada por *temor de perseguição*, o *medo à degradação social e à morte*. Outro marco para essa nova fase jurídica da questão dos refugiados é que os dois organismos encarregados de tratar da questão (Bureau Internacional Nansen e o Alto Comissariado para a Alemanha) encerravam suas atividades naquele ano[13].

O governo brasileiro mostrou-se preocupado com o encerramento das atividades do Bureau Nansen, que, a seu ver, estava condenado a ser substituído por um organismo jurídico sem recursos orçamentários, privado de independência e do poder necessário a sua atividade. O fato desse novo órgão depender de comitês nacionais instalados em países pequenos e pobres comprometeria qualquer ação de ajuda aos refugiados. Em 1938, Barros Pimentel, da legação brasileira de Berna, ao avaliar essa situação, reafirmou dois conceitos básicos: o de *cidadão do mundo* e de *refugiado* como perigo econômico. Do seu ponto de vista, o fato desdes refugiados serem russos, judeus, alemães, espanhóis ou armênios não tinha nenhuma importância, pois "pertenciam todos à humanidade". O que realmente o preocupava – como autoridade diplomática

---

11 No cabeçalho do ofício que Agamenon Magalhães enviou para Mário de Pimentel Brandão, encontramos a seguinte ordem de serviço: "Transmitir à Liga das Nações, dando forma diplomática ao succinto parecer do Diretor do Povoamento em assumpto tão vasto". Aviso n. 2E-*1601*, de Agamenon Magalhães, ministro do Trabalho, Indústria e Comércio, para Mário de Pimentel Brandão, ministro Interino das Relações Exteriores, Rio de Janeiro, 22 jun. 1937, 601.34 (04), AHI/RJ.

12 Parecer de Dulphe Pinheiro Machado para Agamenon Magalhães, ministro do Trabalho, Indústria e Comércio, Rio de Janeiro, 19 jun. 1937, 601.3 (04), Lata 1.100, Maço 21.157, AHI/RJ.

13 J. H. Fischel de Andrade qualifica este momento como sendo um "marco de transição entre as fases de qualificação coletiva e individual". O autor considera essa fase como um avanço, haja vista a redação da Convenção de 1938 ser "mais realista e ampla" que a do Ajuste de 1936. Op. cit., p. 96-97.

sediada no exterior – é que os refugiados desamparados seriam sempre um perigo econômico e, principalmente, naquele momento em que "uma plêiade de refugiados se dispersava pela crosta terrestre"[14].

A crítica emitida por Barros Pimentel centrava-se exatamente na questão de que o novo Alto Comissariado não se ocuparia dessa pleíade de refugiados dispersos pelo mundo, mas apenas daqueles que eram reconhecidos pela Liga das Nações (refugiados Nansen, refugiados austríacos ou alemães). Em síntese: mesmo antes de nascer, o novo Alto Comissariado já era rotulado de incompetente por não poder assumir, em qualquer hipótese – segundo a alinea cinco da Resolução da Assembleia da Liga das Nações –, compromissos jurídicos ou financeiros[15].

Em dezembro de 1938, o conselho de administração do Bureau Nansen para os Refugiados se reuniu para dar posse ao novo comissário da Liga das Nações, *sir* Herbert Emerson, e seu adjunto, o suíço Gustave Kullmann[16]. Parte do montante do Prêmio Nobel de 1938, concedido oficialmente ao Bureau Nansen, foi colocado à disposição do novo órgão. Assim, a sobrevivência dos refugiados judeus passou a depender, em grande parte, de uma ação coletiva por parte da humanidade. Mas nem todos países se mostravam sensíveis a essa causa[17].

No final da Segunda Guerra Mundial, esse movimento humano que caracteriza a Diáspora entrou em uma segunda fase, avaliada como um imenso *êxodo espontâneo* delineado pela tentativa de retorno à vida. Muitos tentaram *voltar para casa*, como aconteceu com os quatrocentos mil judeus poloneses que haviam se refugiado na Rússia após a invasão alemã. Outros, recém-saídos dos campos de concentração e dos abrigos clandestinos, procuraram abrigo nos campos de refugiados instalados pelas forças aliadas na Alemanha e na

---

14 Ofício n. 321, de J. R. de Barros Pimentel, da Legação Brasileira de Berna, para Oswaldo Aranha, ministro das Relações Exteriores, Berna, 16 set. 1938, Lata 1.243, Maço 27.865, AHI/RJ.

15 Segundo Barros Pimentel, a subvenção outorgada pela Liga das Nações para o exercício de 1939 era de 224.500 francos suíços. Ofício n. 326 de J. R. de Barros Pimentel, da Legação Brasileira de Berna, para Oswaldo Aranha, ministro das Relações Exteriores, Berna, 23 set. 1938, Lata 1.243, Maço 27.865, AHI/RJ.

16 Gustave Kullmann, de nacionalidade suíça, era, até então, membro da seção de Cooperação Internacional e, desde 1936, representante do secretário geral do conselho de administração do Bureau Nansen. Herbert Emerson e Gustave Kulkmann haviam sido precedidos por Dr. Max Huber e Georges Werner.

17 Importante ressaltar que, a partir de 1938, os nazistas fecharam ainda mais o círculo contra os judeus do Leste Europeu, simbolizando o prenúncio da catástrofe que viria em seguida. O número de prisioneiros nos campos de concentração havia aumentado em decorrência de alguns fatores que merecem ser considerados: 1. após a Kristallnachtt (Noite dos Cristais), em 9 e 10 de novembro de 1938, na Alemanha e na Áustria milhares de judeus foram presos e enviados para os campos, estratégia adotada pelo Reich para forçar a emigração, instigando o clima de terror. Muitos eram colocados em liberdade mediante o compromisso de deixarem a Alemanha. Em janeiro do ano seguinte, Reinhard Heydrich criou o Centro de Emigração Judaica, segundo o modelo do Centro Vienense supervisionado por Eichmann; 2. em decorrência da prisão de opositores políticos nas zonas anexadas pelo Reich, principalmente Áustria e Polônia; 3. construção de inúmeros campos de trabalho e de concentração nos territórios ocupados como uma forma de fortalecer o Terceiro Reich.

Construindo a Imagem de uma Nação   91

Áustria. Os mais idealistas dirigiram-se para a Palestina, arriscando-se pelas rotas clandestinas demarcadas ao sul da Europa[18].

Ao mesmo tempo, um grupo de refugiados políticos deu início a uma outra corrente migratória em direção à América Latina, caminho este que metaforicamente denomino de *a rota dos ratos*. Era a vez dos nazistas que, perseguidos por crimes praticados contra a humanidade, buscavam um esconderijo nos trópicos. Alguns, autoridades renomadas no contexto da ascensão do Terceiro Reich, foram condenados a viver escondidos, como aconteceu com Adolf Eichmann, Walter Kutschmann, Erich Priebke, Friedrich Rausch, Eduard Roschmann, Erich Müller, Dinko Sakic, Josef Mengele, Gustav Wagner, Herbert Cukurs e Franz Stangl, dentre outros. Vivendo sob falsa identidade, nem sempre conseguiram escapar do olhar vigilante daqueles que sobreviveram à Solução Final[19]. Outros tiveram seus nomes e endereços de destino ocultos pelas "leis do esquecimento", que, além de inibirem o acesso aos documenos ditos sigilosos, garantem a sobrevivência da História Oficial.

18 Cf. É. Barnavi (org.) *História Universal dos Judeus*, p. 226-279.
19 Este estudo será publicado por esta autora com o título *Missionários do Reich: O Brasil Diante do Nazismo e dos Refugiados Nazistas*. Projeto de pesquisa desenvolvido com recursos do CNPq, Edital Universal, 2007/2008.

O Brasil na Conferência de Evian

A cada movimento de avanço das tropas nazistas em direção ao leste, o movimento emigratório envolvendo os refugiados judeus inchava, multiplicado em diversas nacionalidades. Esse processo de reacomodação das populações dos países atingidos pela expansão do nacional-socialismo repercutia a política imigratória dos países europeus e americanos. O governo brasileiro, que se fazia representar junto à Liga das Nações, não tinha condições de ignorar a questão, pois estava em jogo a sua imagem.

Em maio de 1938, durante a reunião do Conselho da Liga das Nações, o problema dos refugiados voltou à pauta, centrado na questão dos emigrados alemães e dos austríacos que haviam perdido a nacionalidade. A Federação dos Emigrados procedentes da Áustria solicitava que esses fossem considerados em pé de igualdade com os refugiados oriundos da Alemanha, sob a proteção do Alto Comissariado. Com a anexação da Áustria pelos nazistas, em 12 de março de 1938 (*Anschluss*), a questão dos refugiados tornou-se ainda mais grave, considerando-se que a população judaica daquele país era de 180 mil pessoas. As consequências das práticas antissemitas pelos nacional-socialistas se apresentavam catastróficas, dada a rapidez com que foram aplicadas na Áustria[1].

Diante dessa realidade, o Alto Comissariado teve suas funções ampliadas: foi incumbido pelo Conselho da Liga das Nações de proteger os austríacos, além dos refugiados provenientes da Alemanha[2]. Como não existia uma convenção específica para os refugiados austríacos, caberia àquela comissão negociar com os países que haviam endossado a *Convenção* de 1938 e o *Ajuste* de 1936. No entanto, a causa dos refugiados encontrava-se em perigo, visto que tanto o Bureau Nansen como o Alto Comissariado tinham datas limites para a sua extinção: 31 de dezembro de 1938. Em 30 de setembro, a Assembleia da Liga das Nações adotou uma série de resoluções que definiam a extinção daqueles dois órgãos, que seriam substituídos por um outro organismo: o Alto Comissariado da Liga das Nações para os Refugiados (1º de janeiro de 1939 a 31 de dezembro de 1946)[3].

1   Se na Alemanha a política antissemita demorou cinco anos para ser aplicada, na Áustria esta foi executada no curto período de três meses.
2   Annes 1718, Communication n. 2, 19(5-6), League of Nations Official Journal (mai./jun., 1939), E. Balog, Word Peaceand the Refugee Problem, 75(II), *Recueil de Cours de l'Académie de Droit International* (1949), nota 46, p. 407, apud J. H. Fischel de Andrade, O Direito Internacional dos Refugiados..., op. cit., p. 98.
3   A proposta inicial desse organismo foi discutida pelo Conselho da Liga das Nações em 14 de maio de 1938, na qual o representante da urss absteve-se de votar. Em 30 de setembro de 1938, a Assembleia adotou cinco resoluções, definindo o término do Bureau Internacional Nansen e do Alto

Nesse mesmo ano, 1938, Franklin D. Roosevelt, presidente dos Estados Unidos da América, convocou uma conferência destinada a discutir o tema da *emigração dos refugiados*. Essa posição combativa assumida por Roosevelt – fiel aliado dos judeus ao lado da *intelligentsia* e da classe política americanas – isentou os Estados Unidos de uma série de críticas a sua política imigratória regida pelo sistema de cotas[4]. Na sua essência, esse encontro extrapolava seus própositos mais imediatos – que eram os de tentar salvar o maior número possível de refugiados austríacos e alemães –, trazendo para o debate questões que diziam respeito ao sentimento de solidariedade herdado da tradição humanista do Iluminismo. Desde a convocação oficial, as trinta e duas nações participantes, dentre as quais o Brasil, tinham consciência da inquietação internacional criada pelas emigrações forçadas, que causavam profundos problemas de ordem econômica e social. Ficava por conta da força dos mitos políticos a interpretação deturpada da realidade nacional[5].

Era como se uma nova etapa estivesse começando, distinta da chamada época liberal, em que a teoria e a prática do asilo tinham uma feição moderada. Exilados políticos abandonavam sua terra natal indo viver livremente no país escolhido como *de destino*. Portugal recebia os revolucionários espanhóis da mesma forma que a Espanha recebia os de Portugal. Italianos adversos ao fascismo formaram verdadeiras legiões na França, que, em 1934, se orgulhava de ter cem mil asilados de várias raças. Aos 65 mil russos do tsarismo, bem como aos 25 mil italianos antifascistas domiciliados na França,

Comissariado, assim como o novo organismo. O Alto Comissariado da Liga iniciou suas atividades em janeiro de 1939, devendo se encarregar dos *refugiados Nansen*, dos refugiados provenientes da Alemanha e da Áustria. Atuou até 31 de dezembro de 1946, data de encerramento oficial da Liga das Nações. Durante toda a sua existência, o cargo de alto comissário foi ocupado por Herbert Emerson. Após 1946, a responsabilidade do alto comissariado da Liga foi transferida, temporariamente, para o Comitê Intergovernamental para os Refugiados. Após 1º de julho de 1947, assumiu a Comissão Preparatória da Organização Internacional para os Refugiados. *Resolutions on International Assistance to Refugees adopted by Ninteenth Assembly of the League of Nations on 30 September 1938*. Sobre esse tema ver J. H. Simpson, *The Refugee Problem*, p. 220-221, 596-598 (Appendix VIII); R. Ginesy, *La Seconde Guerre Mondiale et les déplacements de populations*, p. 122; B. Vulkas, International Instruments Dealing with the Status of Stateless Persons and of Refugees, *Revue Belgue de Droit International*, v. 8, n. 1, p. 171; L. Bolesta-Koziebrodzki, *Le Droit d'asile*, p. 9, apud J. H. Fischel de Andrade, op. cit., p. 99-100 e 102.

4   Cf. É. Barnavi (org.), *História Universal dos Judeus*, p. 218-219. Segundo Barnavi, os judeus norte-americanos vivenciaram difíceis momentos no período entreguerras. A célebre Ku-Klux-Klan acusava os judeus de agentes do bolchevismo internacional e Henry Ford – o fabricante de automóveis de Detroit que identificava os judeus com a elite financeira nova-iorquina – financiava a publicação nos EUA dos *Protocolos dos Sábios de Sião*. É de sua autoria o libelo antissemita *O Judeu Internacional*. A prestigiosa Universidade de Harvard restringiu o ingresso de judeus ao lhes impor um *numerus clausulus*. Opositores antissemitas procuraram intimidar e marginalizar a comunidade judaica americana, que, por sua vez, tentava abrandar as disposições que inibiam a imigração. Mas a democracia ofereceu aos judeus norte-americanos meios para lutar abertalegais mente contra o antissemitismo, encontrando fortes aliados em Roosevelt e no Partido Democrata. Daí o progama presidencial New Deal ter sido batizado de Jew Deal.

5   *Allocution de S.E.M. Henry Berenger, Délégué de la France, Comité Intergouvernemental*. Evian, Juillet 1938, Anexo ao Ofício n. 13 de Hélio Lobo para Oswaldo Aranha, ministro das Relações Exteriores, Genebra, 26 jul. de 1938, Ofícios Recebidos, Lata 643, Maço 9.769, AHI/RJ. Observação: há uma discordância historiográfica acerca do número de países participantes da Conferência de Evian. Alguns autores afirmam terem sido 31, e não 32, os países ali representados. Cf. J. H. Fischel de Andrade, op. cit., n. 148, p. 102.

se devia o ressentimento de Moscou e de Roma. A França orgulhava-se de seu espírito liberal: todos aqueles que lhe batiam à porta eram recebidos de braços abertos com todas as franquias da locomoção e do pensamento. Ali haviam vivido Lênin e Trótski, Afonso XIII da Espanha e inúmeros republicanos espanhóis fizeram da França a sua terra de exílio. Situações como essa nos comprovam que o mundo não era a falência que as ditaduras se comprazem a proclamar. Tradições humanistas resistiam à força das práticas totalitárias, apesar de ameaças e protestos de nações vizinhas. Mas nem todos se orgulhavam ou queriam ser uma terra de asilo[6].

A conferência realizou-se em Évian-les-Bain, entre 6 e 15 de julho de 1938. No dia da abertura, a França – anfitriã do encontro – foi apresentada por Henry Berenger, seu delegado, como *terra do asilo e terra da livre discussão.* Essa imagem – de *terra de asilo e país defensor dos ideais liberais por tradição* – era alimentada por inúmeros artigos publicados pela imprensa francesa, que, desde 1935, vinha sustentando calorosos debates sobre a possibilidade de assimilação dos estrangeiros instalados no país[7].

Durante a Conferência de Evian, como ficou conhecida, as principais lideranças europeias e americanas teriam como missão encontrar uma solução para a situação crítica vivenciada pelas minorias dos expatriados (judeus ou não) da Alemanha e da Áustria[8]. Trinta e duas nações estavam representadas na cidade francesa de Evian, à margem do lago Léman. Da América, com exceção de El Salvador, todos os países enviaram delegações. Da Europa, participaram França, Reino Unido da Grã-Bretanha, Irlanda, Países Baixos, Suíça, Bélgica, Dinamarca, Suécia e Noruega. Entre os domínios britânicos, estavam Austrália, Canadá e Nova Zelândia. Ausentes se fizeram a Itália e a Alemanha, por motivos óbvios. A Polônia, interessada na questão dos refugiados, enviou dois observadores que logo se retiraram, uma vez que não foram admitidos nas comissões[9].

O Brasil foi representado por Hélio Lobo, que, nomeado por Oswaldo Aranha, contava com a assessoria de Jorge Olinto de Oliveira, 1º secretário de legação, encarregado do consulado em Genebra[10]. A participação da delegação brasileira teve o objetivo de garantir uma imagem positiva do Brasil e do governo Vargas no panorama internacional. Desde o início, o tom foi de colaboração prática e eficaz com os Estados Unidos, que almejavam algo útil para os refugiados do mundo inteiro, transformados nos *apátridas das revoluções*

6   Exílio, Asylo. Estudo sobre o Problema dos Refugiados Políticos. *Boletim Internacional.* LUX, *o Jornal*, Rio de Janeiro, 23 jan. 1934, 6(04)0034, Lata 402, Maço 6.049, AHI/RJ.

7   J. Lassere, France, Terre d'Asile, *Le Matin*, 29 août 1935, p. 6.

8   A Conferência de Evian deveria considerar "as medidas tomadas de modo a providenciar rapidamente a ajuda aos refugiados provenientes da Alemanha e da Áustria; criar um organismo internacional permanente, com sede em uma cidade europeia, onde se desenvolveria um programa, a longo prazo, para o auxílio de todos os refugiados então existentes ou potenciais". L. W. Holborn, The Legal Status of Political of Refugees, op. cit., p. 699-700, apud J. H. Fischel de Andrade, op. cit., p. 103.

9   Estudo sobre o Poblema dos Refugiados Políticos, *O Estado de S.Paulo*, 18 out. 1939, p. 16.

10   Telegrama n. 21, do Ministério das Relações Exteriores para a Legação de Berna, Rio de Janeiro, 27 jun. 1938, 101.34, Lata 1.617, Maço 34.894, AHI/RJ.

nacionais de diferentes países. O que não interessava aos Estados Unidos era alterar o seu sistema de cotas, daí seu empenho em que outros países da América abrissem suas portas aos judeus, principalmente o Brasil e a Argentina.

A proposta era de que essas questões fossem resolvidas sistematicamente por uma comissão permanente, sediada em Londres e auxiliada pelos países de emigração e imigração. Dessa forma, pretendia-se descongestionar a Europa e agilizar estratégias salvacionistas eficazes. Todos contavam com o prestígio dos Estados Unidos, que, desde o início, despontavam como nação-líder para uma solução humanitária. Do ponto de vista de um reconhecimento internacional, interessava ao governo brasileiro apresentar-se como aliado dos Estados Unidos e da Grã-Bretanha, apesar de seu projeto étnico-político ser incompatível com as soluções almejadas pelos comitês de ajuda aos refugiados.

Neill Malcolm, alto comissário instituído pela Liga das Nações, esteve presente em todas as reuniões. A delegação francesa era chefiada por Henry Bérenger, presidente da Comissão de Relações Exteriores do Senado e antigo embaixador em Washington. Representando a Grã-Bretanha estava lorde Winterton, membro do Parlamento, chanceler do Ducado de Lancaster. Da delegação latino-americana, participavam Tomás A. Le Breton, veterano de questões imigratórias – embaixador em Londres, removido a pouco tempo para Paris –, e F. Garcia Calderón, ministro do Peru na França, dentre outros[11].

Em 1938, segundo estatísticas oficiais apresentadas durante a Conferência de Evian, a população israelita no mundo havia passado de 10.597.000 pessoas, em 1900, para 15.371.822, em 1935. Nessa população, a Europa possuía 9.390.113; a América, 4.739.769, dos quais 4.228.029 estavam nos Estados Unidos; a Ásia, com 774.049; a África, 593.736; e a Austrália, 26.954. A expectativa era de que a emigração forçada recaísse sobre os mais jovens, com menos de 45 anos, restando aos mais velhos as incertezas que os esperavam na Áustria e na Alemanha[12].

Somente quando vieram a público as atrocidades cometidas pelos nazistas nos campos de extermínio é que o mundo parou para questionar os limites entre civilização e barbárie. A relação das organizações que participaram da Conferência de Evian expressa a gravidade desse fenômeno cuja dimensão não chegou a ser compreendida e assimilada por todas as nações. A identificação de cada uma dessas instituições já é suficiente para circunscrevermos o círculo do perigo e as cabeças ameaçadas:

---

11 A lista completa de todos os participantes pode ser consultada no *Addendum a la liste revisée des delegates, Comité Intergouvernemental, Evian, 14 juillet 1838*, Anexo ao Ofício n. 13, de Hélio Lobo para Oswaldo Aranha, ministro das Relações Exteriores, Genebra, 26 jul. 1938, Ofícios Recebidos, Lata 643, Maço 9.769, AHI/RJ

12 Ofício n. 6, de Hélio Lobo, representante do Brasil na Conferência de Evian, para Oswaldo Aranha, ministro das Relações Exteriores, Genebra, 25 jul. 1938, p. 1-2, Ofícios Recebidos 101.34, AHI/RJ.

Organizações interessadas na assistência aos refugiados políticos Conferência de Evian – 1938

Central Bureau for the Settlement of German Jews (Londres)
Jewish Colonization Association (Paris)
German Jewish aux Juifs Allemands (Londres)
Comité d'Aide et d'Assistance aux Victimes de l'Antisémitisme en Allemagne (Bruxelles)
Sociétée pour la Protection des Sciences et des Études/Society for the Protection of Science and Learning (Londres)
Comité d'Assistanece aux Réfugiés (Paris)
Comité voor Bijzondere Joodsche Belangen (Amsterdam)
Centre Suisse pour l'Aide aux Réfugiés provenant d'Allemagne (Prague)
Fédération Internationale des Émigrés d'Allemagne (Paris)
International Christian Committee for Non-Aryans (Londres)
Service International de Migration/Internacional Migration Service (Genève)
Service Universitaire International/International Student Service (Genève)
The Joint Foreign Committee of the Board of Deputies of British Jews and the Anglo-Jewish Association (Londres)
Agudas Israël World Organisation (Londres)
American Joint Distribution Committe (Paris)
Council for German Jewry (Londres)
Association des Emigrés Hias ICA (Paris)
Association des Savants Allemands en Détresse à l'Étranger (Londres)
Bureau International Pour le Respect du Droit d'Asile et l'Aide aux Réfugiés Politiques (Paris)
Congrès Juif Mondial (Paris)
Nouvelle Organisation Sioniste (Londres)
Emigration Advisory Committee (Londres)
Alliance Israelite Universelle (Paris)
Comité Pour le Développement de la Grande Colonisation Juive (Zurich)
Internationale Ouvrière et Socialiste (Paris/Bruxelles)
Comités Catholiques Américains, Anglais, Belge, Français, Néerlandais et Suisse pour l'Aide aux Émigrés
Freeland Association (Londres)
ORT (Paris)
Centre de Recherches de Solutions au Probléme Juif (Paris)
League of Nations Union (Londres)
Agence Juive Pour la Palestine (Londres)
Comité Pour la Défense des Droits des Israélites en Europe Centrale et Orientale (Paris)
Union des Sociétés "Osé" (Paris)
Royal Institute of International Affairs (Londres)
Fédération des Émigrés d'Autriche (Paris)
Sociétée d'Émigration et de Colonisation Juive "Emcol" (Paris)

Fonte: Rapport du sous-comité pour la reception des organisations interesses a l'assistancee aux refugiés politiques venant d'Allemagne, y compris l'Autriche. Comité Intergouvernemental. Evian, Juillet 1938. AHI/RJ.

Construindo a Imagem de uma Nação   97

Cinco pontos compunham o programa aceito com antecedência por todos os países integrantes da conferência:

1. escoamento dos refugiados da Alemanha e da Áustria, compreendidos como aqueles que já haviam deixado e os que desejavam deixar o país. Para essa obra, se levaria em conta a contribuição das instituições internacionais existentes;
2. apresentação dos meios, segundo a legislação interna de cada país, para a realização desse propósito; sendo desejável que cada país apresentasse a legislação imigratória respectiva, não só numericamente, mas também sob os demais aspectos; oferecer quaisquer comunicações confidenciais para uso estrito da comissão;
3. exame da questão dos documentos de identidade para os imigrantes que não os tivessem;
4. criação de uma comissão permanente, em uma capital europeia, encarregada de formular e executar, sempre em colaboração com as instituições internacionais, um plano de largo raio, para a saída metódica dos refugiados da Alemanha e da Áustria e, mais tarde, de outros países;
5. resolução recomendando as deliberações tomadas, bem como quaisquer outras que pudessem ser objeto de exame[13].

O programa da conferência de emigração deixava de lado milhares de outros expatriados da Polônia, da Romênia e da Itália. Excluía-se a hipótese de movimentação em massa, como a dos armênios e dos gregos após a Primeira Guerra Mundial. À comissão oficial permanente, em conjunto com as instituições internacionais, caberia deliberar sobre os emigrados da Alemanha e da Áustria, além de filtrar o elemento imigratório que cada um pudesse receber. Nesse sentido, a imigração deveria realizar-se de acordo com a legislação de cada país; situação constrangedora para o Brasil que, nessa época, mantinha circulares secretas contra a entrada de judeus no país.

Hélio Lobo havia recebido, com certa antecedência, instruções por meio da Secretaria de Estado das Relações Exteriores, atendendo ordens de Oswaldo Aranha, que o aconselhou a ter sempre em vista a Circular Secreta n. 1.127, que vetava o visto nos passaportes israelitas, além de chamar sua atenção para a proibição de entrada para os apátridas. No entanto, essas instruções não correspondiam aos propósitos da conferência, que caminhavam em uma direção contrária: tratar de emigração, em sua maioria israelita, a qual em grande parte não tinha documentos de identidade. Como poderia Hélio Lobo apoiar as propostas de criação da comissão permanente e participar do exame da questão dos documentos suplementares de identidade se, ao mesmo tempo, deveria respeitar a aplicação de circulares antissemitas?[14]

Hélio Lobo interpretou com muita sabedoria a participação do Brasil nessa conferência. Estava ciente de que não estavamos lá por nossos sentimentos humanitários e, muito menos, porque pretendêssemos salvar muitos judeus das garras dos nazistas. Estávamos *por conveniência*. Convinha a Oswaldo Aranha –

13 Ofício Reservado n. 2, Genebra, 16 jul. 1938.
14 Idem, p. 5.

segundo palavras do próprio Hélio Lobo –, que "não desejava recusar a participação, por sua alta e sempre tão feliz política com os Estados Unidos da América; e também porque cabia conciliar nossas conveniências com o propósito humanitário norte-americano". Ou melhor, poderíamos postergar a matéria essencial (*a imigração que nos convinha*) para decisão ulterior perante a referida comissão permanente. E essa tarefa, em sua opinião, seria menos árdua "visto que haviam excelentes elementos israelitas e cerca de dez mil católicos alemães e austríacos a colocar". A primeira ideia era "aceitar em princípio (por espírito humanitário) para decidir de fato depois [a quem salvar?]"[15].

A presidência da conferência de emigração coube ao embaixador Myron C. Taylor, representante da delegação americana, escolha fundamentada nos esforços despendidos para garantir o êxito dos trabalhos e das iniciativas do presidente Roosevelt. Da mesma forma, coube ao governo dos Estados Unidos da América, como membro da comissão permanente, dar uma solução adequada ao assunto. Londres, por sugestão do próprio governo britânico, se prestaria para a sede do comitê executivo, considerando que ali já trabalhava o Alto Comissariado para os Refugiados Políticos estabelecido pela Liga das Nações.

Às vesperas do início da conferência de emigração, o embaixador Taylor manteve encontros em particular com cada um dos representantes das delegações convidadas, entre as quais Argentina, Chile, Paraguai, Bolívia, Colômbia, Uruguai e países da América Central. O pedido era de que o Brasil, assim como os demais países, desse toda colaboração possível. Acompanhavam o embaixador norte-americano seus dois assessores técnicos: Robert T. Pell e Jorge L. Brandt, altos funcionários do Departamento de Estado. Ao lado deles estava sempre James G. McDonald, ex-alto comissário da Liga das Nações e conselheiro do presidente Roosevelt.

Na sessão inaugural, lorde Winterton propôs a eleição de quatro vice-presidentes, sendo aprovados os representantes dos Estados Unidos, da França, da Holanda e do Brasil. Régis de Oliveira, embaixador do Brasil em Londres, chegou a ser procurado pelos delegados inglês e norte-americano, que insistiram para que o Brasil aceitasse a candidatura. Pairava no ar um mal-estar devido ao fato deste convite só ter sido feito ao Brasil após o governo da Argentina, representado pelo embaixador Malbran, ter declinado o convite por estar sendo removido para Roma[16].

Durante a realização da conferência de emigração, o Congresso Mundial Judaico – representado por Stephen S. Wise, presidente do comitê executivo – encaminhou um pronunciamento no qual protestava contra as perseguições antissemitas na Alemanha e reafirmava a legalidade dos direitos dos

---

15 Idem, ibidem.
16 Telegrama n. 56, do Ministério das Relações Exteriores para a Embaixada brasileira em Londres, Rio de Janeiro, 8 ago. 1938, 640.16 (99), Lata 1.617, Maço 34.894, AHI/RJ; Telegrama n. 112, de Régis de Oliveira para Oswaldo Aranha, ministro das Relações Exteriores, Genebra, 9 ago. 1938, 640.16 (99), Lata 1.617, Maço 34.894, AHI/RJ.

Construindo a Imagem de uma Nação   99

judeus em todos os países. Protestava, também, contra o fato de aquela conferência considerar apenas os judeus alemães e austríacos, quando deveriam tratar igualmente os judeus que, provenientes de países da Europa oriental, vivenciavam a mesma situação. O Congresso Mundial Judaico expressava, ainda, o desejo de que a conferência não apenas estudasse a possibilidade de uma colonização judaica agrícola, mas que também tentasse obter com as autoridades alemás autorização para que os refugiados pudessem levar seus bens, sem os quais seria impossível realizar uma imigração em massa. Solicitava-se ainda atenção especial para a criação de um lar nacional judaico na Palestina em condições de acolher a maior parte dos judeus refugiados[17].

A ideia principal do presidente Roosevelt era de criar um organismo permanente com o objetivo de prevenir a expatriação forçada, que estava se tornando um grave problema de política internacional e que só poderia ser tratado mediante uma ação coletiva e solidária das nações. A dispersão dos judeus pelo mundo se apresentava, portanto, como um fenômeno único. Presumia-se que até os países dispostos a proteger os judeus não se dispunham a acolher milhares deles. A Palestina não se mostrava susceptível a recebê-los em maior número, pois isso implicaria a criação de um novo território para refugiados, proposta sustentada desde o século XIX pelos sionistas convictos. A Austrália e a África do Sul também estavam se mostrando hostis ao estabelecimento de uma colônia judaica em suas terras, e alguns países da América do Sul – sob o olhar vigilante dos Estados Unidos – se apresentavam abertos ao diálogo, mas privilegiando aqueles que pudessem se dedicar à agricultura.

Duas comissões foram criadas com o objetivo de buscar uma solução imediata e definitiva para a questão dos refugiados no mundo e, em particular, para os refugiados judeus da Alemanha e da Áustria. Um dos grupos ficou encarregado de ouvir a delegação dos israelitas e católicos e o outro, de examinar objetivamente os problemas, ou seja, de recolher a legislação imigratória de cada país, informando-se, ao mesmo tempo, das oportunidades existentes. Presidia essa segunda subcomissão o delegado da Austrália, seu ministro do Comércio e das Alfândegas[18].

O Brasil, que mantinha uma política secreta de restrição à entrada de judeus, integrava a segunda comissão, representado por Hélio Lobo, que considerava Evian como "um exemplo preliminar, não tendo exposição confidencial a apresentar". Informou que o Brasil só tomaria uma posição após ter conhecimento de toda a documentação, seguindo orientação dada pelo Ministério das Relações Exteriores. Hélio Lobo, por meio de um telegrama enviado ao Ministério das Relações Exteriores, descreveu o início desse encontro como dramático, visto que a maioria dos membros era composta de judeus, além de outros de grupos de amparo aos católicos, aos operários e aos intelectuais cristãos: "Durante a primeira reunião, ecoaram um dia inteiro as angústias de milhares de

17 A la Conférence d'Evian, *La Gazette De Lausanne*, 6 juil. 1938, Lata 643, Maço 9.769, AHI/RJ.
18 Telegrama de Souza Dantas, em nome de Hélio Lobo, ao Ministério das Relações Exteriores, Paris, 11 jul. 1938, Telegramas Recebidos, Ref. 101.34, p. 1, AHI/RJ.

seres humanos, sem pátria, sem teto e sem pão. Coração não houve que não se houvesse enternecido diante do espetáculo ali desenrolado, estando a antiga Áustria atualmente em maior tragédia que a própria Alemanha"[19].

Hélio Lobo classificou como "digna de nosso exame" a emigração de refugiados católicos, dez mil dos quais já estavam vivendo na miséria, para além das fronteiras da Alemanha e da Áustria: aludia-se a uma "imensa tragédia humana que estava a pedir remédio urgente". Apesar do apelo dos italianos proscritos e da expectativa de milhões de judeus na Polônia e na Romênia, os conferencistas de Evian circunscreveram os limites da convocação (Áustria e Alemanha). Desde o início, Hélio Lobo procurou, em caráter extraoficial, posicionar-se a favor do problema dos refugiados judeus; mas nem sempre recebeu livre autorização do Itamaraty[20].

Em 30 de junho, Hélio Lobo reclamava a Oswaldo Aranha que, até aquela data, não havia recebido nenhuma intrução sobre a posição que o Brasil pretendia assumir sobre a questão do escoamento dos emigrados políticos da Alemanha e da Áustria. Antecipando-se a qualquer orientação oficial do Brasil, Lobo procurou informar-se sobre o programa com a delegação norte--americana que, aliás, lhe foi muito útil. Ficou sabendo que – além da criação de um comitê encarregado de *tomar em mão o assunto*, com sede em uma cidade europeia – cada país seria solicitado a apresentar dois tipos de comunicação: uma ostensiva (sobre as *condições imigratórias* de cada um) e outra *confidencial*, para uso do comitê (sobre os obstáculos que acaso tivessem). Por antecipação, o Brasil teria sérios obstáculos ao tratar de ambos os temas.

Em decorrência dessa informação – e por iniciativa própria –, Lobo preparou o texto ostensivo fundamentando-se em dados internacionais, estudos e inquéritos realizados pela Repartição Internacional do Trabalho, dentre os quais constavam artigos de Paula Lopes, "La Colonisation au Brésil", e de F. Maurette, "Quelques aspects sociaux du développement présent et futur de l'économie brésilienne" (1937) e "L'Immigration et la colonisation au Brésil" (1937)[21]. Hélio Lobo manifestou-se por meio do texto "Brésil", com três páginas, no qual o Brasil é vislumbrado como uma nação soberana e que sempre manteve uma política imigratória de portas abertas, encorajando a entrada de mão de obra necessária para a exploração de suas riquezas, sobretudo agrícolas.

A ênfase se deu em torno da necessária assimilação dos imigrantes e as tendências nos últimos anos de alteração da fusão étnica tradicional (constatada com o aumento da emigração proveniente da Europa Oriental e Ásia). Lobo

19 Ofício Reservado n. 2, Genebra, 16 jul. 1938.
20 O posicionamento de Hélio Lobo na Conferência de Evian e, posteriormente, na tramitação para a liberação de três mil vistos solicitados pelo Vaticano foi analisado por mim em *O Anti-Semitismo na Era Vargas*, p. 263-265; *Brasil, Refúgio nos Trópicos*; J. Lesser, *O Brasil e a Questão Judaica*, p. 257-267; A. Milgram, *Os Judeus do Vaticano*.
21 *Bureau International du Travail. Étudés et Documents Série O* (Migracion), n. 7; *Compte-rendu provisoire, 24ème session. Conférence International du Travail*, n. 18; R. P. Lopes, La Colonisation au Brésil, *Revue Internationale du Travail*, fevereiro de 1936; F. Maurette, Quelques aspects sociaux du développement présent et futur de l'économie brésilienne, *Revue Internationale du Travail*, 1937; e L'Immigration et la colonisation au Brésil, *Revue Internationale du Travail*, fevereiro de 1937.

justificava, com base na Constituição de 1934 e 1937, a fixação de cotas anuais para cada nacionalidade, e a Alemanha e a Áustria estavam contempladas, respectivamente, com 3.099 e 1.655 cotas anuais. Alegava que, diante da necessidade emergente de mão de obra para trabalhar no campo, visto que os grandes centros urbanos já estavam saturados, o Brasil havia estipulado, em 1938, uma nova lei imigratória sem perder de vista as regras constitucionais estipuladas anteriormente: "a de continuar valorizando a entrada de agricultores e técnicos em matérias agrícolas"[22].

Considerando que tais medidas visavam solução gradual e técnica para o problema enfrentado pelos países de emigração e que o problema dos refugiados alemães e austríacos era urgente, o Brasil estava disposto a corresponder ao apelo do governo norte-americano, "tendo em vista o ideal humanista que nos toca tanto". Nenhuma palavra mais. Evitou-se, por questões políticas, empregar a palavra *judeu*, *semita*, *israelita* ou *hebreu*; assim como nenhuma referência se fez à Circular Secreta n. 1.127. Ciente das repercussões internacionais que uma informação dessa categoria poderia representar para o Brasil, Hélio Lobo considerou que essas informações (assunto de uma exposição confidencial) não deveriam ser oferecidas por escrito. Antecipava a Oswaldo Aranha que os referidos estudos apresentados na comunicação ostensiva, por si só, davam a entender as *"restrições de ordem não legal* que o Brasil opõe à imigração individual ou em massa, em determinadas condições"[23].

No entanto, duas questões preocupavam o delegado brasileiro. A primeira, de ordem prática, carecia de interpretação diante da nova lei de imigração do Brasil: se a antiga República da Áustria havia sido anexada ao Reich e a cota alemã nunca havia se esgotado, parecia-lhe adequado que esta poderia aplicar-se aos refugiados austríacos. A segunda, de ordem financeira, dizia respeito aos recursos necessários à imigração, que poderiam provir de instituições nacionais ou de coletas nacionais. Dever-se-ia, portanto, definir a posição do Brasil no caso dessa segunda hipótese[24].

Oswaldo Aranha, como ministro de Estado das Relações Exteriores, orientou Hélio Lobo a *reservar* a atitude do Brasil sobre a criação de um comitê executivo para tratar a questão dos imigrados políticos, ainda que com uma secretaria de pequeno porte. Preferia ver essa questão técnica confiada à Liga das Nações. Em 22 de junho, o chanceler brasileiro despachou um ofício reservado à Hélio Lobo contendo instruções para a missão que lhe havia sido confiada em Evian. Essas instruções foram dadas com base no conhecimento prévio dos pontos a serem discutidos durante a realização da referida conferência, elaborados e divulgados pelo governo norte-americano.

---

22 "Brésil", M. H. Lobo, Ministre Plénipotentiaire. Anexo ao Ofício Reservado n. 1, de Hélio Lobo, da Repartição Internacional do Trabalho, para Oswaldo Aranha, ministro das Relações Exteriores, Paris, 30 jun. 1938, 101.34, AHI/RJ.
23 Idem.
24 Ofício Reservado n. 1, 30 jun. 1938, p. 3-4.

Hélio Lobo era alertado para duas questões legais básicas e que deveria ter sempre *em mente*: dispositivos do decreto-lei n. 406, de 4 de maio de 1938, e a Circular Secreta n. 1.127. O decreto estipulava o número de estrangeiros de uma nacionalidade a serem admitidos no país em caráter permanente, ou seja:

> não deveria exceder o limite anual de 2% do número de estrangeiros da mesma nacionalidade entrados no Brasil nesse caráter no período de 1º de janeiro de 1884 a 31 de dezembro de 1933. Da cota obtida, 80% seriam destinados a estrangeiros agricultores ou técnicos de indústrias rurais, os quais não poderiam abandonar a profissão durante o período de quatro anos consecutivos, contados da data do seu desembarque, salvo autorização do Conselho de Imigração e Colonização"[25].

Em um próximo telegrama, de 13 de julho, o ministro Aranha esclareceu que o Brasil estava disposto a encarar com simpatia a "emigração dos *refugiados católicos*, quanto ao mais aguardamos conclusão da conferência e o relatório do nosso delegado"(grifo nosso). Tomando como referência a expressão grifada acima, fica evidente que – com relação aos judeus – o Brasil preferia adiar seu pronunciamento[26].

Ciente de que a delegação norte-americana estava interessada em conhecer o posicionamento latino-americano sobre a questão judaica, Hélio Lobo proferiu (confidencialmente) algumas críticas sobre os mecanismos de eleição das mesas e das subcomissões, sem qualquer consulta prévia aos membros dessas delegações que, ofendidos, poderiam se retrair. Mas foi durante esses encontros extraoficiais que Lobo dialogou com os Estados Unidos sobre a vigência das circulares secretas contra a entrada de judeus no Brasil.

Na terceira plenária, os países – sobretudo os americanos – aplaudiram a iniciativa de receberem refugiados, mas reafirmaram o reduzido poder de absorção de cada um. O representante da Colômbia – depois de negar o direito a qualquer nação de expulsar em massa seus nacionais e lembrar a tradição acolhedora do continente americano – alegou que a solução deveria começar pela Inglaterra, pela França e pela Holanda, nomeadas "nações americanas por suas colônias"[27].

Hélio Lobo foi, desde o início, orientado pelo governo brasileiro a não se comprometer com o Comitê de Londres, situação difícil dada a liderança assumida pelo governo dos Estados Unidos. Lobo, em vários momentos, procurou justificar-se perante o governo brasileiro explicando que estava tentando "não assumir nenhum *compromisso de fundo*", na esperança de que o

25 Ofício Reservado de Oswaldo Aranha, ministro das Relações Exteriores, para Hélio Lobo, representante do Brasil na Repartição Internacional do Trabalho, Rio de Janeiro, 22 jun. 1938, 101.34, Lata 560, Maço 9.140, AHI/RJ.
26 Telegramas n. 50 e n. 51, de Oswaldo Aranha, ministro das Relações Exteriores, para Hélio Lobo, delegado do Brasil na Conferência de Evian, Rio de Janeiro, 11-13 jul. 1938, Telegramas Emitidos, AHI/RJ.
27 Telegrama n. 71, de Luiz Martins de Souza Dantas, em nome de Hélio Lobo, ao Ministério das Relações Exteriores, Paris, 11 jul. 1938,Telegramas Recebidos, Ref. 101.34, 2.054. p. 2, AHI/RJ.

Brasil pudesse conciliar o dever humanitário com suas necessidade imigratórias. Em várias ocasiões, valeu-se de Luiz Martins de Souza Dantas, embaixador do Brasil na França, que lhe servia de intermediário. Considerando o conteúdo filossemita dos telegramas encaminhados a Oswaldo Aranha, pressupomos que, em distintos momentos[28], houve uma certa conivência entre ambos.

Encruzilhada difícil, se considerarmos a realidade dramática vivenciada por aqueles que tinham os nazistas nos seus calcanhares. No entanto, o Ministério das Relações Exteriores fez questão de esclarecer que os atos de Hélio Lobo estariam sempre condicionados à aprovação do governo brasileiro. Desde o início, o diálogo entre Lobo e o Ministério das Relações Exteriores manteve-se tenso, considerando-se que uma das principais intenções daquele comitê era de encontrar um espaço adequado para abrigar os judeus perseguidos pelo nazismo. O Ministério não usou meias palavras, "qualquer decisão deveria ser de acordo com as nossas conveniências". Em telegrama de 14 de julho de 1938, o chanceler Oswaldo Aranha confirmou a posição do Brasil, interessado em receber apenas imigrantes *católicos*, mais facilmente adaptáveis à agricultura:

> Devo levar ao seu conhecimento que temos informação segura de que imigração israelita consideravelmente avolumada nestes últimos tempos está criando mais sérios embaraços para a polícia do Distrito Federal. Está claro a V. Exa. não preciso encarecer conveniência adotarmos atitude maior cautela nesta questão refugiados [...] *Confirmo nossa disposição favorável imigrantes católicos mais facilmente assimiláveis e mais adaptáveis agricultura* [...] Rio de Janeiro, 14 de julho de 1938. Oswaldo Aranha[29].

Tanto as delegações dos países sul-americanos como as dos países vizinhos da Alemanha dedicaram-se, inicialmente, ao estudo do projeto de recomendação americana pelo qual o presidente Roosevelt se empenhava por uma aprovação unânime. Qualquer reserva por parte das delegações americanas diminuiria a iniciativa de Roosevelt. Hélio Lobo prestou-se como mediador entre os Estados Unidos da América e a América Latina de forma a conseguir um texto conciliador, ajustando alterações facilmente admitidas. Os representantes da Argentina, do Brasil e do Chile foram sempre consultados com certa antecedência por Myron C. Taylor antes da convocação da sessão privada dos chefes das delegações. Com isso pretendia-se evitar que qualquer *reserva pública* viesse a diminuir o efeito das deliberações. Um receio geral pairava sobre todos os países latino-americanos: o das despesas com o Secretariado, posteriormente expostas pelo presidente do comitê como sendo de pequena monta, pois a intenção não era de incentivar a burocracia[30].

---

28   Telegrama n. 73, de Souza Dantas, em nome de Hélio Lobo, ao Ministério das Relações Exteriores, Paris, 13 jul. 1938, Telegramas Recebidos, Ref. 101.34, 2.074, AHI/RJ.

29   Telegrama n. 522, de Oswaldo Aranha, ministro das Relações Exteriores, para Hélio Lobo, delegado do Brasil na Conferência de Evian, Rio de Janeiro, 14 jul. 1938, AHI/RJ. (Grifo nosso.)

30   Telegrama n. 75, de Souza Dantas, em nome de Hélio Lobo, ao Ministério das Relações Exteriores, Paris, 15 jul. 1938, Telegramas Recebidos, Ref. 101.34, 2.115, AHI/RJ; Ofício Reservado n. 2, Genebra, 16 jul. 1938, p. 11.

Na reunião ocorrida na noite do dia 14 de julho, o presidente do encontro clamou pela unanimidade. As associações de israelitas e católicos, após terem sido recebidas em conferência, pediram para se apresentarem separadamente a cada uma das delegações, dentre as quais estava o Brasil. Em nenhum momento, Hélio Lobo mostrou-se indiferente à situação vivenciada pelos refugiados, fossem eles católicos ou judeus. Em seus telegramas diários, chamava a atenção do governo brasileiro para alguns casos que "instavam toda a urgência". Apesar da posição cautelosa do governo brasileiro – de que só poderia decidir na comissão em Londres –, Lobo prestou-se como porta-voz dos comitês dos refugiados. Fez questão de esclarecer ao governo brasileiro que as associações ali presentes eram "acreditadas internacionalmente junto aos governos e à Liga das Nações, que garantiam a idoneidade moral, social e profissional dos seus protegidos"[31]. Dentre as associações citadas estavam:

- *o Comitê dos Católicos Refugiados na Suíça, na Bélgica e na França*, representado pelo franciscano Otto von Württemberg, de antiga nobreza alemã;
- *o Comitê de Defesa dos Israelitas da Europa Oriental e Central*, sob o amparo de altas personalidades francesas, dentre os quais o senador Justin Godard, que pedia a saída imediata de cerca de vinte famílias;
- a *Delegação de Médicos Austríacos*, chefiada pelo prof. Neumann, que solicitava abrigo para altos representantes da cirurgia e da medicina vienense;
- a *Associação de Colonização Judaica*- ICA, que há mais de um ano esperava permissão de embarque de trinta famílias para sua colônia em Rezende (RJ). Sobre essa colonização, Hélio Lobo anotou: "uma das mais antigas e idôneas, só preocupada com a atividade agrícola da raça?"[32].

Esse adendo sobre a ICA contido no telegrama de Hélio Lobo para o Ministério das Relações Exteriores deve ser interpretado no contexto da política imigratória antissemita adotada pelo governo brasileiro a partir de 1937. A colônia Rezende, citada no telegrama, tinha como primeiro objetivo receber imigrantes judeus provenientes da Alemanha que buscavam refúgio em decorrência da perseguição antissemita empreendida pelo Terceiro Reich. Em 1938, Rezende contava com apenas oitenta colonos de "raça judia", segundo o *Jewish Chronicle*, de Londres, de 24 de abril de 1938. Dificuldades decorrentes do processo imigratório adotado pelo governo brasileiro levaram a colônia ao fracasso, marcada como último empreendimento agrícola proposto pela ICA no Brasil[33].

Interessante lembrar que a ICA, desde o início do século XX, havia implementado projetos de colonização planejada no Sul do Brasil e que deram

31 Telegrama n. 76, de Souza Dantas, em nome de Hélio Lobo, ao Ministério das Relações Exteriores, Paris, 15 j. 1938, p. 2, Telegramas Recebidos, Ref. 101.34, 2.115, AHI/RJ.
32 Ofício Reservado n. 2, Genebra, 16 jul. 1938, op. cit., p.8.
33 Sobre esta questão, temos os seguintes estudos: M. L. T. Carneiro, *O Anti-Semitismo na Era Vargas*; *Brasil, Refúgio nos Trópicos*; J. Lesser, op. cit.; A. Milgram, op. cit.; L. Senkman, La Política Inmigratoria del Primer Peronismo..., em B. Gurevich, C. Escudé (orgs.), op. cit.

origem aos núcleos de Philippson, Quatro Irmãos, Barão de Hirsh e Baronesa Clara, sediados em terras do município de Passo Fundo (RS). Esses projetos realizaram-se de forma independente, ou seja, sem a colaboração do governo brasileiro; isso não aconteceu com Rezende, criada em 1936, que pode ser considerada como um *projeto de exceção*. Oficialmente, a ICA contava com a aprovação de Getúlio Vargas, que, em 1938, chegou a visitá-la acompanhado do interventor do estado do Rio de Janeiro, o comandante Amaral Peixoto, e do ministro da Agricultura, Fernando Costa, além de outras personalidade políticas. No entanto, já é do nosso conhecimento que a política de bastidores sustentada pelo Estado Novo acobertou o processo de imigração seletiva contrária a entrada de imigrantes judeus.

O Brasil conseguiu sustentar as exigências do Ministério das Relações Exteriores de forma a predominar a reserva, embora com declarações de solidariedade humana e apoio à iniciativa norte-americana. Assim, no dia 15 de julho, data de encerramento da conferência de emigração, foram ouvidas preliminarmente, em sessão fechada, as delegações da Inglaterra, da França, da Argentina e do Brasil. Reservas foram feitas do ponto de vista político e econômico, e o presidente do comitê, um norte-americano, apelou pessoalmente para que todos os delegados assistissem à preliminar marcada para 3 de agosto. Hélio Lobo criou objeção a essa data, alegando *curto prazo*, assim como os demais países. Em telegrama encaminhado ao Ministério das Relações Exteriores, Lobo afirmou que sua intenção era garantir que o Brasil pudesse "decidir com conhecimento de causa"[34].

A exposição apresentada pela delegação do Brasil à subcomissão técnica, além de enganosa, estava totalmente descomprometida com a causa dos refugiados. Em primeiro lugar, porque apresentava o Brasil como

> "país de tradições liberais, sem discriminação de raça ou de religião" e que "o Brasil não faltou, nessas horas tumultuadas, ao seu dever de hospitalidade"; e em segundo lugar, porque "o Brasil concebe a reunião de Evian como o exame preliminar geral do problema. Somente após ter tomado conhecimento da documentação aqui reunida, ele estará em condição de considerar, junto ao comitê permanente, a solução mais adequada"[35].

Hélio Lobo, aliás sempre muito político, procurou em seus relatórios amenizar sua posição radical com relação aos judeus. Conhecedor da política *secreta* e antissemita do governo brasileiro, acentuou seu papel de *conciliador*, procurando unir intuitos humanitários aos interesses imigratórios do país. Interpretando a orientação dada pelo governo brasileiro, comentou que, de acordo com a racionalização de Londres, tudo isso não custaria senão "despesas

---

34 Telegrama n. 77, de Souza Dantas, em nome de Hélio Lobo, ao Ministério das Relações Exteriores, Paris, 17 jul. 1938, Telegramas Recebidos, Ref. 101.34, 2.119, AHI/RJ.

35 *Expose de la Delegation du Brésil, Comité Intergouvernemental*, Evian, Juillet 1938, Anexo Ofício Reservado n. 2, de Hélio Lobo para Oswaldo Aranha, ministro de Estado das Relações Exteriores, Genebra, 16 jul. 1938, Ofícios Recebidos, 101.34, AHI/RJ.

com a Secretaria, capaz de canalizar para o Brasil bons elementos". Percebemos que, para o Brasil, a ação humanitária vinha em segundo plano, priorizando a sustentação do projeto étnico idealizado pelo governo.

A subcomissão – integrada pelo Brasil, também chamada de técnica – dividiu-se em dois grupos: *nações de refúgio* e *nações de emigração*. Entre as de nações de *refúgio*, estavam os países vizinhos da Alemanha e da Áustria, cujo poder de absorção se mostravam quase esgotados. Impressionou aos participantes o quadro das cifras, em homens e dinheiro, apresentado pela Suíça, pela Holanda, pela Bélgica e pela França. Os países mais distantes poderiam, como *países de trânsito*, prestar-se à readaptação industrial e agrícola do imigrante, tarefa que se constituiu em uma das preocupações dos conferencistas de Evian. Quanto aos países chamados de *emigração*, destacavam-se a Palestina e os de além-mar. A Palestina, segundo declarações do delegado britânico, não poderia ampliar as cotas judias por causa das hostilidades com os árabes. Desde 1920, haviam ali se estabelecido cerca de trezentos mil israelitas, sendo quarenta mil só nos últimos anos.

Em relatório enviado a Oswaldo Aranha, Hélio Lobo enfatizou a posição de reserva dos países do além-mar (dentre os quais o Brasil) diante da questão judaica. Os Estados Unidos declararam ter reunido as cotas de alemães e autríacos em uma só, permitindo a entrada de 27.570 imigrantes por ano. Os países da América Latina foram mais contundentes, não ocultando seus tradicionais receios antissemitas: "A imigração desejava imigrantes senão rurais, receosa da perturbação que a admissão, de israelitas urbanos, poderia trazer às suas condições étnicas, sociais e mesmo políticas, sentimentos que foram expressos também pelo Brasil"[36].

Esse posicionamento expressa o clima de inquietação que pairava entre as delegações latino-americanas, que, em vários momentos, teve de ser contornado pelo delegado norte-americano. Este, desde o início, procurou esclarecer que "tudo se resolveria dentro do regime legal de cada um" e que a conferência "não iria impor – e nem poderia – parcelas de distribuição". Nesse contexto, percebemos que os Estados Unidos haviam assumido o importante papel de representante da causa judaica, procurando não melindrar nem os princípios latinos americanos e nem o Reich, de quem dependeria a permissão de saída de dinheiro dos judeus, avaliada como uma das soluções imediatas da questão. Apesar da conferência ser um pretório para a Alemanha, acreditava-se que esta não se furtaria diante dos Estados Unidos a colaborar. Aliás, o fato de duas delegações de judeus de Berlim e de Viena terem recebido permissão especial das autoridades alemãs para participar do encontro em Evian, era visto como um "sinal favorável de colaboração"[37].

Esse encontro produziu um texto final que foi aprovado por unanimidade, com pequenas alterações sugeridas pelos representantes da América

36 Ofício Reservado n. 2, Genebra, 16 jul. 1938. p. 9-10. O Brasil tinha, em 1920, segundo relatório, apenas 17 mil israelitas e, em 1937, 55 mil.
37 Idem, p.10.

Construindo a Imagem de uma Nação   107

Central, da Colômbia e da Venezuela. Por exemplo, eliminou-se uma ou outra expressão, como *perseguições*, com o objetivo de não se indispor com o Reich. Um dos receios do Brasil e de seus colegas sul-americanos – mesquinho no contexto de uma questão que implicava em salvar milhões de vida – dizia respeito às despesas da Secretaria a ser instalada em Londres. O presidente da conferência de emigração já havia garantido que essas despesas seriam mínimas, uma vez que a imigração seria custeada sem o menor gasto para os países do além-mar.

O montante de possíveis emigrantes era calculado a partir da noção de distribuição das raças, segundo conceito do Reich, que, por mais absurda que fosse, era a que existia oficialmente. Assim, Hélio Lobo informou a Oswaldo Aranha que o fluxo emigratório poderia envolver cerca de trezentos mil pessoas, dos quais cem mil eram *austríacos, judeus puros*. Fez questão de frisar que: "o não ariano, como Vossa Excelência sabe, é aquele que não tem ascendência pura, desde 1800 pelo menos"[38]. Segundo estatísticas fornecidas durante a conferência, a atividade israelita na Alemanha (e provavelmente também na Áustria) era de 62% no comércio e no transporte; 22% nas indústrias; 12 % nas profissões liberais; e 2% na agricultura.

Em resposta às inquietações telegráficas transmitidas por Oswaldo Aranha, Hélio Lobo procurou esclarecer que a conferência não pretendia repartir cotas de admissão entre países representados. De acordo com a convocação inicial, cada país teria liberdade para "receber o que quisesse e como quisesse", desde que em harmonia com os ideais humanitários norte-americanos e de acordo com a sua própria legislação interna. Essa preocupação justificava-se, pois, segundo a legislação (oficial) brasileira, a imigração deveria estabelecer-se na proporção de 80% nos campos. Levando-se em consideração que apenas 2% dos judeus alemães e austríacos dedicavam-se à agricultura, podemos concluir que poucos seriam os emigrantes judeus ideais para preencher as cotas brasileiras.

A sugestão era de que o governo brasileiro organizasse, para a próxima reunião de 3 de dezembro, em Londres, um rápido programa de ação, determinando que da cota conjunta da Alemanha e Áustria "se destinasse dois terços à emigração católica e um terço, senão menos, à israelita, tudo com antecendentes dos melhores, numa inspeção previa feita de acordo com o Diretor executivo da comissão, as associações interessadas e um técnico nosso". Esses seriam, portanto, os imigrantes destinados às nossas zonas agrícolas. A conclusão apresentada por Hélio Lobo demonstra que, realmente, o Brasil não tinha nenhuma intenção em salvar o maior número possível de judeus. Em primeira instância, estava o projeto étnico, político e social do país; depois vinha o sentimento humanitário.

Segundo a avaliação do governo brasileiro, a situação enfrentada pelos judeus em territórios do Reich não era muito grave, se comparada com circuns-

---

38   Idem, p.12.

tâncias vivenciadas por *outras raças*. Percebemos que a catástrofe que atingia os judeus na Europa foi, nesse momento, tratada como um acidente marginal na história. A ideia de solidariedade apresentava-se como insuportável para o Brasil, que, envolto por um nacionalismo isolacionista, se mostrava temerário à luz da realidade presente. Segundo Hélio Lobo, essa parcela israelita não significaria um perigo se comparada a outros grupos que, em circunstâncias mais graves, buscavam refúgio no país[39].

As opiniões de Oswaldo Aranha acerca da questão judaica iam sendo alimentadas por artigos publicados pela grande imprensa internacional, anexados aos ofícios diplomáticos e pelo conteúdo antissemita dos relatórios políticos, estudos e ofícios produzidos por funcionários do Itamaraty sediados no exterior. Diariamente, chegavam-lhe às mãos uma avalanche de informações sobre a *malignidade da raça semita* e do perigo iminente de uma imigração em massa de judeus desterrados. Em 11 de julho, por exemplo, Aranha havia recebido, por meio de J. de Souza Leão, da embaixada brasileira nos Estados Unidos, a cópia do artigo Nations Fear Flow of Jews from Europe, publicado pelo *Washington Post*, em 10 de julho daquele ano. O recorte era encaminhado *a título de informação*, pelo fato de conter "interessantes e oportunos dados sobre a emigração de judeus para os Estados Unidos", a propósito da Conferência Intergovernamental para tratar de refugiados políticos em Evian. No entanto, uma ressalva era feita por nosso diplomata: "Gerald G. Gross, autor do referido artigo, alertava para o problema racial que a incorporação desses elementos representava para os países latino-americanos"[40].

No dia 14 de julho, às vesperas da conclusão dos trabalhos dos conferencistas, foi oficialmente criado o Comitê Intergovernamental, que deveria reunir-se em Londres, pela primeira vez, em 2 de dezembro. Durante o encerramento, o presidente da Conferência de Evian procurou traduzir o fervor de sua missão, que não era somente de agasalhar e vestir milhares de irmãos desamparados, mas também de salvar o restante da civilização por acaso existente. Posteriormente, o governo norte-americano enviou para todos os países participantes do encontro o texto da resolução contendo as diretrizes para a Conferência em Londres. Na letra b dessa resolução, lê-se textualmente que "os governos participantes do Comitê Intergovernamental, deveriam continuar a fornecer ao referido Comitê, para seu uso *estritamente confidencial, informações sobre a qualidade dos imigrantes* que cada Governo está disposto a receber dentro de suas leis existentes e de sua política imigratória, assim como sobre essas leis e política"[41].

39 Idem, p. 14.
40 Ofício n. 283, de J. Souza Leão, da Embaixada dos Estados Unidos do Brasil, para Oswaldo Aranha, ministro das Relações Exteriores, Washington, 11 jul. 1938, 183/601.34 (82) (00) 1938; Gerald G. Gross, Nations Fear Flow of Jews From Europe, *Washington Post*, 10 july 1938, (Anexo).
41 Ofício Reservado ,de Hildebrando Accioly para Raul Régis de Oliveira, embaixador do Brasil em Londres, Rio de Janeiro, 25 jul. 1838, p. 4, Ofícios Recebidos, NP/65/101.34, AHI/RJ. Grifo nosso.

Em síntese: a mensagem era de que a soberania de cada país seria respeitada ainda que seus projetos étnicos contrariassem o espírito humanitário que movia aquela ação coletiva. Difícil convivência: antissemitismo e respeito aos direitos das minorias. A caminhada era árdua, cheia de pedregulhos assim como a trilha da Diáspora.

Uma Política
de Conveniências

A obra de auxílio aos refugiados políticos teria continuidade na Conferência de Londres, agendada para 2 de dezembro de 1938. Convocados estavam todos os países que haviam participado da Conferência de Evian, que, em atenção à resolução final desse encontro, deveriam formular um plano de ação. Para representar o Brasil, foi nomeado Milton Weguelin Vieira, 1º secretário comercial da embaixada do Brasil na capital inglesa, cuja atuação deveria ser orientada pelo embaixador Raul Régis de Oliveira. Este, ainda que embaixador, não dispunha de autoridade para manifestar qualquer opinião: a última palavra caberia sempre ao Itamaraty e, no caso de qualquer deliberação, dever-se-ia esclarecer que era *ad referendum* do governo. Hélio Lobo, por motivos óbvios, foi, simplesmente, colocado na reserva.

Com relação à posição do Brasil sobre a corrente imigratória israelita, a instrução dada pelo Ministério das Relações Exteriores, e que seguiu assinada por Hildebrando Accioly (em nome de Oswaldo Aranha, ministro de Estado) era de que "não desejavamos absolutamente a vinda para o nosso país daqueles elementos". O Brasil estava disposto, isso sim, a encarar com simpatia a corrente imigratória de refugiados católicos que, em número de dez mil, já se achavam fora da Alemanha e da Áustria em situação miserável. Assim, Milton Weguelin Vieira deveria, de preferência, atrair esse elemento para o território brasileiro, mas nada sem consulta prévia. Como representante do Brasil, poderia cooperar com a delegação americana na obra humanitária empreendida pelo presidente Roosevelt, desde que a política imigratória brasileira não implicasse em compromissos. Aliás, essa posição de que o Brasil era o grande aliado hemisférico dos Estados Unidos se prestará, nos anos pós-guerra, para alimentar a ilusão de que o país merecia uma atenção especial de Washington[1].

Hildebrando Accioly ressaltou a importância de se combinar as propostas do comitê diretor com a política imigratória brasileira disposta no decreto-lei n. 406, que estipulava o número de estrangeiros de uma nacionalidade a serem admitidos em caráter permanente. Em outras palavras, para ele "só poderiam entrar elementos que pudessem convir ao Brasil"[2].

Segundo esse decreto, não convinha ao Brasil elementos com enfermidade mental, nervosa, ou moléstia infectocontagiosa grave; alcoólatras ou toxi-

---

1   Ofício Reservado de Hildebrando Accioly para Raul Régis de Oliveira, embaixador do Brasil em Londres, Rio de Janeiro, 25 jul. 1938, p. 2, Ofícios Recebidos, NP/65/101.34, AHI/RJ.
2   Idem, p. 3.

cômanos, aleijados, mutilados, inválidos, cegos, surdos-mudos, indigentes, vagabundos, ciganos e congêneres; elementos com atestado negativo de antecendentes penais ou que tivessem conduta nociva à ordem pública, à segurança nacional ou à estrutura das instituições. Estava também proibida a entrada de apátridas, a não ser em casos excepcionais, a critério do Ministério das Relações Exteriores[3].

Oficialmente, essa legislação não fazia qualquer referência textual aos imigrantes judeus. Assim, para impedir que nosso representante em Londres se pautasse pelo texto da lei, o Itamaraty recomendava-lhe que "tivesse sempre em mente" a Circular Secreta n. 1.127, fazendo eventualmente uso dela, "com a maior discrição". Para justificar essa postura, alegava-se que a imigração israelita em nosso país havia assumido proporções consideráveis, criando sérios embaraços policiais. Os judeus, segundo o Ministério das Relações Exteriores, eram elementos que permaneciam, de preferência, nos grandes centros urbanos, e que dificilmente se adaptavam aos trabalhos no campo. Segundo Accioly, a "corrente imigratória que nos convém é aquela que se destina à lavoura daí o nosso empenho em manter a referida circular"[4].

Ao mesmo tempo em que esses conselhos chegavam até Régis de Oliveira, Hélio Lobo enviava a Oswaldo Aranha a cópia de um texto relativo à participação dos israelitas na obra de civilização alemã. Esse documento – produzido pelo Comité Pour la Défense des Droits des Israelites en Europe Centrale & Orientale – havia sido distribuído em Evian com o nobre propósito de demonstrar que aqueles judeus perseguidos eram muito mais que cidadãos alemães. Hélio Lobo não conseguia ocultar sua admiração pelos judeus, apesar da posição contrária do governo brasileiro. Lobo não se conformava com a dureza com que aqueles indivíduos estavam sendo tratados, sendo até mesmo expulsos de sua terra natal, em contraste com a contribuição científica que haviam dado ao seu país. Exemplificando suas impressões, ressaltou que só os judeus já haviam obtido dez prêmios Nobel: cinco em química, três em física e dois em fisiologia. Inclusive, o químico Fritz Haber, inventor do amoníaco sintético e que havia evitado a derrota alemã logo no início da guerra, havia falecido há pouco, exílado na Suíça[5].

Em decorrência dessa sua posição filossemita, ainda que mesclada com um discurso viciado em estereótipos, Hélio Lobo foi cotado (e elogiado) pelo governo norte-americano para representar o Brasil na Conferência de Londres. Essa indicação, como seria de se esperar, criou um certo constrangimento. No início de agosto de 1938, o embaixador norte-americano em Paris chegou a procurar o embaixador brasileiro Souza Dantas e, em nome de Taylor, insistiu na indicação de Hélio Lobo, que foi consultado sobre o assunto. Este

3   Decreto-lei n. 406, 4 maio 1938, Diário Oficial n. 102.
4   Ofício Reservado, de Hildebrando Accioly para Raul Régis de Oliveira..., p. 3.
5   Ofício n. 8, de Hélio Lobo para Oswaldo Aranha, ministro das Relações Exteriores, Genebra, 25 jul. 1938, Ofícios Recebidos, 101.34, AHI/RJ; Anexo: Doc. I *Les Données sur la participation des israelites à la civilization allemande contemporaine*; Doc. II *Quelques donnees statistiques sur les juifs allemands.*

argumentou que não poderia deixar Genebra por motivos de serviço e que o governo brasileiro já havia indicado um substituto: o secretário comercial Milton de Weguelin Vieira[6].

A reunião a ser realizada em Londres teria um caráter estritamente confidencial. Vinte e sete países confirmaram diplomaticamente sua presença. O advogado norte-americano George Rublee foi nomeado diretor do Comitê Intergovernamental, e os representantes dos Estados Unidos, da França, dos Países Baixos e do Brasil foram indicados como vice-diretores. Seis meses após a sua nomeação, Rublee renunciou, pressionado pela repercussão negativa das negociações empreendidas com o Reich. Seu substituto, Herbert Emerson – então alto comissário da Liga para os Refugiados –, assumiu o cargo em 17 de fevereiro de 1939, acumulando funções[7].

Após o encerramento da reunião em Evian, o governo brasileiro protestou em sua embaixada em Londres sobre as circunstâncias por meio das quais o Brasil havia sido indicado para a vice-presidência do conselho diretor do Comitê Intergovernamental para os Refugiados Políticos, isto é, após a Argentina ter declinado o convite. O tema renderia dividendos e muita polêmica. Oswaldo Aranha, como ministro das Relações Exteriores, só tomou conhecimento da extensão desse *incidente* por meio de uma nota publicada pelo periódico *United Press*. Inquieto, o chanceler brasileiro solicitou maiores detalhes a Régis de Oliveira, embaixador em Londres.

Em 10 de agosto de 1938, lamentando o ocorrido, Aranha comentou que, se tivesse conhecido as circunstâncias em que esse cargo havia sido oferecido ao Brasil, não teríamos anuído ao convite em questão. Assim, uma vez que não poderíamos mais nos retirar da referida comissão, sugeria ao nosso representante para "assumir atitude muito discreta, evitando, sempre que possível, tomar parte nas deliberações, e em caso algum entrar no exercício da vice-presidência"[8].

Dezesseis dias depois, essa polêmica continuou a alimentar telegramas entre o Itamaraty e as embaixadas brasileiras sediadas em Londres e Washington: o Brasil estava interessado em auxiliar na solução do problema confiado ao comitê, mas não lhe era possível, "violar uma norma, que é a de não exercer postos oferecidos antes a outras nações continentais"[9]. Esse posicionamento foi levado pelo embaixador Pimentel Brandão até o Departamento de Estado

6   Telegrama n. 82, de Souza Dantas, embaixador brasileiro em Paris, para Oswaldo Aranha, ministro das Relações Exteriores, Paris, 1º ago. 1938, 101.34, Lata 1.617, Maço 34.894, AHI/RJ.

7   O Comitê Intergovernamental assumiu, temporariamente, as funções do Alto Comissariado da Liga, extinto em 31 de dezembro de 1946. Em 30 de junho de 1947, o comitê cessou, definitivamente, suas atividades, que foram assumidas, provisoriamente, pela comissão preparatória da Organização Internacional para os Refugiados.

8   Telegrama n. 57, de Oswaldo Aranha, ministro das Relações Exteriores, para Régis de Oliveira, embaixador do Brasil em Londres, Rio de Janeiro, 10 ago. 1938, 640.16(99), Lata 1.617, Maço 34.894, AHI/RJ.

9   Telegramas n. 57 e n. 62, de Oswaldo Aranha para a Embaixada Brasileira em Londres, Rio de Janeiro, 10 e 26 ago. 1938, 640.16 (99), Lata 1.617, Maço 34.894, AHI/RJ; Telegrama n. 105, do Ministério das Relações Exteriores para a Embaixada Brasileira em Washington, Rio de Janeiro, 5 set. 1938, 640.16 (99), Lata 1.617, Maço 34.894, AHI/RJ; Telegrama n. 66, do Ministério das Relações

norte-americano e ao embaixador Caffery, que insistiam para que o Brasil reavaliasse o mal-entendido. O governo norte-americano reafirmava, categoricamente, que a vice-presidência nunca havia sido oferecida a outro país latino-americano, tendo-se cogitado a Argentina só depois de verificar que o delegado do Brasil (Weguelin Vieira) não tinha categoria correspondente para isso. Insistiam na presença do Brasil como líder e, ao mesmo tempo, pressionavam para a indicação oficial do nome de Hélio Lobo[10].

A notícia chegou deturpada até Régis de Oliveira, antecipando o clima de tensão que tomaria conta da Conferência de Londres. Um *diz que diz* enfatizava que a embaixada americana havia conseguido *persuadir* o governo brasileiro a aceitar, conjuntamente com a Argentina, o posto de vice-presidente do comitê. Oswaldo Aranha, intermediador das relações Brasil-Estados Unidos, não tinha interesse em deixar que a imagem do Brasil saísse *arranhada* desse episódio. Em primeiro plano, vinha a *política de conveniências*, pautada na *política da boa vizinhança*. Daí o nome de Hélio Lobo ter sido reconsiderado por Aranha, submisso à pressão americana.

O telegrama enviado por Pimentel Brandão, embaixador do Brasil em Washington, para o ministro Aranha, em novembro de 1938, deixava claro que, para o governo norte-americano, ninguém havia inspirado "mais respeito em Evian do que o representante do Brasil" (leia-se aqui Hélio Lobo). Colocava também em evidência que, caso ocorresse a recusa à vice-presidência do conselho diretor do Comitê Intergovernamental para os Refugiados Políticos, a imagem do Brasil perante os olhos de Roosevelt "daria lugar a interpretação malévola e prejudicial à solidariedade americana"[11].

Aranha tentou explicar a Pimentel Brandão que, pelos bastidores, corriam outros interesses que extrapolavam a compreensão do ato de recusa do Brasil àquele cargo no conselho diretor. Apresentava como um dos motivos a intervenção do governo britânico, que estava alimentando a discórdia entre os países americanos. Chegara ao seu conhecimento que a Grã-Bretanha – movida por sua intimidade com a Argentina – havia obtido da Alemanha a suspensão da entrega do material bélico naval encomendado nas fábricas alemãs pelo governo chileno. Aranha havia também sido informado de que o governo britânico "não havia repelido o ponto de vista alemão de uma ação conjunta das quatro potências, no sentido de dirigir o comércio com os países da América do Sul, de modo a fortalecer sua situação na Europa"[12].

Na verdade, outros motivos prevaleciam nos bastidores do Poder. A ideia de dividir a vice-presidência com a Argentina não agradava ao governo

---

Exteriores para a Embaixada Brasileira em Londres, Rio de Janeiro, 5 set. 1938, 640.16 (99), Lata 1.617, Maço 34.894, AHI/RJ.

10 Telegrama n. 142, de Pimentel Brandão, da Embaixada Brasileira de Washignton, para Oswaldo Aranha, ministro das Relações Exteriores, Washington, 9 set. 1938, 640.16 (99), Lata 1.617, Maço 34.894, AHI/RJ.

11 Telegrama n. 183, de Pimentel Brandão, da Embaixada de Washington, para Oswaldo Aranha, ministro das Relações Exteriores, Washington, 24 nov. 1938, 640.16 (99), Lata 1.617, Maço 34.894, AHI/RJ.

12 Telegrama n. 151, do Ministério das Relações Exteriores para a Embaixada Brasileira em Washington, Washington, 24 nov. 1938, 640.16 (99), Lata 1.617, Maço 34.894, AHI/RJ.

brasileiro, que, além de desejar *manter a sua privacidade*, procurava afirmar-se como nação soberana na América Latina; por outro lado, o exercício de um cargo tão estratégico como aquele colocaria o Brasil em uma posição de comprometimento direto com a causa dos refugiados. E o governo norte-americano, consciente desse fato, pressionou para que o Brasil aceitasse a vice-presidência, cargo que não lhe permitiria ficar omisso ou guardar reservas.

Interessava aos Estados Unidos, por sua vez, promover a *política da boa vizinhança* (*good neighbor*), expressão endossada por Roosevelt desde 1933. Essa postura insere-se na formulação do americanismo, ideologia que "explica a modernização da nação no Novo Mundo", conceito este analisado pelo historiador Antonio Pedro Tota em *O Imperialismo Sedutor*. Daí ter sido criada mais uma vice-presidência, destinada à Argentina, para a qual foi nomeado o embaixador Le Breton, portador de uma proposta governamental em prol dos refugiados judeus alemães: a Argentina receberia aqueles emigrantes desde que eles estivessem dispostos a se radicarem na Patagônia, uma vez que os Estados Unidos e a Grã-Bretanha só lhes estavam oferecendo pequenos núcleos em Tanganica, em Uganda e na Guiana inglesa. Tendo em vista a proposta adiantada da Argentina, Régis de Oliveira aconselhou "o maior cuidado nesse particular, em vista dos grandes países olharem o Brasil como sendo o que grandes possibilidades poderia oferecer aos refugiados alemães"[13].

Em dezembro de 1938, essas questões voltaram a incomodar as autoridades brasileiras. Nessa época, Hélio Lobo, representante brasileiro na Repartição Internacional do Trabalho, ficou sabendo "extraoficialmente" que o Brasil havia aceitado o cargo de vice-presidente no conselho diretor do Comitê Intergovernamental e que seu nome fora designado para esse fim. A confirmação oficial foi emitida em 23 de novembro, sendo recebida por Hélio Lobo horas depois do início da primeira sessão do conselho diretor do comitê, realizada em 2 de dezembro, da qual ele chegou a participar[14].

O governo norte-americano prestava-se como intermediário entre os diversos países que, alguns meses antes, já haviam participado da Conferência de Evian. Desta vez, os delegados deveriam declarar o número de emigrados

---

13 Ofício n. 276, de Régis de Oliveira, da Embaixada Brasileira em Washington, para Oswaldo Aranha, ministro das Relações Exteriores, Washington, 25 nov. 1938, 640.16 (99), Lata 1.617, Maço 34.894, AHI/RJ.

14 Essa informação (extraoficial) chegou até Hélio Lobo no dia 30 de novembro através de Robert T. Pell, vice-diretor da comissão, seu companheiro em Evian e braço direito de Myron Taylor, vice-presidente norte-americano. Diante dessa indicação, Lobo deveria estar em Londres no prazo de uma semana, tendo partido sem qualquer instrução preliminar do governo brasileiro. A confirmação de sua indicação só chegou-lhe às mãos na tarde do dia 2 de dezembro, por meio do telegrama n. 32 assinado por Oswaldo Aranha. A abertura da reunião ocorrera nesse dia, às 10 horas da manhã. No entanto, um outro telegrama havia sido enviado por Oswaldo Aranha, em 23 de novembro, aos cuidados do Consulado Brasileiro em Genebra. Telegrama n. 31, do Ministério das Relações Exteriores para o Consulado-Geral em Genebra, Rio de Janeiro, 23 nov. 1938, 640.16 (99), Lata 1.617, Maço 34.894, AHI/RJ.

que estariam dispostos a receber, além de indicar os lugares em que poderiam acomodá-los[15].

A intenção dos Estados Unidos era de anunciar uma cifra relativa do número de emigrantes involuntários que ele poderia acolher, esperando que os governantes de outras repúblicas americanas fizessem declarações semelhantes. Apelando para os sentimentos humanitários de cada país, o governo norte-americano incentivava declarações generosas, pois essa atitude refletiria a "ardente simpatia humana que deve inspirar a todos os nossos povos a trágica situação de tantos homens e mulheres". Uma ressalva, que não a humanitária, abria espaço para que países discordantes justificassem suas posições, ocultando a prática da intolerância fundamentada em critérios racistas: "a de que não se pediria a nenhum país que aceitasse um maior número de emigrantes além do que lhe permitiam as leis e regulamentos internos"[16].

No calor desses acontecimentos, a embaixada do Brasil em Londres transformou-se no ponto de apoio para Hélio Lobo, preocupado em manter o Itamaraty informado dos debates e das decisões assumidas pelo comitê. Segundo seus relatórios, fica evidente que, na reunião de 2 de dezembro, os líderes tomaram o cuidado de deixar registrado em ata a posição declarada por cada país. Mas o clima era de total reserva. Pela manhã falaram os representantes dos Estados Unidos e da França e, à tarde, do Brasil, da Argentina e da Holanda. Dois conceitos básicos de emigração pontuaram os debates: o de *emigração forçada* ou *involuntária* e de *emigração transitória*. Esta segunda dizia respeito àqueles que haviam sido expulsos da Alemanha e da Áustria e que se encontravam nos países vizinhos aguardando a definição de um destino. Como essa questão escapava da alçada da Comissão de Londres, esperava-se que tal tarefa pudesse ser conferida à Cruz Vermelha Internacional ou a ambas.

A questão centrava-se em encontrar uma solução prática para o escoamento dos *emigrados involuntários* da Alemanha e da Áustria, cuja situação se agravara, nos últimos dias, com o assassinato do secretário da embaixada alemã em Paris. Pretendia-se, no prazo de cinco anos, alocar nos países de destino cerca de quinhentos mil emigrantes judeus, não arianos e católicos. Argumentava-se que os países do além-mar (candidatos a países receptores) sempre puderam prosperar graças à emigração de povos europeus que, portando apenas a roupa do corpo, haviam recomeçado sua vida na América. A situação tornava-se ainda mais grave diante da expectativa de que fatos semelhantes estavam sendo vivenciados pelos judeus da Polônia, que totalizavam cerca de 3,5 milhões cidadãos agora repelidos pelo Reich.

15 *Memorandum* do governo dos Estados Unidos para o Ministério das Relações Exteriores, Washington, 23 nov. 1938, citado no Ofício de Oswaldo Aranha, ministro das Relações Exteriores, para Hélio Lobo, delegado do Brasil no Comitê IntergovernamentaL para os Refugiados Políticos, Rio de Janeiro, 2 dez. 1938, 640.16 (99), Lata 630, Maço 9.697, AHI/RJ.

16 Ofício de Oswaldo Aranha, ministro das Relações Exteriores, para Hélio Lobo, delegado do Brasil no Comitê Intergovernamental para os Refugiados Políticos, Rio de Janeiro, 2 dez. 1938, p. 2, 640.16 (99), Lata 630, Maço 9.697, AHI/RJ.

Desde a Conferência de Evian, os poloneses solicitavam que a comissão os reconhecesse como refugiados políticos, no mesmo grau com que estavam sendo tratados os alemães e os austríacos, o que foi desconsiderado. Em relatório confidencial a Aranha, Hélio Lobo comentou sobre essa negativa de inclusão dos poloneses, decisão que classificou como *importante*, pois "evitaria apelos de toda a sorte no momento convulso que atravessamos". E quanto àqueles que já haviam sido expulsos e que se encontravam nos países vizinhos, a situação era, a seu ver, ainda mais penosa: "só crianças, contavam-se aos milhares"[17].

Alguns meses antes, os Estados Unidos já havia se pronunciado a respeito dessa questão em um *memorandum* de natureza estritamente confidencial, cuja cópia foi distribuída aos membros do Comitê de Londres. Nesse documento, o governo norte-americano se comprometia a abrigar 27 mil refugiados da Alemanha e da Áustria; o mesmo seria seguido pela Grã-Bretanha e suas colônias, bem como seus domínios; e também pela França. O outro quarto restante (cerca de 25 mil) caberia aos demais países, dentre os quais da America Latina. A Austrália, com menos de sete milhões de habitantes, se predispusera a acolher quinze mil emigrados no prazo de cinco anos. São Domingos, Cuba e Colômbia apenas manifestaram o desejo de cooperar.

Um apelo especial do representante dos Estados Unidos direcionava-se "*para os países com assento na Comissão, uns pelo que são territorialmente, outros pelo que representam colonialmente*" (grifado no original pelo Itamaraty). A ideia era de que, na próxima reunião, marcada para janeiro de 1939, todos os países presentes desde a Conferência de Evian tivessem uma posição definida[18].

O apelo de Myron Taylor, representante dos Estados Unidos e do presidente Roosevelt, priorizava os sentimentos humanitários tentando sensibilizar os presentes para as cenas de crueldade de que os judeus estavam sendo alvo na Alemanha. Ressaltando o papel assumido pelas associações de socorro sob auspícios governamentais, Taylor tomou como exemplo os *quakers* (da Pensilvânia), que, durante nove dias consecutivos, haviam conseguido comprar suprimentos para a subsistência daqueles que corriam perigo de morte pela fome. Mas, na opinião do governo norte-americano, uma das tarefas mais importantes estava em conseguir negociar com a Alemanha a saída dos emigrados com algum dinheiro. A riqueza israelita na Alemanha e na Áustria, em média, estava em torno de dez bilhões de marcos, dos quais o governo nazista vinha se apossando gradativamente. Considerando que a liberação desse dinheiro se mostrava extremamente difícil, só restavam duas hipóteses – empréstimo internacional ou uma contribuição direta de cada país –, ambas também de difícil solução.

---

17   No início da Conferência de Evian, os dois representantes da Polônia se retiraram por não terem sido admitidos na comissão técnica. Relatório Confidencial n. 38, de Hélio Lobo, representante do Brasil no Conselho de Administração da Repartição Internacional do Trabalho, para Oswaldo Aranha, ministro das Relações Exteriores, Genebra, 8 dez. 1938, 640.16 (99), Lata 630, Maço 9.697, p. 8, 10, AHI/RJ.

18   Relatório Confidencial n. 38, de Hélio Lobo, representante do Brasil no Conselho de Administração da Repartição Internacional do Trabalho, para Oswaldo Aranha, ministro das Relações Exteriores, Genebra, 8 dez. 1938, p. 6-7.

Tentando dar exemplo de sua sensibilidade diante "das cenas de desumanidade que o mundo testemunhava", os Estados Unidos informaram que, apesar de não poderem elevar a cota de entrada para mais de 27 mil, pois isso dependia de um ato do Congresso, haviam adotado um programa de emergência: até 31 de dezembro de 1938 permitiriam a entrada dos refugiados por seis meses, prorrogáveis por mais seis, à espera de que a Comissão de Londres encontrasse uma solução para a questão.

A França, segundo seu representante Henri Bérenger, estava abrigando cerca de 250 mil emigrados com residência temporária ou definitiva, dos quais 45 mil eram alemães acolhidos recentemente. Com o objetivo de impedi-los de cair nas garras dos nazistas, que aguardavam do outro lado da fronteira, o governo francês optara por mantê-los em prisões desativadas, albergues ou hospitais, onde encontrariam melhores condições de vida. *"A condição naquele momento era de que a França acolheria quinze mil emigrados israelitas, mas desde que outros países representados na Comissão também o fizessem"* (grifado a lápis no original pelo Itamaraty). Os refugiados, na opinião da França, poderiam ser alocados, pouco a pouco, em Madagascar e na Nova Caledônia: não o fariam na Guiana, porque para lá, secularmente, iam os condenados.

A imagem dos refugiados foi, no decorrer das comunicações, assumindo a forma de perigo étnico-político, algo incômodo que nem todos estavam dispostos a acolher de braços abertos. O senador de Guadalupe lembrou o mal causado pelos quinze mil hindus que haviam sido admitidos na ilha. O delegado do Brasil, de forma crítica, comentou em seus registros: "Perseguidos hoje, os semitas alemães serão menos alemães amanhã?" Mas o que realmente definia cada posicionamento (em sua maioria intolerante) eram, realmente, as restrições legais ou secretas sustentadas por cada um dos países integrantes da comissão. O Ministério das Relações Exteriores do Brasil, inclusive, estava atento ao posicionamento a ser adotado pelo governo argentino, que sustentava algumas regras político-ideológicas similares àquelas adotadas pelo Brasil[19].

Parte do relatório enviado por Hélio Lobo a Oswaldo Aranha e que se refere às declarações do delegado Tomás A. Le Breton, embaixador argentino na Inglaterra, encontra-se grifado com lápis preto. A frase que confirmava as disposições daquele governo em receber israelitas emigrados recebeu destaque: "as disposições de seu país eram muito restritas, tendo-se até dispensado dois cônsules pela não observância das mesmas disposições". Esse posicionamento foi emitido confidencialmente por Le Breton quando inquerido por Hélio Lobo, após a conclusão da primeira reunião em Londres. Oficialmente, a posição da

---

19 Cabe ressaltar que a Argentina só interrompeu suas relações diplomáticas com a Alemanha em 1944, tendo sido o último país a declarar guerra, em 27 de março de 1945, e assim mesmo sob enorme pressão dos Estados Unidos. O decreto foi assinado por Juan Domingo Perón, ministro da Guerra que, em fevereiro de 1946, apesar dos Estados Unidos ter tentado evitar, foi eleito presidente da República. E, no pós-guerra, sob os auspícios de Péron, a Argentina iniciou uma grande campanha de emigração que acolheu muitos daqueles que eram perseguidos pelos Aliados como criminosos de guerra.

6. Imigrantes, década de 1930.

Argentina era de que, sem a solução fundamental (saída dos emigrados com algum dinheiro), pouco podia se esperar de definitivo, ainda que os navios estivessem chegando em Buenos Aires *cheios de israelita emigrados*.

As declarações apresentadas pelo Brasil nessa primeira reunião do Comitê Pró-Refugiados, realizada em 2 de dezembro, expressavam o total despreparo do Brasil para os assuntos dessa categoria. O discurso (ainda que cauteloso) proferido por Hélio Lobo deixava evidente que qualquer iniciativa oficial do Brasil seria pautada por dois critérios: o do *sentimento cristão* e o das suas *leis de emigração*[20].

Guiando-se pela intuição, Lobo investiu na imagem de nação liberal interessada em afirmar, no exterior, sua imagem. Valendo-se do conceito da *tradicional hospitalidade brasileira*, ressaltou que, dos quarenta milhões de habitantes, um décimo dessa população era de estrangeiros. Em relação aos

20 Telegrama de Régis de Oliveira, embaixador do Brasil em Londres, para o Ministério das Relações Exteriores, Genebra, 3 dez. 1938, 640.16 (99), Lata 630, Maço 9.697. AHI.

israelitas, informou que havíamos passado – segundo cálculos oferecidos por Oswaldo Aranha – de cerca de cinco mil a 55 mil aproximadamente, apesar de não indicar o período a que se referiam. Possivelmente, esses dados diziam respeito ao total de imigrantes judeus que haviam ingressado no Brasil entre 1881-1935: cerca de 54.250 indivíduos, segundo dados extraoficiais[21].

Hélio Lobo – diante dos representantes dos Estados Unidos, da França, da Grã-Bretanha, da Holanda e da Argentina – declarou "não estar de posse de instruções definitivas", visto que a reunião deveria realizar-se duas semanas mais tarde[22]. Sua justificativa para a reformulação da legislação imigratória em bases restritas e, até mesmo, a suspensão da imigração até 31 de dezembro daquele ano, ocorreu com base nas inquietações econômicas, políticas e sociais que culminaram com a repressão aos alemães radicados no Brasil, expressas no pedido de retirada do embaixador do Reich no Brasil. O importante, nesse momento, era atrelar a imagem do *Brasil, país cordial* à obra iniciada pela Casa Branca, conceituada de "tão generosa". Reforçado por esse tom de exaltação, Lobo ponderou que o Brasil não se negaria a colaborar, sobretudo quando havia "excelentes elementos católicos, de origem semita e que essa imigração deveria dirigir-se para os campos, onde e como o governo brasileiro determinasse". O recado estava dado: os judeus não eram bem--vindos. Restava apenas aguardar as próximas reuniões[23].

Durante a realização dessa reunião do Comitê Intergovernamental, o tema dos refugiados ocupou as primeiras páginas dos principais jornais londrinos: *Evening Standard, The Financial News, Daily Mirror, The Times, Universe, The Daily Telegraph, Jewish Chronicle, Daily Herald e The Daily Mail.* O tom das manchetes era de que cinco nações (Inglaterra, Estados Unidos, França, Holanda e Brasil) estavam reunidas para discutir medidas de ajuda aos judeus alemães. A iniciativa da Austrália – de colaborar com o governo britânico aceitando quinze mil refugiados, incluindo arianos, judeus e não arianos durante três anos – teve grande repercussão. Especial consideração seria dada aos indivíduos com capital e experiência para o estabelecimento de indústrias. A Inglaterra, por sua vez, havia se prontificado a aceitar duzentas crianças berlinenses entre 10 e 17 anos, que seriam transferidas para casas de famílias particulares[24].

---

21 Calcula-se que entre 1991-1900 ingressaram no Brasil cerca de mil judeus; entre 1901-1914, cerca de 8.750; entre 1915-1920, um total de 2 mil; entre 1921-1925, aumentou para 7.139; e o ápice foi alcançado entre 1926-1930, quando o Brasil recebeu 22.296 imigrantes judeus, diminuindo, entre 1931-1935, para 13.075. Total entre 1881-1935: 54.250. Ver J. Lesser, Apêndice 2, *O Brasil e a Questão Judaica*, p. 316.

22 A Comissão de Londres era composta por lorde Winterton, chanceler do Ducado de Lancaster e presidente da comissão (Grã-Bretanha); Myron C. Taylor, embaixador em missão especial (Estados Unidos); Henri Bérenger, embaixador e presidente da Comissão dos Negócios Estrangeiros (França); Hélio Lobo, ministro plenipotenciário (Brasil); W. C. Beucker Andrae, diretor dos Serviços Jurídicos do Ministério das Relações Exteriores (Holanda).

23 Ofício Confidencial n. 38, de Hélio Lobo para Oswaldo Aranha, Genebra, 8 dez. 1938, p. 7-9

24 Power Talks on Jews Begin Tomorrow, *Evening Standard*, December I, 1938. Anexo ao Ofício de Régis de Oliveira, da Embaixada Brasileira em Londres, para Oswaldo Aranha, ministro das Relações Exteriores, Genebra, 3 dez. 1938, 640.16(99), AHI/RJ.; German Refugee Problem, *The Financial News*, 2 december 1938; Sanctuary for Refugees, *The Times*, 2 december 1938.

O Brasil raramente foi objeto de atenção maior. O nome de nosso representante somente era citado na relação das nações integrantes do comitê. De um total de catorze matérias, apenas duas pequenas notas diziam respeito ao posicionamenteo do governo brasileiro. Um desses jornais – norte-americano com circulação em Londres – dedicou uma coluna com cerca de 33 linhas com o título *O Brasil Garante Ajuda aos Refugiados e ao Plano de Defesa*. A matéria incidia sobre uma entrevista concedida pelo chanceler Oswaldo Aranha, no Rio de Janeiro, na qual ele definia a posição do Brasil acerca dos judeus. Sua fala foi cuidadosa, pois não lhe interessava divulgar uma imagem negativa do Brasil, principalmente por meio de um jornal norte-americano. No entanto, preocupado com a formação de guetos (ou quistos raciais e religiosos), Aranha impôs reservas à nossa cordial hospitalidade: "Nós os receberemos (os judeus) de braços abertos [...] porém com reservas em relação a nós, porque a nossa evolução geográfica e econômica nos dá o direito de os alocar de acordo com o nosso plano de desenvolvimento do país"[25].

No entanto, Aranha esclarecia também que o governo brasileiro preferia distribuir os estrangeiros ao longo de todo o Brasil ao invés de concentrar uma nação ou raça em um pequeno distrito.

An passant, o jornal *Universe* divulgou uma nota sobre a visita secreta de dom João Becker, arcebispo de Porto Alegre-RS, à Alemanha com a finalidade de constatar como estavam os fundos destinados à saída dos católicos e, particularmente, para verificar o tratamento dado pelos alemães às escolas católicas. Segundo o arcebispo brasileiro, as escolas estavam destruídas e o objetivo do nacional-socialismo era "destruir a civilização católica garantindo liberdade apenas para aquelas que eram do governo"[26].

No final da tarde do dia 2, quando a Comissão de Londres já havia encerrado sua pauta, Hélio Lobo recebeu o telegrama oficial n. 32, que o autorizava a tomar parte naquela reunião. Um pouco tarde demais. A participação acontecera *ad referendum*. As instruções que delimitavam o posicionamento a ser adotado pelo Brasil somente chegaram às suas mãos no dia 12 de dezembro, datadas no Rio de Janeiro em 2 de dezembro. O chanceler Oswaldo Aranha procurava esclarecer a Hélio Lobo (ainda que com atraso de uma semana) que, apesar do Brasil nutrir o desejo sincero de colaborar com os Estados Unidos, bem como com os demais governos representados no comitê, para encontrar uma solução satisfatória para o problema dos refugiados, esta não se apresentava como prioritária: "por maior que seja o seu desejo de colaborar nessa obra humanitária, o governo brasileiro *não pode pôr de lado os legítimos interesses nacionais*, tratando-se da incorporação na vida do país de refugiados políticos, *em sua grande maioria israelitas*, que não preenchem as condições da imigração que o Brasil deseja, isto é, a de agricultores" (grifos nosso)[27].

25 Brazil Pledges Aid On Refugee issue And Defense Plan, *Christian Science Monitor*, Boston, 17 nov. 1938. Anexo ao Ofício de Régis de Oliveira, da Embaixada Brasileira em Londres, para Oswaldo Aranha, ministro das Relações Exteriores, Genebra, 3 dez. 1938, 640.16 (99), AHI/RJ.
26 Archbishop Pays Secret Visit to Reich, *Universe*, 2 december 1938.
27 Ofício de Oswaldo Aranha, ministro das Relações Exteriores, para Hélio Lobo, delegado do Brasil no Comitê Intergovernamental para os Refugiados Políticos, Rio de Janeiro, 2 dez. 1938, p. 2.

Construindo a Imagem de uma Nação   121

O conceito de bom e mau emigrante pontuou o discurso de Oswaldo Aranha, que, naquele difícil momento, expressava a posição oficial do Brasil. Encobrindo o projeto étnico-político do governo brasileiro, o chanceler brasileiro alegava que o Brasil necessitava de "elementos estrangeiros para povoar o seu solo e levar avante a obra da utilização das suas riquezas naturais", desde que estes pudessem ser classificados como bons imigrantes ou seja, como "aquele que vem lavrar os campos e trabalhar como técnico nas indústrias"[28].

Duas passagens do relatório enviado por Hélio Lobo a Oswaldo Aranha mereceram grifo, *a posteriori*, com lápis preto. Assunto: a Conferência de Londres. À margem da folha – da mesma forma como já havia sido destacada anteriormente a Argentina – uma única palavra acentuava um posicionamento diferenciado: Holanda. Um mesmo sinal de chave unia esse parágrafo ao seguinte, que dizia respeito ao posicionamento político da Inglaterra. Que ideias em comum teriam a Holanda e a Inglaterra? Apenas uma solução conveniente a todos: a criação de um país destinado a abrigar todos esses elementos, visto que a emigração tendia a aumentar, por motivos já conhecidos. As colônias americanas despontavam como espaços ideais para abrigar essa massa de indesejáveis.

Segundo Beucker Andrae, representante da Holanda, os planos do seu Reino dependiam ainda de estudos na Guiana holandesa. Outras alternativas foram apresentadas por lorde Winterton, que informou estar a Grã-Bretanha concluindo estudos sobre as condições de asilo na Guiana inglesa, em Tanganica e no Quênia. Entendimentos estavam também sendo realizados com os representantes dos domínios ingleses, de forma a poder apresentar um quadro mais completo na próxima reunião. Um sinal positivo vinha por parte da Austrália e outro da Palestina que, apesar da reduzida cota, em consequência da oposição árabe, possuía parte de seu território reservado para os casos mais urgentes.

Cabe ressaltar que, no ano de 1939, a Inglaterra abrigaria, além de centenas de médicos, enfermeiras e serviçais (criados), um grupo de dez mil crianças, a maioria judias – provenientes de países como a Alemanha, a Áustria e a Tchecoslováquia–, que foram recebidas por famílias inglesas. Naquele momento, restavam poucas alternativas aos pais que tentavam, pelo menos, salvar seus filhos. Essa operação começou seis semanas após a Noite dos Cristais e ficou conhecida como Kindertransport, transporte de crianças judias. Isso aconteceu nos últimos momentos, pois, logo em seguida, a emigração foi totalmente proibida na Alemanha. Dentre essas crianças, estava Inge Marion Rosenthal que, anos depois, emigrou para Rolândia, norte do Paraná[29].

---

28   Idem.

29   Em 1989, tivemos a oportunidade de entrevistar Inge Marion Rosenthal em Rolândia (PR). Seu depoimento é um pequeno fragmento de muitas outras histórias de vida destas crianças salvas pela Inglaterra, meses antes de começar a guerra. Inge Marion nasceu em Berlim e era filha de Alfred S. Sanchs, que havia lutado na Primeira Guerra Mundial, de tradicional família que morava há séculos na Alemanha. Além de alemão, Alfred era de religião judaica, liberal e proprietário de uma loja de artigos de sapateiros em Berlim. Em abril de 1939, Inge (com 15 anos) e sua irmã Olga (com 24 anos)

7. Crianças judias abrigadas em Londres, Inglaterra, salvas pela operação conhecida como *Kindertransport*.

A divergência entre a posição do Brasil e o Comitê Intergovernamental estava nestes motivos (interesses imediatos): os emigrados que o comitê procurava alocar em alguns países (por motivos humanitários) não satisfaziam, em sua grande maioria, às exigências da política emigratória brasileira (seletiva com base em critérios étnicos-políticos). Na opinião de Oswaldo Aranha, aqueles emigrados "eram indivíduos que saem das cidades e que, naturalmente, vindos para o nosso país, aqui se fixarão ainda nas cidades, piorando as condições da concorrência no pequeno comércio e agravando os problemas da ordem social"[30].

emigraram no Kindertransport. Sua irmã só conseguiu visto como empregada doméstica e veio a falecer de câncer aos 28 anos de idade. Inge chegou à Inglaterra em abril de 1939, onde foi recebida pela família Stevenson, moradores de Sandersted. A dona da casa era de ascendência judaica e seu marido era escocês, médico e não tinha muita paciência com crianças. Inge, que pensava ingressar em uma escola, foi enviada para trabalhar em uma creche, onde cuidava de crianças e lavava roupa: "Fiquei sem pele nas mãos e, pelas manhã,s eu mal podia mexer os dedos. E eu precisava de carinho e muita atenção. Sentia-me muito só". Mais tarde, conseguiu trabalhar em uma fábrica de óculos e frequentar um curso de ótica, formando-se em 1945. Após dois anos, foi para Nova York trabalhar como assistente de um médico oculista, onde conheceu João Rosenthal, morador da Fazenda Breesen, em Rolândia (PR), com quem se casou em 1949, ano em que emigrou para o Brasil. Soube, posteriormente, que seu pai fora *chamado para transporte* em 1943 e sua mãe, desesperada, seguiu-o voluntariamente. Entrevista com Inge Marion Rosenthal à autora, Rolândia, 23 set. 1989.

30 Ofício de Oswaldo Aranha, ministro das Relações Exteriores para Hélio Lobo, delegado do Brasil no Comitê Intergovernamental para os Refugiados Políticos, Rio de Janeiro, 2 dez. 1938, p. 3.

Não havia dúvida – se considerarmos a sequência dos acontecimentos antissemitas que pontuaram o ano de 1938 – de que a maior parte dos judeus atingidos pela tragédia era, realmente, de origem urbana ligada ao comércio e às profissões liberais. A imprensa brasileira e a internacional divulgavam diariamente quem seriam esses possíveis refugiados políticos e as razões de sua fuga desesperada[31]. Os relatórios e ofícios diplomáticos detalhavam com minúcias a política antissemita do Reich que, a cada dia, fazia mais vítimas. Muitos eram comerciantes, engenheiros, advogados, intelectuais, alfaiates e professores; raros eram os agricultores por tradição.

A legislação nazista incidia, grosso modo, sobre a comunidade judaica urbana, concretizando o processo de arianização do comércio e da indústria idealizado pelas autoridades do Terceiro Reich. Entre julho e dezembro de 1938, o jornal paulistano *O Estado de S.Paulo* publicou: A "Arianização" da Indústria Alemã" (3.7); "Confiscados os Bens e os Capitais dos Judeus em Dantzig" (14.7); "A Arianização do Comércio e Indústria Autríacas" (27.7); "A Confiscação de Todos os Bens dos Israelitas Alemães" (17.11); "A Arianização das Propriedades dos Bens Imóveis dos Judeus na Alemanha" (19.11); "Confisco de Objetos Artísticos" (19.11); "Os Judeus Estão Sendo Forçados a Transferir os Seus Bens Imóveis à Frente Alemã de Trabalho" (21.11) etc.[32]

O ano de 1938, até então, se apresentava como um dos momentos cruciais das manifestações antissemitas na Alemanha, recrudescidas em decorrência de dois fatos: o assassinato de Eduard vom Rath, secretário da embaixada alemã em Paris, por Herschel Grinszpan, um jovem judeu repatriado; e a Noite dos Cristais, que culminou com a queima de sinagogas, a depredação de lojas e o saque dos estabelecimentos de propriedade de judeus. Em um ato de represália por parte dos nazistas, cerca de vinte a trinta mil judeus foram levados para campos de concentração. Essa pode ser considerada como a primeira prisão em massa de judeus *por serem judeus*, e pelo menos setecenos deles ficaram presos em Dachau, onde morreram em consequência de maus tratos e violência. Só em Munique foram presos 1.400 judeus e outros oito mil em Berlim[33]. Esses incidentes promoveram a fuga descontrolada de milhares de pessoas assustadas com a violência particada pelo Estado alemão.

A partir de dezembro de 1938, os judeus haviam sido proibidos de dirigir escritórios ou firmas comerciais e de participar do comércio de importação e de exportação. Foram fechados todos os teatros e cinemas pertencentes aos israelitas, assim como seus jornais e escolas. As crianças judias não podiam mais estudar nas mesmas escolas dos arianos; e nenhum judeu podia frequentar cinemas, teatros, *dancings* e as casas de divertimento pertencentes

---

31 Definição de Empresa Israelita, *O Estado de S.Paulo*, 17 jun. 1938, p. 1; Plano de Sociedade Financeira com Dinheiro dos Judeus, *O Estado de S.Paulo*, 23 jun. 1938, p. 16.
32 Cf. A. R. Guglielmo, *A Questão Judaica e o Holocausto Enquanto Notícia*, p. 117-118. A relação dessas notas e notícias está disponível em: <http://www.arqshoah.com.br>.
33 Idem, p. 102-106.

a proprietários arianos[34]. Assim, podemos aferir que o maior fluxo daqueles que buscavam refúgio incidia sobre os judeus urbanos, que formavam uma grande corrente de desesperados. Daí o caráter *desordenado* e *tumultuado* dessa emigração, que, segundo o governo brasileiro, deveria ser interrompida, a princípio, com base na Circular Secreta n. 1127, de junho de 1937, posteriormente regulada e disciplinada pela Circular Secreta n. 1.249, de 27 de setembro 1938[35].

Esse controle rígido era necessário, segundo Oswaldo Aranha, porque o Brasil havia sustentado, entre 1934-1937, uma "política francamente liberal no que diz respeito à entrada de semitas, dando lugar a que entrassem, de acordo com os cálculos fornecidos pelos próprios comitês israelitas, cerca de duzentos mil semitas" (sic). Esses números haviam sido copiados de um pronunciamento oficial de João Carlos Muniz, membro do Conselho de Imigração e Colonização, e cuja linguagem antissemita foi amplamente analisada pela historiografia brasileira. No entanto, vale a pena retormarmos esse documento, com o objetivo de identificarmos em que contexto esses números se encontravam inseridos.

Muniz alegava que dois grupos estavam *ameaçados*: "os judeus (pelos nazistas) e o Brasil (pela *raça de Israel*) que ameaçava entrar em volumosas proporções". Esse volume foi quantificado erroneamente em duzentos mil judeus (1934-1937), número impossível de ser alcançado ainda que contabilizados os judeus que entraram ilegalmente burlando as circulares secretas. Aliás, essa é a fórmula adotada pelo brasilianista Jeffrey Lesser, que apresenta um total de 10.973 para a imigração judaica nesse período, baseando-se em dados coletados junto as associações judaicas envolvidas com o resgate "extraoficial" dos refugiados judeus. O número oficial apresentado pelo Serviço de Estatística do governo brasileiro (que não tinha nenhum controle sobre o total de judeus *ilegais*) é menor ainda, comprovando a rigidez das circulares antissemitas acobertadas pelo sistema de cotas.

O número exagerado de "duzentos mil imigrantes judeus" prestou-se para Oswaldo Aranha justificar porque o Brasil "não deveria abrir suas portas para a imigração judaica", embora afirmasse que uma restrição absoluta não era aceitável tanto por "motivos econômicos quanto humanitários"[36]. O chanceler procurou convencer Hélio Lobo de que o Brasil, "inspirado no desejo de

---

34 Novas Medidas Contra os Judeus, *O Estado de S.Paulo,* 12 nov. 1938, p. 16; O Governo Alemão Toma Novas Medidas Contra os Judeus, *O Estado de S.Paulo,* 15 nov. 1938, p. 16; Numerosos Judeus Internados em Campos de Concentração, *O Estado de S.Paulo,* 13 nov. 1938, p. 30; Cerca de 1.400 Judeus Presos em Munich, *O Estado de S.Paulo,* 12 nov. 1938, p. 16; Os Judeus Serão Responsabilizados pelo Assassinato do Sr. Vom Rath, *O Estado de S Paulo,* 11 nov. 1938, p. 12. Ver A. R. Guglielmo, op. cit., p. 107-113.

35 Circular Secreta n. 1.127, jun. 1937; Circular Secreta n. 1249, 27 set. 1938.

36 Este total – realmente exagerado – não coincide com as estatísticas elaboradas por J. Lesser que, após um acurado levantamento junto às associações judaicas que atuavam no Brasil, apresenta um total de 10.973 pessoas para a imigração judaica nesse período: 3.794 (1934); 1.758 (1935); 3.418 (1936) e 2.003 (1937). Transcrevemos no texto as ressalvas elaboradas por Lesser sobre essa questão, deixando entre parênteses as expressões adotadas por J. C. Muniz; Memorando do Departamento de Estado dos Estados Unidos sobre a Conversação com João Carlos Muniz, 15 fev. 1939, 832.55 J/1,

dar sua colaboração para a solução dos refugiados políticos", havia colocado em prática uma série de medidas, como: após 1937, havia procurado ordenar essa corrente por meio da Circular Secreta n. 1.249. Esta dava direito à permanência definitiva no país aos cônjuges ou aos parentes consanguíneos em linha direta até o segundo grau de israelitas aqui fixados; aos cientistas ou artistas; aos técnicos necessários às industrias; e às pessoas que provarem transferência, para emprego no Brasil, de £$ 5.000 ou mais. Uma exceção era feita aos turistas e representantes de comércio no país, cuja estadia só era permitida por seis meses. Para poder executar essas medidas e permitir a entrada dessas pessoas, o governo afirmava ter aumentado a cota constitucional. Essa é apenas uma parte da versão. O outro lado da moeda ficava por conta da política da conveniência.

Aranha deixa de informar que as cotas estavam sendo ampliadas, mas apenas *para inglês ver*, no sentido correto da gíria brasileira. Ou seja: as cotas ampliadas jamais foram preenchidas em sua totalidade, em consequência da omissão e da inadimplência das autoridades brasileiras. A disponibilidade oficial das cotas nada mais era do que mera fachada para encobrir a prática do antissemitismo político.

Falseando uma postura humanitária, Aranha abria a possibilidade de o Brasil examinar, sem compromisso prévio, qualquer proposta concreta que o Comitê Intergovernamental para os Refugiados Políticos apresentasse "desde que não saísse fora da política imigratória do governo brasileiro". A oferta era de que seria possível receber até três mil refugiados emigrados agricultores, em pequenas levas, dispondo cada qual de um pequeno capital, ou seja, quinhentas libras por família ou indivíduo solteiro, e cuja vinda e localização no país seriam financiadas por intermédio do comitê. Uma única ressalva: "a entrada dos referidos emigrados seria apenas a título de experiência, reservando-se o governo o direito de suspendê-la em qualquer tempo"[37].

Essa orientação só chegou às mãos de Hélio Lobo após o encerramento da Comissão de Londres. Desconhecendo o conteúdo desse documento, Lobo começou a preparar seu relatório contando detalhes sobre os pronunciamentos de todos os países participantes. Suas últimas linhas foram dedicadas ao encontro particular que tivera com Taylor, porta-voz do governo norte-americano, que voltou a insistir para que "Oswaldo Aranha correspondesse à política que vinha realizando no país e ao sentimento do povo brasileiro". O apelo se estendia também a Hélio Lobo, para que este viesse a oferecer uma contribuição concreta na próxima sessão, agendada para janeiro do ano seguinte.

Um elemento de sedução foi acionado pelo representante norte-americano, consciente da necessidade que o Brasil tinha de se ver valorizado diante

---

NARC-W; Discurso de João Carlos Muniz, p. 3, apud J. Lesser, Apêndice 5: Imigração Judaica e Geral para o Brasil, 1925-1947, op. cit., p. 194, 214, 319.

37   Ofício de Oswaldo Aranha, ministro das Relações Exteriores, para Hélio Lobo, delegado do Brasil junto ao Comitê Intergovernamental para os Refugiados Políticos, Rio de Janeiro, 2 dez. 1938, 640.1.6 (99), Lata 630, Maço 9.697, AHI/RJ.

das outras nações. Taylor ressaltou que o exemplo positivo do Brasil "teria imensa repercussão nas demais Repúblicas do continente e no resultado final tão ardentemente desejado"[38] (leia-se "pelo presidente Roosevelt").

Hélio Lobo cumpriu o papel de articulista entre o governo brasileiro, os Estados Unidos e as associações pró-refugiados ao ponderar as restrições impostas pelo Brasil, de forma a conquistar algumas concessões a favor dos refugiados. Apesar de *ousar* esperar pelas instruções do Itamaraty, sugeriu que o Brasil conciliasse os fins humanitários com suas conveniências imigratórias e a tradicional política que vinha mantendo com os Estados Unidos. Lembrava também que o governo norte-americano considerava oportuno que o Brasil se valesse – durante cinco anos a partir de 1938, inclusive – da cota destinada à Alemanha e à Áustria, em todo ou em parte, na admissão dos proscritos alemães e austríacos, *expulsos ou não, desde que estes possuíssem uma soma mínima* para seu estabelecimento no país e que fossem, de preferência, *católicos* (grifo nosso). A seleção se faria gradualmente, seguindo a indicação das associações israelitas "idôneas"[39]. Ainda que desencontradas no tempo, a opinião de Hélio Lobo não se distanciava muito daquelas encaminhadas por Oswaldo Aranha. Mesmo assim, ao receber a orientação dada por Aranha, Lobo imediatamente perguntou "se acaso essas instruções sofreriam alguma atenuação"[40].

Percebemos que, em dezembro de 1938, o humor de Hélio Lobo já não era mais o mesmo. Insiste no fato de que deveria ser valorizada a posição política do Brasil, que, naquele momento, tinha assento junto a uma importante comissão sobre a qual recaíam as atenções gerais. Entre vírgulas, faz uma ressalva um tanto amarga: *embora a contragosto*. Estava em jogo a imagem internacional do Brasil, que deveria encontrar uma solução paleativa, ainda que dúbia. O delegado brasileiro, tentando ponderar sua posição contestatória, endossa a ideia de que os interesses imigratórios do Brasil não poderiam subordinar-se à pressão, humanitária ou não, de elementos indesejáveis e, muito menos, à posição mais liberal de outras repúblicas latino-americanas. No entanto, reafirmava sua opinião de que entre aqueles refugiados "haviam bons elementos imigratórios: católicos e protestantes, de antiga origem israelita, os quais gozam no próprio Reich de tratamento mitigado". Daí a sugestão de recebermos, durante cinco anos, cerca de 2.500 refugiados anuais usando a cota relativa à Alemanha e à Áustria. Uma resssalva funcionou como código: daria-se preferência aos católicos dedicados à agricultura[41].

---

38 Ofício e Relatório Confidencial n. 38, de Hélio Lobo para Oswaldo Aranha, Genebra, 8 dez. 1938, p. 12,13.

39 Esta condição deu-se em decorrência de comentários proferidos por Bérenger, que havia posto a comissão em alerta contra certas associações judaicas com sede na França que procuravam escoar seus protegidos sob pretextos colonizadores e outros. Algumas dessas já haviam se dirigido aos governos representados na Conferência de Evian. Ofício e Relatório Confidencial n. 38, de Hélio Lobo para Oswaldo Aranha, Genebra, 8 dez. 1938, p. 12.

40 Ofício Reservado n. 44, de Hélio Lobo para Oswaldo Aranha, ministro das Relações Exteriores, Genebra, 14 dez. 1938, p. 1-2, 640.16 (99), Lata 630, Maço 9.697, AHI/RJ.

41 Esta sugestão foi encaminhada por Hélio Lobo em seu ofício n. 38, redigido antes de ele ter conhecimento das instruções enviadas por Aranha em 2 de dezembro.

Outra ressalva foi feita às afirmações de Oswaldo Aranha, que disse ter sido de duzentos mil a entrada de semitas no Brasil, entre 1934-1937. Para Hélio Lobo, muitos destes haviam "penetrado no território nacional de forma irregular ou entrado como turistas e aqui se deixaram ficar". Esses números, segundo Hélio Lobo, deveriam ser atribuídos à Argentina, que alegava ser, depois dos Estados Unidos, o maior refúgio de judeus na América. Contestando a cifra de duzentos mil, Hélio Lobo reafirmou que o total de semitas radicados no Brasil era de 55 mil, ou seja, desde o final do século XIX até 1937. Esses dados haviam sido submetidos à Conferência de Evian pela Agência Judaica para a Palestina, considerada dentre todos como a mais idônea.

Diante desses desencontros, Hélio Lobo mostrou-se inseguro e pouco convencido de seu papel na Comissão Intergovernamental. Daí ter solicitado a Aranha que esclarecesse sua posição, se estava ou não de acordo com a interpretação americana, visto que as instruções encaminhadas pelo Itamaraty o habilitavam "apenas" para a primeira reunião de Londres. Como o Brasil estaria representado na próxima reunião a ser realizada em janeiro de 1939? Nesse sentido, o governo brasileiro pecou pela indefinição ou pela "omissão proposital".

Nesse intervalo, ocorreram, por parte da diretoria do Comitê de Londres, várias tentativas de negociações com o Reich com o objetivo de conseguir que os judeus saíssem da Alemanha portando algum dinheiro. Isso, com certeza, facilitaria a concessão de vistos aos refugiados por parte de alguns países que se negavam a recebê-los sem um mínimo de garantia. Uma primeira proposta veio do Dr. Schacht, diretor do Reichs Bank, que, em 15 de dezembro de 1938, encaminhou para julgamento da Comissão de Londres um texto que, reproduzido, foi enviado para conhecimento e pronunciamento dos países convidados para a próxima reunião agendada para 26 de janeiro[42].

Era consenso geral de que essa proposta não passava de uma chantagem do governo alemão, cuja atitude foi classificada por Hélio Lobo como "arrogante e abusiva". Esse projeto só não havia sido recusado de imediato porque a prioridade era ainda salvar a vida daqueles que haviam sido "desterrados" (ou proscritos) pelo Reich. O diretor do Reichs Bank propunha-se a fazer um empréstimo internacional com base na avaliação, a baixo preço, das propriedades judaicas em seu território. Cada judeu (com idade inferior a 45 anos) levaria não a parte mínima do que fosse a sua propriedade, mas títulos (ou bônus) com os quais compraria mercadorias alemãs nos países de destino, com direito de revenda. Esses títulos seriam garantidos pelo fundo constituído dos bens confiscados aos israelitas. A fórmula encontrada pelo Reich era incrementar seu comércio de exportação valendo-se, com muita ironia, da experiência comercial dos israelitas. Estes, ao revenderem as mercadorias,

---

42 Telegrama Confidencial de Renato de Carvalho, do Consulado Brasileiro em Genebra, para Oswaldo Aranha, ministro das Relações Exteriores, Genebra, 29 dez.1938, 640.16 (99), Lata 630, Maço 9.697; Telegrama do Ministério das Relações Exteriores para o Consulado-Geral do Brasil em Genebra, Rio de Janeiro, 14 jan. 1939, 640.16 (99), AHI/RJ.

estariam também intensificando a propaganda dos produtos alemães no exterior, transação que vinha sendo efetuada por meio de um acordo firmado com a Agência Judaica para a Palestina.

Esse Acordo de Transferência (*Haavará*) firmado entre as autoridades nazistas e a Agência Judaica para a Palestina já acontecia há vários anos, provocando uma verdadeira invasão de produtos *made in Germany*, de acordo com Hannah Arendt. Segundo depoimento de Eichmann durante o seu julgamento, em 1961, a Alemanha permitia que o emigrante transformasse parte dos bens em mercadorias alemãs que, compradas pelo preço em libras, poderiam ser comercializadas na Palestina[43].

Desconhecendo essa prática, Hélio Lobo insistiu com Oswaldo Aranha para que o Brasil, na qualidade de vice-presidente da comissão, opinasse sobre a proposta do diretor do Reichs Bank. Entre vírgulas, comentou: "ainda que de mau grado seu". Lobo se absteve de entrar no mérito da proposta do Reich, classificada apenas como *triste documento*. Percebemos que ele e Oswaldo Aranha não compartilhavam das mesmas opiniões, tanto que o nosso representante sugeriu a sua substituição pelo embaixador do Brasil em Londres, que "daria cabal desempenho à missão com economia para o Tesouro". Em 14 de janeiro de 1939, o Itamaraty ignorou esses comentários e, respeitando a sugestão norte-americana, confirmou a indicação de Lobo para comparecer à próxima reunião em Londres "restringindo sua atuação às instruções anteriores"[44].

O *triste documento* do Reich, cuja cópia foi confidencialmente encaminhada ao governo brasileiro, já havia sido analisado por uma comissão de peritos reunidos em Londres no dia 20 de dezembro de 1938. Faziam parte desse comitê os representantes da França (Monick e Coulon), dos Países Baixos (Mr. Ridder), do Reino Unido (Mr. Waley) e do Comitê Intergovernamental (Mr. Cotton). Com base nesse parecer, George Rublee, diretor da comissão, havia se dirigido a Berlim com o intuito de obter uma concessão menos hedionda. No entanto, essas conversações haviam sido suspensas em decorrência da exoneração do Dr. Schacht. Esse imprevisto exigiu uma reunião emergencial em Paris, no dia 23 de janeiro, da qual sequer se lavrou ata dado o caráter confidencial do assunto. Estavam presentes os seguintes representantes: Georges Bonnet (do governo francês); lorde Winterton, chanceler do ducado de Lancaster (Grã-Bretanha); Henry Bérenger (França); embaixador Myron C. Taylor (Estados Unidos); embaixador Angel Cárcano (Argentina); ministro plenipotenciário Hélio Lobo (Brasil); Beucker Andrae, chefe dos Serviços Jurídicos do Ministério das Relações (Holanda); George Rublee, diretor; Robert Pell, vice-diretor; e Cotton, assistente técnico da comissão.

---

43 H. Arendt, *Eichmann em Jerusalém*, p. 73-74.
44 *Note of Interview with Dr. Schacht on 15th December 1938; Memorandum of the Meeting of the Technical Experts*. London, december 20, 1938, Anexos ao Ofício Confidencial n. 6, de Hélio Lobo para Oswaldo Aranha, ministro das Relações Exteriores, Genebra, 6 jan. 1939, 640.16 (99), Lata 630, Maço 9697, AHI/RJ.

O painel da situação relatada por George Rublée expressava a dimensão da catástrofe que se anunciava. Após ter tido mais de um encontro com o Dr. Schacht, então exonerado, as conversações passaram a ser feitas com o marechal Hermann Goering, que transferiu esse encargo para o Sr. Wohlthat. Os entendimentos com Hermann Goering não alteravam a proposta inicial e, além disso, a Alemanha sequer reconhecia a Conferência de Evian e, muito menos, a Comissão Intergovernamental como entidade internacional. Ficava evidente que as resoluções seriam unilaterais, por meio de decretos promulgados pelo Reich[45].

Conforme dados fornecidos pelo governo alemão, existiam nos territórios do Reich cerca de seiscentos mil judeus e não arianos, dos quais 150 mil viviam de suas ocupações e duzentos mil como dependentes destes. Os maiores de 45 anos, enfermos e velhos totalizavam 250 mil e não deveriam deixar o Reich sendo-lhes "asseguradas condições de existência", dependendo da atitude internacional com a Alemanha. Ficava explícito nessa colocação que, com a expulsão dos judeus produtivos, os demais não seriam problema para os nazistas: cada uma das medidas acionadas contra os judeus desenvolveram-se segundo um plano lógico, como resultado de uma doutrina e de um programa calculado pelo Estado. A intenção do Reich era de se desembaraçar o mais rápido possível dessa parcela da população desprezada por sua categoria biológica e cultural (*Untermenschen*): os sub-humanos, classificados como subproduto racial. A mensagem dada pela Alemanha era de que, diante de qualquer retaliação internacional ao país, os judeus doentes, velhos e crianças pagariam por isso, "como quando do assassinato de Eduard vom Rath, eles responderiam em dinheiro, ou de outro modo"[46].

A proposta do Reich era fazer o escoamento dos 150 mil produtivos e os seus duzentos mil dependentes em um prazo de três anos e, não sendo possível, em cinco anos no máximo. Enquanto isso, os judeus viveriam em locais separados dos arianos, ou mesmo nas usinas onde pudessem trabalhar. Para a saída regular, receberiam passaportes emitidos por uma repartição chefiada por arianos e cada emigrante levaria ferramentas, vestuário e utensílios comprados na Alemanha com o objetivo de fixar-se no país de destino. Essa operação, enquanto durasse, seria custeada por um patrimônio avaliado, mais ou menos, em um bilhão de marcos, equivalente a 25% da riqueza israelita existente.

A opinião de Henry Bérenger (França) era de que a comissão nada deveria solicitar ao governo alemão e, muito menos, aceitar condições odiosas, senão humilhantes, como a que se resumia no boicote ao comércio judaico. E quanto à distinção entre *arianos* e *não arianos* (classificação que a França não

45 Ofício Confidencial n.10, de Hélio Lobo para Oswaldo Aranha, ministro das Relações Exteriores, Genebra, 27 jan. 1939, 640.16 (99), Maço 630, Lata 9.697, AHI/RJ.

46 Segundo depoimento de Dieter Wisliceny, oficial graduado da Gestapo e colaborador de Eichmann, a solução final teve tres fases distintas: 1. até o início da guerra, previa-se a emigração dos judeus; 2. concentração nos guetos até o início de 1942, data da Conferência de Wannsee; 3. extermínio físico, segundo ordem assinada por Heirinch Himmler em abril de 1942; 4. revogação da referida ordem, em outubro de 1944, por Heirinch Himmler, por razões ainda não avaliadas. Cabe, no entanto, observar que no leste a liquidação já havia se iniciado em 1939, detendo-se apenas com a capitulação alemã. Cf. Holocausto: Análise. *Shalom*, n. 3, jan. 1979, p. 32.

endossava, ao contrário do Brasil), esta não deveria ser utilizada nas comunicações oficiais, pois, a seu ver, só existia uma raça, a raça humana. Havia nisso "mais que a dignidade dos governos, um respeito elementar à personalidade humana"[47].

Para os Estados Unidos, representado na figura de Myron Taylor, a tentativa de um acordo não se tratava de uma *negociação*, palavra que jamais deveria ser empregada. Procurava-se "apenas salvar milhares de infelizes, ameaçados até na própria vida". O Sr. Cárcano, porta-voz do governo argentino, considerava que seria necessário muito cuidado para se chegar ao resultado final desejado por todos. Beucker Andrae e lorde Winterton aproveitaram-se dessa colocação para reafirmarem que a área de ação da comissão estendia-se não somente aos judeus e aos não arianos, mas também aos católicos, aos protestantes e aos livre pensadores. Tanto a Argentina como o Brasil pediram tempo!

Diante desses posicionamentos, ficou acertado que a comissão se reuniria novamente em 12 de fevereiro, em Londres, quando seria ouvido apenas o diretor, recém-chegado de Berlim. E, no dia seguinte, Hélio Lobo teria de se pronunciar a respeito, assim como os outros tantos delegados[48]. No entanto as negociações com o Reich também não eram fáceis de serem agendadas. Cada qual, atendendo aos interesses de seu país, procurou ganhar tempo sem levar em consideração o tempo de vida *deliberado* aos judeus pelo Estado nazista.

Em julho de 1939, continuavam as conversações entre o Wohlthat, representante do Ministério da Economia do Reich e Herbert W. Emerson, diretor do Comitê Intergovernamental e alto comissário da Liga para os Refugiados. O encontro aconteceu em Londres, contrariando as imposições do Reich, que só queria negociar em Berlim, ou seja, em território próprio. Finalmente a Alemanha cedeu, apresentando como pretexto uma reunião sobre a pesca da baleia sem, entretanto, conseguir ocultar da imprensa que estava interessada em fazer *outras sondagens*. Durante esse encontro, alguns temas foram abordados, na tentativa de dimensionar o problema vivenciado pelos refugiados e as soluções emergenciais até então apresentadas:

* a questão do St. Louis, o navio errante que Cuba não quis receber e que havia sido advertido pelo próprio Herbert Emerson de que assim aconteceria[49];
* o auxílio britânico de quatro milhões de libras para assistência aos refugiados da Tchecoslováquia;
* o número de emigrantes que haviam deixado a Alemanha nos primeiro quatro meses de 1939 (cerca de setenta mil), durante 1938 (entre 120 mil e 140 mil) e desde 1933 (cerca de quatrocentos mil);

---

47 Ofício Confidencial n. 10, de Hélio Lobo, para Oswaldo Aranha, ministro das Relações Exteriores, Genebra, 27 jan. 1939, p. 5-6.
48 Idem.
49 Sobre a trágica trajetória do St. Louis ver G. Thomas; M. Morgan-Witts, *El Viaje de los Malditos: La Travesia del St. Louis.*

Construindo a Imagem de uma Nação   131

- o custo dessas migrações sustentado, em geral, pelas associações israelitas;
- a fundação de um organismo internacional destinado a servir de ligação entre essas associações;
- a emigração em larga escala e suas probalidades;
- a propriedade judaica existente na Alemanha, parte da qual seria aplicada na fundação interna de um órgão destinado a custear as saídas e prover as despesas dos que ficassem;
- o quadro das associações israelitas mais reputadas e a assistência que têm prestado aos refugiados da Alemanha, a antiga Áustria e a Tchecoslová-quia[50].

Uma das estratégias usadas pelo diretor Herbert Emerson para tentar sensibilizar o Reich foi mostrar que os refugiados não se encontravam totalmente desprotegidos. Ao contrário, contavam com diferentes categorias de organizações (judaicas e não judaicas) que atuavam para regulamentar e sistematizar aquele movimento que, até então, se mostrava tumultuado. Ao se referir ao sistema adotado pelas associações israelitas privadas, Herbert Emerson citava aquelas que possuíam fundos autônomos destinados exclusivamente à emigração: a Agência Judaica para a Palestina, a Refugee Economic Corporation of América, a Plough Settlement of Kenya, a American Jewish Joint Distribution Committee e a Jewish Colonization Association (J.C.A.), Esta última, assim como o Council for German Jewry, encontravam-se entre aquelas que, além da manutenção e da assistência aos refugiados em trânsito, cuidavam também da sua emigração e estabelecimento no país de destino.

O Comite von Joodsche Vluchtelingen era citado como a principal organização israelita dos Países Baixos, que destinava seus fundos à emigração e ao sustento dos refugiados naquele país. Além dessas, havia aquelas entidades que se dedicavam apenas em recolher fundos, como: The Christian Council for Refugees from Germany and Central Europe, The Society of Friends, German Emergency Committee, International Hebrew Christian Alliance, Verband Schweizerisch Israelitischer Armenpflegen e Schweizer Hilfswerk für Emigraten Kindcr. Os apelos mais generalizados recaíam sobre uma organização especial conhecida como Baldwin Appeal, além de um número elevado de outras pequenas organizações que também atendiam aos necessitados[51].

Em 14 de abril de 1939, Robert Pell, vice-diretor da Comissão de Londres, informou confidencialmente a Hélio Lobo sobre a entrevista que tivera com Wohlthat, encarregado pelo marechal Hermann Goering de tratar da emigração israelita. Wohlthat, além de não aceitar "negociar" com Herbert Emerson, diretor da referida comissão, impugnava o emprego de intermediários, dentre os quais aquele que havia sido indicado pelo governo britânico.

---

50 Anexos: Resume d'une conversation avec M. Wohlthat, H. W. Emerson, 17 jul. 1939, Anexo A e B, Ofício Confidencial n. 90, de Hélio Lobo para Oswaldo Aranha, ministro das Relações Exteriores, Genebra, 4 ago. 1939, 640.16 (99), Lata 1.616, Maço 34.888, AHI/RJ.

51 Resume d'une conversation avec M. Wohlthat, por H. W. Emerson, 17 jul. 1939, p. 11-12.

Quanto à entidade alemã encarregada de tratar de assuntos de emigração, o Sr. Wohlthat informava que esta só se organizaria mediante a fundação de uma internacional correspondente. Além de reclamar da indiscrição da imprensa inglesa, o emissário do Reich solicitava uma definição quanto aos países de acolhimento, situação relatada em um documento especial. Diante de tantas exigências e questionamentos, ficava evidente que interessava ao Reich desvencilhar-se de uma população judaica adulta impondo condições que beneficiassem apenas o Estado alemão[52].

As exigências do Reich foram transcritas sob a forma de um *memorandum* no qual a Comissão de Londres enfatizava a colaboração dos Estados Unidos da América e de alguns países da América Central e do Sul como prioritárias para a emigração. Quanto à colonização própriamente dita, alguns projetos receberam tratamento especial, dentre os quais os da Guiana inglesa, da República Dominicana, da Rodésia e das Filipinas[53].

Essas conversações tiveram continuidade nos dias 6 e 26 de abril de 1939, quando o diálogo entre Pell e Wohlthat foram retomados com o propósito de executar um plano emigratório e formar um *trust fund*, espécie de duplo organismo (um na Alemanha e outro internacional) responsável pelas necessárias medidas financeiras. Na ocasião, Mr. Bruins, conceituado intelectual de Haia, foi indicado para ser o terceiro diretor dessa organização. Wohlthat chegou a declarar que os israelitas da Morávia e da Boêmia não seriam incomodados pelos nazistas, não lhes sendo aplicado o tratamento imposto aos da Alemanha, da antiga Áustria e da região dos Sudetos[54].

Em 6 junho de 1939, Wohlthat encontrou-se novamente com os diretores do Comitê Intergovernamental, dessa vez na própria capital londrina. O assunto girou em torno da organização do referido *trust fund* e a designação do Prof. Bruins. Em relatório confidencial enviado a Hélio Lobo, assim como para todos os membros da comissão, Herbert Emerson mostrava-se pessimista com relação ao estabelecimento de um *trust* no interior da Alemanha. A seu ver, este só seria possível por meio de capitais próprios inexistentes naquele momento. Nada mais deveriam esperar da Alemanha, apesar de Wohlthat ter explicado que "os bens israelitas, avaliados em cerca de quatro bilhões de Reichsmarks, não haviam sido confiscados e sim *sequestrados para os fins de organização desse patrimônio*". Ou seja, do montante total das propriedades de judeus na Alemanha, cerca de um milhão seriam destinados para o *trust*[55].

---

52 Ofício n. 32, de Hélio Lobo para Oswaldo Aranha, ministro das Relações Exteriores, Genebra, 14 abr. 1939, 640.16 (99), AHI/RJ.; *Conversation with Mr. Wohlthat: Strictly Confidencial Memorandum*, do vice-diretor Robert Pell para Herbert Emerson, diretor da Comissão de Londres, Berlim, 3 mar. 1939, Anexo 1; Ofício n. 32, de Hélio Lobo, Genebra, 14 abr. 1939, 640.16 (99), AHI/RJ.;

53 *Memorandum for Mr. Wohlthat*, Genebra, 22 march 1939, Anexo 2, Ofício n. 3,2 de Hélio Lobo, Genebra, 14 abr. 1939, 640.16 (99), AHI/RJ.

54 Ofício n. 50, de Hélio Lobo para Oswaldo Aranha, ministro das Relações Exteriores, Genebra, 12 maio 1939, 640.16 (99).

55 Ofício de Hélio Lobo, representante do Brasil no Conselho de Administração da Repartição Internacional do Trabalho, para Oswaldo Aranha, ministro das Relações Exteriores, Genebra, 1º jul. 1939, 640.16 (99), AHI/RJ.; Anexo: *Memoire de sir Herbert Emerson sur son entretien avec M. Wohlthat*, Genebra, 6 juin 1939.

Diante desse impasse, o governo dos Estados Unidos, por intermédio do embaixador Myron C. Taylor, convidou os países-membros do Comitê Intergovernamental para uma reunião conjunta na Casa Branca nos dias 16 e 17 de outubro de 1939. Ao solicitar a aprovação de sua presença em Washington, Hélio Lobo recebeu a seguinte instrução do Itamaraty: deveria declinar o convite "alegando aquilo que lhe parecesse melhor". Em resumo, deveria encontrar uma desculpa "louvável" de forma a sustentar uma *política de aparências*[56].

---

56 Telegrama n. 53, do Ministério das Relações Exteriores para a Embaixada do Brasil em Londres, Rio de Janeiro, 22 jul.1939, 640.16 (99), AHI/RJ.

Uma Política de Aparências

Por meio de um telegrama, o Itamaraty reafirmou a Hélio Lobo a posição do governo brasileiro diante do convite de Franklin Roosevelt para uma reunião conjunta na Casa Branca em 16 e17 de outubro de 1939. Hélio Lobo, como representante do Brasil no Comitê Internacional, não deveria aceitá-lo. O Brasil considerava que "já havia auxiliado no máximo que permitiam as circunstâncias e que, por isso, não queria mesmo ajudar a agitação que se continuava intencionalmente a fazer em torno daquele problema. Segundo o nosso ministro, isso só iria prejudicar a obra de assistência que temos efetivamente dado aos refugiados"[1].

Hélio Lobo, além de protestar imediatamente com Oswaldo Aranha, solicitou que este informasse Myron Taylor de sua possível ausência. Lobo não perdeu a oportunidade de ressaltar o efeito desfavorável que a recusa do Brasil causaria, visto que os demais países já haviam aceitado o convite. A ausência brasileira, em sua opinião, seria interpretada como "o abandono da obra de solidariedade humana na qual, *pelo menos em aparência*, o Brasil aceitou colaborar ao comparecer à Conferência de Evian e ao designar um vice-presidente"[2].

Em 19 de julho de 1939 – portanto antes da data prevista para o encontro na Casa Branca –, a Comissão Intergovernamental Pró-Refugiados reuniu--se em sessão plenária na sala Lucarno do Foreign Office em Londres. Esse era o terceiro encontro das nações que, no ano anterior, haviam ocupado assento em Evian, com exceção da Colômbia, do Paraguai e da Nicarágua. Essas ausências foram interpretadas como "eventuais", visto que, aos olhos dos Estados Unidos, a presença de representantes da América eram sempre da máxima importância. Estiveram presentes: o presidente lorde Winterton (Grã-Bretanha), o diretor Herbert Emerson (Grã-Bretanha), o vice-diretor Robert T. Pell (Estados Unidos), Myron C. Taylor (Estados Unidos), Henry Bérenger (França), Tomás Le Breton (Argentina), Hélio Lobo (Brasil) e Teixeira de Matos (Países Baixos)[3].

---

1   Telegrama n. 53, do Ministério das Relações Exteriores. Carta convite de Myron C. Taylor, do governo dos Estados Unidos da América para Hélio Lobo, representante do Brasil no Conselho de Administração da Repartição Internacional do Trabalho, Washington, 25 july 1939, Anexo I ao Ofício Reservado n. 87, de Hélio Lobo para Oswaldo Aranha, ministro das Relações Exteriores, Genebra, 3 ago. 1939, 640.16 (99), Lata 1.616, Maço 34.888, AHI/RJ

2   Ofício Reservado n. 87, de Hélio Lobo para Oswaldo Aranha, ministro das Relações Exteriores, Genebra, 3 ago. 1939, 640.16 (99), Lata 1.616. Maço 34.888, AHI/RJ.

3   Ofício Reservado n. 86, de Hélio Lobo, representante do Brasil no Conselho de Administração da Repartição Internacional do Trabalho, para Oswaldo Aranha, ministro das Relações Exteriores,

O encontro cuidou de traçar um amplo painel expositivo da situação vivenciada pelos países considerados como *de trânsito* (acolhimento temporário), os países *de destino individual* (infiltração) e os de *emigração coletiva* (em massa). De imediato, considerava-se que seria mais oportuno dar preferência de estabelecimento no além-mar para aqueles que já se encontravam fora da Alemanha, deixando a racionalização das saídas sob a responsabilidade da fundação a ser criada na Alemanha. À frente dessa empreitada estavam os Estados Unidos, que mantinham em 27 mil por ano o número de imigrantes para a cota alemã, além de mais vinte mil, aproximadamente, em caráter temporário[4].

Herbert Emerson – que como diretor intermediava as negociações com o Reich – havia constatado mudanças de atitude no espírito dos governantes alemães, ou seja: estes, que até então desejavam a saída imediata e em massa dos israelitas, informavam que a emigração só poderia ser realizada em pequeno número e gradualmente. Calculava-se que, em 1938, haviam deixado a Alemanha cerca de 120 mil judeus e que, nos primeiros quatro meses de 1939, outros 29 mil. Este movimento acarretava graves consequências para os países vizinhos, como Suíça, Holanda, Bélgica, Grã-Bretanha e Dinamarca. A França, por exemplo, estava despendendo, só com os refugiados espanhóis, cerca de quatro milhões de francos diários[5]. Essa situação tornava-se ainda mais complexa diante da atitude assumida por países mais distantes que se encontravam *parcialmente* fechados à entrada de judeus. Durante esse encontro, Hélio Lobo – sem especificar qualquer projeto especial – comunicou que o Brasil estaria facilitando o trânsito de quatro mil israelitas, posição inexplicável se avaliarmos a postura do Itamaraty até aquela data[6].

O comitê estudava a possibilidade de organizar uma emigração em massa para a Guiana inglesa, São Domingos, a Rodésia do Norte, as Filipinas e a Guiana holandesa, levando em consideração a capacidade de absorção de cada país e as despesas indispensáveis, como as sanitárias e de transporte. Essa solução foi avaliada, segundo cálculos apresentados até aquela data, como a mais complicada e limitada, apesar dos esforços empreendidos pelas associações particulares, que estavam despendendo enormes quantias coletadas entre as inúmeras coletividades judaicas e não judaicas espalhadas pelo mundo.

A ideia principal centrava-se na possibilidade da fundação de uma corporação cuja finalidade seria coordenar o trabalho das múltiplas associações de socorro nos vários países e que agiria com um capital de um milhão de dólares, metade do qual seria norte-americano. Por sugestão do governo inglês,

---

Genebra, 28 jul. 1939, SP/36/640.16 (99), Lata 1.616, Maço 34.888, AHI/RJ.

4   O Brasil, neste caso, também sustentava o sistema de cotas que, segundo o decreto n. 3.010, poderiam ser alteradas de acordo com as necessidades de cada nacionalidade. Essa política de aparências, no entanto, prestava-se a acobertar a prática antissemita sustentada pelas circulares secretas que, aplicadas pelas missões no exterior sob a orientação das autoridades brasileiras, sustentavam as barreiras contrárias à entrada de judeus no Brasil

5   Sobre o refúgio dos espanhóis na França, seu envolvimento com os grupos de resistência seguido da represália nazista, ver E. P. Prades, *Morir por la Libertad: Españoles en Los Campos de Exterminio Nazis*.

6   Ofício Reservado n. 86, de Hélio Lobo para Oswaldo Aranha, Genebra, de 28 jul. 1939, p. 2-3.

consultava-se os demais governos quanto à possibilidade de eles contribuírem com alguma quantia de forma a facilitar tal tarefa. Essa questão incomodou o Brasil de imediato. Com conhecimento de causa, Hélio Lobo não conseguiu ocultar os embaraços que essa sugestão acarretaria caso fosse aprovada por unanimidade. A saída foi alegar que aquela era uma "mudança radical do que havia sido decidido em Evian", referindo-se ao acordo de que a contribuição a ser dada por cada país seria "equivalente ao grau de envolvimento com a questão"[7]. Em sua opinião, "se todos os países haviam concordado com a realização dessa reunião em Londres era porque esta não acarretaria despesas extras com a emigração"[8].

Tentando amenizar a posição reservada do governo brasileiro, Lobo apresentou "dados estatísticos colhidos junto ao Conselho de Imigração e Colonização", apenas para *manter as aparências*. Segundo ele, o Brasil havia acolhido, até julho de 1938, cerca de três mil israelitas com vistos permanentes, além de oito mil com vistos provisórios, totalizando onze mil pessoas. Se consideramos os dados *extraoficiais* apresentados pelo historiador Jeffrey Lesser (que considera a média pesquisada em várias fontes oficiais e de instituições internacionais judaicas), veremos que em todo o ano de 1938 entraram no Brasil apenas 530 judeus, em um total de 19.388 imigrantes. Os números apresentados por Hélio Lobo só poderiam ser considerados se somados todos imigrantes judeus desembarcados no Brasil nos últimos cinco anos: 11.503 judeus[9].

Dados *extraoficiais* da imigração judaica para o Brasil 1934-1938

ANO	IMIGRANTES JUDEUS	IMIGRAÇÃO GERAL
1934	3.794	46.027
1935	1.758	29.585
1936	3.418	12.773
1937	2.003	34.677
1938	530	19.388
TOTAL	11.503	142.450

Fonte: J. Lesser, *O Brasil e a Questão Judaica*, p. 319.

7   Esta questão causou grande polêmica em 1944, quando o governo brasileiro, "chamado" a contribuir igualmente com as despesas estipulas pelo Comitê Intergovernamental, interferiu de forma a alterar essa proposta, assunto que será tratado em outro capítulo.
8   Ofício Reservado n. 86, de Hélio Lobo para Oswaldo Aranha, Genebra, 28 jul. 1939, p. 4.
9   Cf. J. Lesser, Apêndice 5: Imigração Judaica e Geral para o Brasil, 1925-1947. op. cit., p. 319.

Hélio Lobo apresentava como perspectiva legal de admissão os seguintes números: três mil israelitas (segundo decisão de dezembro de 1938), três mil católicos de origem semita (decisão de julho de 1939) e mais 2.041 israelitas, correspondentes a 20% da referida cota alemã de 1939, ou seja, o Brasil estaria disposto a aceitar legalmente cerca de 8.041 judeus. Como não foi estipulado em quanto tempo, podemos considerar que o Brasil conseguiu cumprir essa sua promessa, mas num prazo de três anos: em 1939 ingressaram no Brasil cerca de 4.601; em 1940, um total de 2.416 judeus; e, em 1941, cerca de 1.500 judeus, somando 8.513 judeus (1939-1941)[10].

Sem expor as preocupações do Itamaraty e do Conselho de Imigração e Colonização, Hélio Lobo comunicou que o Brasil facilitaria a passagem através de seu território de cerca de quatro mil israelitas em trânsito para a Guiana inglesa. Por conta de sua sensibilidade e emoção (pois acabara de visitar em Londres um campo de refugiados espanhóis), Lobo traçou elogios à Grã-Bretanha, cujo trabalho lhe inspirava a maior admiração, assim como à França, à Holanda, à Bélgica, à Suíça e à Dinamarca. Tentando diluir a imagem de um Brasil racista, o representante brasileiro explicou que o regime de cotas para a imigração adotada pelo governo "não era por discriminação religiosa ou racial, atitude contrária às nossas tradições, e sim para proteger a marcha interna do emprego, ao mesmo tempo que adaptava seu crescimento demográfico às condições étnicas, sociais, econômicas e mesmo políticas do seu território"[11].

Omitindo os verdadeiros critérios de seleção adotados pelo governo brasileiro (Circulares Secretas n. 1.127 e n. 1.249[12]), Hélio Lobo tentou enfatizar que o problema das migrações internacionais deveria ser tratado do ângulo da *racionalização*. E que, a esse propósito, o Brasil vinha dando total apoio à obra do Bureau Internacional do Trabalho sobre as migrações colonizadoras e à comissão internacional a ser criada como consequência. Poderíamos considerar que Hélio Lobo, apesar do improviso (ou graças a ele), conseguiu manter as aparências. Posteriormente, arcaria com as consequências dessa sua postura.

Nessa mesma reunião, foi reafirmado o convite para que os representantes da comissão se avistassem com o presidente Roosevelt, em Washington. Hélio Lobo, assim como os demais colegas, considerou o convite como implicitamente aceito, "tal a sua natureza: sem prejuízo do conhecimento que cada um dele daria ao respectivo governo". Não lhe ocorria que o governo brasileiro viesse a declinar, visto que este já havia se pronunciado diante das circunstâncias. Lobo tentou explicar que o encontro não tinha por objetivo "fazer pressão para que déssemos asilo mais amplo"[13] e, muito menos, estava ele interessado naquela viagem por motivos pessoais.

Ao prestar contas ao chanceler Oswaldo Aranha, Hélio Lobo aproveitou para confessar que se sentia envolvido em uma situação incomoda:

10   Pronunciamento de Hélio Lobo no Comitê Intergovermantal de Londres, 20 jul. 1939.
11   Idem.
12   Circulares Secretas: n. 1.127, 7 jun.; n. 1.249, 26 set. 1938.
13   Ofício Reservado n. 86, de Hélio Lobo para Oswaldo Aranha, Genebra, 28 jul. 1939, p. 7.

Não tenho silenciado a Vossa Excelência, desde que faço parte da Comissão de Londres, *a posição esquerda em que sempre me achei, pela reserva do Brasil no acolhimento de israelitas.* Tenho sabido, porém, de várias fontes, que alguns de nossos Consulados vinham concedendo vistos individuais e que havia sido revalidada a cota alemã, escrevi particularmente ao Conselho de Imigração e telegrafei a Vossa Excelência para alguma confirmação[14].

Em várias passagens de seu relatório, Lobo insistiu em demonstrar o mau efeito da ausência do Brasil, que, em último caso, poderia ser corrigida com um representante da embaixada brasileira. Dessa formas o país corresponderia, *pelo menos em aparência,* às expectativas do governo norte-americano. Lobo lembrou ao chanceler Aranha que, salvo exceções, todas as discussões mantidas nas conferências plenárias ficavam sob total sigilo, de forma a não tolher dos governos a necessária liberdade de ação. Ressaltava também que, em qualquer situação, seriam sempre respeitadas a legislação e as necessidades de cada país; tanto assim que a Grã-Bretanha havia suspendido as entradas na Palestina, uma vez que infiltrações clandestinas burlavam a vigilância oficial[15].

Valendo-se de trechos do discurso de Myron Taylor, Lobo ainda apelava para o sentimento de responsabilidade que cabia a todos os países envolvidos, inclusive a Alemanha: "não era lícito que esta tentasse se desembaraçar ligeiramente de elementos indesejáveis às custas das outras". Reafirmava o fato daquele ser um momento único na História, pois, pela primeira vez, se procurava racionalizar a emigração com objetivo de diminuir os sofrimentos alheios. As conclusões do representante norte-americano Taylor, transcritas na íntegra, enfatizavam o quanto era "entristecedor que a civilização europeia não havia conseguido produzir uma cultura capaz de reverter o barbarismo da indiferença expressa não apenas na questão dos refugiados como também nos mais elementares dos direitos humanos das nações"[16].

Em 16 de agosto, o chanceler Oswaldo Aranha *dissipou suas dúvidas* e autorizou Lobo a aceitar o convite do presidente Roosevelt. No entanto, lembrava que – sendo a reunião de caráter meramente informativo – Lobo não necessitaria de instruções, devendo comunicar à Secretaria de Estado do M.R.E. "apenas o que ali fosse objeto de conversação", ou seja, ele iria na qualidade de observador. O encontro foi oficialmente marcado para 16 e 17 de outubro, e, segundo pauta antecipada, colocava-se a necessidade de "se tomar em consideração e estudar permanentemente os problemas da emigração, principalmente aqueles decorrentes da guerra europeia"[17].

14   Idem, p. 5 (Grifo nosso).
15   Idem, p. 7.
16   Idem.
17   Telegrama n. 35, do M.R.E. para Hélio Lobo, representante do Brasil no Conselho de Administração da Repartição Internacional do Trabalho, Rio de Janeiro, 16 ago. 1939; Ofício n. 95, de Hélio Lobo, representante do Brasil no Conselho de Administração da Repartição Internacional do Trabalho, para Oswaldo Aranha, ministro das Relações Exteriores, Genebra, 19 ago. 1939; Telegrama n. 48, de Hélio Lobo, a/c de Weguelin Vieira, do Consulado-Geral do Brasil em Genebra, para Oswaldo Aranha, ministro das Relações Exteriores, Genebra, 16 out. 1939, 640.16 (99), Lata 1.616, Maço 34.888, AHI/RJ.

E, realmente, a situação de guerra na Europa havia agravado ainda mais o problema dos refugiados. Aos judeus expatriados do nazismo somaram-se aqueles que fugiam da miséria da guerra: os deslocados pelos bombardeios, pela fome e pelo desespero. Em 1º de setembro de 1939, os alemães haviam invadido a Polônia e bombardeado as cidades de Varsóvia, Cracóvia e Kattowitz. O clima era de desespero total. Nessa mesma época, Hitler ordenara o início do programa de eutanásia com a colaboração de importantes médicos que acreditavam que o assassinato em massa dos judeus, ciganos e doentes mentais tinha a função de curar. A morte programada pela ciência passou a rondar os campos de concentração[18].

Em 21 de setembro, já se falava em obstáculos no trânsito europeu. A guerra mal havia começado. A comissão de emergência da Repartição Internacional do Trabalho reuniu-se em Genebra para discutir a situação dos que continuavam a trabalhar naquelas circunstâncias, além de abrir as discussões para o tema da emigração decorrente do estado de guerra. Foi com emoção e em silêncio que os participantes presenciaram a chegada do representante da Polônia[19].

Ainda que limitado por seus compromissos no conselho de administração da Repartição Internacional do Trabalho, tumultuados pela situação de guerra, Hélio Lobo continuava a insistir na presença do Brasil na reunião de Washington: "não só pelo papel que tínhamos na Comissão, mas pelo fator moral que isso representava para sua ação na América Latina"[20]. Apesar de Taylor lhe garantir passagem em Bordeaux em navio norte-americano, Lobo – pressionado pelas circunstâncias – se viu obrigado a declinar do convite para comparecer à Casa Branca[21]. Enquanto isso, a embaixada brasileira nos Estados Unidos encaminhava para Oswaldo Aranha a ordem do dia a ser observada na reunião em Washington, confirmada para 16 e 17 outubro, data alterada posteriormente[22].

Ao ter conhecimento das dificuldades de viagem enfrentadas por Hélio Lobo, o Ministério das Relações Exteriores apressou-se em sondar "se realmente era necessária a presença de um observador brasileiro" na reunião. Constatou não haver lugar para um observador, mas que o Brasil deveria estar representado por sua embaixada, por ocupar uma das vice-presidências. A embaixada, por sua vez, reforçou o posicionamento de Hélio Lobo,

---

18 B. Müller-Hill, *Ciência Assassina*.
19 Telegrama n. 52, de Hélio Lobo, representante do Brasil no Conselho de Administração da Repartição Internacional do Trabalho, para o M.R.E., Genebra, 21 set. 1939, 640.16 (99), Lata 1.616, Maço 34.888, AHI/RJ.
20 Ofício n. 107, de Hélio Lobo, representante do Brasil no Conselho de Administração da Repartição Internacional do Trabalho, para Oswaldo Aranha, ministro das Relações Exteriores, Genebra, 5 out. 1939, 640.16 (99), Lata 1.616, Maço 34.888, AHI/RJ.
21 Telegrama n. 55, de Hélio Lobo, a/c de M.C. Weguelin Vieira, do Consulado-Geral do Brasil em Genebra, para o M.R.E., Genebra, 21 set. 1939, 640.16 (99), Lata 1.616, Maço 34.888, AHI/RJ.
22 Anexo 1 (344) e 2 (378) da Embaixada do Brasil nos Estados Unidos, Ofício do M.R.E. ao C.I.C., Rio de Janeiro, 6 out. 1939, 640.16 (99), Lata 1.616. Maço 34.888, AHI/RJ.

enfatizando que a ausência do Brasil, além de causar desapontamento entre os membros da comissão, prejudicaria os propósitos de solidariedade[23].

Há apenas quatro dias da data marcada para a reunião, Oswaldo Aranha optou por indicar Carlos Martins Pereira e Souza, embaixador do Brasil em Washington, para comparecer ao encontro na Casa Branca. Procurou esclarecer que essa nomeação se dava com o objetivo de satisfazer o desejo do governo dos Estados Unidos, o que não implicaria a "renúncia do nosso direito de controle sobre a entrada de estrangeiros em território nacional, máxime em se tratando de refugiados políticos, aos quais deveríamos usar de toda a prudência". A orientação era de transmitir a ideia de que o Brasil já havia dado sua colaboração efetiva para a solução daquele problema, porquanto já havia recebido, "no último ano, cerca de sete mil refugiados semitas, além do nosso representante em Londres ter sido autorizado a aceitar a vinda coletiva de três mil refugiados, mediante certas condições". A ordem era de *acompanhar* os trabalhos, submetendo todas as decisões a ulterior deliberação da Secretaria de Estado daquele ministério[24].

Algumas questões pontuais merecem aqui nossa atenção:

a. a indicação de Carlos Martins Pereira e Souza como representante do Brasil na reunião na Casa Branca obedeceu estritamente aos "rituais diplomáticos", como autoridade máxima do Brasil nos Estados Unidos. O fato de Oswaldo Aranha enfatizar que o papel do embaixador brasileiro seria de mero *observador* (apesar de o Brasil ocupar o cargo de vice-presidente) deve ser avaliado como uma forma de prevenir qualquer iniciativa que viesse a alterar a política imigratória do Brasil contrária à entrada de refugiados judeus. Carlos Martins Pereira e Souza encontra-se entre os raros diplomatas brasileiros que assumiu uma atitude crítica às circulares secretas, independente de interesses políticos ou particulares[25]. Portanto, sua presença também não era muito oportuna;

b. naquele último ano (1938), havíamos recebido apenas 530 refugiados judeus e não sete mil, conforme enfatizara Oswaldo Aranha. Mesmo se considerássemos o ano de 1939, que, na sua totalidade, registraria a entrada de 4.601 judeus até dezembro[26]. Finalmente aconteceu o encontro com Roosevelt na Casa Branca, evento delineado por dois momentos:

* 1º *extraoficial,* em 18 de outubro: antecedeu a abertura dos trabalhos do Comitê Intergovernamental e teve como tema as consequências da

23 Ofício de Mario da Costa Guimarães, da Embaixada do Brasil nos Estados Unidos, para Oswaldo Aranha, ministro das Relações Exteriores, Washington, 10 out. 1939, 640.16 (00), Lata 1.616, Maço 34.888, AHI/RJ.

24 Telegrama n. 161, do M.R.E. para a Embaixada do Brasil em Washington, Rio de Janeiro, 12 out. 1939; Telegrama n. 40, do M.R.E. para o Consulado-Geral do Brasil em Genebra, Rio de Janeiro, 16 out. 1939, 640.16 (99), Lata 1.616, Maço 34.888, AHI/RJ.

25 A posição filossemítica de Carlos Martins Pereira e Souza foi ressaltada em M. L. T. Carneiro, *O Anti-Semitismo na Era Vargas,* p. XXVII, 39n, 143, 153-157, 211, 212 e 399; J. Lesser, op. cit., p. 245.

26 J. Lesser, op. cit., p. 319.

guerra e a transformação das levas de refugiados em verdadeiras migrações;
* 2º *oficial,* em 19 e 20 de outubro, durante a realização dos trabalhos do comitê, que discutiu a transmigração como solução para o problema dos refugiados políticos.

O encontro extraoficial pode ser avaliado como de caráter seletivo e confidencial, visando conquistar aliados e garantir a continuidade da liderança política dos Estados Unidos. Antes da inauguração da conferência oficial, Roosevelt encontrou-se com apenas seis dos 32 representantes do comitê, seleção expressiva dos interesses que pairavam pelos bastidores norte-americanos. Ali estavam representados, além dos Estados Unidos, a França, a Argentina, a Holanda e o Brasil[27]. Durante o almoço extraoficial oferecido aos membros seletos do comitê, o presidente Roosevelt classificou os problemas dos refugiados em emergentes (surgidos antes e durante a guerra, de caráter restrito) e os mais avantajados (decorrentes das consequências da guerra, de caráter mais amplo). Em síntese: a guerra agravaria enormemente o problema, transformando as levas de refugiados em verdadeiras migrações[28].

A transmigração como solução

Após o término da segunda sessão oficial, ocorrida no dia 19 de outubro, o embaixador brasileiro Carlos Martins prestou contas a Oswaldo Aranha, transmitindo-lhe telegraficamente o teor de sua manifestação feita "dentro das normas das instruções recebidas". Declarara a simpatia do Brasil pelo assunto (o que não condizia à realidade política) justificando-a como decorrente da "recente atitude liberal do país" (sic). Martins, diplomaticamente, não mais fez do que tentar aliviar a imagem ditatorial e fascista do governo Vargas, que, naquele contexto, não se coadunava muito (ou quase nada) com o tema em questão. Martins procurou esclarecer ao Chanceler Aranha que seu propósito era apenas o de acompanhar os trabalhos do comitê a fim de submeter as decisões adotadas à ulterior deliberação do governo brasileiro. E

---

27 Estavam presentes: Cordell Hull, secretário de Estado dos Estados Unidos; Sumner Welles, subsecretário de Estado dos Estados Unidos; lorde Winterton, presidente do comitê; *sir* Herbert Emerson, diretor do comitê; Myron C. Taylor, vice-presidente do comitê e representante norte-americano; o conde de Saint-Quetin, embaixador da França; Felipe A . Espil, embaixador da Argentina; A. Loundon, ministro da Holanda; James G. McDonald, presidente do comitê consultivo do presidente Roosevelt sobre os refugiados políticos; e Carlos Martins Pereira e Souza, embaixador do Brasil em Washington. Ofício de Carlos Martins Pereira e Souza, embaixador do Brasil em Washington, para Oswaldo Aranha, ministro das Relações Exteriores, Washington, 1º nov. 1939, 640.16 (99), Lata 1.616, Maço 34.888, AHI/RJ.

28 Telegrama de Carlos Martins Pereira e Souza, da Embaixada de Washington, para o M.R.E. Washington, 18 out.1939, 640.16 (99), Lata 1.616, Maço 34.888, AHI/RJ.

complementando enfatizou: "adesão a uma causa tão justa não impediria o país de ter a prudência como princípio"[29].

Repetindo os argumentos oferecidos pelo chanceler Aranha, Carlos Martins apresentou a hipótese de o Brasil vir a receber três mil refugiados mediante certas condições. Articulando o pseudodiscurso da hospitalidade brasileira, o embaixador brasileiro enfatizou a liberalidade de tratamento no Brasil de imigrantes de todas as partes do mundo, independente de considerações raciais, religiosas ou de nacionalidade. Argumentava que para esses imigrantes era facultada a atividade profissional, sem quaisquer restrições. No entanto, o representante brasileiro enfatizava que o espírito de ânimo, de colaboração e de simpatia com os imigrantes merecia certas "ponderações de cautela"[30].

Ao enumerar essas "ponderações de cautela", Carlos Martins tornava público que as portas brasileiras da hospitalidade não eram tão hospitaleiras assim, sobretudo quando o assunto era *refugiados políticos*. E, nessa questão, o país tinha de respeitar suas leis de restrição aos "indesejáveis", além de planejar a distribuição das correntes imigratórias, orientando-as segundo as necessidades econômicas e a experiência adquirida. As soluções adotadas pelo Brasil não poderiam ser de ordem política geral e sim de ordem administrativa específica, tendo sempre em vista a necessidade (imperiosa) de se preservar a unidade e a coesão nacionais[31].

O comitê, até então, restringia-se à questão dos refugiados políticos da Alemanha, calculados em quarenta mil, e que se encontravam espalhados pela Europa Ocidental: Holanda, Bélgica, Suíça, Suécia, França e Inglaterra. Segundo o presidente Roosevelt, esse número atingiria vinte milhões, mudando a face da questão. Nesse momento, os olhos de Roosevelt voltavam-se para três espaços-ideais (territórios de refúgio): a América, a África e a Austrália. Daí a necessidade de se estudar um novo espaço de transmigração definitiva, como já vinha ocorrendo com São Domingos e Filipinas, apontadas como "realizações práticas".

Durante a reunião, o debate acerca dos refugiados concentrou-se basicamente sobre quatro assuntos específicos:

* os refugiados nos pequenos países neutros da Europa Ocidental e na Inglaterra e França;
* a transmigração dos refugiados para domicílios definitivos, a exemplo de São Domingos e Filipinas;
* as dificuldades criadas pelo conflito mundial com relação ao problema de São Domingos e Filipinas;
* os refugiados como consequência futura do conflito armado europeu[32].

---

29 Telegrama de Carlos Martins Pereira e Souza, da Embaixada do Brasil em Washington, para o M.R.E., Washington, 18 out. 1939, 640.16 (99), Lata 1.616, Maço 34.888, AHI/RJ.
30 Ofício de Carlos Martins Pereira e Souza, da Embaixada de Washington, para Oswaldo Aranha, ministro das Relações Exteriores, Washington, 1º nov. 1939, 640.16(99), Lata 1.616, Maço 34.888, AHI/RJ.
31 Idem, p. 6.
32 Idem, ibidem.

Percebe-se que, independente da ação do Comitê Intergovernamental, um grande esforço estava sendo despendido em prol dos refugiados alemães, tchecos e austríacos, envolvendo grandes somas sem, entretanto, oferecer-lhes um *habitat* definitivo. Os países neutros da Europa Ocidental e da Inglaterra garantiam apenas um *habitat* temporário, posição esta compartilhada pelos governos suíço e holandês. Segundo declarações do ministro suíço, em seu país encontravam-se de dez mil a vinte mil refugiados, dentre os quais 8% a 10% desempregados, custando ao governo seis mil dólares mensais. Essa situação tornava-se ainda mais grave diante da crise de desemprego vivenciada pelos nacionais, muitos dos quais – cerca de quinhentos mil suíços – se viram obrigados a procurar no exterior melhores condições de vida.

Com relação à Holanda, a situação não se apresentava muito diferente. Até aquela data, residiam no país cerca de 25 mil refugiados, número oito vezes maior que o existente na Inglaterra, em proporção à população. Nesse contexto, a transmigração para a colônia de Suriname (Guiana holandesa) emergia como uma solução viável para aquele país, mas dependente de uma série de fatores, alguns de difícil resolução. A Holanda esperava a cooperação financeira da Alemanha, apontada como a grande responsável pelo movimento emigratório, além da cooperação financeira dos pequenos países da Europa Ocidental e a das associações particulares.

O governo dominicano, destoando do discurso evasivo dos demais países, ofereceu-se, de imediato, para receber quinhentas famílias refugiadas, judias ou não, prometendo-lhes o pleno gozo da liberdade civil, econômica e religiosa. Prometia-lhes, além do mais, a possibilidade de obter naturalização no prazo de dois anos. No entanto, esse empreendimento dependia da atuação de uma corporação que contaria com a ajuda financeira do governo dos Estados Unidos e a orientação do Comitê Intergovernamental[33].

Com relação ao Equador, o comitê reconheceu a impossibilidade de arcar com as despesas de uma transmigração, situação comum à Inglaterra e às organizações privadas de outros países cujos recursos estavam direcionados para a guerra. A própria comunidade judaica inglesa já havia declarado a sua impossibilitada de continuar a contribuir com somas tão altas, como vinha fazendo naqueles últimos anos. Calculava-se que, desde 1933, cerca de 75 milhões de dólares já haviam sido despendidos por particulares para a solução da questão. Da mesma forma, as organizações americanas alegavam que não podiam suportar sozinhas, durante a guerra, o peso do auxílio[34].

Tanto o delegado francês como o inglês consideravam essa situação como passageira e passível de solução, certos que estavam da vitória dos Aliados.

---

33 Carta de Andrés Pastoriza, ministro plenipotenciário da Holanda, para James N. Rosenberg. New York, 19 out. 1939, p. 1, Anexo ao Ofício de Carlos Martins Pereira e Souza, Washington, 1º nov. 1939.

34 Ofício de Carlos Martins Pereira e Souza, da Embaixada de Washington, para Oswaldo Aranha, ministro das Relações Exteriores, Washington, 1º nov. 1939, p. 5-6.

Não viam possibilidade do problema dos refugiados estender-se no pós-guerra, visto desconhecerem-se (nessa época) a extensão e as consequências da catástrofe nazista. A onda de massacres espalhando a morte e o terror entre milhares de pessoas (judeus e não judeus) mal havia começado. Diante desse *otimismo – de que a vitória implicaria não no agravamento do problema dos refugiados e sim na sua solução e no desaparecimento das causas –* o Comitê Intergovernametal decidiu-se pela formação de uma comissão técnica para estudar as possíveis propostas de resolução do problema dos refugiados no pós-guerra, aventado anteriormente pelo presidente Roosevelt. A possibilidade de sua transmigração para diversas partes do mundo e a preparação dessas áreas para o acolhimento dos refugiados emergia como a solução ideal tanto para os Estados Unidos como para os demais países europeus[35].

Tendo em mente essa solução ideal para o problema, Paul van Zeeland, primeiro-ministro da Bélgica, apresentou os princípios que deveriam pontuar essa iniciativa:

a. infiltração individual;
b. a atitude liberal dos governos no tratamento dos refugiados;
c. colonização sobretudo agrícola de refugiados;
d. emprego em indústrias dependentes da agricultura;
e. formação de colônias de refugiados semiurbanas, graças ao desenvolvimento dos transportes modernos;
f. colonização feita em bases econômicas "não dando mas emprestando terras e capital aos refugiados";
g. centralização dos esforços das organizações particulares;
h. utilização de todas as competências para a aplicação dos métodos;
i. necessidade do predomínio dos Estados Unidos e de sua influência no direcionamento dos esforços quer particulares quer oficiais para a solução do assunto[36].

Durante a realização do evento, a reunião na Casa Branca recebeu ampla cobertura da imprensa norte-americana, que via, na questão dos refugiados, uma grande oportunidade para Roosevelt e os Estados Unidos reforçarem suas posições de liderança no panorama internacional[37]. Para o Brasil, esse

35 Telegrama de Carlos Martins Pereira e Souza, embaixador do Brasil em Washington, para M.R.E., Washington, 20 out. 1939. 640.16 (99), Lata 1.616, Maço 34.888, AHI/RJ.
36 Ofício de Carlos Martins Pereira e Souza, embaixador do Brasil em Washington, para Oswaldo Aranha, ministro das Relações Exteriores, Washington, 1º nov. 1939, 640.16 (99), Lata 1616, Maço 34888, AHI/RJ.
37 American Opportunity, *New York Post*, 18 oct. 1939; President Urges Long Range Plan for Refugee Care, *The New York Times*, 18 october 1939; F. D. Requests Refugee aid for 20 Million, *Times-Herald*, 18 oct., 1939; Conferees Heartened by Progress in Refugee Problem, *The Evening Star*, 18 oct. 1939; Text of Roosevelt's Plea for Plan to Aid Refugees, *New York Herald Tribune*, 18 oct. 1938; In the Nation, *The New York Times*, 19 oct. 1939; Urge Refugee Aid in Neutral Lands, *The New York Times*, 19 oct. 1939; Millions of Them, *The Washington Post*, 19 october 1939; Why Refugees Deserve Aid, Your Fireside, *The Christian Science Monitor*, Boston, 19 oct. 1939; Refugee Proposal Irritates Allies, *The New York Times*, 22 oct. 1939; Roosevelt Modifies Plan for Refugies, *The Washington Post*, 26 oct. 1939; Dominicans Open Doors to Refugees, *Times-Herald*, 26 oct. 1939.

encontro simbolizava uma faca de dois gumes: se, por um lado, garantia sua imagem de nação soberana integrada a um projeto humanitário, por outro, o comprometia diretamente com o resgate de refugiados judeus, postura que contrariava o projeto étnico-político sustentado pelo Estado Nacional. Essa situação dúbia e tensa explica a persistência de uma rede de informações confidenciais entre a embaixada brasileira em Washington, o Ministério das Relações Exteriores e o Conselho de Imigração e Colonização[38].

---

38 O Conselho de Imigração e Colonização era regulamentado pelo decreto n. 406, de 5 de maio de 1938, e pelo decreto n. 3.010, de 20 de agosto de 1938. Esse Conselho encontrava-se instalado nas dependências do Palácio do Itamaraty, no Rio de Janeiro (DF), e tinha como atribuições: orientar e superintender os serviços de colonização, fixação e distribuição do estrangeiro; e resolver casos omissos dos regulamentos das referidas leis, tendo sempre em vista preservar a constituição étnica do Brasil, suas formas políticas e seus interesses econômicos e culturais. Ofício de Carlos Alves de Souza, do M.R.E., para o chefe dos Serviços Políticos, Rio de Janeiro, 20 ago. 1938, Maço 9.601, Imigração, Lata 612, AHI/RJ.

III.

Estratégias de uma Missão

o consulado foi invadindo-se
de judeus, sob nó de angústias,
famintos de partir, sofridos imenso,
em desengano, público pranto e
longo estremecer, quase cada rosto
prometendo-se a coativa esperança
final do suicídio. Vê-los, vinha à
mente a voz de Hitler ao rádio –
rouco, raivoso.

GUIMARÃES ROSA. "A Velha", em *Ave
Palavra*, São Paulo: José Olympio,
1970, p. 115-119.

Caminhos da Liberdade

Os caminhos da liberdade, que garantiram a preservação da vida de milhares de cidadãos com destino desconhecido, devem também ser avaliados como expressão da ignorância que dominou as sociedades do século XX. Pelas *trilhas dos excluídos*, transitaram grupos heterogêneos que, segundo a classificação totalitária, não eram dignos de continuar vivendo em sociedade. A marcha dos refugiados do nazifascismo e dos deslocados de guerra (1933-1950) deve ser avaliada como um fenômeno social moderno, associado aos processos de exclusão endossados por todos aqueles que se acharam no direito de anular o *Outro*. Muitos países, sem projetarem um plano próprio de *solução final à questão judaica*, colaboraram para a desintegração do povo judeu e de outros tantos grupos étnicos e políticos.

As intermináveis filas de refugiados nos oferecem uma verdadeira *tipologia da exclusão*, delineada pelo emprego da violência, do terror, da pseudociência, da censura e da mentira, entre tantos outros artifícios totalitários. Diferenciados segundo as categorias do estigma, os excluídos do nazifascismo vivenciaram experiências diversificadas decorrentes da rejeição física e simbólica. Daí esses caminhantes partirem de uma *sociedade da rejeição* para uma *sociedade de acolhimento*, que, por sua vez, exige quadros sociais integradores[1].

Nessa trajetória de um ponto a outro, ocorrem as rupturas físicas e sociais simbolizadas por tudo aquilo que *ficou para trás*: a casa, o jardim, a família, o baú de roupas brancas, o amigo de infância, o velho *nono*. Na bolsa de viagem, arrumada às pressas, a velha fotografia leva o rosto dos que não conseguiram emigrar. Foi como espaços da transmigração que as capitais europeias se transformaram em uma espécie de arena aberta ao trânsito dos (des)terrados sem qualquer identidade jurídica. Sob a égide absoluta do fluxo e do refluxo dessa massa em rotação acelerada, o mundo ocidental foi afetado por uma profusão atordoante de signos que diferenciavam os puros dos impuros, os desejáveis dos indesejáveis. Essas formas de representações nada mais são do que um inventário dos vícios totalitários, espelho vivo da consciência coletiva.

Diante desse caos, o apelo geral dos membros do Comitê Intergovernamental era para que se racionalizasse esse movimento de forma a salvar e ampliar as sociedades de acolhimento. Os Estados Unidos posicionaram-se como nação-mediadora, cuja bandeira de luta pautava-se na proteção dos direitos elementares do homem e, em particular, do povo judeu. Em parte, isso explica o interesse

---

[1] Ver M. Xiberras, *As Teorias da Exclusão*; P. Poutignat; J. Streiff-Fenart, *Teorias da Etnicidade*; E. Goffman, *Estigma*; C. Lasch, *O Mínimo Eu*.

norte-americano – assim como de várias outras nações – em alimentar o sonho da formação de um lar nacional judaico na Palestina, campanha que, além de lhe render dividendos na maior comunidade judaica, sediada na cidade de Nova York, também resolvia a questão de um espaço ideal para os judeus.

O Brasil não estava interessado em participar dessa luta e nem era essa a sua vocação. Seu objetivo político-racial estava em dificultar a entrada, o trânsito e a permanência no país daqueles que eram classificados como *semitas indesejáveis*. Mediante um rigoroso processo seletivo, que tinha como critério o filtro econômico, as autoridades brasileiras procuraram separar *o joio do trigo*: daí o visto capitalista exigir o depósito de quinhentos mil réis (29 mil dólares), quantia que, na maioria das vezes, era emprestada por alguma organização israelita de auxílio aos refugiados[2].

Valendo-se de estudos realizados por alguns países, Hélio Lobo – representante do Brasil no Comitê Intergovernamental – procurou sensibilizar o governo brasileiro para que o país se tornasse um *país de acolhimento*, assumindo uma posição de solidariedade orgânica, forma específica de relacionamento nas sociedades modernas[3]. Sem entrar em detalhes, Hélio Lobo enumerou a Oswaldo Aranha os países que já haviam assumido proposições concretas, de grande amplitude, dentre os quais a república de São Domingos. Informou também que os Estados Unidos avaliava, com técnicos profissionais, a possibilidade de um grande número de judeus emigrarem para as Filipinas; e que a Grã-Bretanha pensava em viabilizar para tal a Guiana inglesa. Sua ideia era pedir a palavra (na próxima reunião) e apresentar a cifra de três mil vistos como um ensaio provisório e sobre o qual o governo brasileiro decidiria ulteriormente[4].

Sensibilizado pelos discursos de solidariedade (orgânica) de Myron Taylor, dos Estados Unidos, e George Rublee, membro do conselho diretor do Comitê Intergovernamental, Hélio Lobo procurou aferir o grau de sinceridade e de solidariedade humana que pairava sobre os pressupostos do Itamaraty. Seu discurso era o de um cidadão estrangeiro chocado com os fatos que afligiam aquela Europa adjetivada como *atormentada* e *descrente*. Dezenas de associações de socorro aos católicos e judeus perseguidos o interpelavam diariamente,

---

2   Tais exigências constam da Circular Secreta n. 1249, já analisadas em nosso estudo *O Anti-Semitismo na Era Vargas*, p. 130-143. Essa mesma circular foi, posteriormente, citada pelo brasilianista Jeffrey Lesser, que enfatiza a criação de diferentes categorias de vistos com base no benefício econômico. Discordo da sua posição de que os estereótipos negativos "desapareceram sendo substituídos por julgamentos positivos acerca dos judeus, amenizando as tensões". A meu ver, os estereótipos não desaparecem: são acobertados por interesses econômicos, e as tensões são amenizadas apenas nos casos resolvidos com a "compra" do visto capitalista, valor depositado em conta do Banco do Brasil. Ver J. Lesser, *O Brasil e a Questão Judaica*, p. 223.

3   Segundo Martine Xiberras, a solidariedade orgânica, "por analogia com os órgãos vivos, funciona, pois, graças ao princípio da diferenciação. Os indivíduos não se assemelham, mas têm consciência de participar, enquanto partes, no bom funcionamento da totalidade". No caso dos países de regimes totalitários ou autoritários, como nos casos da Alemanha e do Brasil, respectivamente, vigorava o princípio da homogeneização onde o *diferente* deve ser excluído. Daí o sucesso das teorias e das práticas eugênicas nesses dois países. M. Xiberras, op. cit., p. 44-46.

4   Ofício Reservado n. 10, de Hélio Lobo, diretor do Brasil no Conselho da Administração da Repartição Internacional do Trabalho, para Oswaldo Aranha, ministro das Relações Exteriores, Genebra, 27 jan. 1939, 640.16 (99), Lata 630, Maço 9.697. AHI/RJ.

Caminhos da Liberdade:
Principais Rotas de Fugas Percorridas pelos Refugiados (1933-1950)

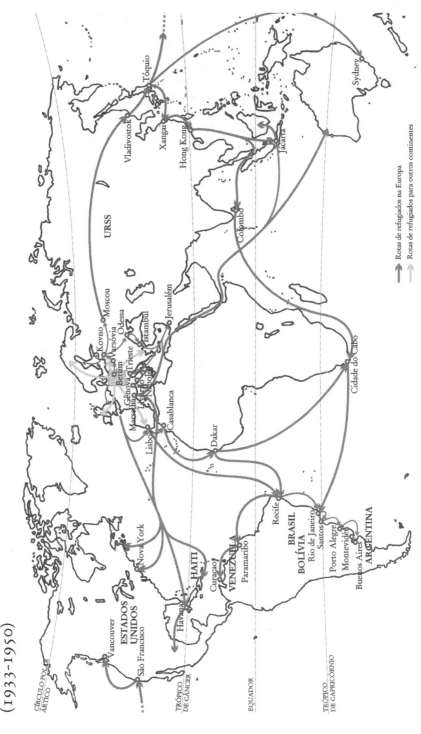

Fontes: Depoimentos de refugiados; livros de memórias. M. Gilbert, *Atlas of the Holocaust*. Autores: Walter Pires e Luiz Dal Monte Neto.

pressionando-o para que conseguisse que o governo brasileiro liberasse cotas vantajosas. Mas o Itamaraty não estava disposto a mudar suas regras por solidariedade humanitária. Se por acaso se constatou algum recuo nas restrições imigratórias ou alguma alteração nos dispositivos das circulares secretas, foi muito mais por pressão política internacional do que por sensibilidade ao drama vivenciado pelos refugiados na Europa.

Lorde Winterton, diretamente envolvido com a causa humanitária, prestou esclarecimentos sobre notícias veiculadas pela imprensa aludindo à suspensão da emigração judaica para algumas partes do Império Britânico. Explicou que essa suspensão se restringia à ilha de Trinidad e outras e que, por não ter sido exigido até aquele momento o visto de passaporte, o governo britânico se viu forçado a instituí-lo: *estava ocorrendo um afluxo enorme de elementos, nem sempre da melhor escolha, para essas possessões*. Em sua opinião, se o objetivo da comissão era obter uma emigração racionalizada, essa situação caótica estava perturbando a vida das colônias.

Xangai – porto livre do Oriente – era citado, como exemplo desse caos que ameaçava as condições sanitárias, cada vez mais em posição precária devido à enorme massa de refugiados. Navios italianos e alemães repletos de judeus partiam para Xangai, piorando ainda mais as condições de sobrevida naquele local. Tanto a França como a Grã-Bretanha já haviam solicitado ao governo de Berlim e de Roma atenção para esse problema, que poderia ser resolvido de forma regular. Xangai havia se transformado em uma espécie de parada obrigatória para aqueles que, como judeus, não tinham muitas opções de fuga. Essa era uma das rotas possíveis para o Brasil, passando por Tóquio, Hong Kong, Colombo e Cidade do Cabo. Em agosto de 1939, calculava-se que cerca de quatro a cinco mil refugiados israelitas se encontravam a caminho de Xangai, obrigando as autoridades nipônicas a imporem medidas restritivas. O Conselho Municipal daquela cidade chegou a proibir a fixação de residência na Concessão Internacional[5].

A American Jewish Joint Distribution Committee, a Joint – a maior instituição filantrópica judaica – mantinha em Xangai um edifício para abrigar, por alguns dias, aqueles que chegavam nos navios e lá ficavam aguardando os vistos. Muitos dos refugiados tinham de se servir de navios turísticos de luxo, percorrendo roteiros incríveis, como foi o caso de Herta e Max Moser, que, em 1938, passaram uma temporada em Xangai enquanto aguardavam a liberação de vistos. Meses depois, chegavam a Rolândia, no norte do Paraná, onde reconstituíram sua vida. A imagem que ficou é a de um formigueiro, lembra-se Max: "Lá estavam os chineses, os japoneses, os russos brancos que vinham fugindo dos comunistas e os judeus (muitos judeus) da Europa: alemães, austríacos, húngaros, italianos. Milhares deles. Para entrar lá não precisava de visto; mas, para sair, só com a apresentação de visto de um outro país"[6].

5   A Entrada de Judeus em Shangai, *O Estado de S.Paulo*, 15 ago. 1936, p. 36; M. L. T. Carneiro, *Brasil, Um Refúgio nos Trópicos*, p.79-80, 108.
6   Entrevista de Max e Herta Moser à autora, sobre os refugiados judeus em Xangai, Rolândia, 28 set. 1989 e 2 jul.1996. Ver também L. de Mello, *A Travessia da Terra Vermelha*.

8. Xangai, 1937.

Em clima de guerra, quando a morte ronda e o desespero toma conta dos ânimos, qualquer notícia de solidariedade se espalha com uma rapidez incalculável, enchendo de esperanças aqueles que ainda acreditam na dignidade humana. Nos anos de 1930 e de 1940, grupos de resistência tentaram, por todos os meios, impedir o triunfo do niilismo que, aliado ao totalitarismo, estava reduzindo os cidadãos ao *nada*, processo avaliado pelo historiador Tzvetan Todorov como um dos "instintos mais sádicos e primitivos do ser humano: o da despersonalização do Outro e de si mesmo, daquele que é responsável pelo mal totalitário"[7].

Lisboa marcou espaço entre os caminhos possíveis para se alcançar a liberdade, graças a atuação de membros da comunidade portuguesa que se negavam a colaborar com a ação dos nazistas. Centenas de judeus buscaram refúgio em Estoril, onde permaneciam até conseguirem visto para emigrar. Em Lisboa, a alimentação era oferecida pela Cozinha Israelita, ponto de encontro dos refugiados.

Situações-símbolos dessa trajetória são as histórias de Jules Roger Sauer (1921-) e de Herman Görgen (1910-1985), que, via Lisboa, conseguiram desembarcar no Brasil, *livres dos nazistas*. A vida de Jules Roger Sauer – hoje proprietário de uma das maiores empresas de lapidação de pedras brasileiras, a

---

7   *Frente al Limite*, p. 186-192.

9. Lisboa, 1940: Refugiados aguardam autorização para embarcar.

Amsterdam Sauer – ilustra o drama dos refugiados judeus em fuga. Sauer estudava na Escola Politécnica de Antuérpia desde 1937 e estava a oitenta quilômetros de Vervier, invadida pelos alemães em 7 e 8 de maio de 1940. Os franceses haviam estabelecido a *linha maginot*, tendo como referência parte do Reno. Sauer lembra-se de que os nazistas entraram na Bélgica em uma sexta-feira. Na segunda-feira, a invasão já estava concluída. Naquele tempo, seu tio, Michel Sauer, que trabalhava na França não ocupada, foi preso em decorrência de seu passado político, vindo a morrer em uma solitária. Os pais de Sauer e sua irmã Frida, que estavam na Alsácia, foram levados pelos soldados de Hitler e deportados como tantos outros judeus que ali viviam. Sauer fugiu em uma bicicleta, via Normandia (costa atlântica) até Bordeaux. Depois foi para Lyon, que era zona ocupada, passou para a Espanha e chegou até Portugal[8].

Em Lisboa, foi convocado pelo presidente da Joint, que o intimou a trabalhar, considerando o grande número de refugiados em trânsito. Conseguiu um serviço de *office-boy* no jornal *O Século*. Todos estavam apreensivos com a possibilidade, ainda que remota, de Hitler invadir Portugal. O jovem Sauer procurou a embaixada brasileira com o objetivo de obter um visto para o Brasil, ponte de passagem para o México, naquela época avaliado como um país aberto aos refugiados. O visto lhe foi negado. Foi até o porto e, valendo-se de sua experiência de vida em Antuérpia (então o segundo maior porto marítimo da Europa), embarcou com a tripulação do vapor espanhol Cabo de Buena Esperanza. Valendo-se da ajuda do comandante e dominando vários idiomas, Sauer servia como mensageiro e intérprete dos passageiros do navio[9].

O Cabo de Buena Esperanza trazia centenas de judeus a bordo: metade, aproximadamente, fugia da Alemanha e a outra metade, da França, da Bélgica e da Itália. A maioria tinha como destino as cidades de Buenos Aires e Santa Fé, importantes núcleos judaicos da Argentina. As oportunidades de desembarque em qualquer país sul-americano eram restritas. O Buena Esperanza passou por Salvador, Recife e Rio de Janeiro, onde Sauer desembarcou, em 1941, na condição de tripulante. Valendo-se da ajuda da Joint e, posteriormente, de Samuel Malamud, membro da Relief, permaneceu no Rio de Janeiro por alguns meses. Outros passageiros, cujos vistos haviam caducado, foram impedidos de desembarcar, fato registrado nos livros portuários e pela imprensa nacional e internacional. O mesmo acorreu em viagens similares realizadas pelos vapores Buena Esperanza e Cabo de Hornos[10].

---

8   André Sauer, pai de Jules Roger Sauer, estava entre os judeus alemães que residiam na Rússia; e sua mãe era de uma antiga família de judeus alsacianos. André Sauer era engenheiro de uma mina de fosfato e trabalhava na Bélgica a serviço do governo. Por essa razão, Jules Sauer foi criado em Bruxelas. A família não era ortodoxa, mas, politicamente, socialista, da IV Internacional, antistalinista. Seu tio Michel Sauer era deputado comunista na Alemanha. Como antistalinista, foi expulso do partido e preso quando Hitler assumiu o poder. Michel fugiu para a Espanha, onde lutou contra Franco na Guerra Civil. Depoimento de Jules Roger Sauer à autora. Rio de Janeiro, 5 mar. 1990.
9   Depoimento de Jules Roger Sauer à autora. Rio de Janeiro, 5 mar. 1990.
10   Não possuímos a data (mês/dia) da viagem de Sauer a bordo do Cabo de Buena Esperanza. No entanto, em todas elas, os passageiros semitas encontraram problema no desembarque. Dada as dificuldades criadas pela situação de guerra, o vapor se via obrigado a atracar em portos não previstos acarretando problemas com os vistos que tinham seus prazos vencidos. Ver livro de memórias: I. Czaspka, *Nosso*

Herman Mathias Görgen teve o mérito de salvar, via Suíça e Lisboa, 45 pessoas, perseguidas pelos nazistas, que passaram como *clandestinos* pela Tchecoslováquia, pela Suíça, pela Bélgica, pelo sul da França, pela Espanha e por Portugal. Após esta prolongada e difícil viagem, pontilhada de instantes de risco, o grupo Görgen chegou ao Brasil onde se instalou em Juiz de Fora (MG)[11]. Após ter lido o meu livro *O Anti-Semitismo na Era Vargas*, em 1990, Görgen me escreveu:

> o seu livro me tocou profundamente porque como emigrante político (ariano) vivi aquela época como um dos atores, pois levei ao Brasil em 1941 um grupo de refugiados dos quais 38 eram, de acordo com a legislação do nacional-socialismo, judeus. Conheci o outro lado da diplomacia brasileira de um humanismo profundo e cheio de tolerância e compreensão na figura do cônsul geral do Brasil em Genebra, Milton Cesar Weguelin de Vieira, representante do Brasil junto à Liga das Nações [...]. Tivemos dificuldades em conseguir vistos de entrada. Todos os judeus tiveram que se converter em católicos e tive de arranjar para eles passaportes tchecos porque nos passaportes alemães estavam carimbados, em todos, um grande "J" vermelho que a Suíça tinha sugerido às autoridades alemãs para os refugiados de origem judaica[12].

O Arquivo Nacional da Suíça guarda um precioso documento que registra o nome dos integrantes do grupo Görgen, muitos dos quais tiveram sua viagem subvencionada pelo Comité International Pour les Placement des Intellectuels Réfugiés, de Genebra. Dentre estes estavam m. e mme. Salinger, m. Kreiser, mlle. Schadler. marg. Gloss, mme. Odinak, mlle. Schindel, dr. A Tomberg, dr. Schreier, dr. F. Schiffer, dr. Wassermann, m. Gloss Schilesinger, m. Philipp, m. e mme. Meufeld e M. Horak[13].

Herman Mathias Görgen tornou-se personalidade pública no Brasil. Em Juiz de Fora, regeu a cadeira de Ciências Econômicas da Universidade de Juiz de Fora. De volta à Alemanha, ingressou na vida pública como deputado pelo Partido da União Social Cristã até 1961 e, depois, encarregado do Departamento de Imprensa e Informações para Assuntos Especiais da América Latina. Tornou-se enviado especial do chanceler Konrad Adenauer para contatos diretos com o governo brasileiro entre 1971-1973. Por seus laços bilaterais, fundou, em 1960, a Sociedade Teuto-Brasileira e, no ano seguinte, o Centro da América Latina. Por sua contribuição às culturas brasileira e alemã, foi condecorado pelas autoridades do seu país de origem e do país de recepção.

Caminho de Obra para o Brasil (1939-1941) e *Nossa Vida de Imigrantes no Brasil* (1941-1983), trad. Inês Czapski Dellape, São Paulo, [s.n.] 1982, 1983. Sobre os vistos caducos, ver M. L. T. Carneiro, *Tributo a Souza Dantas* (no prelo).

11 Herman Görgen: Um Amigo do Brasil, por Roberto Campos, *Jornal do Brasil*, Rio de Janeiro, 1994.

12 Cartas de Herman Mathias Görgen, presidente da Associação Teuto-Brasileira à autora. Bonn, 8 mai. 1990; 27 jun. 1990. Consultar o portal www.Arqshoah.com.br

13 Ofício do Comité International Pour le Placement des Intellectuels Réfugiés ao Département Fédéral de Justice et Police, Division de Police, Genéve, 21 mars 1941. ANS – Arquivo Nacional da Suíça. A cópia desse documento foi gentilmente cedida por Daniela Marcos, em março de 2001, pesquisadora que desenvolve projeto de graduação sobre o tema dos refugiados suíços no Brasil.

Liste über die vom Bund subventionierten , mit der
Aktion Dr. Hermann Görgen ausgereisten Personen.

P. 46803.	Dorfmann Johann	Fr.	500.--	Schweiz.Caritasverband Luzern.
P. 49823.	Altmann Walter	"	500.--	"
N. 1831	Cisler Ernst	"	500.--	"
N. 1861	Marianek Jaroslav	"	500.--	"
N. 2331	Metson Gerhard	"	500.--	"
N. 1961	Schmid Gerhard	"	500.--	"
P. 49242	Gloss Jan Fam. und Pucandl Valerie (5 Pers.)	"	2000.--	Comité internat pour le placement des intellec-tuels refugies, Genève.
P. 49353	Gloss Margrit	"	500.--	"
P. 44558	Philipp Paul	"	1000.--	"
P. 49251	Schadler Marg.	"	500.--	"
P. 49357	Wassermann Georg	"	500.--	"
P. 48606	Horak Philipp	"	500.--	"
P. 29721	Kreiser Walter	"	500.--	"
P. 49516	Schindel Dora	"	500.--	"
N. 1961	Schlesinger Marianne	"	500.--	"
P. 49674	Tomberg Arthur	"	500.--	"
P. 48432	Goergen Herm.Dr.	"	1000.--	"
P. 49494	Dinkelmann Günter u.Frau	"	1000.--	Landeskirchl.Flüchtlings-hilfe z.H.von Hrn. Pfarrer Schloss, Bern.
N. 2401	Halek Waldemar	"	500.--	
N. 1947	Mahlmann Alfred	"	500.--	
P. 49359	Wind Erwin	"	500.--	"
P. 49570	Hofmann Eduard	"	400.--	"
N. 1860	Kämpfer Otto	"	500.--	"
P. 49318	Wygodzinsky Peter	"	500.--	"
P. 49221	Gefter Max	"	500.--	Verband Schweiz.Israel. Armenpflegen, Zürich
P. 44905	Simoncsics Josef	"	500.--	
P. 45008	Grünbaum Jan	"	500.--	"
	An den Unterhalt der ausreisenden Emigranten	"	400.--	Agence de Voyages C. Blenk & Fert,Genève.

Fr. 16800.--

10. Grupo Görgen: lista de refugiados que, como
católicos e com passaportes tchecos, conseguiram
vistos de entrada para o Brasil.

A notícia de que o Brasil poderia conceder vistos especiais aos refugiados católicos não demorou a chegar aos ouvidos das associações de socorro que, por meio de falsos atestados de batismo, poderiam salvar centenas de judeus. A história da comunidade judaica brasileira estará incompleta se não levarmos em consideração esse aspecto. As listas de desembarques nos portos brasileiros são expressivos registros deste fenômeno: o da *conversão temporária*. Por meio desse subterfúgio, conseguiu emigrar para o Brasil a Sra. Else Bruch, que desembarcou no porto de Santos em 24 de maio de 1937, com visto emitido pelo consulado do Brasil em Antuérpia. Segundo depoimento de Else – cujos cunhados, os Levi, já residiam aqui no Brasil –, os judeus tiveram de vencer muitas dificuldades para conseguir um visto de entrada. "Só quem viveu é que sabe!"[14]

Assim como Else Bruch outros tantos judeus chegaram a Santos e ao Rio de Janeiro, onde a Inspetoria Federal de Imigração liberou o desembarque por tratar-se de católicos, ainda que ter *Sara* ou *Israel* em seus nomes denunciasse sua origem judaica. Alguns retornavam imediatamente ao judaísmo; outros preferiram *dar tempo ao tempo* até que a vida normalizasse. Os mais cautelosos, ainda que residindo no bairro do Bom Retiro, em São Paulo – centro comercial, residencial e político da comunidade judaica paulistana –, registraram seus filhos no Colégio Sagrado Coração de Jesus, tradicional instituição educacional católica do bairro dos Campos Elíseos. Ainda hoje encontramos famílias que, traumatizadas com as ações antissemitas e nazistas dos anos de 1930 e de 1940, continuam a se apresentar como católicas, fórmula encontrada para garantir aos filhos um futuro livre de perseguições[15].

Mas nem todos tiveram a mesma sorte que a *católica* Else Bruch ou os *técnicos* da lista de Görgen. O alemão Erwin Schindler, que estava a bordo do navio Cap Arcona, procedente de Hamburgo, foi impedido de desembarcar, em 18 de março de 1938, tendo seu nome registrado em uma lista de passageiros rejeitados pelo governo brasileiro[16]. Schindler, então com 43 anos, procedia de Frankfurt, onde havia se aposentado como diretor de distrito. Tinha como destino a Fazenda Amália, em Atibaia (SP), de propriedade de Francisco Matarazzo, onde já residia um grupo especial de judeus italianos autorizados a ingressar no Brasil na qualidade de técnicos. "Chamados" pela Indústrias Reunidas F. Matarazzo, esses cidadãos, por seu alto nível profissional e cultural – visto que muitos haviam sido expulsos de seus cargos nas Universidades de Trieste e de Roma –, trouxeram grande contribuição à economia e à cultura brasileira. Por trás dessa empreitada salvacionista, estava Dora Matarazzo, descendente de uma família judaica de sobrenome Zukerman e viúva de Paulo Matarazzo[17].

14 Depoimento de Else Bruch à autora. São Paulo, set. 1990.
15 Respeitando o pedido de vários testemunhos registrados entre 1989-1995, preservaremos seu nome e o de seus familiares, no caso de terem ingressado como católicos ainda que de origem judaica.
16 Lista de passageiros do navio Cap Arcona atracado no porto de Santos em 18 de março de 1938. MHI/SP
17 Deste grupo de *técnicos* judeus chamados pelas Indústrias Reunidas F. Matarazzo estavam: o casal Maria Romani e Giorgio Schreiber, prof. Tagliacozzo, prof. Giorgio Renato Levi, Kreipel, Russio Bruni,

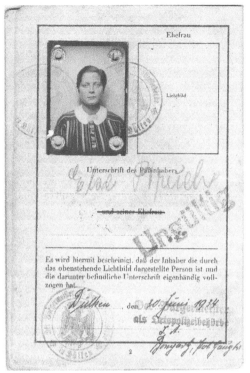

11. Passaporte de Else Bruch, que ingressou no Brasil com visto de católica.

Em 1940, na tentativa de bloquear o ingresso desses *novos conversos*, o Itamaraty passou a impor datas-limite para a conversão, ou seja, somente seriam aceitos atestados de fé religiosa anterior a 1933[18]. Devemos atentar para a exigência "anterior a 1933", estratégia preventiva adotada pelas autoridades brasileiras que, dessa forma, tentavam evitar o uso de atestados falsos de batismo.

Em setembro de 1938, chegou às mãos de Hildebrando Accioly, secretário geral do Itamaraty, um pedido da Comissão de Socorro aos Católicos Perseguidos, com sede no Rio de Janeiro. Por intermédio de seu secretário, Maximiliano de Sulima Arczynski, essa organização encaminhava "mais quatro relações de estrangeiros que se encontravam em situação aflitíssima e solicitavam visto para poderem se refugiar no Brasil, a fim de fundar aqui uma nova existência e professar sua religião católica livremente". O pedido, encaminhado em nome do revmo. d. Francisco Chamacht, C.S.B., foi imediatamente liberado por meio de instruções aéreas enviadas aos consulados de Amsterdã, Berlim,

      eng. Castelli, prof. Debenetti. Para trabalhar na Fazenda Amália, foram "chamados" o casal Schreiber e Claudio Milano. Este último, mais tarde, transferiu-se para São Paulo, onde abriu a Livraria Nobel, lançando-se no mercado editorial. Em 1948, Giorgio Scheiber foi contratado como biólogo pelo Instituto Butantã de São Paulo e, posteriormente, como docente da Universidade Federal de Minas Gerais. Depoimento de Maria Schreiber (1913-2000) à autora, Belo Horizonte, 30 mar. 1985, 8 dez. 1989. Ver também A. R. C. Bigazzi, *Italianos: História e Memória de uma Comunidade*.
18   Ofício da Embaixada do Brasil na Santa Sé para a Secretaria de Estado do Vaticano. Roma, 4 mar. 1940, Ofícios recebidos, out. 1939 a jul. 1940, AHI/RJ.

Judeus desembarcados em Santos como católicos, protestantes ou sem religião – 1941

NOME	NAVIO/PORTO	DATA	IDADE / NACIONALIDADE	PROFISSÃO	PROCEDÊNCIA	VISTO	RELIGIÃO
Maria Sara Lowy	Raul Soares Buenos Aires	31/7	37 / alemã	professora	Montevidéu	Viena	católico
Betsy Sara Cohn	Cuyabá / Vigo	8/1	84 / alemã	doméstica	Lisboa	Berna	católico
Clara Sara Zwirn	Cuyabá / Vigo	8/1	62 / alemã	doméstica	Lisboa	Berna	católico
Juda Sara Jacoby	Cuyabá	8/1	62 / alemã	doméstica	Lisboa	Berna	católico
Israel Koenigsberger	Serpa Pinto / Lisboa	13/2	29 / alemã	fabricante	Lisboa	[Ilegível]	sem religião
Josef Israel Koenigsberger	Serpa Pinto / Lisboa	13/2	31 / alemã	fabricante	Lisboa	[Ilegível]	sem
Jacob Rosenblum*	Cabo de Hornos	4/3	51 / brasileiro naturalizado	comerciante	Lisboa	Colônia	católico
Fanny Rosenblum	Cabo de Hornos	4/3	37 / alemã	-	Lisboa	Paris	católico
Hans Ludwig Herman Israel Bork	Cabo de Hornos	4/3	44 / alemã	professor	Lisboa	Berlim	protestante
Hilde Gertrud Sara Bork	Cabo de Hornos	4/3	44- alemã	professor	Lisboa	Berlim	protestante
Herma Molterer Demant	Serpa Pinto	13/2	28 / apátrida	doutora	Lisboa	Vichy (diplomático)	católica
Clotilde Sara Silberstein	Cabo de Hornos	12/5	64 / alemã	doméstica	Lisboa	Viena	católica
August Silberstein	Cabo de Hornos	12/5	38 / alemã	químico	Lisboa	Viena	católica
Isra Josef Handler	Serpa Pinto	9/5	41 / tchecoslováquia	industrial	Lisboa	Strasburg	sem
Regina Handler-ová	Serpa Pinto	9/5	47 / tchecoslováquia	-	Lisboa	Strasburg	sem
Sophie Handler-ová	Serpa Pinto	9/5	20 / tchecoslováquia	estenógrafa	Lisboa	Strasburg	sem
Marguerite Handler	Serpa Pinto	9/5	21 / tchecoslováquia	estenógrafa	Lisboa	Strasburg	sem
Isiel Krieger	Serpa Pinto	9/5	54 / polonesa	fabricante	Lisboa	Toulouse	sem
Tauba Krieger	Serpa Pinto	9/5	40 / polonesa	-	Lisboa	Toulouse	sem
Samuel Krieger	Serpa Pinto	9/5	20 / apátrida	estudante	Lisboa	Moulina	sem
Willy Meyer	Serpa Pinto	9/5	46 / alemã	exportador	Lisboa	Paris	católico
Charlotte Meyer Mina Sara	Serpa Pinto	9/5	44 / alemã	-	Lisboa	Paris	católico

Isai Vanstein	Cabo de Buena Esperanza Bilbao e escalas	11/7	56 / apátrida	engenheiro	Cádiz	Bruxelas (diplomático)	católico
Nicolas Georges Eugene Vanstein	Cabo de Buena Esperanza Bilbao e escalas	11/7	29 / belga	engenheiro	Cádiz	Toulouse	católico
Max León Grandin	Cabo de Buena Esperanza Bilbao e escalas	26/9	32 / francesa	jornalista	Cádiz	Puy Dome	católico Impedido/caduco
Benjamin Lerner	Cabo de Buena Esperanza Bilbao e escalas	26/9	39 / francesa	empregado	Cádiz	Paris	protestante Impedido/Caduco
Daniel Guy Lerner	Cabo de Buena Esperanza Bilbao e escalas	26/9	7 / francesa	-	Cádiz	Aurillac	católico Impedido/Caduco
Cecile Elisabeth Lerner	Cabo de Buena Esperanza Bilbao e escalas	26/9	39 / francesa	doméstica	Cádiz	Aurillac	Católico Impedido/Caduco
Bernard Paul Lerner	Cabo de Buena Esperanza Bilbao e escalas	26/9	5 / francesa	estudante	Cádiz	Aurillac	católico Impedido/Caduco
Lambert Levy*	Cabo de Buena Esperanza Bilbao e escalas	26/9	44 / francesa	comerciante	Casablanca	Perpignan	católico Impedido/Caduco
Hartog Ian Straten	Cabo de Buena Esperanza Bilbao e escalas	26/9	51 / belga	comerciante	Cádiz	Bruxelas	católico Impedido/Caduco
Alida Ian Straten	Cabo de Buena Esperanza Bilbao e escalas	26/9	51 / belga	doméstica	Cádiz	Bruxelas	católico Impedido/Caduco
Guido Schwarz	Cabo de Buena Esperanza Bilbao e escalas	26/9	51 / apátrida	comerciante	Cádiz	Berna	católico Impedido/Caduco
Odilia Solari Schwarz	Cabo de Buena Esperanza Bilbao e escalas	26/9	43 / suíça	doméstica	Cádiz	Berna	Católico Impedido/Caduco
Anna Schwarz	Cabo de Buena Esperanza Bilbao e escalas	26/9	13 / suíça	estudante	Cádiz	Berna	católico Impedido/Caduco
Elena Schwarz	Cabo de Buena Esperanza Bilbao e escalas	26/9	16 / suíça	estudante	Cádiz	Berna	católico Impedido/Caduco

Fonte: Banco de Dados elaborado por M. L. T. Carneiro com base nas listas de desembarque pesquisadas no Memorial do Imigrante de São Paulo. Disponível em: <http://www.Arqshoah.com.br>.

Viena e Zurique[19]. Para esses casos, não havia necessidade de circulares secretas e nem de qualquer outro tipo de regra destinada a conter o fluxo de católicos, que, em 1939, atingiu um total de 18.002 imigrantes. Os judeus, de imediato, procuraram Hélio Lobo, solicitando admissão nessa provável cota.

Cabe lembrar que, desde o final do século XIX, com o recrudescimento do antissemitismo na Europa, muitos judeus alemães haviam se convertido ao catolicismo com o objetivo de garantir certa segurança a sua família. Naquela época, várias gerações assumiram o catolicismo para acobertar suas raízes judaicas. A trajetória da família Loeb-Caldenhof é típica dessa situação. Eles eram proprietária do castelo Caldenhof, adquirido em 1806 por Jaboc Loeb (bisavô de Ricardo Loeb-Caldenhof), membro do Parlamento em Münster e deputado do Parlamento Provincial, além de herdeiro de uma grande fortuna. O tataravô, Alexandre Haidorf, era médico e professor da Universidade de Münster, além de fundador do Museu da Westfalia. Uma de suas filhas casou-se com Jacob Loeb. No século XIX, seus bisavós (que eram judeus) converteram os nove filhos ao luteranismo com o objetivo de lhes facilitar a vida. Já havia na Alemanha preconceito contra judeus, apesar das leis napoleônicas, que lhes estipularam os direitos de cidadania – perdidos com as imposições das Leis de Nuremberg em 1935.

Com sua promulgação, os nazistas passaram a identificar os alemães de origem judaica como *cem por cento judeu, meio judeu* ou *um quarto judeu*, trazendo à luz informações genealógicas até então esquecidas ou negadas há séculos. Caldenhof somente veio a saber dessa sua *impureza de raça* quando, em 1935, resolveu casar-se com Sílvia, uma *linda ariana*, como ele mesmo fazia questão de lembrar. Suas origens foram investigadas em atenção às imposições das Leis de Nuremberg e, para sua surpresa, ele descobriu que era "um quarto-judeu"[20]. O casal não teve outra opção se não emigrar para o Brasil na condição de turista. Durante a guerra, o castelo que pertencia a família Loeb-Caldenhof foi confiscado pelos nazistas. Em 19 de fevereiro de 1947, a Missão Militar Brasileira em Berlim recebeu documentos enviados pela Property Control Branch solicitando providências para a devolução do castelo Caldenhof[21].

Situação semelhante foi vivenciada pelo ex-nazista Albert Willi Louis Blume (1907-1983), refugiado no Brasil em 1938. A primeira notícia de envolvimento político de Blume com o nazismo data de 1º de novembro de 1933, ato registrado em um atestado que o ligava ao movimento nacionalista de uma escola de Hamburgo. Vários cartões de quitação do NSDAP confirmam essa ligação partidária, colocada em dúvida em 15 de outubro de 1935. Uma carta do Partido

---

19 A referida organização encontrava-se sediada na Av. Rio Branco, n. 9, 2º andar, sala 240. Carta de Maximiliano de Sulima Arczynski, secretário provisório do Socorro aos Católicos Refugiados Perseguidos, para Hildebrando Accioly, secretário geral do M.R.E., Rio de Janeiro, 9 set. 1938; Ofício de Hildebrando Accioly, secretário geral do M.R.E., para Maximiliano de Sulima Arczynski, secretário do "Socorro aos Católicos Perseguidos", Lata 651, Maço 9.805, AHI/RJ.

20 Entrevista de Ricardo Loeb-Caldenhof concedida à autora. Rolândia, set. 1989.

21 Ofício n. 26, da Missão Militar Brasileira em Berlim, para o M.R.E. Berlim, 19 fev. 1947, v. 118/5/4, AHI/RJ.

de sangue judeu, herdado do seu bisavô materno, Isaac P. Stadthagen, constatação apontada em suas anotações como "o ponto trágico de sua vida"[23].

Ao mesmo tempo, procurou defender-se das acusações partidárias por meio de uma carta de referência. Esse documento traz um breve histórico de sua atuação em uma repartição do NSDAP liderando um grupo de 25 a 35 colegas encarregados de reorganizar os seguros do povo. Elogiado como um homem de *aptidões organizacionais*, com *sabedoria* e *conhecimento*, Blume é descrito por suas maneiras "agradavéis e seu jeito aberto de ser que faziam dele um companheiro de trabalho valioso, cuja partida lamento muito"[24].

Assim como Blume, outros tantos alemães foram discriminados e perseguidos por suas raízes judaicas até então encobertas. Diante do impacto dessas descobertas e das possibilidades de perseguição, exclusão e morte, os alemães *impuros* procuraram emigrar o mais rápido possível. Após a Noite dos Cristais, aumentaram as chances de eles serem rotulados como apátridas e deportados para campos de concentração. Mesmo na França, segundo declarações do cardeal Verdier à imprensa parisiense, era crescente o número de judeus que se convertiam ao catolicismo para fins de emigração[25].

---

23 Diário de Albert Blume, v. 1, p. 1032.
24 Carta de Referência em nome de Albert Blume, Berlim, sem assinatura e sem data.
25 Ofício n. 11 Reservado, de Hélio Lobo para Oswaldo Aranha, p. 2.

12. Passaporte de Ricardo Loeb-Caldenhoff, refugiado em Rolândia com visto de turista.

Nacional-Socialista cobrava-lhe o compromisso de *trabalhar pela Alemanha*, fato que, até então, não havia sido constatado durante os dois anos e meio em que se apresentava como filiado. Alegavam que esperavam *um companheiro de luta* e não *um companheiro de carteirinha*. Em abril de 1936, Blume recebeu uma correspondência do NSDAP informando que, por meio da 2ª Câmara do Tribunal do Partido, ele fora excluído do seu quadro de filiados.

Durante esse período, conforme relatos bastante tensos em seu diário pessoal[22], Blume saiu em busca de suas origens com o propósito de mandar elaborar o brasão hierático de sua família, pois se mostrava muito orgulhoso de ser um *ariano puro*. Qual não foi sua surpresa ao descobrir que possuía um oitavo

---

22 Diário de Albert Blume, v. 1 (em alemão), v. 2 (em português). O primeiro volume refere-se ao período de 15.06.1924 a 29.11.1939. As anotações foram realizadas em uma "tradicional brochura" especialmente reservada para "ser um diário", com anotações na frente e verso das páginas. O segundo volume distingue-se do anterior pela escolha do suporte: calendários impressos pela Tipografia Guttemberg Becker & Cia., referindo-se ao período de 1952 a agosto de 1983, num total de 31 anos. Uma leitura apurada do primeiro volume foi realizada por Dieter Strauss, diretor do Instituto Goethe de São Paulo, historiador e especialista no tema do Nacional-Socialismo na Alemanha. Coube a mim, enquanto historiadora e membro da Comissão Nacional de Investigação do Patrimônio Nazista a análise do calendário-diário. Os diários, cartas e outros documentos de Albert Blume se encontram em um cofre sob a guarda do Banco do Brasil na sua sede de São Paulo.

A Casta dos Protegidos

No final de 1938 e início de 1939, uma casta de protegidos surgiu no cenário político brasileiro: os *católicos alemães não arianos*, conceito que sugeria tratar-se de indivíduos *impuros*, classificados segundo critérios religiosos com fundamentação racista. Ainda que favorecidos por serem católicos, esses cidadãos eram portadores de um duplo estigma: de *serem apátridas*, pois haviam perdido o título de *cidadão alemão* – de acordo com as leis discriminatórias do Reich –, e de *serem judeus* ou de ascendência judaica[1]. Recuperava-se dos velhos tempos inquisitoriais o conceito de sangue maculado, de cidadão infamado por pertencer a uma *raça infecta*[2].

Esbarrando em conceitos do direito brasileiro, as autoridades da imigração iriam filiar-se aos mesmos princípios teóricos do Terceiro Reich, admitindo que a raça (e não a religião) influenciava na configuração da nacionalidade e do caráter do indivíduo[3]. Essa questão veio à tona quando o governo Vargas recebeu, em 1939, um pedido especial do papa Pio XII para que o Brasil concedesse vistos a católicos não arianos, tema analisado pela historiografia brasileira, mas que merece algumas informações complementares[4].

Essa iniciativa não isenta o papa Pio XII das críticas do *pecado da omissão em relação ao Holocausto*, soando como um *ruído estranho* na sua biografia comprometida com o nazismo. E como tal será avaliado. Importante lembrar que, ao ser nomeado arcebispo, Eugênio Pacelli seguiu como núncio apostólico para a Alemanha com a missão de negociar uma concordata. A Alemanha era o país protestante que reunia a mais rica e organizada comunidade católica da Europa. Nos anos de 1930, Pacelli encontrou em Hitler o interlocutor adequado aos seus objetivos: lutar contra os perigos do comunismo ateu, da modernidade e da democracia. Em troca de privilégios para o clero e suas escolas, o núncio comprometeu-se a extinguir todas as organizações

---

1   M. L. T. Carneiro, Parecer Técnico: Análise dos Diários de Albert Blume. Comissão Nacional de Investigação dos Patrimônios Nazistas. São Paulo, 1998; Depoimento de Ricardo Loeb-Caldenhof à autora, Rolândia, 25 set. 1989.

2   M. L. T. Carneiro, *Preconceito Racial em Portugal e Brasil Colônia*; O Fogo e os Rituais de Purificação: a Teoria do Malefício, *Resgate, Revista de Cultura*, n. 3, p. 21-27.

3   Esta postura será negada por A. de Mello Franco em parecer emitido em 17 de dezembro de 1942, apud A. Milgram, Apêndice, *Os Judeus do Vaticano*, p. 165.

4   Este tema já foi amplamente analisado por A. Milgram, op. cit. Anteriormente foi tratado, pela primeira vez com base em documentos do Itamaraty, em nosso estudo *O Anti-Semitismo na Era Vargas*, p. 234-247, tendo sido apenas citado por R. Levine em seu artigo Brazil's Jews During the Vargas Era and After, *Luso-Brazilian Review*, v. v, n. 1, p. 54; A. Hirschberg, *Desafio e Resposta*, p. 65-66. Testemunho importante temos na obra do rabino F. Pinkuss, *Estudar, Ensinar, Ajudar*; Entrevista concedida pelo Rabino Fritz Pinkuss à autora, São Paulo, 21 fev. 1990.

católicas, dentre as quais estava a Juventude Católica, com 1,5 milhão de membros, posteriormente incorporados a Juventude Hitlerista. Pacelli concordou com Hitler em desmantelar o Partido de Centro católico, o único com peso para impedir a eleição de Hitler como primeiro-ministro. A concordata foi anunciada por Hitler como apoio da Igreja ao nacional-socialismo e que as negociações com Pacelli inauguravam "uma era de confiança [...] na luta contra o judaísmo internacional". Assim, não foi gratuita a coroação de Pacelli como papa em 1939.

Um dos raros pronunciamentos de Pio XII sobre o massacre dos judeus foi um desastre: ele alegava que os campos de extermínio podiam muito bem "não passar de propaganda de guerra"[5]. Em dezembro de 1942, Pio XII transmitiu pelo rádio seu discurso de Natal, que tinha como tema os direitos humanos e a relação indivíduo/Estado. Ao avaliar as causas do desequilíbrio entre Estado/indivíduo, considerou que este era provocado pelas *políticas econômicas perniciosas* que, nas últimas décadas, subordinava tudo a uma fraqueza fatal e a uma ânsia desenfreada por lucro e poder. Sem entrar no mérito de qualquer diferença entre *totalitarismo e democracia*, Pio XII reduziu o indivíduo, segundo o historiador J. Cornwell, a um "mero instrumento de utilidade do Estado, com a exclusão de todas as considerações éticas e religiosas"[6].

O máximo do repúdio de Pio XII ao extermínio do povo judeu pelos nazistas não foi além de uma frase evasiva, dúbia e insignificante diante da dimensão do crime praticado pelos nazistas:

> A humanidade deve esse voto às incontáveis pessoas que o furacão da guerra arrancou de seu solo nativo e dispersou numa terra estranha, pessoas que poderiam usar o lamento do profeta: nossa herança foi entregue a forasteiros, nossas casas a estrangeiros [...] A humanidade deve esse voto às *centenas de* milhares de pessoas que, sem qualquer culpa pessoal, *às vezes apenas* por razão de sua nacionalidade ou raça, estão marcadas para a morte ou extinção gradativa[7].

Diante dessa verbosidade e dessa retórica, acreditamos que o apelo do papa Pio XII solicitando a liberação de três mil vistos a Getúlio Vargas nada mais foi do que o resultado de uma ação de bastidores de um grupo de ativistas interessados no resgate dos refugiados políticos. É nesse contexto que recuperamos a figura de um cidadão, até então um agente anônimo na História da Diáspora judaica: Johannes Schauff, ex-deputado do Reichstag, ex-membro do católico Zentrumspartei (Partido do Centro). Este homem, católico como tantos outros, perdeu seus cargos oficiais e passou a ser perseguido por razões políticas. Em companhia de Ludwig Kaas, prelado da alta hierarquia

---

5   Sobre esta questão, ver J. Cornwell, *O Papa de Hitler*; R. H. Bellinghini, Pio XII, O Papa que Cometeu o Pecado da Omissão, *O Estado de S.Paulo*, 26 mar. 2000. Caderno 2, p. D9; A. Milgram, op. cit.; J. Lesser, *O Brasil e a Questão Judaica*; M. L. T. Carneiro, *O Anti-Semitismo na Era Vargas*; *Brasil, Um Refúgio nos Trópicos*; S. Friedlander, *Pie XII et le IIIème Reich*, Paris: Seuil, 1964.
6   J. Cornwell, op. cit., p. 327-331.
7   Segundo Cornwell, Pio XII alegou, mais tarde, que essa frase deveria ser emitida como repúdio ao extermínio do povo judeu pelos nazistas, apud idem, p. 328.

13. Johannes Schauff, do Partido (Católico) do Centro, que se refugiou em Rolândia, Paraná.

do clero católico e chefe do Zentrum na Alemanha, Schauff refugiou-se no Vaticano na condição de amigo de Pio XII, que havia sido núncio apostólico na Alemanha (1917-1929).

Durante o período em que viveu na clandestinidade, Schauff sugeriu ao papa que encaminhasse ao governo brasileiro uma solicitação de vistos destinada aos refugiados católicos, incluindo aqueles de origem judaica. Essa estratégia pode ter sido facilitada pelo fato de Schauff estar envolvido com um projeto de colonização alemã que comercializava terras em Rolândia, norte do Paraná. Essa questão, entretanto, não aparece em nenhum documento oficial, tendo sido comprovada por meio dos depoimentos de vários imigrantes radicados em Rolândia e de documentos do próprio Schauff, cujo arquivo guarda significativos registros dessa tramitação.

Nesse mesmo período – pois não temos informações para afirmar se chegou a ser uma ação conjunta ou não –, outras duas personalidades do catolicismo alemão (o cardeal-arcebispo Faulhaber, de Munique, e o Bispo Berning, de Osnabruck) encaminharam cartas fazendo esse mesmo tipo de sugestão a Pio XII. Essas iniciativas tiveram sua origem nos contatos com Hélio Lobo, que, desde a Conferência de Londres, se referia à possibilidade de o Brasil criar uma cota especial de três mil vistos direcionados para os refugiados *católicos não arianos*. Ao evitar o emprego da palavra *judeu-alemão*, minimizava-se a carga de estereótipos atribuída a essa categoria de refugiados.

Estratégias de uma Missão   167

Hélio Lobo havia sido procurado por d. Odon, duque de Wuttenberg, que lhe entregou duas listas de nomes de refugiados *católicos arianos* e de religiosos alemães interessados em obter vistos brasileiros. D. Odon apresentava-se como porta-voz do cardeal Michael Faulhaber, arcebispo de Munique, que considerava o Brasil e a Argentina como ideais para acolhimento dos refugiados. Uma terceira lista, organizada pelo Bureau Central de Charité de Lucerne (Liga Central de Lucerna), somou-se aos apelos descritos por Lobo como *patéticos*, ou seja, "de comover a alma dada a extensão da tragédia"[8].

D. Odon dirigia o Socorro aos Católicos Refugiados da Suíça e da Holanda, e o cardeal Faulhaber, além de herói alemão da Primeira Guerra Mundial, condecorado com a Cruz de Ferro de Primeira Classe, gozava de certo prestígio junto aos círculos nazistas. A documentação diplomática refere-se ao cardeal Faulhaber como o *mentor* de um pedido do papa Pio XII a Getúlio Vargas para que este favorecesse a concessão de três mil vistos aos católicos não arianos da Alemanha, da Áustria e dos Sudetos, inclusive aqueles que se encontravam *em trânsito* na Holanda e na Suíça. Centenas desses refugiados haviam deixado membros de suas famílias na Alemanha, muitos dos quais eram *arianos*, classificação que poderia facilitar a concessão de vistos pelo Brasil; outros eram *judeus-cristãos,* terminologia adotada também pelos nazistas e endossada pelo governo Vargas para a concessão de vistos aos *cristãos-novos*.

Os refugiados que estavam na Holanda corriam sério perigo de vida, principalmente durante o verão de 1942, quando cerca de quinze mil judeus holandeses foram deportados para os campos de extermínio. Esse fato rendeu um protesto combinado entre os bispos católicos com as Igrejas protestantes, que ameaçaram o *Reichskomissar* alemão com a realização de uma grande manifestação pública. Os nazistas propuseram uma barganha: a isenção das perseguições aos judeus-cristãos em troca do silêncio. Segundo o historiador John Cornwell, uma carta pastoral do arcebispo católico de Utrecht – destoante da postura assumida pelo grupo católico-protestante – produziu uma represália nazista a 92 católicos convertidos ao judaísmo. E, segundo Martin Gilbert, em 14 de setembro de 1942, um total de 20.588 judeus foram deportados da Holanda para Auschwitz[9].

Percebemos que junto ao papa Pio XII circulavam algumas personalidades católicas que, agindo com diplomacia, tentavam *negociar* a salvação dos judeus perseguidos pelo nacional-socialismo. É nesse contexto que avaliamos o apelo papal que chegou até Vargas em 14 de abril de 1939. Esse documento foi submetido ao Conselho de Imigração e Colonização, que se negou a fazer concessões. Por questões diplomáticas e não humanitárias, Oswaldo Aranha e Getúlio Vargas intercederam a favor dos refugiados: afinal, tratava-se de um pedido do papa e o Brasil era um país católico, por tradição[10].

---

8 Ofício n. 11 Reservado, de Hélio Lobo para Oswaldo Aranha, Genebra, 28 jan. 1939, AHI/RJ.

9 Apud J. Cornwell, op. cit., p. 323, 449.

10 Prestaram-se como intermediários o cardeal Maglione, secretário-geral do Estado do Vaticano, e o núncio apostólico Aloisi Benedetto Masella, representante do papa no Brasil.

Finalmente, após várias intervenções do núncio apostólico, Aloisi Benedetto Masella, representante do papa no Brasil, o Conselho de Imigração, reunido na plenária de 25 de maio de 1939, emitiu um parecer estipulando o *caráter coletivo* dessa imigração. Os candidatos poderiam ser israelitas, mas desde que convertidos ao catolicismo, de preferência agricultores e portadores do capital mínimo de quinhentas libras[11]. Essas condições foram legitimadas pela *Resolução n. 39*, de 23 de junho de 1939, regulamentando a introdução daqueles refugiados no Brasil[12]. Posteriormente, esse ato de concessão do governo brasileiro foi avaliado por Afrânio de Mello Franco Júnior, chefe da Divisão de Passaportes, como *"um ato de graça*, de efeitos só atuais, não foi um contrato"[13].

Antes da implementação dessas regras – que só iriam burocratizar e dificultar a aceitação dos refugiados *judeus-católicos* –, Hélio Lobo já havia tentado sensibilizar o Itamaraty para a questão daqueles que haviam se convertido ao catolicismo, gerando uma espécie de novos conversos do século XX, se comparados aos cristãos-novos que vivenciaram o batismo forçado na Espanha (1391) e em Portugal (1497). Enfatizava que, para esse caso, o governo brasileiro iria contar com a colaboração de associações que se encarregariam da seleção e de tudo o mais que fosse necessário. E, para tal, solicitava autorização para responder, de acordo com a emergência de cada caso. Como primeira iniciativa, anexou ao seu ofício de 28 de janeiro de 1939 as listas encaminhadas por d. Odon, que totalizavam 278 nomes, e pela Liga Central de Lucerna, que correspondiam a 68 nomes, totalizando 346. O primeiro grupo trazia anexo a seus nomes recomendações de autoridades católicas, dentre as quais identificamos arcebispos, bispos, arquiabades, abades, padres e capelães de localidades distintas. Esses dados, inclusive, servem para repensarmos o papel de alguns membros do alto e do baixo clero da Igreja católica que, de forma independente, se empenharam em salvar judeus perseguidos pelos nazistas[14].

11   Carta de Israel Pinheiro da Silva, secretário da Agricultura de Minas Gerais, para Oswaldo Aranha, ministro das Relações Exteriores, Belo Horizonte, 25 maio1939, Pasta AO 39.05.26/2, CPDOC/FGV. Como já desenvolvemos este tema em nosso estudo *O Anti-Semitismo na Era Vargas*, p. 175, trataremos neste item apenas de questões complementares.

12   J. Lesser, op. cit., p. 268; M. L. T. Carneiro, *O Anti-Semitismo na Era Vargas*, p. 175; Resolução n. 39, de 23 jun. 1939, CIC, Ofícios Emitidos, nov. 1938-dez. 1939, AHI/RJ.

13   Despacho de Afonso de Mello Franco Júnior, chefe da Divisão de Passaportes, para o secretário geral do Itamaraty, Rio de Janeiro, 17 dez. 1942, apud A. Milgram, op. cit., p. 163-169.

14   Dentre os nomes citados estavam o cardeal Faulhaber; o arcebispo de Graz; o arcebispo de Beuron; os curas das paróquias católicas alemãs de Milão, da Suíça e de Paris; o arquiabade Laurent Zeller O.S.B. da Congregação brasileira; o abade de Maria-Laach; o cardeal Schuster; o arcebispo Raymond Netzhammer O.S.B.; o cardeal Pacelli; o cura da paróquia de St. Bernhard de Frankfurt; o bispo Sproll de Rottenburg; o dr. Oesterreicher, capelão para os frades católicos de Paris; o cardeal Theodor Innitzer; o cura da Catedral de Coire; o abade St. Maurice Clervaux de Luxemburgo; o cura de St. Jean Nepomuck, de Viena; R. P. Th. Michels O.S.B., professor em Washington; d. Odon; o duque de Württemberg; os capuchinhos de Milão, os padres jesuítas de Viena e de Munique; o abade dos escoceses de Milão; o cura de Gross Petersdorf; o capelão da Universidade de Salzbourg; o bispo Comte de Preysing, o cardeal Arthur Hinsley, de Londres; o monsenhor Straubinger, da Tchecoslováquia; o cura de Zurique; o abade de St. Etienne, em Augsbourg; os padres beneditinos de Munique e de Augsbourg; o cura da catedral de Trieste, cardeal Kaspar. Cf. Liste des réfugiés catholiques ariens et nonariens auxquels le Ministère des Affaires Étrangères de Rio de Janeiro a déjà accorder le visa

No interior do próprio Vaticano, atuava, por sua vez, uma organização beneficente alemã que tinha como objetivo arrumar um lugar seguro para os católicos alemães perseguidos pelos nazistas: a Sociedade São Raphael, de Munique (Raphaelsverein), representada por H. Hecht. Várias autoridades católicas e diplomatas brasileiros que atuavam no Estado do Vaticano arquitetaram diferentes estratégias para sensibilizar a elite política do governo Vargas, dentre os quais citamos Oswaldo Aranha, João Carlos Moniz e Francisco Campos. Os articuladores pelo Vaticano eram o cardeal Luigi Maglione, secretário de Estado do Vaticano, pró-nazista e o arcebispo Aloisi Masella, núncio apostólico nomeado para o Brasil. Hildebrando Accioly, embaixador do Brasil na Santa Sé, assumiu compromissos para concretizar a efetivação dos três mil vistos, somando forças com Hélio Lobo e Guimarães Rosa, do consulado brasileiro em Hamburgo.

Em meio a essas conversações, como dissemos, Johannes Schauff encontrava-se refugiado no Vaticano juntamente com o já citado Ludwig Kaas. Ambos corriam o risco de serem enviados para um campo de concentração, e Schauff, desde 1936, tinha seu nome em uma *lista negra* de pessoas a serem eliminadas pelos nacional-socialistas. Basicamente duas razões justificavam essa investida contra Schauff: a primeira era uma questão política e a segunda era ele estar ajudando os judeus a fugirem da Alemanha por intermédio de um plano – identificado como uma espécie de *negócios triangulares* – que facilitava a compra de terras por judeus no norte do Paraná (Brasil)[15].

Nos bastidores do Vaticano, Schauff valeu-se de sua amizade com o papa Pio XII para negociar os três mil vistos com o governo brasileiro. Segundo os historiadores Avraham Milgram e Jeffrey Lesser, essa iniciativa estava sendo liderada pelo cardeal Faulhaber e por Berning, bispo de Osnabrück, que, em 31 de março de 1939, oficializaram o pedido ao papa. No entanto, constatamos, por meio de outros documentos, que essa trama envolvia diretamente Hélio Lobo, privilegiado por seus antecedentes pró-refugiados desde a Conferência de Evian[16].

Hélio Lobo então, em 3 de fevereiro de 1939, conseguiu de Oswaldo Aranha uma autorização para se pronunciar a favor da concessão da referida cota junto à Comissão de Londres. Até essa data, ainda não havia chegado às mãos de Vargas o pedido oficial do papa Pio XII, fato só registrado em 14 de abril, através de correspondência assinada por Aloisi Masella, núncio apostólico do Rio de Janeiro[17]. Cauteloso, o Itamaraty liberou o seguinte posicionamento:

bresilien et des réfugiés catholiques ariens et nonariens qui sont proposés par le Socorro aos Católicos Perseguidos, Rio de Janeiro pour le visa brésilien, oct. 1938-jan. 1939, Anexo 1 e 2; Liste 1 e II Bureau Central de Charité Lucerne.

15   Sobre Schauff, ver M. C. T. Carneiro, *Brasil, Um Refúgio nos Trópicos*, p. 135-138. Cf. Carta de Johannes Schauff à autora. Bolzano, Itália, 23 abr. 1990; Depoimento de Nikolaus Schauff à autora. Rolândia, 27 set. 1989; Karin Schauff, *Schreibe mir alles, Mutter*; L. de Mello, *A Travessia da Terra Vermelha*.

16   Carta de Johannes Schauff à autora, Bolzano, Itália, 23 abr. 1990; Depoimento de Nikolaus Schauff à autora, Rolândia, 27 set. 1989.

17   Ofício de Aloisi Masella, núncio do Rio de Janeiro, para Getúlio Vargas, 14 abr. 1939, Fundo Secretaria da Presidência da República, Série Conselho de Imigração e Colonização. CIC-PR/SC 31171-21711197, n. 9404/39, NA/RJ, apud J. Lesser, op. cit., nota 17, p. 294.

14. Johannes Schauff (à esquerda) junto ao Papa Pio XII.

caso Hélio Lobo fosse obrigado pedir a palavra (como último recurso) na reunião plenária de 13 de fevereiro: ele poderia apresentar a cifra de três mil imigrantes, sempre porém, nas condições estabelecidas no parágrafo 14 das instruções de 2 de dezembro[18].

Retomando o conteúdo do referido parágrafo 14 em documento assinado por Oswaldo Aranha, é possível verificar claramente a posição do governo brasileiro que não tinha muitas outras opções para expressar o seu desejo em colaborar para a solução dos emigrados políticos: além das medidas já postas em prática (cotas, circulares secretas, etc.) o governo brasileiro estaria disposto a examinar, sem compromisso prévio, qualquer proposta concreta *desde que não esta não saísse da política imigratória*. Nesse sentido, talvez fosse possível ao governo brasileiro receber três mil emigrados agricultores, em pequenas levas, e que dispondo de um módico capital (quinhentas libras por família ou indivíduo solteiro) tivesse a sua vinda e localização no país financiadas pelo Comitê Intergovernamental para os Refugiados Políticos. A entrada dos refugiados seria apenas a título de experiência, reservando-se o direito de suspendê-la em qualquer tempo[19].

18 Telegrama do Ministério das Relações Exteriores para Hélio Lobo, a/c do Consulado-Geral de Genebra. Rio de Janeiro, 3 fev. 1939, 640.16 (99), Maço 630, Lata 9.697, AHI/RJ.
19 Parágrafo 14 do Ofício (Cópia) de Oswaldo Aranha para Hélio Lobo, Rio de Janeiro, 2 fev. 1939, p. 4.

Na semana seguinte, Oswaldo Aranha encaminhava para João Carlos Moniz, presidente do Conselho de Imigração e Colonização, as listas organizadas pelo cardeal Michael Faulhaber e pelo Bureau Central de Charité de Lucerne que arrolavam os nomes dos proscritos católicos da Alemanha e da antiga Áustria interessados em obter visto para o Brasil. Em 14 de abril, o núncio Masella garantia à Getúlio Vargas *repercussões favoráveis* ao Brasil, caso os vistos fossem concedidos[20].

Ao avaliar tais solicitações as autoridades do Conselho de Imigração e Colonização procuravam definir a diferença entre essa *emigração de católicos não arianos* e aquela dos *judeus indesejáveis*. Outros pedidos chegaram às mãos do ministro das Relações Exteriores, nesta data representado interinamente por Cyro de Freitas Valle, cuja mentalidade antissemita já avaliamos em estudo anterior[21]. Em 2 de março de 1939, o Conselho de Imigração e Colonização optou por reafirmar as instruções dirigidas pelo Itamaraty à Hélio Lobo referentes à cota de três mil israelitas da Alemanha e da Áustria, instruções essas que – segundo o vice-presidente do CIC – chegaram *em tempo oportuno* às mãos do Conselho[22].

A notícia difundiu-se rapidamente entre os refugiados e associações de ajuda que, por todas as vias, voltaram a pressionar Hélio Lobo para conceder vistos aos católicos interessados em vir para o Brasil. A maioria do pedidos vinha de emigrados da Alemanha e antiga Áustria, e por parte daqueles que se encontravam em trânsito provisório na Holanda, França e Suíça. A esses se juntavam novas categorias de refugiados: israelitas tchecos e italianos, estes últimos por conta da adoção de leis racistas pelo governo de Mussolini desde 1938. Informações desencontradas ocasionavam constantes mal-entendidos, aumentando as pressões junto a Hélio Lobo que era considerado pelos interessados como sendo "o responsável pela liberação de *três mil vistos destinados a emigrados não arianos*". No entanto, este alegava ter recebido instruções de Oswaldo Aranha para comunicar à Comissão de Londres que o nosso país estaria disposto a receber *três mil israelitas agricultores*.

Um dos focos de pressão vinha do Rio de Janeiro onde havia sido fundado o Socorro aos Católicos Perseguidos. Apelos idênticos provinham de autoridades reconhecidas como os já mencionados cardeal Falhauber, de Munique, e Monsenhor Württemberg, que se ocupava do asilo aos católicos emigrados da Alemanha, Áustria e Itália. Outros preferiam escrever cartas narrando as situações trágicas vivenciadas na Europa empesteada pelo terror nazista. Tendo em vista que o governo brasileiro ainda não havia definido regras concretas – sustentando apenas a *intenção* de ajuda –, Hélio Lobo resolveu imprimir uma fórmula de resposta para *dar conta* dos milhares de pedidos que vinham

---

20 Ofício Reservado, de Oswaldo Aranha, ministro das Relações Exteriores, para o presidente do CIC, Rio de Janeiro, 8 fev. 1939, NP/SN/640.16 (99), Lata 630, Maço 9.697, AHI/RJ.

21 Cf. *O Anti-Semitismo na Era Vargas*, p. 521.

22 Ofício Reservado n. 109, do CIC para o ministro de Estado das Relações Exteriores, Rio de Janeiro, 2 mar. 1939, 641.16 (99), Lata 630, Maço 9.697, AHI/RJ.

em sua direção, "de forma a suprir a falta de *pessoal e tempo para dar a cada um a atenção que merece"*. Lobo justificava aos interessados que a Comissão de Londres estava ainda em trabalhos preparatórios e que, assim que o Brasil dispusesse de uma proposição concreta, um funcionário seria designado especialmente para selecionar os candidatos e emitir os vistos. Ou seja: o formulário era apenas um *calmante* para aqueles que, desesperados, procuravam por uma luz no final do túnel. Ao seu ver "não lhe parecia humano animar, involuntariamente, os infelizes católicos que procuravam refúgio no nosso país"[23].

Oswaldo Aranha, assim que tomou conhecimento dessa iniciativa de Hélio Lobo, comunicou imediatamente o presidente do Conselho de Imigração e Colonização. Até então, nada havia sido resolvido por parte do Brasil, situação que gerou uma série de questionamentos por parte de Herbert Emerson, diretor da Comissão de Londres. Ciente dos possíveis entraves consequentes da adoção de uma política antissemita, o diretor da Comissão de Londres solicitou do governo brasileiro uma série de esclarecimentos acerca da proposta encaminhada por Hélio Lobo em dezembro de 1938.

As perguntas eram, na sua maioria, conceituais, exigindo a definição do governo brasileiro com relação aos critérios de seleção (por raça ou religião), dimensão da proposta frente à diversidade dos grupos nacionais, à extensão do conceito de *não ariano* e à diferença de tratamento no caso de emigração coletiva ou individual:

- A proposta do Brasil referia-se aos judeus considerados como tais por *motivos de religião*?
- Tal proposta *incluía também os não arianos*, isto é, católicos e protestantes, de antiga ascendência israelita?
- Tratava-se de uma proposta referente somente aos alemães e austríacos, ou compreendia também os tchecos?
- Na *soma de quinhentas libras*, estavam incluídas as despesas de passaportes, de viagem e outras?
- Deduzia-se da proposta que a emigração era individual. Caso o Brasil se decidisse de outro modo, seria necessário a criação de um organismo que cuidasse de tudo, respondendo pelo emigrante desde sua partida e instalação no país, até sua capacidade de prover à própria subsistência. Neste caso, a garantia oferecida por essa instituição não *dispensaria a exigência* de quinhentas libras?
- A proposta se refere aos israelitas ainda na Alemanha e antiga Áustria, ou abrangeria igualmente os que se achavam nos *países de trânsito*, esperando destino?[24].

---

23 Ofício de Hélio Lobo, diretor do Brasil no Conselho de Administração da Repartição Internacional do Trabalho, para Oswaldo Aranha, ministro das Relações Exteriores, Genebra, 29 mar. 1939, 640.16 (99), AHI/RJ.

24 Ofício n. 33, de Hélio Lobo, diretor do Brasil no Conselho de Administração da Repartição Internacional do Trabalho, para Oswaldo Aranha, ministro das Relações Exteriores, Genebra, 19 abr. 1939, 640.16 (99), AHI/RJ.

Em 25 de maio de 1939, o Conselho de Imigração encaminhou ao ministro das Relações Exteriores e a Hélio Lobo, o parecer sobre tais questões submetidas a exame no plenário: a mencionada emigração deveria ser em caráter coletivo, de israelitas de nacionalidade alemã, sendo estes *de preferência agricultores e convertidos ao cristianismo*. Eles deveriam ser portadores de um capital mínimo de quinhentas libras, excluída qualquer despesa de viagem[25]. A resolução era dúbia pois, ao mesmo tempo em que aceitava a entrada de israelitas alemães, exigia que estes fossem (de preferência) convertidos ao cristianismo. Com esses argumentos o Brasil respondia *sabiamente* à primeira questão, concentrando sua justificativa na questão religiosa e ocultando seus pressupostos raciais.

Preocupadas com a projeção da imagem do Brasil no contexto internacional, as autoridades brasileiras acionaram um discurso com índices positivos onde a palavra *semita* (que carregava o estigma de raça indesejável) foi evitada. Ao dar preferência a expressão *israelitas convertidos ao catolicismo*, o governo neutralizava sua imagem de país antissemita sem precisar proibir oficialmente a entrada dos judeus, agora selecionados por critérios religiosos e econômicos. E Oswaldo Aranha, como autoridade superior, liberou o referido parecer reafirmando a posição monolítica do Brasil enquanto país católico. Essa resolução foi encaminhada por Cyro de Freitas Valle, secretário geral do Itamaraty, cuja postura antissemita lhe garantiu a embaixada do Brasil em Berlim entre 1939-1942[26].

Enquanto essas medidas não eram colocadas em prática de forma a liberar os três mil vistos, as notícias corriam por toda a Europa agitando os círculos dos refugiados que aguardavam por soluções imediatas. Consultas vinham de todos os cantos do mundo maltratado pela guerra e pela peste nazista, metáfora empregada pelos chargistas de esquerda. Informações deturpadas distribuíam esperanças para aqueles que já haviam perdido tudo. Em março de 1939, um outro comitê de ajuda aos refugiados austríacos e alemães católicos sediado na França – L'Accueil Français aux Autrichiens – propôs ao governo brasileiro acolher um certo número desses cidadãos. Chamavam a atenção para alguns casos especiais como o do alemão Franz Grabowski e do austríaco Parl Whilhelm, ambos refugiados políticos, arianos-católicos.

O Ministério das Relações Exteriores, através da sua Divisão de Passaportes, então chefiada pelo antissemita Labienno Salgado dos Santos, comunicou ao diretor do comitê francês que "os consulados brasileiros no exterior

---

25 Ofício de Ciro de Freitas Valle, secretário geral do MRE, para Hélio Lobo, diretor do Brasil no Conselho de Administração da Repartição Internacional do Trabalho em Genebra, Rio de Janeiro, 31 maio 1939, 640.16 (99), AHI/RJ.

26 Entre janeiro e março de 1939, Cyro de Freitas Valle (1896-1969) assumiu interinamente a pasta do Ministério das Relações Exteriores, na ausência de Oswaldo Aranha. Em agosto de 1939, foi designado para assumir a embaixada do Brasil em Berlim, onde permaneceu até o rompimento das relações do Brasil com o Eixo. Freitas Valle foi internado em Baden-Baden, juntamente com vários outros diplomatas brasileiros, onde permaneceu até outubro de 1942.

tinham plenos poderes para aceitar ou recusar a entrada no território nacional desde que respeitadas as novas disposições legais sobre imigração". Essa *nova ordem* deve ser compreendida como uma *versão de superfície* que se sobrepõe a *outra*: a das circulares secretas, fragmento lapidado dos paradigmas que eclodiam na Europa[27].

Em 30 de junho de 1939, a legação brasileira da Suíça, por exemplo, recebeu da polícia federal daquele país a notícia de que o Brasil havia se prontificado a abrigar quatro mil imigrantes vindos da Alemanha, além da cota usual correspondente àquela nacionalidade. Ao tomar conhecimento desse fato, João Carlos Moniz, presidente do Conselho de Imigração e Colonização, apressou-se a explicar que essa proposta havia sido "apenas apresentada ao Comitê Intergovernamental para os Refugiados e se referia à entrada de três mil e não quatro mil refugiados proscritos da Alemanha, assunto esse que ainda não havia sido solucionado"[28].

Até o final de junho de 1939, Hélio Lobo não havia recebido instruções sobre a admissão dos três mil católicos e nem tinha conhecimento se a revalidação da cota alemã – publicada em *Diário Oficial* de 22 de abril – era também destinada aos judeus. Ao ser convocado pela Comissão de Londres para uma reunião plenária, Hélio Lobo não dispunha de nenhum dado concreto para demarcar a posição do Brasil desde a Conferência de Evian[29]. Somente em 11 de julho é que o Itamaraty remeteu-lhe pelo correio aéreo a resolução sobre a admissão dos três mil católicos e confirmou que "a cota alemã era também destinada aos judeus". Informava que, desde Evian, o número de judeus ingressantes no Brasil era de cerca de três mil pessoas[30].

Durante essa plenária, a Comissão de Londres decidiu criar uma instituição particular com um capital de um milhão de dólares para facilitar a coordenação das associações israelitas. Essa decisão levou o governo britânico a consultar os demais governos para saber se, em princípio, aceitavam participação financeira. O Brasil, representado por Hélio Lobo, fez reservas, restringindo-se a demonstrar o que havia sido feito pela causa dos refugiados desde Evian. No entanto, havia prenúncios no ar de que os Estados Unidos intensificariam a pressão ao anunciar o convite para um encontro direto com Roosevelt na Casa Branca. Lobo prometeu consultar o governo brasileiro, pois, para qualquer tomada de posição, necessitava de instruções de forma a não comprometer o projeto étnico instituído por meio de circulares secretas

---

27 Carta do Accueil Français aus Autrichiens aux Ministère des Affaires Étrangères, Service de L'Immigration, Paris, 18 mars 1939, 601.34 (81) 42; Ofício de Labienno Salgado dos Santos, chefe da Divisão de Passaportes do MRE para o diretor do Accueil Français aus Autrichiens, Rio de Janeiro, 4 maio 1939, SP/601.34 (85) (81), Lata 1101, Maço 21.164, AHI/RJ.

28 Ofício n. 552, de João Carlos Muniz, Presidente do CIC, para Cyro de Freitas-Valle, secretário geral do Ministério das Relações Exteriores, Rio de Janeiro, 30 jun. 1939, 558.(99). Lata 741, Maço 10.561, AHI/RJ.

29 Telegrama n. 34, de Milton Weguelim Vieira, do Consulado-Geral em Genebra para a Secretaria de Estado das Relações Exteriores, Genebra, 7 jul. 1939, 640.16 (99), AHI/RJ.

30 Telegrama n. 30, do Ministério das Relações Exteriores para o Consulado-Geral em Genebra. Rio de Janeiro, 11 jul. 1939, 640.16 (99), AHI/RJ.

Estratégias de uma Missão   175

desde 1937. Com relação à proposta do Brasil de aceitar três mil refugiados católicos, o Conselho de Londres decidiu que metade dessa cota deveria priorizar aqueles que aguardavam um destino na Suíça, na França, na Inglaterra, na Holanda e na Bélgica[31].

Essa proposta, ao longo do período de 1939-1942, passou por uma série de modificações, implicando recuos do governo brasileiro, que, aos poucos, foi aprimorando sutilmente (e sofisticando) sua legislação antirrefugiado e antissemita[32]. Em fevereiro de 1940, Hélio Lobo continuava envolvido com a questão dos refugiados, representando o Brasil no comitê estabelecido em Londres, data em que solicitou a Labienno Salgado dos Santos, informação sobre "o total de indivíduos dessa raça (israelita) admitidos no ano de 1939".

De acordo com o Itamaraty havíamos recebido cerca de três mil judeus com visto permanente e oito mil com visto provisório, total que não coincide com dados oficiais publicados pelo Serviço de Estatística de Previdência e Trabalho, do Departamento Nacional de Imigração: 1.973 *hebraicos* com vistos permanentes[33]. A oferta do Brasil para o comitê era de que "poderiam ingressar mais de três mil judeus em determinadas condições; sendo três mil *católicos de origem israelita* e 2.021 *judeus da quota alemã* revalidada"[34].

A Divisão de Passaportes informou também que o Brasil já havia colocado à disposição mais oito mil vistos para imigrantes judeus, correspondentes a saldos de cotas e que o Brasil concedia anualmente três mil vistos permanentes a judeus, tendo a Presidência da República colocado à disposição do papa, no ano de 1939, três mil vistos destinados aos católicos não arianos (fora da cota regular). Esses dados, verdadeiros *paliativos kafkanianos*, prestavam-se apenas como *bandeiras de propaganda humanitária*, posto que, na prática, seguiam as regras impostas pelas circulares secretas. No entanto, essas propostas – ainda que falsas – obtinham o eco desejado pelas autoridades brasileiras. O governo britânico, por exemplo, mostrava-se "animado pelo sentido humanitário com que o governo brasileiro vinha encarando o problema dos refugiados". Nessa data, a Grã-Bretanha tentava encontrar uma solução para a situação de cinquenta mil judeus alemães e outros refugiados políticos que haviam se abrigado em suas terras antes mesmo do início da guerra.

---

31 Telegrama Reservado de Régis de Oliveira, da Embaixada de Londres(em nome de Hélio Lobo) para Ministério das Relações Exteriores. Londres, 20 jul. 1939, 640.16(99). AHI/RJ.

32 Jeffrey Lesser enfatiza com relação a essa questão que, apesar do Brasil ter adotado essa nova imagem dupla (complexa e contraditória), *os judeus jamais foram considerados socialmente aceitáveis, ainda que fossem ocasionalmente úteis do ponto de vista econômico*. Ver análise sobre o Plano Vaticano e suas consequências. J. Lesser, op. cit., p. 251-270, 294. Resolução n. 39, de 23 jun. 1939, CIC. Ofícios Emitidos, nov. 1938/dez. 1939. AHI/RJ.

33 *Hebraicos*: termo empregado pelo Serviço de Estatística e que aparece discriminado no item religião (vistos permanentes, temporários, diplomáticos e de retorno), *Estatística Geral Imigratória de 1941*, Rio de Janeiro: Serviço de Estatística da Previdência e Trabalho, Ministério do Trabalho, Indústria e Comércio, 1942, p. 5.

34 Carta Reservada, de Hélio Lobo para Labienno Salgado dos Santos, chefe da Divisão de Passaportes, Rio de Janeiro, 25 fev. 1940, Lata 741, Maço 10.561, AHI/RJ

15. Página do passaporte de Otto Karpfen (Otto Maria Carpeaux), com anotação de *visto concedido aos israelitas católicos*, datado em Antuérpia, 25 de julho 1939.

Hoje, com base na historiografia sobre o tema, sabemos que a *cota do papa* nunca foi preenchida em sua totalidade e nem com a emergência que se esperava[35]. Segundo pesquisa de Avraham Milgram – publicada sob o título *Os Judeus do Vaticano* –, dos três mil vistos, apenas 959 foram concedidos pelo embaixador Hildebrando Accioly, junto à Santa Sé, dos quais 156 liberados aos refugiados que se encontravam na Holanda. Resultado: dos mil vistos liberados para uso da Santa Sé apenas 803 foram realmente utilizados. A postura de Accioly merece uma investigação mais apurada ainda que os vistos estivessem condicionados ao batismo de católico. Cerca de 803 vidas foram salvas e poupadas do sofrimento de uma longa travessia sem destino certo.

Dentre esses refugiados católicos de origem judaica que vieram para o Brasil, estava o intelectual Otto Maria [Karpfen] Carpeaux, cujo visto de trânsito foi assinado em Basileia, em 30 de março de 1938, com direito a passar por Paris e Bruxelas. Na página 11 de seu passaporte, foi anotado, com tinta vermelha, que "o portador do presente passaporte faz parte do contingente de três mil israelitas católicos autorizados a emigrar para o Brasil"[36].

---

35 Memorandum de Labienno Salgado dos Santos, chefe da Divisão de Passaporte,s para o secretário geral do Itamaraty, Rio de Janeiro, 27 fev. 1940, 558 (99), AHI/RJ.
36 Processo de naturalização de Otto Maria [Karpfen] Carpeaux, 1942, AN/RJ.

Outros milhares de judeus que procuraram a embaixada do Brasil em Berlim, então sob a responsabilidade de Cyro de Freitas Valle, e o consulado do Brasil em Hamburgo, onde estava Joaquim A. de Souza Ribeiro, não tiveram a mesma sorte. Ambos os diplomatas negaram os dois mil vistos que restavam da *lista do papa*, perdendo-se, assim, a oportunidade, tão rara, de atender aos pedidos daqueles que estavam no epicentro do inferno nazista[37].

Independente do pedido encaminhado ao Brasil por Pio XII, diferentes segmentos da Igreja Católica, por iniciativa própria, tentaram ajudar os judeus conseguindo-lhes falsos documentos de identidade e de batismo. Muitos conseguiram vistos nessas condições; daí a dificuldade de apresentarmos *dados estatísticos reais* referentes ao número exato de refugiados judeus radicados no Brasil após 1939.

A história de vida de Cláudia Gentilli (codinome)[38], italiana nascida na província de Udine e que imigrou para o Brasil em 1939, atesta essa estratégia. Fugiu com a família para Cassarati, e os filhos foram estudar em escola católica na Suíça italiana (Escola de Freiras de Santana e, depois, no Sagrado Coração de Jesus). Os padres e as freiras lhes devolviam o dinheiro da mensalidade escolar, o que lhes permitia viver modestamente. Tentaram vistos em vários consulados brasileiros na Itália, mas nada conseguiram. Um amigo londrino aconselhou seu marido a viajar para alguns países sul-americanos em nome da firma. Valendo-se de um visto comercial ficaria no Brasil até que sua família conseguisse vistos para juntar-se a ele. Enquanto isso, Cláudia Gentilli percorreu os consulados brasileiros de Nápoles e de Roma, mas não conseguiu os vistos.

Informada por sua prima Ermínia Leoni, Claudia tomou conhecimento de que um monsenhor em Milão estava ajudando os judeus a fugirem da Itália. Ele era uma alta autoridade religiosa e, como tal, fornecia falsos atestados de batismo. Ajudada por um delegado da polícia, foi para Milão em busca desse documento. Conseguiu-o, mas este não pode ser utilizado, pois deveria estar assinado por uma autoridade religiosa de Lugano, onde o visto seria emitido. Além disso, as passagens para o Brasil deveriam ser de ida e volta, 1ª classe, segundo exigências da Circular Secreta n. 1296. Um outro atestado assinado por um religioso de Lugano garantiu-lhe o visto provisório, que foi, então, liberado por um cônsul brasileiro que, por ser casado com uma judia, estava facilitando a fuga dos judeus da Itália. Seus pais sobreviveram até o final da guerra escondidos no interior daquele país portando falsas carteiras de identidade e com atestados de batismo fornecidas por membros da Igreja Católica. Cláudia tentou trazê-los para o Brasil em 1946, mas recebeu, pessoalmente, a negação de Hildebrando Accioly, que a atendeu na antessala do gabinete do Ministério das Relações Exteriores no Rio de Janeiro. Mesmo assim não desistiu. Novas

37 A. Milgram, op. cit., p. 145-151.
38 Entrevista de Cláudia Gentille à autora, São Paulo, 21 out. 1989. Em atenção ao pedido pessoal da entrevistada, mantivemos o codinome por ela escolhido desde a primeira correspondência que a identificou como *judia-católica refugiada do fascismo italiano*.

tentativas. Dorina, filha de Cláudia, procurou por Accioly em sua residência em Copacabana e, após horas de conversa, conseguiu os vistos graças à intervenção da esposa do diplomata, que disse: "Hildebrando, dá o visto para a moça!". E assim foi feito, ao sabor do acaso e da boa vontade[39].

Com o término da guerra, o papa Pio XII pronunciou-se diante de uma comissão de setenta judeus sobreviventes de vários campos de concentração e que vinham exprimir-lhe a gratidão pela generosidade demonstrada com eles durante o período da perseguição nazista. O discurso exigia tato e palavras apropriadas para aquela audiência, pois, naquela época, já afloravam contundentes críticas sobre uma possível omissão da Igreja Católica diante da matança sistemática dos judeus pelos nazistas. No decorrer de sua breve fala, o Sumo Pontífice ressaltou que a Igreja Católica "nunca deixou subsistir a mínima dúvida acerca da reprovação de ideologias que, na história da civilização, serão contadas entre as mais deploráveis e desonrosas depravações do pensamento e do sentimento humanos". Concluiu aludindo à atividade caridosa dos católicos com os judeus perseguidos. Muitos anos iriam decorrer até que um outro papa tocasse novamente nesse assunto que, ainda hoje, melindra os brios do Vaticano[40].

Somente em 1965 é que o Vaticano começou a publicar documentos diplomáticos altamente secretos tentando provar que o papa Pio XII não havia deixado de ajudar os judeus e outros grupos durante a guerra. Em setembro de 1977, a Igreja Católica francesa pediu perdão ao povo judeu por seu silêncio ante as deportações aos campos de concentração. Em outubro desse mesmo ano, a Santa Sé iniciou um seminário para discutir as raízes do antissemitismo no cristianismo, sentimento que teria contribuído para sufocar a reação da Igreja ao Holocausto na Alemanha nazista.

O perdão oficial pelo silêncio só aconteceu em março de 1998, em um documento intitulado "Nós Nos Recordamos: Uma Reflexão Sobre a Shoah", destinado a representar formalmente o ato de arrependimento da Igreja católica por sua omissão diante do Holocausto. Com relação à figura do papa Pio II – muitas vezes acusado de ter favorecido o Terceiro Reich e, portanto, o extermínio de judeus –, o documento apresenta uma defesa do pontífice. Retomando as palavras de Pio XII em 1945, o papa João Paulo II empenhou-se em ressaltar os esforços daqueles que salvaram centenas de judeus abrigando-os em igrejas e conventos.

---

39 Idem.
40 Confortatrici ed illuminate parole del Sommo Pontefice in risposta all'omaggio riconoscente di ebrei profughi, *L'Observatore Romano*, 30 nov. 1945; Ofício n. 204, da Embaixada do Brasil junto à Santa Sé para a Secretaria de Estado das Relações Exteriores, Roma, 1º dez. 1945, Lata 1.913, Maço 36.380, AHI/RJ; R. H. Bellinghini, Pio XII, O Papa que Cometeu o Pecado da Omissão, *O Estado de S.Paulo*.

Negócios Triangulares

Antes de 1933, portanto durante a República de Weimar, Johannes Schauff esteve envolvido em um projeto de colonização interna do país, orientado pelo processo de intensa industrialização na região próxima às fronteiras com a França e a Bélgica. No lado oposto, nas fronteiras com a Polônia e a Rússia, havia muitas terras ociosas, que, posteriormente, seriam redistribuídas entre pequenos colonos em uma espécie de *reforma agrária*. Foi esse povo que elegeu Schauff deputado em 1930.

Considerando a experiência adquirida em colonização e por conhecer as dificuldades econômicas do país, Schauff foi nomeado membro da Sociedade para Estudos Econômicos no Além-Mar (Gesellschft für Wirtschaftliche Stuien im Übersee), cujo objetivo era investigar locais na América Latina adequados à colonização alemã. Tentativas dessa natureza já haviam sido realizadas, mas, por falta de apoio e de organização, não tiveram sucesso. Assim, o governo alemão chegou à conclusão de que esse tipo de empreendimento deveria encaminhar, sistematicamente, grupos de colonos para uma mesma localidade onde, em conjunto, adquirissem terras[1].

Com esse objetivo, Schauff viajou para a Argentina e o Brasil, onde visitou os estados do Rio Grande do Sul e de Santa Catarina. Esteve também em Terra Nova, colônia próxima de Castro (PR), para onde foram encaminhados imigrantes poloneses. Esteve, ainda, em Ponta Grossa, área ligada a outro projeto de colonização empreendido pelo governo alemão. Em 1933, Schauff chegou à região onde atuava a Cia. de Terras Norte do Paraná, sediada em Londrina. As matas estavam sendo derrubadas desde 1932, iniciando a abertura de *picadas* para a demarcação de terras. Era preciso cavalgar no lombo de um burrico para conseguir penetrar na mata ainda fechada.

Ao retornar à Alemanha, essa comissão relatou aos interessados as condições oferecidas pela região. Esse empreendimento acabou por envolver cerca de dez bancos, várias empresas de navegação, representantes políticos e industriais. Schauff foi incumbido pelos ingleses de executar as transações, tendo viajado nove vezes para o Brasil (1934-1939). Um diversificado material de propaganda circulou por toda a Alemanha contendo informações sobre o Brasil e, mais especificamente, sobre Rolândia. Esses prospectos, juntamente com outros preparados por instituições envolvidas com o resgate de judeus

---

[1] Johannes Schauff faleceu em 19 de maio de 1990 na Alemanha e foi sepultado no Campo Santo Teutônico no Vaticano. Entrevista concedida por Nikolaus Schauff, filho de Joahnnes Schauff à autora. Rolândia, 27 set. 1989.

16. Passaporte de Sílvia Caldenhoff, esposa de Ricardo Caldenhoff, com visto de 2 março 1938.

alemães, colaboraram para formar na *comunidade de imigrantes* a imagem do Brasil como "um refúgio nos trópicos"[2].

Para apoiar os interessados na compra de terras, colaborou estreitamente a casa bancária de Warburg, sediada em Hamburgo, que mantinha contato com os judeus de Berlim. Por intermédio do Banco Warburg, os interessados eram colocados em contato com a Paraná Plantations London e a Cia. de Terras Norte do Paraná[3]. Esses compradores de terra de Rolândia, por ocasião da entrega dos documentos, deveriam apresentar uma permissão de residência permanente no Brasil, condição que os colocava na dependência das autoridades brasileiras. Desde 1934, a imigração para o Brasil estava sendo regularizada pelo sistema de cotas, que exigia uma carta de chamada ou apresentação de título de compra de terras no país. Muitos desses proprietários não conseguiram obter o visto permanente e arriscaram-se viajando na condição de turistas, como aconteceu com o casal Silvia e Ricardo Loeb-Caldenhof[4].

2   Folheto *Die entstandenen Städte beweisen den Fortschritt des Nordens von Paraná*, Cia. de Terras Norte do Paraná, s/d. Coleção Loeb-Caldenhof; Catálogo *Brasilien als Aufnahmeland*, por H. Frankestein, Berlim, 1936, Munique, Staatsbibliothek; *Philo-Atlas, Orientação à Imigração para o Brasil*, Berlim, 1938, Munique, Staatsbibliothek; Opúsculo *Jüdische Auswanderung*, Berlim, 1936, Coleção Irene Freudnheim, São Paulo (SP).

3   Carta de Johannes Schauff à autora. Bolzano, 23 abr. 1990, Arquivo Johannes Schauff, Bolzano/Itália.

4   Depoimento de Ricardo Loeb Caldenhof à autora, Rolândia, 25 set. 1989.

A companhia alemã fez contatos com a Cia. de Terras Norte do Paraná, cuja matriz atuava em Londres com o nome de Paraná Plantations London, e Oswald Nixdorf foi indicado como representante do Brasil, em 1932. Nixdorf, um *expert* em agricultura tropical, deveria recepcionar os recém-chegados, organizar a colônia e promover a imigração. Arthur Thomas, chefe da companhia inglesa em Londrina, teve também uma importante atuação nesse empreendimento. Além de Rolândia, foram fundadas as colônias de Porto Novo (RS), Heimat (SC) e Terra Norte (PR), sobre as quais não temos maiores informações.

Por parte dos judeus, não havia nenhuma organização judaica fazendo a ligação com a companhia inglesa. Para os judeus alemães, esse negócio era conveniente, uma espécie de *caminho da liberdade*. Esse empreendimento envolvia uma série de despesas que nem todos tinham condições de assumir, considerando-se o processo de desintegração da comunidade judaica alemã empreendido pelo Estado nazista a partir de 1933. E, posteriormente, o confisco de seus bens e o bloqueio das contas bancárias. Dentre as despesas estavam o pagamento de impostos ao Banco Nacional de Descontos (Golddiskontbank) e o pagamento de impostos de *desertores do Reich,* no caso de terem uma fortuna acima de cinquenta mil marcos ou uma renda acima de vinte mil marcos. De todo o modo, isso era mais atraente do que vender os marcos abaixo do valor da moeda[5].

Entre 1933 e 1938, foram vendidas, dentro desse projeto da Cia. de Terras Norte do Paraná, cerca de 323 propriedades para imigrantes de nacionalidade alemã, de um total de 2.236 distribuídas entre espanhóis (299), italianos (504), japoneses (357), portugueses (178) e outras nacionalidades, inclusive brasileiros (1607)[6]. Lamentavelmente, é impossível sabermos quantos refugiados judeus entraram no país por meio desse projeto, pois as estatísticas oficiais trazem apenas a identificação por nacionalidade e por categoria dos vistos. Em seu testemunho, Gert Koch-Weser, filho do ex-ministro Erich Koch-Weser, captou muito bem o espírito intolerante daquela época: "Entraram em Rolândia cerca de quatrocentas famílias de alemães, sendo oitenta de judeus classificados como: dez puros, considerados judeus por Hitler, dez políticos e 45 judeus de religião católica (sic)"[7].

Johannes Schauff atuou em Berlim, onde era encarregado de divulgar a oferta de terras no Brasil, favorecendo a compra tanto para católicos como para judeus não arianos perseguidos pelo nazismo. Permaneceu na capital do Reich até 1936, quando se viu obrigado a fugir por constar de uma *lista negra* elaborada pelos nazistas. Foi nessa época que, acompanhado do prelado

---

5 M. Maier, *Um Advogado de Frankfurt se Torna Agricultor na Selva Brasileira*, p. 3.
6 Historiografia sobre Rolândia: N. A. Cancian, *Cafeicultura Paranaense, Estados de Conjunturas (1900-1970)*; H. I. Oberdieck, *A Imigração Judaico-Alemã no Norte do Paraná: O Caso de Rolândia*; F. Pruser, *Roland und Rolândia. Ein Bremer Roland im Brasilianischen Rolândia. Internationale Verlagsgesellschaft*, Bremen, R. B.; O. Villanueva, *Rolândia, Terra de Pioneiros*; G. Kohlhepp, Rolândia (Norte do Paraná). Início e Desenvolvimento Econômico da Colônia Alemã no Brasil (1932-1982), *Revista Brasileira de História*, n. 4, p. 221-229; E. Kominsky, *Rolândia, a Terra Prometida*.
7 Apud H. I. Oberdieck, op. cit., p. 119. Cabe ressaltar que Erich Oberdieck, pai desse historiador, estava entre os dez políticos citados por Koch-Weser.

Ludwig Kaas, chefe do Partido do Centro, refugiou-se no Vaticano, onde intermediou um pedido de vistos do papa Pio XII a Getúlio Vargas.

Foi por intermédio de Schauff que Ricardo Loeb-Caldenhof (classificado pelos nazistas como *constituído de um quarto-judeu*) adquiriu terras que hoje compõem a Fazenda Belmonte, localizada na periferia de Rolândia[8]. O trâmite que permitiu a aquisição dessas terras ficou conhecidos como *negócios triangulares*, ou seja, era possível comprar terras no norte do Paraná por meio de uma conta vinculada com a Paraná Plantations, garantia para a liberação de visto para o Brasil. Assim, o dinheiro depositado pelos judeus para o pagamento dos lotes não saía da Alemanha. Com esse capital, os ingleses da Paraná Plantations compravam material ferroviário da indústria pesada alemã (trilhos, vagões, locomotivas) com o objetivo de construir uma linha ferroviária que iria de São Paulo em direção ao norte do Paraná. Essa transação interessava a todas as partes, incluindo a firma Ferrostal, fabricante de material ferroviário.

A Paraná Plantations mantinha contas em vários bancos alemães, nos quais os interessados faziam depósitos equivalentes aos preços das propriedades a serem compradas. Por meio desse câmbio, o comprador recebia um título que lhe garantia um determinado lote de terras: comprava-se *no escuro*. Essa foi, entretanto, uma das raras oportunidades que os judeus tiveram de transferir capital da Alemanha para o Brasil, operação impossível de ser realizada depois de 1936. Segundo depoimento de Johannes Schauff, esse *projeto triangular* realizou entre dezesseis e dezoito permutas, envolvendo 145 pessoas. Alguns judeus mais ortodoxos não conseguiram adaptar-se e transferiram-se para São Paulo e Londrina[9].

As autoridades brasileiras, no entanto, estavam atentas a esse tipo de estratégia empregada pelos judeus que optaram por viver em Rolândia. Em abril de 1937, Dulphe Pinheiro Machado, diretor do Departamento Nacional de Povoamento, alertou os chefes de polícia dos principais estados brasileiros para o fato de que os judeus continuavam a ingressar pelos diversos portos nacionais na qualidade de turistas, na forma do art. 8º, letra c, do decreto n. 24.258, de 16 de maio de 1934. Burlando as leis imigratórias, esses estrangeiros estariam "adquirindo glebas de terras, requerendo, de posse das respectivas escrituras públicas, sua definitiva permanência no território nacional". Conclui com o discurso da malignidade que transforma cidadãos sãos em *parasitas*: "avolumando-se essa corrente e tratando-se de estrangeiros parasitários, quiçá perigosos à ordem pública, e que não identificados por este Departamento por ocasião de sua chegada". Diante dessa situação, Pinheiro Machado solicitava medidas e providências da polícia, que deveria agir "pelo seu reconhecido critério e sabedoria"[10]. Caberia

---

8 Depoimento de Ricardo Loeb-Caldenhof à autora, Rolândia, 25 set. 1989.

9 *Liste der auf Grund der Austauschgeschäfte Ausgewanderten*, s/d, Arquivo particular de Johannes Schauff, Bolzano/Itália.

10 Ofício de Dulphe Pinheiro Machado, diretor do Departamento Nacional de Povoamento para o Chefe de Polícia do Estado do Amazonas, Rio de Janeiro, 15 abr. 1937, Lata 741, Maço 10.561, AHI/RJ. Cópias idênticas foram encaminhadas para os chefes de polícia ou secretários de Segurança Pública de 21 estados brasileiros.

L i s t e

der auf Grund der Austauschgeschäfte Ausgewanderten.

Name:	Personenanzahl:
1. Fendel	2
2. Schlieper	2
3. Stettiner	3
4. Koch-Weser	4
5. Fust	4
6. Dr. Nau	2
7. Schauff-Mager	2
8. Dietz	4
9. Giesen	1
1o. Bredemann	4
11. vom St.Raphaelsverein	7
12. Bismark	1
13. Schrank	1
14. Hasselberger	3
15. Hans	2
16. Graf Galen	2
17. Pöhlmann	2
18. Fritzsche	1
19. Sekles	3
2o. Kirchheim	1
21. Altmann	5
22. Lidenberger	4
23. Rohr	1
24. Heinemann	1
25. Kronsfoth	1
26. Wohlmuth	2
29. Weber	2
3o. Schneidler	3
31. Bamberger	1
32. Richter	1
33. Schöpflein	2
34. Dr.Güth	4
35. Levy	1
36. Dr.Stein	2
37. Lehmann	3
38. Lindenberger	6
39. Dr.Traumann	4
4o. Lippmann	3
41. Dr. Moskowsky	4
42. Tessmann	2
43. Jung	2
44. Speer	1
45. Sessler	6
46. Dr.Wolff	2
47. Flatau	3
48. Adler	3
49. Kuntz	2
9. Pawel	3
1. Loeb-Caldenhoff	4
2. Plüer	1
3. Gottheiner	1
4. Dr.Stern	2
5. Dr.Maier	3
6. Dr.Löwenfeld	2
7. Kahn	2
8. Dr.Goldberg	2
9. Dr. Wasser	3
	145

17. Relação das 59 famílias refugiadas em Rolândia,
norte do Paraná, por meio de Johannes Schauff,
que intermediou a compra de terras através dos
negócios triangulares.

averiguar nos arquivos dos vários Deops se as autoridades policiais sustentaram vigilância sobre as comunidades judaicas locais que acolhiam os refugiados.

O British Committee for Refugees from Czecho-Slovakia chegou a fazer contato com a Paraná Plantations London com o intuito de conseguir, por meio de seus projetos de colonização planejada, vistos para refugiados tchecoslovacos que pretendiam estabelecer-se no Brasil. Essa associação reunia, com o patrocínio de lorde Mayor, reconhecidos nomes da capital inglesa entre os quais o arcebispo de Canterbury, o Visconde de Cranbourne, Harold Butler, dentre outros. Hélio Lobo – escolhido para servir de intermediário entre os dois grupos – recebeu, em 4 de agosto de 1939, um pedido do British Committee, que, prevenido contra as circulares secretas antissemitas que regiam a política imigratória brasileira, propôs selecionar cerca de cem famílias, das quais apenas dez por cento seriam, se possível, de *origem israelita.* Além de se encarregarem dessa seleção, o grupo inglês se responsabilizaria pelas despesas de transporte e instalação, garantindo até duzentas libras por família[11]. A perspectiva era de que esses refugiados se dedicassem à agricultura cultivando algodão, trigo, arroz, mandioca, batatas e frutas, além de criarem porcos e aves. No entanto, a *nova ordem* brasileira tinha regras e estas deveriam ser respeitadas e não negociadas.

Aqueles que conseguiram chegar até Rolândia, via negócios triangulares, foram poucos e, assim mesmo, valendo-se do escritório de advocacia de Max Maier, que, em Frankfurt, funcionava clandestinamente como um ponto de informações. O casal Mathilde e Max Maier, acompanhado de sua sobrinha Margaret Maier, só conseguiu fugir porque comprou o visto como católico: "Para nós não mudava nada", afirmou Mathilde Maier (1896-1997) em seu testemunho registrado em 1989. As suas propriedades haviam sido confiscadas pelos nazistas e as cartas de crédito vendidas em 1936, para comprar terras em Rolândia e pagar o visto vendido pelo cônsul de Frankfurt.

Os Maier deixaram a cidade de Frankfurt com as sinagogas em chamas: era 10 de novembro, a fatídica Noite dos Cristais. Centenas de judeus foram arrastados pelo meio das ruas e levados para os campos de concentração. Ajudados por amigos católicos, os Maier conseguiram embarcar em um trem, mas foram detidos por nazistas na divisa de Emmerich. Ali permaneceram presos por cerca de oito horas até que, finalmente, foram libertados. Levaram consigo a pouca bagagem que lhes restava: algumas mudas de roupa e pequenas caixinhas de sementes colhidas do jardim da casa de Frankfurt. Ali estava depositada a esperança da germinação de uma nova vida nas terras roxas do Paraná.

Os Maier só se consideraram a salvo após terem atravessado as fronteiras da Holanda e alcançado Londres, onde, durante uma semana, se hospedaram na casa de amigos. Um novo jardim foi recriado por Mathilde que, como tantos outros judeus, acreditou na germinação das sementes. Como refugiados

---

11   Ofício n. 89, de Hélio Lobo, diretor do Brasil no Conselho de Administração da Repartição Internacional do Trabalho, para Oswaldo Aranha, ministro das Relações Exteriores, Genebra, 4 ago. 1939, (558.80e) e 640.16 (99), Lata 1616, Maço 34.888, AHI/RJ.

em trânsito, partiram para Southampton, a sudoeste da Grã-Bretanha e, finalmente, embarcaram com destino ao Brasil a bordo do navio Cap Arcona. Como eles, centenas de outros judeus – alguns com cabeça raspada – portavam o estigma dos párias imposto pelo III Reich: um **J** carimbado no passaporte. Outros levavam diante do prenome a identificação *Sara* ou *Israel*, nomes bíblicos transformados em marca de distinção do grupo judeu[12].

Os passaportes dos Maier haviam sido assinados em 17 de setembro de 1938 por Carlos Alberto Gonçalves, diplomata que, por ironia do destino, era um dos passageiros do Cap Arcona. Com toda diplomacia, o cônsul ameaçou denunciá-los "caso não fosse paga a outra metade do visto!"[13] Mathilde Maier logo compreendeu que *ele levava dinheiro*. E assim foi feito[14].

Em dezembro de 1938 o Cap Arcona atracou no porto de Santos. Fazia muito calor. Na alfândega, os inspetores implicaram com aquelas caixinhas de sementes que haviam brotado durante a viagem. Liberados, os Maier e as sementes partiram de trem para São Paulo, onde Max foi operado de uma hérnia *adquirida* durante as horas em que estiveram detidos pelos nazistas na fronteira com a Holanda. A diária do hospital custava doze mil réis, ou seja, um marco e sessenta *pfennig*. Mathilde recorda-se de um primeiro passeio no Parque Trianon, próximo à Avenida Paulista, onde animais estranhos se locomoviam lentamente pelos galhos de árvores: eram bichos-preguiça. No ar, um "cheiro de capim-gordura, um cheiro peculiar, doce e pesado!"[15].

Alguns dias depois, os Maier tomaram um trem que levou 24 horas para chegar até Rolândia. Pelas janelas do vagão, olhavam as fagulhas, o pó vermelho da terra, os pastos magros e as plantações mirradas de milho. Desalentadores eram os bosques pobres de eucaliptos e as imensas área de capoeiras, campos decadentes dos cafezais paulistas. À medida que o trem penetrava em direção ao interior do estado do Paraná, a paisagem ficava mais verde e a terra mais roxa. No caminho oposto e bem distante de Auschwitz, esse trem simbolizava a vida, como muito bem retratou o escritor Lucius de Mello em seu video-documentário, *O Trem da Vida*, apresentado na Ação Educativa do Projeto Arqshoah – Arquivo Virtual sobre Holocausto[16].

A penúltima parada foi Ibiporã e, finalmente, Rolândia, que nada mais era do que uma pequena vila com algumas poucas casas de madeira e lojas onde

---

12 A inclusão de *Israel* ou *Sara* antes dos prenomes tornou-se obrigatório após a realização dos Jogos Olímpicos em 1936. Podemos reconsiderar que havia quatro formas de *se tornar* judeu, de acordo com as regras impostas pelo nacional-socialismo: por nascimento, conversão, decreto ou classificação científica (isto é, por parecer de um médico, um antropólogo ou um psiquiatra).

13 Mathilde Maier escreveu-me em 12 de maio de 1988 após ter lido meu livro *O Anti-Semitismo na Era Vargas*. Essa carta carrega a emoção de quem testemunhou parte da tragédia empreendida pelos nazistas. "Uma longa história […]", escreveu Mathilde. Em 1989, eu tive o prazer de passar um dia inteiro em companhia dela, caminhando em meio a seu jardim de flores em Rolândia, tema de sua vida, suas pinturas e seus livros. Nessa oportunidade, Mathilde comentou: "O tempo de Vargas foi assustador para nós, imaginando como seria o mundo se os nazistas vencessem". Carta de Mathilde Maier à autora. Rolândia, 12 maio 1988; Depoimento de Mathilde Maier à autora. Rolândia, 26 set. 1989.

14 Idem.

15 Idem.

16 Disponível em: <http://www.aqrshoah.com.br>.

se podia comprar *de tudo um pouco*. Uma delas trazia escrito na fachada "Secos & Molhados", que, em alemão, soava muito engraçado; outra pertencia ao dr. Weber, médico alemão refugiado que, por não ter o direito de clinicar no Brasil, resolveu mudar de ramo[17].

Mathilde e Max Maier foram residir na Fazenda Jaú, cujas terras haviam sido compradas em sociedade com os Kaphan. Na primeira noite, sofreram com as picadas dos borrachudos, que deixaram suas pernas inchadas e inflamadas. Mas o calor dos trópicos era um mero purgatório para aqueles que haviam conseguido fugir do Inferno nazista. Apesar de nunca terem trabalhado na agricultura, experiências foram sendo testadas nas hortas e nos jardins, seguindo a orientação do tradicional guia para iniciantes: *O Conselheiro prático para o Colonizador Alemão*. A tradução do alemão para o português nem sempre dava certo, mas não custava nada tentar. Assim ficou a frase "O adubo é o pé do lavrador, mas é o olho do patrão que engorda o boi" ou "Quem deixa suas galinhas arvorear-se (subir na árvore) condena a si mesmo!"[18]

Cobras apareciam sobre a mesa ou debaixo da cama sendo confundidas com cintos de couro. Gambás empesteavam o ambiente da casa exalando fedor pela urina. A instalação do *carneiro*, bombinha para puxar água, ganhou sabor de novidade, assim como o ribeirão Jaú com os seus milhares de *olhos d'água*. Cada detalhe desse lugar foi relembrado por Mathilde Maier como imagens-símbolo do recomeço de sua vida nas terras roxas do Paraná: uma verdadeira empreitada para um casal de judeus acostumados a civilização europeia. As memórias do casal Maier são hoje um dos mais ricos registros da trajetória desses cidadãos que fizeram do Atlântico o seu caminho da liberdade O impacto causado pela vida nos trópicos encontra-se nos títulos dos livro de memórias de Max Maier e Mathilde Maier: *Um Advogado de Frankfurt se Torna Cafeicultor na Selva Brasileira* e *Os Jardins da Minha Vida*. O sentido simbólico do jardim de Mathilde Maier (1896-1997) em Rolândia está na sementes que sempre florescem se lhes dão água e luz[19].

Dentre os judeus radicados em Rolândia desde o início dos anos de 1930, alguns deles e seus descendentes ainda residem nas antigas glebas adquiridas da Cia. de Terras Norte do Paraná, como os Loeb-Caldenhof (Fazenda Belmonte), os Maier e os Kaphan (Fazenda Jaú) e os Rosenthal, cujas terras ainda

---

17 Entrevista concedida por Mathilde Maier à autora. Rolândia, 26 set. 1989, disponível em: <http://www.Arqshoah.com.br>. Trajetórias de vida recontadas por L. de Mello em seu romance histórico, *A Travessia da Terra Vermelha*.

18 Entrevista concedida por Mathilde Maier à autora.

19 A vida destes refugiados pode ser conhecida por meio de uma coletânea de livros de memória, alguns já analisados por mim no artigo Literatura de Imigração: Memórias de uma Diáspora I, *Acervo, Revista do Arquivo Nacional*, v. 10, n. 2, p. 147-165. Livros de memórias disponíveis no portal *Arqshoah*: Mathilde Maier, *All The Gardens of My Life*; *Os Jardins da Minha Vida*; M. H. Maier, *Um Advogado de Frankfurt se Torna Cafeicultor na Selva Brasileira*; K. Schaulff, *Schreiber mir alles, Mutter*. Esse e outros títulos podem ser consultados no *link* Biblioteca, disponível em: <http://www.Arqshoah.com.br>.

18. Ricardo Loeb-Caldenhof em sua fazenda-modelo de produção de trigo e arroz. Fazenda Belmonte, Rolândia, 1989.

são produtivas[20]. Ricardo Loeb-Caldenhof (1909-1993), contradizendo as previsões antissemitas das autoridades brasileiras, tornou-se o Produtor Modelo 1984, premiado pelo Ministério da Agricultura por suas inovações no plantio de arroz e de trigo em forma de terraços[21]. Em 1989, o agrônomo Caldenhof enviou-me uma cópia desse certificado com o seguinte comentário:

> Talvez com isso a senhora consiga convencer os antissemitas de hoje da obscuridade da política grotesca do governo da ditadura Vargas e, especialmente, das circulares clandestinas do Itamaraty aos embaixadores e cônsules brasileiros na Europa na época de 1937 a 1942, às vésperas da imigração de judeus e descendentes de judeus. Foi nessa época que o ministro Oswaldo Aranha classificou estes imigrantes como "parasitas que nunca gostaram de trabalhar na agricultura"[22].

20 Depoimentos à autora: de Ricardo Loeb-Caldenhoff, 25 set. 1989; Nikolaus Schauff, 27 set. 1989; Herta e Max Moser, 28 set. 1989, 2 jul. 1996; de Mathilde Maier, 26 set. 1989; Inge Marion Rosenthal, 23 set. 1996, ATC/SP. Essas e outras entrevistas podem ser consultadas, na íntegra, no *link* Testemunhos, disponível em: < http://www.Arqshoah.com.br >.

21 Agricultor Bate Recorde de Safra, *Folha de S.Paulo, 17 abr. 1982*; Trigo Irrigado por Inundação Dá Bom Resultado, *O Estado de S.Paulo*, 10 set. 1986; Arroz em Terraços, *O Estado de S.Paulo*, 20 mai. 1985, *Suplemento Agrícola*; Arroz Irrigado em Patamares de Terra Roxa, *O Estado de S.Paulo*, 20 mai. 1981, p. 3; Diplomas *Produtor Modelo 1984 e Produtor Conservacionista 1984*, Ministério da Agricultura do Brasil, Brasília, 1984, ARLC /PR; Carta de Ricardo Loeb-Caldenhof à autora, Rolândia, Fazenda Belmonte, 20 nov. 1987, ATC/SP.

22 Carta de Ricardo Loeb-Caldenhof à autora. Rolândia, Fazenda Belmonte, 7 out. 1989, ATC/SP. Observação: Caldenhof faleceu em 21 set. 1993 e foi enterrado, a seu pedido, na Alemanha.

Além desse grupo, Rolândia abrigou outras quarenta ou cinquenta famílias refugiadas da Alemanha nazista, como Erich Koch-Weser, velho diplomata e político de gabarito durante a República de Weimar. Koch-Weser havia chegado em 1933 e, mais tarde, conseguiu trazer o prof. Goetz Ziegler, que se tornou professor dos filhos do diplomata; E os Moser, que, após percorreram a trilha Xangai-Brasil, optaram por residir na cidade por não se adaptarem à vida no campo distante de sua terra natal. Max Moser viveu livre para poder executar ao piano os clássicos do *jazz*, proibido na Alemanha nazista por ser considerado "arte degenerada". Emocionado por poder contar sua história, Max Moser transformou sua música em libelo à liberdade e sua assinatura em carinhas sorridentes expressivas da alegria de sobreviver[23].

23   Entrevistas concedidas por Max e Herta Moser à autora, Rolândia, 27 set. 1989.

IV.

Metamorfose do Êxodo

A convicção de que a vida tem uma finalidade está gravada em todas as fibras do homem, é uma propriedade da substância humana. Os homens livres chamam de muitas maneiras tal finalidade, e sobre sua natureza pensam e falam muito: porem para nós a questão é muito mais simples. Aqui é hoje, nossa finalidade é de sobreviver até a primavera. Sobre outras coisas, agora, não nos preocupamos. Atrás desta não há, agora, outra meta.

Auschwitz, 1944.

PRIMO LEVI, *Si Esto es un Hombre.*

O Círculo das Minorias Escoriaçadas

Entre 1933 e 1935, cerca de 78 mil judeus saíram da Alemanha e, em 1938, a emigração atingiu um total de 150 mil, ou seja, uma parcela considerável da população judaica da Alemanha. O boicote econômico havia deixado a comunidade judaica em estado de perplexidade, alimentando a primeira grande onda emigratória de judeus alemães. As condições de sobrevivência iam minguando, em contraposição à intolerância, que assumia dimensões inexplicáveis,ampliando o círculo das minorias escoriaçadas.

O *pogrom* de novembro de 1938 – a Noite dos Cristais – quebrara muito mais que simples vidraças. Os atos de vandalismo praticados pelos nazistas estilhaçaram, em milhares de pedacinhos, o mundo de ilusões que muitos judeus vinham alimentando. A partir daquela noite, ficou evidente que Hitler não era um mero incidente em suas vidas. A ficção de que eles poderiam deixar o país quando quisessem e que não eram forçados a isso desmoronou juntamente com outras tantas esperanças. Até então, funcionários judeus alemães, tanto sionistas como assimilacionistas, acreditavam em uma grande *ressureição judaica*, um *grande movimento construtivo do judaísmo alemão*. Alguns chegavam a discutir se a emigração judaica era benéfica ou se deveriam permanecer na Alemanha, como se eles pudessem opinar a respeito[1].

Diferentes órgãos do partido e do Estado nazistas chegaram a questionar o aumento dessa evasão que poderia prejudicar os interesses do Reich, por um lado, e, por outro, facilitar o nascimento de um Estado judeu na Palestina. Hitler optou pela saída forçada dos judeus (para não usar o termo adequado: *expulsão*). Mais tarde, voltaria atrás, optando pela *solução final*. A partir de 1938, uma série de medidas antissemitas acionadas pelo Terceiro Reich pressionaram os judeus alemães a emigrar, fosse por terra ou por mar, com ou sem documentos. Segundo Hannah Arendt, a emigração de judeus não foi indevidamente acelerada e ordeira. Os nazistas valiam-se da falsa imagem de que *existiam restrições, mas não impedimentos*. Aliás, essas regras estavam contidas nos 25 pontos do programa do NSDAP, formulado em 1920, e que, ao lado da Constituição de Weimar, nunca haviam sido abolidos[2].

Eichmann, incumbido de organizar essa emigração forçada, foi nomeado chefe do Centro de Emigração dos Judeus Austríacos, com sede em Viena. Sua atuação obteve sucesso: no prazo de oito meses, 45 mil judeus deixaram a Áustria e outros dezenove mil, a Alemanha. Em um ano e meio, a Áustria

---

1   H. Arendt, *Eichmann em Jerusalém*, p. 53-54.
2   Idem, p. 55.

19. Berlim, 1937: Judeus registrando-se para a emigração.

ficou *limpa de indesejáveis*, ou seja, 148 mil pessoas, dos quais 60% eram judeus, deixaram o país. Segundo o Instituto Estatal de Documentação de Guerra dos Países Baixos, um assessor de Eichmann, Erich Rajakowitsch, havia idealizado a criação de uma espécie de *fundo de emigração* que sustentariam os escritórios da emigração judaica de Viena, de Praga e de Berlim. Essa ideia teria circulado em uma reunião de Reinhard Heydrich com Hermann Goering, na mesmo dia da Noite dos Cristais. Esses fundos seriam *patrocinados* por judeus ricos interessados em emigrar, que pagariam alta soma acrescida de uma taxa adicional em moeda estrangeira (dólar), que, em caixa, possibilitaria a saída dos judeus pobres. Parte desse fundo *extra* seria patrocinado pelas instituições sionistas envolvidas com os programas de socorro aos refugiados. Ao ser (re)vendido para o candidato a emigração, esse fundo gerava um lucro incrível. Por exemplo, precisava-se de dez a vinte marcos para a compra de um dólar, cujo valor no mercado era de 4,20 marcos.

Durante alguns anos, chegou a existir um Acordo de Transferência (*Haavará*) entre autoridades nazistas e a Agência Judaica para a Palestina, que, de forma *legal*, possibilitava ao emigrante transferir seu dinheiro por meio de uma conta bloqueada no exterior que só poderia ser liquidada com uma perda de 50% a 95%. Esse capital deveria ser transformado em mercadorias alemãs (ao

20. Israel, 1937: Um dos cartões postais
(com os dizeres "Longa Vida Tel-Aviv"), neste caso
de Ano Novo, que alimentavam o sonho sionista
e a imigração ilegal.

preço de libras) e comercializado na Palestina. Esquema semelhante foi proposto pelo Sr. Schacht, diretor do Reichs Bank, ao Comitê Intergovernamental, em 15 de dezembro de 1938. Naquela ocasião, o Reichs Bank dispunha-se a fazer um empréstimo internacional com base na avaliação, a baixo preço, das propriedades judaicas em seu território. Parte mínima do valor dessas propriedades seria levada pelo emigrante sob a forma de *bônus*, com os quais poderia comprar e revender mercadorias alemãs nos países de destino. Essa proposta causou grande polêmica entre os membros do Comitê Intergovernamental, que, possivelmente, não tinham conhecimentos desses antecedentes[3].

Em sua essência, essa transação solucionava um grande problema para o Reich: o de se ver livre da massa judaica. Assim, no ato da emigração, os judeus alemães (pobres e ricos) deveriam portar a quantia suficiente para conseguir seus vistos e passar pelos controles de emigração dos países interessados em recebê-los[4]. O governo brasileiro, por sua vez, interpretou a entrada desses judeus pobres como *um problema de fato*, a ponto de o Itamaraty instituir, em setembro de 1938, a Circular Secreta n. 1.249, que exigia do imigrante *provas* de seu potencial capitalista[5]. Com ou sem dinheiro, cada qual tentou

3   Ver infra, p. 122-123.
4   H. Arendt, op. cit., p. 57.
5   A Circular Secreta n. 1.249, de setembro de 1938 (e que revogou a de n. 1.127), foi instituída durante a gestão do chanceler Oswaldo Aranha. Aprovada pelo c.i.c. e por Getúlio Vargas, essa circular

emigrar valendo-se dos meios de que dispunha no momento. As agências de viagem em Berlim mal davam conta de atender a multidão que se amontoava em frente a suas portas. Há notícias de que emissários da Palestina procuraram a Gestapo e a ss a fim de obter ajuda para a emigração ilegal, de forma a romper as barreiras impostas pela Grã-Bretanha[6]. Os mais idealistas, sionistas de coração, tentaram chegar à Palestina em velhos navios fretados que dificilmente alcançavam seu destino; alguns naufragaram nas proximidades da Terra Prometida, após verdadeiras peripécias.

No ano seguinte, o fluxo emigratório dos refugiados se viu alterado em decorrência de uma série de fatores relacionados com a política interna e externa do Reich:

a. a aceitação franco-britânica de desmembrar a Tchecoslováquia, em uma tentativa de preservar a paz geral na Europa. Essa investida resultou no estabelecimento de um protetorado alemão sobre a Boêmia e a Morávia[7];
b. mudanças nos métodos de *emigração forçada*, a partir de fevereiro de 1939, retratadas na ampliação dos Centros para a Imigração Judaica, que tiveram o de Viena, organizado por Eichmann, como modelo. Dois novos centros foram instalados em Praga e em Berlim, o primeiro chefiado por Eichmann e o segundo, temporariamente, por Heinrich Müller[8]. A partir de outubro de 1941, a emigração seria definitivamente suspensa por Hitler.

Com a conquista da Polônia, em setembro de 1939, o Reich somou cerca de dois milhões e meio de judeus à população judaica sob sua vigilância. Nessa época, o *clima de terror* aumentava como uma mancha de óleo na água repercutindo no fluxo emigratório comprometido pela situação de guerra. Deve-se também acrescentar que os judeus já estavam sendo concentrados em guetos no leste e, milhares deles, liquidados pelo Einsatzgruppen[9]. Após a anexação da Áustria, cerca de 135 mil judeus foram submetidos à legislação nazista. Em 23 de agosto desse mesmo ano, foi assinado o Pacto de Não Agressão entre a urss e a Alemanha, acordo que permitiu a Hitler invadir a Polônia, em 1º de

---

    autorizava conceder visto em passaportes de semitas no caso destes (capitalistas ou industriais) provassem a transferência e a aplicação de um capital mínimo de 500:000$000. Ver M. L. T. Carneiro, *O Anti-Semitismo na Era Vargas*, p. 130-131.

6   J. Kimche; D. Kimche, *The Secret Roads: The Illegal Migration of a People, 1938-1948*, London: [s.n.], 1954, apud H. Arendt, op. cit, p. 74.

7   A composição multirracial da Tchecoslováquia facilitou seu desmembramento, com a concordância da Grã-Bretanha e da França, no acordo selado em Munique, em setembro de 1938. Hitler simplesmente desconsiderou as cláusulas do Tratado de Versalhes reconquistou o Sarre por plesbicito em 1935, remilitarizou a Renânia e anexou a Áustria em 1938

8   Eichmann, meses depois, foi chamado para ocupar a chefia do Centro para a Emigração Judaica em Berlim, em substituição a Müller.

9   Comandos das Unidades de Ação Especial encarregados da aniquilação dos judeus na Rússia ocupada. No dia 31 de julho de 1941, Hermann Goering remeteu uma ordem escrita a Reinhard Heydrich, encarregando-o de todos os passos para a "solução geral do problema judeu nas áreas de influência alemã na Europa". Em 20 de janeiro de 1942, Reinhard Heydrich apresentou seu plano de Solução Final (*Endlösung*) na Conferência de Wannsee, que reuniu os principais funcionários dos ministérios alemães. M. L.T. Carneiro, *Holocausto: Crime contra a Humanidade*, p. 55.

setembro, sem a reação dos russos. A tática veloz empregada pela Wehrmacht – que valeu-se de tanques (Panzers), infantaria a pé e aviões de bombardeios da Luftwaffe – atingiu indiscriminadamente as cidades polonesas, colocando a população em estado de pânico total. A rendição dos poloneses ocorreu no dia 27, após intensos bombardeios sobre Varsóvia. Além de um grande número de judeus, autoridades políticas, diplomatas e funcionários de vários ministérios deixaram o país desprovidos de quaisquer recursos. Vários desses grupos buscaram refúgio no Brasil, onde já existia, desde o início do século XX, uma grande comunidade polonesa radicada no Sul do país, fato que foi interpretado pelo governo brasileiro como *um avanço do imperialismo polonês*.

Sob o pretexto de defender a autodeterminação das minorias alemãs, a Alemanha voltou-se contra os aliados da França: Tchecoslováquia e Polônia. Só na região dos Sudetos (área da Tchecoslováquia), habitavam cerca de três milhões de alemães. A cada investida alemã, intensificava-se a fuga desenfreada da população local diversificando as categorias dos refugiados políticos, que, sem destino, passaram a perambular pela Europa[10].

Uma verdadeira máquina para a *solução da questão judaica* começou a ser implantada em todos os territórios ocupados pelos nazistas: confiscos, maltratos, deportações em massa, massacres, multas, etc.; fragmentos de um processo que culminaria com a total perda dos direitos de cidadania pelos judeus. Incitado pelos modernos meios de comunicação de massa, o antissemitismo proliferava dia a dia, ampliando o rol das minorias escoriaçadas. Uma série de práticas antissemitas adotadas pelo governo romeno pressionou milhares de judeus a buscarem refúgio na Bulgária, que, como tantos outros países vizinhos à Alemanha, baixou um decreto proibindo-lhes a entrada no país[11]. O jornal *O Estado de S.Paulo* anunciava, em abril de 1938, que o novo regime romeno acarretaria uma nova corrente imigratória de judeus para a Áustria, avaliada como "um país demasiadamente pobre para servir de asilo, desde que países mais ricos se recusavam a alimentá-los". Comentava-se que não seria possível exigir que a Áustria prejudicasse seus próprios cidadãos judeus aumentando o seu número com os que eram expulsos de outros países. Tomar isso como regra, segundo o jornal paulista, "há de parecer a todos tão humana como justa"[12].

A tragédia foi assumindo, dia a dia, *status* de notícia. Imagens de um êxodo interminável tomaram conta das páginas de toda a imprensa brasileira e internacional. Em 16 de março de 1938, *O Estado de S.Paulo* informava que

---

10 Esta questão diz respeito a Política de Apaziguamento, que teve seu auge na Conferência de Munique, em 29 de setembro de 1938, reunindo Hitler, Mussolini, Edoaurd Daladier e Neville Chamberlaim, estes últimos primeiros-ministros da França e da Inglaterra. Pressionados por Hitler, esses três países concordaram em negociar a liberdade de um Estado autônomo, a Tchecoslováquia (Sudetos). Esta deixou de existir, vítima do expansionismo da Alemanha e do oportunismo da Hungria e da Polônia. W. da S. Gonçalves, A Segunda Guerra Mundial, em D. A. Reis Filho et al. (orgs.), *O Século XX*, v. 2, p. 171.

11 Os Judeus Não Podem Emigrar para a Bulgária. Viena, 31 (UP), *O Estado de S.Paulo*, 1º jan. 1938, p. 24. Todas essas matérias foram sistematicamente pesquisadas e analisadas por A. R. Guglielmo, *A Questão Judaica e o Holocausto Enquanto Notícia*.

12 Restrições a Imigração na Áustria. Viena, 31 (UP), *O Estado de S.Paulo*, 21 abr. 1938, p. 1.

numerosos judeus poloneses que se encontram na Áustria estavam tentando fugir nos trens que se dirigiam para Varsóvia, onde eram recebidos pelas autoridades daquele país. O mesmo não acontecia com relação aos judeus austríacos que buscavam refúgio na Polônia[13]. Nessa mesma época, 51 judeus expulsos da Áustria haviam sido detidos por guardas tchecos ao tentarem ultrapassar as fronteiras da Tchecoslováquia, então fechadas. Entre estes estava o rabino Moritz Peris, com oitenta anos, que, como todos os outros, se escontrava em lastimoso estado físico e psicológico. Haviam vivenciado provações de toda sorte, além de terem seus bens confiscados. Com exceção do rabino, as autoridades tchecas não permitiram o ingresso do grupo, que ficou provisoriamente, *hospitalizado* em Bratislava. Posteriormente, tentaram seguir para a Hungria, onde também foram impedidos de entrar e devolvidos ao país de origem pela *polícia do dr. Benes*[14]. Sob o comando do Reich, o novo regime, sob a presidência de Emil Hácha, assim como o de Josef Tiso, na Eslováquia, endossaram totalmente as Leis de Nuremberg[15]. Essa posição explica o fato de, a partir de 1939, o consulado do Brasil em Praga ter sido *invadido* por centenas de pedidos de vistos para o Brasil.

A mesma pressão foi sentida sobre os judeus romenos, que, de forma ainda mais turbulenta, foram obrigados a fugir. Entre dezembro de 1937 e janeiro de 1938, o primeiro-ministro Octavian Goga suprimiu os jornais de proprietários judeus, os excluiu dos serviços civis, privou-os do direito de votar e declarou que o Estado não mais iria negociar com as suas empresas. Apesar de o governo Goga ter durado apenas 45 dias, essa prática foi reafirmada e ampliada com as Leis de Nuremberg quando Ion Gigurtu, amigo de Hermann Goering, assumiu o posto de primeiro-ministro em 1940. Meses depois, esse modelo era seguido pela Iugoslávia e pela Bulgária, cuja população judaica totalizava setenta mil pessoas[16].

Essas novas investidas contra judeus de diferentes nacionalidades, além de alterar o perfil do êxodo dos refugiados, exigiu que os países receptores (re) adequassem as regras de suas políticas imigratórias. Judeus tchecos, romenos, poloneses, austríacos e outros tantos *párias do Reich* procuravam desesperados as organizações de socorro e as associações judaicas internacionais, na tentativa de conseguir visto para emigrar para qualquer lugar. Múltiplas estratégias se prestavam como tábua de salvação, no caso de não conseguirem um visto permanente: visto de turista com passagem de ida e volta, visto diplomático, falso atestado de religião (católico, protestante, ortodoxo), viagem de negócios etc.

Inúmeros foram aqueles que tentaram emigrar para o Brasil valendo-se das cotas por nacionalidades ou de um parente próximo radicado há algum

---

13 Numerosos Judeus Poloneses Abandonaram a Áustria, Varsóvia, 15 (UP), *O Estado de S.Paulo*, 1º jan. 1938, p. 24.

14 A Trágica Situação dos Judeus Expulsos da Áustria, *O Estado de S.Paulo*, 1º jan. 1938, IEB/USP.

15 Depoimento registrado por John Flournoy Montgomery, embaixador dos Estados Unidos na Hungria. Reeditado na íntegra, esse documentro traz à luz outra versão sobre o posicionamento da Hungria, que colaborou no salvamento de milhares de judeus refugiados, apesar da política antissemita imposta pelo Reich. Cf. *Hungria: Satélite Contra a Vontade*, p. 107-130.

16 Idem, p. 118,119.

21. Berlim, 1940: Deportação de judeus.

tempo no país que lhes fornecesse uma carta de chamada. Mas nem sempre a prática da lei era igual para todos: privilegiados eram aqueles que contavam com a interferência de político brasileiro ou que dispunham de algum capital que se prestasse a comprovar que não faziam parte da *ralé*. Os projetos de colonização funcionavam como trampolim para aqueles que se apresentavam como agricultores, ainda que nunca tivessem exercido o ofício. Mas não adiantava apenas apresentar a comprovação de que era *agricultor* ou *técnico*: o importante era *não ser judeu*.

As solicitações de vistos junto às embaixadas e consulados funcionavam como um verdadeiro termômetro da catástrofe que, dia a dia, atingia novas nacionalidades. Poloneses, franceses, russos, tchecos, austríacos, húngaros e romenos somavam-se aos alemães, formando uma imensa comunidade sob *liberdade condicional*. O grau de infelicidade dos judeus da Europa – se é que existem medidas para o sofrimento e a degradação humana – aumentava de acordo com o avanço das tropas nazistas em direção ao Leste Europeu[17].

17 Expressivos da dimensão desta tragédia são os documentos: Ofício da Legação da Polônia para o MRE, Rio de Janeiro, 10 fev. 1939; Telegrama n. 18, do MRE para Hélio Lobo, a/c Embaixada Brasileira em Londres, Rio de Janeiro, 16 fev. 1939; Telegrama do MRE para o ministro da Polônia, Rio de Janeiro, 16 fev. 1939; Telegrama do secretário geral do MRE para o presidente do CIC, Rio de Janeiro, 17 fev. 1939; *Intergovernmental Committes to Continue and Develop the Work of the Evian Meeting*, London, 1938; *The Position of the Jews Expelled from Germany to Poland in October 1938*; *Memorandum by the Chairman*. Confidencial LIC, 640.16 (99), Lata 630, Maço 9.697, AHI/RJ.

Metamorfose do Êxodo   199

Alemães, austríacos, poloneses e tchecoslovacos destacam-se entre aqueles que primeiro dirigiram seus pedidos de entrada ao Brasil.

Um discurso de cunho nacionalista prestou-se para encobrir os valores racistas e antissemitas sustentados pela oligarquia política brasileira que, com o *slogan promover o homem brasileiro e defender o desenvolvimento econômico e a paz social no país*, mascarava suas práticas autoritárias. A ocasião era propícia à afirmação de um verbalismo dotado de forte carga afetiva, por exemplo, *imperialismo, racismo, antissemitismo* etc.[18] Em suma, readequava-se à realidade nacional o mito da *raça ariana* (pura) e da *raça semita* (impura). A política política, sob o comando de Filinto Müller – braço direito de Getúlio Vargas –, foi acionada de forma a legitimar a ação repressiva contra aqueles cidadãos, que, segundo o discurso oficial, eram avaliados como elementos ameaçadores à composição étnica e à ordem social e política brasileiras[19]. Servindo-se de uma linguagem convencional, a retórica antissemita ganhou espaço sob o signo da luta contra o judeu cosmopolita, que, nesse contexto, se viu acrescido do qualificativo *sem pátria*[20].

Desde 1931, o aparelho de Estado brasileiro vinha procurando definir mecanismos inibidores dos movimentos imigratórios e, ao mesmo tempo, dos conflitos político-sociais. Atento à mobilização de uma série de grupos que se organizavam politicamente nos subterrâneos da sociedade, o governo procurou traçar um sistema de regras que impedisse a entrada maciça de estrangeiros no país. Ao avaliar os projetos de colonização, o Estado varguista estava selecionando não apenas o *bom* imigrante como também estava controlando o processo de ocupação do território nacional, o acesso à terra, o abastecimento de mão de obra e o fluxo de riqueza no país.

Expressivos dessa postura do governo Vargas são os telegramas encaminhados pelos cônsules brasileiros sediados em Lisboa e no Porto. Em 1941, esses diplomatas indagavam o Itamaraty acerca do perfil ideal do imigrante português a ser encaminhado para o Brasil. De acordo com o item III, da Circular n. 1.499, uma exceção havia sido aberta aos portugueses e aos norte-americanos, ainda que israelitas. No entanto, a preferência era dada aos banqueiros, industriais, comerciantes, artífices, operários, trabalhadores braçais e empregados domésticos. Restrições eram impostas aos estudantes, costureiros, alfaiates, bancários, empregados de escritório, motoristas e comércio e congêneres (desde que não sendo comerciantes de joias, profissão comumente exercida por israelitas)[21] .

---

18 L. Poliakov, *Do Anti-Sionismo ao Anti-Semitismo*, p. 82.

19 A. de C. Gomes, Ideologia e Trabalho no Estado Novo, em D. Pandolfi (org.), *Repensando o Estado Novo*, p. 53-72.

20 L. Poliakov, op. cit., p. 45-46. Poliakov enfatiza este mesmo aspecto na União Soviética, onde, a partir de dezembro de 1948, os administradores de Stálin começaram a deter intelectuais e artistas (judeus cosmopolitas = *bezrodni kosmopolitt*), sem que se anunciassem seus processos.

21 Telegramas n. 6 e n. 7 de Exteriores para Consulado do Porto, Rio de Janeiro, 29 maio/31 maio 1941, Lata 1.227, Maço 27.171/A.

Em nome da civilização e do progresso material, a pobreza deveria ser evitada, assim como as doutrinas exóticas e a diversidade étnica. Esse equilíbrio social, racial e político só seria alcançado por meio da intervenção direta do Estado, que, ao redimensionar seu discurso, impôs parâmetros legais de conduta. Não interessava receber ou manter entre nós elementos avaliados como provocadores da desagregação social, da heterogeneidade racial e da desordem política. Daí o fortalecimento da polícia política, que atuava como braço repressor do Estado em composição com os demais órgãos governamentais, cuja retórica contribuía para a sobrevivência de mitos políticos: o mito do trabalhador brasileiro e o mito do complô (judaico-comunista) internacional[22].

Políticas imigratórias foram estabelecidas com o objetivo de limitar a entrada de determinados estrangeiros em território nacional. Intelectuais racistas, de feição xenofóbica, prestaram-se a dar sustentação ao discurso da exclusão que, apesar de ter caracterizado o Estado Novo, estava sendo gestado desde o final do século XIX[23].

A partir de 1937, passou a se processar – de forma articulada e sistemática – verdadeira conexão entre o Ministério do Trabalho, Indústria e Comércio, o Estado-Maior do Exército, o Ministério das Relações Exteriores, o Ministério da Justiça e Negócios Interiores e as missões diplomáticas sediadas no exterior (dentre as quais a legação brasileira em Varsóvia) com o objetivo de cercear a entrada de judeus no Brasil.

De imediato, os judeus poloneses emergiam como *grupo de risco*, considerando-se sua situação irregular, por ser uma *categoria não reconhecida de refugiados políticos*. A temática dessa imigração assumiu conotações políticas, sendo tratada pelo governo brasileiro como *um problema de grandes proporções* por atentar contra a soberania nacional[24].

---

22 R. Giradet, *Mitos e Mitologias Políticas*; R. P. S. Motta, O Mito da Conspiração Judaico-Comunista, *Revista de História*, n. 138, p. 93-106.

23 Basta acompanharmos o conjunto de decretos-leis e comissões que foi acionado com vistas a conferir legitimação a esse projeto que transformou a imigração em problema político.

24 Ofício Secreto n. 1,3 do general Arnaldo de Souza Paes de Andrade, chefe do Estado-Maior do Exército, para o ministro do Trabalho, Indústria e Comércio, Rio de Janeiro, 2 fev. 1937; Ofício de Mário de Pimentel Brandão, ministro Interino das Relações Exteriores, para João Carlos Muniz, cônsul geral do Brasil em Genebra, Rio de Janeiro, 26 jan. 1937; Ofício de T. Grabowski, ministro da Polônia para Mário de Pimentel Brandão, ministro Interino das Relações Exteriores, Rio de Janeiro, 20 jan. 1937, Lata 803, Maço,132/A, AHI/RJ.

Os Poloneses Judeus
como *Grupo de Risco*

A Polônia despontou como objeto de preocupação do governo brasileiro, pois, segundo o gen. Arnaldo de Souza Paes de Andrade, chefe do Estado-Maior do Exército, vinha assumindo *ares imperialistas*, posicionando-se como árbitro na política do velho continente. Essas pretensões teriam sido reafirmadas pelo ministro polonês Belck que, em seus pronunciamentos durante as reuniões em Genebra, em discursos e artigos na imprensa, reivindicava colônias na América e estava decidido a pleiteá-las formalmente.

A gravidade dessa situação, segundo avaliação do gen. Andrade, ampliava-se à medida que os poloneses emigrados da Polônia e esparsos pelo mundo continuavam a ser controlados pelo Ministério dos Negócios Exteriores sediado em Varsóvia, que procurava *mantê-los com o espírito voltado para a pátria de origem*. Segundo avaliação do governo nacionalista brasileiro, esse sentimento reforçava a etnicidade das minorias nacionais radicadas no Brasil transformando-as em perigosos quistos, alheios à realidade nacional. Neste momento, o conceito de etnia torna-se suspeito dada a sua cumplicidade com a ideologia racista.

Um alerta era feito com relação aos brasileiros filhos de poloneses que estavam sendo "cuidadosamente recrutados através de cursos realizados na Polônia com a finalidade de lhes despertar o sentimento da mãe-pátria"[1]. A imagem de uma Polônia forte e com tendências imperialistas foi avaliada, em fevereiro de 1937, como *uma ameaça que ficava no ar*. Caberia ao Brasil prevenir-se dessa investida com base nos direitos de conservação e defesa que, intimamente ligados aos direitos do Estado, eram garantidos pela Constituição de 1934. Os desígnios da empreitada polonesa poderiam, segundo o chefe do Estado-Maior do Exército, ser constatados pela compra de latifúndios por sociedades constituídas, que visavam a criação de núcleos nos quais era impossível a assimilação do estrangeiro. O inconveniente apontado estava nesse "modo de imigração que criava quistos territoriais inassimiláveis dentro de nossa Pátria"[2].

Além disso, retomando: os *judeus polacos*, assim como os negros da América do Norte e os refugiados do Iraque, não atendiam ao projeto étnico-político

---

1 Ofício Secreto n. 1,3 do general Arnaldo de Souza Paes de Andrade, chefe do Estado-Maior do Exército, para o ministro do Trabalho, Indústria e Comércio, Rio de Janeiro, 2 fev. 1937; Ofício de Mário de Pimentel Brandão, ministro Interino das Relações Exteriores, para João Carlos Muniz, cônsul geral do Brasil em Genebra, Rio de Janeiro, 26 jan. 1937; Ofício de T. Grabowski, ministro da Polônia para Mário de Pimentel Brandão, ministro Interino das Relações Exteriores, Rio de Janeiro, 20 jan. 1937, Lata 803, Maço,132/A, AHI/RJ, p. 3.

2 Idem, p. 4.

idealizado pelo governo brasileiro, que – conforme anunciou o gen. Paes de Andrade – *visava a melhoria de nossa raça*. A versão oferecida pela legação brasileira em Varsóvia era de que o governo polonês tinha o interesse em *colocar fora do país grande leva de judeus, sem profissão e sem trabalho, provavelmente comunistas.* Alegava-se, inclusive, que as associações judaicas internacionais estavam constituídas com o objetivo de falsear essa imigração para o Brasil por meio de cartas de chamada. Estas, por si só, deveriam garantir que seu portador entrasse no país com um direção certa de trabalho, o que, nas palavras do referido general, *não ocorria com os judeus, avessos ao trabalho agrícola.*

Fazendo uso de um discurso contraditório (antissemita, em sua essência), o gen. Paes de Andrade – que sustentava a ideia de que no Brasil não existiam preconceitos de raça ou de crença (sic) – acusava os judeus de se entregarem apenas às especulações de um baixo comércio e de, após conseguirem a cidadania brasileira e algumas economias, regressar ao país de origem. Exemplo desse comportamento, em sua opinião, poderia ser constatado com relação a alguns judeus alemães que haviam regressado à Alemanha sob o amparo de algumas leis e que, ao se verem perseguidos pelas autoridades nazistas, recorriam à assistência de nossa representação diplomática. Em síntese: era totalmente desaconselhável a emigração de poloneses para o Brasil onde viriam a constituir "colônias encravadas e isoladas em territórios do Sul"[3].

O ofício do gen. Paes de Andrade é um dos mais expressivos exemplos de como oligarquia política do governo Vargas se deixou influenciar pela opinião daqueles que estavam em missão diplomática no exterior e tentavam sugerir rumos para a política imigratória brasileira. Na realidade, estamos diante de um exemplar *fenômeno de contaminação*, se considerarmos que o antissemitismo, historicamente, encontra seu terreno de eleição no seio da civilização ocidental[4].

Basicamente, o general valeu-se de três documentos antissemitas como fonte de inspiração, verdadeiras matrizes ideológicas para o seu parecer. Dois deles procediam de Varsóvia e haviam sido redigidos por brasileiros em missão diplomática com o intuito de convencer o Itamaraty de que os judeus eram indesejáveis. O terceiro documento, de autoria de Dulphe Pinheiro Machado, enfatizava as vantagens acerca do estudo dos problemas relativos à antropologia social, a seleção étnica, a biologia racial e a eugenia. Cabe ressaltar que durante o governo Vargas uma biopolítica foi institucionalizada, com a colaboração de médicos, psiquiatras e intelectuais identificados com as propostas eugênicas a favor da "arianização" da raça brasileira[5].

---

3   Ofício Reservado, de Jorge Latour, encarregado de Negócios na Legação Brasileira em Varsóvia, para José Carlos de Macedo Soares, ministro das Relações Exteriores, Varsóvia, 15 nov. 1936, p. 3; Telegrama da Legação Brasileira em Varsóvia para o MRE, Varsóvia, out. 1937; Ofício de Dulphe Pinheiro Machado, diretor do Departamento Nacional do Povoamento, para Agamenon Magalhães, ministro do Trabalho, Indústria e Comércio, Rio de Janeiro, 20 mar. 1937, Lata 803, Maço 11.232, AHI/RJ.

4   L. Poliakov, *Do Anti-Sionismo ao Anti-Semitismo.*

5   Foi no governo Vargas que muitas das ideias eugenistas foram institucionalizadas por meio da obrigatoriedade do ensino da Educação Física e do exame pré-nupcial. Inúmeras obras foram publicadas nos anos de 1930 enfatizando o papel social do médico e da mulher para a configuração de uma nação forte e de uma população sadia e homogenea. Ver J. Poggi, O Papel do Médico na

O parecer emitido pelo gen. Paes de Andadre teve por base os seguintes documentos: ofício reservado encaminhado por Jorge Latour a José Carlos de Macedo Soares, ministro das Relações Exteriores, em novembro de 1936; telegrama emitido pela legação do Brasil em Varsóvia dirigido ao ministro das Relações Exteriores, em outubro de 1937; e ofício de Dulphe Pinheiro Machado, diretor do Departamento Nacional de Povoamento, de março de 1937[6].

A ideia central do ofício de Jorge Latour – cujo assunto foi definido como *Política Expansionista da Polônia* – era de que a Polônia sempre fora (e ainda era) uma nação forte, dado o sólido espírito de unidade assumido e também pela nacionalidade consistente (da máxima resistência à desintegração) de todo polonês. Segundo Latour, o fato da Polônia "assumir ares imperialistas de árbitro na política do Velho Continente" deveria ser levado em consideração pelo governo brasileiro. Latour traça um perfil da Polônia como país agrícola e industrial necessitado de matérias-primas, emigrantista, de alta categoria política e que estava reivindicando igualmente colônias. Daí o Brasil – país eminentemente imigrantista, tropical, com vasto repositório de matérias-primas, reputado pelas potências como imenso território – merecer a atenção da Polônia, induzida por seu *expansionismo megalômano*. Com base nesse raciocínio, Latour acusava o Ministério dos Negócios Estrangeiros de Varsóvia de manter nos poloneses um espírito voltado para a pátria de origem, mediante um intenso programa de recrutamento[7].

Um alerta especial foi dado por Latour em relação as colônias, que, a seu ver, vinham passando por uma revisão no plano internacional, nas chancelarias, nos institutos científicos de Direito Internacional e na imprensa europeia, quer especializada, quer diária. E o Brasil, pelo fato de ser um reservatório de riquezas dos mais amplos no mundo, estava sendo cogitado como país imigrantista. Isso posto, Latour sugeria o estudo do assunto em seu conjunto mediante: a. negativa à pretensão formulada pela legação da Polônia no Rio de Janeiro; b. instruções adequadas para a legação brasileira na Polônia, o consulado em Genebra e demais missões diplomáticas que, direta ou indiretamente, pudessem perceber aquela questão[8].

Realização do Magno Problema, *Revista de Imigração e Colonização*, v. 92; J. A. Peixoto, *Sexologia Forense*; idem, *A Educação da Mulher* (versão reeditada em 1947 como *Eunice, ou A Educação Nacional*); A. C. Pacheco e Silva, *Imigração e Higiene Mental* (*Eugenia*); Direito e Saúde, Discursos Parlamentares, 1933; Discurso proferido na sessão de 21 de fevereiro de 1934 na Assembleia Nacional Constituinte, *Documento de Atividade Parlamentar*; A. X. de Oliveira, Da Profilaxia Psicorracial da Imigração para o Continente Americano, *Revista de Colonização e Imigração*, v. 4; A. A. Lima, Comportamento Sexual (1934), Educação da Alma (1932), Perfil da Mulher Brasileira: Acerca do Feminismo no Brasil (1922), em *Obras Completas*.

6   Ofício Reservado, de Jorge Latour, encarregado dos Negócios na Legação Brasileira em Varsóvia, Varsóvia, 15 nov. 1936, p. 3; Ofício de Carlos de Macedo Soares, ministro das Relações Exteriores, Varsóvia, 15 nov. 1936, p.3; Telegrama dirigido ao MRE pela Legação Brasileira em Varsóvia, Varsóvia, [?] out. 1937; Ofício de Dulphe Pinheiro Machado, diretor do DNP, para Agamenon Magalhães, ministro do Trabalho, Indústria e Comércio, Rio de Janeiro, 20 mar. 1937, Lata 11,232/A, AHI/RJ.

7   Ofício Reservado de Jorge Latour, Varsóvia, 15 nov. 1936, p.3.

8   Ofício Secreto n. 13, do gen. Arnaldo de Souza Paes de Andrade, chefe do Estado-Maior do Exército para Agamenon Magalhães, ministro do Trabalho, Indústria e Comércio, p. 4.

Vale ressaltar que, em nenhuma parte desse documento, datado de 15 de novembro de 1936, Latour faz referência aos judeus poloneses ou às restrições impostas pelo Brasil à entrada de negros norte-americanos e refugiados do Iraque, apesar da sua reconhecida posição antissemita, já manifestada em outras ocasiões. No entanto, em outro telegrama dirigido ao Itamaraty, Latour alertava o governo brasileiro para os perigos dessa emigração polonesa que, sistematicamente, vinha sendo falseada pelas organizações judaicas internacionais por meio de cartas de chamada. Aliás, segundo documentação a respeito, esta havia sido uma das estratégias acionadas pelo Estado brasileiro para livrar-se dos *maus elementos*, indesejáveis em todas as partes[9].

Foi em meio à grande mobilização dos refugiados judeus na Europa que as organizações judaicas internacionais passaram a ser vistas (negativamente) como *organizações perfeitas para burlar a legislação brasileira*. Providas de recursos e elementos humanos no Brasil, atendendo às formalidades legais, "burlavam o objetivo da seleção física, civil e étnica". Pautando-se nessas considerações, a legação brasileira de Varsóvia clamava por medidas urgentes no sentido de "impedir a contínua leva de judeus sem profissão e nem trabalho, provavelmente muitos comunistas que, declaradamente, aquele governo não deseja na Polônia"[10].

O conceito de nação imperialista enfatizado nesses documentos emerge como decorrência das recentes políticas adotadas pelo Estado Novo, que, além de ter como alvo o trabalhador nacional também pretendia interferir no processo de ocupação do território nacional administrando a propriedade da terra interpretada como *bem comum*[11]. Outros documentos foram encaminhados ao chefe do Estado-Maior como prova da intenção imperialista da Polônia, que se valia do ministro Grabowski como seu porta-voz no Brasil. Este teria comunicado ao ministro José Carlos de Macedo Soares, em 15 de julho de 1936, que, aproveitando-se da presença dos governadores de São Paulo e de Minas Gerais no Rio de Janeiro, lhes enviara uma proposta de compra de terras devolutas em ambos os estados por meio da Sociedade Internacional de Colonização de Varsóvia[12].

Essa sociedade, segundo o ministro Grabowski, dispunha de vultoso capital e sólida organização. Tinha como meta iniciar a elaboração do plano de colonização polonesa e rutena no Brasil por meio da compra (e não de concessão) de terras nos estados de São Paulo e Minas Gerais. Em sua opinião, seria "desejável uma maior extensão de terras contínuas altas , férteis em boas condições climáticas e em blocos de trinta mil hectares". Pretendia-se instalar nesse espaço imigrantes poloneses e rutenos descritos como *aptos para a agricultura*.

9   Este assunto já foi analisado intensivamente no nosso estudo *O Anti-Semitismo na Era Vargas*, p. 108,109-110, 113-114, 118, 170-171, 235-248, 416, 419 e 429.
10 Ofício Reservado de Jorge Latour, Varsóvia, 15 nov. 1936.
11 A. de C. Gomes, Ideo;ogia e Trabalho no Estado Novo, em D. Pandolfi (org.), *Repensando o Estado Novo*, p. 66-67.
12 Ofício de Grabowski, ministro da Polônia, para Armando de Salles Oliveira, governador do estado de São Paulo. Rio de Janeiro, 14 jul. 1936; Ofício de Grabowski para Benedito Valladares Ribeiro, governador do estado de Minas Gerais, Rio de Janeiro, 14 jul. 1936, Lata 803, Maço 112.322/A, AHI/RJ.

Caso existissem terras nessas condições, o ministro polonês solicitava às Secretarias de Agricultura de ambos os estados que lhe encaminhassem "os respectivos preços das terras especificando as qualidades geológicas e geodésicas, mapas e condições de comunicação sob o ponto de vista da distância dos principais centros e estradas"[13].

Essas questões foram interpretadas pelo consultor jurídico do Ministério da Justiça e Negócios Interiores e seu ministro, Agamenon Magalhães como *perigosos*, pois feriam os princípios da inviolabilidade da soberania dos Estados imigratórios. A orientação dada foi de que o Brasil não deveria apoiar a iniciativa polonesa porque isso significaria *concorrer para a realização de um vasto plano imperialista*. A sugestão de Agamenon Magalhães – cuja mentalidade antissemita já foi avaliada em estudo de Maria das Graças A. de Almeida Ataíde[14] –, caso o Brasil não encontrasse uma evasiva digna para negar a ação polonesa, era "concordar em tese com ela, tendo sempre em mente a dignidade de nossa soberania e os dispositivos constitucionais acerca da imigração, principalmente os parágrafos 6° e 7° do art. 121 do nosso estatuto básico". Por ferir a soberania nacional é que essa questão foi submetida à avaliação do chefe do Estado-Maior do Exército[15].

A ideia do Ministério das Relações Exteriores era apresentar, na próxima reunião da Repartição Internacional do Trabalho em Genebra, a realizar-se em 4 de fevereiro de 1937, uma posição decisiva, fundamentada nos pareceres acima relacionados. Às vésperas da reunião, a orientação encaminhada era de que conviria – *de início* – que o representante do Brasil (ministro João Carlos Muniz) assumisse *atitude de reserva*, abrindo caminho para a recusa de apoio à proposta polonesa, conforme opinião dos vários ministérios e do Estado-Maior do Exército brasileiros[16].

Durante a realização dessa reunião em Genebra, o Conselho de Administração da Repartição Internacional do Trabalho discutiu a questão emigratória sem permitir a amplitude almejada pelo governo polonês. Segundo João Carlos Muniz, do consulado do Brasil em Genebra, o Brasil ateve-se apenas às questões técnicas, posição esta sustentada também pelo representante da Argentina: "Conseguiu-se, deste modo, diminuir, sensivelmente, o alcance da intervenção do Bureau Internacional do Trabalho na questão migratória"[17].

O governo polonês apegou-se à ideia de que os governos brasileiro e argentino poderiam aprovar uma reunião de técnicos, em Montevidéu, que, sob o

13 Ofício de Grabowski, ministro da Polônia, para Benedito Valladares Ribeiro, governador do estado de Minas Gerais, Rio de Janeiro, 14 jul. 1936, p. 2.
14 *A Construção da Verdade Autoritária.*
15 Ofício de Mário de Pimentel Brandão, ministro das Relações Exteriores, para o gen. Arnaldo de Souza Paes de Andrade, chefe do Estado-Maior do Exército, Rio de Janeiro, 27 jan. 1937, Lata 803, Maço 112.322/A, AHI/RJ.
16 Telegrama Confidencial da Secretaria de Estado das Relações Exteriores para o Consulado geral do Brasil em Genebra, Rio de Janeiro, 3 nov. 1936, Lata 803, Maço 112.322/A, AHI/RJ.
17 Telegrama Confidencial de João Carlos Muniz, do Consulado-Geral do Brasil em Genebra, para Mário de Pimentel Brandão, ministro interino das Relações Exteriores, Genebra, 8 fev. 1937; Actas Soixante-dix-huitième session do Conseil d'Administration du Bureau Internacional du Travail, Genève, 6 fev. 1937, p. 17, Lata 803, Maço 112.322/A, AHI/RJ.

patrocínio da Repartição Internacional do Trabalho, iriam discutir o assunto da colonização e da imigração. Desde o início, o ministro das Relações Exteriores do Brasil – levando em consideração a situação mundial – procurou convencer os diplomatas brasileiros de que não conviria a realização desse encontro em terras americanas, visto que certas nações estavam interessadas em "aumentar e encaminhar para o Brasil certas correntes imigratórias que naquele momento não nos convinham"[18].

Estava em gestação, ainda naquela data, a primeira circular secreta contrária à entrada de judeus no Brasil (n. 1.127), que entraria em vigor a partir do dia 7 de junho[19]. Ao consultar José Bonifácio de Andrada e Silva, embaixador do Brasil em Buenos Aires, Hildebrando Accioly, em nome do ministro das Relações Exteriores, não deixou dúvidas sobre a posição antissemita e anticomunista do governo brasileiro, postura que não convinha tornar-se pública. Tanto não convinha que, ao responder a essa consulta, Andrada e Silva – "para prevenir qualquer inconveniente futuro" – comunicou que havia recebido tal correspondência: "um telegrama cifrado pelo mais secreto dos nossos códigos pelo correio aéreo, em *envelope frágil*, sem número, *lacre* ou qualquer garantia"[20].

Adotando o *slogan melhor prevenir do que sanear*, Accioly aconselhava desviar as atenções para Genebra, onde a reunião ganharia caráter técnico e geral. A seu ver, a realização de um evento com enfoque no Brasil certamente nos colocaria em situação internacional desagradável, pois seríamos forçados a *desvendar ao estrangeiro* nossa política imigratória. Esta poderia, de acordo com as oportunidades e interesses nacionais, ser regulada por acordos bilaterais com as partes interessadas. Confidencialmente, Accioly concluiu que: "Não era demais informar Vossa Excelência de que a Polônia teria grande interesse em encaminhar para o Brasil grande massa de israelitas e que qualquer atitude que fosse o Brasil forçado a tomar nessa Conferência poderia facilmente ser explorada por outras nações interessadas e mesmo pelos comunistas"[21].

Endossando as conclusões apresentadas por Accioly, Mário de Pimentel Brandão, ministro das Relações Exteriores, usando de prudência, transmitiu essas considerações ao embaixador brasileiro em Montevidéu, sugerindo-lhe

---

18 Telegrama Confidencial n. 28, da Secretaria de Estado das Relações Exteriores para a Embaixada do Brasil em Buenos Aires, Rio de Janeiro, 13 abr. 1937, Lata 803, Maço 112.322/A, AHI/RJ.

19 Circular Secreta n. 1.127, emitida pelo MRE para as Missões Diplomáticas Brasileiras e Consulados de Carreira, 7 jun. 1937, Maço 29.653-29.655, AHI/RJ. Em 1947, portanto durante o governo Dutra, ainda vigoravm no Brasil circulares secretas de teor antissemita. Sobre esse tema ver M. L. T. Carneiro, *O Anti-Semitismo na Era Vargas*, p. 532; J. Lesser, *O Brasil e a Questão Judaica*; L. Senkman, La Política Inmigratória del Primer Peronismo..., op. cit., p. 263-298.

20 Como *o mais secreto de nossos códigos*, leia-se 650.4 (04), numeração empregada pelo Itamaraty para classificar documentos relacionados com a questão judaica [em destaque no original]. Telegrama Secreto n. 30, de José Bonifácio de Andrade e Silva, embaixador do Brasil em Buenos Aires, para o ministro das Relações Exteriores, Buenos Aires, 20 abr. 1937, Lata 803, Maço 1.232/A, AHI/RJ.

21 Ofício Confidencial, de Hildebrando Accioly, em nome do ministro das Relações Exteriores, para José Bonifácio de Andrada e Silva, embaixador do Brasil em Buenos Aires, Rio de Janeiro, 14 abr. 1937.

que "se esforçasse para que a aludida Conferência não se realizasse em Montevidéu nem em qualquer outro lugar do continente americano"[22].

Ampliando seu campo de interferência, Andrada e Silva procurou Carlos Saavedra Lamas, ministro das Relações Exteriores e Culto da Argentina, com o intuito de mostrar-lhe o inconveniente daquela reunião e, ainda mais, naquele momento. Pelo que parece, o embaixador brasileiro foi bem sucedido: Saavedra – que já havia sido procurado por Alejandro G. Unsain, nomeado para a delegação argentina junto à Repartição Internacional do Trabalho – afirmou que se algum dia tivera o propósito de aderir àquela ideia, já o havia abandonado. Enfatizou também que a presença de José Carlos de Macedo Soares como presidente da 23ª Conferencia Internacional do Trabalho asseguraria o êxito da ação no sentido almejado[23].

Esse assunto sustentou, durante todo o período de abril a agosto de 1937, uma intensa articulação entre a Presidência da República, o Ministério das Relações Exteriores do Brasil e as missões diplomáticas sediadas em Genebra, Buenos Aires, Lima e Montevidéu, com o propósito de evitar a convocação daquela conferência no continente americano. Com o objetivo de manter na *surdina* sua posição antissemita diante da Liga das Nações, o Itamaraty procurou saber se o Uruguai participaria da conferência ou se compareceria apenas como simples observador[24]. O Brasil estava ciente de que tanto os Estados Unidos como outros países latino-americanos não estavam dispostos a expandir suas cotas para os refugiados judeus.

Os conselheiros Roberto Mendes Gonçalves e Ildeu Vaz de Mello, respectivamente chefes dos Serviços dos Limites e Actos Internacionais e de Passaportes, foram consultados acerca da Conferência de Colonização e Imigração a ser realizada em Montevidéu. Ambos apoiavam a ideia de que esse encontro *técnico* deveria acontecer em Genebra, contrariando a sugestão do atual ministro das Finanças do Uruguai, por ocasião de sua visita à Repartição Internacional do Trabalho em 1936. Consideravam que a questão imigratória era de interesse interno de cada país, "cabendo ao povo legislar soberanamente sobre as medidas que mais coadunassem com o seu meio e as suas conveniências". Qualquer compromisso assumido pelo Brasil em conferências internacionais comprometeria seu direito de alterar ou revogar sua legislação imigratória. O sistema de cotas por nacionalidade continuava a ser a fórmula adequada para os países da América se preservarem da *invasão dos semitas*[25].

22 Telegrama Secreto n. *19*, do MRE para a Embaixada do Brasil em Montevidéu, Rio de Janeiro, 28 abr. 1937; Telegrama Secreto, de Lucílio Bueno, da Embaixada do Brasil em Montevidéu, para o MRE, Montevidéu, 1º maio 1937; Telegrama Confidencial, de Nabuco Gouvea, da Embaixada do Brasil em Lima, para o MRE, Lima, 4 ago. 1937, Lata 803, Maço 1.232/A, AHI/RJ.

23 Telegrama Secreto n. 31, do MRE para a Embaixada do Brasil em Buenos Aires, Rio de Janeiro, 20 abr. 1937; Ofício Confidencial, de José Bonifácio de Andrada e Silva, embaixador do Brasil em Buenos Aires, para Mário de Pimentel Brandão, ministro das Relações Exteriores, Buenos Aires, 27 abr. 1937, Lata 803, Maço 1.232/A, AHI/RJ.

24 Telegrama Confidencial n. 28, do MRE para o Consulado-Geral do Brasil em Genebra, Rio de Janeiro, 2 maio 1937, Lata 803, Maço 1.232/A, AHI/RJ.

25 Telegrama Confidencial n. 36, do MRE para a Embaixada do Brasil em Genebra, Rio de Janeiro, 9 mar. 1937, Lata 803, Maço 1.232/A, AHI/RJ.

Preocupado com a situação especialíssima em que se encontrava o Brasil – cobiçado por sua extensão territorial, situação geográfica, riquezas do solo etc. – Ildeu Vaz de Mello alertava para o principal objetivo da Conferência de Colonização e Imigração, a ser patrocinada pela Liga das Nações: "atender aos interesses que alguns países tinham em se desafogar do excesso de população, desfazendo-se dos elementos menos desejáveis, dentre os quais os judeus" [26].

Vaz de Mello dizia-se inteirado do empenho da Liga das Nações em canalizar a imigração judaica para onde julgasse mais vantajoso e sugerir medidas tendentes a favorecer a introdução de grande *massa de imigrantes dessa raça* no Brasil. O tom sustentado por Vaz de Mello é de total hostilidade aos judeus erroneamente nomeados de *raça*. A seu ver, jamais poderíamos concordar com essa premissa, pois, além de nos expormos ao risco de sermos hostilizados pelos países interessados, também entraríamos em conflito com a Grã-Bretanha, interessada em favorecer aquela imigração[27].

Atualizado com as pregações antissemitas sustentadas pelos *Protocolos dos Sábios de Sião*, literatura propagadora do mito do complô internacional judaico, Vaz de Mello atrelava a posição do governo britânico ao fato de serem os ingleses os grandes credores do Brasil, assim como a grande finança internacional e a imprensa judaicas. Essa intenção já havia se manifestado por ocasião da visita de dois altos emissários enviados pela Liga das Nações, cerca de um ano e meio antes: James G. McDonald e o prof. Inman. Em um encontro oficial com Vaz de Mello, esses cavalheiros (nomeados por Vaz de Mello como *muito inteligentes e simpáticos*) teriam adiantado que a cota de israelitas destinadas ao Brasil era de doze mil, à razão de quinhentos imigrantes por mês[28].

Vaz de Mello insistia na ideia de que a conferência prevista não se limitaria a um programa exclusivamente técnico e às condições do imigrante. Segundo ele: "seria de se desconfiar que fosse esse o ponto capcioso que nos levasse a desvendar a nossa política imigratória pela recusa de certas qualidades de imigrantes". Em síntese: "Caberia ao Brasil ditar as restrições quanto a natureza e qualidade da massa emigratória e não aos países que tinham necessidade de escoar a sua população" (em destaque no original)[29].

Esse debate persistiu até julho de 1938, quando se realizou em Evian a grande conferência destinada a encontrar uma solução para a questão dos refugiados do nazismo. A Polônia – sentindo-se invadida pelos milhares de judeus alemães e austríacos em trânsito – voltou a clamar por soluções imediatas. No entanto, não conseguiu se fazer ouvir. Inconformada com a resolução adotada na Conferência de Evian (de que o Comitê Intergovernamental ficaria restrito aos refugiados alemães e austríacos), a legação da Polônia solicitou ao Brasil que apoiasse o ponto de vista do governo polonês: que a proteção se estendesse aos

26 Memorando de Ilzeu Vaz de Mello para a Secretaria Geral do MRE (com cópia para Getúlio Vargas, presidente da República), Rio de Janeiro, 29 abr. 1937, Lata 803, Maço 1.232/A, AHI/RJ.
27 Idem, p. 3-4.
28 Nessa época, McDonald e o prof. Inman teriam se avistado com os ministros das Relações Exteriores e do Trabalho, Indústria e Comércio, além de Getúlio Vargas.
29 Idem, p. 4.

judeus alemães refugiados naquele país. Enfatizavam o fato de que considerável parte daqueles indivíduos havia encontrado naquele país abrigo e proteção temporários. Assim que tomou ciência desse assunto, o ministro interino Cyro de Freitas Valle solicitou pareceres de Hélio Lobo, nosso representante em Genebra, e do CIC sobre o assunto, opinião abortada pela decisão do Comitê Permanente de Apoio aos Refugiados, que resolveu absorver no grupo dos refugiados os 10.500 judeus poloneses expulsos da Alemanha[30].

Ao mesmo tempo, os poloneses radicados principalmente em Santa Catarina, no Paraná e no Rio Grande do Sul sofriam intensas represálias por parte do governo brasileiro, que defendia a tese de que esses núcleos eram *quase* impermeáveis à nacionalização. Em prol do *abrasileiramento da República,* procurava-se, de todas as formas, identificar e eliminar os signos de erosão da identidade cultural brasileira. A desativação dos sistemas educacionais implantados pelas comunidades alemãs, polonesas e italianas radicadas no Brasil, a proibição do uso da língua de origem e a prisão daqueles que foram identificados como judeus/comunistas simbolizaram o suicídio de várias etnias que, contando apenas consigo mesmas, criaram alternativas de resistência.

A tensão entre os grupos de *resistência x repressão* gerou atritos de todas as naturezas, inclusive policiais. A campanha do ensino foi o ponto de partida dos incidentes que se agravaram e se multiplicaram com o fechamento de várias sociedades: União Central dos Poloneses, Representação da Liga Marítima e Colonial e União das Escolas Polonesas, instituições declaradas incompatíveis com o decreto-lei n. 383, de 18 de abril de 1938[31]. Funcionaram como elementos de tensão entre a comunidade polonesa e o Estado varguista: a imposição de novas diretrizes aos estatutos da Associação de Cultura Física *Junak,* por parte de um grupo de oficiais do Exército, em abril de 1938; a prisão em maio do mesmo ano, de Conrad Sadowsky e sua esposa, instrutores da referida asssociação, acusados de fazerem *propaganda perniciosa* entre os membros da colônia polonesa; o inquérito policial e a polongada detenção de dois funcionários do consulado da Polônia em Curitiba; a proibição de se festejar a data do aniversário da Constituição polonesa; e, por fim, os incidentes contra o clero católico polonês do Paraná. Entre estes estavam o pároco da Igreja de São Estanislau, em Curitiba, o Reverendo Kupczyk, e o Padre Madej, na localidade de Marechal Mallet (PR). Esses incidentes ocasionaram acirrados ataques da imprensa de Varsóvia à campanha de nacionalização do governo brasileiro[32].

---

30 Ofício de Cyro de Freitas Valle, ministro das Relações Exteriores, para o ministro plenipotenciário da Polônia, Rio de Janeiro, 28 fev. 1939, 640.16 (99), Lata 630, Maço 9.697, AHI/RJ.
31 O decreto-lei n. 383: insere-se entre as várias medidas nacionalistas do Estado Novo, que não mediu esforços para investir contra a diversidade em prol da homogeneidade étnica. Esse decreto, que limitava a atividade dos estrangeiros no Brasil, deu motivo a uma forte reação por parte dos países cujas correntes emigratórias se dirigiam para o nosso território, dentre os quais a Polônia.
32 M. L. T. Carneiro, República, Identidade Nacional e Anti-Semitismo, *Revista de História.* Dossiê Racismo, FFLCH/USP, (129-131), ago.-dez., 19931994, p. 153-164; Memorando Imigração polonesa no Brasil, de C. S. de Ouro Preto, cônsul de 3ª Classe para o chefe da Divisão Política e Diplomática, Rio de Janeiro, 1º mar. 1939, p. 3-4, Lata 1.291, Maço 29.633, AHI/RJ.

As relações Brasil-Polônia tornaram-se cada vez mais tensas, tendo em vista a postura preconceituosa assumida pelas autoridades brasileiras contra os refugiados poloneses. A interpretação oficial era a de que, dadas as condições em que se encontrava o território polonês (com cerca de quatro milhões de judeus acossados por constantes perseguições nacionalistas), todos engendravam meios de burlar a lei de emigração brasileira. E que, ainda que o polonês fosse um bom agricultor, não convinha permitir que se agrupasse em uma só zona, criando verdadeiros quistos. Desse prisma, justificava-se o não preenchimento das cotas disponíveis, estratégia eficaz de nacionalização do elemento estrangeiro e de preservação do *status quo*. Para o ano de 1939, a cota de 2% permitiu a entrada de apenas 845 judeus poloneses, supostamente agricultores[33].

O Brasil caminhava exatamente na direção contrária àquela proposta pelo Comitê Intergovernamental, que, em março de 1939, buscava uma solução para a situação vivenciada pelos refugiados poloneses. Nessa data, Hélio Lobo encaminhou a Cyro de Freitas Valle a cópia do discurso de lorde Winterton, que, na condição de presidente da Comissão de Londres, lembrava aos países-membros do Comitê Intergovernamental que, em 13 de janeiro de 1939, o embaixador da Polônia divulgara um memorando relatando a posição dos judeus expulsos da Alemanha para a Polônia em outubro de 1938[34]. Vale ressaltar que Hélio Lobo, em vários momentos, prestou-se como interlocutor dos projetos britânicos a favor da transmigração de refugiados judeus para terras da América[35].

A partir dessa data, uma intensa correspondência circulou entre a legação da Polônia sediada no Rio de Janeiro, o Ministério das Relações Exteriores e o CIC. O governo da Polônia manifestava-se em prol do apoio aos israelitas expulsos do território alemão em decorrência das medidas tomadas pelo governo do Reich. Calculava-se que, até fins de outubro de 1938, cerca de onze mil judeus munidos formalmente de passaportes poloneses iriam juntar-se aos seis mil israelitas em trânsito pelos diversos pontos da fronteira da Polônia. Contabilizando prováveis levas para os próximos meses, acreditava-se que o número efetivo de emigrantes judeus na Polônia chegaria a trinta mil. No entanto, os refugiados judeus expulsos da Alemanha, embora possuindo formalmente passaportes poloneses, eram considerados pelas autoridades

---

33 Esse cálculo era feito com base no total de poloneses ingressos no Brasil nos últimos cinquenta anos, ou seja, 61.520. Cf. Constituição brasileira 1934 e 1937. Em 1937, apesar da intensificação dos pedidos de vistos para poloneses, a cota não foi atingida, ficando um saldo de quase metade.

34 *The Position of the Jews Expelled from Germany to Poland in October 1938, Memorandum by Chairman*, Anexo: Confidencial LIC n. 27 ao Ofício n. 23, de Hélio Lobo, representante do Brasil no Conselho de Administração da Repartição Internacional do Trabalho, para Cyro de Freitas Valle, ministro interino das Relações Exteriores, Genebra, 6 mar. 1939. 640.16 (99), Lata 630, AHI/RJ.

35 *The Position of the jews Expelled from Germany to Poland in October 1938, Memorandum by Chairman*, Anexo: Confidencial L.I.C. n. 27 ao Ofício n. 23, de Hélio Lobo, representante do Brasil no Conselho de Administração da Repartição Internacional do Trabalho, para Cyro de Freitas Valle, ministro interino das Relações Exteriores, Genebra, 6 mar. 1939. 640.16 (99), Lata 630, AHI/RJ. Sobre essa questão, ver a posição de Hélio Lobo e de lorde Winterton na questão Projeto Guiana inglesa, que previa, em junho de 1939, o trânsito de colonos refugiados via estado do Pará (no Norte do Brasil), usando transportes fluviais pelo rio Branco e pelo rio Negro.

como "um elemento na maioria nascido no estrangeiro, estabelecido há muitos anos na Alemanha e destituído de qualquer laço cultural, econômico e, muitas vezes, até familiar com a Polônia"[36].

O afluxo desse estrangeiro (ainda que de origem polonesa) transformou-se em grave preocupação para o governo da Polônia, que se apresentava como um país superlotado, onde a questão da emigração e, em particular, do refluxo do excedente da população israelita constituía-se em um dos seus problemas econômicos e sociais. Daí a necessidade, segundo a legação da Polônia no Brasil, de *soluções radicais urgentes*. Os refugiados judeus vindos dos países vizinhos haviam criado uma situação paradoxal invertendo a ordem dos fatores: a Polônia, que até então havia sido um país clássico de emigração (*emissor*), havia se transformado em um país de imigração (*receptor*). Mesmo antes do início da Segunda Guerra Mundial, o surto natural dos poloneses interessados em emigrar havia sido paralisado em decorrência das restrições feitas à emigração judaica em diversos países.

O governo da Polônia – referindo-se às discussões econômicas e sobre o problema da Palestina travadas na Liga das Nações nos últimos anos – sublinhava a atualidade da questão da emigração israelita em seu território. Do seu ponto de vista, esse tema (avaliado como de caráter demográfico e econômico) deveria ser resolvido por uma ação internacional construtiva. Uma acirrada crítica foi tecida à ação internacional, que, até então, se encontrava limitada aos refugiados de uma determinada nacionalidade[37].

Com base nessas considerações, o governo da Polônia reivindicava ao governo brasileiro:

a. o direito de emigração para a sua população israelita, com base nos direitos que foram reconhecidos ou que poderiam vir a ser reconhecidos aos judeus originários da Alemanha ou de qualquer outro país da Europa;

b. que os refugiados israelitas – cujo único laço com a Polônia era a formalidade de possuírem passaportes poloneses e cuja situação de fato era idêntica à dos refugiados israelitas titulares de passaportes alemães – fossem englobados na ação proposta pelo Comitê Intergovernamental para os Refugiados da Alemanha[38].

O governo polonês considerava que a ação do dito comitê deveria englobar igualmente os refugiados expulsos da Alemanha para a Polônia desde 29 de outubro de 1938 e que estavam "se transformando em um pesado encargo para aquele pais superlotado"[39]. Isso posto, o governo polonês solicitava ao Itamaraty que instruísse seu representante no Comitê Intergovernamental a apoiar essas

36 Ofício da Legação da Polônia no Brasil para o MRE, Rio de Janeiro, 16 maio 1939, p. 2-3, 640.16 (99), AHI/RJ.
37 Nota Verbal n. 287, da Legação da Polônia no Brasil para o MRE, Rio de Janeiro, 16 maio 1939, p. 3, 640.16 (99), AHI/RJ.
38 Idem.
39 Idem, p. 4.

reivindicações junto àquele órgão. Esse pedido colocava em pauta o tema da justiça, que, na esfera da colaboração internacional, deveria se basear no princípio da igualdade de direitos e da equidade. O Ministério das Relações Exteriores respondeu àquela missão que o assunto seria avaliado pelas autoridades brasileiras competentes, no caso o Conselho de Imigração e Colonização, sendo a resolução comunicada oportunamente. Três dias depois, Oswaldo Aranha encaminhou a referida solicitação ao Conselho de Imigração e Colonização, que informou: "tais instruções já haviam sido dadas ao ministro Hélio Lobo, [e] aprovadas pelo CIC, por proposta do seu presidente"[40].

Em 17 de junho, o Itamaraty respondeu à Legação da Polônia que o governo brasileiro "lamentava não poder dar instruções ao delegado do Brasil no Comitê Intergovernamental de Refugiados Políticos para apoiar as pretensões do governo da Polônia". Esse lamento foi justificado com base no fato de que o governo brasileiro já havia feito uma proposta ao comitê "restringindo a entrada no Brasil a israelitas agricultores de nacionalidade alemã"[41]. No entanto, em 9 de agosto de 1939, o Itamaraty ordenou a Pinheiro de Vasconcelos, cônsul geral do Brasil em Londres, que desse visto permanente a vários refugiados judeus poloneses, ordem concretizada alguns meses depois[42]. Essa atitude, se, por um lado, nos comprova que as regras poderiam ser descumpridas – desde que houvesse disposição para tal –, por outro, não alterava as normas impostas pelas Circulares Secretas. Funcionavam como *mera exceção.* Tanto não alterava que, em 30 de setembro de 1939, o Conselho de Imigração e Colonização respondeu à missão diplomática brasileira em Bucareste que o governo brasileiro aceitava a proposta da Companhia de Navegação Polonesa *desde que não se tratasse de semitas.* Aquela legação deveria fiscalizar o visto nos passaportes, que só poderiam ser emitidos após apurada fiscalização com exame de documentos de idoneidade, capacidade moral e física, com preferência aos possuidores de recursos e agricultores[43].

No entanto, a situação vivenciada por aqueles poloneses que conseguiram desembarcar no Brasil também se apresentava como grave. A maioria havia ingressado portando visto de turista, que, além de lhes cercear qualquer possibilidade de emprego, lhes impunha a obrigatoriedade de retorno ao seu país de origem. Situação inadequada (e perigosa) para aqueles que haviam fugido das perseguições nazistas. Em outubro de 1940, a legação da Polônia solicitou ao Itamaraty a transformação, em caráter emergencial, dos vistos

---

40 Nota de Oswaldo Aranha, ministro das Relações Exteriores, para o Encarregado de Negócios Interino da Polônia, Rio de Janeiro, 19 maio 1939; Ofício n. 478/8, de João Carlos Muniz, presidente do CIC, para Oswaldo Aranha, Rio de Janeiro, 8 jun. 1939, 640.16 (99), AHI/RJ.

41 Nota Verbal do MRE para a Legação da Polônia, Rio de Janeiro, 17 jun. 1939, (640.16 999), AHI/RJ.

42 Ofício do MRE para a Embaixada do Brasil em Londres, Rio de Janeiro, 9 nov. 1939, 511.14 (547)/324, Lata .1.291, Maço 29.630, AHI/RJ; Ofício do MRE para a Embaixada do Brasil em Londres, Rio de Janeiro, 13 nov. 1939, 511.14 (547)/324, Lata 1.291, Maço 29.630, AHI/RJ; doc. citado também por J. Lesser, op. cit., p. 223; Nota de Oswaldo Aranha, ministro das Relações Exteriores, para o Presidnte do CIC, Rio de Janeiro, 19 maio 1939, 640.16 (99), AHI/RJ.

43 Minuta de Telegrama (sem assinatura) do CIC para a Legação Brasileira em Bucarest, Rio de Janeiro, 30 out. 1939 (ms), 640.16 (99), AHI/RJ.

22. Ficha Consular de Qualificação de Aleksander
Trzcinski, com visto permanente expedido em
Varsóvia, em 17 de julho de 1939.

diplomáticos e temporários em permanentes[44]. Entre julho e setembro de
1940, haviam ingressado no país cerca de quinhentos poloneses, refugiados
de guerra, a maioria com vistos de turismo, além de outros 53 com vistos
diplomáticos. Esses últimos eram personalidades polonesas que haviam exercido cargos diplomáticos e oficiais no governo da Polônia e que – segundo
um documento intitulado PRÓ-MEMÓRIA – foram obrigados a refugiar-se no
Brasil devido aos acontecimentos da guerra[45].

Entre as autoridades polonesas com vistos diplomáticos – além do ex-cônsul em Bagdá, do cônsul geral da Polônia, do ex-ministro plenipotenciário da
Polônia em Estocolmo, de vários funcionários do Ministério da Fazenda e de
conselheiros do Ministério das Relações Exteriores –, encontramos dois casais
de príncipes poloneses: Wladyslaw e Anna Maria Radziwill, acompanhados de
suas duas filhas, Monika e Ezbieta, e Olgierd e Matylde Czartoryski, com os
filhos Alexander e Konstanty[46].

44 Aviso de Oswaldo Aranha, ministro das Relações Exteriore,s para Francisco Campos, ministro da
Justiça e Negócios Interiores, Rio de Janeiro, 1º out. 1940, Lata 1.291, Maço 29.633, AHI/RJ.
45 Ofício da Legação da Polônia no Rio de Janeiro para o MRE, Rio de Janeiro, 8 out. 1940, Lata 1.291,
Maço 29.633. AHI/RJ.
46 Lista de personalidades polonesas refugiadas no Brasil, portadores de passaportes diplomáticos e oficiais.
Anexo único, Ofício de Oswaldo Aranha, ministro das Relações Exteriores, para Francisco Campos, ministro da Justiça e Negócios Interiores, Rio de Janeiro, 1º out. 1940, Lata 1.291, Maço 29.633, AHI/RJ.

Metamorfose do Êxodo   215

Outros agravantes somavam-se a este dos vistos diplomáticos: os refugiados poloneses, de uma forma geral, achavam-se em uma situação financeira tão precária que mal dispunham dos necessários recursos para pagar o custo da transferência de um visto de turista para um permanente (um conto de réis)[47]. E a legislação brasileira era omissa no caso de um diplomata querer estabelecer-se como simples particular no território nacional. Seu visto, assim como os de turistas, os impedia de permanecer no Brasil além de seis meses. No entanto, duas *palavras-chave* aparecem grifadas (em negrito) alertando para a periculosidade daqueles cidadãos: *refugiados* e *poloneses*. Labienno Salgado dos Santos alertou o ministro das Relações Exteriores da necessidade urgente de se encontrar uma solução para esse caso, que afetava numerosas pessoas, dentre elas antigos cônsules, diplomatas poloneses e o príncipe Czartoryski, aparentado com a família imperial brasileira. Dessa relação apenas nove pessoas receberam indicação para "um tratamento especial e atenções compatíveis com a sua antiga posição"[48].

Personalidades polonesas refugiadas no Brasil em 1940

PORTADORES DE VISTOS DIPLOMÁTICOS E OFICIAIS	CARGO/FUNÇÕES OFICIAIS
Konstenty Jordan-Rozwadowski	Ex-ministro plenipotenciário da Polônia em Estocolmo*
Franciszka Jordan-Rozwadowski	Esposa de Konstenty Jordan-Rozwadowski
Witold Korsak	Conselheiro do MRE da Polônia, cônsul em Dusseldorf*
Ludmila Korsak	Esposa de Witold Korsak
Eva Korsak	Filha de Witold Korsak
Maria Korsak	Mãe de Witold Korsak
Zygmunt Vetulani	Cônsul da Polônia em Bagdá*
Stanislawa Vetulani	Esposa de Zygmunt Vetulani
Wanda Vetulani	Filha de Zygmunt Vetulani
Jan Lechon	Conselheiro da embaixada da Polônia em Paris*
Emil Sroka	Conselheiro do MRE da Polônia*
Katarzyna Sroka	Esposa de Emil Sroka
Maria Teresa Sroka	Filha de Emil Sroka
Tadeus Praschil-Kozlowski	Conselheiro do MRE da Polônia
Otto Hubicki	Ex-cônsul geral da Polônia
Bianka Hubicki	Esposa de Otto Hubicki
Karol Dembowski	Conselheiro do MRE da Polônia

47 PRO-MEMÓRIA. Legação da Polônia no Rio de Janeiro, Rio de Janeiro, 8 out. 1940; Ofício 307/br/63 da Legação da Polônia para o MRE, Rio de Janeiro, 8 out. 1940, Lata 1.291, Maço 29.633, AHI/RJ.

48 Ofício de J. R. de Macedo Soares, do MRE, para João Carlos Muniz, do CIC, Rio de Janeiro, 20 ago. 1940, Lata 1.291, Maço 29.633, AHI/RJ.

Roman Ekes	Adido comercial da embaixada da Polônia em Roma*
Ludmila Ekes	Esposa de Roman Ekes
Thaddée Kobylanski	Chefe da Divisão Política do MRE da Polônia*
Benedykt Boczek	Funcionário do consulado da Polônia em Dusseldorf *
Antoni Hepacazko	Funcionário do Ministério da Fazenda da Polônia
Adam Mantel	diretor do Ministério da Fazenda da Polônia
Anina Mantel	Filha de Adam Mantel
Zofia Floyar-Rajchman	Esposa do ex-ministro da Fazenda
Janina Floyar-Rajchman	Filha de Zofia Floyar-Rajchman
Antoni Haczynski	Correspondente da Agência Telegráfica Polonesa
Luciana Haczynski	Esposa de Antoni Haczynski
Danuta Haczynski	Filha de Antoni Haczynski
Janusz Stamirowski	Industrial
Zofia Stamirowski	Esposa Janusz Stamirowski
Olgierd Stamirowski	Filho de Janusz Stamirowski
Eliza Podoczaska	Sogra de Janusz Stamirowski
Bruno Rey	Funcionário do Ministério da Fazenda da Polônia
Franciszek Charwat	Ministro da Polônia em Kaunas
Wanda Charwat	Esposa de Franciszek Charwat
Andrzej Charwat	Filho de Franciszek Charwat
Wanda Charwat	Filha de Franciszek Charwat
Witold Sworskowski	Funcionário da legação da Polônia em Kaunas
Helena Sworskowski	Esposa de Witold Sworskowski
Michael Sworskowski	Filho de Witold Sworskowski
Condessa Izabela Zamojska	Izabela Zamojska
Maria Zamojska	Filha da Condessa Izabela Zamojska
Principe Wladyslaw Radziwill	Membro da Família Real
Princesa Anna Maria Radziwill	Esposa do príncipe Wladyslaw Radziwill
Monika e Elzbieta Maria Radziwill	Filhas do casal Radziwill
Príncipe Olgierd Czartoryski	Membro da Família Real*
Princesa Matylde Czartoryski	Esposa do príncipe Olgierd Czartoryski
Alexander e Konstanty Czartoryski	Filhos do casal Czartoryski

TOTAL: 53 pessoas

Fonte: Lista de personalidades polonesas, refugiadas no Brasil, portadoras de passaportes diplomáticos. Anexo único. Ofício de Oswaldo Aranha, ministro das Relações Exteriores, para Francisco Campos, ministro da Justiça e Negócios Interiores, Rio de Janeiro, 1º out. 1940, Lata 1.291, Maço 29.633. AHI/RJ.
* Solicitadas providências para que fossem concedidas facilidades e atenções compatíveis com sua antiga posição.

Por se tratar de estrangeiros que já se encontravam em território nacional, o Itamaraty solicitou os *bons ofícios* do Ministério da Justiça e Negócios Interiores, assim como ao Conselho de Imigração e Colonização, órgãos oficiais responsáveis, segundo o *decreto n. 3.175*, de 7 de abril de 1941, pela admissão

Metamorfose do Êxodo 217

de estrangeiros no território nacional[49]. No entanto, a Divisão de Passaportes do Itamaraty esclareceu que "nada tinha que opor, conquanto que os mesmos sejam *de origem étnica ariana*"[50].

Nesse momento, a política doméstica cristalizou-se em torno da questão do antissemitismo pautada nas antíteses das raças superiores/inferiores, urbanismo/ruralismo, capitalismo/comunismo. Conforme podemos verificar, a classificação dos refugiados em *arianos* (puros) e *semitas* (impuros) prestava-se como indicador do grau de malignidade atribuído aos judeus e aos poloneses, ambos estigmatizados pelas autoridades brasileiras. Na prática, esses conceitos fizeram vítimas, centenas delas. Ao mesmo tempo, demonstram como a linguagem adotada pelos nazistas foi assimilada pelos diplomatas em missão no exterior e pelas autoridades brasileiras[51].

Em 20 de janeiro de 1941, o governo brasileiro negou visto a cerca de 250 pessoas, todas de nacionalidade *puramente polonesa, isto é, não israelitas.* Segundo a legação da Polônia, entre os homens, muitos eram engenheiros, profissão que "na Polônia são raros os israelitas que a exercem"[52]. Além desses atributos positivos, alegava-se que os interessados "não exerciam ideologias perigosas, eram católicos participantes e tinham sempre se adaptado aos meios para onde emigram". Perfil perfeito, mas inadequado ao projeto nacional, que não previa a diversidade cultural. Sob a alegação de que as cotas por nacionalidade estavam esgotadas, o pedido foi indeferido, ou melhor, duplamente recusado, pois, com a Circular n. 1.499, de 6 de janeiro de 1941, a imigração tornava-se quase impossível para essas pessoas[53]. Por meio dessa circular, resolvia-se um duplo problema: o da situação vivenciada pelos *turistas israelitas*, portadores de visto temporário, e o de dificultar a entrada dos judeus poloneses.

Fechava-se ainda mais o círculo em torno dos judeus, sem, entretanto, melindrar as relações com os Estados Unidos, país líder da campanha humanitária em prol dos refugiados políticos. O governo brasileiro, a fim de evitar

---

49   A Circular n. 1.522, de 6 de maio de 1941, encaminhava às missões diplomáticas o texto do decreto-lei n. 3.175, que restringia a imigração e dava providências e instruções para a aplicação das regras assentadas entre o MJNI, o MRE e o CIC, Circular n. 1.522, de 6 maio 1941, Lata 899, Maço 13.858, AHI/RJ.

50   Nota verbal da Divisão de Passaportes para o presidente do CIC. Rio de Janeiro, 15 out. 1940, Lata 1.291, Maço 29.633, AHI/RJ.

51   Importante a leitura de V. Klemperer, LTI: A *Linguagem do Terceiro Reich*. O autor analisa a linguagem adotada pelos nazistas no sentido literal e filológico.

52   Memorando da Divisão de Passaportes para o secretário geral do MRE, Rio de Janeiro, 20 jan. 1941, Lata 1.291, Maço 299.632. AHI/RJ.

53   "I. Fica suspensa a concessão do visto temporário a menos que se trate de nacionais de Portugal ou dos Estados americanos ou dos estrangeiros a que se refere a letra c do artigo 25 do decreto n. 3.010, de 20 de agosto de 1939; II. O visto permanente só será concedido nos casos de nacionais dos Estados americanos, aos portugueses natos, aos técnicos especializados de indústria ou agricultura, contratados por estabelecimentos industriais ou agrícolas idôneos e cujo capital não for inferior a 200:000$000, aos técnicos especializados que forem contratados pelo Governo Federal ou dos Estados [...], os que provarem a transferência para o Banco do Brasil da quantia em moeda estrangeira equivalente a 400:000$000 no mínimo; III. Fica suspensa a concessão de visto temporário ou permanente aos semitas, respeitadas as autorizações concedidas até a presente data". Oswaldo Aranha, MRE, Lata 899, Maço 13.858, AHI/RJ.

o impacto negativo que essas normas poderiam gerar nos Estados Unidos, abriu exceções aos cidadãos norte-americanos e portugueses, natos ou naturalizados, "mesmo os de origem étnica israelita, quando em viagem em caráter temporário"[54]. Esses avanços e recuos devem ser avaliados como expressão do antissemitismo político gerado para fins hegemônicos da oligarquia política. Segundo Hannah Arendt, esta é uma regra única: "de que o sentimento antijudaico adquire relevância política somente quando pode ser combinado com uma questão política importante"[55].

A Circular n. 1.499 impedia a concessão de vistos "a menos que se tratasse de nacionais de Portugal ou dos Estados Americanos ou de estrangeiros a que se referia a letra c do artigo 25 do decreto n. 3010, de 20 de agosto de 1930 [leia-se aqui artistas]"[56]. Nem mesmo os passaportes de cidadãos franceses (arianos) poderiam ser visados, possivelmente levando-se em consideração as suspeitas de irregularidades contra a embaixada brasileira em Vichy[57]. E, segundo a letra d da Circular n. 1.499, a proibição se estendia também aos israelitas, aos quais não deveria ser concedida nenhuma categoria de visto, nem temporário, nem permanente. Ao ser consultado por Osório Dutra, cônsul geral do Brasil em Lyon, a Secretaria do Itamaraty esclareceu em uma nota manuscrita à margem do ofício: "os judeus estão proibidos – os casos que não se enquadram na Circular n. 1499 devem ser consultados a esta Secretaria de Estado [rubricado] 24/3/41"[58]. A mesma resposta foi encaminhada por Labienno Salgado dos Santos a Joaquim de Pinto Dias, cônsul geral do Brasil em Lisboa, omitindo a palavra *judeus*. A mensagem era subliminar: "fica suspensa qualquer concessão de visto, temporário ou permanente, nos passaportes *das pessoas a que se refere o telegrama* acima citado [n. 45, 20 jul. 1940]"[59].

54 Excluídos das restrições impostas pela Circular n. 1.499, estes cidadãos continuavam a gozar das vantagens do decreto n. 2.017, de 14 de fevereiro de 1940, de que trata a Circular n. 1.425, de 19 do mesmo mês e ano. Circular n. 1.501 às Missões Diplomáticas e Consulados de Carreira, Rio de Janeiro, 24 jan. 1941 rubrica: J. R. de M. S.).

55 H. Arendt, *Origens do Totalitarismo I*, p. 52.

56 Circular n. 1.499, de Oswaldo Aranha, ministro das Relações Exteriores, às Missões Diplomáticas e Consulados de Carreira, 6 jan. 1941, Lata 899, Maço 13.858, AHI/RJ.

57 Maiores detalhes sobre esta questão ver livro de minha autoria *Tributo a Souza Dantas* (no prelo).

58 Ofício n. 25, de Osório Dutra, cônsul geral do Brasil em Lyon, para Oswaldo Aranha, ministro das Relações Exteriores, Lyon, 16 fev. 1941, Lata 899, maço 13.858, AHI/RJ.

59 Ofício Reservado 12/511.12, de Labienno Salgado dos Santos, pelo secretário geral do MRE, para Joaquim de Pinto Dias, cônsul geral do Brasil em Lisboa, Rio de Janeiro, 29 jan. 1941, AHI/RJ (Grifo nosso).

23. Cena do filme *Oswiecim* (Última Etapa).

Amplia-se o Rol dos Refugiados Judeus

Com a intensificação do movimento populacional na Europa tumultuada pelo avanço dos nacional-socialistas, as missões diplomáticas brasileiras sediadas no exterior sinalizavam para o governo brasileiro *problemas relacionados com a política dos refugiados judeus*. As dúvidas e os alertas contra o *perigo semita* vinham dos principais centros urbanos atingidos pelo nazismo, que proliferava como uma *peste*: Praga, Budapeste, Berlim, Varsóvia etc. Ao mesmo tempo que a Alemanha *olhava* para a Tchecoslováquia como espaço vital a ser conquistado, o Brasil despontava para os judeus tchecos como alternativa de sobrevivência. Mas, desde 1937, o governo brasileiro havia erguido sua barreira de proteção étnico-política – a Circular Secreta n. 1.127, de 7 de junho de 1937 –, o ingresso tornava-se cada vez mais difícil.

De Praga, o diplomata brasileiro Sebastião Sampaio tentou alterar essa situação interferindo em favor daqueles que, por serem judeus, não tinham para onde ir. Em 12 de dezembro de 1937, Sampaio solicitou visto para o alemão H. A. Simão, judeu casado com alemã judia, interessado em instalar-se na cidade de Recife (PE). Ainda que recomendado pela Câmara Comercial latino-americana para desenvolver o comércio entre a Tchecoslováquia e o Brasil, e tendo a seu favor o fato de falar português, a resposta do Itamaraty foi desfavorável. A mesma resposta valeu para o pedido de outro importante fabricante (também judeu) que pretendia visitar o Brasil, ainda que por seis meses, para "estudar os mercados, inclusive o da compra de algodão"[1]. A favor dos dois interessados pesava o fato de o Brasil ter vendido o dobro de mercadorias para o mercado tcheco, em comparação com o ano anterior. Procurando "evitar contradições com inconvenientes para os interesses brasileiros", Sebastião Sampaio informou ao ministro das Relações Exteriores que naquele país "os exportadores *eram quase sempre judeus*"[2].

O governo brasileiro colocava na mesma balança as oportunidades comerciais e a questão judaica, ou seja, o étnico e o econômico. Na opinião do Itamaraty, a manutenção da integridade nacional e da ordem política e social vinha sendo ameaçada pela concentração de israelitas no país, sobretudo do "elemento semita provido de recursos que vinha custeando a propaganda dissolvente".

---

1 Telegrama Secreto n. 27, de Sebastião Sampaio, da Legação do Brasil em Praga, para o MRE, Praga, 12 dez. 1937, v. 40/3/3, AHI/RJ.

2 Telegrama Secreto n. 28, de Sebastião Sampaio, da Legação do Brasil em Praga, para MRE, Praga, 12 dez. 1937, v. 40/3/3. AHI/RJ.

Daí o indeferimento aos pedidos acima relacionados e a recomendação, cada vez mais, da observância rigorosa da Circular n. 1.227[3].

A situação política na Europa e a postura antissemita do governo brasileiro exigiam reservas, principalmente porque o Brasil havia optado pela neutralidade, nem sempre tão *neutra*. Da legação de Praga, Sebastião Sampaio enviava relatórios confidenciais fazendo uso do avião alemão Atlântico. Foi por esse mesmo meio de comunicação que, em março de 1938, o cônsul brasileiro informou ao Itamaraty que "a situação na Tchecoslováquia se precipitava e se agravava, tal o dinamismo que advinha da ação da Alemanha, que avançava sob o pretexto de defender a autodeterminação das minorias alemãs". No Parlamento tcheco, o Partido dos Sudetos, em entendimento com o NSDAP alemão, procurou forçar a demissão de inúmeros ministros tchecos. Isso tudo nada mais era do que a primeira etapa de uma conquista *pensada* a curto prazo.

Quase todos os partidos e representantes prussianos, eslovacos e húngaros anunciavam seu entendimento geral para a reivindicação da autonomia Eslovaca, prometida desde o acordo de Petersburgo. A postura do governo tcheco não era de resistência militar à Alemanha, como fizera Viena. Pairava no ar um aparente clima de calma e conciliação até o momento em que as onze divisões do exército alemão se tornaram visíveis, em maio de 1938, nas fronteiras da Tchecoslováquia, que enviou cinco divisões da *classe de 1915*. Essa situação de instabilidade foi oportunamente interpretada pela imprensa de Berlim, que acusava o governo tcheco de ser incapaz de manter a ordem, senão com a violência. Em parte, foram as tensões decorrentes da composição multirracial que facilitaram o futuro desmembramento da Tchecoslováquia, com a concordância da Grã-Bretanha e da França[4].

A comunidade judaica local, por sua vez, desesperada, procurou fugir lançando mão de suas relações políticas ou comerciais[5]. Foi nessa situação que Daniel Bruml, cidadão tcheco e judeu, representante de uma importante companhia comercial em intercâmbio com o Brasil, solicitou autorização para visitar o Brasil na viagem de negócios que iria fazer à America do Sul. Com vistos para a Argentina, Uruguai, Chile, Colômbia e Equador, Bruml recebeu autorização *excepcional* em vista das circunstâncias expostas: era recomendado pelo ministro das Relações Exteriores e tinha seu retorno *garantido*[6].

O vice-cônsul honorário inglês Ricardo Moser e Erico Bries, ambos judeus nascidos e residentes em Praga, importadores e exportadores *com ótimas*

---

3   Telegrama Secreto n. 18, de Exteriores para Sebastião Sampaio, da Legação do Brasil em Praga, Rio de Janeiro, 20 dez. 1937, v. 40/3/5, AHI/RJ.

4   Cf. acordo de Munique, set. 1938. Calculava-se, em março de 1938, que a Tchecoslováquia possuía quinze milhões de habitantes, dos quais sete milhões eram alemães, tchecoslovacos e húngaros unidos contra seis milhões de tchecos. Telegramas n. 6 e n. 7, de Sebastião Sampaio, da Legação do Brasil em Praga, para o MRE, Praga, 26 mar. 1938, v. 40/3/3, AHI/RJ.

5   Telegrama n. 14, de Sebastião Sampaio, da Legação do Brasil em Praga, para o MRE, Praga, 22 maio 1938, v. 40/3/3. AHI/RJ.

6   Telegrama Secreto n. 17, de Sebastião Sampaio, da Legação de Praga, para o MRE, Praga, 14 jun. 1938, v. 40/3/3, AHI/RJ; Telegrama Secreto n. 10, de Exteriores para a Legação de Praga, Rio de Janeiro, 16 jun. 1938, v. 40/3/5, AHI/RJ.

referências, usaram da mesma estratégia: viagem de negócios comerciais por seis meses[7]. Sob esse mesmo pretexto – de que a viagem era interessante para o nosso país –, o dr. Curto (sic) Reik e senhora, ambos tchecos e da *raça judaica*, solicitaram visto na legação do Brasil em Praga[8]. Um alerta foi dado pelo Itamaraty: "A Circular Secreta 1.127 continua em pleno vigor. Pode visar [...] anotando no visto que o interessado não poderá permanecer no território nacional por mais de seis meses"[9].

Em abril de 1938, Mário Moreira da Silva, cônsul do Brasil em Budapeste (Hungria), chamou a atenção de Oswaldo Aranha para a questão, alertado por uma notícia que havia sido publicada no *Pester Lloyd*, de 25 de março. Essa matéria anunciava que o governo brasileiro estava inclinado a aderir à proposta americana de constituir um comitê internacional destinado a providenciar o acolhimento dos refugiados políticos que pretendiam deixar a Áustria em virtude dos últimos acontecimentos. Inquieto, Moreira da Silva protestou: "Ora, senhor ministro, posso assegurar a Vossa Excelência, com perfeito conhecimento de causa por ter vivido na Áustria mais de três anos, que *95% desses fugitivos são judeus*, de forma que se trata de saber se devemos ou não receber essa espécie de imigrantes"[10] (em destaque no original).

Contrapondo a ideia de *braços amigos* (não judeus) a *braços parasitas* (judeus), o cônsul Moreira da Silva declarou-se favorável à manutenção das restrições à entrada de semitas no Brasil. Estes foram classificados como *parasitas, inassimiláveis que só sabem trabalhar – sem o menor escrúpulo e só visando o lucro – como intermediários de negócios, nada produzindo de útil*. A seu ver, o Brasil, dado o seu vertiginoso desenvolvimento, necessitava de técnicos e agricultores para poder progredir, tônica que persistirá em grande parte da documentação diplomática antissemita produzida entre 1933 e 1947. Moreira da Silva insistia na ideia de que "o judeu não é nem uma, nem outra coisa. O judeu é o homem da cidade"[11] (em destaque no original).

Apesar de afirmar que os judeus possuíam (isoladamente) bons elementos, Moreira da Silva os considerava (em comunidade) como *assaz perniciosos*, razão pela qual estavam sendo tratados como escória em sua própria pátria de origem. Após traçar amplo panorama da situação vivenciada pelos judeus na Alemanha e na Hungria, Moreira da Silva questionou: "Por que, então, nós, por uma questão de simples compaixão, vamos abrir as portas a uma imigração de tal natureza?"[12]

---

7   Telegrama secreto n. 18, de de Sebastião Sampaio, da Legação do Brasil em Praga, para o MRE, Praga, 31 ago. 1938, v. 40/3/3, AHI/RJ.

8   Telegrama Secreto n. 24, de Sebastião Sampaio, da Legação de Praga para o MRE, Praga, 19 set. 1938, v. 40/3/3, AHI/RJ.

9   Telegrama Secreto n. 16, de Exteriores para a Legação do Brasil em Praga, Rio de Janeiro, 20 set. 1938, v. 40/3/5, AHI/RJ.

10   Ofício Secreto n. 42, de Mário Moreira da Silva, do Consulado do Brasil em Budapeste, para Oswaldo Aranha, ministro das Relações Exteriores, Budapeste, 4 abr. 1938, Lata 741, Maço 10.561, AHI/RJ.

11   Idem, p. 3

12   Ibidem, p. 2.

Meses depois, Mário Moreira da Silva solicitou permissão para voltar ao assunto do seu Ofício Secreto n. 42: os inconvenientes que resultariam para o Brasil no recebimento de uma imigração semita. Calculava, com base em informações publicadas pelo *Pester Lloyd*, de Budapeste, que cerca de dez mil imigrantes seriam encaminhados para o interior do país onde se ocupariam de trabalhos agrícolas[13].

Seu apelo soava como crítica à generosidade brasileira e a sua liberal legislação, que haviam permitido a entrada de imigrantes indesejáveis. Essa questão colocava em debate o conceito de soberania do Estado nacional, debilitada ao permitir a entrada de israelitas, portadores de passaportes emitidos pelo Reich. Terminada a validade, esses passaportes não seriam renovados dadas as restrições decretadas pela Alemanha. Resultado: seus portadores ficaram sem nacionalidade e, como tais, não poderiam ser expulsos por se tratarem de apátridas[14]. Além disso, desmentia a veracidade da notícia ao argumentar que o *judeu não é, nem será jamais agricultor*. Tentando provar que o *judeu é homem da cidade e que só sabia fazer comércio* (isto é, servindo de intermediário entre o produtor e o consumidor), Moreira da Silva apelou para outra notícia na qual a Agência Judaica classificava os judeus por profissões: de uma população recenseada de 416 mil semitas, somente 98 mil se dedicavam ao trabalho agrícola. Mas, a verdadeira alegria do cônsul decorria da possibilidade que via, com essas estatísticas, de colocar por terra definitivamente a *lenda* (como ele mesmo denomina) de que os judeus haviam provado, na Palestina, que podiam também ser agricultores. Salienta que tudo isso era *mera formalidade*[15].

Mário Moreira da Silva atinge o auge de seu antissemitismo ao traçar o perfil desse homem judeu como *nocivo ao Brasil* com base em seu testemunho pessoal. Tratados como *espécie distinta*, os judeus são chamados de *torpes*, pois, segundo o diplomata, "a moral semita tudo permite: em perigo estariam as economias dos brasileiros". O exemplo que apresenta para ilustrar suas acusações é de que, na Hungria, em pouco menos de um século, "*os israelitas haviam conseguido se apoderar da fortuna particular húngara na proporção de 60% (sessenta por cento), embora os judeus representassem apenas 10% da população total!!!*"[16] (em destaque no original).

Em janeiro de 1938, a imprensa de Bucareste (Romênia) anunciava o desejo dos judeus russos estabelecidos em Galatz e na Bessarábia de emigrarem para o Brasil[17]. Esse desejo pode ser interpretado como um dos primeiros anúncios de que o judaísmo soviético estava em perigo, situação que se tornará

---

13 Idem, ibidem.
14 *Pester Lloyd*, Budapeste, 1º set. 1938, Lata 741, Maço 10.561. AHI/RJ.
15 Ofício Secreto, de Mário Moreira da Silva, do Consulado do Brasil em Budapeste, para Oswaldo Aranha, ministro das Relações Exteriores, Budapeste, 10 set. 1938, Lata 741, Maço 10.561, AHI/RJ.
16 Idem p. 3.
17 D'Autres israelites de Galatz veulent émigrer au Brésil. *Universul*, 20 janvier 1938 (Trad. para o francês). Anexo ao Ofício n. 7, de Cyro de Freitas Valle, da Legação do Brasil em Bucarest, para Mário de Pimentel Brandão, Bucareste, 20 jan. 1938, AHI/RJ.

mais complexa no decorrer da Segunda Guerra Mundial. Ao se configurar a anexação da Polônia oriental, dos países bálticos e da Bessárabia pelos alemães, em 1940 e 1941, uma onda de pânico e fuga atingiu a comunidade judaica desprovida de estrutura comunitária capaz de garantir sua sobrevivência física e cultural[18].

Cabe lembrar que as opções de refúgio diminuíam a cada dia, da mesma forma que se ampliava o espaço geográfico e vital dominado pelos nazistas. Há cerca de um mês havia fracassado a Conferência de St. James realizada em Londres, envolvendo ingleses, judeus e árabes. Esse evento culminou com o fechamento das portas da Palestina pelo governo britânico aos judeus europeus.

À medida que as fronteiras da Europa se transformavam em decorrência do avanço das tropas alemãs, os representantes diplomáticos brasileiros sediados no exterior clamavam por regras que definissem, de forma objetiva e clara, o tratamento a ser dispensados aos cidadãos fugitivos do nazismo. A cada território ocupado pelo Reich, novas dúvidas surgiam questionando a qualidade dos candidatos ao visto brasileiro. Após o desaparecimento da Tchecoslováquia e a extensão do protetorado do Reich sobre a Boêmia-Morávia, em março de 1939, o Ministério das Relações Exteriores – ainda que reconhecendo a existência da Tchecoslováquia – exigia uma *melhor fiscalização daquela imigração semita*, que, a partir de 1940, ficou sob a responsabilidade das missões diplomáticas sediadas em Londres e Paris.

Insensível aos problemas vivenciados por aquela comunidade judaica, o Itamaraty Exteriores considerou como necessário – além de cumprir com o art. 33 do decreto n. 3.010 – que "os imigrantes apresentassem provas oficiais de que poderiam, em qualquer época, regressar a seu país de origem ou, então, apresentarem *um documento alemão*(!?) que garantisse aos respectivos portadores o regresso em qualquer época à Tchecoslováquia". Essa proposta mostrou-se tão inoportuna que um ponto de interrogação foi anotado à margem desse documento, grifado no original por algum funcionário do Itamaraty[19].

Entre 1938 e 1940, a situação (interna e internacional) mostrava-se tensa em decorrência da pressão exercida pelos Estados Unidos, que, diante do avanço nazista na Europa, necessitavam garantir parcerias. E o Brasil, por sua posição retraída e cheia de reservas, apresentava-se como uma incógnita, mas passível de manipulação. Hélio Lobo funcionava como uma espécie de ponte entre os comitês intergovernamentais, as associações pró-refugiados e o Ministério das Relações Exteriores do Brasil. Mas uma questão incomodava, e muito, os diplomatas em missão no exterior: a saga dos refugiados judeus.

---

18 Em 1939, a comunidade judaica da União Soviética totalizava cerca de três milhões de indivíduos. Com a anexação de outros territórios, essa população aproximou-se de cinco milhões. Como a maioria se encontrava sob a ocupação alemã, calcula-se que cerca de 2,5 milhões morreram no Holocausto após a operação Barbarossa, que caracterizou a invasão da União Soviética pelos alemães, em 22 de junho de 1942. É. Barnavi (org.), *História Universal dos Judeus*, p. 246.

19 Telegrama de Mário de Barros e Vasconcellos, da Legação do Brasil em Berna, para o MRE, Berna, 14 jun. 1939, 558 (99), Lata 741, Maço 104.561, AHI/RJ.

A capacidade física e moral dos refugiados judeus foi retomada por Alexandre Marcondes Filho, ministro da Justiça (1942-1944)[20], ao ser informado por Aranha de uma circular enviada de Washington pelo Departamento de Estado. Esse documento continha instruções do presidente dos Estados Unidos da América sobre as medidas a serem tomadas para proteger as vítimas das perseguições do Eixo na Europa, pessoas essas, em sua maioria, de origem semita[21]. Marcondes Filho questionou sobre esses refugiados que, em sua opinião, eram pessoas habituadas à vida urbana. Como refugiados das cidades, e que procuravam as cidades, esses indivíduos eram pessoas "instáveis, e a sua presença agravava ainda mais a crise já existente nas grandes aglomerações urbana. Prevendo o futuro do pós-guerra, este êxodo, possível e provável, viria criar uma nova crise, talvez ainda mais grave"[22].

Para dar maior ênfase a essa sua tese do desequilíbrio entre urbanismo/ruralismo, Marcondes Filho perguntou ao chanceler Aranha: "Que refugiados seriam estes, que conseguiriam atravessar a fronteira dos territórios dominados pelo inimigo; de que elementos disporíamos a respeito de seus antecedentes e do seu caráter?"[23]

Marcondes Filho não podia sequer imaginar a força que movia aqueles *homens errantes* que, feitos farrapos humanos, se arrastavam em busca de um foco de luz. E que conceito de caráter poderia ter um ministro da Justiça que, em 1942, havia se posicionado pró-Alemanha nazista e votado, em 1943, contra a realização de três sessões dedicadas a discutir a questão dos direitos humanos pela Ordem dos Advogados do Brasil?

---

20 Marcondes Filho foi contrário ao rompimento com o Eixo, em 1942, endossando a posição de Filinto Müller, dos generais Eurico Gaspar Dutra e Góis Monteiro, respectivamente ministro da Guerra e chefe do Estado-Maior do Exército. Marcondes Filho acumulava a pasta do Ministério do Trabalho e, em 28 de abril de 1943, foi efetivado como ministro da Justiça. Cf. I. Beloch; A. A. de Abreu (coords.), *Dicionário Histórico-Biográfico Brasileiro*, p. 2084.

21 Aviso DPp/79/511.14, de Oswaldo Aranha, ministro das Relações Exteriores, para Alexandre Marcondes Filho, ministro da Justiça e Negócios Interiores, Rio de Janeiro, 11 mar. 1944, Avisos Emitidos, jan-dez 1944, AHI/RJ.

22 Aviso Reservado n. 146.7 (oo) 42, de Alexandre Marcondes Filho, ministro da Justiça, para Oswaldo Aranha, ministro das Relações Exteriores, Rio de Janeiro, 24 mar. 1944, Avisos Recebidos, jan-dez 1944, 103-5-12, AHI/RJ.

23 Idem, p. 2.

V.

Metáforas de uma Civilização

*Me parece digno de atenção este fato.
Fica claro que há entre os homens duas
categorias particularmente distintas: os
eleitos e os condenados. Outras duplas de
contrários (os bons e os maus, os sábios
e os tontos, os covardes e os valentes,
os desgraçados e os afortunados) são
bem menos distintas, parecem menos
congênitas e, sobretudo, admitem
graduações intermediárias e complexas.*

Auschwitz, 1944.

PRIMO LEVI, *Si Esto es un Hombre.*

O Discurso da Intolerância

A historiografia brasileira que analisa a questão judaica sobre o prisma do antissemitismo político já comprovou que os judeus não eram cidadãos bem-vindos à composição étnica da sociedade nacional[1]. Segundo o pensamento daqueles que gerenciavam o Estado republicano após a Primeira Guerra Mundial, apenas os técnicos e os agricultores católicos tinham condições de contribuir para o projeto de modernidade idealizado pelo governo. Algumas exceções eram feitas aos judeus capitalistas e, assim mesmo, mediante criteriosa seleção. No entanto, a possibilidade de termos entre nós judeus capitalistas também incomodava, visto ser corrente, nos anos de 1930, a ideia de que estes representavam um perigo internacional, *slogan* reverenciado pela literatura antissemita nacional e europeia. Inclusive, o clássico livro de Henry Ford, *O Judeu Internacional*, traduzido no Brasil em 1933, enfatizava o fato de o judeu não ter uma pátria, entretendo-se no jogo de atirar um país contra outro: "Para os judeus internacionais os demais povos constituem uma espécie de clientes. Que perca quem perder"[2].

Congregando diferentes correntes de opinião, o Estado varguista (1930-1945) tentou estabelecer canais e instrumentos que permitissem acelerar o processo de modernização do país. Uma significativa geração de intelectuais foi cooptada pelo regime interessado em romper com o atraso, interpretado como *resquício da República Velha*. Escritores, diplomatas, bacharéis, médicos, cientistas e até mesmo poetas tentaram pensar uma identidade para o Brasil que simbolizasse a fusão entre o nacional, o cultural e o racial. Foi nesse contexto de busca de soluções para os problemas sociopolíticos que o debate sobre a constituição biológica do homem brasileiro ganhou espaço, colocando em pauta o conceito de degeneração racial. E o antissemitismo emergiu como uma tática e uma estratégia política na luta contra o reconhecimento étnico do Outro[3].

Desde os anos de 1920, haviam se intensificado os estudos propondo a profilaxia da raça brasileira, que, segundo algumas correntes, se encontrava em processo de degeneração por seus componentes de miscigenação. Durante o governo Vargas, o Estado procurou investir nas soluções propostas pela eugenia que, por meio do modelo nazista de arianização, teria condições de

---

1   M. L. T. Carneiro, *O Anti-Semitismo na Era Vargas*; *Brasil*; *Um Refúgio nos Trópicos*; J. Lesser, *O Brasil e a Questão Judaica*; A. Milgram, *Os Judeus do Vaticano*.
2   H. Ford, *O Judeu Internacional*, p. 408-409.
3   S. Kovadloff, Antisemitas: La Lógica del Odio, *La Nueva Ignorancia*, p. 185-186.

purificar a sociedade. A psicanálise, a medicina e o direito ofereceram estratégias de combate aos elementos perniciosos que estavam colocando em risco a configuração de um tipo étnico homôgeneo. A eugenia, de uma forma geral, oferecia condições para se *duplicar o projeto imperialista* defendido por aquelas nações empenhadas em regenerar as raças inferiores[4].

Os diplomatas brasileiros sediados no exterior – e principalmente aqueles que se encontravam radicados nos territórios ocupados pelos nazistas – prestaram-se a mensageiros de um discurso antissemita cunhado em matrizes cristãs e pela pseudociência. No entanto, pouco se conhece sobre a postura do Brasil diante do processo que conduziu milhões de judeus à solução final arquitetada pelos nazistas; pouco se sabe da reação do governo brasileiro à ideia da morte como solução ou à ideia de que um indivíduo merece ser perseguido, humilhado e expulso de seu país, simplesmente por *ser judeu, meio-judeu* ou um quarto-judeu, como nos tempos inquisitoriais.

Códigos do silêncio e da exclusão

Sob a máscara do nacionalismo varguista, o Brasil foi conivente com a prática de extermínio em massa da população judaica que habitava os territórios alemães entre 1933 e 1945. Apesar de ter optado por lutar ao lado dos Aliados em 1942, o governo pouco se empenhou em salvar vidas e acolher aqueles que, por acaso, haviam conseguido escapar da prisão em um campo de concentração. A maioria das regras adotadas pelas autoridades brasileiras envolvidas com a questão judaica nada mais foram do que *cortinas de fumaça* que ocultavam a real intenção de manter longe do Brasil os refugiados judeus[5].

Raríssimos foram os momentos em que o governo Vargas foi receptivo à entrada dos judeus, que, segundo as autoridades governamentais, deveriam ser tratados como uma *anomalia social*, sinônimo de perigo étnico e político. Mas mesmo esses casos foram exceções e, assim mesmo, só ocorreram mediante um sistemático controle, justificado pela necessidade de aplicação de uma política imigratória rígida e seletiva. Os registros positivos que temos são iniciativas isoladas que testemuranham o empenho de

---

4   Dentre os teóricos franceses defensores dessa ideia, está Ernest Renan (1823-1892) – um dos grandes mestres racialistas do século XIX –, que, além de projetar a transformação da vida social das outras raças, sugere também sua transformação física, por meio da *injeção* de sangue de qualidade superior. Dentre suas obras, destaca-se *Dialogues Philosophiques* (1871, p. 556), na qual, além de enfatizar a oposição entre as *raças* ariana e semita, sustenta a ideia de que "os homens não são iguais, as raças não são iguais". Renan considerava o negro, por exemplo, "como destinado a servir às grandes coisas desejadas e concebidas pelo branco", além de defender o extermínio das raças inferiores. T. Todorov, *Nós e os Outros*, v. 1, p. 124-125, 127.

5   Cf. J. Lesser, op. cit., p. 285. Esta é a conclusão central desse estudo que traz grande contribuição à historiografia brasileira ao avaliar esse tema, principalmente, do ponto de vista da documentação norte-americana.

alguns diplomatas que, por contrariarem as normas impostas pelas circulares secretas, foram repreendidos e, até mesmo, processados *a bem do serviço público.*

A saga dos judeus sob o olhar dos antissemitas

O povo judeu, pobre ou rico, domina o mercado econômico e financeiro do mundo inteiro;

Vivendo sem pátria, nem governo – isto é, na dispersão –, os judeus demonstram, ainda assim, uma unidade nacional e uma tenacidade não alcançadas por nenhum outro povo [...];

Não lhes importa em descer à compra de trapos; o essencial é comerciar;

Como nenhuma outra raça, os judeus possuem aversão para todo o trabalho material e produtivo;

Se o não judeu manifesta sua atividade no terreno industrial ou técnico, o jovem judeu prefere começar a carreira como criado, vendedor ambulante ou empregado no comércio, pela relação que tais profissões guardam com o aspecto mercantil;

O judeu não se preocupa com o território rural, o que é bem característico nele, já que o semita não é agricultor por natureza [...];

O judeu não se assimila [...] sendo o gueto um artigo de importação dos judeus que sempre se separam dos demais grupos, criando uma comunidade perfeitamente diversa;

É grande serviço prestado ao povo judaico, descobrir os planos secretos de determinados meios ou seres influentes de sua raça;

Todo judeu é membro duma raça eleita dotada das faculdades necessárias para educar as raças inferiores, ponto de vista sob o qual julga o resto da humanidade.

Fonte: Henry Ford, *O Judeu Internacional*, p. 10, 11, 41, 61, 137, 198.

Do ponto de vista do imaginário, a figura maligna dos judeus – expressiva da mentalidade antissemita em voga na época – prestou-se para atualizar o conceito de estrangeiro indesejável e inimigo político-militar, servindo de elo entre a realidade e o universo mítico brasileiro. Constatamos que o Brasil, em vários momentos e situações, identificou-se com o discurso racista e xenófobo divulgado pelo Terceiro Reich adaptando-o, sempre que possível, ao seu ideário e a sua práxis políticos. Daí a necessidade de avaliarmos o discurso acerca dos refugiados políticos no Brasil da perspectiva da intolerância.

Esse tema, entretanto, sempre foi caracterizado como confidencial, secreto. Desde o início dos anos de 1930, o Itamaraty adotou um sistema de códigos cifrados para tratar confidencialmente de tudo aquilo que dissesse respeito aos *judeus, imigração judaica, refugiados semitas* etc. Com o objetivo de prevenir qualquer inconveniente futuro – entenda-se aqui "desvendar para o estrangeiro nossa política de imigração por recusa

Metáforas de uma Civilização   231

A imagem estereotipada dos judeus na Europa:

24. Postal representando o judeu "argelino".

25. Paris, 1901: cartão-postal representando o judeu como "vendedor de óculos".

categórica"⁶ – as autoridades valiam-se de expressões númericas para classificar os documentos que tratassem dessa temática – 650.4 (04), por exemplo –, envelopes especiais e lacres, de forma a garantir a inviolabilidade de suas ordens às missões diplomáticas sediadas no exterior. O próprio Arquivo Histórico do Itamaraty guardou essa documentação, durante anos, em volumes e maços classificados como *confidenciais* protegidos pela legislação brasileira⁷.

Qualquer deslize que viesse a quebrar esse sigilo era caso de repreensão. Em 1937, Jose Bonifácio de Andrada e Silva, embaixador brasileiro em Buenos Aires, chegou a comunicar ao ministro das Relações Exteriores que "o despacho confidencial SP-36, elucidativo do telegrama desse Ministério n. 28, *cifrado*

---

6   Esta expressão foi empregada, em 1937, por Hildebrando Accioly em documento que discutia a inconveniência da realização de uma conferência técnica sobre imigração em países sul-americanos. Cf. Ofício confidencial de Hildebrando Accioly, em nome do ministro das Relações Exteriores, para José Bonifácio de Andrada e Silva, embaixador do Brasil em Buenos Aires, Rio de Janeiro, 14 abr. 1937, Lata 803, Maço 11.232/A, AHI/RJ.

7   M. L. T. Carneiro, Guardiães da Memória Diplomática, *Acervo, Revista do Arquivo Nacional*, v. 4/5, n, 2/1, p. 45-54.

pelo mais secreto de nossos códigos, chegou pelo correio aéreo, em *envelope frágil*, sem número, *lacre* ou qualquer garantia"[8] (em destaque no original).

A partir de 1933, o tema da questão judaica – ainda que *trivial* na correspondência diplomática brasileira – manteve-se secreta, com a rubrica *sob sigilo*. Nesses textos, os judeus emergiam como um grande enigma mundial, sendo agrupados em dois segmentos distintos: um pobre, escoriaçado; e o outro rico, capitalista. Esses *tipos* tornaram-se imagens correntes tanto na Europa como nos países da América, que, desde o início do século, se viram invadidos por cartões postais e uma farta literatura antissemitas. Via correio, os postais colaboravam para compor a figura estereotipada do judeu pobre (parasita), do *clientelchik* (comerciante) e do capitalista (patrão explorador).

O conteúdo panfletário das obras *O Judeu Internacional*, de Henry Ford, e *Protocolos dos Sábios de Sião*, libelo apócrifo traduzido por Gustavo Barroso, certamente prestava-se como referência, oferecendo respostas para algumas situações que, segundo o raciocínio lógico, não podiam ser explicadas. Apesar das dificuldades em detectarmos o grau de influência dessas ou de outras obras antissemitas no imaginário político da época – visto não termos acesso a informações específicas sobre as práticas de leitura dos nossos diplomatas – podemos considerar que muitas das ideias preconcebidas a respeito dos judeus inspiravam-se em versões propagadas por libelos dessa categoria.

De um modo geral, podemos considerar que o discurso antissemita veiculado no Brasil entre 1930 e 1945 reunia atributos que, no seu conjunto, transformavam o judeu em um ser parasita, *indigesto*. No entanto, sua saga de indivíduo inteligente, astuto, persistente e realizador – qualidades expressas nas clássicas frases do antissemitismo moderno – incomodava seus inimigos.

Em síntese, não interessava ao Brasil receber os judeus como refugiados políticos, porque sua saga, suas ideias e seu caráter colocavam em risco o processo de construção da brasilidade. Essa posição, radical em sua essência, vinha atrelada a uma prática orientada para o futuro da nação, que deveria incentivar apenas a entrada de *bons* imigrantes, tendo como critério uma estratégia étnico--ideológica. Assim, as correntes emigratórias não poderiam estar comprometidas com a ideia de *corrosão social* e com as *doutrinas exóticas*, traços pertinentes à imagem estereotipada dos judeus avaliados como *inassimiláveis, comunistas, parasitas e avessos ao trabalho agrícola*. Segundo esse raciocínio, a *ideologia do trabalho* prestava-se como critério seletivo, acobertando a mentalidade antissemita que pontuou, por mais de três décadas, o discurso oficial. Por trás dos ofícios rotulados de *secretos* e *confidenciais*, esconderam-se antissemitas convictos, mascarados de grandes humanistas ou fiéis servidores públicos.

O uso de metáforas roubadas à doença, ao progresso e ao atraso não foi uma inovação do governo Vargas, como podemos constatar na produção literária e

---

8 Telegrama Secreto n. 30, de José Bonifácio de Andrada e Silva, embaixador do Brasil em Buenos Aires, para o ministro das Relações Exteriores, Buenos Aires, 20 abr. 1937, Lata 803, Maço 11.232/A, AHI/RJ.

acadêmica do final do século XIX. Imagens-síntese eram acionadas com o objetivo de identificar os males que assolavam o país, revelando as múltiplas facetas de nossos descaminhos. O uso constante das metáforas do descarrilamento, do verniz, do fluxo sanguineo e da miopia mental expressavam esse esforço contínuo de tentar particularizar a situação vivenciada pelo Brasil, que queria ser civilizado. Tania Regina de Luca, ao analisar a produção da intelectualidade nacional na *Revista do Brasil* (1916-1925), lembra o quanto os símbolos da modernidade, do progresso e da racionalidade burguesa eram mobilizados com o intuito de mostrar o que nos faltava. Recorria-se constantemente às ideias de descarrilamento, de país perdido em alguma parte do caminho ou de transfusão de sangue rico e puro como formas de reivindicação de um projeto étnico-político. O Brasil necessitava de uma direção assim como um trem precisa de trilhos para atingir seu destino ou como um corpo doente necessita de uma larga *transfusão de sangue rico e puro*[9].

Em 1921, R. de Almeida – editorialista da *Revista do Brasil* – clamava pela *purificação* do país ao exaltar certas correntes europeias como símbolo do progresso e do desenvolvimento econômico na região Sul. A seu ver, isso só era possível à medida que "o sangue negro ia desaparecendo das veias brasileiras e uma raça, que não guarda reminiscência da escravidão e de suas torturas, desponta cheia de fé e ingenuidade, para a vida que adora"[10].

A metáfora do sangue persistiu no discurso nacionalista, sendo reaproveitada pelo governo Vargas, que investiu contra as minorias nacionais e raciais. Segundo estudos realizados por Elena Pájaro Peres, sobre a *Revista de Imigração e Colonização* (décadas de 1940 e 1950), continuava-se a insistir na necessidade de controlar a circulação desse fluxo sanguíneo representado pelo imigrante portador do *sangue-sêmen*, princípio da vida, e também do *sangue-doença*, princípio da destruição e da morte[11].

Nesse sentido, a imigração se constituía em uma faca de dois gumes: ao mesmo tempo que poderia trazer para o Brasil correntes significativas de civilizações superiores (*plasma da reprodução*), também poderia favorecer encistamentos (*cancros*). Daí a política nacionalista do Estado Novo insistir na rígida aplicação de um programa educacional como instrumento eficaz de propagação da língua, da cultura e das tradições nacionais entre os imigrantes. No entanto, a educação não tinha forças para *civilizar* os negros ou os japoneses, estigmatizados como símbolos da erosão racial e cultural.

A metáfora do *verniz* – anteriormente empregada por Hyppolite Taine e Gustave Le Bon no século XIX – ganhou adeptos no contexto político do pós-guerra: o Brasil deveria selecionar aqueles que iriam compor a raça brasileira, visto não existirem outros métodos capazes de solucionar a inferioridade

---

9   J. A. Nogueira, Nota Política, *Revista do Brasil*, v. 13, n. 52, p. 364, abr. 1920, apud T. R. de Luca, *A* Revista do Brasil: *Um Diagnóstico para a (N)ação*, p.193.

10 R. de Almeida, Afrânio Peixoto Romancista, *Revista do Brasil*, v. 16, n. 62, p. 119, fev. 1921, apud T. R. de Luca, op. cit., p.193.

11 E. P. Peres, "Proverbial Hospitalidade"? A *Revista de Imigração e Colonização* e o Discurso Oficial sobre o Imigrante (1945-1955), *Acervo, Revista do Arquivo Nacional*, v. 10, n. 2, p. 55.

de alguns grupos, por exemplo, os negros e os japoneses. De nada adiantaria oferecer-lhes educação (que funcionava apenas como um verniz), pois esta não tinha o poder de agir sobre a constituição mental ou sobre o caráter dos povos não europeus[12].

A imagem figurada da *miopia mental* servia para criticar aqueles que, como cegos, defendiam o caldeamento das raças tentando convencer todos de que o mestiço (ou o mesclado, conforme termo empregado na época) não constituía um tipo racial inferior. Criticando os *frágeis argumentos* apresentados por Jean Finot e Topinard, Rodrigues Valle reafirmava, em 1945, sua opinião de que o Brasil "deveria manter a atual legislação imigratória de forma a evitar estas *confusas misturas*"[13]. Essas propostas coincidem com um momento de redimensionamento da política imigratória brasileira, que tinha em vista o estabelecimento de um rígido controle da entrada de estrangeiros no país.

O governo de Getúlio Vargas pretendia – em uma ação conjunta dos vários ministérios e de seus departamentos estaduais, a polícia política, a polícia marítima e a aérea e as missões diplomáticas brasileiras sediadas no exterior – racionalizar o fenômeno das migrações tendo como parâmetro o modelo de homem idealizado pelo regime. Estado e ciência deveriam somar suas forças na luta contra o *alienígena inassimilável* e na adoção de uma política imigratória preventiva e higiênica[14].

Idealizou-se um programa (silencioso, secreto) de combate aos *cancros*, cujos sintomas eram identificados por manifestações de parasitismo, ócio, desordem. Caberia ao Estado controlar as crises (sociais) restabelecendo o equilíbrio da Nação. Nos primeiros anos da década de 1930, o discurso político antissemita mostrava-se indefinido no Brasil; isso porque a ideologia antissemita adotada pelos nazistas ainda não havia se difundido. Aliás, essa

---

12 Gustave Le Bon, ao retomar a metáfora do verniz, empregada anteriormente por Hippolyte Taine, considerava que "facilmente se faz um bacharel ou um advogado de um negro ou um japonês; mas só se pode lhe dar um verniz, sem ação sobre sua constituição mental [...] Esse negro ou esse japonês acumulará todos os diplomas possíveis sem chegar ao nível de um europeu comum. G. Le Bon, *Les Lois psicologiques de l'evolution des peuples* (1894), 1902, p. 33, apud T. Todorov, op. cit., p. 170-171.

13 Valle julgava improcedentes os argumentos de que se socorriam Jean Pinot, em seu livro *Le Prejugé des races*, e Topinard, em sua antropologia, com o objetivo de sujeitarem à ideia de que não existia nenhum inconveniente em se misturarem raças muito distintas. J. R. do Valle, *Formação da Raça Brasileira*, p. 50-51.

14 Cf. A. de C. Gomes, Ideologia e Trabalho no Estado Novo, em D. Pandolfi (org.), *Repensando o Estado Novo*, p. 68-69. Angela Gomes avalia esta questão demonstrando o redimensionamento da questão imigratória que exigia a intervenção urgente do Estado. Com o objetivo de tornar a política mais flexível, foi acionada uma comissão que se encarregou de reformular a legislação anterior. Chefiada por Oliveira Vianna, intelectual orgânico – germanófilo e racista – essa comissão propôs uma série de decretos-leis que culminaram com a Lei de Nacionalidade (n. 389, de 25 abr. 1938); a Lei de Extradição (n. 394, de 28 abr. 1938); a Lei de Expulsão (n. 497, de 8 jul. 1938); a Lei de Entrada de Estrangeiros (n. 639, de 20 ago. 1938). Além dessa legislação, a autora enumera uma série de outras iniciativas que deram à imigração um outro tratamento: a transformação do Departamento Nacional de Povoamento em Departamento Nacional de Imigração e o Serviço de Imigração, Reflorestamento e Colonização em Divisão de Terras e Colonização; Ver também E. P. Peres, op. cit.

Metáforas de uma Civilização   235

foi outra *epidemia* que, em pouco tempo, fez um grande número de vítimas na Europa e nos países da América[15].

Em 1931, a questão das minorias nacionais já ocupava espaço nos textos diplomáticos que, se recuperados, podem contribuir para a reconstituição da mentalidade antissemita revitalizada na Europa após a ascensão do nacional--socialismo alemão. As autoridades brasileiras não poderão, jamais, afirmar que o governo desconhecia o sofrimento vivenciado pelos judeus na Alemanha e, posteriormente, nos demais países dominados pelos nazistas. Após a leitura desses documentos, fica difícil afirmarmos que o fechamento dos portos brasileiros aos refugiados judeus foi ato isolado de algumas autoridades próximas a Vargas. Ao contrário, as propostas para impedir a imigração de *semitas* foram colocadas em prática, sendo endossadas pelos representantes de todos os ministérios e seus respectivos departamentos.

No exterior, diferentes ensaios sobre as causas e a proliferação do antissemitismo na Europa foram escritos por brasileiros (diplomatas e políticos de carreira) que tentavam, por meio de seus relatos, registrar suas impressões sobre o Terceiro Reich e alertar o governo brasileiro para uma futura onda de refugiados judeus em direção aos grandes centros urbanos. Em 2 de julho de 1931, quando Hitler ainda não havia assumido o poder na Alemanha, Luiz de Lima e Silva, da embaixada do Brasil em Viena, já chamava a atenção de Afrânio de Mello Franco, ministro de Estado das Relações Exteriores, para os movimentos antissemitas que eram *moeda corrente* nos países da Europa Central. Em sua opinião, a frequência dos conflitos antissemitas devia-se à densidade das populações judaicas, que, colocadas cada vez mais em evidência, eram obrigadas a manter maior contato com as *raças nacionais*. Alertava para o fato de os judeus terem se destacado em importantes ramos da atividade comercial, nas profissões liberais e especulativas, sobretudo nos negócios bancários, realidade que os havia transformado em elementos de projeção, por exemplo, na sociedade austríaca, particularmente Viena[16].

Essa não era a única razão apontada como causa do recrudescimento do antissemitismo na Áustria. Uma série de boatos e escândalos envolvendo estabelecimentos bancários e personalidades judaicas importantes desse setor levava o povo a participar de constantes *meetings* de protestos antissemitas. Segundo Luiz de Lima e Silva não era difícil "formar a opinião de uma população tradicionalmente católica acostumada ao desprezo e ódio ao judeu, ingredientes adquiridos desde o berço, sendo de uso doméstico e corrente". Dois escândalos bancários envolvendo o Banco Auspitz e o Credit-Anstalt, ambos amparados por fortes capitais israelitas, foram citados como um dos pivôs dos *meetings* de protesto em Viena. A família Rothschild, principal acio-

---

15 Inúmeros caricaturistas identificados com os movimentos políticos de esquerda apelaram para a imagem de uma Europa doente, febril, acometida pela nova peste cujo vírus, ainda hoje, não foi totalmente extirpado.

16 Ofício n. 118, de Luiz de Lima e Silva, da Embaixada Brasileira em Viena, para Afrânio de Mello Franco, ministro das Relações Exteriores, Viena, 2 jul. 1931, 6 (82) 4016, Lata 1.041, Maço 18.227, AHI/RJ.

26. Viena, março de 1938: Judeus vienenses são forçados a lavar as calçadas da cidade.

nista do Credit-Anstalt, havia se transformado no principal alvo das contestações. A explicação dada pelo nosso diplomata é que havia se espalhado o boato de que "esses *nababos*, assustados com a marcha dos acontecimentos e temendo um esforço popular, cogitavam retirar-se da Áustria, indo viver à sombra protetora das leis inglesas"[17].

Os boatos centravam-se no *ouvir dizer*, ou melhor, *falava-se* que os Rothschild, para obterem essa liberdade de fuga, estavam dispostos a sacrificar a totalidade dos bens imóveis que possuíam no território austríaco. Duas das expressões empregadas por Lima e Silva nos chamam atenção pelo tom negativo: *nababo* e *viver à sombra de*, ambas relacionadas com o conceito de parasita, estereótipo corrente no discurso antissemita[18].

O antissemitismo havia assumido maior intensidade na Universidade de Viena, onde os estudantes realizavam reuniões e discursos que culminavam em tumultos e conflitos. Vários professores e estudantes judeus haviam sido seriamente molestados com o propósito de vedar-lhes o ingresso no edifício da universidade, excluindo-os violentamente do convívio escolar. Esses incidentes

17 Idem, p. 2.
18 Interessante atentarmos para o fato de o nosso diplomata ter empregado em seu texto a palavra *nababo* ao invés de *milionário*. Essa expressão, derivada do árabe, pressupõe a figura de alguém que, além de muito poderoso, ostenta o luxo e a pompa. Nababo é sinônimo de pessoa muito rica, que vive cercada de luxo, milionária.

Metáforas de uma Civilização   237

levaram o Ministério da Instrução Pública a ordenar, por tempo indeterminado, o fechamento dos cursos, cerrando as portas daquela instituição.

Em julho de 1932, Luiz de Lima e Silva, da legação do Brasil em Viena, narrou em um ofício muito especial enviado ao chanceler Afrânio de Mello Franco, as *façanhas hitlerianas*. Suas impressões falam de um antissemitismo que, na Alemanha e na Áustria, vinha de longa data e ele afirma que, naquele momento, ninguém ignorava que a principal ocupação dos seguidores de Hitler era *espancar os judeus*. A *sova aos israelitas* é apresentada como um dos mandamentos mais estritos do catecismo hitleriano, uma espécie de *esporte agradável* e que se prestava como "exercício e treino para as futuras batalhas em que as tropas de assalto nacional-socialistas sonhavam ardentemente se empenhar". "O fato de um camisa parda se defrontar com um cidadão de nariz adunco e de tez morena", informava Lima e Silva, era razão suficiente para que "se arremessasse contra ele, sem explicações, aos tabefes, provando à luz meridiana a excelência da raça e o vigor dos músculos cristãos. É a propaganda pelo fato e pelo espalhafato"[19].

A partir de 1933, o conceito da permissividade do povo judeu e a ideia de que estes formavam verdadeiros *cancros* nas nações onde se fixavam tornou-se comum no moderno discurso antissemita brasileiro. A metáfora do cancro social vinha sempre associada à imagem negativa do judeu que, no sentido figurativo, *corrompia, corroía e consumia lentamente e ocultamente* a Nação, e vinha também associada à ideia de um corpo doente. Vale lembrar que essa composição metafórica (*judeus/doença*) é secular. Em diferentes momentos da Idade Média e da Idade Moderna, os judeus tiveram sua imagem identificada com a proliferação de alguma doença, dentre as quais a peste negra e a hanseníase[20]. Durante o século XIV, por exemplo, multiplicavam-se por toda a Europa massacres de judeus identificados como culpados pela proliferação da peste bubônica, o mesmo acontecendo com os cristãos-novos da Península Ibérica durante o século XVI. Heresia, epidemia e judaísmo eram comumente empregados no discurso antissemita tradicional com o sentido de malignidade.

Nas sociedades contemporâneas e, mais especificamente, nos regimes totalitários (tanto de esquerda como de direita), a *metáfora da doença* reaparece e, desta vez, inserida no discurso político[21]. Se considerarmos que o antissemitismo é um instrumento de poder, poderemos afirmar que – tanto no discurso nazista como no discurso do Estado Novo brasileiro – a expressão *cancro social* foi empregada com o objetivo de excluir os judeus da sociedade, cabendo ao Estado o gerenciamento de um projeto racista como forma de profilaxia. Com a diferença que, na Alemanha, a profilaxia para exterminação

---

19 Ofício de Luiz de Lima e Silva, da Legação dos Estados Unidos do Brasil em Viena, para Afrânio de Mello Franco, ministro de Estado das Relações Exteriores, Viena, 6 jul. 1932, Lata 1.101, Maço 21.168, AHI/RJ.

20 Ver Y. N. Monteiro, *Da Maldição Divina à Exclusão Social: Um Estudo da Hanseníase em São Paulo*.

21 Sobre este tema, ver S. Sontag, *A Doença como Metáfora e A Aids e as suas Metáforas*.

do cancro (judeus) tinha objetivos radicais, *eliminacionistas* (*Solução Final*), sendo a doença diagnosticada como irreversível. No caso do Brasil, o avanço dessa doença (*chegada ininterrupta de levas de judeus refugiados, a sua infiltração – como um vírus – no corpo social etc.*) poderia ser interceptado com a prática de uma política imigratória restritiva. Essas medidas eram apenas preventivas, considerando-se que a população judaica no Brasi, em 1930, não ultrapassava cinquenta mil habitantes[22]. Cabia ao Estado evitar a proliferação do vírus cujo foco irradiador já havia sido diagnosticado: a Alemanha e os demais países ocupados pelos nacional-socialistas.

Em abril de 1933 – portanto, imediatamente após o *boicote* ao comércio judaico na Alemanha –, a ideia de que os judeus eram uma expressão do mal começou a se manifestar no discurso da diplomacia brasileira. A metáfora da doença ainda não era moeda corrente nas polêmicas dos ministros e dos *homens da imigração,* mas nem todos interpretavam os judeus de forma positiva. Um dos primeiros documentos antissemitas diz respeito ao caso de dois proprietários judeus que apelaram à embaixada do Brasil, pois estavam assustados com os últimos acontecimentos na Alemanha, dos quais eram personagens. Ambos possuíam passaportes expedidos pela missão brasileira sediada em Berlim, e um deles se apresentava como brasileiro nato, vivendo na Alemanha há trinta anos. O outro, também judeu, dizia-se naturalizado brasileiro e nunca mais havia retornado ao Brasil.

Sugerindo ao ministro Afrânio de Mello Franco que adotasse medidas de represálias semelhantes a uma cláusula da legislação americana (que cancelava a naturalização caso o indivíduo retornasse a seu país de origem, de tempos em tempos), o funcionário da legação do Brasil em Berlim – apelando para um sentimento nacionalista exacerbado – alegava que aqueles dois judeus (que se diziam *brasileiros*) eram elementos negativos, pois não tinham nenhuma ligação com o país, a não ser o passaporte. Defendiam a ideia de que aqueles *corpos estranhos* poderiam causar perturbações políticas, econômicas e sociais:

> São elementos negativos na comunidade patria e dela só pretendem auferir benefícios. Nem servem, nem serviram ao Brasil, nem contribuem para a economia pública ou privada do país. São exploradores da nacionalidade, cujo sincero sentimento não têm, nem podem ter. Um deles não entende sequer a língua vernácula, é de todo um corpo estranho no organismo nacional[23].

---

22 Calcula-se que, em 1940, a população judaica no Brasil era de 55.666. As maiores comunidades judaicas concentravam-se nas principais capitais brasileiras: São Paulo (20.379), Rio de Janeiro (1.920), Distrito Federal (19.473), Rio Grande do Sul (6.619), Paraná (1.033), Minas Gerais (1.431) e Bahia (955). *Recenseamento Geral do Brasil, Série Nacional, População presente na data dos recenseamentos gerais, segundo algumas das principais características indivíduais,* v. 1, parte 1.

23 Ofício de Muniz de Aragão, embaixador do Brasil em Berlim, para Oswaldo Aranha, ministro das Relações Exteriores, Berlim, 26 abr. 1938, Ref. 511.14 (193), 511.1; Ofício de Hildebrando Accioly, em nome do ministro de Estado, para José Joaquim Muniz de Aragão, embaixador do Brasil em Berlim, Rio de Janeiro, 7 maio 1936, Ref. 42/511.14 (193), AHI/RJ.

Metáforas de uma Civilização   239

Constatamos, pelo teor dos ofícios confidenciais, que alguns diplomatas brasileiros sediados no exterior (e principalmente aqueles que se encontravam na Alemanha, na Áustria, na Polônia, na Hungria e na Romênia) mostravam-se impressionadíssimos com as estatísticas veiculadas pela grande imprensa e pelos estudos de intelectuais antissemitas dedicados a comprovar o quanto o judeu, *aquele elemento racial, era nocivo a sociedade e à economia do Estado*. O tom amedontrador era de que na Alemanha *a doença* já havia desabrochado; caberia ao Brasil evitar que aquele vírus infectasse a população brasileira, que possuía um sistema imunológico vulnerável[24].

As principais matérias publicadas na imprensa sobre a questão judaica nos territórios do Reich eram cuidadosamente recortadas e enviadas ao ministro das Relações Exteriores com o propósito de mantê-lo atualizado sobre a recrudescência do antissemitismo na Europa, além de orientá-lo quanto ao procedimento a ser tomado diante daquela massa de refugiados judeus que começavam a buscar abrigo em terras brasileiras. Lançava-se, nas entrelinhas, uma verdadeira campanha de *combate ao cancro*.

Alguns funcionários da diplomacia mal conseguiam ocultar (ou disfarçar) sua admiração pelas iniciativas antissemitas empreendidas por Adolf Hitler. José Guilherme de Araújo Jorge[25], diplomata da legação do Brasil em Berlim, após ter testemunhado o *boicote* às lojas de judeus, em novembro de 1933, enviou ao nosso ministro das Relações Exteriores cópia de uma monografia intitulada *A Alemanha em Luta pela Vitória da Cultura Ocidental*. Segundo esse diplomata, o autor (não identificado) justificava as medidas legais tomadas pelo governo nacional-socialista alemão, que "pretendia restringir a influência predominante exercida pelo elemento judeu em todo os domínios da vida pública daquele país em detrimento da população genuinamente alemã"[26].

Ao sintetizar as principais ideias desse estudo, Araújo Jorge ressaltou o fato de que aqueles judeus – atraídos pelo comércio e pela indústria – haviam se estabelecido nos grandes centros urbanos ao invés de preferirem as pequenas cidades da província, "desinterando-se quase por completo da agricultura e dos serviços domésticos". No alto da folha, em letra manuscrita, um funcionário da secretaria anotou o endereço correto: *Transmitir ao Ministério do Trabalho*[27].

Após apresentar um conjunto de dados estatísticos que indicavam a liderança dos judeus em importantes cargos em todos os setores de serviços da cidade de Berlim, o diplomata e poeta Araújo Jorge reafirmou a posição do

24 Ofício de (nome ilegível), da Legação do Brasil em Berlim, para Afrânio de Mello Franco, ministro das Relações Exteriores, Berlim, 3 abr. 1933, Lata 1.041, Maço 18.225, AHI/RJ.

25 Conhecido também como J. G. de Araújo Jorge, poeta. Entre 1933-1934, esteve na Alemanha, onde frequentou o curso de extensão cultural no Deutsche Institut Für Auslander, na Universidade de Berlim.

26 Ofício de J. P. de Barros Pimentel, da Legação de Berna, para Oswaldo Aranha, ministro das Relações Exteriores, Berna, 1º abr. 1938, Lata 1.041, Maço 18.225.

27 Essa orientação encontra-se anotada no cabeçalho do documento; possivelmente feita por algum funcionário da Secretaria das Relações Exteriores.

27. Abril, 1933: Poster do *Dia do Boicote* incita o povo alemão para não comprar dos judeus.

autor (não citado) de *A Alemanha em Luta...*, ao considerar a influência da mentalidade judia como "dissolvente e corruptora denegrindo a formação espiritual e moral do povo alemão". Sugeria também ao ministro das Relações Exteriores que lesse os demais capítulos daquela monografia anexa, pois só assim poderia "apreciar o alcance das extraordinárias medidas, consideradas aqui como de salvação pública". Araújo Jorge conclui sua pregação lamentando que aquelas medidas tivessem provocado tanta celeuma em todo o mundo civilizado concorrendo para impopularizar a obra e a figura de Hitler: "impopularizar a obra nascente de reconstrução nacional em que se empenham na Alemanha com tanta coragem e tão exaltado patriotismo, o chanceler Adolfo Hitler e o grupo de intelectuais pertencentes à nova geração da Alemanha contemporânea"[28].

Esse racismo camuflado de *aconselhamento* foi constantemente acionado no Brasil, apoiado em uma retórica legitimadora dos atos de exclusão e de violência. Uma das práticas comuns ao Estado moderno brasileiro foi criar áreas e grupos de exceção que, sob o olhar atento das polícias marítimas e política, passaram a ser continuamente vigiados e perseguidos[29]. A ideia era de que o perigo, assim como um vírus, entrava pelos portos e pelas fronteiras indevidamente vigiados[30]. *Ideologia* e *etnia* transformaram-se em ingredientes do projeto de remodelação da população nacional e de combate à *malignidade judaica*. O mal já havia sido diagnosticado; faltava aplicar a profilaxia combativa. Por intermédio da seleção rígida e sistemática das correntes imigratórias e do controle do estrangeiro radicado no país, idealizaram-se formas distintas de representar a Nação e a população brasileiras.

O judeu, como inimigo-objetivo, foi sendo despersonalizado e reduzido a uma categoria desprovida das qualidades positivas de cidadão. O número de judeus que caminhavam *errantes* pela Europa transformou-se em *anúncio de catástrofe* e as milhares de crianças órfãs nada mais eram do que *seres infelizes*[31]. Os judeus estrangeiros radicados no Brasil (identificados também com o comunismo) eram mantidos em um clima de medo e de suspense, acuados por uma legislação que lhes acenava com a perspectiva de repatriação, instrumento adaptado às necessidades de *purificação* étnica e ideológica da sociedade brasileira. O decreto-lei n. 479, de 1935, regulamentou a expulsão de estrangeiros avaliados como autores ou cúmplices de crimes de natureza política ou sexual ou ligados a tóxicos. Em 1938, essa medida foi

---

28 Ofício Confidencial, de Araújo Jorge, da Legação do Brasil em Berlim, para Afrânio de Mello Franco, ministro das Relações Exteriores, Berlim, 6 nov. 1938, Lata 1.041, Maço 18.225, AHI/RJ.

29 M. Xiberras, *As Teorias da Exclusão.*

30 Ver A. L. Duarte, Domesticação e Domesticidade: a Construção das Exclusões, *Tempo Social. Revista de Sociologia da USP*, 4 (1-2): 183-198, 1992.

31 T. Todorov, Despersonalización, *Frente al Limite*, p.186-192; M. C. dos S. Ribeiro, *Expulsão de Estrangeiros: O Mito da Nocividade no Brasil* (1937-1945).

complementada pelo decreto-lei que proibia aos não nacionais o exercício de qualquer atividade política no país[32].

O conteúdo desses decretos estava de acordo com a posição defendida pelo Ministério das Relações Exteriores, além de receber apoio da imprensa, que aplaudia essas medidas profiláticas. A necessidade de leis severas ajustadas à prática de uma política anti-imigratória fundamentava-se no conceito de preservação étnica e moral da sociedade, que, segundo diagnósticos oficiais, estava sendo *invadida* por elementos perturbadores da sua constituição. Interessante notar que essa retórica acusatória (e que se valia de *slogans* característicos do discurso militar) repetia-se nos mais diferenciados níveis de comunicação, multiplicando opiniões: aparecia em obras teóricas de cunho sociológico, antropológico e/ou histórico; nos relatórios e pronunciamentos oficiais; nos catálogos e álbuns comemorativos do governo e nos principais periódicos nacionais.

O discurso, excludente em essência, apelava para as ideias de *infiltração sub-reptícia*, de movimentos sociais e políticos *secretos*, da *invasão de misteres parasitários* que sobreviviam à custa de *especulações de toda a espécie* (leia-se aqui usura, prostituição, comércio ilegal etc.). A metáfora do *parasita* emerge, nesse contexto e nesses textos, compondo com a imagem do cancro que cresce e desintegra o corpo doente da Nação[33].

Expressivo desse modo de pensar é o artigo publicado pelo jornal paulista *A Gazeta*, em 1º de abril de 1938, anexado aos autos policiais de Daniel Musani Cohen. Esse artigo, que aplaude a necessidade de leis severas contra os *indesejáveis*, apontava para o fato de esses elementos se fixarem nos centros urbanos, onde formavam quistos raciais. A tese do encistamento encontrava eco na realidade dos judeus radicados no bairro paulista do Bom Retiro, que, além de ser um centro residencial e comercial da colônia israelita nos anos de 1930 e de 1940, era também importante núcleo de ativistas ligados ao Partido Comunista Brasileiro e ao movimento sionista[34].

A partir desse prisma girava o olhar dos investigadores do Deops-sp, que, em constante estado de alerta, buscavam por indícios de subversão. Um *plano de ação comunista* (não datado, mas provavelmente de 1935) foi confiscado pela polícia política e anexado ao Prontuário n. 2431 como prova de crime de político. Esse *plano* informava que, naquele momento, a propaganda clandestina e a vida financeira do Partido Comunista Brasileiro, dependia em grande parte das iniciativas do grupo israelita descrito como *misteres parasitários*, cujo perfil foi assim descrito:

> viviam do pequeno comércio, expedientes e especulações de toda espécie, [o que] os torna contraindicados [...]. Nós vemos por aí bairros inteiros nascendo como

---

32   E. Cancelli, *A Violência na Era Vargas*, p. 99; A. Lobo, Estrangeiros e Ordem Social (São Paulo, 1926-1945), *Revista Brasileira de História*, São Paulo, v. 17, n. 33, p. 202.
33   S. Sontag, op. cit., p. 22.
34   Cf. T. Wiazovski, *Bolchevismo e Judaísmo.*

por encanto, e esses bairros, em vez de uma população mista, se formam de minoriais raciais, são verdadeiros quistos dentro da capital[35].

Os documentos que registram a ação federal do Departamento de Ordem Política e Social (Deops), chefiado pelo germanófilo e antissemita Filinto Müller, e suas filiais estatais, trazem infindáveis listas de nomes de estrangeiros presos e/ou deportados pelo governo brasileiro no período de 1936 a 1939. À alegada periculosidade das nacionalidades russa, lituana, húngara e polonesa, somava-se a pressuposta *malignidade* do grupo judeu, tratado pelas autoridades ora como *nacionalidade*, ora como *raça*. Segundo uma relação dos movimentos de esquerda em São Paulo (comunistas, anarquistas, anarco-sindicalistas, socialistas e extremistas), elaborada pela polícia política em 1934, os estrangeiros que faziam parte do Partido Comunista Brasileiro eram, em sua maior parte, extremistas *amigos dos bolchevistas* ou judeus. Estes apareciam em segundo lugar, perdendo apenas para os italianos, concentrando-se entre aqueles de nacionalidades lituana e húngara[36].

Constatamos também, em outros documentos, intensa repressão aos judeus russos, ação explicada pelo medo diante da possibilidade de que ocorresse no Brasil uma revolução proletária, a exemplo da Rússia, constatemente citada pelos ativistas de esquerda como um modelo a ser imitado. Nesse aspecto, percebemos que, a partir de 1937, as autoridades oficiais deram forma ao discurso legitimador desse controle, resgatando do imaginário político brasileiro metáforas e analogias identificadas com o moderno pensamento antissemita.

Imbuído de argumentos típicos dos sustentados pelos *Protocolos dos Sábios de Sião*, o governo somou a ideia *do complô secreto judaico internacional* à do *complô secreto comunista internacional*, de forma a *fazer o povo acreditar* que nossas entranhas estavam sendo corroídas por forças malignas ocultas. É o *medo à revolução* que se projetava metaforicamente, travestido de cranco que cresce, corrói e provoca *mutações no corpo da Nação*.

---

35 Estrangeiros no Brasil, *Gazeta*, São Paulo, 10 abr. 1938, Anexado ao Prontuário n. 13, de Daniel Susano Cohen, Deops/SP/Apesp; A. Lobo, op. cit, p. 202.
36 Plano de Ação Comunista, *Prontuário n. 2431*, v. 7, doc. n. 613, fls. 134-142. Deops/SP/Pesp; ver A. Lobo, op. cit., p. 224, 227.; Lista de elementos que fazem parte do PC e de extremistas amigos dos bolchevistas, Prontuário n. 1253, de Domingos Trombelli ou Taveira, Deops/SP/Apesp.

Indústria de Judeus

Os termos *agente* e *indústria* têm se prestado, em diferentes contextos históricos, para estigmatizar os judeus como elite política ou como povo. Aplicado ao discurso autoritário, o termo – que diz respeito a "aquele que tudo opera e age como membro de uma corporação ou que trata de negócio por conta alheia" – torna-se rico em significados. Muitas vezes, o uso dessa palavra pode parecer óbvio, mas é importante ser notado, considerando-se que a "metáfora reside no pensamento"[1].

No caso do discurso articulado pela diplomacia brasileira nos anos de 1930 e de 1940, as palavras *agente e indústria,* ainda que polivalentes, não deixam dúvidas sobre o seu significado antissemita. Utilizando-se de metáforas extraídas do mundo da industrialização, intelectuais, investigadores policiais e diplomatas brasileiros apelaram para a ideia de que no Brasil atuavam *agentes judeus* (reconhecidos pela astúcia, engenhosidade, destreza e criatividade) que conjugavam seus trabalhos (explícitos ou clandestinos) ao capital objetivando o lucro ilícito.

Essa mesma conotação sustenta o polêmico trabalho de Norman Finkelstein publicado em 2001 com o título *A Indústria do Holocausto*, cujo conteúdo abre trincheiras para os grupos identificados com o pensamento da extrema direita[2]. De um lado, porque recupera o mito da conspiração judaica; de outro, porque atribui aos sobreviventes do Holocausto um *status de vítima*. Protestando contra aqueles que exploram economicamente o tema do Holocausto, Finkelstein afirma que há dois tipos de judeus nos Estados Unidos: os que foram *apenas vítimas* e aqueles que são responsáveis por uma grosseira exploração do *Holocausto como indústria da corrupção*.

Esse estudo de Norman Finkelstein deve ser interpretado como expressão do discurso antissemita da pós-modernidade que, articulado por um judeu[3] – o que é mais grave ainda –, ressurge com roupagens das décadas passadas. Para esse autor, a catástrofe dos campos de concentração possibilitou a Israel projetar-se como Estado *vítima*. Essa afirmação é perigosa, pois *cai como uma luva* nas mãos dos neonazistas, dos revisionistas, dos terroristas do

---

1   A. La G. Nogueira, A Metáfora no Contexto Literário: Análise de um Poema Metafísico, em V. L. M. de O. e Paiva (org.), *Metáforas do Cotidiano*, p. 84.

2   Livro sobre Holocausto Agita Alemanha, *O Estado de S.Paulo*, 10 fev. 2001, p. A20.

3   Tanto a dedicatória como a epígrafe do livro *A Indústria do Holocausto*,reafirmam a identidade judaica do autor: seus pais sobreviveram ao Holocausto enquanto todos os membros de sua família foram exterminados pelos nazistas; a epígrafe vem assinada pelo rabino Arnold Jacob Wolf, da Universidade de Yale.

Hamás e de Mahmoud Ahmadinejad – atual presidente do Irã –, interessados em propagar a imagem negativa do Estado de Israel. Portanto não é gratuita a tradução desse livro para o árabe pela mais prestigiosa editora da região, a Al-Adab, em Beirute[4].

Além desse processo de *vitimização* do Estado judeu, Finkelstein acusa a elite dos *judeus americanos poderosos* de explorarem a memória do genocídio visando *extorquir dinheiro da Europa*. Sustentando um tom de denúncia, recupera clássicos estereótipos de libelos antissemitas que, no passado, se prestaram a sustentar outra indústria: a da *morte em série* nos campos de extermínio. Nesse rol, podemos citar *Os Protocolos dos Sábios de Sião*, leitura de cabeceira de Hitler, que se propõe a provar que os judeus, movidos por *interesses ocultos*, conspiravam com o objetivo de dominar o mundo.

A imagem negativa dos judeus como *exploradores de situações trágicas* se fez presente nos anos de 1930, em um outro texto panfletário intitulado *Indústria de Judeus*, de autoria de um diplomata brasileiro. Este acusa um grupo de *agentes judeus* de extorquir dinheiro dos refugiados israelitas aproveitando-se do drama vivenciado por todos aqueles eram vítimas do antissemitismo alemão. Em sua opinião, esses (*des*)*terrados* – necessitando de cartas de chamada para ingressarem no Brasil – submetiam-se a qualquer tipo de *falcatrua*, sem qualquer pudor moral. Para atender aos interesses imediatos dos refugiados israelitas, esses agentes judeus estariam *fabricando* (produção em série) passaportes, vistos e cartas de chamada, em uma espécie de *sistema de manufaturas* (obra feita á mão). Informava que o produto final (documento) era comercializado rendendo gordos dividendos para aqueles que faziam da desgraça alheia uma fonte de lucro.

O emprego dessas metáforas conduzem-nos não apenas a um mapeamento de conceitos, mas também de juízo de valores. Não estavam em julgamento as barreiras antissemitas sustentadas pelo governo brasileiro (razão maior para a falsificação de documentos e estratégias de sobrevivência) e sim o *caráter da raça* (semita ou judaica) daqueles que, por meio de documentos falsos, facilitavam a entrada de *indesejáveis* no país.

Um sistemático programa de *profilaxia social* foi organizado com a participação da Polícia Política Federal e seus segmentos estaduais que, articulados com os ministérios e os órgãos de imigração, trataram de *vigiar, incriminar* e *prender* os agentes que gerenciavam essa *indústria de judeus*. Segundo as autoridades diplomáticas e policiais, estes cidadãos *nadavam contra a maré,* praticando irregularidades. Fica evidente que não interessava ao governo brasileiro salvar os judeus das garras nazistas e, muito menos, abrigá-los em território nacional. Quando isso aconteceu – felizmente milhares deles conseguiram vistos de entrada para o Brasil –, foi graças à ação de alguns raros diplomatas e cidadãos anônimos, de associações judaicas internacionais e nacionais, ou

---

4   Ver Historiador Identifica uma Indústria do Holocausto, em *O Estado de S.Paulo*, Caderno 2, 4 mar. 2001, p. D5. Nesta entrevista, Norman Finkelstein, para defender sua visão revisionista, emprega a expressão "indústria do Holocausto".

de religiosos que agiam independentemente de um programa salvacionista por parte da Igreja católica[5].

Assim, as metáforas empregadas para representarem o *judeu-agente* ou a *indústria de judeus* fazem parte do discurso intolerante propagado pelas autoridades brasileiras contra os israelitas. Não podemos, pois, desconsiderar o poder que as palavras têm de interferir na realidade, impondo uma visão de mundo preconceituosa, autoritária. Valendo-se de conceitos falsos de analogia e similaridade, um grupo seleto de diplomatas, burocratas, intelectuais e políticos brasileiros – alguns bem próximos a Getúlio Vargas – colaboraram para a sustentação da prática antissemita nas décadas de 1930 e de 1940. Como muito bem lembrou Pierre Bourdieu: "nossas representações mentais afetam a realidade e devem ser consideradas na descrição dessa realidade"[6].

Tratados como *agentes da subversão política* e da *desordem social*, os *semitas* tornaram-se alvo das preocupações policiais que, dentre suas competências, *deveria superintender o serviço de passaportes e vistos, além de supervisionar a circulação das ideologias exóticas*. Filinto Müller, chefe da polícia política do Distrito Federal, impulsionado por seus valores antissemitas e germanófilos, transformou aquele órgão em instrumento estatal de profilaxia social. Em harmonia com as missões diplomáticas sediadas no exterior e com o Departamento Nacional de Imigração do Ministério do Trabalho, Indústria e Comércio, Müller partiu do pressuposto de que os refugiados judeus deveriam ser combatidos como se fossem um *vírus nefasto*. Impedi-los de desembarcar em solo brasileiro e desarticular suas redes de apoio na Europa e no Brasil (os chamados *agentes da indústria*) tornou-se quase uma obsessão para este homem dedicado ao cumprimento cego do dever à Patria. Enfim, a figura do Estado prestava-se como fachada para seus sentimentos antissemitas.

A expressão *indústria de judeus* prestou-se como tema para um extenso ofício assinado por H. Pinheiro de Vasconcelos, cônsul geral do Brasil em Londres. Segundo esse diplomata, seria possível descobrir no Rio de Janeiro as agências da indústria de judeus e impedir que nela revivesse – em semelhança antiga, escandalosa e rendosa – a indústria das cartas de chamada. Segundo Vasconcelos, o argentino Erich Cohnheim era um desses *agente de judeus*, suspeita fundamentada no fato deste manter ligações com a Secretaria do Itamaraty. Estranhava-se o fato de Cohnheim ter conhecimento de autorizações sigilosas telegrafadas do Rio de Janeiro para Londres. Surpreendido e negando ser este *um negócio ilícito*, o argentino declarou que "fazia isso por simpatia ao Brasil e para servir a amigos seus no Rio de Janeiro"[7].

---

5   Dentre os raros diplomatas brasileiros que fizeram parte desse *grupo de resistência* e que – apesar de nem sempre estarem articulados entre si – ajudaram a salvar centenas de vidas, cito aqui, como já o fiz em estudos anteriores, Luiz Martins de Souza Dantas, Orlando Arruda, Hélio Lobo e Carlos Martins Pereira e Souza.

6   P. Bourdieu, *Ce que parler veut dire*; V. L. M. de O. e Paiva, Metáforas Negras, em V. L. M. de O. e Paiva (org.) *Metáforas do Cotidiano*, p. 108.

7   *Indústria de Judeus*, em anexo ao Ofício Confidencial, de H. Pinheiro de Vasconcelos, cônsul geral do Brasil em Londres, para Oswaldo Aranha, ministro das Relações Exteriores, Londres, 5 jul. 1940, Lata 741, Maço 10.561, AHI/RJ.

Pinheiro de Vasconcelos, em nome da moralidade administrativa brasileira, estava disposto a rechaçar *os agentes exploradores de judeus*, que, dada a fertilidade das suas tramas, estavam ludibriando os incautos que se dirigiam aquele consulado. Adotou como tática convidar os que lhe reclamavam dessa vil exploração a fazerem suas denúncias por escrito, sob estrita confidência. Segundo o diplomata brasileiro, o *semita* Rudolf Carf fez esse tipo de declaração em troca de visto no seu passaporte: informou que o *agente* Erich Cohnheim cobrava 2.000 liras para a obtenção de um visto regulamentar naquela Chancelaria de Londres[8].

Fundamentando-se na carta-denúncia de Rudolf Carf, Vasconcelos prometeu lutar contra essa *vil exploração* como um dos reais reflexos da moralidade administrativa do Brasil[9]. Em verdade, devemos considerar que *despachantes oportunistas* nunca foram personagens fictícios na história da burocracia brasileira, assim como sempre existiram funcionários que carimbam papéis em troca de propina. O que está em questão é a generalização do desvio que aponta para *os judeus* (no plural) como *idealizadores do crime*. O indivíduo (criminoso) é simplesmente reduzido a uma categoria que, de acordo com a lógica da exclusão, só poderia *ser judeu*. Por que as autoridades não se se referiam à *indústria dos cristãos* ou à *indústria dos homens brancos*? Por que seria aqui o judeu eleito como inimigo-objetivo?

Interessava às autoridades brasileiras construir uma *teoria do desvio* com base na realidade sustentada pelo próprio sistema do qual elas eram parte integrante. Não lhes era cômodo diagnosticar os mecanismos estatais que provocavam a desagregação moral e a desagregação do tecido social e sim sugerir profilaxias para *doenças imaginárias*.

---

8 Declaração prestada por Cerf Brothers Ltd. contra Cohnheim, Londres, 15 jul. 1940. Anexo único, Lata 741, Maço 10.561, AHI/RJ.
9 *Indústria de Judeus*, em anexo ao Ofício Confidencial de H. Pinheiro de Vasconcelos...

Considerações
a Propósito do Mal

O historiador Tzvetan Todorov, em sua obra *Frente al limite*, considera como uma tarefa difícil "comparar a maldade de um século com a do outro, já que não é possível conhecer ambas [...]"; mas nada o impede de acreditar que, no século XX, assistimos na Europa a uma proporção do Mal jamais (ou muito raramente) registrada anteriormente. Não que o Mal ou a espécie humana tenham cambiado de natureza, e sim porque *aquele Mal* (simbolizado pela figura do verdugo nazista) provocou "a fragmentação do mundo e a despersonalização das relações humanas". Esses efeitos, segundo Todorov, devem ser avaliados como uma transformação progressiva, não precisamente do homem senão das suas sociedades[1].

É desse ponto de vista – da natureza do Mal e da despersonalização das relações humanas – que pretendemos avaliar um dos mais virulentos libelos antissemitas brasileiros, produzido por Jorge Latour, encarregado de Negócios na legação do Brasil em Varsóvia, este documento não é único, mas exemplar de como o Mal (Latour) construiu sua teoria acerca da malignidade dos judeus, argumento clássico herdado do antissemitismo tradicional[2].

O tema – antes de ser avaliado como uma *teoria sobre a malignidade* e exemplo da degradação do pensamento humano – serve também como testemunho de que o antissemitismo moderno não foi um fenômeno exclusivo da Alemanha nazista. O Brasil, assim como tantos outros países da América, teve também seus *verdugos*, muitos dos quais continuam escondidos atrás de suas máscaras mortuárias. Contribuem para esse negacionismo: versões deturpadas da História do Brasil Contemporâneo[3] e omissões propositais nas biografias de consagradas autoridades brasileiras, como Getúlio Vargas e Oswaldo Aranha[4].

A pesquisa sistemática nos documentos sob a guarda do Arquivo Histórico do Itamaraty do Rio de Janeiro tem demonstrado que as ideias defendidas por Latour não foram inofensivas: multiplicaram-se em pareceres oficiais que, na prática, transformaram os refugiados judeus em mera categoria. O livro *A*

---

1   *Frente al limite*, p. 305.
2   A Emigração Israelita da Polônia para o Brasil: Considerações Inatuais e Observações Actuais a Propósito deste Mal, Varsóvia, 8 nov. 1936, 42 p. Anexo ao Ofício Reservado n. 130, de Jorge Latour. Centenas de documentos como este coexistem, lado a lado, nas pastas do Arquivo Histórico do Itamaraty ou nos maços *esquecidos* no Arquivo Nacional do Rio de Janeiro.
3   Cito aqui, como exemplos: as considerações deturpadas sobre o antissemitismo na Era Vargas publicadas em *Intolerância e Resistência*, da historiadora Zilda Márcia Grícoli Yokoi, diretora do LEI – Laboratório de Estudos sobre Intolerância da USP; os dados estatísticos apresentados pelo brasilianista Jeffrey Lesser sobre o número de judeus refugiados no Brasil, em *O Brasil e a Questão Judaica*.
4   Cf. verbetes em I. Beloch e A. A. de Abreu (coords.) *Dicionário Histórico-Biográfico Brasileiro*.

Emigração Israelita da Polônia para o Brasil, de autoria de Latour, serviu como suporte para o diplomata J. R. de Barros Pimentel emitir suas opiniões sobre os judeus poloneses interessados em se radicar no Brasil em 1936[5]. A ideia de Latour era reunir, em um só documento, argumentos e observações concludentes a respeito da "alta nocividade que representava o imigrante judeu para o nosso país". Seu objetivo era oferecer, com esse trabalho, uma contribuição considerada como *dever de funcionário e de bom brasileiro*[6].

O documento encontra-se dividido em quatro partes distintas: 1. *Israel: o insolúvel, o perpétuo problema da Humanidade*; 2. *A questão judaica na Polônia*; 3. *A grande fraude polonesa. A Terra Santa e a Nova Chanaan*; 4. *A Conservação Nacional, o máximo problema brasileiro*. Em seu conjunto, o texto extrapola sua intenção literária para se configurar como um autêntico libelo antissemita dos tempos modernos com reais conotações políticas. Por seu conteúdo, pode ser utilizado como um instrumento a serviço do Estado autoritário varguista que, a partir de 1937, definiu o judeu (ainda que secretamente) como um dos seus principais inimigos políticos e raciais.

A imagem do judeu construída por Latour se apoia em uma série de analogias e metáforas expressivas do pensamento antissemita. Ao longo do seu raciocínio – fundamentado em passagens bíblicas e históricas –, Latour argumenta que a questão judaica é insolúvel, visto ser (o judeu) *o cisto irredutível no seio dos povos em evolução*. Apelando para a imagem da ave de rapina (aquela que rouba e subtrai com violência), apresenta o judeu como *ganancioso e usurário*, apreciação esta que, do seu ponto de vista, tem se mantido ao longo da História. A esse raciocínio, acrescenta o clássico argumento de que os judeus foram *condenados a errar*, ausentes do lar bíblico, configuraram a imagem do *Judeu Errante*. A explicação apresentada para este nomadismo é de que, onde os judeus pousam, eles implantam "a discórdia gerando, para logo, a cinzania, as perturbações, as crises"[7].

O conceito de *povo judeu* vem sempre atrelado à ideia de um povo que burla, que "deita cinzas nos olhos do outro" (daí o emprego do termo *cinzania*), no sentido de que ele engana, ludibria, curtindo o "gosto pelo comércio e o agudo apetite pelo lucro". Em diferentes passagens, Latour argumenta que os judeus são "um povo que se diz Santo", um *povo vagabundo*, "possuidor de raras qualidades, mas estigmatizado com taras que o fazem irremediavelmente infeliz, infelicitando, ao mesmo passo, a humanidade inteira"[8].

A Diáspora é apresentada como um "desejo incontido do povo judeu que, históricamente, sempre procurou fortuna em terras menos ingratas que a Judeia". A intenção de Latour é demonstrar que, desde o período bíblico, o

---

5 Ofício Reservado n. 90, de J. R. de Barros Pimentel, da Legação do Brasil em Varsóvia, para José Carlos de Macedo Soares, ministro de Estado das Relações Exteriores, Varsóvia, 30 set. 1936, Lata 622, Maço 9.650, AHI/RJ.
6 Ofício Reservado n. 130, de Jorge Latour, encarregado de Negócios na Legação de Varsóvia, para José Carlos de Macedo Soares, ministro das Relações Exteriores, Varsóvia, 8 nov. 1936, Lata 622, Maço 9.650, AHI/RJ.
7 Idem, p. 1.
8 Idem, p. 2.

28. Lasar Segall, *Eternos Caminhantes*. Óleo sobre tela, 138 x 184 cm, 1919.

povo judeu nunca teve domicílio fixo. Essa Diáspora (que tradicionalmente existia) apenas se ampliou por todas as províncias romanas, visto que o "hábito de os judeus saírem do seu berço é muito mais antigo do que a coação que sofreram por fazê-lo: daí a *vocação pelo êxodo*"[9]. Se para Jorge Latour o êxodo era uma *vocação*, para o pintor Lasar Segall, o mesmo fenômeno era consequência da intolerância secular praticada contra os judeus[10].

A vida política e unitária de Israel – de acordo com os argumentos históricos que sustentam o raciocínio de Latour – encerrou-se no início da era Cristã, quando os judeus haviam se arruinado com sucessivas lutas intestinas. À mercê dos conquistadores, tentaram se rebelar periodicamente: a revolta dos hebreus contra o jugo romano teria determinado a destruição de Jerusalém por Tito; e o levante, no tempo de Adriano (130-135), ensejou a destruição metódica do país por este imperador. Após essa catástrofe, os judeus teriam iniciado sua vida errante formando comunidades distribuídas em todo o âmbito da migração, abrangendo todo o povo hebreu ausente da Terra Santa. Mas a ideia distorce os fatos quando Latour define *comunidades* como *pequenos estados dentro do Estado*, configurando a imagem de cancro *encistado* no corpo da Nação.

9 Idem, p. 5-6.
10 Este assunto foi desenvolvido por mim em coautoria com Celso Lafer em *Judeus e Judaísmo na Obra de Lasar Segall*.

A *Sinagoga* é apresentada apenas como um *centro local*, e *Jerusalém* continuava a ser o *centro geral do judaísmo*. O *Talmud*, por sua vez, teria permanecido como o grande catalizador, condensador, cristalizador da constante judaica na variante causada pela dispersão[11]. Mas, em essência, Latour defendia a ideia de que os judeus, unidos por um instinto profundo de fraternidade, agrupam-se em solo alheio constituindo *células da nação judaica* (sinônimo de *pequeno Estado*). Não que eles fossem forçados a isso, mas porque eles *se aproveitavam da sua situação especial*. Com base nesses argumentos, Latour constrói seu conceito de *fraternidade fechada*, de um povo à parte, que prefere a *solidão* (empregada como sinônimo de *exclusivismo*).

Os elementos acionados por Latour para compor o perfil do povo judeu que *vive exaltado pelo exílio* são do mais puro conteúdo antissemita. Os judeus são descritos como indivíduos solidários, eminentemente associativos (mas entre eles), animados por um *nacionalismo sui generis* e que "pensam, não no bem da humanidade, mas na desforra final do povo eleito". Página por página, a imagem do judeu vai sendo construída com adjetivos que expressam sua índole de homem *falso, vingativo, orgulhoso, eternos vencedores, revolucionários. Messianismo, nomadismo, fanatismo* e *espírito subversivo* são componentes, segundo Latour, da *psique judaica*.

Com base na vocação religiosa do povo de Israel, o autor defende a tese do *atrofiamento político e profissional* que, por si só, torna o judeu um ser *antissocial latente, demagógico, hipócrita* etc. Após discorrer longamente sobre os hábitos e costumes dessa *raça celerada*, o diplomata avalia a religiosidade do judeu que, abalada pelo fanatismo, tornou-o incapacitado para as questões políticas. Daí seu pendor por viver nas Trevas:

> O Judeu é, via de regra, um maçom, um amante das organizações secretas, um simulador nato, prosélito das ações e influências ocultas, sempre vicejantes onde não há luz, onde não incide a claridade meridiana. É, em suma, um predisposto para as endemias revolucionárias, para a demagogia – é um antissocial latente. Assim, forra-se a sua moral na hipocrisia e formas derivadas; o que, projetado no campo cívico e político, produz a tendência subversiva, aí se enquadrando folgadamente a sua alma de eterno revoltado[12].

A descrição dos traços dominantes da *psique* judaica completa-se com a ideia de que, por inclinação, o judeu nutre o amor ao dinheiro e aos valores. Esse predicado (negativo) presta-se a justificar a *bossa comercial* inerente a todos os judeus e que, para Latour, é um *apanágio de todas as raças semitas*. A consequência dessa *bossa* foi a "atrofia profissional do judeu que se dedicou de preferência às profissões pura ou predominantemente *parasitárias*". Por essa e outras razões, os judeus nunca figuram entre os *produtores* da riqueza humana – quer como agricultor, quer como grande industrial –, sendo, infalivelmente, identificado

11 Ofício Reservado n. 130, Jorge Latour…, p. 3.
12 Idem, p. 7.

29 e 30. Varsóvia, 1937: Fotografias enviadas por Jorge Latour, da Legação do Brasil em Varsóvia, com o objetivo de apresentar imagens dos *judeus indesejáveis*.

como comerciante, banqueiro ou capitalista. Para compor a imagem do *judeu parasita*, Latour faz uma anologia com a figura da "arraia miúda de Israel que não trunfa nesse âmbito, vive ou vegeta no artizanato ínfimo, no retalhismo e na manufatura doméstica"[13].

Diante do resumo apresentado, o autor conclui que esse perfil justifica "a existência de um antissemitismo endêmico e pandêmico nas regiões do globo e por todo ele, no correr dos séculos"[14]. Não apenas justifica mas também torna compreensível, em sua opinião, o atual estado de coisas na Alemanha, na Polônia e em todos os países vizinhos "onde o mal-estar e a intranquilidade infalível, provenientes da presença israelita, se fazem sentir"[15].

Latour conclui argumentando que cada nação que abriga o judeu cedo ou tarde se arrepende. E que, atualmente e mais uma vez, "todas as nações do mundo vão fechando as suas portas ao judeu", sendo o Brasil apresentado como o único que recebe, em massa, o elemento israelita. A seu ver, essa situação devia-se ao "expediente capcioso das cartas de chamada e respectiva indústria"[16]. Conclui seu pensamento citando dois parágrafos da obra *Populações Meridionais do Brasil*, de Oliveira Vianna, apresentado como um "sociólogo de fina estirpe, dos mais reputados da atual geração de estudiosos dos problemas brasileiros"[17].

Podemos afirmar que Latour andava em *boa companhia*. Em Oliveira Vianna, temos um representante do darwinismo social, e sua obra *Populações Meridionais,* expressão da ideologia do arianismo e de exaltação às elites. Considerado como o ideólogo das classes dominantes, Oliveira Vianna tornou-se um intelectual orgânico no governo Vargas, influenciando não apenas com suas ideias, mas também interferindo na prática de uma política imigratória restritiva aos judeus[18]. Vale lembrar que algumas das obras publicadas de Oliveira Vianna antecederam, por pouco tempo, os vários movimentos fascistas europeus, sendo, em alguns casos, contemporâneas a eles. Em 1949, Vianna publicou, na revista considerada porta-voz oficial dos órgãos de imigração, um interessante artigo em que tece uma série de considerações acerca dos imigrantes russos e austro-húngaros, avaliando do ponto de vista antropológico a contribuição dada por eles à formação étnica do povo brasileiro[19].

13 Idem, p. 11.
14 Idem, Ibidem.
15 Idem, p. 12.
16 Idem, p. 40.
17 Idem, p. 42.
18 Oliveira Vianna foi diplomado pela Faculdade de Direito do Rio de Janeiro e chegou a ser consultor jurídico do Ministério do Trabalho durante o Estado Novo, além de ter sido ministro do Tribunal de Contas. Sobre o pensamento racista de Oliveira Vianna, ver V. Paiva, Oliveira Vianna: Nacionalismo ou Racismo?, *Encontros com a Civilização Brasileira*, p. 127-156; C. G. Motta, *Ideologia da Cultura Brasileira*; A. Pereira. *Interpretações*, p. 161-178.
19 Os Imigrantes Germânicos e Eslavos e sua Caracterização Antropológica, *Revista de Imigração e Colonização*, ano X, p. 23-30.

A Trivialidade do Mal

A partir de 1937 – quando a situação dos refugiados judeus caminhava para uma nova fase na política internacional –, os diplomatas brasileiros sediados no exterior tentaram interferir na postura sustentada pelo governo brasileiro. Valendo-se de suas *experiências* em território europeu, estes homens formularam conceitos e sugeriram medidas intolerantes que, certamente, colaboraram para a sustentação de um projeto antissemita pelo Estado nacional. À medida que o governo brasileiro impediu milhares de refugiados judeus a ingressarem no Brasil (o mesmo não acontecendo com os nazistas que aqui buscaram abrigo após a Segunda Guerra Mundial), podemos considerá-lo como um inominável colaborador das atrocidades cometidas pela política genocida adotada pelo Terceiro Reich.

Ainda que observadores direto do drama vivenciado pelos judeus – que, a cada dia, mais se viam amedrontados e acuados pelos nazistas –, a maioria dos nossos diplomatas teve dificuldades para interpretar a realidade política da Europa[1]. O registro imparcial dos fatos acabou sendo ofuscado por seus valores racistas e antissemitas, que se prestavam como guia condutor de seus olhares. Suas análises política e econômica eram, na maioria das vezes, comprometidas por seus paradigmas. Como brasileiros em missão no exterior, não conseguiam separar o *joio do trigo*. Raros foram aqueles que manifestaram simpatias pela causa judaica e que se mostraram contrários ao avanço do totalitarismo alemão pelos territórios do Leste Europeu. Estigmatizar os judeus diante das autoridades brasileiras interessava a muitos diplomatas que, assim, sentiam-se fortalecidos em seus cargos. O fato de não contestarem as ordens de aplicação das Circulares Secretas antissemitas, como o fez Souza Dantas, os livrava de processos administrativos e de outras anotações em suas fichas consulares.

Extensos relatórios e pareceres registraram, em detalhes, as linhas-mestras do pensamento antissemita que delineou o projeto étnico-político defendido pelo governo brasileiro entre 1937 e 1948. Esses diplomatas não se deram conta é de que não estavam lidando apenas com categorias de vistos, mas sim com seres humanos. O que estava em jogo não era a raça brasileira, mas milhares de indivíduos cujas vidas se encontravam suspensas por um único fio.

---

1   Ver o interessante e rico relato de John Flournoy Montgomery, *Hungria: Satélite contra a Vontade*, acerca da posição do país durante a Segunda Guerra Mundial. O autor representou os Estados Unidos como embaixador na Hungria, de 1933 a 1941. Suas anotações são testemunhos de sua postura sensível às estratégias de resistência adotadas pelo povo húngaro, que, nem sempre, foi colaborador dos nazistas.

Hoje, ao analisarmos os documentos produzidos pelas missões diplomáticas brasileiras e pela polícia política do governo Vargas, percebemos o quanto esses registros expressam a visão de mundo de um grupo que cultivou a violência e o racismo sem medir consequências. Mas foi por intermédio do quadro de ministros e funcionários de alto escalão do governo brasileiro que o antissemitismo encontrou condições para fluir como fenômeno político, configurado teoricamente e concretizado por uma prática de bastidores. Os relatórios mensais enviados ao Ministério das Relações Exteriores por muitos de nossos embaixadores e cônsules são verdadeiras crônicas da intolerância. Os documentos de teor mais virulento concentram-se entre 1937 e 1942, período que coencide com a intensificação das restrições à entrada dos refugiados judeus no Brasil. Por meio de relatos enviados por nossos representantes em Viena, Budapeste, Lyon e Berlim, principalmente, é possível detectarmos – com certos detalhes – a ascenção, o apogeu e o declínio das práticas antissemitas na Alemanha, antes e durante a gestão de Adolf Hitler.

Impressões sobre a realidade alemã foram registradas por Lindolfo Collor (1890-1942) que, *por circunstâncias alheias à sua vontade*, exilou-se na Europa. Era acusado pelo governo Vargas de *estar pactuando um golpe com os integralistas no Rio Grande do Sul*. Durante essa estadia forçada, o ex-ministro do Trabalho, Indústria e Comércio escreveu *Europa 1939*, livro-diário que cobre o período de janeiro a agosto de 1939. Além de Portugal e França, Collor teve a oportunidade de passar pela Alemanha, testemunhando o caos mental delineado pela *Weilanschauung* sustentada pelos nacional-socialistas. Passeando pelos cafés, cabarés, salões de ópera e em encontros dedicados aos jornalistas e diplomatas estrangeiros, ele anota que os bolchevistas e os judeus foram eleitos como os principais *problemas* do Reich. Segundo a lógica nacional-socialista *os judeus eram os responsáveis pela desgraça da Alemanha*. Impressionado com o tratamento dado aos judeus (humoristas, que atuavam nos cabarés e teatros de variedades, artistas, intelectuais, poetas, escultores, dentre outros), comenta que as ações antissemitas extrapolavam as pilhérias políticas. Pior do que isso: *proíbem o espírito* e perseguem os *fazedores de espírito* [2].

Assim como Lindolfo Collor, o diplomata brasileiro Lima e Silva também anotou suas observações sobre a perseguição aos judeus nas ruas e praças de Viena. Segundo observações do diplomata, estes eram submetido-os a toda sorte de vexames e agressões, prática que havia se tornado comum desde que o partido hitleriano assumira no país os foros de uma organização política com representação no Parlamento e na *Rathaus*. Lima e Silva informou que não havia dia "em que, na Universidade, nos teatros, nos cafés, no Ring, em toda a parte, não corra um pouco de sangue semita" [3].

---

2   L. Collor, *Europa 1939*, p. 49.
3   Ofícios Reservados, de Muniz de Aragão, da Embaixada do Brasil na Alemanha, para Mário de Pimentel Brandão, ministro das Relações Exteriores, Berlim, 2 jul. 1937/18 ago. 1937/ 18 ago. 1937, Lata 1.041, Maço 18.225; 23 set. 1937, Lata 1.041, Maço 18.225, AHI/RJ.

31. Berlim, 1940: Velhos judeus são deportados pelos nazistas.

Tentando demonstrar a extensão dos atos antissemitas praticados pelos nacional-socialistas, Lima e Silva descreve fatos que iam muito além do maltrato ao judeu isolado e anônimo que, por acaso, era encontrado pelas ruas. A *caça* ocorria até mesmo nos lugares mais mundanos de Viena, como o Lainzer Country Club, onde representantes da numerosa e próspera colônia israelita costumavam se divertir ao lado da decadente e arruinada aristocracia austríaca. Mas nem o luxo e o requinte, nem o fato desse local ser frequentado por diplomatas, ministros e militares representantes de vários países impediram que tropas de assalto nacional-socialistas invadissem o recinto com o objetivo de "varrer aquele ninho de judeus". O relato de diplomata brasileiro anunciava ao grau de violência sem limites:

> Como sempre, era grande o número de judeus. De súbito, aos gritos de *Deutschland erwacht!*, trinta solidos mancebos, arvorando insígnias hitlerianas e armados de cassetetes, irromperam pela varanda do *Club*, iniciando, sem distincção de idades, de sexo e de crenças, farta distribuição de pancada. Foi um pânico. [...] Foram presos oito dos responsáveis pelo ataque. O Governo promete puni-los exemplarmente. Mas poderá ele fazê-lo, diante do clamor que isso suscitaria e das represálias que inevitavelmente se seguiriam?[4]

4 Idem, p. 2-3.

Metáforas de uma Civilização   257

Dois anos depois, Carlos Alves de Souza Filho, dessa mesma legação brasileira, informava ao ministro Mello Franco sobre as possíveis negociações entre o governo da Áustria e o partido nazista, confirmadas em nota oficial: em discussão estava o princípio da independência e da liberdade da Áustria. Mas, segundo Souza Filho, o nazismo austríaco encontrava-se escondido na sombra espreitando oportunidades, organizando suas forças e mantendo viva a aspiração à anexação (*Anschluss*). Como observador estrangeiro em Viena, o diplomata brasileiro procurou avaliar a extensão do antissemitismo e apurar a trama de interesses possíveis de serem identificados. A seu ver, nas fileiras do nazismo austríaco estavam se alistando pequenos industriais, negociantes e agricultores que viam, na união da Áustria com a Alemanha, o alargamento de seu campo de negócios e a vacância de postos e cargos a que aspiravam mediante o ato oficial de expulsão dos judeus. O povo austríaco é apresentado como um espectador paciente e mudo diante do espectáculo de forças oferecido pela cidade de Viena, cujos edifícios públicos encontravam-se guarnecidos de fortes contingentes militares. A população contentava-se, apenas, em "rosnar contra a vida cara"[5].

A esses documentos somam-se outros que recuperam, dia a dia, o cotidiano vivenciado pelos judeus na Europa, a ascenção de Hitler ao poder, as conquistas territoriais realizadas pelos nazistas e o fascínio pelo crescimento econômico e militar da Alemanha. De meras descrições dos fatos, os relatos vão se metamorfoseando em *conselhos* e *formulação de sugestões* para os problemas étnicos e políticos do Brasil. E sendo o antissemitismo sedutor, muitos desses diplomatas mostravam-se encantados com a ascenção da Alemanha nazista, transformada em modelo de Nação. Muitos passaram a reproduzir preconceitos nazistas em sua correspondência, endossando clássicos estereótipos adaptados à realidade brasileira. Além de colaborarem para a propagação da ideologia antissemita, informando e propondo medidas restritivas ao ingresso de judeus no país, ofereciam modelos discriminatórios aos nossos governantes, reforçando o arsenal de preconceitos racistas existentes no Brasil desde os tempos coloniais.

Os ofícios reservados de Muniz de Aragão (o mesmo que colaborou com a Gestapo para a entrega de Olga Benário aos nazistas) são registros diários do cotidiano antissemita que culminou com a morte de mais de seis milhões de judeus. Contido em suas emoções, Muniz de Aragão informava, em extensos relatórios mensais enviados aos ministros José Carlos de Macedo Soares (1936-1937) e Oswaldo Aranha (1937-1944), sobre as repercussões das Leis de Nuremberg, as perseguições empreendidas aos médicos judeus, o limite das relações entre funcionários públicos alemães e indivíduos de *raça judia*, a exclusão dos judeus da Ordem dos Advogados, a indicação de bancos especiais reservados exclusivamente para judeus, a proibição de frequentarem cassinos municipais e cidades de verão, de águas e de desportos de inverno.

5   Ofício de Carlos Alves de Souza Filho, da Legação dos Estados Unidos do Brasil em Viena, para Afrânio de Mello Franco, ministro das Relações Exteriores, Viena, 20 nov. 1934, Lata 1.101, Maço 21.168, AHI/RJ.

32. Alemanha, anos de 1939: Cartão-postal representa judeus expulsos dos sanitários da estação de águas de Karlsbad.

Em 21 de janeiro de 1936, Muniz de Aragão classificou as perseguições empreendidas pelos nacional-socialistas "aos indivíduos de raça israelita como *uma guerra impiedosa que se desenvolvia em Berlim, cada vez mais, cruel contra os infelizes judeus*" (destaque dado posteriormente no original). Podemos avaliar essa passagem como uma rara expressão de sentimento, não identificado em outros documentos nos quais a questão judaica emergia como assunto reservado, confidencial[6].

A prática da exclusão adotada pelo Reich, e que dividia a sociedade em puros e impuros, bonitos e feios, perfeitos e imperfeitos, foi trivialmente descrita por Muniz de Aragão durante todo o tempo em que permaneceu à frente da embaixada brasileira em Berlim. O importante era retratar o drama vivenciado pelos judeus com o intuito de oferecer parâmetros de ação para o Estado brasileiro, que buscava diretrizes para uma política imigritória restritiva. Enquanto o Brasil era comparado a um *empório* da imigração judaica, a prática antissemita na Alemanha nazista era descrita como se fosse um direito adquirido, incontestável, banal:

> de ora em diante, nenhuma penalidade poderia ser aplicada aos comerciantes que se recusarem a vender víveres aos judeus; que os bancos destinados aos

6   Ofício Reservado n. 37, de Muniz de Aragão da Legação Brasileira em Berlim, para José Carlos de Macedo Soares, ministro das Relações Exteriores, Berlim, 21 jan. 1936, Lata 1.041, Maço 18.225, AHI/RJ.

Metáforas de uma Civilização   259

judeus estão pintados de amarelo, sendo que dos demais bancos pintados de branco, um *ariano tem o direito* de expulsar os judeus que neles tomem assento"[7].

Em julho de 1937, Muniz de Aragão informava sobre a aplicação de ordens severas para limitar as relações entre os funcionários públicos alemães e os indivíduos de raça judia, de qualquer nacionalidade. Qualquer infração nesse sentido seria considerada como um ato ilícito, proibição que também se aplicava às visitas, mesmo que em caráter particular, à locação de apartamentos e de habitações, a residências em pensões etc. Todas essas prescrições estendiam-se aos membros da família do funcionário, aos criados, aos empregados e filhos[8].

Muniz de Aragão relatou as novas medidas de exceção e exclusão adotadas contra os alemães de *raça israelita* (termo comumente empregado pelos diplomatas), ou seja, *qualquer alemão poderia recusar-se a comercializar com os judeus, a vender-lhes artigos alimentícios e objetos de uso corrente, assim como negar-lhes a alugar locais de habitação ou de comércio.* Sem fazer comentários explícitos, o ministro ressaltou que essas medidas haviam sido reconhecidas como de *direito* pela correspondência do Partido Nacional-Socialista, órgão oficial nazista. Tanto assim que nenhuma penalidade poderia, daquela data em diante, ser aplicada aos negociantes que se recusassem a vender víveres aos judeus, propósito que poderia estar anunciado em cartazes em suas lojas ou armazéns. Do mesmo modo, a polícia poderia expulsar e proibir a residência de judeus que fossem suspeitos de incomodar a população[9].

Desde a instauração do Estado Novo, em 1937, o Itamaraty passou a exigir de seus diplomatas o cumprimento da Circular Secreta n. 1.127, expedida pela Secretaria de Estado e aprovada pelo presidente da República em comum acordo com o Ministério do Trabalho, Indústria e Comércio. A ordem, de cunho político e racista, era de indeferir o visto em passaportes de refugiados israelitas. Em agosto de 1937, Hildebrando Accioly, secretário geral do Ministério das Relações Exteriores, sugeriu a Dulphe Pinheiro Machado, diretor do Departamento Nacional de Povoamento, órgão do Ministério do Trabalho, Indústria e Comércio, o arquivamento de uma lista de emigrantes judeus alemães interessados em ingressar no território nacional. Mesmo considerando como *desnecessário*, o secretário geral fez questão de ressaltar sobre os graves inconvenientes que traria para o nosso país a entrada, sempre numerosa, de elementos semitas, classificados como *indesejáveis e parasitários*. Alertava para o fato de que estes procuravam introduzir-se no território nacional por todos os meios (como turistas ou fazendo-se passar por agricultores) para, uma vez assegurada sua permanência, nunca mais se afastarem.

---

7   Ofício Confidencial, de Araújo Jorge, da Legação do Brasil em Berlim, para Afrânio de Mello Franco, ministro das Relações Exteriores, Berlim, 6 nov. 1938, Lata 1.041, Maço 18.225, AHI/RJ.

8   Ofício Reservado n. 183, de Muniz de Aragão, da Embaixada Brasileira em Berlim, para Mário de Pimentel Brandão, ministro Interino das Relações Exteriores, Berlim, 2 jul. 1937, Lata 1.041, Maço 18.225, AHI/RJ.

9   Idem, p.2.

33. Gueto de Varsóvia, s. d.: Banco *permitido apenas para judeus*.

Tinham razões para isso, pois, na versão de Accioly: "não haverá país que os reconheça como seus nacionais, nem representação consular estrangeira que lhes forneça passaportes para expulsão". A orientação era de que a lista não fosse enviada à embaixada do Brasil em Berlim e que, com o caráter secreto que o assunto requeria, as autorizações deveriam estar conforme com o "espírito daquela ordem de serviço [...] só sendo expedida depois de aprovada pelo Chefe de Estado"[10].

Zygmunt Bauman enfatiza que estratégias dessa categoria "não eram soluções para o problema representado pelos estrangeiros, nem tampouco uma resposta à ansiedade que estes geravam, nem a ambivalência endêmica sobre sua condição ou sobre o papel que desempenhavam. Eram simples formas de controle do problema"[11].

Com o objetivo de retratar o recrudescimento do antissemitismo em setembro de 1937 (e que estava provocando grande emoção entre os israelitas residentes na Alemanha), o ministro Aragão relacionou uma série de fatos sem qualquer outro comentário de sua parte: havia sido vedada a entrada de judeus em todos os cassinos municipais e nas cidades de verão, de águas e nas que se praticavam os desportos de inverno. Os hoteleiros poderiam espontaneamente recusar hóspedes que não fossem arianos. Segundo a versão nazista, o cumprimento dessas proibições constituía-se em um dever de todo cidadão alemão: "um dever inspirado pelo instinto de conservação e pela preocupação que todos os alemães puros de raça devem ter de proteger o seu prestígio e os seus interesses economicos"[12].

Essas considerações – muitas das quais eram norteadas por um nacionalismo característico dos regimes fascistas – iam sendo transmitidas diariamente ao Ministério das Relações Exteriores, que, em 1937, já tinha uma opinião formada sobre os refugiados judeus: de que, assim como na Alemanha, eles eram também *indesejáveis* no Brasil. As medidas de exclusão e as práticas antissemitas descritas nos oficios diplomáticos eram apenas reforço à mentalidade preconceituosa, pouco servindo para o exercício da cidadania e dos direitos humanos. Mesmo ciente dessas dificuldades enfrentadas pelos judeus na Europa, o governo brasileiro optou por fechar as portas a eles. A partir de 7 de junho de 1937, todas as missões diplomáticas brasileiras sediadas no exterior deveriam cumprir as instruções da Circular n. 1.127: determinava-se aos cônsules que não visassem passaportes de israelitas, a menos que, para cada caso, recebessem ordem superior. O que era lei secreta para uns, tornou-se pesadelo para milhares.

---

10 Ofício Secreto, de Hildebrando Accioly, secretário geral interino do Ministério das Relações Exteriores, para Dulphe Pinheiro Machado, diretor geral do Departamento Nacional do Povoamento, Rio de Janeiro, 26 jul. 1937, Ref. 511.14; Ofício de Dulphe Pinheiro Machado, diretor geral do Departamento Nacional de Povoamento, para Hildebrando Accioly, ministro plenipotenciário e secretário geral do Ministério das Relações Exteriores, Rio de Janeiro, 18 ago. 1937, Ref. 511.14, AHI/RJ.

11 Racismo, Antirracismo y Progreso Moral, em B. Gurevich; C. Escudé (orgs.), *El Genocidio ante la Historia y la Naturaleza Humana*, p. 57.

12 Ofício Reservado n. 183, de Muniz de Aragão, p. 2.

Os múltiplos relatórios e ofícios diplomáticos que se referem às práticas de exclusão aplicadas aos judeus de diferentes profissões e regiões demonstravam que o terror nazista espalhava-se dia a dia: o Mal tornara-se trivial. Entre 1938 e 1942, principalmente, a correspondência reservada do Itamaraty dedica-se sempre a um assunto específico: novas medidas contra os judeus, lei contra os judeus, medidas de precaução, a questão das minorias étnicas, projeto de leis restringindo as atividades dos judeus, regulamento de lei sobre os judeus, demissão de funcionário descendente de judeus, perseguição contra os judeus na França, decreto do Reich relativo aos judeus de nacionalidade alemã etc.

Por meio desses relatos, tomamos conhecimento da situação crítica vivenciada pelos médicos judeus tratavam dos empregados para a União das Caixas de Seguros. Esta organização particular era fiscalizada pelo governo e dela participavam cerca de três milhões de segurados. A partir de 1º de janeiro de 1938, cerca de quatro mil médicos israelitas foram excluídos, dos quais oitocentos trabalhavam nas Caixas de Seguros em Berlim. Muitos destes haviam sido antigos combatentes que exerceram suas funções durante a Grande Guerra, haviam sido feridos ou tinham perdido um filho ou o pai durante o conflito. Calculava-se que 10% dos clínicos da Alemanha estavam nessas condições.

Algumas dezenas desses profissionais avaliados como *indesejáveis* (médicos, dentistas, advogados, agrônomos, engenheiros etc.) conseguiram refugiar-se no Brasil com um visto de turista ou como católicos, valendo-se de atestados de batismo ou falsas cartas de chamadas que os qualificavam como técnicos ou agricultores. Em qualquer uma dessas situações, eles não poderiam exercer legalmente sua verdadeira profissão: primeiro por não estarem com sua documentação legalizada e, segundo, por não terem revalidado seu diploma profissional. A opção era sobreviverem como *clientelchiks* ou atuarem em sua verdadeira profissão usando o nome emprestado de outro profissional brasileiro, situação sempre arriscada para um estrangeiro e, ainda mais, judeu[13].

Enquanto isso, as autoridades diplomáticas brasileiras cumpriam as ordem secretas recebidas via Itamaraty, procurando separar o joio do trigo que, segundo o discurso antissemita, significava: *excluir a coisa daninha, ruim, que surge entre as boas e as corrompe.* Concomitantemente a essa operação saneadora, os relatórios diplomáticos continuavam a informar acerca de uma *intensa depuração* que estava sendo realizada entre o elemento israelita em todos os setores da economia alemã. Muniz de Aragão chegou a descrever o papel assumido pelo Schwarze Korps, órgão das milícias do nacional-socialismo, que exigia a regulamentação rigorosa dos mercados de animais com a exclusão absoluta de todos os negociantes não arianos.

Essa medida deveria, em seguida, estender-se para todo o comércio alemão e seus mercados. Aliás, era visível que esse critério já estava sendo adotado em toda a parte impedindo que os alemães adquirissem mercadorias em

---

13 Ofício Reservado n. 13, de Muniz de Aragão, da Embaixada Brasileira em Berlim, para Mário de Pimentel Brandão, Berlim, 11 jan. 1939, p. 1, 2. 640.16 (87), Lata 1.041, Maço 18.225, AHI/RJ.

Metáforas de uma Civilização   263

estabelecimentos comerciais de propriedade de israelitas, que, por sua vez, estavam proibidos de adquirir novos estabelecimentos comerciais de qualquer natureza. Diante dessas medidas excludentes, os judeus não tinham outra opção senão buscar refúgio em outro país. O terror transformou-se na principal mola propulsora dessa grande "expulsão"[14].

Em abril de 1938, Muniz de Aragão, em um de seus ofícios dirigidos a Oswaldo Aranha, manifestou-se sobre o tratamento dado pelo Reich aos judeus alemães, que, diariamente, eram colocados em *situação vexatória*. A intenção do embaixador brasileiro, no entanto, não era de defendê-los e sim de proteger a esposa do falecido cônsul Wenceslau de Souza Guimarães que, por possuir um passaporte provisório do tipo que era concedido pelas autoridades alemãs aos apátridas, estava sendo confundida com os *portadores de passaportes desse gênero*, ou seja, *aos judeus ou a indivíduos despojados dos direitos de cidadania*. Consciente das implicações deprimentes a que a viúva estava sendo submetida, Muniz de Aragão aponta para o fato dela não poder se ausentar da Alemanha sem o adimplemento de uma série de condições rigorosas, o que, praticamente, a impossibilitava de se locomover livremente. Não é difícil imaginar as situações desagradáveis vivenciadas pela senhora Hedwig Kauffmann Guimarães ao ser confundida com uma *judia, sem direito a cidadania*. Por uma *questão de justiça*, o Itamaraty resolveu liberar, de imediato, um passaporte comum que permitiria à cidadã Hedwig gozar dos privilégios concedidos aos estrangeiros residentes no país. Em tempos difíceis e em tempos de intolerância, *ser comum* era de fato um privilégio[15].

É de se lamentar que representantes do Brasil no exterior tenham rendido glórias à obra e à coragem de Adolf Hitler. Aliás, precisava-se, realmente, de muita coragem, para descer ao mais baixo nível da degração humana de modo a planejar o extermínio de seis milhões de judeus. Da mesma maneira, o governo brasileiro também precisou de coragem para fechar suas portas à milhares de refugiados semitas (velhos, mulheres, crianças, doentes etc.) que, levados pelo desespero e pelo medo, tentavam apenas sobreviver. E não foi por falta de informações, pois estas chegavam diariamente do exterior (e, principalmente, de Berlim) até o ministro das Relações Exteriores, trazendo detalhados relatos sobre as atrocidades praticadas pelos nazistas e colaboradores do Reich. As comissões internacionais judaicas e de auxílio aos refugiados não *pediam* ajuda financeira; simplesmente imploravam solidariedade e espírito humanitário.

Mentira e omissão foram ingredientes corriqueiros no discurso de alguns diplomatas brasileiros. Acobertados pelos rótulos de seus ofícios confidenciais, esses homens deixaram registrado os mais vis sentimentos antissemitas, ultrapassando os modismos racistas característicos dos anos de 1930 e de

14 Idem, p.2.
15 Ofícios Reservados de Muniz de Aragão, da Embaixada do Brasil na Alemanha, para Mário de Pimentel Brandão, ministro das Relações Exteriores, Berlim, 2 jul. 1937/18 ago. 1937/23 set. 1937/18 ago. 1937, Lata 1.041, Maço 18.225; 23 set. 1937, Lata 1.041, Maço 18.225, AHI/RJ.

1940. Mário Moreira da Silva, que, em 1938, respondia pelo consulado do Brasil em Budapeste, ao colocar em prática a Circular Secreta n. 1127 teve a *honra de comunicar* ao ministro Oswaldo Aranha que, só no mês de março (o ofício datava de 1º de abril), havia recusado visto a 58 semitas de origem húngara. Com base na relação de nomes, profissões e idades apresentada por Moreira da Silva, é possível reconstituirmos o perfil desses profissionais que, por sua formação, só poderiam trazer contribuições para o desenvolvimento de um país em crescimento.

Vistos Indeferidos pelo Consulado-Geral do Brasil em Budapeste, 1938

PROFISSÃO	VISTOS NEGADOS	PROFISSÃO	VISTOS NEGADOS
Advogado	1	Agente comercial	1
Agricultor/Industrial	1	Comerciante	8
Ourives	2	Escritor/Engenheiro	1
Médico	6	Eletrotécnico	1
Especialista em beleza	2	Industrial	3
Empregado de fotógrafo	1	Alfaiate	2
Químico	3	Empregado de comércio	1
Prático de farmácia	1	Proprietário de Bureau Turismo	1
Professor de ginástica	1	Professora	1
Técnico em ótica	1	Técnico em moinhos	1
Técnico de automóveis	1	Técnico da indústria têxtil	3
Engenheiro eletricista	2	Enfermeiro	1
Técnico em cinematografia	1	Engenheiro/arquiteto	1
Jornalista	1	Privados	6

Fonte: Ofício Secreto de Mário Moreira da Silva, do Consulado do Brasil em Budapeste, para Oswaldo Aranha, ministro das Relações Exteriores, Budapestee, 1º abr. 1938, Lata 650, Maço 9.798, AHI/RJ. Constatamos que a idade desses cidadãos, classificados como *indesejáveis* do ponto de vista étnico-profissional, variava entre 20 e mais de 67 anos, estando a maioria deles em condições de serem produtivos.

Amostragem de Vistos Negados pelo Consulado do Brasil – Budapeste, 1938

TOTAL	IDADE MÉDIA DOS CANDIDATOS
15	entre 20 e 29 anos
31	entre 30 e 39 anos
6	entre 40 e 49 anos
3	entre 60 e 67 anos
55	acima de 67 anos

Fonte: Ofício Secreto de Mário Moreira da Silva, do Consulado do Brasil em Budapeste, para Oswaldo Aranha, mre. Budapeste, 1º abr. 1938, Lata 650, Maço 9.798, AHI/RJ.

Os relatos diplomáticos atestavam que o processo de depuração racial ampliava-se dia a dia e que um desequilíbrio econômico e social ocorria na vida de todos os países que estavam ocupados pelos nacional-socialistas. Em abril de 1938, o governo brasileiro foi informado de que o Parlamento húngaro pretendia votar, nos próximos dias, um projeto de lei restringindo as atividades dos judeus naquele país.

Essa lei teria sido idealizada por Béla Imrédy, presidente do Banco Nacional e ex-ministro das Finanças na Hungria. Segundo testemunho deixado pelo embaixador norte-americano John Montgomery, Imrédy era conhecido como francamente pró-ingleses, gozando da simpatia dos banqueiros ingleses e norte-americanos, inclusive de líderes influentes da comunidade judaica. Foi considerado a pessoa indicada para "granjear o reconhecimento dos alemães e aplacar os nazistas, mediante uma perseguição fingida aos judeus, o que lhes permitia sobreviver com menores arranhões"[16].

Em março de 1938, Imrédy foi nomeado ministro sem pasta para que pudesse formular o projeto de lei relativo aos judeus, sendo relatado em abril ao primeiro-ministro Kálmán Darányi. De modo geral, fixava o *numerus clausus* de 20% para os empregados judeus, dando um prazo de cinco a dez anos às empresas para se adaptarem. Aqueles que tivessem sido batizados antes de 1º de agosto de 1919 e servido nas Forças Armadas durante a Primeira Guerra Mundial não eram considerados judeus. Para Darányi, esse era o limite máximo das medidas antijudaicas que ele estava disposto a apoiar. Não demorou para que Imrédy substituísse Darányi e, segundo o embaixador norte-americano, *o sucesso subiu-lhe à cabeça*[17].

Em 29 de julho de 1938, nosso representante na legação em Budapeste encaminhava para Oswaldo Aranha detalhes sobre o regulamento da *lei sobre os judeus* destinada a estabelecer o *equilíbrio social e econômico na Hungria*. As disposições dessa lei oficializava o projeto da instituição das Câmaras

16 Op. cit., p. 115.
17 Idem, p. 116.

proposto pelo Parlamento[18]. O governo húngaro tentou implantar algumas medidas de precaução para evitar consequências desastrosas à sociedade húngara, debilitada com o afastamento dos funcionários judeus. Determinou que caberia ao Estado conseguir pessoal habilitado para desempenhar os encargos dos israelitas despedidos de acordo com a aplicação da lei antissemita. Propunha-se, ainda, a organizar cursos com o objetivo de preparar anualmente entre 1.200 a 1.500 jovens, em condições de ocupar com vantagem os lugares deixados pelos judeus. Os cursos seriam ministrados segundo especificidades que variavam de acordo com a maior ou menor exigência dos empregos a serem preenchidos, não excedendo sete meses de duração. Cada aluno receberia, durante o período do curso, a título de auxílio, a quantia de cem pengos mensais[19].

As restrições tornavam-se ainda mais rígidas quanto aos salários pagos aos judeus admitidos para trabalhar (dentro daquela porcentagem referida acima) nos estabelecimentos comerciais ou industriais, nos jornais, nos teatros, nas casas de diversões: não poderiam receber vencimentos maiores do que 20% do total recebido pelos empregado arianos. Pretendia-se, em um prazo de cinco anos, ter concluído esse processo de depuração dos judeus da sociedade húngara que, em 30 de junho de 1943, contaria com apenas 20% dos cargos ocupados por judeus[20].

Em dezembro de 1938, Imrédy introduziu uma nova lei de restrição aos judeus, que foi muito além da primeira: reduziu o *numerus clausus* de 20% para 6% e, ao adotar o critério de raça, incluiu judeus de muitas outras profissões. Ou seja, declarou que um cristão seria considerado judeu se seus pais fossem judeus; eles não teriam mais direito a voto, podendo apenas eleger uma representação judaica especial[21].

Na prática, essa situação acarretaria a fuga de centenas de judeus húngaros, que, desprovidos de meios de sobrevivência, tentariam encontrar refúgio em algum país europeu ou americano. Como representante oficial do governo, Mário Moreira da Silva cumpria o dever de impedir o acesso desses refugiados ao território brasileiro. Incansável em seus relatórios, Moreira da Silva voltou a informar Oswaldo Aranha que, no mês de maio, o número de vistos recusados havia aumentado, atingindo um total de 95 judeus húngaros, em atendimento à circular secreta. Em novembro de 1938, sua listagem *honrosa*

18 Regulamento n. 4350/1938 M.E. da Lei n. xv, Ofício n. 51, da Legação brasileira em Budapestee, para Oswaldo Aranha, ministro das Relações Exteriores, Budapestee, 29 jul. 1938, 640.16 (87), Lata 1.041, Maço 18.228, AHI/RJ.

19 Ofício n. 64, da Legação do Brasil em Budapeste (assinatura ilegível) para Oswaldo Aranha, ministro das Relações Exteriores, Budapeste, 15 ago. 1938, 640.16 (87), Lata 1.041, Maço 18.228, AHI/RJ.

20 Ofício n. 53, de Mário Moreira da Silva, do Consulado Brasileiro em Budapeste, para Oswaldo Aranha, ministro das Relações Exteriores, Budapeste, 25 abr. 1938, 640.16 (87), Lata 1.041, Maço 18.228, AHI/RJ.

21 Segundo testemunho de J. F. Montgomery, em 14 de fevereiro de 1939, tornou-se pública a notícia *de que um dos avós de Imrédy era filho de um rabino e foi judeu até sete anos. Embora esse fato, mesmo diante das leis de Nuremberg, não afetasse Imrédy, ele caiu vítima do escárnio geral e o conde Teleki tornou-se seu sucessor.* Op. cit., p. 116.

Metáforas de uma Civilização   267

aumentou para 198 cidadãos judeus húngaros proibidos de receberem o visto de entrada por não possuírem no Brasil nenhum parente em 1º grau. No entanto, mesmo aqueles que se encontravam nessa condição, receberam tal veredicto, o que nos comprova que a aplicação da legislação era aleatória, sem critérios rígidos.

Dentre aqueles que tiveram seus pedidos de vistos indeferidos, podemos citar Leon Orban e Maria Vamos. O primeiro residia no Largo da Pólvora, em São Paulo (SP) e era redator-chefe do jornal *Diário Húngaro*. Apesar de ter o direito garantido por uma das cláusulas das circulares secretas, Leon Orban não conseguiu liberar o visto para sua mãe, Helena Orlick-Orban, viúva, de 79 anos; o mesmo aconteceu em relação a Maria Vamos, residente na rua Augusta, que teve indeferido o requerimento em nome de sua mãe, Franciska Wollak, nascida Ehrmann, com 81 anos de idade[22].

Dessa lista de *húngaros indesejáveis*, centenas deles conseguiram o visto valendo-se de múltiplos artifícios. A opção mais comum permitida por lei era entrar na condição de *temporário*, com validade por apenas alguns meses. Vencido o prazo determinado em passaporte, eles deveriam se apresentar aos setores responsáveis pelo controle de permanência de estrangeiros no país e, diante de todos os entraves burocráticos possíveis, tentar uma prorrogação. Muitos daqueles que conseguiram *vazar* as barreiras oficiais permaneceram entre nós. Alguns tornaram-se célebres na literatura e nas artes brasileiras, dentre os quais cabe citar o desenhista George Rado e o escritor Paulo Rónai. Rado, nascido em Budapeste em 1907, conseguiu entrar no Brasil em 1936 com a finalidade de realizar uma exposição de pintura no Rio de Janeiro[23]. Paulo Rónai (1907--1992), por ser filho de judeus, foi perseguido pelo governo húngaro pró-nazista e enviado para trabalhos forçados em uma ilha do Danúbio. Durante o inverno, Rónai conseguiu fugir da Hungria, quando prisioneiros foram autorizados a sair da ilha por um tempo determinado. Graças ao intermédio de Ribeiro Couto, na época cônsul do Brasil na Holanda, e aos serviços prestados à literatura brasileira ao divulgá-la em seu país, Rónai conseguiu permissão para visitar o país, com direito a uma bolsa de estudos por um ano, a pedido do Itamaraty[24]. Em 28 de dezembro de 1940, embarcava para o Brasil, passando

22 Requerimento de Leon Orban para Oswaldo Aranha, ministro das Relações Exteriores, Rio de Janeiro, 26 dez. 1938, *Indeferido* em 18 de maio de 1939, Lata 650, Maço 9.798, AHI/RJ.; Requerimento de Maria Vamos para Oswaldo Aranha, ministro das Relações Exteriores, Rio de Janeiro, 26 dez. 1938, *Indeferido*, Lata 650, Maço 9.798, AHI/RJ.

23 Ofício de Hildebrando Accioly, do Ministério das Relações Exteriores, para Mário Moreira da Silva, cônsul do Brasil em Budapeste, Rio de Janeiro, 23 set. 1936, Lata 650, Maço 9.798, AHI/RJ. Como desenhista, Rado traz, hoje em dia, seu nome ligado à história da comunicação visual no Brasil, tendo contribuído para a formulação de novos conceitos de *design* ao lado de tantos outros artistas europeus, como Charlotte Adlerova, Dorothea Gaspary, Leopoldo Haar, Kaufmann e Gerard Orthoff. Ver George Rado, em M. L. T. Carneiro, *Brasil, Refúgio nos Trópicos*, p. 168; idem, Ilustr. p. 41-42; *Catálogo 5*, Arquivo Multimeios, Divisão de Pesquisas, Centro Cultural São Paulo; W. Zanini (org.), *História da Arte no Brasil*, p. 963.

24 Paulo Rónai publicou, em 1939, a primeira tradução de literatura brasileira na Europa Central, *Mensagem do Brasil: Poetas Brasileiros Contemporâneos* (Manuel Bandeira, Carlos Drummond de Andrade, Cecília Meireles, Mário de Andrade ficaram conhecidos em Budapeste). É da autoria de Rónai, provavelmente, a primeira versão do poema de Drummond "No Meio do Caminho".

antes por Lisboa, única saída da Europa naquele momento, e finalmente, aportando no Rio de Janeiro em 3 de março de 1941[25].

Nem todos tiveram essa mesma sorte. A frente antissemita tornou-se muito forte entre 1937 e 1948. Em setembro de 1938, Labienno Salgado dos Santos, primeiro-secretário da legação brasileira em Bucareste (Romênia), enviou para o Ministério das Relações Exteriores um detalhado estudo acerca dos inconvenientes da emigração semita para o Brasil. Sua intenção, em primeiro lugar, era de esclarecer os desencontrados comentários (a maior parte desfavoráveis à ação política do chanceler Hitler) que circulavam sobre a conduta da Alemanha com os seiscentos mil israelitas que habitavam seu território e os trezentos mil da Áustria. Alertava também para o fato de a Itália ter imposto severas medidas contra os semitas estabelecidos ou recentemente aportados em seu território. Ação endossada por ele por considerar que havia coerência ideológica (visto a Itália ser aliada da Alemanha) ou por ressentimentos contra os judeus "que haviam sido anti-italianos durante a conquista da Etiópia"[26].

Criticando os comentários *apaixonados* dos jornais locais, Labienno dos Santos chamou atenção para a índole generosa e tranquila daqueles que desconheciam as causas reais do problema. De seu ponto de vista, era difícil julgar quando se está longe dos fatos, razão pela qual tentava apresentar um painel das ações antissemitas praticadas pela Alemanha e pela Itália. Sua intenção era provar que os atos desses governos eram justos e oportunos. Concordava plenamente com os alemães, que se queixavam de que os judeus – "que dominavam os negócios e as principais posições da vida econômica do país" – haviam concorrido para a decadência do espírito nacional que perdurou até o advento de Hitler ao poder. Como exemplo, citava a conduta de Friedrich Ebert, Philip Scheidmann, Walther Rathenau, Karl Helfferich, que teriam influenciado a Alemanha a fazer concessões e renúncias que, certamente, teriam sido úteis ao fortalecimento da Inglaterra e da França no cenário internacional. Mas o atual governo alemão "pôs ponto final nesse estado de coisas e ataca o elemento semita corruptor como o *inimigo n. 1 da nacionalidade germânica*"[27].

Essa imagem de *inimigo n. 1* foi sendo construída ao longo de todo o seu estudo, cujo discurso apelava para os mais tradicionais estereótipos antissemitas. Valeu-se, por exemplo, da tradicional acusação de que a maçonaria era um dos mais fortes redutos dos judeus e que, como tal, havia articulado uma campanha mundial de descrédito contra a Itália por ocasião da guerra de conquista da Abissínia. Essa campanha, em sua opinião, teria sido financiada por judeus da França e da Inglaterra em comum acordo com a imprensa liberal de diversos países. Essa situação poderia, facilmente, ser constatada

25 Cf. *A Tradução Vivida*; *Escola de Tradutores*.
26 Inconvenientes da Emigração Semita. Estudo elaborado por Labienno Salgado dos Santos, primeiro-secretário da Legação, Bucareste, 1938, Lata 741, Maço 10.561, AHI/RJ.
27 Idem, p. 2.

Metáforas de uma Civilização   269

por meio da leitura dos jornais editados na Romênia: órgãos dirigidos ou dominados por elementos semitas como os importantíssimos periódicos *Adevarul, Dimineata*, dentre outros. Diante disso, conclui: "*a revanche* da Itália contra os judeus seria inevitável e só se admira que ela não tenha vindo mais cedo" (em destaque no original)[28].

Em seguida, Labienno Salgado dos Santos apresenta uma síntese da situação na Húngria, Áustria e Romênia, onde, assim como na Itália e na Alemanha, os judeus atuavam como *perturbadores da ordem política, econômica e social*. O período após a Primeira Guerra Mundial é avaliado como o momento em que os judeus se aproveitaram para se impor e dominar. Generalizando seu ódio, o diplomata brasileiro afirma:

> É sabido que eles dispõem no mundo de recursos, inesgotáveis [...] depois da Guerra, os judeus dominaram o comércio, as indústrias, a imprensa, as posições liberais e os empregos públicos (da agricultura eles nunca quizeram saber). Eles eram os únicos que podiam gastar, viajar, divertir-se e o faziam com grande ostentação. Bastava-se entrar-se nos teatros, restaurantes, cafés, visitar as estações balneárias para se verificar a enorme porcentagem de clientes semitas e isso humilhava profundamente os nacionais que a guerra empobreceu[29].

Segundo Labienno, os judeus poderiam ser identificados

a. *por suas ideias*: pois tanto no Brasil como na Rússia, Polônia e Romênia, os judeus eram encontrados entre os agentes do comunismo, *perturbadores da ordem pública*;

b. *por seu aspecto físico e caráter*: pois os judeus são descritos como mal vestidos e sujos, considerando-se isso como o *aspecto revelador de avareza e sordidez*[30].

Por essas e tantas outras razões, o Brasil deveria evitar nos seus serviços a admissão de empregados de origem semita (ainda que estes fossem insinuantes, inteligentes, ativos e frequentemente instruídos). Em sua opinião e fazendo referência às circulares secretas editadas pelo governo Vargas, considerava que "em boa hora as autoridades brasileiras tomaram medidas no sentido de impedir a entrada em nossa terra de elementos que podem prejudicar os nossos interesses e a constituição da nossa nacionalidade"[31].

As ideias de Labienno Salgado dos Santos eram compartilhadas pelos cônsules brasileiros Edgardo Barbedo, sediado na Cidade do Cabo (União Sul Africana) e por H. Pinheiro de Vasconcelos, em Londres. Em 1939, Barbedo comentava que o Partido Nacionalista chefiado por Malan vinha atacando diariamente os judeus no Parlamento. Além de lutar pela completa independência do país, Malan propunha a eliminação da influência judaica da política e da economia da União Sul Africana, posição também defendida por

28 Idem, p. 3.
29 Idem.
30 Idem, p. 4-5.
31 Idem, p. 9-10.

Barbedo, que não ocultava seus sentimentos antissemitas. Este, que via os judeus como um perigo ameaçador, argumentava que "tudo na União estava em mãos dos filhos de Israel: os jornais, os bancos, as minas, o comércio, a justiça e, até mesmo, o próprio governo"[32].

E a ameaça judaica – segundo raciocínio de Barbedo – caminhava em direção ao Brasil. Sintomática era a correria de semitas ao seu consulado: *indesejáveis visitas*, em sua opinião. Mas a guerra não era o único motivo. Ele procurava encontrava explicação no fato de as repúblicas da Argentina, do Uruguai e do Panamá terem adotado um rígido sistema de exclusão, fechando seus portos aos elementos de raça israelita, medidas estas coincidentes com as sugestões de Barbedo em 1936, quando era cônsul em Varsóvia. Seu conceito de perigo judaico estruturava-se com base na seguinte argumentação:

1. esses judeus haviam saídos dos baixos guetos da Polônia;
2. ameaçavam não só o comércio e a raça como também a organização política, dado os laços de simpatia que os prendia ao comunismo (chamado de *malfadado comunismo*);
3. valendo-se de falsas cartas de chamada, iam formar novos guetos no Brasil[33].

Para H. Pinheiro de Vasconcelos, os judeus eram uma massa errante que se espalhava por todos os países da Europa em consequência *da defecção do judaísmo do território alemão*. Argumentava que a instabilidade de pouso vivenciada por essa massa nômade somada à situação de diminuição de trabalho geral no mundo vinham preocupando o povo e o governo de vários países, inclusive do Império Britânico, que via na emigração uma das fórmulas suave para minorar o sofrimento dessa gente. Mas o que realmente intrigava Pinheiro de Vascoscelos é que o olhar inglês se voltasse para a América do Sul, avaliada como o único continente capaz de recolher esses homens. Estranhando esse posicionamento, pergunta: "– Por que eles que se preocupam com este estado de coisas não procuram encaminhar tais desgraçados e, em parte, perigosos elementos humanos, para suas ricas e largas possessões?"[34]

O alerta deu-se em direção ao Brasil, que estava sendo visado por um grupo de judeus, próximos de Chamberlain e de outras personalidades políticas. Estes estavam tentando negociar um empréstimo junto ao governo britânico para criar condições de recolhimento de parte dessa gente no território brasileiro. Foi nomeado como intermediário o sr. Adolphus Julius Schwelm (capitalista) que, em ocasiões anteriores, já havia visitado o Brasil. A possibilidade de esse

---

32 Ofício n. 30, de Edgardo Barbedo, do Consulado-Geral do Brasil na União Sul Africana, para Cyro de Freitas Valle, ministro de Estado Interino das Relações Exteriores, Capetown, 22 mar. 1939, Lata 741, Maço 10.561, AHI/RJ.
33 Idem.
34 Frase adaptada ao nosso texto conforme original. Ofício Confidencial n. 60, de H. Pinheiro de Vasconcelos, do Consulado-Geral do Brasil em Londres, para Cyro de Freitas Valle, ministro de Estado Interino das Relações Exteriores, Londres, 22 mar. 1939, Lata 741, Maço 10.561, AHI/RJ.

grupo acenar com alguns milhões de libras esterlinas levou Vasconcelos a traçar o seguinte comentário: "O Senhor Schwelm pensa que o Brasil teria direito, a aceitar uma proposta, de *fazer seleção dos elementos em equação*"[35].

Em 1939, Carlos de Ouro Preto – que respondia pela legação brasileira em Bucareste – comentava em seu relatório anual que a guerra havia provocado um aumento considerável de serviço nos consulados, principalmente após o aniquilamento das tropas polonesas e a consequente ocupação do território daquela República pelos alemães e russos. Ouro Preto calculava que cerca de 160 mil pessoas (homens, em sua maioria), entre militares e civis, teriam buscado exílio na Romênia após 1938. Esse fato podia ser constatado, segundo o brasileiro, por meio da alteração do cotidiano nas ruas de Bucareste e também pela proximidade do consulado da Polônia com o da legação do Brasil. Essas circunstâncias, a seu ver, teriam contribuído para que aquela *multidão de infelizes* refluíssem até nossa chancelaria em busca de ajuda. Desconsiderando o desespero e o medo vivenciado por aquele grupo expoliado pelos nazistas, Ouro Preto conseguiu apenas manifestar autocompaixão e ganância, comentando que, com o aumento dos vistos para o Brasil naqueles últimos dias, ele e seus funcionários tiveram de trabalhar noite adentro "sem contudo cobrar o *overtime* àqueles desgraçados tão brutalmente privados de recursos e de família, gente que tudo perdeu, até mesmo a Pátria"[36].

Ouro Preto, no entanto, fez questão de esclarecer ao ministro Oswaldo Aranha que, seguindo as *generosas* instruções recebidas da Secretaria das Relações Exteriores, havia dado preferência aos agricultores e àqueles que tivessem recursos pecuniários, em se tratando de israelitas. O diplomata enfatizou que havia colocado o dever em primeiro lugar, apesar "de sopitar impulsos de piedade em casos dolorosos e outras vezes, mais frequentes, [...] recalcar ímpetos de revolta". Mas qual seria a razão de tanta dedicação? Que fatos justificariam sentimentos tão nacionalistas capazes de sufocar *impulsos de piedade e de revolta*?

O que devemos levar em consideração não são apenas os critérios para concessão de vistos adotados pelo Brasil, mas também a insensibilidade de certos *burocratas* que se deixaram seduzir pelo ódio semeado pelo nazismo. Muitos de nossos diplomatas, infelizmente, não conseguiram se distanciar dessas fantasmagorias mentais que, alguns anos depois, culminariam com a morte de mais de seis milhões de judeus, sem falar aqui nos homossexuais, nos ciganos, nos comunistas etc.

Disfarçado de *obediente servidor público*, Ouro Preto vomitou o fel de seu antissemitismo, injustificável em qualquer situação. Alegando estar preocupado em defender os interesses de nossa Pátria contra a invasão judaica, o diplomata afirmou tratar-se de uma imensa *turba de infelizes*, dando a entender que essas pessoas pretendiam se aproveitar dos *novos terrenos de subsistência* para

---

35 Idem, p. 2. (grifo nosso).
36 Relatório de atividades da Legação de Bucareste durante o ano de 1939, pelo ministro C. de Ouro Preto para Oswaldo Aranha, ministro das Relações Exteriores, Bucareste, 1939, Lata 650, Maço 9.797, p. 1, AHI/RJ.

viver às custas da prática da usura e à sombra de nossa liberalidade. A ideia que tentava transmitir era de que o mundo se encontrava dividido em dois grupos distintos: o mundo dos bons, puros, arianos e ingênuos; e o mundo dos maus, composto de judeus exploradores, usurários e parasitas: "imensa turba de infelizes, havia uma forte proporção de israelitas que se valiam de todos os recursos para evitar as complicações e procurar sob céus americanos e à sombra de nossa liberalidade novos terrenos de subsistência, novos campos de atividade financeira e novo material humano, ingênuo e bom para a prática de atividades usurárias"[37].

Esse raciocínio tem sua gênese nas manifestações do antissemitismo tradicional, quando os cristãos-novos fixados na Península Ibérica na época moderna foram, também, acusados de serem falsos cristãos, indignos de confiança, exploradores do povo pela prática da usura e da má-fé[38]. Pela ótica do antissemitismo moderno, Ouro Preto proclama a *raça de Israel como insidiosa e solerte* e afirma que ela continuava, como nos velhos tempos, a agir de má-fé, pois até os atestados de confissão cristã que se apresentavam perfeitamente em ordem, não obstante o disfarce denunciado por seus portadores, que possuíam *narizes bíblicos*, e chamavam-se Abraham, Chaim, Isaac, Simon, David etc.; isso sem falar nos sobrenomes semitas que, segundo Ouro Preto, eram suficientes para quem quer que tivesse um pouco de prática: Goldemberg, Operman, Rosenthal, Stemberg, Bach e numerosos derivados, Baruch, Wolynynski, Ponzanski, Minzki e tantas outras derivações geográficas.

Infeliz sabedoria do nosso pequeno diplomata, que fez questão de frisar para Oswaldo Aranha que essas suas opiniões estavam longe de qualquer suspeita de antissemitismo:

> Longe de mim, senhor ministro, qualquer suspeita de antissemitismo em tudo que esta expressão possa conter de odioso e de desumano [...] considerando-se o monstruoso e gigantesco *pogrom* que seguem efetuando na Alemanha desde 1934 – os horrores dos campos de concentração, as violências, os sequestros, as extorções e as torturas com que o povo de Israel vem pagando em terras germânicas o seu tributo de sangue e de sofrimentos ao vitorioso nacional-socialismo. Longe de mim tais violências, tais intransigências, tais barbaridades e tais crueldades[39].

Certo de que estava sendo fiel às instruções recebidas do Itamaraty, Ouro Preto persistiu em sua posição contrária aos judeus, classificado-os em dois tipos: o *judeu escorraçado, perseguido e pobre* e o *judeu abastado e banqueiro, mas também escorraçado*. Mas, para Ouro Preto, qualquer que fosse o tipo em questão, essa gente "só se lembra de nós quando necessita e quando todas as portas lhes estão fechadas". Apelando para a imagem idílica da Terra da Promissão,

37 Idem.
38 Cf. H. Arendt, *Origens do Totalitarismo I*; M. L. T. Carneiro, *Preconceito Racial em Portugal e Brasil Colônia.*
39 Relatório de atividade da Legação de Bucareste durante o ano de 1939, p.2.

Metáforas de uma Civilização   273

o diplomata procurou argumentar sobre a *paternidade* do problema judaico, que, em sua opinião, não havia sido inventado no Brasil:

> O problema judaico não foi inventado pelo Brasil. Ao Brasil, portanto, não cabe-lhe as consequências e criar dentro do seu território um problema que felizmente até agora nunca existiu. E a Terra da Santa Cruz não se deve transformar repentinamente em Terra de Promissão, onde favos de mel, o maná celeste acolherão – sob o sol parado por ordem de Josué, a entrada das doze tribos chefiadas por Moisés. O Brasil é grande – como a baleia de Jonas, Mas os brasileiros esperam que, ao contrário da baleia bíblica, ele sinta engulho e devolva Jonas vomitado a outro destino[40].

Interessante ressaltar que a maioria dos nossos diplomatas antissemitas faz questão de enfatizar que não são racistas. Suas atitudes justificam-se sempre em nome do *imperativo dever patriótico* pelo qual não deviam ficar calados. Recusar vistos aos judeus, significava prestar um grande serviço ao Brasil. Deveria ser uma *honra* para "todos aqueles que estivessem às ordens do Serviço Publico brasileiro", palavras de Cyro de Freitas Valle, embaixador do Brasil em Berlim em 1939[41].

Com esse mesmo objetivo, Osório Dutra, cônsul brasileiro em Lyon, recusava, *terminantemente*, os vistos que os judeus lhe pediam. Apelando para a metáfora da avalanche, procurava demostrar que essa questão estava assumindo proporções assustadoras. Os judeus que se encontravam na França nos primeiros meses de 1940 (poloneses, belgas, holandeses, austríacos e mesmo franceses) estariam, a seu ver, tentando quebrar a sua resistência: "não olham despesas [...] Oferecem tudo, compram tudo". E foi com esse enfoque que o cônsul clamou por medidas severas "senão, encheremos o nosso país de péssimos elementos"[42].

Entre 1940 e 1942, os judeus franceses transformaram-se em tema para nossos diplomatas que acompanhavam, de perto, as medidas antissemitas empreendidas pelo governo de Vichy. Algumas dessas medidas chegaram a ter repercussões na América do Sul, onde antissemitas convictos não conseguiam ocultar sua vibração. Em dezembro de 1940, a embaixada brasileira na Guatemala oficiou que se sentia muito *honrada* em comunicar a Oswaldo Aranha que o governo de Vichy havia demitido do serviço diplomático francês Raymond Hass, adido comercial à legação da França que há doze anos atuava naquela capital. A razão invocada era de que Hass descendia de judeus, tendo entre os seus antepassados um avô semita[43].

---

40   Idem, p. 3.
41   Oficio Confidencial n. 351, de Cyro de Freitas Valle, embaixador do Brasil em Berlim, para Oswaldo Aranha, ministro das Relações Exteriores, Berlim, 2 nov. 1939, Lata 741, Maço 10.561, AHI/RJ.
42   Oficio n. 29, de Osório Dutra, cônsul geral do Brasil em Lyon, para Oswaldo Aranha, ministro das Relações Exteriores, Lyon, 30 jul. 1940, Lata 38, Maço 280, AHI/RJ. Sobre Osório Dutra, já tratamos em *O Anti-Semitismo na Era Vargas*, p. 152, 155n, 219, 226, 254-256, 335.
43   Oficio n. 331, da Embaixada Brasileira na Guatemala para Oswaldo Aranha, Guatemala, 20 dez. 1940, 640.16 (99), Lata 1.913, Maço 36.380, AHI/RJ.

Essa medida deve ser vista como uma de uma série de outras adotadas pelo governo de Vichy contra os judeus residentes na França. Osório Dutra, que se encontrava à frente do consulado brasileiro em Lyon, aconselhou os brasileiros a evitarem embarcar para aquele país, onde a situação não era das melhores. Em agosto de 1942, o ministro do Interior da França ocupada publicara um aviso segundo o qual os estrangeiros (*e notadamente os de confissão israelita*) não poderiam sair de um certo perimetro, isto é, fora da comuna em que residiam e das comunas limítrofes, com raras exceções (em caso de doenças graves ou morte de parente próximo, convocação oficial ou exercício de uma profissão autorizada). O controle dessa população seria feito através da posse de um salvo-conduto válido, para uma única viagem, ou por uma carta de circulação temporária. As penalidades poderiam ir da expulsão ao internamento, medidas adotadas também pelo Brasil após sua entrada na guerra ao lado dos Aliados. Em 1942, todos os estrangeiros identificados como cidadãos do Eixo (inclusive os judeus) estiveram sob a vigilância diária da polícia política[44].

Muitas vezes, os ofícios produzidos por nossas missões diplomáticas no exterior alertavam-nos para o fato de que, apesar da repressão sustentada pelos nazistas, vozes isoladas manifestaram-se contra as práticas antissemitas. Hildebrando Accioly, da embaixada do Brasil na Santa Sé, informou a Oswaldo Aranha, em 1942, que o governo do marechal Pétain havia pedido a demissão do monsenhor Saliège, arcebispo de Toulose, um dos prelados franceses que mais veemente haviam se levantado contra aquelas medidas[45].

Alguns diplomatas mostraram-se indignados com a posição do governo brasileiro que, ao emitir circulares secretas, estava "criando situações desagradáveis para todas as nossas chancelarias consulares". Em setembro de 1937, quando o Brasil apenas começava a colocar em prática essa política restritiva aos judeus, Ildefonso Falcão, do consulado do Brasil em Budapeste, informou à Mário de Pimentel Brandão, ministro das Relações Exteriores que, além de vir *agindo com discrição* estava mentindo oficialmente, dando razões outras que não as exatas para a recusa de vistos em passaportes de um número regular de húngaros de origem semita.

Ildefonso Falcão foi um constante inconformado. Desde 1933, quando estava à frente do consulado do Brasil em Colônia, levantara dúvidas acerca do tratamento a ser dado aos judeus que, do seu ponto de vista, possuíam um perfil positivo para a economia brasileira por serem especialistas nos diversos ramos comerciais, industriais e profissionais liberais. Defendendo a tese de que estes poderiam colaborar para o progresso da nação, que se modernizava, o cônsul apontava para alguns aspectos positivos a serem considerados. Em primeiro lugar, aqueles imigrantes distinguiam-se pelos recursos e pela experiência

---

44   Cf. A. M. Dietrich, O Partido Nazista em São Paulo, em A.M. Dietrich et al. *Alemanha*, p.129-149.
45   Ofício Reservado n. 112, de Hildebrando Accioly, da Embaixada do Brasil na Santa Sé, para Oswaldo Aranha, ministro das Relações Exteriores, Cidade do Vaticano, 1º out. 1942, 940/00- 640.16 (99), Lata 1.913, Maço 36.380, AHI/RJ.

técnica de que dispunham. Ciente do perigo que a população judaica corria na Alemanha, alertou ao governo brasileiro para o fato de que "esses homens não poderiam mais viver na Alemanha pelas razões sabidas"[46].

Tentando facilitar a entrada de alguns, o cônsul – após classificar o grupo dos imigrantes judeus em *vulgares ou indigentes, sem recursos,* e *comerciantes e industriais dotados de capital* – sugeriu que se desse preferência a estes últimos, apontados como *fatores de progresso.* Falcão justificou sua posição, valendo-se da mais expressiva retórica antissemita que, possivelmente, fazia parte do seu cotidiano na Alemanha nazista. E, a seu ver, se esses cidadãos (embora judeus) possuíam uma mentalidade e um espírito de trabalho e de investigação, era "por serem alemães e viverem sob a poderosa influência do ambiente germânico", não apresentando as *características críticas da raça*[47].

Além de Ildefonso Falcão, encontramos alguns outros *dissidentes* cuja perspicácia nos chama atenção. Jorge Kirchofer Cabral, cônsul do Brasil em Frankfurt, em 1941, é um deles. Em plena guerra, Cabral teve a oportunidade de testemunhar a transformação de Frankfurt em centro dos estudos oficiais sobre a questão judaica. Como observador atento da realidade alemã e conselheiro do governo brasileiro, percebeu que o Terceiro Reich tinha o propósito de centralizar naquela cidade a direção do combate filosófico ao judaísmo. A seu ver, "uma escolha que estava de acordo com o modo de agir bombástico do nazismo"[48].

A cidade de Frankfurt projetava-se no cenário alemão e internacional como berço da família Rothschild (cuja casa era um dos atrativos turísticos da cidade) e como expressão-símbolo de uma população de *sangue alemão* mesclado com *semita.* Ali havia sido instalado o Institut der NSDAP zur Erforschung der Judenfrage, que dispunha de um volumoso arquivo e biblioteca formados, em grande parte, pelo material confiscado à Casa Rothschild em diversas capitais ocupadas pelas tropas alemãs. Esse acervo estava sendo cuidadosamente organizado por especialistas e estudiosos dedicados a demonstrar como se processava a *influência perniciosa* do judaísmo. Até aqui nada de novo, pois esse era um dos principais argumentos nazistas para provar que a atual moral e miséria material da Alemanha poderiam ser atribuídas à existência de semitas no país.

Essas manifestações, segundo Jorge Cabral, não eram o prenúncio de um interesse científico ou histórico e sim exclusivamente de propaganda política. Do seu ponto de vista, a intenção do governo nacional-socialista era de que o povo alemão não se esquecesse de atribuir suas faltas ao judeu[49]. O raciocínio de Cabral coloca- nos diante de um homem ciente das *maquinações diabólicas do nacional-socialismo* e das aberrações pregadas pelas teorias raciais que diferenciavam os alemães em arianos (superiores) e semitas (inferiores). Essa

---

46 Ofício de Ildefonso Falcão, do Consulado do Brasil em Colônia, para Afrânio de Mello Franco, ministro das Relações Exteriores, Colônia, 2 out. 1933, MDB,. Ofícios Recebidos, 1933, AHI/RJ.
47 Idem, Colônia, 24 nov. 1933.
48 Ofício n. 40, de Jorge Kirchofer Cabral, do Consulado Brasileiro de Frankfurt, para Oswaldo Aranha, ministro das Relações Exteriores, Frankfurt, 5 jul. 1941, Lata 1.913, Maço 36.380, AHI/RJ.
49 Idem, p. 2.

tendência de culpar os outros pelas nossas deficiências – aliás, um interessante sintoma para a psicanálise –, é avaliado como parte do credo nazista, uma *espécie de narcótico com o qual ele conseguia angariar prosélitos*. Cabral exemplicava essa situação valendo-se das experiências vivenciadas por países dominados pela Alemanha, onde a perseguição dos judeus iniciava-se, de imediato, com a entrada do soldado alemão. A seu ver, esta nada mais era do que uma fórmula encontrada pelo Reich para *desviar a atenção do povo vencido da submissão ao jugo tudesco e da sua subsequente espoliação*. Exemplificava com o caso da França, onde os nazistas já haviam conseguido implantar uma política antissemita e certa inimizade à Grã-Bretanha, que, de antiga aliada, passou a ser a causadora de sua derrota militar.

Todas essas questões foram colocadas por Cabral com o propósito de esclarecer ao governo brasileiro que, em essência, não havia diferença entre o alemão nazista e o alemão semita: nem física nem moralmente. "Nada mais ridículo do que ouvirmos louvores à superioridade da raça alemã"[50]. Consciente da *construção* de uma estética nazista, Cabral enfatizava que a beleza física de um indivíduo deveria ser avaliada em função do bem-estar da comunidade à qual ele pertencia: "interferiam na fisionomia de um homem a carência, a ansiedade sobre o futuro, o medo, o ódio, as restrições de liberdade". E, de acordo com essa sua visão de mundo, o judeu era feio porque vivia perseguido, o mesmo acontecendo com qualquer outro habitante da Alemanha que vivia na miséria e dentro de uma atmosfera de ódio e desconfiança[51].

A avaliação apresentada por Cabral é *sui generis*, se comparada às posições sustentadas por outros diplomatas-testemunhas dos avanços do nazismo na Europa e da proliferação do antissemitismo como instrumento do poder. Enfatizando a capacidade de raciocínio como necessária àquele momento em que se procurava obscurecer os espíritos, Cabral apresenta sua conclusão, aliás, chocante e indecifrável:

> Guardemo-nos, pois, de pensar que uma política de oposição à infiltração de qualquer atitude semita deva ser necessariamente de simpatia ao nazismo. Este dilema só existe no espírito das partes interessadas. Dizer-se que a emigração semita será nociva aos interesses de nossa nacionalidade *é uma opinião perfeitamente coerente com um sentimento de repulsa à ideologia nazista*[52] (grifo nosso).

Diante dessa questão, perguntamo-nos: considerar a imigração semita como nociva aos interesses de nossa nacionalidade não seria uma *opinião coerente com um sentimento de identificação (e não de repulsa) à ideologia nazista*? Estaria nosso cônsul criticando a posição antissemita sustentada pelo governo brasileiro ao tentar demonstrar-lhe o quanto era ridículo ouvirmos louvores à superioridade da raça alemã?

50 Idem, p. 3.
51 Idem, ibidem.
52 Idem, p. 4.

Delação Velada

O povo brasileiro, por sua vez, não se envolveu publicamente com o drama dos refugiados judeus recém-chegados da Europa. Manteve-se distante dos problemas que afetavam a vida destes nos primeiros meses de residência no Brasil: falta de empregos, alimentação, saúde debilitada, desconhecimento da língua portuguesa, educação das crianças, hospedagem, reconhecimento dos títulos acadêmicos para o exercício profissional etc. Visto e tratado como o *Outro* pela sociedade brasileira, o judeu apátrida só podia contar com a ajuda de sua própria comunidade, que, radicada no Brasil desde as últimas décadas do século XIX, se mobilizou para oferecer-lhe creches, cursos de língua portuguesa, empregos, escolas, assistência médica etc.[1]

A população brasileira, de um modo geral, manteve-se calada, observadora, sem protestos públicos. Influenciada pela tradição católica, pelo discurso nacionalista e antissemita veiculado pela grande imprensa brasileira e envolvida pelas versões sustentadas pelos mitos políticos em circulação no Brasil, uma parcela dessa população investiu contra os judeus interessados em se radicar no Brasil nas décadas de 1930 e de 1940. Podemos afirmar que alguns cidadãos (não judeus) colaboraram com as autoridades brasileiras (diplomáticas e policiais) delatando-os, por meio de cartas anônimas, como seres *perniciosos* e perigosos à segurança nacional. A polícia política e os órgãos de imigração, por sua vez, valeram-se do contéudo negativo desses documentos (ainda que emitidos por vozes isoladas e anônimas) para legitimar a ação governamental contra os imigrantes judeus.

As cartas de delação repetiam os *slogans* antissemitas sustentados pelas autoridades oficiais, com a diferença de que o *olhar* do delator estava direcionado para um alvo específico, pontual: um vizinho judeu, um concorrente comercial judeu, um amigo judeu do seu amigo (não judeu) etc. A vítima tinha nome, endereço certo, nacionalidade e profissão determinada. O delator preferia o anonimato, optando por *falar* na penumbra. Sua voz não tinha sons, apenas consequências. Muitos foram os judeus que, após a Intentona Comunista de 1935 e durante a Segunda Guerra Mundial (1939-1945), foram acusados de serem comunistas, articuladores de um complô internacional

---

[1] Sobre este tema, ver: F. Pinkuss, *Estudar, Ensinar, Ajudar;* M. L. Rolnik, *Os Abismos*; M. Brill, *Der Schmelztiegel*; I. Czaspka, *Nosso Caminho de Obra para o Brasil*; idem, *Nossa Vida de Imigrantes no Brasil*; L. T. Pincherle, *Meus Dois Mundos*; R. Hersberg, *O Mundo do Meu Pai*; M. H. Maier, *Um Advogado de Frankfurt se Torna Cafeicultor na Selva Brasileira*; M. Maier, *All the Gardens Of My Life*; A. Hirschberg, *Desafio e Resposta*.

SECRETARIA DA SEGURANÇA PÚBLICA

DELEGACIA DE ORDEM POLÍTICA E SOCIAL

SERVIÇO DE SALVO-CONDUTOS N.º

Fórmula (4) SALVO-CONDUTO para Estrangeiro

Nome: *Kurt Israel Alexander*

FILIAÇÃO { Pai: *Ludwig Alexander*
Mãe: *Ella Alexander*

Idade: *31 annos*

Nacionalidade: *alemã*

Data do nascimento: *22 de Junho de 913*

Lugar do nascimento: *Berlim*

Estado civil: *casado*

Profissão: *Viajante*

Residência: { Rua *Christianstianna 285*
Bairro: *Perferição*
Cidade: *S. Paulo*

Doc.ª apresentado: *Caret. Mod. 14 A*
N.º 576
Reg. Geral
680.797

São Paulo, *11* de *Maio* de 19*45*

Kurt Israel Alexander
ASSINATURA

NOTA — Trazer 2 fotografias 3 x 4 e completar as informações no verso.

34. Salvo conduto de Kurt Israel Alexander, expedido
em São Paulo, em 11 maio 1945.

ou de serem *cidadãos do Eixo* (espiões nazistas em território nacional)[2]. Inúmeros são os registros no acervo do Deops/sp que comprovam a prática de ações arbitrárias por parte dessa polícia política.

Em maio de 1938, Israel Souto, delegado especial de Segurança Política e Social, encaminhou para Oswaldo Aranha, ministro das Relações Exteriores, uma dessas cartas de delação: "para que V. Excia, se sirva de determinar as medidas que julgar conveniente". Alertava para o autor da denúncia: "pessoa de absoluta respeitabilidade e comprovada idoneidade"[3]. O delator, por sua vez, tratava-o (o delegado) por *Meu Caro Israel* e pedia, em *caráter confidencial* a intervenção do *seu amigo*[4].

2   M. L. T. Carneiro, O Mito da Conspiração Judaica e as Utopias de uma Comunidade, em M. L. T. Carneiro (org.), *Minorias Silenciadas*, p. 261-396.
3   Ofício de Israel Souto, delegado especial de Segurança Política e Social, para Oswaldo Aranha, ministro das Relações Exteriores, Rio de Janeiro, 21 maio 1938, v. 103/4/15, AHI/RJ.
4   Carta de delação de anônimo para Israel Souto, delegado especial de Segurança Política e Social, Rio de Janeiro, 3 maio 1938, v. 103/4/15, AHI/RJ. (Destacado no original.)

A denúncia era feita contra Marcel Moyse, cujo codinome Moyset, segundo interpretação do delator, "nada mais era do que um artifício para disfarçar sua ascendência judaica". Razão da delação: o *ilustre* amigo, ex-colega de curso, sentindo-se acossado pela polícia francesa, estava "de malas prontas para vir agir no Brasil, exercendo em nossa terra suas atividades perniciosas". Segundo o delator, Moyset vinha se empenhando para obter recomendações da embaixada do Brasil em Paris com o objetivo de liberar o visto em seu passaporte.

O delator clama por providências urgentes "a bem da higiene moral e social do nosso país, num momento em que o governo brasileiro empreende uma corajosa e por todos os títulos louvável política de saneamento"[5]. A embaixada do Brasil em Paris – "autoridade *competente para limpar o Brasil dessa caterva de indesejáveis de toda a casta*" (leia-se aqui uma *corja de judeus indesejáveis*, segundo o conteúdo da carta) – deveria impedir que um indivíduo *tão perigoso* como Moyse "viesse estabelecer em nossa Pátria um quartel para suas trampolinices"[6].

Ao longo do texto, Moyset é tratado por *gajo* (no sentido de velhaco), *tipo* (pessoa pouco respeitável) e *boa bisca reincidente* (duplamente patife e canalha). Suas atitudes e relações de amizade fazem dele uma pessoa de *terceira classe*: foi casado com *une blonde vaporeuse*, sua sócia nas manigâncias (*intrigas* e *manobras misteriosas*). Moyset é ainda descrito como sendo um indivíduo portador de um *negro atestado de antecendentes*, visto que desde a sua mocidade se entregou a toda a sorte de delitos, da cafetinagem até a toxicomania: "desde muito cedo revelou extraordinária aptidão para todos os vícios, inclusive tóxicos. Isto desde antes da guerra, lhe valeu *sérias complicações com a polícia, por ter negócios com 'fumeries' de opium*; processado por tráfico de estupefacientes (drogas, entorpecentes); – '*très connu de pretoires*'", isto é, conhecido no Tribunal Correcional de Paris[7].

Em síntese: a descrição do perfil de Marcel Moyse (disfarçado de *Moyset*) contém a maioria dos elementos característicos do discurso antissemita moderno. Os adjetivos depreciativos o transformavam em um cidadão-bandido, um fora da lei. O delator parte do particular (*caso Moyset*) para o geral (*a comunidade judaica*) com o intuito de expressar o grau de periculosidade dos judeus que, por si só, justificava a política de exclusão (saneamento, higienização) empreendida pelo governo brasileiro. Como esse, temos vários outros casos que podem ser detectados nos arquivos policiais e que merecem um estudo particular[8].

---

5   Idem, p. 2.
6   Idem, p. 1.
7   Idem, ibidem.
8   Ver estudos de T. Wiazovski, *Bolchevismo e Judaísmo; O Mito do Complô Judaico Comunista no Brasil.*

VI.

Os Excluídos da Guerra

*Diz-se que o homem torturado
e a mulher continuarão a sê-lo pelo resto
da vida; o mesmo se aplica
ao desenraizado. O ex-refugiado
continua a ser refugiado pelio resto
da vida. Escapa de um exílio
para projetar-se em outro, sem conseguir
sentir-se em casa em lugar algum,
sem jamais esquecer de onde vem, sem
deixar de viver no provisório. Para ele,
a felicidade é o repouso do instante.*

Elie Wiesel, *O Tempo dos
Desenraizados*, p. 18-19.

Máscaras da Cordialidade

O início da Segunda Guerra Mundial, em 1º de setembro de 1939, tumultuou ainda mais o cotidiano dos refugiados, cujos caminhos ficaram interrompidos pelos bombardeios e as cidades em chamas. A Europa desfez-se em cinzas, assim como cinza são as imagens que restaram desses tempos sombrios. Até o final do conflito, o Alto Comissariado da Liga para os Refugiados Políticos e o Comitê Intergovernamental para os Refugiados Políticos procuraram encontrar soluções imediatas para um problema que era internacional[1].

Previa-se o surgimento de novas categorias de refugiados decorrentes do agravamento do conflito europeu. Até então, eles eram definidos segundo a Resolução de 14 de julho de 1938, que os considerava como "alemães e austríacos que já haviam partido ou iriam emigrar do seu país de origem por suas opiniões políticas, credos religiosos ou origem racial". Como *refugiados*, eles mereciam proteção e assistência[2]. Esse conceito, no entanto, não expressava a realidade da guerra, que, assim como os nazistas, também fazia suas vítimas.

As imagens eram de caos e de total desespero. Tornaram-se triviais as cenas de carroças e velhos caminhões carregados de cidadãos depauperados, portando sacolas improvisadas e crianças desnutridas. Enquanto uma parte do mundo estava em fuga, os nazistas valiam-se de velhos trens para transportar para os campos de extermínio a carga da Humanidade: velhos, mulheres e crianças, a maioria judeus. Os homens e as mulheres saudáveis iam para os campos de trabalho. Os apátridas alemães, austríacos e tchecos, quando conseguiam, fugiam. Já não estavam tão sós: a eles somaram-se os *deslocados de guerra* de múltiplas nacionalidades. Segundo o Council for German Jewry, a emigração total de pessoas de religião judaica provenientes dos territórios da Alemanha, entre abril de 1933 e julho de 1939, girava em torno de 215 mil alemães, 97 mil austríacos e 17 mil tchecos. Os dados oferecidos pelo Comitê Intergovernamental – então sob a direção de Herbert Emerson (também Alto Comissariado da Liga para os Refugiados)[3] – ultrapassavam essas cifras:

---

1 O Alto Comissariado da Liga para os Refugiados Políticos foi extinto em 31 de dezembro de 1946 e o Comitê Intergovernamental para os Refugiados Políticos, em 30 de junho de 1947. Após a guerra, esses dois órgãos foram substituídos pelo Comitê Preparatório da Organização Internacional para Refugiados.

2 Cf. Resolução de 14 de julho de 1938. "High Commissioner's Report, 1937-8" (A-25, 1938, XII). J. Simpson, *The Refugee Problem*, p. 224-225, apud J. H. Fischel de Andrade, O Direito Internacional dos Refugiados..., op. cit., p. 104.

3 P. Hartling, *Concept and Definition of Refugee-Legal and Humanitarian Aspects*, II Nordic Seminar on Refugee Law, Copenhague, 23 abr. 1979, Genebra: UNHCR, 1979, p. 3, apud J. H. Fischel de Andrade, op. cit., p. 104-107.

até agosto de 1938, existiam cerca de 310 mil refugiados transitando pela Europa, dos quais 250 mil eram judeus alemães e 63 mil judeus austríacos. Com o eclodir da guerra, acrescentaram-se a esse total mais 167 mil alemães e 42 mil austríacos, além de 190 mil cristãos não arianos, provenientes dos territórios alemães[4].

Ao tomarmos contato com esses números, a imagem que nos vem é realmente de uma grande massa humana em movimento, daí a metáfora da avalanche e do terremoto acionada pela imprensa e pelos diplomatas antissemitas. A reação das autoridades e da imprensa brasileiras era sempre de medo: medo da *massa*, cuja medida era apenas numérica. Os indivíduos eram despersonalizados e transformados em *inimigos do povo* que, nesse caso, apresentavam-se como *vítimas*. Diante da situação declarada de guerra, os refugiados – independentemente das razões de sua fuga – passaram a ser julgados como *amigos* ou *inimigos* dependendo do seu país de origem. Um novo componente teve que ser considerado, interferindo na avaliação daqueles que se encontravam em trânsito: o da segurança nacional.

Os países beligerantes de asilo temporário, como a Grã-Bretanha e a França, adotaram medidas de cautela, tendo em vista a segurança do Estado. O governo britânico considerava os refugiados tchecos como *estrangeiros amigos* e os refugiados alemães e austríacos como *estrangeiros juridicamente inimigos*, muito mais beneficiários de seus preconceitos do que de seus sentimentos humanitários. O mesmo aconteceria no Brasil, que, após 1942, declarou todo e qualquer alemão, italiano e japonês, como *cidadão do Eixo*[5]. Generalizava-se uma situação que exigia julgamento individualizado ou que considerasse à parte o caso dos judeus sem cidadania. A Grã-Bretanha chegou a sugerir a formação de um tribunal que classificaria os refugiados segundo o grau de confiança a ser depositada em cada indivíduo. A polícia política brasileira, sob ordens do Ministério da Justiça e Negócios Interiores, dedicou-se a confiscar os bens patrimoniais de todos os *cidadãos do Eixo*, prender os suspeitos e investigar depois[6]. Posicionamentos como esses expressam o grau de incerteza que prevalecia nos governos envolvidos diretamente com a guerra, visto que, agora, novas situações somavam-se às anteriores, complicando ainda mais o problema dos refugiados.

O Comitê Intergovernamental sugeria a absorção dos refugiados pelo mercado de trabalho, até mesmo em emprego remunerado, não fosse o tratamento generalizado dado à questão. Mesmo nos países de asilo temporário, a situação apresentava-se como gravidade real, pois o problema, além de esbarrar

4   Assistence Internationale aux Réfugiés. Société des Nations, Rapport Supplémentaire n. 18 (a), 1939, XII Genève, 20 oct. 1939.

5   Decreto-lei n. 4.166, de 11 de março de 1942: dispõe sobre as indenizações devidas por atos de agressão contra bens do Estado brasileiro, contra a vida e bens de brasileiros ou de estrangeiros, residentes no Brasil. Legislação Federal, 1ª seção, p. 114-116.

6   Os confiscos de bens dos *súditos do Eixo* é ainda uma questão secreta no Brasil, valendo lembrar aqui que a relação desses itens continua sob guarda do Banco do Brasil, que não permite acesso à documentação. É um caso ainda em aberto para a historiografia brasileira, que carece de estudos nessa direção.

em interesses governamentais, criava um impasse às organizações trabalhistas, que olhavam aquele *estrangeiro refugiado* com certa suspeita. Esse sentimento, além de nacionalista, fundamentava-se em grande parte em considerações econômicas errôneas influenciadas pelo pensamento antissemita. Essas questões repercutiam consideravelmente nas ofertas de recursos de organizações privadas, que, envolvidas no conflito, se viam impossibilitadas de oferecer fundos necessários para essa emigração. Era de se prever que a Grã-Bretanha só admitiria refugiados de origem inimiga em casos muito particulares, o mesmo ocorrendo com a França.

Outra situação era vivenciada pelos refugiados abrigados em países europeus considerados *neutros* – como era o caso dos Países Baixos, da Bélgica e da Suíça –, cujas instituições privadas também restringiram seus recursos de ajuda. Esses países, assim como os demais, além de lidarem com o *refugiado legal*, tinham de enfrentar um imenso grupo de refugiados clandestinos (ilegais) sem qualquer documento de identificação. Situação semelhante ocorria nos *locais não europeus de asilo temporário*, como era o caso de Xangai, onde as condições de vida eram deploráveis. Ali a assistência era feita com base na ajuda privada, considerando-se que as possibilidades de nova emigração eram mínimas. Aliás, Xangai era uma das rotas possíveis para o Brasil, passando por Tóquio, Hong Kong, Colombo e África do Sul. Mas, para conseguirem chegar até o Japão, que emitia apenas vistos de trânsito, os refugiados tinham de usar múltiplos artifícios[7].

Para os poloneses, por exemplo, uma opção foi fugir para a Lituânia, país neutro com comunicação aérea e marítima com o Ocidente. Mas, após 15 de junho de 1940, quando a URSS ocupou a Lituânia, esse caminho já não servia mais como rota de fuga. Documentos foram assinados, ainda que sem valor de vistos, por Jan Zwartendijk, cônsul honorário da Holanda em Kaunas (Kovno) capital da Lituana. Com esses papéis, centenas de refugiados conseguiram obter vistos de trânsito emitidos pelo vice-cônsul do Japão, Chiune Sugihara, que, ciente de que os soviéticos fechariam todos os consulados até 25 de agosto, assinou milhares de vistos aos poloneses em fuga, salvando-os do massacre perpetrado pelos nazistas na Lituânia em 1941. Segundo David Markus, um desses judeus que, em 1951, se refugiou no Brasil, bastava a apresentação do visto de trânsito à NKVD, polícia política soviética, para conseguir a permissão de saída. Tudo tinha o seu preço:

> Comprar no mercado negro os dólares necessários para pagar a viagem com o expresso transiberiano, que levava doze dias de Moscou até o porto de Vladivostok, custou a David um bonito relógio de ouro. [...] De Vladivostok cruzava-se o agitado Mar do Japão em pequenas embarcações, feito sardinhas em lata, para a cidade portuária japonesa de Tsuruga. De Tsuruga os refugiados se transferiam para Kobe, onde não podiam trabalhar, e o Jewcom, comitê de assistência aos refugiados, constituído de judeus radicados no Japão, dava uma ajuda que [...] se resumia a

7 A Entrada de Judeus em Shangai, *O Estado de S.Paulo*, 15 ago. 1936, p. 16.

trinta centavos de dólar por dia que davam para um pão com geleia e ovo. No caso dele, que na época só comia *kascher*, o cardápio às vezes permitia uma batata cozida com geleia de morango. Em meados de 1941, quando o prazo dos vistos expirou e a saída do Japão se tornou obrigatória, os refugiados correram para o único lugar que não exigia vistos: a cidade aberta de Xangai[8].

Desde a Guerra do Ópio, em 1841, Xangai mantinha suas portas abertas ao mercado internacional e estava dividida em três setores: o chinês, o internacional (International Settlement) e o francês (Concession Française), sendo este residencial. Os judeus russos foram os primeiros a se estabelecer na concessão francesa, dedicando-se ao comércio de importação e exportação. Na década de 1920, fundaram o Shangai Jewish Club (SJC), que, nos anos de 1940, serviu de palco para programas artísticos e divulgação literária em ídiche, em parceria com os judeus poloneses. Os russos tiveram um importante papel na ajuda aos refugiados do nazismo ao criar, em maio de 1941, o Eastjewcom, comitê de assistência aos refugiados. Após 1937, começaram a chegar os judeus alemães e austríacos, cerca de dezesseis mil refugiados, a maioria dos quais "morava precariamente em galpões improvisados [...] amontoados, convivendo com ratos e baratas"[9].

Como *cidade aberta*, Xangai transformou-se em um centro político e cultural, promotor da língua ídiche, servindo de abrigo a importantes intelectuais, artistas de teatro, músicos e jornalistas fugitivos do nazismo. Tornou-se também importante núcleo promotor do sionismo, contando com a Organização Sionista de Xangai (Zionist Organisation Shangai) que, em 1945, possuía 1.815 membros, além de outros como Wizo, Poalei Tzion, Betar, Mizrahi e Brit Noar Tzioni. Em oposição, estava o Bund, principal partido operário judeu da Europa Oriental, que contava com cem ou mais *bundistas*, segundo testemunho de Bóris Markus[10]. Foi nesse clima de reabilitação do ídiche e da identidade judaica que David Markus criou e dirigiu o programa radiofônico nesse idioma, inaugurado em 17 de novembro de 1941, uma segunda-feira, às 16h40, chamado *Notícias Judaicas Locais*.

Essa situação começou a mudar após o ataque a Pealr Harbor. Com a guerra no Pacífico, as áreas internacionais foram cercadas pelas forças de ocupação, que fecharam o cerco aos refugiados. Sob pressão da Alemanha, foi emitida uma proclamação, em 12 de fevereiro de 1943, que obrigava todos os refugiados que tivessem chegado após 1937 a se transferirem para uma área designada dentro de Hongkew. Nesse *gueto* de 2,5 quilômetros quadrados, viveram confinados "14.245 refugiados, sendo 8.114 da Alemanha, 3.942 da Áustria e 1.248 da Polônia". Entre eles estava David Markus, que "dividia um quartinho com mais cinco ou seis refugiados nas dependências

---

8   Cf. S. M. Gruman, Morning Shangai, *Boletim Asa*, n. 72. Sara Markus Gruman é jornalista e registrou os depoimentos de seu pai, David Markus, e de seus tios Gênia e Bóris.

9   Idem, p. 2. Informação fornecida por Gênia Markus, que trabalhou nesse comitê.

10   Idem, ibidem.

do Exército da Salvação, mudando-se mais tarde para Tong Shan Road, seu endereço até o final da guerra"[11].

Em Xangai, viveram também os alemães Max Moser e Herta Sara Moser (nascida Löwenstein), que, fugindo da Alemanha, embarcaram em 24 de janeiro de 1939, tendo Xangai como país de trânsito. Usando uma reserva de dinheiro, embarcaram em um navio de luxo, na primeira classe turística, com centenas de passageiros ingleses, chineses e norte-americanos. Um mês depois, desembarcaram em Xangai, onde estava "muito frio, molhado e feio", segundo Herta Moser[12]. Ali permaneceram por quatro semanas até conseguirem vistos de entrada como turistas para o Brasil, desembarcando no Rio de Janeiro em 6 de maio daquele ano, após terem passado por Hong Kong, Colombo e África do Sul.

Em meio ao trânsito caótico dos refugiados, a Liga das Nações, por sua vez, declarou que não tinha condições de se ocupar de qualquer um desses grupos, fossem eles de judeus alemães, de judeus austríacos ou de cristãos não arianos provenientes dos territórios ocupados pelo Reich. Previa também, como consequência do conflito, o surgimento de novas categorias de refugiados que, motivados por problemas políticos, religiosos ou raciais, não tinham condições de viver em seu país de origem. Desde setembro de 1939, por exemplo, milhares desses cidadãos estavam fugindo da Polônia para os países vizinhos, ocasionando situações confusas. Diante dessas múltiplas origens, surgiu uma nova denominação: a de *deslocados* ou *pessoas deslocadas* (*displaced persons*), que careciam da aplicação de um novo conceito de migração planejada[13]. Diante do estado de guerra, tornava-se difícil prever medidas permanentes para esses indivíduos, pois, para os países beligerantes, as questões de ordem política eram prioritárias.

A guerra limitava seriamente o montante de subsídios privados direcionados para atividades assistenciais do tipo daquelas praticadas pela Cruz Vermelha. O representante do governo britânico já havia sugerido a formação de um fundo internacional para cobrir as despesas de emigração dos refugiados em países do além-mar. A participação dos governos poderia ser proporcional ao montante investido pelas associações privadas. Enquanto isso, a Cruz Vermelha procurava organizar mutirões de socorro aos mais desfavorecidos em diferentes países da Europa e da América: agasalhos, mantas, acolchoados e roupas eram produzidos por mulheres dedicadas à causa internacional. Durante o Estado Novo, o governo Vargas chegou a promover o lançamento do filme *Refúgio*, em São Paulo, com a presença das samaritanas da Cruz Vermelha. Nada mais do que um ato político, considerando-se o envolvimento do Brasil na guerra ao lado dos Aliados.

---

11 Segundo dados da Emigrant Residents Union, apud S. M. Gruman, op. cit., p. 3.
12 Entrevista concedida por Herta Sara Moser à autora. Rolândia, 2 jul.1996.
13 L. W. Holborn, The Legal Status of Refugees, 1920-1938, *The American Journal of International Law*, v. 32, p. 11, apud J. H. Fischel de Andrade, op. cit., nota 163, p. 105.

35. Xangai, 1930: Cartão-postal mostra a ponte Waibaidu (em português: Ponte do Jardim).

36. Judeus solidários a Eretz Israel protestam em Xangai, 1945.

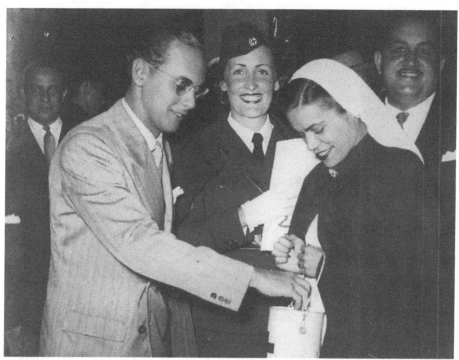

37. São Paulo, 1944: Samaritanas da Cruz Vermelha Brasileira angariam donativos para os refugiados na Europa durante o lançamento do filme Refúgio no Cine Olido.

38. Publicação do Joint no pós-Guerra chama a atenção para a situação dos sobreviventes.

Além da Cruz Vermelha brasileira, cumpre citar a importante atuação das associações judaicas Wizo e B'nai Brith do Brasil, assim como do comitê auxiliar do Joint. Este, por sua vez, intensificou seu programa de auxílio aos refugiados, publicando boletins e panfletos convocatórios do tipo: *Salvemos os sobreviventes*. A campanha tinha como objetivo "salvar as vítimas que escaparam à sanha nazista", um SOS lançado por seres humanos desesperados, ouvido em todos os continentes[14].

Na contramão dos acontecimentos

Fica evidente que o governo brasileiro não se empenhou em salvar ou ajudar as vítimas do nazismo. Ao mesmo tempo, as associações judaicas nacionais e internacionais desenvolviam intenso programa de acolhimento e proteção aos judeus sem destino. Remando na contramão dos acontecimentos, a polícia política de São Paulo confiscara, por meio de censura postal, a lista de refugiados enviada em novembro de 1943 pela Sociedad de Protección a los Inmigrantes Israelitas sediada em Buenos Aires. A intenção dessa organização era de tentar localizar no Brasil possíveis parentes de judeus refugiados na Suíça. A polícia federal interpretou essa iniciativa como um *possível aceno* para centenas de outros judeus que, com endereço certo, poderiam juntar-se aos seus familiares no Brasil[15]. Perigo à vista, segundo a lógica policial. Essa listagem, certamente, jamais chegou a seus destinatários, que, por intermédio desses indícios, poderiam ter encontrado seus familiares.

O Comitê Intergovernamental, reunido em Londres em 1938 – e certamente desconhecendo as verdadeiras intenções do governo brasileiro –, decidiu que o Brasil deveria concorrer com 23/554 avos do total de cinquenta mil dólares, ou seja, 415 libras para a formação de um fundo pró-refugiados. Nesse encontro, o delegado brasileiro havia assinado essa resolução *ad referendum*, tendo efetuado o pagamento por meio da secretaria do Itamaraty. Desde julho de 1939, o comitê havia resolvido – por interferência dos Estados Unidos – que a contribuição teria caráter facultativo: cada país concorreria com a soma que julgasse conveniente. Assim, em 30 de maio de 1940, o comitê solicitou ao Itamaraty que informasse o valor da contribuição que, em seu proveito, pretendia fazer o governo brasileiro[16].

14   Salvemos os Sobreviventes, Campanha de 1946, *Boletim S.O.S.*, Comitê Auxiliar do Joint. São Paulo, set. 1946, AHJB/SP.

15   Relação de endereços de refugiados na Suíça, enviada pela Sociedad de Protección a los Inmigrantes Israelitas, de Buenos Aires para a Jewish Colonization Association, do Rio de Janeiro, novembro de 1943, Censura Postal, Dops-RJ, Setor Diversos, Pasta 15, Dossiê 5, Aperj/RJ.

16   Este pagamento foi efetuado por ordem da Secretaria do MRE e comunicada à Embaixada de Londres pelo Despacho DA/80, de 20 de setembro de 1938. Os Estados Unidos, preocupados com a possível retirada de um ou outro dos países em débito, sugeriram que a contribuição fosse facultativa e que eles cobririam a diferença.

A sugestão de um funcionário do departamento administrativo do Itamaraty para o chefe da divisão encarregada de convênios no exterior era de que, antes de precisar qual seria a contribuição do Brasil, dever-se-ia "ponderar até que ponto os trabalhos e resoluções daquela instituição eram úteis ao governo brasileiro". O que menos contava naquele momento era a situação dramática vivenciada pelos judeus na Europa. Maurício Nabuco, secretário geral do Itamaraty, inspirando-se nessa recomendação (a qual repete *ipsis litteris*), solicitou o parecer do Conselho de Imigração e Colonização com o objetivo de "formar um juízo seguro sobre o valor real do referido comitê e, conseguintemente, fixar a contribuição do Brasil em benefício do mesmo"[17].

A conclusão resultante de uma assembleia geral não deixa dúvidas. O Brasil estava colaborando com os Estados Unidos e não com os refugiados. Portanto, a quantia deveria ser mínima, constando apenas como *figurante*. Em nome do Conselho de Imigração e Colonização, Muniz de Aragão deu o seguinte parecer:

> O Comitê Intergovernamental para os Refugiados ainda não apresentou vantagens de ordem prática para os países que o compõem. A participação do Brasil nos trabalhos desse organismo obedeceu ao desejo do nosso governo de *colaborar com o governo* dos *Estados Unidos da América* para a solução de um problema essencialmente humanitário. Relativamente à contribuição do Brasil, o Conselho é de opinião, em vista do que precede, que o MRE estabeleça *um quantum relativamente módico de maneira que o nosso país não deixe de figurar como contribuinte* para as despesas do Comitê[18].

A informação do governo brasileiro foi que *não havia verba* para atender a contribuição ao Comitê Intergovernamental, que, na opinião do referido conselho, não havia dado até aquele momento *resultados de ordem prática*. Caso o ministro Aranha resolvesse fixar alguma contribuição, ela deveria correr pela verba de *despesas reservadas*[19]. Mas, o que seriam *resultados de ordem prática* em tempos de guerra? Lucros materiais? Número de vidas salvas?

Até 31 de dezembro de 1940, o governo brasileiro ainda não havia enviado sua contribuição ao Comitê Intergovernamental, falta que se explica pelo arquivamento do parecer do Conselho de Imigração e Colonização por um funcionário acobertado pela sigla SP. Até essa data, estavam em dia com seus tributos os Estados Unidos, a Grã-Bretanha, a Suécia, a Nova Zelândia, a França e a Guatemala[20]. Três meses depois, Herbert Emerson, diretor do comitê, comunicou

17 Memorando de Carlos Alberto Bernardes para o chefe da Divisão de Atos, Congressos e Conferências Internacionais, Rio de Janeiro, 30 maio 1940, 640.16 (99); Ofício n. 83, de Maurício Nabuco, secretário geral do MRE, para João Carlos Muniz, presidente do CIC, Rio de Janeiro, 11 jun. 1940, Lata 1.617, Maço 34.894, AHI/RJ.

18 Ofício n. 465, de João Carlos Muniz, presidente do CIC, para Maurício Nabuco, secretário Geral do MRE, Rio de Janeiro, 24 jun. 1940, Lata 1.617, Maço 34.894, AHI/RJ. (Grifos nossos.)

19 Parecer de Luis do Faro Júnior a João Carlos Muniz, presidente do CIC, Rio de Janeiro, 25 jun. 1940, Anexo ao Ofício n. 465, de 24 jun. 1940.

20 Ofício de Herbert Emerson, diretor do Comitê Intergovernamental, para Oswaldo Aranha, ministro das Relações Exteriores, Londres, 11 mar. 1941, Lata 1.617, Maço 34.894, AHI/RJ.

que as contribuições no corrente exercício não seriam cobradas por haver saldo suficiente para atender às despesas necessárias. O Itamaraty simplesmente *agradeceu* a informação. A essência desse ato não deve ser interpretada pelo lado financeiro da questão e sim pelo *estado de (des)compromisso* com a causa dos refugiados. Compartilhar as despesas implicava um envolvimento que extrapolava a simples presença física do representante do Brasil no comitê[21].

O agravamento da situação dos judeus na Europa exigia uma ação mundial coletiva, fato reconhecido pelos 34 países participantes da Conferência de Evian, em 1938. A questão apresentava-se como uma grave preocupação da humanidade. Os apelos vinham de todos os lados, principalmente por parte daqueles países que haviam se transformados em *refúgio provisório*. Durante a reunião do Comitê Intergovernamental celebrada na República Dominicana, em 30 de janeiro de 1941, o governo francês tentou se fazer ouvir. O momento era propício: comemorava-se o primeiro aniversário do tratado de estabelecimento de imigrantes na República Dominicana. Esta, desde 1938, havia surpreendido o mundo ao se dispor a acolher cem mil refugiados judeus empregando-os no setor agrícola de seu país[22].

Os delegados franceses Barois e Henriot avaliaram como *crítica* a situação dos refugiados políticos na França. Até aquela data, o território francês abrigava cerca de 3,5 milhões de estrangeiros, dos quais quinhentos mil procediam, principalmente, da Europa Central. Haviam chegado ao curso dos últimos anos em busca de asilo por motivos religiosos ou políticos, mas, até aquele momento, a maior parte não havia conseguido assegurar um meio permanente de vida. Nesse período, Luiz Martins de Souza Dantas atuava como embaixador do Brasil na França e, caso raro entre os diplomatas do Itamaraty, mostrou-se sensibilizado com a situação de caos e desespero vivenciada pelos judeus que o procuravam em busca de *vistos para a vida*. Mais tarde, suas ações humanitárias foram julgadas pelo governo Vargas como *irregulares* por não seguir as regras impostas pelas circulares secretas antissemitas.

A guerra havia acarretado intensos e contínuos movimentos populacionais, que, por sua vez, aumentavam seriamente as dificuldades de abastecimento geral. Diante dessa grave realidade demográfica, os delegados europeus cobravam dos Estados Unidos e demais países da América do Sul e América Central algo mais além de *intenções de ajuda*[23]. O México foi citado como

21 Memorando de A. C. do Lago para o chefe da Divisão de Atos, Congressos e Conferências Internacionais do MRE, Rio de Janeiro, 31 maio 1941; Ofício de Maurício Nabuco, do MRE, para Herbert Emerson, diretor do Comitê Intergovernamental, Rio de Janeiro, 15 maio 1941, Lata 1.617, Maço 34.894, AHI/RJ.

22 Lembramos que durante a Conferência de Evian, em 1938, o dominicano Leônidas Trujillo foi o único dirigente latino-americano a declarar-se pronto a receber um número tão avultado de refugiados da Alemanha. Tais tentativas de colonização agrícola, ocorridas também no Uruguai, no México, no Equador, na Bolívia e no Chile, estavam condenadas ao fracasso em decorrência das dificuldades de produção agrícola, do clima inadequado à adaptação de uma população europeia – proveniente, em grande parte, de núcleos urbanos –, além da falta de apoio oficial.

23 Memorando de A. Barois e Henriot, da delegação francesa no Comitê Intergovernamental (República Dominicana), 30 jan. 1941, Anexo ao Ofício n. 132 de Carlos Martins, embaixador do Brasil em Washington, para Oswaldo Aranha, ministro das Relações Exteriores, Lata nov., Maço 34.888, AHI/RJ.

um exemplo de espírito de amizade ao se dispor a receber, por sua conta, 140 mil refugiados de nacionalidade espanhola que, como tantos outros grupos nacionais da resistência, estavam sendo vítimas da atrocidades nazistas[24]. Nesse mesmo país, entre 1939 e 1940, certo número de judeus havia se instalado em Coscapa, no estado de Vera Cruz, auxiliados pelo Comitê Central Israelita mexicano[25].

Outras referências pontilhavam como exemplo de solidariedade dos países americanos, cujo imenso território despontava como uma louvável *tábua de salvação* para os judeus perseguidos na Europa. A imprensa brasileira não deixou de noticiar esses empreendimentos. Em 1936 – no mesmo ano em que o governo brasileiro proibia a entrada de agricultores judeus para a colônia da ICA em Rezende (RJ) –, havia sido fundada a colônia Avigdor, na Argentina, destinada a abrigar refugiados da Alemanha. Dois anos depois, imigrantes judeus conseguiam arrendar e comprar terras no Equador. Em 1938, na Bolívia, o Joint, aliado ao jovem austríaco Maurício Hochschild, conhecido como *o magnata do estanho*, financiava a fundação da colônia Bueña Tierra, a quatro mil metros de altitude, no planalto andino. Em fevereiro de 1939, o governo das Filipinas prometia uma grande área para assentamento de judeus na ilha de Mindanau, ao mesmo tempo em que os ingleses admitiam o assentamento na Guiana inglesa e na Rodésia. A Holanda oferecia o Suriname para os judeus. No Chile, tentou-se outra empreitada na grande ilha de Chiloé, em 1940. Nesse mesmo ano, a Agro-Joint norte-americana instalou na colônia Sosua 433 imigrantes, dos quais 136 eram refugiados dos países sob a ocupação nazista[26].

Diante dessa realidade, os diretores do Comitê Intergovernamental sugeriam aos vários governos latino-americanos um *exame de consciência*, apelando para o espírito de solidariedade. As soluções deveriam ser práticas para atender a emergência do momento aliviando a tarefa enfrentada pelo governo francês e pelo Comitê Intergovernamental. Naquele período, a França tentava encontrar abrigo para sessenta mil refugiados de origem alemã, que deveriam ser repartidos entre os países da América Central e do Sul[27].

---

24 Quanto aos espanhóis, segundo a historiografia contemporânea, cerca de vinte deles – dos quais sobreviveram apenas quatro – chegaram aos campos de extermínio como prisioneiros de guerra (1940-1941) e como presos políticos (1942-1944). O primeiro grupo foi preso depois de transitar pelos *Stalags* (campos de prisioneiros de guerra) e o segundo, após ter sido detido na França, já como participante da resistência ou como guerrilheiro. Todos passaram pelos interrogatórios da Gestapo.

25 Em 8 de agosto de 1924, o presidente eleito do México, Plutarco Elias Calles, declarou que seu país incentivaria a imigração judaica. Mas, em 1931, uma série de atos antissemitas tumultuaram a presença dos judeus no México. Tais provocações haviam sido organizadas por negociantes rivais apoiados por autoridades locais. Centenas de mascates judeus foram expulsos do mercado central. E. P. Prades, *Morir por la Libertad...*, p. 13-14; É. Barnavi (org.), *História Universal dos Judeus*, p. 217.

26 É. Barnavi (org.), op. cit., p. 217; O Estabelecimento de Judeus na Rodésia do Norte, *O Estado de S.Paulo*, 26 nov. 1938, p. 2, Lusaka, 25 (R); Imigração de Cidadãos Alemães para a América, *O Estado de S.Paulo*, 18 nov. 1939, p. 1. Amsterdã, 17 (H).

27 É. Barnavi (org.), op. cit., p. 216-217

Sugestões e críticas surgiam de todos os lados, valendo-se dos mais variados meios de comunicação. No Brasil, o jornal *O Estado de S.Paulo* informava (e ao mesmo tempo reforçava a imagem negativa do êxodo dos judeus) que o governo português criticara o projeto dos britânicos de fixar os judeus em Angola, afirmando que *os britânicos querem resolver o seu problema comprometendo a tranquilidade alheia*. Segundo esse periódico, o governo salazarista avaliara que a presença de israelitas alemães em seu território significaria "preparar para nós no futuro senão outros males, pelo menos dificuldades diplomáticas"[28].

Diante desse contexto, os sionistas mobilizavam-se em todos os continentes na tentativa de fazer chegar à Palestina o maior número possível de refugiados. Clamavam por uma Frente Única Mundial de repúdio à política britânica expressa no Livro Branco. Desde 1º de março de 1940, ecoavam protestos na Palestina contra a nova lei imobiliária que regulamentava a proibição de compra e transferência de terras pelos judeus. Ao definir as metas combativas do movimento sionista, o programa de Baltimore propunha, também, uma solução para o drama dos refugiados judeus na Europa: de transformar a Palestina em uma entidade judaica independente, o futuro Estado judaico[29]. Essa solução significava, em princípio, conceder aos judeus o *estatuto de nação*, polêmica que se inseria naquela sustentada pelos bolcheviques e bundistas no início do século[30]. Significava também o reconhecimento do *direito ao regresso à Terra da Promissão*, tida como a mãe-pátria dos judeus em geral, conceito que se prestará como parâmetro, após a criação do Estado de Israel, em 1948, para a concessão da nacionalidade israelense ao judeu emigrado para Israel[31].

Questões como essas entraram na pauta da Assembleia da Liga das Nações em fevereiro de 1942. Durante esse encontro, Herbert Emerson – que desde 1939 acumulava o cargo de Alto Comissariado da Liga para os Refugiados com o de diretor do Comitê Intergovernamental – apresentou extenso relatório expondo a situação vivenciada pelos refugiados políticos na Europa. Além da grave situação desses na França, outra questão apresentava-se naquele

28   O Estabelecimento de Judeus na América e África, *O Estado de S.Paulo*, 19 nov. 1938, p. 1, Varsóvia,18 (H).

29   A política restritiva de compras de terras pelos judeus na Palestina foi inaugurada pelo lorde Passfield em 1930. Em 1937, a comissão Peel propôs pela primeira vez, oficialmente, a partilha da Palestina. A partir dessa data, as autoridades mandatárias proibiram os judeus de comprarem terras na região concedida ao Estado árabe. Em decorrência dos fatos que se seguiram à Noite dos Cristais, criou-se o Apelo Judaico Unificado para fazer frente ao Livro Branco dos ingleses, que, praticamente, haviam fechado a imigração judaica à Palestina. Em 1939, o Livro Branco de McDonald impõe novas restrições à compra de terras. É. Barnavi (org.), op. cit., p. 198-199.

30   Esta polêmica é amplamente analisada em L. Poliakov, *Do Anti-Sionismo ao Anti-Semitismo*.

31   Estes conceitos estão inscritos no art. 1º da *Lei Israelense* (em vigor desde o dia 14 de julho de 1948), que, após a criação do Estado de Israel, reconhecia a "entrada do judeu em Israel" como um dos modos de aquisição da nacionalidade. O artigo seguinte estipula que essa modalidade *sui generis* de aquisição de nacionalidade é reconhecida sobretudo ao *ole* (plural *olim*), que é o judeu emigrado para Israel com o propósito de ali se estabelecer em caráter permanente. A nacionalidade pelo regresso seria atribuída aos *olim*, que se estabeleceram antes e depois da Independência do Estado, bem como àqueles que antes de 14 de maio de 1948 haviam adquirido um certificado de *ole*. A aquisição da nacionalidade não seria automática se fosse assinada uma declaração rejeitando-a.

39. Gueto de Varsóvia, 1942.

momento da guerra (1940-1941): a maior parte das colônias de refugiados russos e armênios na Europa não estavam conseguindo manter contato direto com o escritório do Alto Comissariado nem com seus representantes nos países de acolhimento. A invasão dos Países Baixos e da França, em maio e junho de 1940, havia interrompido os contatos com as associações de ajuda[32].

Os massacres à milhares de judeus eram também comentados nos extensos relatórios políticos encaminhados às autoridades governamentais por intermédio de suas respectivas missões diplomáticas. O Ministério das Relações Exteriores do Brasil, por sua vez, era mensalmente informado das atrocidades nazistas, visíveis aos olhos dos diplomatas sediados em territórios europeus. Desde março de 1942, uma série de notícias propagadas pelas agências judaicas internacionais tentava despertar o mundo para a barbárie nazista. A maioria estava cega e surda. Em junho, a imprensa londrina divulgou o massacre de setecentos mil judeus poloneses, que haviam sido fuzilados ou queimados vivos em caminhões.

Nesse mesmo mês de 1942, o porta-voz do Congresso Mundial Judaico nos Estados Unidos declarava pelo rádio que cerca de um milhão de judeus já haviam sido, com certeza, assassinados pelos nazistas. A esse alarme somou-se outro em 22 de novembro: a Agência Judaica para a Palestina comunicava oficialmente o assassinato em massa dos judeus poloneses e dos judeus ocidentais deportados para a Polônia. Meses depois, em 28 de abril, os judeus de Varsóvia – por meio do governo polonês no exílio, em Londres – clamavam por socorro: "O gueto está em chamas [...] Que o combate heroico [...] dos condenados à morte do gueto enfim desperte o mundo"[33].

Thomas Mann também se fez ouvir, em alemão, na Alemanha, via BBC, ao denunciar que no Gueto de Varsóvia eram empilhados, "em pouco mais de vinte míseras ruas, quinhentos mil judeus da Polônia, da Áustria, da Tchecoslováquia e da Alemanha [...] 65 mil pessoas morreram lá em um ano, no ano passado". Crítico e inconformado com o silêncio do povo alemão, Thomas Mann questionava, em 27 de setembro de 1942:

> E para vocês, alemães, Não significa nada? Em Paris, no espaço de poucos dias, foram mobilizados dezesseis mil judeus, embarcados em vagões de gado e levados embora. Para onde? Isso só o condutor da locomotiva sabia, é o que se diz na Suíça. Ele fugiu para lá, porque tinha de levar cada vez mais vagões cheios de judeus, vagões hermeticamente fechados que eram parados no meio do caminho para o extermínio com gás [...] Há um relato mais detalhado e autêntico sobre a morte de não menos do que onze mil judeus poloneses com gás letal. Eles foram levados a um campo de extermínio específico em Konin, no distrito de Varsóvia, metidos em vagões totalmente vedados e, em cerca de 15 minutos transformados em cadáveres [...] E vocês, alemães, ainda se espantam, ainda ficam indignados com

32 Assistance Internationale aux Réfugiés, Société des Nations, Rapport soumis par *sir* Herbert Emerson, GCIE, KCSI, CBE, Haut Commissaire pour le Réfugiés, Genève, fév. 1942, Anexo ao Ofício n. 47, da Legação do Brasil em Berna, Berna, 6 maio 1942, Doc. n. C. 25 M. 25, 1942, XII), Lata 1.616, Maço 34.888.

33 É. Barnavi (org.), op. cit., p. 234.

o fato de o mundo civilizado deliberar sobre o método de educação que poderia transformar em seres humanos as gerações de alemães cujas cabeças foram feitas pelo nacional-socialismo, ou seja, gerações de assassinos deformados e completamente privados de qualquer noção moral?[34]

Parecia que o mundo estava cego e surdo. Nem mesmo o governo brasileiro se mostrava sensível aos apelos e exemplos de solidariedade que ecoavam dos comitês de ajuda aos refugiados. Nenhum compromisso relevante deveria ser assumido por nossos representantes diplomáticos no exterior, nem mesmo a oferta de um asilo temporário. A correspondência entre estes e o Itamaraty corria sempre na contramão ou pelas margens em prejuízo do salvamento de milhares de judeus. A inércia, o preconceito e os entraves burocráticos encarregavam-se de oferecer soluções convenientes e adequadas à postura antissemita do Estado brasileiro. Investia-se no fato de que: *quanto menores fossem os compromissos assumidos com o Comitê Intergovernamental, menores seriam as responsabilidades a serem assumidas com os judeus diante da humanidade.*

Essa postura negativa assumiu explicitamente um caráter político em outubro de 1942. O parecer conclusivo acerca da questão dos refugiados semitas – que se manteve inalterado até o pós-guerra, confirmando a persistência de uma mentalidade antissemita por parte das autoridades brasileiras – percorreu todas as instâncias do Ministério das Relações Exteriores e do Ministério da Justiça e Negócios Interiores, sendo endossado pela Presidência da República e pelo Conselho de Imigração e Colonização. A questão, segundo órgãos competentes, foi julgada como *assunto essencialmente político* (e não *técnico*), implicando o conceito de segurança nacional. Vale ressaltar que um desses pareceres passou pelas mãos de Pedro Leão Velloso, que, em 1942, respondia pela Secretaria Geral do Itamaraty e, em 1944, substituiria Oswaldo Aranha na Chancelaria, garantindo o continuísmo dessa mentalidade[35].

Essa posição – assumida em 8 de outubro de 1942, ainda que em documentos secretos e confidenciais – definia as fronteiras entre o emocional e o político, apoiada em um saber técnico. Os homens do Itamaraty (em cargos de decisão e não de segundo escalão, como querem fazer crer alguns de seus familiares) valiam-se dos mecanismos de poder oferecidos pelo Estado autoritário para colocar em prática os valores antissemitas que emergiam camuflados de planejamento econômico e tutela ao trabalhador brasileiro. Na trama dos argumentos, alimentava-se o mito da cordialidade brasileira. Em nome da modernidade, fortalecia-se o nacionalismo étnico e o racismo. A (des)razão e a indiferença pelo drama dos refugiados judeus era acobertada pelo conceito de *racionalidade* e de *política imigratória seletiva*, elementos modulares do perfil de um Estado que queria se mostrar moderno[36].

34 *Ouvintes Alemães*, p. 104-107.
35 Ofício n. 1180 de Antonio Camillo de Oliveira, secretário geral do MRE, para o CIC, Rio de Janeiro, 13 out. 1942, Lata 1.616, Maço 34.888, AHI/RJ.
36 L. Althusser, *Ideología y Aparatos Ideológicos del Estado*; M. Foucault, *Microfísica del Poder*; O. Ianni, *A Idéia de Brasil Moderno*.

Ao julgarem a questão judaica, as autoridades brasileiras vasculharam os argumentos europeus antissemitas em busca de concepções úteis a seus propósitos. Enfim, essa é a essência de um conjunto de documentos que analisamos a seguir, vestígios de uma mentalidade intolerante.

Um memorando antissemita emitido pela Divisão de Passaportes da Secretaria de Estado das Relações Exteriores (e endossado pelo Conselho de Imigração e Colonização) serviu como resposta ao apelo humanitário do Comitê Intergovernamental, que, por intermédio de Muniz de Aragão, solicitou ajuda ao governo brasileiro para obter *asilo temporário* a um grupo de refugiados de origem alemã e austríaca. Estes, segundo nosso embaixador em Londres, eram velhos, mulheres e crianças israelitas que se encontravam em situação aflitiva na França não ocupada. Aragão informava também que as recentes deportações para a Alemanha feitas pelo governo de Vichy haviam provocado protestos dos representantes dos Estados Unidos e do Vaticano, mas eram poucas as esperanças quanto a sua revogação. Diante disso, o comitê – que estava procurando salvar o maior número de vítimas da perseguição nazista – pedia a ajuda do governo brasileiro, dada a urgência do assunto. O asilo seria temporário para todos aqueles que tivessem *parentes no Brasil* em condições de garantir-lhes subsistência (o memorando foi grifado posteriormente no original por algum funcionário do Ministério das Relações Exteriores)[37].

O parecer técnico emitido por José Júlio de Moraes considerava que a solicitação não poderia ser atendida por contrariar a legislação em vigor. *Três* justificativas fundamentavam esse posicionamento:

1. Contrariava o disposto no decreto-lei n. 3.175, de 7 de abril de 1941, que regula a entrada de estrangeiros no território nacional;
2. Tratam-se de naturais da Alemanha e da Áustria com quem estamos em guerra e, portanto, não me parece aconselhável sua vinda ao Brasil, visto não ser impossível que entre eles se encontrem espiões (sic);
3. O pedido é relativo a israelitas os quais, está provado, não são assimiláveis ao meio nacional[38].

De acordo com o decreto-lei n. 3.175, os vistos em caráter temporário só poderiam ser outorgados quando o estrangeiro estivesse autorizado a voltar ao país onde obteve o visto ou ao país de sua nacionalidade dentro do prazo de dois anos a contar da data de entrada no território brasileiro. Familiarizado com a prática dessa cláusula e consciente da situação vivenciada pelos judeus alemães e austríacos, o parecerista considerou importante salientar que *os interessados não estão nas condições exigidas,* ou seja, era óbvio que todos aqueles que haviam fugido da Alemanha ou da Áustria em razão das perseguições antissemitas não iriam querer retornar ao ponto de fuga. Nem mesmo aqueles que

37 Telegrama n. 342, de Muniz de Aragão, embaixador do Brasil em Londres, para o MRE, Londres, 7 out. 1942, Lata 1.616, Maço 34.888, AHI/RJ.
38 Idem, p. 2.

portavam passagem de ida e volta, artifício utilizado por centenas de refugiados para a obtenção de um visto provisório. Completando seu pensamento, o parecerista acrescentou: "tendo os interessados parentes no Brasil, o natural é que, invocando as dificuldades de comunicações existentes no momento atual, procurem estabelecer-se no Brasil, em companhia dos parentes, sem transferirem o capital previsto na legislação em vigor"[39].

Com base nessas justificativas, Júlio de Moraes sequer aconselhava o encaminhamento dessa questão à decisão do Ministério da Justiça e Negócios Interiores. Submetido à avaliação do Conselho de Imigração e Colonização, esse parecer foi aprovado em sua totalidade, acrescido da seguinte conclusão: *de que se tratava de assunto essencialmente político, e que fugia, portanto, à competência técnica daquele conselho*[40].

O conteúdo antissemita desse parecer serviu, nessa mesma data, para subsidiar a resposta a um outro apelo internacional, vindo do governo britânico e da legação do Brasil na Polônia, destinado a acolher três mil poloneses dos vinte mil que se encontravam refugiados em Tanganica. Estes haviam fugido da Polônia em consequência da invasão nazista e, impossibilitados de retornar a sua terra natal, viam- se obrigados a abandonar o continente europeu. A situação preocupava seriamente o governo da Grã-Bretanha que, por meio de seu embaixador, tentava resolver provisoriamente a situação daquelas "*vítimas da guerra*" (destaque dado posteriormente no original). O governo britânico comprometia-se a assumir toda a responsabilidade financeira relacionada com a permanência desses emigrados no Brasil, além de se comprometer a repatriá-los, terminado o tempo de guarda. Cientes dos critérios antissemitas adotados pelo Itamaraty, os intermediários informavam que: *pertencem todos ao credo católico-romano e são de origem étnica genuinamente polonesa*[41].

A possibilidade de esses poloneses serem judeus portando *falsos* documentos de católicos romanos era grande, visto ser essa uma das estratégias usadas pelas associações internacionais para conseguir vencer as barreiras impostas por alguns países latino-americanos. Inúmeros são os casos de refugiados judeus que receberam a ajuda de elementos do clero europeu que, por conta própria, engrossaram as fileiras da resistência ao nazifascismo.

Após ter consultado o Conselho de Imigração e Colonização, o Itamaraty informou à Presidência da República que "mesmo antes de nos ter sido fornecida qualquer garantia sobre a origem étnica dos emigrados, que não nos interessa recebê-los, pois era de presumir se tratasse de elementos heterogêneos e de difícil seleção"[42]. As pressões e os pedidos de socorro continuaram

---

39 Memorando de José Julio de Moraes para o chefe da Divisão de Passaportes, Rio de Janeiro, 8 out. 1942, 940 (00), Lata 1.617, Maço 34.894, AHI/RJ.

40 Ofício n. 1180, de Antonio Camillo de Oliveira, presidente do CIC, para Pedro Leão Velloso, secretário geral do MRE, Rio de Janeiro, 13 out. 1942, Lata 1.617, Maço 34.894, AHI/RJ.

41 Ofício n. 946.7, de Pedro Leão Velloso, secretário geral do MRE, para Luiz Vergara, secretário da Presidência da República, Rio de Janeiro, 23 out. 1942, Lata 1.616, Maço 34.888, AHI/RJ.

42 Ofício de Pedro Leão Velloso, secretário geral do MRE, para Luiz Vergara, secretário da Presidência da República, Rio de Janeiro, 23 out. 1942, Lata 1.616, Maço 34.888, AHI/RJ.

a vir de todos os lados na tentativa de romper as barreiras impostas pelo governo brasileiro, que se eximia, imputando toda a responsabilidade às leis vigentes.

Em março de 1943, outro apelo chegou ao Itamaraty, via embaixada do Brasil em Washington. Em nome do Conselho Interamericano de Judeus, filiado ao Congresso Mundial Judaico, James Waterman Woss solicitava uma conexão com o governo brasileiro com o objetivo de este oferecer hospitalidade aos *refugiados, vítimas da perseguição racial e religiosa* (expressão traduzida por nosso embaixador nos Estados Unidos como *refugiados de raça israelita*)[43]. O ponto de vista do Conselho Interamericano era de que "a fuga dos judeus para os países neutros havia disparado nestes últimos tempos em decorrência do *programa de extermínio em massa dos judeus* nos países ocupados". Diante do anúncio dessa trágica situação, o Congresso Mundial Judaico apelava aos países do Hemisfério Ocidental para admitirem o maior número possível de refugiados, pelo menos enquanto durasse a guerra na Europa. Naquele momento, estimava-se que o número de refugiados nos países neutros era o seguinte: Espanha (sete mil), Suíça (doze a treze mil), Suécia (dois mil) e Portugal (quinhentos). Ressaltava ainda que o número de refugiados na Espanha era sempre crescente em decorrência de novos grupos provenientes da França[44].

Reafirmo aqui que, dentre as múltiplas nacionalidades que caracterizavam os grupos de refugiados – além dos tchecos, dos belgas e dos franceses –, as que mais se destacavam erma a alemã e a polonesa, por razões já conhecidas. Todos estavam dispostos a se dedicar ao trabalho manual ou agrícola no país que se dispusesse a recebê-los, ainda que muitos fossem profissionais formados (artistas, médicos, engenheiros, advogados), artesãos ou técnicos. A situação dos refugiados na Espanha mostrava-se mais difícil ainda, tendo em vista a tensa situação internacional, a carência de alimentos em consequência da Guerra Civil Espanhola, além da pressão das autoridades espanholas para que os refugiados se fossem, com a maior rapidez, para outros refúgios.

O Conselho Interamericano de Judeus ressaltava, dentre seus múltiplos argumentos, que o refúgio seria temporário: enquanto durasse o conflito, considerando as declarações do governo polonês (no exílio), que assumia a responsabilidade de readmitir os refugiados de nacionalidade polonesa imediatamente após a guerra. À margem do documento enviado pelo embaixador brasileiro de Washington, a ordem do Itamaraty vinha manuscrita: "Responder que as leis vigentes não permitem aceitar o ponto de vista do Conselho I. de Judeus" (assinatura ilegível, s/d)[45].

---

43 Ofício n. 227, da Embaixada do Brasil em Washington, para a Secretaria de Estado do MRE, Washington, 26 mar. 1943; Carta de James Waterman Woss, Washington Representative of Inter-American Jewish Council for Fernando Lobo, Minister Counselor Brazilian Embassy, Washington, March 17, 1943, Anexo ao Ofício n. 227, Lata 1.913, Maço 36.380, AHI/RJ.

44 Memorandum Regarding Jewish Refugees, Washington Representative of Inter-American Jewish Council, march, 1943, Anexo ao Ofício n. 227.

45 Ofício n. 227, 26 mar. 1943.

40. Refugiados judeus no Porto de Lisboa, 1940.

Em março de 1943, uma conferência anglo-americana nas Bermudas, incumbida de estudar o problema dos refugiados, sacudiu novamente a imprensa internacional e, como não poderia deixar de ser, o governo brasileiro. Com certa antecedência, Oswaldo Aranha foi informado por nosso representante diplomático em Berna de que a questão estava sendo tratada com a maior prudência diante do elemento político do problema, sendo avaliado como *extremamente complexo e delicado*. A imprensa inglesa, ao comentar os trabalhos dessa Conferência, lembrava que seria necessário consultar os países neutros sobre a possibilidade de estes auxiliarem os refugiados, fosse com dinheiro ou facilitando-lhes o reabastecimento de alimentos. O Brasil estava entre esses países *neutros* e, por que não, omissos?[46].

A informação era de que, naquele momento, se encontravam na Suíça mais de dezenove mil refugiados classificados como *políticos, desertores* e *refratários, clandestinos* e *emigrantes*. Em agosto de 1938, o consulado do Brasil em Viena já havia noticiado que estava proibida a entrada de emigrantes naquele país[47]. De um modo geral, eles haviam sido definidos pelo Departamento Federal de Justiça e Polícia suíças como "estrangeiros que por motivos políticos ou *raciais* abandonaram seus países de origem, para não mais voltar" (em destaque no original). A ênfase dada por esse grifo de alerta concentra-se em dois pontos a serem considerados: a possibilidade de a maioria dos refugiados ser judia e de que eles não pretendessem retornar a sua pátria-mãe[48].

As conversações nas Bermudas processadas entre as delegações da Grã-Bretanha e dos Estados Unidos chegaram até o governo brasileiro em forma de um programa de ação a ser executado pelo Comitê Intergovernamental. Achava-se conveniente que esse organismo fosse reconhecido em bases mais amplas, para que lhe fosse facultado tratar do problema internacional dos refugiados. As instruções eram encaminhadas por lorde Earl Winterton, presidente do Comitê Intergovernamental, que considerava conveniente a presença de todos dos representantes do comitê executivo na próxima reunião, marcada para 4 de agosto, em Londres, no Foreign Office. Nessa ocasião, seria retomado o problema dos refugiados em geral e a possibilidade de outros governos, particularmente interessados no assunto, participarem do comitê. Cogitava-se também ampliar o número dos membros, que alcançava três países[49].

O governo brasileiro indicou como representante oficial Muniz de Aragão, embaixador brasileiro em Londres, que procurou se informar, com a máxima urgência, do posicionamento do governo brasileiro sobre a pauta em discussão, que iria tratar dos seguintes tópicos:

46   Artigo publicado pelo *Economist* de Londres. Cf. Ofício n. 81, da legação brasileira em Berna para Oswaldo Aranha, ministro das Relações Exteriores, Berna, 18 jun. 1943, Lata 1.616, Maço 34.888, AHI/RJ.
47   Proibição da Entrada de Imigrantes na Suíça, *O Estado de S.Paulo*, 10 ago. 1938, p. 16,Viena, 19 (H), Apesp.
48   Ofício n. 81, 18 jun. 1943.
49   Mensagens idênticas foram encaminhadas aos governos da Argentina, dos Países Baixos e dos Estados Unidos da América, todos membros do Comitê Executivo. Ofício n. 99, de Noel Charles, da Embaixada Britânica no Rio de Janeiro, para Oswaldo Aranha, ministro das Relações Exteriores, Rio de Janeiro, 21 jul. 1945, Lata nov., Maço 34.888, AHI/RJ.

- Autorizar por mandato para que Comitê Intergovernamental incluísse outros países, além de prever as medidas necessárias e praticáveis em consequência dos acontecimentos europeus;
- Autorizar o Comitê a iniciar negociações com os governos aliados e neutros para a organização de voluntários para a proteção dos refugiados;
- Autorizar o Comitê a receber subvenções públicas e privadas;
- Considerando que, até então, as despesas estavam sendo suportadas, em partes iguais, unicamente pelos governos norte-americano e britânico, cogitava-se que os demais membros contribuíssem voluntariamente, sem fixar cota;
- Aumentar o número de membros com a possível inclusão da urss, da Espanha, Costa Rica, Tchecoslováquia, Egito, Grécia, Luxemburgo, Polônia, África do Sul, Islândia, Índia, Irã, Iraque, Turquia, República da Iugoslávia e Portugal[50].

A posição do Ministério das Relações Exteriores foi de votar a ordem *mais conveniente aos interesses do Brasil* e não dos refugiados. Enfatizando as relações estreitas com os Estados Unidos, Aranha sugeriu a Muniz de Aragão o contato direto com o embaixador norte-americano para se informar sobre as responsabilidades futuras. Quanto à cota, o Brasil não estava em débito com o comitê, visto ter contribuído até 1941; posteriormente foi liberado "por não ser mais necessário"[51].

O contato com os Estados Unidos respondeu imediatamente às dúvidas do governo brasileiro: as responsabilidades futuras não seriam assumidas senão *após negociações com os respectivos governos*. E quanto ao aumento das categorias dos refugiados, estas seriam objeto de consideração com base nos méritos individuais de cada grupo. Todos esses itens foram aprovados por unanimidade durante a reunião de 15 de agosto de 1943, na qual estiveram representados os Estados Unidos, a Argentina, a Holanda e o observador do Comitê Francês de Libertação Nacional[52].

A partir de agosto de 1943, o comitê passou a contar com apenas 29 membros, três a menos de quando foi criado durante a Conferência de Evian (1938)[53].

50 Telegrama n. 136, de Exteriores para a Embaixada do Brasil em Londres, Rio de Janeiro, 24 set. 1943; Ofício de Pedro Leão Velloso, em nome do ministro de Estado das Relações Exteriores, para sir Noel Charles, embaixador de Sua Majestade Britânica, Rio de Janeiro, 26 out. 1943; Telegrama n. 281 de J. J. Muniz de Aragão, embaixador do Brasil em Londres, para Oswaldo Aranha, ministro das Relações Exteriores, Londres, 30 jul. 1943, Lata 1.616, Maço 34.888, ahi/rj.

51 Telegrama n. 145, de Exteriores para a Embaixada do Brasil em Londres, Rio de Janeiro, 2 set. 1943, Lata 1.616, Maço 34.888, ahi/rj.

52 Essa reunião realizou-se em 4 de agosto de 1943, com a presença dos seguintes delegados: embaixador Miguel Angel Carcáno (Argentina), Jonkheer E. Michieles van Verduynen (Holanda), John Gilbert Winant (Estados Unidos), P. Viénot (Comitê Francês de Libertação Nacional) e J. J. Muniz de Aragão (Brasil). Telegramas n. 293 e n. 294, de Muniz de Aragão, da Embaixada do Brasil em Londres para mre, Londres, 3 e 5 ago.1943, Lata 1.616, Maço 34.888, ahi/rj.

53 Nações-membros: Austrália, Argentina, Bélgica, Bolívia, Reino Unido, Brasil, Canadá, Chile, Colômbia, Cuba, Dinamarca, República Dominicana, Equador, Estados Unidos, França, Haiti, Honduras, Irlanda, México, Nicarágua, Noruega, Nova Zelândia, Peru, Suécia, Suíça, Uruguai e Venezuela. Anexo 1: The Constitution and Functions of the Intergovernmental Committee on Refugees Previous to Reorganizations, por H. W. Emerson; Anexo 2: Record of Proceedings of a Meeting of the Executive Committee ...,Londres, 4th August, 1943; Ofício n. 458, de Muniz de Aragão, da Embaixada do Brasil em Londres, para Oswaldo Aranha, ministro das Relações Exteriores, Londres, 11 ago. 1943, Lata 1.616, Maço 34.888, ahi/rj.

Uma questão apresentava-se como emergencial: a adoção de documentos de identidade oficiais para os apátridas ou para aqueles refugiados que se encontravam sem proteção de fato. Prestava-se como exemplo o passaporte Nansen, criado depois da guerra de 1914-1918 em consequência das desnacionalizações em massa de cidadãos russos[54]. Esse documento seria emitido por países que fariam parte de uma Convenção Internacional e teria validade por um ano, podendo ser prorrogado por seis meses. Uma comissão de técnicos foi eleita com o objetivo de examinar a questão, dentre os quais estaria um representante brasileiro. O embaixador Muniz de Aragão e o cônsul Eulálio do Nascimento e Silva foram designados na qualidade de delegado e assessor técnico nessa comissão, da qual também participavam Estados Unidos, Grã-Bretanha, Bélgica, França, Tchecoslováquia e Chile. A aprovação oficial desse documento de identidade somente se realizou anos mais tarde, no pós-guerra.

À medida que se avolumavam os problemas dos refugiados, aumentava também a pressão política exercida pelos Estados Unidos, Grã-Bretanha e França, que cobravam do governo brasileiro uma definição de seus princípios humanitários. Em vários momentos, o Itamaraty tentou justificar a posição do governo brasileiro, que, conforme pudemos avaliar, estava mais envolvido com sua causa própria do que com a dos refugiados políticos. No telegrama de 2 de outubro de 1943, o Itamaraty esclarecia a Muniz de Aragão, delegado brasileiro em Londres, que o Brasil aceitara fazer parte do referido comitê "sobretudo por solidariedade moral na obra humanitária a que estavam empenhados os Estados Unidos da América e a Grã-Bretanha, mas à qual não nos ligava nenhum outro interesse"[55].

Daí a insistência do Itamaraty de que a distribuição das cotas de despesas fosse proporcional à dimensão dos interesses de cada país, ponto de vista compartilhado pelo representante da Argentina. Em princípio, de acordo com a orientação da Conferência das Bermudas, prevalecia a ideia de que todos os países contribuiriam em pé de igualdade, modificando as decisões assumidas na Conferência de Evian, em 1938[56].

54   Nessa sessão de 15 de agosto de 1943, foi constituído o novo comitê executivo, para o qual o Brasil foi reeleito, apoiado pelos Estados Unidos e pela Grã-Bretanha. Além do Brasil, integravam-no: Canadá, Tchecoslováquia, França, México, Países Baixos, Estados Unidos e União Soviética. A Argentina não foi reeleita, sendo seu lugar ocupado pelo México. Atuavam como observadores representantes do Bureau Internacional do Trabalho, da Cruz Vermelha Internacional, do Quartel General Supremo das Forças Aliadas, da Administração do Socorro e Reabilitação das Nações Unidas e do Conselho dos Refugiados de Guerra.

55   Telegrama n. 185, de Exteriores para a Embaixada do Brasil em Londres, Rio de Janeiro, 12 out. 43, Lata 1.617, Maço 34.894, AHI/RJ.

56   Esse protesto do governo do Brasil está relacionado à cobrança feita pelo Comitê Intergovernamental, que havia decidido que os quarenta países ali representados deveriam começar a fazer suas contribuições desde 1º de setembro de 1943. Dezesseis desses países que não figuravam na lista primitivamente organizada dos 32 contribuintes foram convidados a participar do comitê e a repartir os gastos. O MRE propôs ao presidente da República a abertura de um crédito especial no valor de trinta mil cruzeiros para atender a cota do Brasil para o comitê. Essa cota incluía gastos com transporte e manutenção dos refugiados. Memorando de Mario Guimarães para o chefe da Divisão de Atos, Congressos e Conferências Internacionais, Rio de Janeiro, 24 set. 1943; Ofício n. 5/303, de Oswaldo Aranha, ministro das Relações Exteriores, para Luiz Simões Lopes, presidente da Comissão de Orçamento, Rio de Janeiro, 18 set. 1943; Ofício de Oswaldo Aranha, ministro das Relações Exteriores, para Getúlio Vargas, Rio

O governo brasileiro defendeu seu ponto de vista na reunião de 8 de outubro de 1943, propondo a adoção de pagamento proporcional às despesas administrativas, excluindo os gastos de alojamentos e outros. A aplicação desse critério evitaria precedentes para que o Brasil, mais tarde, assumisse despesas com transporte, alojamento e outras relativas aos refugiados[57]. De acordo com a Tabela de Evian, foram aprovadas as seguintes cotas-unidades para o ano de 1944: Grã-Bretanha e Estados Unidos (108), França (80), Canadá (35), Brasil (23), Argentina (21), Suécia (19) e México (11), dentre outras. A posição atribuída ao Canadá justificou-se por sua disposição em acolher imediatamente os refugiados espanhóis, italianos e portugueses[58].

A contribuição do Brasil ficou limitada a quatrocentas libras, correspondente ao período compreendido até 31 de dezembro de 1944, conforme soma fixada pelo comitê executivo[59]. Para 1945, a quantia seria de quarenta mil libras, atitude que acarretou o apelo do embaixador norte-americano e do delegado britânico para que o governo brasileiro modificasse sua decisão e contribuísse com os gastos dos representantes estrangeiros (3.600 libras). Dada a posição política do Brasil, o embaixador norte-americano solicitava a Oswaldo Aranha reconsiderar a posição brasileira, cuja atitude indicava apenas um interesse nominal nessa obra em que já havia prestado tão importante auxílio. Do seu ponto de vista, a recusa do Brasil "poderia acarretar uma grande desilusão entre as nações menos importantes, que não fazem parte do Comitê Executivo, podendo, outrossim, sacrificar todos os esforços que estão sendo feitos".

O representante dos Estados Unidos não escondeu que o Departamento de Estado ficaria desapontado se o governo brasileiro quisesse apenas dispensar reduzido apoio aos trabalhos do Comitê Intergovernamental, pois os Estados Unidos e a Grã-Bretanha sempre julgaram que poderiam contar com grande contribuição do Brasil, acrescendo fazer ele parte do comitê executivo[60]. Muniz de Aragão lamentou não poder modificar sua atitude, *que tinha assumido baseada em instruções precisas do governo brasileiro*, mas que não se

de Janeiro, 18 set. 1943, em anexo, Minuta de decreto-lei para abertura de crédito especial..., 1943; Memorando de Acyr Paes, chefe da Divisão Política e Diplomática do MRE, para a Secretaria de Estado das Relações Exteriores, Rio de Janeiro, 13 set. 1943; Telegrama n. 168, de Exteriores para a Embaixada do Brasil em Londres, Rio de Janeiro, 14/IX/43; Telegrama n. 376, de Muniz de Aragão, embaixador do Brasil em Londres, para MRE, Londres, 30 set. 1943, Lata 1.617, Maço 34.894, AHI/RJ.

57 Telegrama n. 188, de Exteriores para a Embaixada do Brasil em Londres, Rio de Janeiro, 4 out. 43, Lata 1.617, Maço 34.894, AHI/RJ.

58 Telegrama n. 381, de Muniz de Aragão, embaixador do Brasil em Londres, para o MRE, Londres, 2 out. 43; Telegrama n. 188, de Exteriores para a Embaixada do Brasil em Londres, Rio de Janeiro, 4 out. 43; Telegrama n. 393, de Muniz de Aragão, embaixador do Brasil em Londres, para o MRE, Londres, 9 out. 1943, Lata 1.617, Maço 34.894; Memorandum on Definition of Administrative Expenses, Londres, 8th October, 1943; Memorandum from the Brazilian Ambassador to the members of the subcommittee appointed to consider the administrative expenses of the Intergovernmental Committee, in the meeting of 8th October, 1943, Anexos ao Ofício n. 579 de Muniz de Aragão, embaixador do Brasil em Londres, para Oswaldo Aranha, ministro das Relações Exteriores, Londres, 18 out. 1943, Lata 1.617, Maço 34.894, AHI/RJ.

59 Telegrama n. 462 de Muniz de Aragão, embaixador do Brasil em Londres, para MRE, Londres, 23 Nov. 1945, Lata 1.617, Maço 34.894, AHI/RJ.

60 Telegrama n. 415 de Muniz de Aragão, embaixador do Brasil em Londres, para MRE, Londres, 23 out. 43, Lata 1.617, Maço 34.894, AHI/RJ

opunha ao pedido de interferência do embaixador norte-americano no Rio de Janeiro ao Itamaraty[61].

Muniz de Aragão confessou-se pressionado diante das posições assumidas pelos demais países, dentre os quais a França, que iria apoiar a proposta anglo--americano-holandesa. Nessas condições e prevendo que seríamos minoria, Aragão consultou Oswaldo Aranha sobre a possibilidade de o Brasil assumir um compromisso para 1944 em uma base de despesa de 121 mil libras (30 mil cruzeiros)[62].

Assuntos dessa categoria estavam sob a alçada da Divisão de Atos, Congressos e Conferências Internacionais, então sob a chefia de Heitor Lyra, que não concordou em modificar a posição assumida pelo governo brasileiro. Além de avaliar como imprudente assumir compromissos pelos quais não poderíamos responder mais tarde, Heitor Lyra também considerava que as responsabilidades deveriam corresponder aos nosso interesses, então *muito limitados*. Em sua opinião, não deveríamos ir além da nossa boa vontade e da nossa simpatia pelo problema dos refugiados políticos, "patente na participação que temos tido nos trabalhos do referido comitê bem como na intenção já manifestada de participar das despesas com a sua manutenção em Londres"[63].

Oswaldo Aranha, sensível às pressões dos Estados Unidos, era da opinião de que deveríamos acompanhar a decisão da maioria do comitê. Ignorando a opinião de Heitor Lyra, a ordem foi de telegrafar à embaixada em Londres informando que seria solicitado ao presidente da República a abertura de um crédito especial com o objetivo de podermos contribuir com 30 mil cruzeiros[64]. Em 8 de dezembro de 1943, Oswaldo Aranha autorizou Muniz de Aragão a sacar 1.600 dólares (20.800 cruzeiros) do Tesouro brasileiro em Nova York para pagamento da referida contribuição. A estratégia surtiu efeito: o Brasil passou a integrar o subcomitê anglo--americano, renomeado de subcomitê anglo-americano-brasileiro[65].

A divergência inicial do governo brasileiro com o ponto de vista anglo-americano acarretou prolongados debates entre ambos os lados, exigindo que Muniz de Aragão buscasse o apoio dos representantes da Argentina, da Holanda e da França para a tese brasileira: de se ter um orçamento fixo para 1944-1945, limitado apenas aos gastos do comitê executivo, acordo aprovado em janeiro de 1945[66].

61 Idem, p.2
62 *Telegrama n. 431 de Muniz de Aragão, embaixador do Brasil em Londres, para* MRE, *Londres*, 5/XI/43, Lata 1.617, Maço 34.894, AHI/RJ
63 Memorando de Heitor Lyra, chefe da Divisão de Atos, Congressos e Conferências Internacionais, Rio de Janeiro, 8 nov. 1943, Lata 1.617, Maço 34.894, AHI/RJ.
64 Memorando de Nogueira da Gama, da Secretaria MRE, para o chefe da Divisão de Orçamento, Rio de Janeiro, 25 nov. 1943; Ofício de Oswaldo Aranha, ministro das Relações Exteriores, para Mário Câmara, delegado interino do Tesouro Brasileiro em Nova York, Rio de Janeiro, 8 dez. 1943, Lata 1.617, Maço 34.894, AHI/RJ.
65 Cf. anotação à margem do memorando de Heitor Lyra, de 8 nov. 1953; Telegrama n. 206, de Exteriores para a Embaixada Brasileira em Londres, Rio de Janeiro, 12 nov. 1943; Telegrama n. 456, de Muniz de Aragão, embaixador do Brasil em Londres, para o MRE, Londres, 20 nov. 1943, Lata 1.617, Maço 34.894, AHI/RJ.
66 Telegrama n. 534, de Muniz de Aragão, embaixador do Brasil em Londres, para MRE, Londres, 23 dez. 1943, Lata 1.617, Maço 34.894, AHI/RJ.

O Perigo Semita em Trânsito

As autoridades brasileiras mantinham-se em constante estado de alerta, pois estavam preocupadas com a possibilidade de os judeus transmigrados invadirem o território nacional através das fronteiras vizinhas. Alguns diplomatas, antissemitas convictos, exigiam o cumprimento das circulares secretas, que funcionavam como instrumento de contenção da massa judaica. Como consequência da Conferência de Evian, pontilharam no cenário internacional uma série de projetos em prol da solução do problema dos refugiados. No entanto, propostas que visassem a transmigração de refugiados judeus para a América nem sempre eram bem vistas, principalmente pelo governo brasileiro, ciente do papel que o Brasil representava de *espaço geográfico ideal*. Nesse sentido, alguns diplomatas brasileiros procuraram manter o Itamaraty informado sobre esses empreendimentos de cunho humanitário. Ainda que essas levas de imigrantes não se dirigissem diretamente ao território brasileiro, calculava-se que elas poderiam interferir na política imigratória (secreta) adotada pelo Estado Novo, que não tinha nenhum interesse em mudar as regras mediante pressão internacional.

Em 29 de março de 1938, José de Oliveira Almeida, sediado no consulado do Brasil em Málaga, alertava Mário de Pimentel Brandão – ministro das Relações Exteriores e promotor da primeira Circular Secreta n. 1.127 – para um projeto do governo boliviano que oferecia a possibilidade de imigração judaica em massa para aquele território. Esse projeto era fruto de uma articulação entre o Joint e Maurício Hochschild, judeu austríaco que havia se disposto a financiar a fundação da colônia Bueña Tierra. Oliveira Almeida solicitava a aplicação da Circular Secreta n. 1.127 e providências para impedir que semitas de origem romena entrassem em território brasileiro através das fronteiras da Bolívia[1].

Nessa mesma ocasião, o México, então sob o governo de Cárdenas, havia se prontificado a dar refúgio aos estrangeiros vítimas das perseguições políticas nos países de regime totalitário, apesar de manter leis restritivas à imigração. Estes seriam aceitos por suas ideias e não por sua origem racial, ainda que sob protestos da imprensa e de grupos identificados com a extrema-direita presente no país. Atendendo ao apelo dos Estados Unidos, o governo mexicano se dispôs a facilitar também a emigração daqueles que procediam da Alemanha e da Áustria. Assim, o México abriu suas portas aos refugiados políticos, dentre os quais estavam os republicanos que haviam lutado na guerra

---

[1] Ofício reservado n. 29, de José de Oliveira Almeida, do Consulado Brasileiro em Málaga, para Mário de Pimentel Brandão, ministro das Relações Exteriores, Málaga, 29 mar. 1938. 658.(94) (31), Lata 741, Maço 10.561, AHI/RJ.

civil espanhola, incluindo aqueles judeus que haviam fugido da Europa por sua militância política[2]. Essa suposta abertura, segundo os historiadores Foix Pere e Ezra Shabot, provocou reações violentas de grupos ultradireitistas que, "encabeçados por Saturnino Cedillo, viam em Cárdenas um aliado incondicional dos judeus e dos comunistas"[3].

Em 1º de abril de 1939, o jornal mexicano *Excelsior* chamava a atenção para esse assunto, considerando que "quase todos os alemães e austríacos refugiados eram judeus", além dos espanhóis anarquistas e comunistas expulsos da Catalunha e de Valencia pelas tropas de Franco. O periódico perguntava se, desse modo, o México "não estaria se tornando um albergue de gente tão criminosa, identificada com a luta política e todo tipo de sedição?" Concordava que o humanitarismo exigia acolher os refugiados políticos quaisquer que fossem sua cor ou nacionalidade; no entanto, o *Excelsior* era da opinião de que isso "deveria ser feito sob certas condições que colocassem o país a salvo de novos problemas: sentimentos generosos não excluíam a obrigação de se olhar primeiro pelo bem da pátria"[4].

Segundo Ignacio Garcia Téllez, secretário do governo, o México desejava que esses refugiados, ao se radicarem definitivamente no país, adquirissem a nacionalidade mexicana, se assimilassem étnica e culturalmente, identificando-se com os ideais de progresso do povo mexicano. A visão mexicana do problema imigratório era de impulso à economia, considerando que aqueles estrangeiros trariam conhecimentos técnicos e experiência profissional adequados ao fomento da indústria, da agricultura e do comércio exterior[5].

Diante dessas iniciativas, embora movidas com certa *contenção*, podemos visualizar uma mobilização Europa-América via Atlântico. A Península Ibérica,

2   Em 29 de agosto de 1936, o governo mexicano havia aprovado a Ley de Población com o propósito de promover "a imigração de raças assimiláveis a mestiçagem nacional"e "proteger os nacionais em suas atividades econômicas, profissionais, artísticas etc." (Cidade do México, *Diário Oficial,* 29 ago. 1936). Assim, nessa época, as portas do México fecharam-se aos judeus, reforçando a imagem contraditória do governo Cárdenas, que se delineava como um governo progressista que repudiava o fascismo, recebia refugiados da Guerra Civil Espanhola e condenava abertamente a invasão italiana contra a Abissínia. Por outro lado, comercializava petróleo com a Alemanha, permitia a difusão de propaganda nazi por meio da embaixada alemã e impedia a entrada de judeus. No entanto, após a Conferência de Evian, o México viu-se obrigado a tornar flexíveis as restrições impostas pela Ley de Población. E, após 1940, com a ascensão do general Manuel Ávila Camacho à Presidência da República, a aceitação aos refugiados judeus foi maior, ainda que limitada. E. Shabot, Los Refugiados Judíos en el México de los 30 y 40, em B. Gurevich; C. Escudé (orgs.), *El Genocidio Ante la Historia...,* p. 363-394; F. Pere, *Cárdenas, su Actuación, su País,* México: Fronda, 1947; H. Avni, The Role of Latin America in Immigration and Rescue During the Nazi Era (1933-1945): A General Approach to Mexico as a Case Study. *Colloquium Paper, Woodrow Wilson International Center for Scholars,* Smithsonian, 11 de junio de 1986; Memorando de Eduardo Hay da Secretaria das Relações Exteriores do Brasil, para o embaixador dos Estados Unidos, México, 24 mar. 1938, apud Refugiados Políticos, *El Universal,* México, 31 mar. 1938, Lata 1.100, Maço 21.158, AHI/RJ.

3   E. Shabot, op. cit., p. 375; F. Pere, op. cit., p. 274, 296.

4   México Ofrece Todo su Apoyo al Inmigrante, *Excelsior,* 27 mar. 1938; Asilo para Perseguidos, *El Universal,* 27 mar. 1938.; México esta Dispuesto a Dar Refúgio a Todo Estrangeiro Perseguido. *Excelsior,* 31 mar. 1938, Lata 1.100, Maço 21.158, AHI/RJ.

5   E, realmente, entre 1939 e 1940, o Comitê Central Israelita Mexicano ajudou na instalação de um determinado número de judeus em Coscapa, no estado de Vera Cruz; México Oferece Todo su Apoyo al Inmigrante, *Excelsior,* 27 mar. 1938; Asilo para Perseguidos, *El Universal,* 27 mar. 1938, Lata 1.100, Maço 21.158, AHI/RJ.

ainda que governada por dois adeptos do fascismo (Salazar em Portugal e Franco na Espanha) funcionava como trampolim[6]. De Lisboa, partia a maioria dos navios com destino aos portos do Rio de Janeiro e de Santos, que, diante das dificuldades impostas pela guerra, funcionavam como *espaços de passagem* para aqueles que iam para Buenos Aires, Montevidéu e Chile.

O povo português, ainda que condenado à passividade pelo regime salazarista, ocupa, hoje, um espaço significativo na história dessa fuga judaica. Consciente das dificuldades enfrentadas pelos refugiados de embarcar para a América, parte da população portuguesa ofereceu abrigo aos judeus, com o apoio de instituições comunitárias. Importante papel tiveram os dirigentes da Comunidade Israelita de Lisboa e da Federação Sionista Portuguesa. Era na Cozinha Econômica Israelita, em Lisboa, que os refugiados encontravam oferta de refeições e de roupas. Apesar das restrições legais impostas pelo governo salazarista entre 1939 e 1941, centenas de portugueses recusaram-se a colaborar com a perseguição aos judeus e assumiram iniciativas de salvamento de centenas dos que fugiam da França ocupada. Os refugiados que encontravam dificuldades de trânsito em consequência da situação de guerra ou dos vistos expirados eram encaminhados para *residências fixas* em Caldas da Rainha, Ericeira, Curia e Figueira da Foz (1942). Ali tinham sua mobilidade restrita mediante autorização policial, além de serem proibidos de trabalhar[7].

Em alojamentos improvisados, os refugiados tinham a sua disposição alimentos e medicamentos oferecidos por organizações privadas americanas, além de receberem ajuda para obtenção de vistos e planejamento da viagem interrompida. Apesar de não prestar auxílio financeiro ou apoio oficial, o governo limitou-se a tolerar a imensa massa de judeus refugiados, que, entre 1940 e 1941, totalizavam quarenta mil refugiados, sendo quatorze mil em Lisboa[8].

Apesar dos refugiados não se sentirem completamente seguros em terras portuguesas por receio de uma invasão do exército alemão – a exemplo do que havia acontecido na Grécia e pelo fato de a maioria dos alemães residentes em Portugal pertencerem ao partido nazista –, muitos se valeram da posição estratégica do país e da receptividade dos portugueses para embarcar para a América. Aqueles que procuravam visto na embaixada brasileira em Lisboa geralmente não conseguiam, dadas as restrições secretas do Itamaraty[9].

6   Ver o recente estudo de A. Milgram, *Portugal, Salazar e os Judeus.*
7   É reconhecido também o salvamento de 245 judeus portugueses vindos da França. Mas, em março de 1941, Portugal recusou entrada a algumas centenas de judeus luxemburgueses que foram repatriados em comboios selados e levados para o campo de extermínio de Treblinka.Ver C. Heirich et al., *Fugindo a Hitler e ao Holocausto, Refugiados em Portugal entre 1933-1945, Fotografias e Documentos.* Lisboa: Goethe-Institut Lissabon, 1994, p. 8-9.
8   Sobre esse tema, ver: I. F. Pimentel, *Judeus em Portugal durante a II Guerra Mundial,* Lisboa: Esfera dos Livros, 2006; *Marcas da II Guerra em Caldas da Rainha,* catálogo da Exposição, 1 out. a 15 nov.1998, Caldas da Rainha, Osíris Galeria Municipal.
9   É reconhecido pela historiografia contemporânea portuguesa que setores do Pide (Polícia Internacional de Defesa do Estado) colaboravam com a Gestapo alemã, funcionando como uma espécie de *tribunal paralelo.* O regime nacional-socialista alemão valia-se dos préstimos dessa polícia para apanhar opositores políticos residentes em Portugal. O mesmo aconteceu no Brasil: o Deops,

41. Lisboa, 1940: Dois refugiados judeus à porta da Cozinha Econômica Israelita.

42. Lisboa, 1940: Refugiada.

Os Excluídos da Guerra 313

Fiel a seu projeto étnico, o governo brasileiro tinha receio de apoiar o trânsito de judeus pelo território nacional, acreditando que estes poderiam provocar dissensões nas colônias já radicadas no país. Essa atitude preconceituosa já havia aflorado em maio de 1939, quando o Itamaraty mostrou-se preocupado com a proximidade de uma colônia de refugiados judeus nas fronteiras da Guiana inglesa com o Brasil[10].

Em plena guerra, tudo e todos eram passíveis de investigação. Inimigos eram detectados em todas as fronteiras e, até mesmo, nas entranhas da sociedade nacional: *inimigo interno, inimigo externo, inimigo fronteiriço* etc. Onde estes não existissem de fato, não era difícil imaginá-los e torná-los realidade. Aos comunistas e aos judeus, somaram-se os integralistas, nazistas e fascistas, passíveis de desconfiança após 1942. Alguns, de inimigos raciais, transformavam-se em inimigos militares, como foi o caso dos japoneses, abordados como o *perigo amarelo*[11]. Entre 1942 e 1945, o Estado varguista lutou contra vários focos de resistência e de combate sustentados por associações antifascistas, movimentos estudantis e sindicalistas. Ao mesmo tempo – por força maior do estado de guerra e não por se tratar de questões ideológicas –, vigiava-se também os grupos nazifascistas[12].

Esse constante estado de alerta persistiu a ponto de o governo federal manter sob censura postal a correspondência emitida e recebida pela comunidade judaica. Atenta aos avanços e recuos do movimento sionista no Brasil, a polícia política – braço de repressão no Estado Novo – procurava minar qualquer tentativa de aglutinação e propaganda política liderada por estrangeiros (lituanos, romenos, russos, alemães, austríacos etc.). Enquanto isso, o Ministério da Justiça e Negócios Interiores, em sintonia com o Ministério das Relações Exteriores, legislava sobre a entrada de estrangeiros em território nacional. O plano era de não mais conceder visto aos judeus, reduzindo a imigração a nada. Caminhávamos para uma política de endurecimento total, que previa não mais conceder vistos aos judeus, sequer para aqueles que estivessem em trânsito. Nada garantia que esses *transeuntes* não fossem tentados a ficar, tumultuando ainda mais o cotidiano brasileiro.

Entre 1940 e 1941, o ministro da Justiça, Francisco Campos, investiu contra os possíveis grupos aglutinadores de judeus, que, por razões já conhecidas, estavam impedidos de retornar a seu país de origem. Novas leis imigratórias surgiram nesse período, restringindo ainda mais a imigração judaica, em declínio desde 1939. Em janeiro de 1941, o Ministério da Justiça e Negócios

---

polícia política do Estado varguista mantinha estreitas ligações com a Gestapo, com a qual trocava informações técnicas e acerca de refugiados.

10 A imprensa paulista noticiou que, dos 841 passageiros, 64 dirigiam-se para o porto de Santos. A maioria era de refugiados de guerra, de várias as nacionalidades (francesa, polonesa, checa, romena e belga). No Rio de Janeiro, as autoridades portuárias impediram o desembarque de 34 pessoas da 3ª classe, dos quais quinze homens e dezenove mulheres. Em Santos, foram impedidos dez passageiros de 3ª classe, oito franceses e dois belgas – seis homens e quatro mulheres. Total de impedidos: 44 passageiros. Vapor Cabo de Buena Esperanza, *O Estado de S.Paulo,* 28 set. 1941, p. 8.

11 Ver M. L. T. Carneiro; M. Y. Takeuchi (orgs.), *Imigrantes Japoneses no Brasil.*

12 V. T. dos Santos, *Os Seguidores do Duce.*

Interiores, por meio do decreto-lei n. 3.175, suspendeu toda e qualquer emissão de visto, permitindo apenas a entrada daqueles que eram provenientes de cidades portuguesas ou nascidos em países americanos. Especial atenção era dada aos artistas e aos capitalistas que pudessem depositar quatrocentos contos de réis (20 mil dólares) no Banco do Brasil. Vistos temporários só para aqueles que, provenientes da América, comprovassem que poderiam retornar a seu país de origem, regra nem sempre obedecida.

As ordens não ficaram apenas no papel. A prática antissemita alterou o trâmite de centenas refugiados judeus que tentaram desembarcar, principalmente em Santos e no Rio de Janeiro. Em outubro de 1941, foram impedidos de desembarcar *por estarem em trânsito* os seguintes passageiros israelitas:

Judeus em trânsito.
Desembarque proibido no porto de Santos, 1941

- *Raymundo Zivy Schorestene* (navio Argentina): mexicano, residente em Nova York, comerciante, 44 anos, destino São Paulo-SP (Brasil);
- *Moric Deutsch* (navio Balboa): tcheco, residente em Gothenburg, ótico, 59 anos, destino Nova York (EUA);
- *Elfried Weigel* (navio Balboa): tcheca, residente em Stockholm, doméstica, 50 anos, destino Nova York (EUA);
- *Lotte Weigel* (navio Balboa): tcheca, residente em Stockholm, doméstica, 18 anos, destino Nova York (EUA);
- *Malvine Unger* (navio Balboa): tcheca, residente em Stockholm, doméstica, 60 anos, destino Detroit-Felix;
- *Werner Rosenberg* (navio Balboa): *estrangeiro*, residente em Stockholm, comerciante, destino Nova York (EUA).

Fonte: *Lista de passageiros dos navios Balboa e Argentina atracados no porto de Santos em 12 de outubro de 1941 e 26 de outubro de 1941, respectivamente.* Observação: esses nomes constam da *Lista de passageiros em trânsito* rabiscada com lápis vermelho, sinal do *impedimento*. Memorial do Imigrante, São Paulo.

No ano seguinte, a imigração judaica estava praticamente suspensa[13]. Mas continuava a preocupação com os *judeus em trânsito*, via continente americano. Em 26 de maio de 1944, Oswaldo Aranha foi informado de que o Congresso Mundial Judaico havia solicitado, por intermédio da embaixada do Brasil em Washington, a concessão de visto temporário para o dr. Jacob Hellman. Este, cidadão argentino por naturalização, natural da Letônia, deveria visitar o Brasil em missão – em função da campanha anual de assistência aos judeus –, permanecendo no país por cerca de seis meses. O Congresso Mundial Judaico argumentava que, nos anos anteriores, autorizações desse gênero já haviam sido concedidas. Informava que o dr. Hellman era cidadão de destaque na Argentina, onde desfrutava de grande importância nos meios

13   Decreto-lei n. 3175, de 7 abr. 1941, AHI/RJ.

judaicos. Esse foi apenas o início de uma longa investigação ordenada ao coronel Cadaxa, que deveria *ver antecedentes e informar*[14].

Esse pedido exigiu pesquisa nos arquivos da Divisão de Passaportes, que não encontrou antecedentes relativos a visitas ao Brasil de representantes do Congresso Mundial Judaico. Havia a possibilidade, segundo Osvaldo Correia, chefe daquela divisão, de esses judeus terem ingressado em caráter privado munidos de visto temporário, o que só poderia ser investigado a partir de nomes que atendessem aos critérios de organização do Arquivo Geral. Sugeria-se o enquadramento desse caso – apesar da visita ter uma finalidade humanitária – nas normas estipuladas pelo decreto n. 3.175, de 7 de abril de 1941, submentendo-o ao Ministério da Justiça, encarregado da segurança interna do país.

Antes de oficializar qualquer resposta, a Secretaria de Estado das Relações Exteriores partiu em busca de outras informações complementares obtidas por meio de censura postal. A correspondência pessoal de Jacob Hellman foi interceptada pelo Departamento de Correios e Telégrafos, que identificou carta remetida a Eduardo Herovita, secretário geral do Centro Hebreu Brasileiro, sediado na Rua Tenente Possolo, n. 8, na capital federal. Nessa missiva, Hellman solicitava esforços de Herovita junto a Herbert Moses, presidente da Associação Brasileira de Imprensa, para lhe conseguir um visto de entrada válido por seis meses. Hellman *dizia-se interessado em visitar o Brasil para conhecer não só a vida do país, em geral, como da coletividade hebreia-brasileira, em particular*. Desse documento foram copiados apenas alguns trechos de interesse, complementados por nota do censor, para quem *o resto da correspondência carecia de importância*. Anotou-se que Hellman (também Jacobo Hellmann ou Jacobo Helmanis) era jornalista, ex-deputado letão e membro do Congresso Mundial Judaico, Bureau Sul-Americano de Buenos Aires[15]. Essas constatações não impressionaram Osvaldo Correia, chefe da Divisão de Passaportes, que não viu nenhum inconveniente em conceder visto ao dr. Hellman por intermédio do consulado do Brasil em Buenos Aires. No entanto, a última palavra caberia ao ministério da Justiça[16].

A posição inflexível do Brasil, nesse e em tantos outros casos, exigiu a interferência de autoridades internacionais, que, de um modo ou outro, estavam interessadas em facilitar a mobilidade dos refugiados judeus pelos territórios americanos. O fato de o governo brasileiro não reconhecer sequer aqueles que portavam documentos fornecidos pela Liga das Nações (o passaporte Nansen, por exemplo) teve repercussões internacionais. Em 20 de novembro de 1942,

14 Ofício n. 204, da Embaixada do Brasil em Washington (assinatura ilegível) para Oswaldo Aranha, ministro das Relações Exteriores, Washington, 26 maio 1944, 640.16 (99), Maço 558, AHI/RJ. Ofício de Osvaldo Correia, chefe da Divisão de Passaportes, para Ernani Reis, secretário do ministro das Relações Exteriores, Rio de Janeiro, 11 jul. 1944, 640.16 (99), Lata 1.913, Maço 36.380, AHI/RJ.

15 Relatório Político, Ministério da Viação e Obras Públicas, Departamento de Correios e Telégrafos, Rio de Janeiro, 13 jun. 1944, Maço 558, AHI/RJ.

16 Informação Confidencial de Osvaldo Correia, chefe da Divisão de Passaportes, para a Secretaria de Estado do Ministério das Relações Exteriores, Rio de Janeiro, 3 jul. 1944, Lata 1.913, Maço 36.380, AHI/RJ.

o governo cubano submeteu à avaliação de Oswaldo Aranha um projeto de adoção de um documento de caráter internacional que servisse, da maneira mais ampla possível, aos propósitos humanitários e civilizados das relações internacionais[17].

O cubano José Augustín Martinez, ministro das Relações Exteriores, enfatizava o fato de os países americanos estarem se transformando em refúgio de liberdade e de democracia, em um dos mais graves momentos de crise mundial. Lembrava o fato de que muitos fugitivos tiveram de deixar suas pátrias por questões políticas, intelectuais e sociais; outros eram meros trabalhadores. Para Martinez, a América deveria despontar como um lugar de bem-estar, paz e tranquilidade, e não como um lugar de miséria e de dor. E, para isso, bastaria que alguns países – dentre os quais o Brasil – facilitassem a livre circulação dos refugiados, que poderiam ser identificados por meio de um documento internacional com garantias oportunas e vigilância local. Autorizar um cidadão de transladar-se de um país para outro significava, a seu ver, demanda de melhores possibilidades para a vida[18].

Era público e notório que, desde a Noite dos Cristais, Argentina, Brasil, México, Cuba, Uruguai e Chile haviam fechado suas portas à emigração judaica. Mas, nesse documento, Cuba apresenta-se como um exemplo de cordialidade, sugerindo ao Brasil uma atitude de abertura. O governo cubano informava que, desde a ascensão do nazismo na Europa, havia aceitado o passaporte Nansen como o certificado de identidade criado pela Liga das Nações. Em consequência, havia admitido em seu território os refugiados russos, armênios, assírios-caldeus etc. Com o mesmo espírito humanitário, estava expedindo documentos para aqueles que quisessem deixar Cuba, além de estar aceitando documentos similares, expedidos por outros governos signatários de convênios firmados, com a mesma finalidade: facilitar a mobilidade dos *desterrados políticos ou raciais*. Além dessas iniciativas, o governo de Cuba afirmava estar outorgando certificados de identidade e de trânsito aos estrangeiros residentes no país que, por razões reconhecidas, não podiam requisitar passaportes a seus representantes diplomáticos ou consulares.

O apelo do governo cubano faz sentido se avaliarmos a intensificação da mobilidade de refugiados judeus que, provenientes da Alemanha e da Europa Central, buscavam refúgio no continente americano. Foi assim que Colômbia, Equador, Bolívia, Paraguai, Guatemala e países hostis à emigração, em geral, e à judaica, em particular, como Peru e Venezuela, juntaram-se ao mapa da dispersão judaica na América Latina. Apesar das restrições, cerca de quarenta mil judeus conseguiram se estabelecer na Argentina entre 1933 e 1945, transpondo as fronteiras dos países vizinhos, com ou sem permissão das autoridades argentinas. O Brasil recebeu um total de 23.582 judeus (muitos

---

17   Ofício n. 17.377, de José Augustin Martinez, ministro de Estado das Relações Exteriores de Cuba, para Oswaldo Aranha, ministro das Relações Exteriores do Brasil, Cuba, 20 nov. 1942, Lata 1.468, Maço 33.365, AHI/RJ.
18   Idem, p. 2.

dos quais entraram com vistos de turistas ou como católicos); entre 1942 e 1945, entraram apenas 245. Calcula-se que, no total, a América Latina tenha absorvido cerca de cem mil refugiados, a maioria alemães[19].

Diante desse contexto de crise mundial, o ministro de Estado Martinez rogou ao governo brasileiro que avaliasse o pedido encaminhado pelo governo cubano com o objetivo de interferir positivamente naquele processo imigratório. Partia-se do pressuposto de que problemas internacionais requeriam soluções também nacionais, mas que conviria que os procedimentos tivessem certa uniformidade. A orientação era humanitária, baseada no processo histórico iniciado pelo norueguês Nansen, em 1922, e reafirmado em Genebra, em 1939. A partir daí, não eram muitos os governos da Europa e da América que estavam expedindo títulos de identidade e de viagem que se prestassem como passaportes, sem, entretanto, interferir na cidadania dos interessados. Cuba apresentava-se como um desses governos[20]. Em busca da homogeneidade de procedimentos, o ministério de Estado cubano encaminhou para avaliação do governo brasileiro o *Proyecto de Convênio sobre Certificados de Identidade y de Viaje a Extranjeros Refugiados*[21].

Em novembro de 1944 – momento em que Pedro Leão Veloso respondia pela pasta das Relações Exteriores, após Osvaldo Aranha ter renunciado, em 23 de agosto daquele mesmo ano –, o *perigo semita* continuava a incomodar o governo brasileiro. Naquela época, deveria realizar-se em Nova York o Congresso Mundial Judaico, que previa a participação de várias delegações sul-americanas. A comunidade judaica da Argentina previa o envio de quinze membros e o Uruguai, de seis membros que, para alcançarem os Estados Unidos, deveriam transitar pelo território brasileiro. Assim, com o objetivo de viabilizar os vistos de trânsito, a embaixada brasileira em Washington solicitou a autorização do Ministério das Relações Exteriores.

Honrando a tradição preventiva do Brasil com relação a essa categoria de imigrantes, um funcionário da Secretaria de Estado das Relações Exteriores (cuja rubrica não foi identificada) anotou no documento original: "Sendo necessário conhecer os nomes e outros detalhes, como o visto para a entrada nos Estados Unidos da América e nacionalidade. Convém que os pedidos sejam apreciados pelos respectivos consulados brasileiros na Argentina e no Uruguai"[22].

Essa anotação poderia ser considerada como *de praxe* se, em documentos emitidos posteriormente, não encontrássemos uma série de outros comentários estigmatizantes, antissemitas em essência. Assinada por *Exteriores*, a

---

19 Cf. Comunidades da América Latina, em É. Barnavi (org.), *História Universal dos Judeus*, p. 251; J. Lesser, Apêndice 5, *O Brasil e a Questão Judaica*, p. 319.
20 Memorando Certificados de Identidade y de Transito, Anexo ao Ofício n. 17.377, de José Agustin Martinez, 20 nov. 1942.
21 Proyecto de Convenio sobre Certificados de Identidade y de Viaje a Extranjeros Refugiados, Ministério de Estado, Cuba, 1942, Anexo ao Ofício n. 17.377, de José Agustin Martinez, 20 nov. 1942.
22 Telegrama n. 743, de Fernando Lobo, da Embaixada em Washington, para o Ministério das Relações Exteriores, Washington, 20 out. 1944, 511, Armário-Maço 39.162, AHI/RJ.

resposta repetia a frase acima, acrescentando que a embaixada brasileira em Washington deveria assegurar-se de que os interessados tivessem *visto de entrada* nos Estados Unidos, assim como o de *retorno*. Caberia aos consulados brasileiros na Argentina e no Uruguai apreciar os pedidos de vistos de trânsito, em virtude da legislação em vigor. Somente em caso de dúvida deveriam ser encaminhados àquela Secretaria de Estado.

No entanto, o pedido de discrição nos alerta para uma situação extraoficial: a embaixada em Washington deveria fazer saber ao solicitante (no caso o Congresso Mundial Judaico) que "o governo brasileiro apreciaria se os interessados, em número tão elevado, tomassem a rota do Pacífico, a fim de não prejudicar os brasileiros que só dispõem da via do Atlântico". Alegava-se que, naquele momento, o Atlântico se encontrava muito sobrecarregado e enormemente dificultado com a intensidade de tráfego urgente ligado ao esforço de guerra e do próprio interesse público. Essa posição – um tanto radical do governo brasileiro – nos leva a meditar sobre o possível transtorno que 21 delegados judeus (em trânsito) poderiam ocasionar no tráfego da via do Atlântico (sic)[23].

O mesmo pedido chegou por meio de um telegrama emitido pelo consulado brasileiro em Nova York. A mensagem – segundo sugestão manuscrita à margem do texto – deveria aconselhar que os interessados realizassem o *percurso via Pacífico, como se fez anteriormente*. No entanto, como estes já possuíam reserva de passagem de avião e visto para os demais países de escala e de destino, a situação tornava-se ainda mais complexa para o Brasil[24].

A recusa dos vistos exigiu a interferência do presidente do Congresso Judaico recém-reunido na cidade de Nova York. Pressionado, o Itamaraty resolveu (somente em 12 de dezembro) autorizar a concessão de trânsito. Concluindo seu telegrama, os *Exteriores* explicaram-se: "Nossa recusa de vistos às *pessoas de origem israelita funda-se no receio* de que possam *provocar dissensões* (sic) *nas colônias* já radicadas no país. Rogo avisar o presidente do Congresso. Exteriores" (grifo nosso)[25].

Em janeiro de 1945 – portanto depois de um mês do incidente *via Pacífico* –, a censura postal registrou em Relatório Político n. 27171 uma correspondência suspeita entre o rabino Henrique Hemle, do Centro Hebreu Brasileiro de Socorros aos Israelitas Vítimas da Guerra (com sede no Rio de Janeiro), e Gerhard Jacoby, do Comitê Representativo dos Judeus Alemães junto ao Congresso Mundial Judaico (com sede em Nova York). A questão

23 Telegrama n. 547, do Ministério das Relações Exteriores para a Embaixada Brasileira em Washington, Rio de Janeiro, 25 out. 1944, 511.1, Armário, Maço 35.162, AHI/RJ.
24 Telegrama n. 222, de Oscar Correia, do Consulado Brasileiro em Nova York, para o Ministério das Relações Exteriores, Nova York, 25 nov.1944, 511.1, Lata 1.818, Maço 35.906, AHI/RJ; Telegrama n. 230, de Oscar Correia, do Consulado-Geral de Nova York, para a Secretaria de Estado das Relações Exteriores, Nova York, 4 dez. 1944, 511.141, AHI/RJ.
25 Entenda-se aqui dissensões como *divergência de opiniões ou de interesses, desavenças, oposições*. Telegrama n. 516, do Ministério das Relações Exteriores para o Consulado-Geral em Nova York, Rio de Janeiro, 12 dez. 1944, 511.1, Armário, Maço 39.162, AHI/RJ; Telegrama n. 308, do Ministério das Relações Exteriores para o Consulado Brasileiro em Nova York.

concentrava-se na passagem de Samuel Pedro Epstein, em trânsito para o Uruguai procedente dos Estados Unidos da América. Hemle prontificava-se a organizar com o Centro Hebreu Brasileiro um comitê similar àquele representado por Epstein com o objetivo de atender às necessidades dos grupo de judeus alemães. Enfatizava que, *por motivos óbvios*, não havia no Rio de Janeiro uma agremiação naqueles moldes. Em 18 de julho de 1945, o jornal *O Estado de S.Paulo* noticiava a respeito da campanha única de auxílio e reabilitação dos israelitas vítimas de guerra, por intermédio do Congresso Mundial Judaico, em prol do estabelecimento do lar nacional na Palestina[26].

Em síntese, podemos considerar que algumas dessas questões ofereciam diretrizes para o posicionamento político de Getúlio Vargas, cuja imagem já se apresentava bastante desgastada no início de 1945. Ainda que ligado internacionalmente ao grupo dos Aliados, líderes da campanha de ajuda aos refugiados judeus, não fazia parte do programa imigratório brasileiro incentivar a concentração de refugiados nos grandes núcleos urbanos. Por um lado, interessava ao Brasil a configuração real de um lar nacional judaico na Palestina, pois, com essa fórmula, veria desviar da Europa para a Palestina as correntes e judeus deslocados de guerra. Ao mesmo tempo, não lhe interessava conviver com uma comunidade judaica (ou as várias comunidades da Dispersão) organizada e articulada politicamente em território brasileiro.

Pairava no ar a crença da efetivação de um possível complô internacional comunista-judaico, o que explica a persistência da censura postal à comunidade israelita entre 1934 e 1945, a vigilância diária empreendida pelo Deops a todas as instituições e associações judaicas sediadas nos grandes centros urbanos brasileiros. Do mesmo modo explicamos a manutenção de circulares secretas impedindo a entrada de judeus no Brasil entre 1937 e 1948[27].

O conceito de *perigo judaico em trânsito* ainda era uma realidade em fevereiro de 1947, quando milhões de deslocados de guerra continuavam a perambular miseravelmente pela Europa em busca de um refúgio. Nessa data, Edgar Fraga de Castro, cônsul geral do Brasil em Paris, consultou o Itamaraty sobre a possibilidade de se conceder vistos de trânsito a cerca de três mil apátridas alemães, russos, poloneses e húngaros, portadores de títulos de viagem e passaporte Nansen. Estes necessitavam de autorização para transitar pelo território brasileiro por estarem munidos de vistos do Paraguai. O Brasil seguiu o mesmo caminho da Argentina: respondeu negativamente[28].

---

26 Relatório Político n. 27.171, do Departamento de Correios e Telégrafos, Ministério da Viação e Obras Públicas, Rio de Janeiro, 24 jan.1945, 640.16 (99), Lata 1.913, Maço 36.380, AHI/RJ.

27 M. L. T.Carneiro, O Mito da Conspiração Judaica e as Utopias de uma Comunidade, em *Minorias Silenciadas*; Rodrigo P. S. Motta, O Mito da Conspiração Judaico-Comunista, *Revista de História*, n. 138.

28 Telegrama n. 10, de Edgar Fraga de Castro, do Consulado-Geral do Brasil em Paris, para o MRE, Paris, 8 fev. 1947, Lata 1.583, Maço 34.365, AHI/RJ.

A Difícil Conquista
da Cidadania

O Comitê Intergovernamental para os Refugiados Políticos tinha sua ação dividida entre três grupos distintos de judeus: 1. os que ainda se encontravam nos territórios ocupados pelos nazistas; 2. aqueles que estavam refugiados nos territórios dos países neutros (ou países de passagem); 3. e os que haviam optado por um território latino-americano como país de destino. Preocupava a diretoria do Comitê Intergovernamental o fato de muitos desses indivíduos não portarem documentação jurídica adequada a seu *status* de refugiado político e de estarem radicados em países de reconhecida mentalidade antissemita e anticomunista. Assim, em vários momentos críticos, o comitê interferiu junto ao Itamaraty cobrando uma solução favorável à questão judaica. Sempre que necessário e também por uma questão de praticidade – tendo em vista a eficácia da pressão política norte-americana –, a correspondência era feita via Washington-Brasil.

Essa relação de poder ficou evidenciada quando, em março de 1940, George Warren, secretário do comitê, consultou a embaixada do Brasil em Washington acerca da situação de dois grupos específicos de refugiados judeus radicados no país: um deles englobava 1.200 pessoas provenientes, sobretudo, da Alemanha e, em maioria, de *raça judaica*[1]. Eles haviam ingressado no Brasil durante o ano de 1939, na vigência do decreto-lei n. 1532, que só permitia "a estada em virtude de licença concedida anualmente e um selo de um conto de reis cada vez" (sic). Apesar da valorização do homem trabalhador sustentada pelo regime brasileiro, aquela lei proibia os refugiados de ganharem a vida com emprego ou ocupação enquanto estivessem no Brasil. Essa exigência reforçava a imagem negativa do imigrante judeu, identificado com a figura do homem-parasita, alheio ao trabalho. Esse estereótipo colaborava para a persistência de um clima de instabilidade e tensão aguçado pelo possível vencimento da licença anual[2].

Outro grupo de cerca de oitocentos refugiados, que haviam chegado ao Brasil entre 1936 e 1938, vivenciava essa mesma situação por estar munido de visto de turista, artifício usado para vazar as barreiras impostas pelas circulares secretas. Esses cidadãos, apesar de terem requerido licença de permanência definitiva

---

1   Carta de George Warren, secretário do Comitê Intergovernamental para os Refugiados Políticos. Anexo ao Ofício n. 193 de Carlos Martins Pereira e Souza, da Embaixada do Brasil nos Estados Unidos para Oswaldo Aranha, ministro das Relações Exteriores, Washington, 13 mar. 1940, Lata 1.100. Maço 21.158, AHI/RJ.
2   Ofício n. 193, de Carlos Martins Pereira e Souza, da Embaixada do Brasil nos Estados Unidos, para Oswaldo Aranha, ministro das Relações Exteriores, Washington, 13 mar. 1940, Lata 1.100, Maço 21.158, AHI/RJ.

no país e permissão de se empregarem, não conseguiam obter o despacho dos seus requerimentos. Nessa situação, tornavam-se irregulares e, como tais, passíveis de extradição.

Cientes dessas dificuldades, decorrentes da falta de interesse do governo brasileiro em solucionar os casos mencionados, as organizações internacionais optaram por formar um comitê misto americano-israelita de distribuição. Com o intuito de encontrar uma *satisfatória liquidação da questão*, o Comitê Americano Judaico de Distribuição, em comum acordo com o Comitê Intergovernamental, solicitou, mediante interferência do embaixador Carlos Martins, uma audiência com o Conselho de Imigração e Colonização, com o objetivo de estudar uma maneira de legitimar a situação dos refugiados políticos alemães que se encontravam no Brasil. Estes não possuíam situação jurídica regular pelo fato de não portarem passaportes de origem. Para tratar diretamente desse assunto, foi indicado Frederick W. Borchardt, representante do referido comitê judaico[3].

A reação do Conselho de Imigração e Colonização foi imediata. Com base nas informações fornecidas pela Comissão de Permanência de Estrangeiros, declarou que os requerimentos relativos aos pedidos de autorização de permanência estavam sendo processados por ordem de entrada. Considerando que cerca de quatro mil entre vinte mil pedidos já haviam sido despachados, o conselho brasileiro deu a entender que "a vinda do sr. Borchardt era desnecessária e não poderia influir na diligência da Comissão de Permanência de Estrangeiros"[4]. Diante dessa resposta, Herbert Morrison apelou (em caráter de urgência) à embaixada do Brasil em Londres e, ao mesmo tempo, solicitou às autoridades competentes que os certificados de identidade fornecidos pelo antigo Bureau Nansen fossem aceitos em substituição aos passaportes não renovados dos refugiados alemães e austríacos. A resposta do governo brasileiro chegou em julho de 1940: "a Secretaria de Estado estava examinando tais casos com toda a benevolência possível e [havia] resolvido a maioria deles de modo favorável aos interessados"[5].

Todos esses entraves burocráticos expressam as dificuldades enfrentadas para a conquista da cidadania no Brasil, que era dependente de uma concessão do Estado tutelar, não passando obrigatoriamente pelo reconhecimento dos direitos civis do cidadão. A situação enfrentada pelos refugiados alemães e austríacos é exemplo dessa cidadania entravada e regulada pela lógica de um Estado racista, que pensava a sociedade como um todo sistêmico, único[6].

---

3   Bilhete Verbal n. 49, do MRE para o CIC, Rio de Janeiro, 3 abr. de 1940, Lata 1.101, Maço 21.164, AHI/RJ; Ofício n. 193, de George L.Warren, President's Advisory Committee on Political Refugees, Washington, march 5, 1940, Anexo ao Ofício n. 193, 13 mar. 1940.

4   Ofício Secreto n. 7, do CIC para o MRE, Rio de Janeiro, 19 abr. 1940, Lata 1.101, Maço 21.164, AHI/RJ.

5   Ofício n. 202, de Muniz de Aragão, embaixador do Brasil em Londres, para Oswaldo Aranha, ministro das Relações Exteriores, Londres, 6 jun. 1940; Anexo: Carta de H. Morrison, diretor do Comitê Intergovernamental, Londres, 5 jun. 1940; Ofício n. 88, de Labienno Salgado dos Santos, secretário Geral interino do MRE, para Muniz de Aragão, embaixador do Brasil em Londres, Rio de Janeiro, 20 jul. 1940, Lata 1.616, Maço 34.888, AHI/RJ.

6   M. I. Noll, O Estado Novo Brasileiro: Entre o Positivismo e o Fascismo, Comunicação apresentada no XII Congresso Internacional Ahila, Porto, set. 1999 (impresso).

O Êxodo das
Crianças Judias

Uma das sequelas mais terríveis do nazismo foi ter deixado no mundo milhares de crianças órfãs, cujos pais foram exterminados em massacres coletivos ou mortos nos campos de concentração. A posição do Brasil diante do apelo de resgate das crianças que se encontravam refugiadas na França deve ser avaliada de dois pontos de vista distintos: o da política internacional e o da política interna brasileira. Desde o início dos anos de 1940, os governos dos Estados Unidos, Holanda e Grã-Bretanha preocupavam-se com o resgate e o salvamento do maior número possível de crianças ameaçadas pela selvageria nazista. Em abril, organizou-se um plano de resgate de vinte mil crianças judias dos territórios do Leste para a Suécia. Em 1940, foi fundado o United States Commitee for the Care of European Children sob o protetorado da primeira dama americana, Eleanor Roosevelt, que, em colaboração com comitês de auxílio internacionais, angariou fundos e organizou um programa de ação destinado a esse fim. Esse projeto foi abortado, assim como outros que se seguiram.

O sucesso desses planos salvacionistas dependia da comunhão mundial na luta contra o nazismo. Cabia ao Comitê Intergovernamental – criado em 1938 durante a Conferência de Evian – sensibilizar os governos envolvidos com a questão judaica, principalmente aqueles que se mostravam reticentes em oferecer seu território para abrigar os refugiados. Nem todas nações aceitavam abrir mão de sua política imigratória rompendo as restrições impostas à entrada de judeus, que, naquele momento, formavam uma grande massa errante Europa afora. Os Estados Unidos – ainda que liderando movimentos filossemitas – mantinha um sistema de cotas que, por limitar os vistos de acordo com as nacionalidades, acabava por atingir os grupos escorraçados pelo antissemitismo sustentado pelo Reich. No Brasil, esse mesmo sistema de cotas colaborou para mascarar a prática de circulares secretas, garantindo o ingresso oficial de apenas 11.050 judeus (1937-1941). As três mil cotas destinadas a cada uma das várias nacionalidades, segundo promessas públicas do governo brasileiro à Liga das Nações, jamais foram preenchidas na totalidade. Quantas vidas o governo brasileiro não poderia ter salvado?

No momento em que o programa da Solução Final arquitetada pelos nazistas alcançava seu auge, o Brasil suspendia a imigração e negava vistos a milhares de judeus sem destino. Apenas 245 imigrantes judeus conseguiram ingressar no país entre 1942 e 1945. A soma de centenas de listas de vistos indeferidos e o estudo dos projetos de colonização judaica negados pelo governo brasileiro

43. Escritório da American Jewish Joint Distribution em Berlim, 1937.

podem nos dar uma dimensão da prática antissemita sustentada pelo Estado brasileiro, aqui interpretada como uma forma, ainda que secreta, de colaboracionismo com a Alemanha nazista.

Enquanto o Brasil e outros tantos países latino-americanos fechavam suas portas aos refugiados judeus, várias organizações internacionais (judaicas e não judaicas) uniam-se com o objetivo de salvar o maior número de crianças órfãs cujos pais haviam sido mortos pelos nazistas. Em junho de 1941, um grupo de crianças foi resgatado de campos de internamento na zona não ocupada da França, transferido para Lisboa e dali para Nova York. Pelo fato de Portugal se situar em uma zona geopolítica periférica às ambições expansionistas de Hitler, Lisboa havia se transformado em um trampolim para a América do Norte e os países sul-americanos[1]. Ao chegarem a Lisboa, essas crianças nada mais eram do que pálidos seres humanos cujo olhar de pânico expressava as dimensões daquela tragédia. Segundo registro de uma testemunha, elas pareciam

1   Segundo estudos empreendidos pelo Instituto Goethe de Lisboa, a fuga em massa para Portugal, com passagem pela Espanha, iniciou-se após a ocupação da França, em junho de 1940. Em 1940 e 1941, residiam em Portugal cerca de quarenta mil refugiados, dos quais quatorze mil estavam em Lisboa. Apesar das restrições impostas pelo regime salazarista em 1938 e 1939, foi possível a fuga de cerca de cem mil pessoas da França, através da Espanha e de Portugal. Lisboa funcionava como um *posto de trânsito* para aqueles que se dirigiam à América do Norte e do Sul. Em março de 1941, o regime salazarista recusou a entrada a centenas de judeus luxemburgueses, que foram repatriados em comboios selados através da Espanha e da França e assassinados nos campos de extermínio de Treblinka.

pequenos homens e mulheres de idade, cansados, pálidos, desfeitos. Nenhum ousava rir alto e poucos sorriam – nem mesmo os mais novos, de sete e oito anos. As suas roupas estavam em farrapos. Os mais afortunados entre eles movimentavam-se pesadamente em sapatos de sola de madeira. Uma das cenas mais patéticas que eu jamais presenciei foi a destas crianças, libertas de restrições, tentando aprender de novo a brincar. Brincavam de uma forma áspera, como se receassem que, a qualquer momento, o sol, a praia, a comida e a nova e insólita liberdade lhes pudessem ser arrebatadas e elas fossem atiradas para a miséria e para o sofrimento a que acabavam de escapar[2].

Infelizmente essas crianças não eram as únicas. Milhares delas encontravam-se nos campos de concentração ou escondidas em porões, conventos e casas de famílias que se arriscavam para salvá-las das garras dos nazistas. A história registrada no diário de Anne Frank, entre 12 de junho de 1942 e 1 de agosto de 1944, expressa apenas um fragmento do drama vivenciado por tantas outras *Anas*[3]. Hoje, a história dessas crianças começa a ser contada nos livros de memórias e nos estudos desenvolvidos pela técnica da história oral, que tem trazido a público esse lado da tragédia[4]. Um primeiro passo nesse sentido foi dado pelo Yad Vashem, em Israel, que, além de ser o maior centro mundial de investigação e documentação do Holocausto, é também um monumento em homenagem à memória das vítimas judias do nazismo. Ali podem ser visitados distintos espaços simbólicos, dentre os quais está a Sala das Crianças. Outro ensaio sobre esse tema consta do *Atlas of the Holocaust*, de Martin Gilbert, que, a partir dos depoimentos de crianças sobreviventes dos campos de concentração, resgatou outros tantos nomes, idades e filiação.

Atualmente, avaliando uma série de documentos inéditos, temos a certeza de que nem todos os países se mostraram sensibilizados com sorte dessas vidas infantis ainda *sequer vividas*. E o governo brasileiro tem aqui sua dívida com a humanidade. Na década de 1930, uma *casa de hóspedes* especialmente construída para abrigar jovens meninos (os *jiehs*) ficou desocupada na Fazenda dos Kaplan, em Rolândia (norte do Paraná). Os *jiehs* eram grupo de jovens que participavam de um programa liderado por uma instituição judaica alemã, que os treinou em uma fazenda, a Gross Breesen (na Silésia), para a prática da agricultura. Ali os meninos faziam uma espécie de estágio profissional, durante o qual recebiam os primeiros conhecimentos de agronomia, sendo preparados para emigrar em casos de emergência. Uma atitude preventiva de seus pais diante dos prenúncios de uma tragédia maior[5].

Diante da proliferação do antissemitismo na Alemanha, alguns pais com melhores condições financeiras compraram terras em Rolândia, entre 1931 e

2   C. Heinrich; M. Vargas; H. Winterberg, *Fugindo a Hitler e ao Holocausto, Refugiados em Portugal entre 1933 e 1945, Fotografias e Documentos*, Lisboa, Goethe-Institut Lissabon, 1994, p. 8.
3   A. Frank, *Diário*, trad. Diego Puls, Barcelona: Plaza & Janés, 1998.
4   D. Wang, *Hijos de la Guerra, La Segunda Generación de Sobrevivientes de la Shoá*, Buenos Aires: Marea, 2007.
5   Anos mais tarde João Rosenthal casou-se com Inge Marion Rosenthal, uma das crianças do *Kindertransport* a se instalar no Brasil. Depoimento de Inge Marion Rosenthal à autora, Rolândia, 30 out. 1996.

44. Rolândia, 1938: Casa dos estagiários construída na Fazenda Jaú, para abrigar jovens alemães refugiados do nazismo. Todos que para alí deveriam ir, exceto Rosenthal, morreram em campos de concentração, pois não conseguiram o visto para emigrar.

45. Rolândia, s.d.: Inge Marion (Sanches) Rosenthal, uma das crianças salvas pelo *Kindertransport*.

1933, com o objetivo de criarem uma comunidade cooperativista, somando-se aos alemães ali instalados. Infelizmente, esses jovens adolescentes não conseguiram, a tempo, os vistos de entrada no Brasil[6]. Vários deles tornaram-se prisioneiros dos nazistas e terminaram seus dias nos campos de concentração. O único que conseguiu residir em uma dessas propriedades, e assim mesmo anos mais tarde, foi o jovem João Rosenthal, cujo visto foi conseguido graças à intervenção de um parente, amigo do cônsul brasileiro em Colônia[7].

Em 1938, momentos antes de começar a guerra, a Grã-Bretanha já havia organizado um programa para salvar crianças judias, que seriam recolhidas por famílias inglesas, como já vimos. Restavam poucas alternativas para os pais salvarem seus filhos. Esse programa ficou conhecido como Kindertransport. Anos mais tarde, uma dessas crianças chegou ao Brasil, indo se estabelecer em Rolândia (Paraná). Seu nome: Inge Maria Sanches, nascida em 1923 na Alemanha, que, na época do resgate, tinha apenas 15 anos de idade e foi *adotada* pela família inglesa Stevenson. Sua irmã Olga, por ter 24 anos de idade, só conseguiu visto na condição de empregada doméstica. Segundo depoimento de Inge Maria, seus pais adotivos a enviaram para trabalhar em uma creche como babá e, posteriormente, passou a trabalhar como empregada doméstica na residência dos Stevenson em Londres. Após a guerra, Inge soube que eu pai foi *chamado para transporte* em 1943 e que sua mãe, desesperada, seguiu-o voluntariamente[8].

Inúmeros pais tentaram salvar suas crianças valendo-se das poucas opções disponíveis. Conseguir um visto para um país americano era uma dessas possibilidades, ação nem sempre fácil de ser realizada. Não bastava apenas obter o visto. O importante é que este não *caducasse* no decorrer das longas viagens empreendidas na travessia do Atlântico. Os transportes eram morosos dificultados pelo estado de guerra. Em maio de 1942, por exemplo, três meninas, de 9, 12 e 14 anos, que estavam a bordo do vapor espanhol Cabo de Hornos foram impedidas de desembarcar no porto do Rio de Janeiro, sendo obrigadas a procurar refúgio em outros países[9].

6   M. Maier, op. cit.; Depoimentos de Mathilde Meyer, Inge Marion Rosenthal, Cláudio e Kaete Kaplan à autora, Rolândia, 29 set. 1989.

7   Em 1936, o casal de judeus Jacob e Joanna Rosenthal visitar Rolândia, ocasião em que compraram terras para seu filho João Rosenthal. Nessa época, seu filho Walter já se encontrava no Brasil. Foi por intermédio de Walter que João Rosenthal veio para Rolândia, onde foi trabalhar com o sr. Kaplan na Fazenda Jaú. João Rosenthal havia nascido em Wetzlar, em 1919, e queria ser capitão, razão que o levou a ingressar na Marinha, passando um tempo a bordo de um navio como marinheiro. Em 1936, o navio deveria dirigir-se à Espanha, que, naquela data, estava envolvida com a guerra civil (1936-1939). Por essa razão, João saiu da Marinha e resolveu dedicar-se à agricultura. Tinha então apenas dezessete anos.

8   Depois de viver três anos com a família Stevenson, Inge Maria foi aconselhada por parentes londrinos a obter uma profissão. Frequentou um curso noturno de óptica, vindo a se formar em 1945. Independente, foi para os Estados Unidos em 1947, onde passou a trabalhar com um médico oculista. Em 1949 casou-se com João Rosenthal que, desde aquela data, residia em Rolândia. Entrevista concedida por Inge Maria Sanches, depois Inge Marion Rosenthal, à autora, Rolândia, Fazenda Nova Bressen, 23 set. 1989.

9   Notas da Secretaria do Vaticano, Roma, 10 maio 1942, ADSS, vol. II, p. 409-410, apud A. Milgram, *Os Judeus do Vaticano*, p.149-150. Em 1941, o Brasil já havia negado o desembarque a 95 refugiados judeus que estavam a bordo desse mesmo vapor espanhol, Cabo de Hornos. Estes provinham

O resgate de refugiados estrangeiros que se encontravam na França ocupada, especialmente velhos e crianças israelitas, de origem alemã e austríaca, já havia constado da pauta de uma reunião do Conselho de Imigração e Colonização, por solicitação do ministro das Relações Exteriores, em outubro de 1942. A conclusão foi de que se tratava *"de assunto essencialmente político, e que fugia, portanto à sua competência técnica"* (em destaque no original)[10].

A maioria dos velhos e crianças dependiam dos comitês internacionais de ajuda aos refugiados, que usufruíam de recursos próprios e conheciam os meandros das rotas de fuga. Nos primeiros dias de janeiro de 1944, um grupo de cerca de dez mil crianças judias órfãs ou abandonadas encontrava-se refugiado na França e estava ameaçado de deportação pelos alemães. Tentativas estavam sendo feitas junto às autoridades alemãs com o intuito de negociar quinhentos vistos de saída através da Vichy francesa. No entanto, em consequência da invasão dos Aliados no norte da África, os alemães retiraram essas permissões[11].

Apesar de todos os esforços da Grã-Bretanha e dos Estados Unidos – em especial da Joint Distribution Committee, de Nova York –, essas crianças continuavam sendo vítimas de privações e atrocidades praticadas pelos nazistas. Segundo Muniz de Aragão, embaixador do Brasil em Londres, as crianças "estavam sendo transportadas como animais para campos de trabalhos forçados na Alemanha e Polônia onde a maioria acabava morrendo por falta de alimentação e excesso de trabalho"[12]. Desde dezembro de 1943, os governos norte-americano e britânico, por intermédio da Suíça, estavam tratando de conseguir a saída, via Portugal, do maior número possível desses órfãos para os Estados Unidos e demais países que se dispusessem a recebê-los e educá-los[13].

As autoridades nazistas, segundo informações fornecidas pelo Joint Distribution Committee, de Nova York, já haviam dado ordens para que essas crianças fossem deportadas para a Polônia. Dentre elas, apenas três mil eram de famílias cristãs, o que, possivelmente, as livraria da detenção. As demais corriam grande perigo. O Joint havia garantido ao governo suíço que as

---

principalmente da Tchecoslováquia e da Polônia e vagavam há seis meses em busca de quem os abrigasse. História similar foi vivenciada pelos passageiros judeus do vapor San Martin e do Cabo de Buena Esperanza. Ver M. L. T.Carneiro, *Brasil, Um Refúgio nos Trópicos*, p. 82-83.

10 Ofício n. 1180, de Antonio Camillo de Oliveira, presidente do CIC, para Pedro Leão Velloso, secretário do MRE, Rio de Janeiro, 13 out. 1942, Lata nov., Maço 34.888, AHI/RJ.

11 Devemos considerar aqui a vitória britânica no Egito e os desembarques anglo-americanos na África do Norte francesa, que impuseram à Alemanha um compromisso em relação à Europa meridional que ela dificilmente podia sustentar. A partir de 1943, esse círculo aumentou com a deserção da Itália e a hesitação de outros parceiros. Diante dos bombardeios anglo-americanos, a Alemanha viu-se obrigada a intensificar a defesa de seu espaço aéreo. Nesse mesmo ano, ela sofreu duas derrotas: a ofensiva submarina no Atlântico, que a obrigou a recuar e a expulsão, em julho, das tropas alemãs no *front* oriental (Kursk). A partir de 1944, os Aliados ampliaram o cerco à Alemanha. Os aliados ocidentais, com superioridade aérea sobre a Alemanha desde maio, desembarcaram na França ocupada (Normandia), em 6 de junho.

12 Telegrama n. 8, de Muniz de Aragão, embaixador do Brasil em Londres, para o Ministério das Relações Exteriores, Londres, 6 jan. 1944, Lata 1.897, Maço 36.311, AHI/RJ.

13 Idem.

crianças estariam em trânsito, mas que, até aquele momento, ainda não tinha condições para conseguir a reemigração.

Essa questão entrou para a *pauta do dia* da reunião do Comitê Intergovernamental de Refugiados, reunido em Londres em 4 de janeiro de 1944. Nessa ocasião, o embaixador Muniz de Aragão, então membro do comitê executivo, representou o Brasil. Até aquela data, os países que haviam se disposto a oferecer vistos para as crianças refugiadas na França eram:

*   *Argentina*: havia prometido receber mil crianças dos campos de concentração da Europa, com idade até 14 anos e com vistos válidos até o final de 1943;
*   *Austrália*: 150 crianças judias ameaçadas na França, entre 7 e 14 anos;
*   *Canadá:* quinhentas crianças com idade até 18 anos durante o período da guerra, não constituindo direito de adoção por pais ou parentes próximos;
*   *Chile*: havia aceitado, a princípio, sem fixar o número;
*   *Palestina*: aceitaria mil crianças com idade até 18 anos, sem fazer restrições ao país de origem;
*   *África do Sul*: garantia de duzentos vistos com trânsito temporário na União;
*   *Grã-Bretanha*: único país que se dispôs a receber um número ilimitado *sem distinção de raça* para as crianças provenientes de todas as zonas e territórios ocupados, desde que estas tivessem um parente ou responsável no Reino Unido da Grã--Bretanha e Irlanda;
*   *Estados Unidos*: liberou cinco mil vistos para crianças de até 16 anos, de nacionalidade não inimiga, e mais quatro mil de nacionalidade inimiga[14].

H. W. Emerson, diretor do comitê executivo, solicitava aos países membros que o autorizassem a continuar as negociações com a Argentina, o Canadá e os Estados Unidos, assim como com a Agência Judaica para a Palestina. De máxima urgência seria garantir facilidades de trânsito com o governo da Espanha e de Portugal, então sob os regimes fascistas de Franco e Salazar[15].

Foi invocando os sentimentos humanitários do governo brasileiro que o presidente do comitê apelou ao Brasil para acolher certo número dessas crianças. O embaixador Muniz de Aragão, que não era o melhor interlocutor para essa situação, solicitou instruções a respeito através de um telegrama datado de 6 de janeiro de 1944[16]. No Brasil, esse documento recebeu a seguinte anotação à margem: *O assunto escapa à alçada desta Divisão. Arquive-se (H. Lyra)*[17]. Um amplo relatório datado de 19 de janeiro foi preparado pelo

14   Idem.
15   Memorandum Refugee Children in France, por H. W. Emerson, diretor do Comitê Executivo do IGC, Londres, 29th December, 1943, Anexo ao Ofício n. 28, 19 jan. 1944, Lata 1.896, Maço 36.309, AHI/RJ.
16   Idem, p. 1
17   Heitor Lyra (1893-1973), de carreira diplomática, serviu como encarregado de negócios em Lisboa (1937), sendo, depois, transferido para Buenos Aires (1939-1942). Integrou várias comissões relacionadas com questões históricas, de fronteiras, entorpecentes etc. Entre 1942 e 1945, exerceu cargo de chefe da Divisão de Atos, Congressos e Conferências Internacionais do Departamento Diplomático e Consular do Itamaraty, razão pela qual rubrica esse documento. Cf. verbete Heitor Lira, em I. Beloch; A. A. de Abreu (coords.), *Dicionário Histórico-Biográfico Brasileiro*, v. 3, p. 1898-1899.

Os Excluídos da Guerra   329

embaixador, que anexou, dentre outros documentos, um *memorando* sobre as crianças refugiadas na França. À margem do texto oficioso, Heitor Lyra, chefe da Divisão de Atos, Congresso e Conferências Internacionais, anotou, em 3 de fevereiro: "Ciente. O último [...] interessa à DPD" (Divisão Política e Diplomática)[18].

Passaram-se vários dias. Muniz de Aragão, carente de uma resposta imediata, renovou seu pedido de instruções que o habilitassem a responder ao governo britânico. O telegrama de n. 121 assinalava o assunto: "Apelo ao Brasil". O embaixador brasileiro sugeria que, no caso de o Brasil concordar em receber certo número de crianças, se fixasse a idade de até dezoito anos tal como havia feito o Canadá. Esse ato, em sua opinião, não se constituiria em qualquer direito a ser invocado para a admissão de pais ou parentes que eventualmente viessem a se apresentar. Podemos avaliar essas poucas linhas como *sugestões preventivas contra um possível grupo de refugiados judeus* que, no futuro, poderiam solicitar autorização para juntar-se àquelas crianças alegando parentesco[19].

Em 12 de fevereiro de 1944, o chanceler Oswaldo Aranha transcreveu grande parte do texto de Muniz de Aragão e enviou-o (em seu nome) para Marcondes Filho, ministro da Justiça, solicitando que este o habilitasse a responder à embaixada do Brasil em Londres[20]. O Ministério das Relações Exteriores não tinha autoridade para decidir por si. Suas decisões estavam amarradas aos pareceres emitidos pelo Conselho de Imigração e Colonização e ao Ministério da Justiça e Negócios Interiores. Os demais ministérios acabavam sempre por reforçar essas decisões, valendo-se de clássicos estereótipos antissemitas *bebidos* nas fontes europeias. Desde o início do governo Vargas, vários burocratas e intelectuais defensores de uma prática discriminatória foram convocados a oferecer subsídios para a construção do projeto nacional.

O Estado moderno dos anos de 1930 deveria estar disciplinado por meio da imposição de normas rígidas, sistemáticas. Daí as decisões do Estado nacional brasileiro (centralizado e onipresente) fundamentarem-se em um saber técnico produzido por um *grupo de status* cuja mentalidade racista e antissemita é hoje indiscutível. Cabia a eles ditar e fazer cumprir normas – muitas das quais expressas no formato de Circulares Secretas – de forma a disciplinar a imigração semita[21]. Alguns eram germanófilos ferrenhos e antissemitas

---

18 Ofício n. 28, de Muniz de Aragão, da Embaixada do Brasil em Londres, para Oswaldo Aranha, ministro das Relações Exteriores, Londres, 19 jan.1944, Lata 1.896, Maço 36.309, AHI/RJ, em anexo: *Memorandum Refugee Children in France*, 29th dec. 1943. H. W. Emerson, Director; acompanhado de Annexure I- Regarding offers of visas for refugee children in former Unoccupied France.

19 Em 20 de março, um funcionário da Secretaria de Estado anotava à margem deste documento: "OC declarou [...]Arquivar". A anotação à margem possivelmente foi feita por Osvaldo Correia, chefe da Divisão de Passaportes do Itamaraty. Telegrama n.121, de Muniz de Aragão, da Embaixada do Brasil em Londres, para a Secretaria de Estado do MRE, Londres, 8 mar.1944, Lata 1.897, Maço 36.311, AHI/RJ.

20 Telegrama n. 8, 6 jan.1944; Aviso de Oswaldo Aranha, ministro das Relações Exteriores, para Alexandre Marcones Filho, ministro Interino da Justiça e Negócios Interiores, Rio de Janeiro, 12 fev. 1944, Lata 1.897, Maço 36.311, AHI/RJ.

21 O caso das quinhentas crianças teve início em 5 de janeiro de 1944 e estendeu-se até 6 de agosto de 1945. Oswaldo Aranha demitiu-se do cargo de chanceler em 23 de agosto de 1944, quando foi

declarados; outros, apesar de se mostrarem americanófilos públicos, eram coniventes com a política antijudaica do governo brasileiro.

Esses homens dispunham de poderes suficientes para diluir os entraves burocráticos e favorecer a entrada de imigrantes judeus, sem ferir a legislação. Mas seus preceitos racistas e a política oficial falavam mais alto, associando-se às práticas do poder. No caso do resgate das crianças judias, por exemplo, valeria uma campanha pública para as comunidades brasileira e judaica, que, certamente, não mediriam esforços para salvar algumas daquelas pequeninas vidas. Nada disso foi feito. O conteúdo dos ofícios são destituídos de qualquer emoção ou apelo maior; são impessoais, oficiosos. Quando muito *transcrevem* trechos dos documentos enviados de Londres pelo diretor do comitê executivo. Delegava-se as decisões aos parceiros que, por sua vez, mandavam *solicitar parecer* ou *arquivar*.

No dia 7 de março, Muniz de Aragão encaminhou um novo apelo ao governo do Brasil, tendo em vista que o Comitê Intergovernamental de Refugiados iria se reunir no dia 17 de março. A decisão do CIC (que seria transmitida a Londres) havia sido sustada, pois o secretário geral das Relações Exteriores. A ordem era aguardar[22].

Nove dias depois, o Ministério respondeu que, naquele momento, não estava habilitado a responder e a enviar instruções, pois o assunto deveria ser submetido ao CIC[23]. Em 20 de março, um funcionário anotou à margem do telegrama enviado por Muniz de Aragão: "OC [possivelmente Oswaldo Correa, chefe da Divisão de Passaportes do Ministério] decidiu mandar arquivar. 20.03.44"[24].

No último dia do mês de março, portanto três meses após o primeiro apelo de Muniz de Aragão, o Ministério das Relações Exteriores informou á embaixada em Londres que o CIC iria estudar a possibilidade de o Brasil acolher quinhentas crianças entre 10 e 14 anos de idade, que ficariam sob a proteção governamental *até que a situação do mundo se normalizasse*. Pedia maiores informações sobre como deveria realizar-se essa situação[25]. Enquanto isso, o tempo corria.

---

substituído por Pedro Leão Velloso. Para esta análise, lembramos o caso dos três mil vistos pedidos pelo papa Pio XII e que, apesar de liberados pelo Itamaraty, jamais foram preenchidos na totalidade. Ver A. Milgram, op. cit. Citamos também o caso Souza Dantas, que, por ter salvo um determinado número de judeus atribuindo-lhes vistos irregulares, foi demitido *a bem do serviço público*. Uma ressalva ao historiador J. Lesser: "o Brasil não tinha obrigação humanitária de aceitar *todos* os refugiados que fugiam do nazismo". Missão impossível. Mas, certamente, poderia ter ajudado a salvar um número muito maior que o daqueles que entraram oficialmente via cotas imigratórias. E, realmente, o Brasil não foi o único país a se comportar assim: outros tantos governos – como os do Chile, da Bolívia, de Portugal, do Peru, do México, da Argentina etc. – também impuseram restrições aos refugiados judeus, movidos por sentimentos antissemitas. O fato de o Brasil ter *outros companheiros* não será, jamais, um ato de orgulho. Ver J. Lesser, *O Brasil e a Questão Judaica*, p. 243.

22 Telegrama n. 121, de Muniz de Aragão, da Embaixada do Brasil em Londres, para o Ministério das Relações Exteriores, Londres, 9 mar. 1944, Lata 1.897, Maço 36.311, AHI/RJ.

23 Telegrama n. 83, do Ministério das Relações Exteriores para a Embaixada de Londres, Rio de Janeiro, 17 mar. 1944, Lata 1.897, Maço 36.311, AHI/RJ.

24 Telegrama n. 121, 9 mar. 1944.

25 Telegrama n. 98, do Ministério das Relações Exteriores para a Embaixada de Londres, Rio de Janeiro, 30 mar. 1944, Lata 1.897, Maço 36.311, AHI/RJ.

O governo norte-americano reagiu de imediato. Em 14 de abril, por meio de um telegrama confidencial, o Departamento de Estado encaminhou as instruções ao embaixador do Estados Unidos, Jefferson Caffery[26], reportando-se a decisão do CIC a favor da admissão de quinhentas crianças refugiadas[27]. Os Estados Unidos ofereciam-se como modelo, tendo em vista que o Departamento norte-americano havia autorizado suas repartições na Suíça a concederem até quatro mil vistos de imigração às crianças menores de 16 anos, sem levar em conta questões de nacionalidade, cidadania ou religião, e se elas tinham ou deixavam de ter parentes próximos residindo em território inimigo, fosse este ocupado ou controlado. O objetivo dessas autorizações era de facilitar a fuga desses pequenos refugiados para o território suíço com garantias de que elas não permaneceriam naquele país após o término da guerra. As autorizações previam sucessivas renovações dos vistos até o momento em que fosse possível transportá-las para a América, via Portugal.

Organizações particulares americanas estavam providenciando bônus com o propósito de dar garantias de que aquelas crianças não se tornariam onerosas ao poder público. O War Refugee Board dispunha-se a prover de fundos as entidades privadas brasileiras que desejassem inaugurar um programa destinado a cuidar das crianças refugiadas, independente de sua religião[28]. Essa instituição chegou a expressar a esperança de que Darcy Vargas, sempre pronta aos empreendimentos de caridade, assumisse esse programa de cooperação e que o Ministério das Relações Exteriores do Brasil autorizasse a legação em Berna a liberar vistos para cerca de quinhentas crianças judias.

O conteúdo desse telegrama endereçado ao embaixador Caffery transmite certa euforia por parte do War Refugee Board, que, após uma entrevista particular dada por João Alberto Lins de Barros, ministro brasileiro de Cooperação Econômica[29], aguardava um promissor plano de colonização pró-judeus.

26 Jefferson Caffery já havia tido, em janeiro de 1938, um encontro informal com Oswaldo Aranha, com o intuito de abrandar a aplicação da Circular Secreta n. 1127. Nessa época, Aranha concordou que "era um grave erro prosseguir com atividades antijudaicas" e prometeu eliminar quaisquer obstáculos independentes de raça ou religião. Assim mesmo, as recusas para vistos permanentes aos judeus continuaram. Ver J. Lesser, op. cit., p. 179-180, 210 (notas 107-110).

27 Referia-se, ainda, à Circular aérea do Departamento de Estado, datada de 26 de janeiro de 1944, concernente à política geral daquele departamento de estado. Telegrama n. 1.215, de Cordell Hull, do governo dos Estados Unidos, para o Ministério das Relações Exteriores, Washington, 15 mar. 1944, Lata 1.897, Maço 36.311, AHI/RJ.

28 Idem, p. 2-3.

29 João Alberto Lins de Barros (1897) havia sido enviado para representar o Brasil na Liga das Nações, em Genebra, onde integrou os comitês financeiro e econômico dessa entidade até ser tranferido, em novembro de 1938, para Berna, também na Suíça. Ali permaneceu até setembro de 1939, quando retornou ao Brasil para assumir a chefia da recém-criada Comissão de Defesa da Economia Nacional, encarregada de articular os negócios de importações e exportações devido à situação de guerra. Entre abril de 1941 e julho de 1942, voltou a exercer missão diplomática no Canadá. Em 1942, assumiu a presidência da Coordenação da Mobilização Econômica, uma espécie de superministério, subordinada a Vargas. Esse órgão coordenou um projeto, financiado pelo governo norte-americano, de fixar cinquenta mil homens na produção de borracha na região Amazônica. Foi criado, então, o Serviço Especial de Migração de Trabalhadores para a Amazônia (Semta), que, extinto em 1943, foi substituído pela Comissão Administrativa de Encaminhamento de Trabalhadores para a Amazônia. Com o objetivo de fixar brasileiros em territórios não ocupados das regiões Centro-Oeste e Norte, João Alberto organizou a grande expedição Roncador-Xingú. Em 9 de março de 1945, Vargas

João Alberto afirmara que o governo brasileiro teria condições de se responsabilizar por um programa progressivo de cinco anos para o estabelecimento de refugiados europeus, inclusive judeus. No primeiro ano, o Brasil poderia receber cerca de cem mil refugiados. Sugeria o estado de Goiás como local adequado para um programa de colonização europeia, considerando as condições climáticas e as riquezas naturais[30].

Esse pronunciamento do ministro brasileiro não era gratuito, visto que, em 1944, ele presidia a Coordenação da Mobilização Econômica, uma espécie de superministério, subordinado diretamente a Vargas. Esse órgão coordenava vários projetos que tinham como proposta fixar brasileiros em território não ocupados da região Centro-Oeste e na Amazônia. Essas iniciativas visavam alocar colonos europeus, mas sem dar prioridade aos refugiados judeus. A fala de João Alberto foi muito mais fruto da pressão exercida pela imprensa internacional acerca da questão judaica do que uma manifestação do espírito humanista do governo brasileiro. Tanto não era que, em fevereiro de 1947, João Alberto – então presidente do CIC – assinou *instruções para que os consulados brasileiros sediados no exterior* negassem vistos aos passaportes de judeus.

A posição do ministro extrapola a ideia de que o governo brasileiro tentava apenas sustentar uma postura cordial com os Estados Unidos, que, em 1943, havia financiado um de seus projetos de colonização da Amazônia[31]. Além de demonstrar que o Brasil continuava exposto às pressões dos Estados Unidos e da Grã-Bretanha, também expressava a postura persistente de Jefferson Caffery, que, desde 1938, deixara claro para Oswaldo Aranha que os Estados Unidos *tinham interesse na questão dos imigrantes judeus no Brasil* (New Deal rooseveltiano) e que os judeus haviam encontrado preciosos aliados na *intelligentsia* e na classe política americanas[32].

Desconhecendo os verdadeiros meandros da política imigratória brasileira, o War Refugee Board assumiu, como fato resolvido, que o Brasil acolheria quinhentos menores, com a esperança de que esse número poderia ser ampliado. O assunto já estava sendo comentado pela imprensa internacional, que aguar-

---

nomeou-o chefe da polícia do Distrito Federal. Manifestando uma tendência mais liberal, tentou proibir a manifestação queremista que defendia a continuidade de Vargas no poder. Em 29 de outubro, foi indicado para a prefeitura do Distrito Federal, enquanto Benjamin Vargas (simpático aos queremistas) assumiu a chefia da polícia. Após a renúncia de Vargas, apoiou a candidatura do general Dutra à presidência da República em 2 de dezembro de 1945. Em fevereiro, foi nomeado presidente do CIC. Cf. I. Beloch; A. A. de Abreu (coords.), op. cit., v. 1, p. 39-45.

30 Telegrama n. 215, de Cordell Hull..., p. 5.

31 As Instruções n. 117/511.3 emitidas por João Alberto em 1º de fevereiro de 1947 explicam o fato do Brasil não ter incluído nenhum judeu na cota dos 861 DPs desembarcados no Rio de Janeiro, em 16 de maio de 1947. Destes, 45% eram católicos apostólicos romanos, 16% católicos gregos, 30% fiéis da Igreja Ortodoxa grega e 9% protestantes. Este fato, segundo estudo desenvolvido por Leonardo Senkman, acarretou o protesto do Congresso Mundial Judaico, que recebeu como justificativa apenas explicações de caráter econômico. Cf. L. Senkman, La Política Inmigratória del Primer Peronismo Respecto de los Refugiados de la Postguerra..., em B. Gurevich; C. Escudé (orgs.), op. cit., p. 269; Instrução n. 117/511.3, de João Alberto Lins de Barros, presidente do CIC, para Hildebrando Accioly, secretário geral do MRE, Rio de Janeiro, 1º fev. 1947, Lata 1.583, Maço 34.365, AHI/RJ.

32 Caffery para Hull, Jewish Residents in Brazil, 8 mar. 1938, 832.55/138, NARC-W, apud J. Lesser, op. cit., p. 186; nota 142, p. 211.

Os Excluídos da Guerra

dava o pronunciamento (oficial e favorável) do governo brasileiro. Segundo Frederico Castello Branco Clark, presidente do cic desde fevereiro de 1944, apenas uma exposição de motivos ao presidente Vargas apressaria essa resolução, que deveria se apoiar em pareceres técnicos daquele Conselho e do Ministério da Justiça e Negócios Interiores. Mas somente em 3 de maio é que o Ministério da Justiça e Negócios Interiores recebeu cópia do telegrama de Cordell Hull, secretário de Estado dos Estados Unidos para o embaixador Jefferson Caffery (datado de 14 de abril). Esse documento continha instruções sobre a questão das crianças judias refugiadas na França, "parte das quais o Comitê Intergovernamental, de Londres, desejava ver recolhidas pelo Brasil"[33].

Nessa mesma data de 3 de maio, Pedro Leão Velloso confirmava a Castello Branco Clark o recebimento de seu ofício de 2 de março (portanto dois meses depois), no qual ele informava que o caso estava sendo estudado por aquele órgão do Itamaraty. Acrescentava também que a embaixada de Londres, ao saber da possibilidade de o Brasil vir a receber quinhentas crianças entre 10 e 14 anos havia respondido que haviam crescido as dificuldades para essa operação e que o assunto voltaria a ser tratado em todas as suas modalidades. O importante é que, quando as crianças estivessem reunidas com segurança em um país neutro, o governo brasileiro tivesse tomado uma resolução definitiva a respeito[34].

Naquele momento, qualquer indecisão acarretaria dificuldades para aquelas crianças. A ação de resgate deveria ser rápida. Em 20 de julho de 1944, quando os Aliados avançavam sobre Paris, a ss ordenou a prisão de todos os órfãos judeus que ali estivessem. Em quatro dias, quinhentas crianças foram aprisionadas na região. Destas, trezentas foram deportadas de Drancy (Bobigny Station) para Auschwitz em 31 de julho de 1944, numa leva de 1.300 judeus[35].

O governo brasileiro, no entanto, tinha dúvidas. Mostrava-se inseguro de suas iniciativas, até então tomadas sob pressão. O fato de o Departamento de Estado ter endereçado um telegrama ao embaixador Caffery para intermediar negociações com o mre deve ser compreendido como um continuísmo da pressão exercida pelos Estados Unidos sobre o Brasil, tática que persistirá durante o governo Dutra[36]. Mas a cobrança de uma postura humanitária por parte

33 Ofício de Oswaldo Aranha, ministro das Relações Exteriores, para Alexandre Marcondes Filho, ministro Interino da Justiça e Negócios Interiores, Rio de Janeiro, 3 maio 1944, Anexo: Telegrama de Cordell Hull, secretário de Estado dos Estados Unidos, Washington, 14 abr. 1944, Lata 1.857, Maço 36.311.

34 Ofício de Pedro Leão Velloso, secretário geral do mre para, Frederico de Castello Branco Clark, presidente do cic, Rio de Janeiro, 3 maio 1944, Lata 1.857, Maço 36.311, ahi/rj.

35 M. Gilbert, *Atlas of Holocaust*, Londres: Pergamon, 1989, Mapa 263.

36 Cabe lembrar que, no pós-guerra, em vários momentos, o Departamento de Estado cobrou do governo brasileiro uma atitude positiva diante da questão judaica. Estudos desenvolvidos por Leonardo Senkman, da Universidade Hebraica de Jerusalém, demonstram que o governo Dutra relutou em incorporar uma cota que fosse entre os pds para os sobreviventes judeus dos campos de concentração da Alemanha e da Áustria. Nos argumentos apresentados pelo mre, fica evidente que o preconceito racial e religioso é camuflado por argumentos econômicos, fórmula usada para se justificar perante o Congresso Mundial Judaico e os Estados Unidos. L. Senkman, La Política Inmigratoria del Primer Peronismo..., em B. Gurevich; C. Escudé (orgs.), op. cit., p. 268-270.

do Brasil não vinha apenas dos Estados Unidos. Personalidades da França e da Inglaterra intercederam em prol do salvamento das crianças.

A notícia de que o Brasil estudava a possibilidade de receber quinhentas crianças espalhou-se rapidamente pelos diversos comitês de resistência aos nazistas. Em 9 de maio, Jules François Blondel, delegado do Comitê Francês de Libertação Nacional (órgão qualificado para dirigir os interesses da França), apressou-se em cumprimentar o governo brasileiro por aquela decisão que, segundo suas palavras e as do general De Gaulle, vinha "testemunhar a fraterna amizade do Brasil pela França". Dois dias depois, cópia desse documento era encaminhado ao Ministério da Justiça e ao Conselho de Imigração e Colonização, ato que atesta o caráter político da questão imigratória[37].

O conhecido Barão de Rothschild, banqueiro, cuja família mantinha negócios com o Brasil desde os tempos do Império, também intercedeu junto à embaixada de Londres para que o governo brasileiro concedesse permissão de entrada para as crianças judias que se encontravam na Hungria. Preocupado em causar *a melhor impressão* na próxima reunião do Comitê Intergovernamental, Muniz de Aragão sugeriu ao MRE que a resposta fosse favorável. O pedido, datado de 12 de agosto, foi encaminhado ao CIC quatro dias depois, em caráter de urgência[38].

Em 17 de agosto de 1944, realizou-se em Londres a assembleia do Comitê dos Refugiados, que tinha como pauta o resgate das crianças judias refugiadas na França. Apesar de todos os apelos telegráficos, Muniz de Aragão não contava, até esta data, com nenhuma orientação do governo brasileiro acerca desse tema. Em seu breve relato, o embaixador comentou: "Lamento não ter recebido resposta ao meu telegrama n. 309, pois constituímos quase exceção e teria, a meu ver, causado grande efeito"[39]. À margem desse seu comentário, um funcionário do MRE anotou: "Refere-se à entrada das crianças judias no Brasil"[40].

Em 31 de agosto de 1944, um telegrama assinado por *Exteriores* (leia-se aqui Pedro Leão Velloso Neto, então chanceler em substituição a Oswaldo

37 Em memorando de 27 de agosto de 1943, o MRE confirma que o governo brasileiro havia reconhecido o referido Comitê Francês de Libertação Nacional como órgão qualificado para dirigir os interesses da França. Cf. Memorando de José Júlio (...) para o secretário geral do MRE, Rio de Janeiro, 27 ago. 1943, Lata 1.558, Maço 33.833, AHI/RJ; Ofício n. 57, de Jules François Blondel, delegado do Comitê Francês de Libertação Nacional (a/c da Embaixada da França), para Oswaldo Aranha, ministro das Relações Exteriores, 9 jun. 1944; Ofício de Pedro Leão Velloso, secretário de Estado das Relações Exteriores, para Alexandre Marcondes Filho, ministro interino da Justiça e Negócios Interiores, Rio de Janeiro, 5 jul. 1944; Ofício de Pedro Leão Velloso, secretário de Estado das Relações Exteriores, para Frederico de Castelo Branco Clark, presidente do CIC, Rio de Janeiro, 5 jul. 1944, Lata 1.897, Maço 36.311, AHI/RJ.
38 Telegrama n. 309, de Muniz de Aragão, da Embaixada Brasileira em Londres, para o MRE, Londres, 12 ago. 1944; Ofício do secretário geral do MRE para o vice-presidente do CIC, Rio de Janeiro, 18 ago. 1944; Ofício n. 434, de Owvaldo Aranha, ministro das Relações Exteriores, para o MJNI, Rio de Janeiro, 18 ago. 1944, Lata 1.897, Maço 36.311, AHI/RJ.
39 Sobre o comitê executivo, ver supra p. 306, n. 54. Telegrama n. 314, de Muniz de Aragão, embaixador do Brasil em Londres, para a Secretaria de Estado das Relações Exteriores, Londres, 17 ago. 1944, Lata 1.897, Maço 36.311, AHI/RJ.
40 Idem.

Aranha)[41], deu o sinal verde para o caso das quinhentas crianças, mediante o aval de Getúlio Vargas[42]. Dirigido a Muniz de Aragão, o telegrama anunciava que o governo brasileiro estava pronto:

> O governo brasileiro está pronto a permitir a entrada no Brasil das crianças mencionadas na sua comunicação como um ato humanitário de acordo com as nossas tradições de hospitalidade. Não desejamos, porém, assumir nenhum encargo financeiro quanto ao seu transporte e manutenção. Com esse propósito o presidente da República determinou ao presidente da Cruz Vermelha que providenciasse, uma vez que o transporte estivesse assegurado, no sentido da colocação dessas mesmas crianças junto a famílias que estivessem dispostas a sustentá-las. Exteriores, em 31 de agosto de 1944[43].

Essa resposta, aliás bastante louvável apesar de impor certas condições, foi apresentada por Muniz de Aragão na reunião do Comitê Executivo Intergovernamental de Refugiados em 5 de outubro. Anotada, recebeu menção especial do Comitê Executivo Intergovernamental, presidido pelo recém-reeleito lorde Winterton, que apreciou o ato humanitário do governo brasileiro. Aragão comentou ao então chanceler Pedro Leão Velloso que o oferecimento do governo brasileiro "foi tomado em boa e devida nota"[44]. Essa apreciação expressa a preocupação do governo brasileiro em preservar uma imagem positiva de Nação diante dos países identificados com os ideais democráticos e humanitários. Tanto assim que, em setembro de 1943, ao ser consultado sobre seu interesse em continuar como membro do Comitê Intergovernamental de Refugiados, a Divisão Política e Diplomática do Itamaraty opinou afirmativamente "pois essa participação decorria do nosso prestígio internacional". No entanto, o MRE fez questão de alertar a embaixada brasileira em Londres dos interesses *limitados e remotos* do Brasil, que contrastavam com "os grandes interesses a que estão ligados os Estados Unidos e a Grã-Bretanha".

Nos bastidores do poder, a prática de uma política antissemita expressava a dimensão do envolvimento do governo brasileiro com o drama dos refugiados judeus: a presença de antissemitas em cargos de decisão, a manutenção de dezenas de circulares secretas, milhares de negações de vistos aos refugiados judeus, indeferimentos de projetos de colonização judaica, censura postal da documentação remetida por instituições judaicas internacionais, dentre outras tantas iniciativas de controle e de vigilância.

41 Oswaldo Aranha atuou como chanceler entre 9 de março de1938 e 23 de agosto de 1944, momento em que foi substituído por Pedro Leão Velloso, que permaneceu no cargo até 1946. Portanto, o caso das quinhentas crianças desenrolou-se sob a égide desses dois ministros, estendendo-se até junho de 1945.

42 Memorando n. 601.34(00), de Pedro Leão Velloso, Rio de Janeiro, 29 ago. 1944, Lata 1.897, Maço 36.311.

43 Telegrama 223, do MRE para a Embaixada em Londres, Rio de Janeiro, 31 ago. 1944, Lata 1.897, Maço 36.311, AHI/RJ.

44 Em 5 de outubro, foi reeleito presidente do Comitê Executivo lorde Winterton, por proposta do embaixador norte-americano secundada por Muniz de Aragão. Telegrama n. 411, de Muniz de Aragão, da Embaixada Brasileira em Londres para o MRE, Londres, 6 out. 1944.; Ofício n. 468, de Muniz de Aragão para Pedro Leão Velloso Neto, ministro das Relações Exteriores, Londres, 18 out. 1944.

Centenas de cartas eram retidas, abertas e copiadas pelos censores do Departamento de Correios e Telégrafos, atentos a toda correspondência que tratasse dos temas: judeus refugiados, estatísticas demográficas, nomes e endereços de famílias de refugiados localizadas no Brasil, sionismo e comunismo. Uma dessas missivas censuradas, em 26 de setembro de 1944, fazia referências às "negociações para a vinda ao Brasil de quinhentas crianças possivelmente de origem israelita" (remetente: União Associação Israelita Beneficente/RJ; Destinatário: American Jewish Joint Distribution Committee/Nova York)[45]. O remetente informava o Joint de que a questão estava sendo discutida entre o presidente da República e o presidente da Cruz Vermelha brasileira. Por essa razão, várias organizações judaicas (Sociedade Beneficente Israelita) estavam dispostas a "assumir a completa responsabilidade de manutenção dessas crianças, sem qualquer distinção de raça, religião e nacionalidade", oferta que chegou a ser encaminhada por meio de um memorando a Getúlio Vargas. Esse assunto foi registrado pelo censor (n. 277) como *político/confidencial* e relatado à Polícia Federal (Deops-RJ), que mantinha sob vigilância as múltiplas comunidades judaicas brasileiras[46].

Alguns cidadãos tiveram conhecimento da *questão das quinhentas crianças*, que chegou a ser ventilada na imprensa e em algumas repartições oficiais envolvidas com o trâmite da documentação diplomática. Isso explica a carta de 2 de dezembro de 1944, assinada por Antonio Carlos Pestana, que se dispôs a receber uma daquelas crianças do sexo feminino na condição de filha adotiva, caso a legislação brasileira permitisse. Esse cidadão paulistano, de 56 anos – agrônomo e ecologista classe L, do Instituto de Ecologia Agrícola, do Centro Nacional de Ensino e Pesquisas Agronômicas do Ministério da Agricultura – era pai de cinco filhos maiores e de duas meninas menores. Sensibilizado com a causa, aguardava uma orientação do Ministério das Relações Exteriores. Em 11 de janeiro, J. R. de Macedo Soares, secretário geral do MRE, respondeu-lhe que o caso estava sob a responsabilidade do presidente da Cruz Vermelha brasileira, ao qual deveria encaminhar seu pedido[47].

O Comitê Intergovernamental voltou a reunir-se em 21 de dezembro, momento em que Herbert Emerson, diretor do Comitê Executivo, informou que havia viajado em missão à França, à Bélgica e à Suíça na tentativa de encontrar opções para salvar aquelas crianças. Entretanto, outra questão emergia no horizonte internacional já tão tumultuado: a tarefa de repatriar os exilados da guerra. Naquele momento, respondia como representante do Brasil junto ao Comitê Executivo Joaquim de Souza Leão Filho, encarregado de Negócios.

---

45   Censura Postal. Relatório n. DF-22415, Reg. n. 60.638, p. 1, Ministério da Viação e Obras Públicas, Departamento de Correios e Telégrafos, Rio de Janeiro, 26-29 set. 1944, Setor Diversos, Pasta 15, Dossiê 7, Aperj/Dops.

46   Ver T. Wiazovski, *Bolchevismo e Judaísmo*.

47   Carta de Antonio Carlos Pestana para Pedro Leão Velloso, ministro das Relações Exteriores, São Paulo, 2 dez. 1944, Lata 1.897, Maço 36.311, AHI/RJ.; Ofício 601.34 (00). de J. R. de Macedo Soares, secretário geral do MRE, para Antonio Carlos Pestana, Rio de Janeiro, 11 jan.1945, Lata 1.897, Maço 36.311, AHI/RJ.

Diante de fortes pressões, Roosevelt criou um comitê especial para refugiados de guerra, dirigido pelos secretários do Tesouro e da Defesa dos EUA[48].

Concomitantemente, a polícia federal brasileira interceptava a correspondência da Jewish Colonization Association (ICA/RJ), que, por intermédio da Hias JCA Emigration Association, estava tentando localizar na Europa os parentes (de domicílio incerto) de cinquenta famílias judias residentes no Rio de Janeiro. Todos os nomes de cidadãos e instituições identificados através da censura postal eram fichados de modo a garantir o controle do Estado sobre as comunidades consideradas *indesejáveis* à ordem política e social. O Deops mantinha contato diário com o Ministério das Relações Exteriores e o Ministério da Justiça com o objetivo de informá-los sobre a mobilidade e as atividades dos imigrantes judeus no Brasil[49].

No final do ano de 1944, o mundo convivia com múltiplos protestos emitidos por vozes isoladas. Em outubro, a BBC de Londres voltou a apelar em dezesseis idiomas para que as populações prestassem assistência aos judeus, além de advertir o povo alemão (através de transmissões para a Alemanha e para os territórios ocupados) acerca das atrocidades cometidas pelos nazistas. Os discursos proferidos pelo escritor Thomas Mann continuavam a ser transmitidos dos Estados Unidos para o povo alemão em tom de denúncia e revolta. Em 14 de janeiro de 1945, ao comentar pela BBC sobre os campos de extermínio, o escritor refere-se emocionado às pilhas de sapatos, "muitos sapatos pequenos, sapatos de crianças" tirados das vítimas[50]. No entanto, mesmo após a abertura dos campos de concentração pelas tropas aliadas, o mundo continuou a dizer que *não sabia de nada*. Henry Morgenthau Jr., secretário do Tesouro dos EUA, já havia protestado ao presidente Roosevelt contra a passividade norte-americana[51].

Somente em janeiro de 1945 o Ministério da Educação e Saúde do Brasil manifestou-se sobre a consulta que recebera (*há tempos*) do presidente da República sobre a possibilidade de serem abrigadas pelo nosso país cerca de quinhentas crianças refugiadas. No aviso, essas crianças são identificadas como *vítimas da guerra* (e não dos nazistas). O ministro Gustavo Capanema informava que, após ter estudado detidamente a matéria, o Ministério da Educação e Saúde havia chegado à seguinte conclusão: "estas crianças poderiam vir mediante providências que o MRE pudesse tomar"; elas seriam "entregues aos cuidados da Cruz Vermelha Brasileira, que daria a cada uma destino

---

48 Ofício n. 11, de Joaquim de Souza Leão Filho, da Embaixada do Brasil em Londres, para Pedro Leão Velloso, ministro das Relações Exteriores, Londres, 8 jan.1945, Lata 1.897, Maço 36.311, AHI/RJ.

49 Censura Postal. Relatório n. NF-22415, Registrada n. 60.638, Carta de Jewish Colonization Association-RJ para Hias JCA Emigration Association/New York, Rio de Janeiro, 10-12 out. 1944, Lata 1.913, Maço 36.380, AHI/RJ.

50 *Ouvintes Alemães*, p.190.

51 Henry Mongenthau Jr. havia sido nomeado secretário do Tesouro em 1934. Em 1944, Mongenthau Jr. procurava demonstrar que os judeus poderiam ser salvos. Daí a criação, em 22 de janeiro de 1944, de uma comissão para os refugiados de guerra, composta por Morgenthau Jr. e pelos secretários do Tesouro e da Defesa dos EUA. Cerca de duzentos mil judeus, a maioria húngaros, foram salvos da morte, segundo É. Barnavi (org.), op. cit., p. 219.

compatível com as necessidades de sua criação e educação". Solicitava também informações sobre a época possível da vinda das crianças, assim como esclarecimentos sobre a pessoa de cada uma delas[52].

O ministro Pedro Leão Velloso alegou não dispor de nenhuma outra orientação além daquela recebida em abril de 1944, na qual Muniz de Aragão comunicava que as intervenções haviam sido suspensas em decorrência do aumento das dificuldades para a retirada das crianças da França. O Comitê Intergovernamental informava que o assunto voltaria a ser tratado, em todas as suas modalidades, logo que certo número daquelas crianças órfãs ou abandonadas pudessem ser reunidas em um país neutro para, a partir dali, serem encaminhadas ao país receptor. Nesse *interregno*, o comitê retomou o tema com novos apelos, várias vezes, mas o Brasil somente se posicionou efetivamente em 1945. Muito tempo havia transcorrido[53].

Em março de 1945, Gustavo Capanema retificou seu aviso ao esclarecer que as crianças deveriam ser entregues aos cuidados do Juízo de Menores, que, em articulação com o Conselho Nacional de Serviço Social do MES, daria a cada uma destino compatível com as necessidades de criação e educação. Iniciativa plausível, ainda que um tanto tardeja. A guerra na Europa estava chegando ao fim[54]. A embaixada do Brasil em Londres, ao ser comunicada desses despachos, apressou-se em informar W. Emerson, diretor do Comitê Internacional dos Refugiados, que, em tom de lamento, comunicou: "ser improvável que o Comitê se prevaleça da generosa oferta do governo brasileiro, por não ser mais necessário transferir crianças da França. Caso a situação se altere, ser-nos-ão prestados os dados desejados pelo Ministério da Educação". Em 25 de abril, o ministro da Justiça, Agamenon Magalhães, e o ministro da Educação, Gustavo Capanema, foram informados da situação, pois eram os representantes das esferas decisórias do governo[55].

52 Despacho n. 34, de Gustavo Capanema, ministro da Educação e Saúde para Pedro Leão Velloso, ministro das Relações Exteriores, Rio de Janeiro, 25 jan.1945; Ofício n. 42, de Pedro Leão Velloso, ministro das Relações Exteriores, para Gustavo Capanema, ministro da Educação e Saúde, São Paulo, 14 fev. 1945, Lata 1.897, Maço 36.311, AHI/RJ.

53 Telegrama n. 188, de Muniz de Aragão, da Embaixada Brasileira de Londres, para Ministério das Relações Exteriores, Londres, abr. 1944; Ofício n. 42, de Pedro Leão Velloso, ministro das Relações Exteriores para Gustavo Capanema, ministro de Estado da Educação e Saúde, Rio de Janeiro, 14 fev. 1945, Lata 1.897, Maço 36.311, AHI/RJ.

54 Vale a pena ressaltar que, em março de 1945, a Europa vivenciava seus últimos meses de guerra. Os exércitos norte-americanos, britânicos e canadenses haviam desembarcado na Normandia em 6 de junho de 1944. A Alemanha recuava no início de 1945, pressionada pelos avanços dos Aliados, que invadiram o território alemão com os soviéticos assegurando a capitulação de Berlim em 2 de maio. Hitler se suicidara em 30 de abril, encerrando um dos mais violentos capítulos da História do século XX. Ofício n. 90, de Gustavo Capanema, ministro da Educação e Saúde, para Pedro Leão Velloso, Ministério das Relações Exteriores, São Paulo, 5 mar. 1945; Ofício n. 66, de J. R. de Macedo Soares, encarregado do Expediente do MRE para Gustavo Capanema, ministro de Estado da Educação e Saúde, Rio de Janeiro, 13 mar. 1945; Ofício n. 24, de J. R. de Macedo Soares, encarregado do Expediente do MRE, para Joaquim de Souza Leão Filho, Rio de Janeiro, 13 mar. 1945, Lata 1.897, Maço 36.311, AHI/RJ.

55 Ofício n. 138, de Muniz de Aragão, da Embaixada do Brasil em Londres, para Pedro Leão Velloso, ministro interino das Relações Exteriores, Londres, 4 abr. 1945; Nota de H. W. Emerson, diretor do Comitê Intergovernamental dos Refugiados, para Joaquim de Souza Leão, encarregado de Negócios, Londres, 3 abr. 1945; Aviso de J. R. de Macedo Soares, encarregado do Expediente do MRE, para

O assunto voltou à pauta em 2 de junho de 1945, quando o Comitê Intergovernamental informou da possibilidade de vir a se utilizar do oferecimento do Brasil para as crianças vítimas de guerra. Estas se encontravam em diversos países libertados e em campos de concentração, geralmente sem possibilidades de determinar sua nacionalidade. Calculava-se que o número não era tão avultado como se supunha e que muitas já estavam sendo direcionadas para a França, a Suíça, a Suécia e os Estados Unidos da América. O governo brasileiro seria informado, com a devida antecipação para poder providenciar a respeito, caso fosse necessário. Todos os ministros e diretores agradeceram o aviso oficial submetendo-o à aprovação de seus conselheiros. Mais uma vez o resgate das crianças judias foi abortado com a conivência de vários outros países, além do Brasil[56].

Nos documentos subsequentes, uma nova fórmula discursiva: a identificação *crianças judias* foi substituída por *crianças refugiadas, vítimas de guerra*. A capitulação da Alemanha, em 8 de maio, encerrava a trajetória do Reich de Mil Anos. Abria-se um novo capítulo na história dos refugiados e da humanidade[57]. Os chanceleres Oswaldo Aranha e Pedro Leão Velloso, os ministros Agamenon Magalhães, Alexandre Marcondes Filho e Gustavo Capanema dividiam com Getúlio Vargas a responsabilidade pelo desenrolar desse caso, que não teve a solução imediata almejada pelas potências aliadas. A opinião de Vargas – que era decisória e aconteceu por pressão da embaixada dos Estados Unidos – deu-se com base em pareceres emitidos pelo Ministério da Justiça, pelo Ministério da Cultura e pelo Conselho de Imigração e Colonização do Itamaraty.

Esse lento processo de reflexão acerca das medidas a serem assumidas pelo Brasil (sobre em que circunstâncias seriam adotadas as crianças judias) encontra-se registrado em 54 documentos diplomáticos diretamente ligados à questão, sem contar outros milhares de papéis que nos remetem à postura secreta do Brasil diante do drama dos refugiados judeus. Anotações à margem dos ofícios – efetuadas por funcionários da Secretaria do Itamaraty – atestam as ordens de *arquive-se, não é de nossa alçada, aguardar, submeter ao parecer* etc. Esses documentos não dizem respeito ao antissemitismo de Aranha e sim à omissão e à condescendência de todo *establishment* do governo Vargas diante de uma causa humanitária. E também não dizem respeito apenas ao Brasil, mas a tantos outros países partidários de uma política imigratória antissemita.

Agamenon Magalhães, ministro da Justiça e Negócios Interiores, Rio de Janeiro, 27 abr. 1945; Ofício n. 105, de J. R. de Macedo Soares, encarregado do Expediente do MRE, para Gustavo Capanema, ministro da Educação e Saúde, Rio de Janeiro, 27 abr. 1945, Lata 1.897. Maço 36.311, AHI/RJ.

56   Telegrama n. 207, de Muniz de Aragão, da Embaixada do Brasil em Londres, para o MRE, Londres, 2 jul. 1945, Lata 1.897, Maço 36.311, AHI/RJ; Ofício n. 57, de J. B. de Macedo Soares, secretário geral do MRE, para Joaquim Pinto Dias, presidente do CIC, Rio de Janeiro, 7 jun. 1945 (c/cópia para Agamenon Magalhães, ministro da Justiça e Negócios Interiores), Lata 1.897, Maço 36.311, AHI/RJ.

57   Aviso de Junqueira Ayres, diretor do Departamento do Interior e da Justiça do MJNI, para J. B. de Macedo Soares, secretário Geral do MRE, Rio de Janeiro, 16 ago. 1945; J. de Pinto Dias, presidente do CIC, para J. R. de Macedo Soares, secretário geral do MRE, Rio de Janeiro, 18 jun. 1945, Lata 1.897, Maço 36.311, AHI/RJ.

46. Criança da ex-região dos Sudetos (Tchecoslováquia), refugiada em Viena, aguarda ser transferida de Harwich para o campo de Dovercourt Bay, 1948.

Vale ressaltar que o teor filossemita desses documentos é raríssimo se comparado ao conteúdo antissemita que predomina nos milhares de ofícios produzidos pelo Itamaraty sobre a questão judaica. Nossa crítica concentra-se em alguns pontos essenciais: 1. a morosidade e a ausência de resoluções *ad referendum*; 2. a instituição de *regras preventivas* contrárias à entrada de outros judeus, parentes das crianças órfãs; 3. a disposição do governo brasileiro de lhes dar *um destino compatível com as necessidades de sua educação*, ou seja, de entregá-las aos cuidados da Cruz Vermelha e não a famílias que lhes garantissem um lar judaico, com valores similares àqueles sustentados por seus pais, exterminados pelos nazistas. Em síntese: todos esses itens atestam os interesses seletivos do governo brasileiro, predisposto a não assumir (nem em caráter emergencial) o apelo de resgate das crianças judias. Nossas autoridades simplesmente deram tempo ao tempo, interessadas que estavam em resguardar a imagem do Brasil diante dos demais países-membros da Liga das Nações, principalmente dos Estados Unidos, da Grã-Bretanha e da França.

Quando o Brasil emitiu sua resposta oficial dispondo-se a participar do resgate de crianças órfãs, Hitler já havia se suicidado (abril de 1945) e a Alemanha capitulado (maio de 1945), fatos que encerravam a trajetória do Terceiro Reich. Abria-se um novo capítulo na história dos refugiados e da humanidade, que, no pós-guerra, se viu obrigada a repensar seus valores éticos e morais. E nós, brasileiros, estamos apenas engatinhando nesse árduo processo de (re)avaliação dessa nossa história contemporânea.

VII.

O Processo de Gestação da Cidadania

Os judeus, sem dúvida, não terão mais inimigos no seu próprio Estado; ora, desde que se enfraquecessem na prosperidade, e desaparecessem, é sobretudo então que o judaísmo pereceria. Minha opinião é que, como todas as outras nações, os judeus terão sempre bastantes inimigos. Mas, quando se fixarem sobre o seu próprio solo, não poderão jamais ser dispersados no mundo. Enquanto a civilização não se desmoronar, a dispersão dos judeus não poderá repetir-se.

THEODOR HERZL, *O Estado Judeu*, p. 137.

O Gerenciamento
da Anormalidade

No decorrer da Segunda Guerra Mundial, uma série de novos conceitos começaram a ser aplicados de forma a definir, sistematicamente, as relações entre indivíduo, sociedade e Estado. Encontrava-se em gestação os princípios que delimitariam a primeira etapa de um longo processo de construção da cidadania. Como cerne da questão estava o surgimento de novas categorias de indivíduos que, por alguma razão, necessitavam de ajuda internacional em consequência dos *desastres da guerra*, tema referencial para múltiplas retóricas acerca do Outro: discursos diplomáticos, políticos, acadêmicos e artísticos[1].

Constatamos que, após Auschwitz, cada cultura criou formas específicas de representação cujos registros contêm diferentes visões de mundo diante da tragédia, da morte planejada e da desordem polimorfa. Constatamos também que, ao longo da guerra, os valores tradicionais da cultura e do humanismo foram insuficientes para conter a violência humana, apesar do importante papel desempenhado pelas instituições internacionais, pelos movimentos estéticos e pelos grupos de resistência ao nazifascismo.

Uma série de encontros internacionais refazem essa trajetória que somente assumiu um caráter emergencial após o término da guerra, quando o mundo *parou* diante do impacto da violência praticada pelos nazistas. Alguns países preferiram ficar na defensiva, valendo-se de invenções verbais descompromissadas com a realidade; outros, mais idealistas, cobravam de seus *vizinhos* uma ofensiva mais arrojada de combate ao racismo e à ignorância. Normas internacionais e instrumentos jurídicos foram ensaiados na *Carta das Nações Unidas* (1945), na Declaração Universal dos Direitos Humanos e na Convenção contra o Genocídio (1948) e, finalmente, nos pactos internacionais adotados em 1966 e vigentes a partir de 1976. Após 1989, diante do processo de globalização, novos desafios se apresentaram somando-se aos outros ainda não solucionados[2].

O pós-guerra foi também marcado pela reacomodação dos dois grandes protagonistas do final do conflito mundial (União Soviética e Estados Unidos), que – envolvidos pelo confronto ideológico desencadeado pelo *expansionismo soviético* e pelo *imperialismo americano* – tentavam, cada qual à sua

---

1   L. Richard, *L'Art et la Guerre*, Paris: Flammarion, 1995.
2   Sobre esta trajetória, ver G. V. Saboia, O Brasil e o Sistema Internacional de Proteção dos Direitos Humanos, em A. do Amaral Júnior; C. Perrone-Moisés (orgs.) *O Cinquentenário da Declaração Universal...*, p. 219-223; H. Rattner (org.), *Brasil no Limiar do Século* XXI.

maneira, impor-se hegemonicamente. Os Estados Unidos detinham uma série de vantagens econômicas, políticas, militares e diplomáticas, que foram consubstanciadas com a criação da Organização das Nações Unidas em 1946. Um fato favoreceu essa posição de liderança dos Estados Unidos: o de possuírem, em grande parte, o monopólio dos estoques de alimentos e do capital destinado à reconstrução da Europa e ao sustento dos milhões de refugiados e deslocados de guerra alojados em espaços improvisados pelas organizações internacionais[3].

Os países europeus encontravam-se desgastados economicamente pela guerra, situação que favorecia o comércio e as finanças dos Estados Unidos, interessados em coordenar a (re)estruturação dos mercados europeus[4] e o processo de desarmamento continental, primeiro passo para o desarmamento mundial. Aliás, essa foi uma das razões que induziu o governo norte-americano a confirmar o nome de Oswaldo Aranha – então representante do Brasil no Conselho de Segurança da ONU – para a presidência da I Assembleia Geral da ONU em 1947[5].

Árdua caminhada essa da reconstrução do mundo no pós-guerra que, por suas implicações históricas, tem seu trajeto ligado a dois fenômenos que marcaram a história do século XX: o da Guerra Fria e o do fim da Diáspora do povo judeu. Entre 1943 e 1950, o debate sobre os refugiados políticos assumiu caráter de *ensaio preliminar* em direção ao amadurecimento dos conceitos de cidadania e de democracia. A Europa encontrava-se marcada pelo processo de fragmentação do seu território, depauperada pelos conflitos étnicos, pelo nacionalismo exacerbado e pela dimensão do fluxo dos refugiados. Esse – inchado, cada vez mais, pelos espasmos de xenofobia e de terror praticados pelos nazifascistas – recebia novos figurantes: os deslocados de guerra (displaced persons – DPS) e os sobreviventes do Holocausto.

Entre 1943 e 1950, o termo *deslocados de guerra* assumiu um sentido técnico entre os membros das instituições oficiais internacionais, e alguns países, mais otimistas, optaram por chamá-los de *refugiados a curto prazo* (*short-term refugees*). Simultaneamente ao aparecimento físico destes *seres deslocados*, os governos intolerantes acionaram estereótipos e metáforas de forma a inseri-los no discurso político e antissemita em circulação. Para alguns intelectuais brasileiros,

---

3   Ver P. G. F. Vizentini, *Da Guerra Fria à Crise 1945-89*, 3. ed., Porto Alegre: Ed. da UFRGS, 1996; idem, A Guerra Fria, em D. A. Reis Filho et al. (orgs.), *O Século XX.*, v. 2, p. 197-225; E. de Barros, *A Guerra Fria*, São Paulo: Atual, 1984; E. Thompson et al., *Exterminismos e Guerra Fria*, São Paulo: Brasiliense, 1985.

4   A reestruturação do mercado financeiro dos EUA deu origem à proclamação da Doutrina Truman, em 12 de março de 1947, e ao lançamento do Plano Marshall, em 5 de maio de 1947.

5   Em 1º de fevereiro de 1947 – após um ano de dedicação às atividades empresariais da sua firma de importações Gastal S.A. –, Aranha foi nomeado por Raul Fernandes, ministro das Relações Exteriores, para representar a delegação do Brasil na ONU no lugar de Pedro Leão Velloso, subitamente falecido, e no Conselho de Segurança daquela organização. Pelo acordo de *rotatividade*, caberia ao Brasil a presidência daquele Conselho. Assim, Aranha chefiou a I Delegação Brasileira à I Sessão Especial da Assembleia Geral da ONU, tendo seu nome confirmado pelos EUA para presidi-la. Ver I. Beloch; A. A. de Abreu (coords.), *Dicionário Histórico-Biográfico Brasileiro*, v.1, p. 185; Nomeação da delegação do Brasil à Assembleia Geral das Nações Unidas. Telegrama n. 20 de Exteriores para a Delegação do Brasil no Conselho de Segurança da ONU, Rio de Janeiro, 11 out. 1946, v. 79/3/14, AHI/RJ.

47. Prisioneiros de guerra e sobreviventes de campos de concentração, presos por suas convicções políticas e religiosas.

intérpretes do fenômeno imigratório do pós-guerra, esses indivíduos nada mais eram do que "um rebutalho humano, sem profissão, sem dignidade, em cujo seio figuravam indivíduos tarados, propagandistas ocultos de ideologias reacionárias e altamente perigosos ao nosso país"[6].

Para os representantes do Itamaraty, os refugiados eram uma *massa de elementos exóticos* cuja entrada deveria ser dificultada. Alegavam que mal haviam resolvido *o quisto da imigração japonesa* e que não desejariam agravar tal situação com a entrada de elementos judeus, embora gente capaz e de trabalho, mas em geral, com fraco poder de assimilação[7].

Segundo Fischel de Andrade, estudioso dessa questão, a expressão *displaced persons* deixou de ser empregada no Direito Internacional a partir de 1950, ainda que utilizada coloquialmente para definir *grupos numerosos que necessitavam de assistência e vivenciavam situações semelhantes (refugee-like situations)*. Foi quando surgiram no cenário internacional outros figurantes expressivos das preocupações que inquietavam as nações vitoriosas do pós-guerra: os *dissidentes políticos inocentes*. Essa classificação atendia aos princípios das potências ocidentais, que defendiam o direito de livre escolha de domicílio, em

6   J. Caracas, Imigração Holandesa e Italiana, *Revista de Imigração e Colonização*, v. 1, p. 73-74.
7   Telegrama do Ministério das Relações Exteriores à Delegação do Brasil junto às Nações Unidas, Rio de Janeiro, 14 jan. 1946, v. 79/4/9, AHI/RJ.

oposição aos países do Leste Europeu, que pretendiam restringir ao mínimo a imigração e ampliar ao máximo a repatriação. Nesse caso incluíam-se os *países de origem*, interessados em tornar demasiadamente elástico o conceito de *criminosos de guerra* e *colaboracionistas*, aos quais se aplicava o princípio de repatriação compulsória, por não se beneficiarem da proteção da OIR. Prevaleceu o ponto de vista norte-americano e inglês, que adotava um conceito bastante restrito de refugiado político[8].

No final do século XX e no início do século XXI, infelizmente, as expressões *refugiados* e *deslocados* voltaram a ocupar o noticiário internacional: temos, na atualidade, os refugiados de Kosovo, os refugiados palestinos, entre outros. Podemos considerar que questões de fundo não resolvidas desde o pós-guerra voltam a incomodar a humanidade, reeditando o conceito de *limpeza étnica* e o conflito gerado pela partilha da Palestina. Situações como essas mostram que a árdua luta em prol dos direitos humanos e da consolidação da democracia ainda não terminou. O mundo continua prensado pela dicotomia da ordem (ora do direito interno, ora do direito internacional) agravada pelo retorno do racismo e da marginalidade, fontes clássicas da violação dos direitos humanos[9].

Os deslocados de guerra

No final da década de 1940, a questão dos direitos humanos parecia mais uma questão de tempo: tempo para a rendição de Hitler, para a reconstrução, para o retorno à normalidade. Movido por essa expectativa, Roosevelt – que continuava liderando as conversações – convocou uma conferência para tratar da situação da *nova categoria* de cidadãos: os *deslocados de guerra*. Entre 19 e 29 de abril de 1943, Bermudas abrigou uma reunião do Comitê Intergovernamental, que, no final do encontro, teve suas competências ampliadas em duas direções: do direito individual (*ratione personae*) e do direito material (*ratione materiae*). Ao anunciar o perfil desse fenômeno populacional – emigração forçada por questões de raça, religião ou ideias políticas –, o Comitê Intergovernamental estendeu sua atenção a todos os indivíduos que, em decorrência do estado de guerra, foram obrigados a deixar seu país por correr perigo de "toda e qualquer proteção jurídica, manutenção e assentamento em algum país de acolhimento"[10].

---

8 Cartas-telegrama n. *3* e n. *35*, de Pedro Leão Velloso, delegado do Brasil nas Nações Unidas, para o MRE, Nova York, 22 jun./1º nov. 1946, v. 79/3/4, AHI/RJ.
9 G. V. Saboia, op. cit., p. 221.
10 E. Reut-Nicolussi, Displaced Persons and International Law, 73 (II), *Recueil de Cours de l'Académie de Droit Internacional* (1948), p. 3; O Direito Internacional dos Refugiados: Características e Desenvolvimento na América Latina, em A. A. C. Trindade (ed.), *A Proteção dos Direitos Humanos nos Planos Nacional e Internacional: Perspectivas Brasileiras* (Seminário de Brasília, jul. de 1991), São José/Brasília: IICH-Friedrich-Naumann Stiftung, 1992; P. Weis, The International Protection of Refugees, *The American Journal of Internacional Law* (1954), v. 48, n. 2, p. 209, apud J. H. Fischel de

A partir de 9 de novembro de 1943, o assunto ganhou forças quando, em Washington, os representantes de 44 países – dentre os quais estava o Brasil – assinaram o Acordo de Criação da Administração das Nações Unidas para o Socorro e a Reconstrução, que deu origem à UNRRA, organização internacional que antecedeu a Organização das Nações Unidas. O surgimento da UNRRA deve ser interpretado como uma resposta aos apelos das organizações judaicas preocupadas com o destino dos judeus alemães perseguidos pelos nazistas. Posteriormente, ampliou seu raio de ação, procurando atender a todas as pessoas que haviam sido obrigadas a abandonar seu país ou local de origem ou de residência anterior, ou que haviam sido deportadas por causa de sua raça, religião ou ideologia[11].

A UNRRA acabou por substituir o Comitê Intergovernamental e o Alto Comissariado da Liga. Desde sua criação, ficou estipulado que essa instituição cuidaria de dar assistência material e pessoal aos refugiados, procurando facilitar o processo de repatriação e a reacomodação daqueles que haviam *perdido o seu Norte*. Pontos referenciais teriam de ser reavaliados no coletivo: relações com a pátria-mãe, identidade nacional, a imagem do lar destruído, a dignidade humana etc. Mas a UNRRA somente entrou em atividade após o encerramento dos conflitos bélicos, momento em que transitavam pela Europa cerca de vinte a trinta milhões de apátridas, dos quais onze milhões eram deslocados de guerra.

O rescaldo da guerra – deslocados e refugiados do nazifascismo – carecia de soluções imediatas. Desprovidos de documentos, esses cidadãos dependiam da ajuda das organizações internacionais que elaboravam programas de socorro e comitês de estudos com o objetivo de se chegar a um concenso. Um grupo de peritos foi nomeado pelo Comitê Intergovernamental para estudar uma solução que favorecesse a circulação desses indivíduos pelos *países de trânsito* e *de acolhimento*. Na ausência de uma nova proposta, cada país optou por resolver o problema de acordo com seus princípios, ou seja, de acordo com a ordem interna. Lideradas pelos Estados Unidos, as nações aliadas clamavam por soluções emergenciais valendo-se de um amplo aparato de propaganda. Imagens do horror praticado pelos nazifascistas, o genocídio do Holocausto, prestavam-se para chamar a atenção do mundo, que insistia em dizer que *de nada sabia*. Vozes britânicas distoantes e isoladas clamavam, para que os judeus fossem recebidos na Palestina. Lorde Strabold, da Câmara dos Lordes, apelava: "Não devemos completar o trabalho que Hitler não conseguiu terminar abandonando os sobreviventes"[12].

Andrade, O Direito Internacional dos Refugiados…, em A. do Amaral Júnior; C. Perrone-Moisés (orgs.), op. cit.,p. 78-79, 105.

11 A UNRRA estava sujeita à autoridade do Supreme Headquarters Allied Expeditionary Forces- Shaef (Quartel-General Supremo das Forças Expedicionárias Aliadas) na Europa. Durante seus quatro anos da sua existência foi dirigida por Hebert Lehman, ex-governador de Nova York, sucedido em março de 1946 por Fiorello La Guardia, ex-prefeito da cidade de Nova York que, por sua vez, foi seguido pelo major General Lowell Ward, no início de 1947.

12 Refugiados de Guerra e Apátridas da Europa (Londres, 7 R.), *O Estado de S.Paulo*, 8 fev. 1945, p. 2.

Esse momento coincide com o final da Segunda Guerra Mundial e com os preparativos para a 1 Assembleia Geral das Nações Unidas, programada para ser realizada em Londres, entre os dias 10 de janeiro e 14 de fevereiro de 1946, em uma primeira etapa. O Brasil, por sua vez, também vivenciava momentos de transição em decorrência da queda de Getúlio Vargas em 29 de outubro de 1945. De ditadura inspirada nos paradigmas fascistas, o governo brasileiro ingressava na era da Guerra Fria, comprometido com o discurso dos Aliados. Situação incômoda principalmente porque a questão dos refugiados judeus e dos sobreviventes do Holocausto era tema para os futuros debates da Organização das Nações Unidas, em processo de gestação.

Essa realidade, talvez, tenha interferido na composição da comissão brasileira envolvida com os preparativos para Assembleia. O comitê brasileiro vinha sendo chefiado, até então, por Cyro de Freitas Valle (1896-1969), cuja trajetória diplomática e perfil antissemita não devem ser negligenciados. Freitas Valle, em momentos críticos para os judeus perseguidos na Europa ocupada, posicionou-se contra a emissão de vistos pelos diplomatas brasileiros aos *semitas*, definidos como indesejáveis. Foi um persistente defensor da prática das circulares secretas, que bloqueavam a entrada dos refugiados no Brasil. Em 1939, por exemplo, na condição de embaixador na Alemanha nazista, Freitas Valle deixou de atribuir dois mil vistos a católicos de origem semítica (não arianos), cota que lhe cabia por conta da Resolução n. 39, de 23 de junho de 1939. A correspondência trocada com Oswaldo Aranha, então ministro das Relações Exteriores, entre 1937 e 1939, expressa a postura intolerante do Estado Novo[13].

Além de Freitas Valle, integravam também o comitê brasileiro, dentre outros, José Joaquim de Lima e Silva, Muniz de Aragão e Jorge Latour, ferrenhos diplomatas antissemitas do governo Vargas. Muniz de Aragão, embaixador do Brasil na Alemanha entre 1935 e 1938, foi o responsável pelo fornecimento das informações disponibilizadas pela Gestapo sobre Harry Berger (Arthur Ernest Ewert) e Olga Benário Prestes[14]. Jorge Latour, por sua vez, como diplomata em missão em Varsóvia e Roma, produziu expressivos dossiês sobre o *perigo judaico* interpretado como *um quisto no seio dos povos em evolução*. Desde 1946, Latour respondia pela presidência do Conselho Nacional de Imigração e Colonização (CIC), órgão que desde agosto de 1938 tinha dentre as suas atribuições *preservar a constituição étnica do Brasil*, além de examinar a situação dos judeus como uma questão de segurança nacional: um problema político[15]. Zeloso dessa

13   Cf. M. L. T. Carneiro, *O Anti-Semitismo na Era Vargas*, p.123-127, 155-159, 185-189; A. Milgram, *Os Judeus do Vaticano*; F. Koifman, *Quixote nas Trevas*, p. 35.

14   Cito o expressivo contéudo de um ofício expedido por Muniz de Aragão, da Embaixada do Brasil em Berlim, ao chanceler José Carlos de Macedo Soares, informando-o sobre a atuação de Olga Benário na Alemanha. Declarou-se também "vigilante ao serviço de vistos em passaportes de judeus que se destinassem aos portos brasileiros". Ofício de Muniz de Aragão, embaixador do Brasil em Berlim, para Macedo Soares, ministro das Relações Exteriores. Berlim, 24 abr. 1936, apud F. Morais, *Olga*, 4. ed., São Paulo: Alfa-Omega, 1985.

15   O Conselho de Imigração e Colonização (CIC) foi regulamentado pelo decreto n. 406, de 5 de maio de 1938, e o decreto n. 3.010, de 20 de agosto de 1938. Sobre a atuação antissemita desse órgão, ver M. L. T. Carneiro, *O Anti-Semitismo na Era Vargas*, p. 447.

missão, Latour emitiu mais duas circulares secretas em 1946, período que coincide com sua participação na Comissão Brasileira para a I Assembleia Geral das Nações Unidas.

Para decepção desse segmento do Itamaraty, foi indicado para chefiar o comitê brasileiro o ex-embaixador Luiz Martins de Souza Dantas, apoiado por Frederico de Castello Branco Clark, então embaixador brasileiro na França. Segundo o historiador Fábio Koifman, essa nomeação provocou a reação de Freitas Valle, que ameaçou deixar a delegação, sendo contido pelas promessas do ministro Pedro Leão Velloso de que a presença do ex-embaixador era apenas *formal*[16]. Souza Dantas fora mantido no ostracismo desde o seu retorno ao Brasil em 1944, após internamento por 14 meses na cidade alemã de Bad Godesberg. Nessa mesma ocasião, estivera prisioneiro, a seu lado, o diplomata Paulo Carneiro, cujo nome foi também indicado para a delegação brasileira em Londres[17].

Ao indicar Souza Dantas para chefiar a comissão, o ministro Pedro Leão Velloso colocava em evidência uma figura-símbolo da resistência ao totalitarismo, honrando a amizade que os unia desde os tempos em que serviram juntos na embaixada do Brasil em Roma. De inimigo do governo Vargas, Dantas despontava agora como uma espécie de *coringa*, carta útil em momentos históricos como aquele. No entanto, ao delegar a condição de líder da comissão a Souza Dantas, Leão Velloso se viu pressionado por Freitas Valle, interessado no esvaziamento das atribuições do ex-embaixador de Paris. Os princípios intolerantes sustentados por Freitas Valle, ao longo de sua carreira e, mais especificamente, por ocasião de sua atuação diplomática em Berlim, explicam seu inconformismo. A missão era histórica e ele não pretendia dividi-la com alguém que não havia compartilhado do ideário sustentado durante o Estado Novo[18].

A correspondência trocada entre Freitas Valle e o chanceler Leão Velloso, entre 26 de dezembro de 1945 e 22 de fevereiro de 1946 – data de encerramento da primeira etapa dos trabalhos da I Assembleia Geral das Nações Unidas – expressa o clima de tensão e de desafeto que pairava contra Souza Dantas. Jogo político por poder. Independentemente dessas intrigas de bastidores, as instruções do Ministério das Relações Exteriores deixam evidentes os procedimentos a serem assumidos diante da questão dos refugiados. Elas

---

16 F. Koifman, op. cit., p. 410-417.

17 Lembramos que o ex-embaixador Luiz Martins de Souza Dantas havia sido acusado de ilegalidade na atribuição de vistos, muitos dos quais concedidos a judeus refugiados do nazismo. Os trâmites burocráticos do processo de sua aposentadoria, decretada em 9 de maio de 1941, só foram interrompidos pelo fato de Souza Dantas ter sido preso pelos nazistas, que invadiram a embaixada brasileira em Vichy, no dia 12 de novembro de 1942. Após ter enfrentado os nazistas, foi preso juntamente com outras 29 pessoas (diplomatas brasileiros e suas famílias) e internado na Alemanha por quatorze meses, a partir de 5 de fevereiro de 1943. O grupo ficou na cidade de Bad Godesberg, para onde foram levados também outros diplomatas hispano-americanos. Seu retorno ao Brasil, em 13 de maio de 1944, após ter sido trocado por prisioneiros alemães em Lisboa, foi seguido de homenagens *constrangedoras*, incômodas a Vargas, cujo governo não se identificava com as democracias liberais e, muito menos, com as ações humanitárias praticadas por Souza Dantas. Segundo Koifman, a inscrição do nome de Dantas no Livro de Mérito só ocorreu sete meses após sua chegada ao Brasil, ficando evidentes as intenções oficiais de esvaziamento da cerimônia e os propósitos de desprestigiar o embaixador. F. Koifman, op.cit., p. 408-409.

18 Cf. documentação citada por F. Koifman, op.cit, p. 410-418.

O Processo de Gestação da Cidadania   351

48. Lisboa, 1944: Embaixador Luiz Martins de Souza Dantas (ao centro de mantô cinza e gravata borboleta), no aeroporto após ter sido trocado por prisioneiros alemães, após quatorze meses, iniciados em 5 de fevereiro de 1943, de "internação".

foram encaminhadas em 19 de janeiro de 1946, portanto, cinco dias após o pronunciamento do histórico discurso de Souza Dantas na Primeira Sessão Ordinária da Assembleia Geral das Nações Unidas[19]

Em 16 de fevereiro de 1946, foi estabelecido o Comitê Especial de Refugiados e Deslocados, que elaborou o projeto de criação da Organização Internacional para os Refugiados (OIR), aprovado em 15 de dezembro de 1946. O resultado da votação na Assembleia Geral da ONU expressa as tensões ideológicas que pontuavam a questão: dezoito abstenções, trinta votos a favor e cinco contra[20]. Nesse mesmo dia, foi também aprovado o Acordo sobre Medidas Provisórias a Serem Tomadas Concernentes aos Refugiados e Deslocados, que exigiu a criação de uma Comissão Preparatória para a OIR. Oito países assinaram imediatamente a constituição desta: Guatemala, Canadá, França, Estados Unidos da América, República Dominicana, Sibéria, Honduras e República das Filipinas. Para a efetiva criação da OIR,

19 Souza Dantas foi o primeiro brasileiro a proferir um discurso na ONU, logo após o pronunciamento de James Francis Byrnes, secretário de Estado norte-americano. Uma cópia do discurso de Souza Dantas encontra-se reproduzido, na íntegra, em F. Koifman, op. cit, p. 493-495.
20 Memorando de R. Bittencourt, 2º secretário geral do MRE, para o chefe da Comissão de Organismos Internacionais, Rio de Janeiro, 4 fev. 1947, Lata 1.987, Maço 36.313, AHI/RJ. Sobre a constituição da OIR, ver Constitution of International Refugee Organization, de 15 dez. 1946, 18, *United Nations Treaty Series* (1948), p. 3-23.; J. H. Fischel de Andrade, op. cit., p. 111, 199n.

seria necessário que quinze países, pelo menos, ratificassem sua adesão. Os votos contrários foram os dos países de origem da maioria dos refugiados, isto é, Rússia, Ucrânia, Bielorrússia, Polônia e Iugoslávia.

Falava-se em uma estratégia russa e polonesa para sabotar e atrasar o funcionamento da OIR e deixar que, sob a pressão interna da economia, "o governo norte-americano sacrificasse idealismo e conveniências políticas às duras realidades orçamentarias"[21]. Ao mesmo tempo, a Iugoslavia, apoiada pelos países latino-americanos (exceto a Colômbia), solicitava à ONU a formação de um subcomitê especial para investigar a situação dos refugiados na Europa. A Inglaterra, os Estados Unidos e a França interpretaram essa moção como uma *acusação disfarçada à administração dos refugiados pelas forças militares de ocupação e pela* UNRRA. Portanto, as dúvidas e indecisões por qualquer uma das partes eram sempre imputadas ao contexto político da Guerra Fria. Até então, o governo brasileiro – que ainda não havia aderido à OIR – estava preocupado com três questões básicas:

A. a imagem do Brasil diante das grandes potências vitoriosas;
B. a sua *quota de contribuição na* OIR, que, a seu ver, poderia aumentar, representando apenas uma taxa mínima;
C. a promessa feita por João Alberto, presidente do Conselho Nacional de Imigração e Colonização, ao escritório (de Washington) do Comitê Internacional dos Refugiados, de que o Brasil receberia sessenta mil refugiados. Nesse item, o Itamaraty suspirava com um certo alívio, ainda que apreensivo pois "parecia não ter havido um acordo, na verdadeira extensão da palavra, senão, mais propriamente, certos entendimentos"[22].

Diante desse impasse (verba e recepção de refugiados), o Brasil absteve-se de votar, atitude que motivou uma *nota verbal* da embaixada dos Estados Unidos, que manifestava a "esperança de que o Brasil venha a subscrever a Constituição da OIR", pois, na opinião do governo norte-americano, "o problema dos refugiados e pessoas deslocadas constitui um dos mais urgentes e importantes do período do pós-guerra". Um recado subliminar foi dado pela autoridade norte-americana: "a tendências imigratória da OIR parecia ser aquela ditada por nossos interesses mais legítimos"[23]. Mas o que realmente agradou à delegação do Brasil durante os debates na Assembleia Geral da ONU é que o problema dos refugiados havia sido tratado eminentemente

---

21 Opinião emitida por Oswaldo Aranha, delegado do Brasil nas Nações Unidas, em seu ofício dirigido ao chanceler Raul Fernandes, Nova York, 30 abr. 1947, Lata 1.897, Maço 36.314, AHI/RJ.

22 Memorando de R. Bittencourt, 2º secretário geral do MRE, para o chefe da Comissão de Organismos Internacionais, 4 fev. 1947, p. 2, 8.

23 Nota Verbal n. 316, da Embaixada dos Estados Unidos da América para o MRE, Washington, 28 jan. 1947, Lata 1.987, Maço 36.313, AHI/RJ.

O Processo de Gestação da Cidadania   353

"sob o ângulo imigratório e não de um ponto de vista acadêmico, social, humanitário ou exclusivamente político" (sic)[24].

Na opinião de Pedro Leão Velloso, chefe da delegação do Brasil na ONU que antecedeu a entrada de Oswaldo Aranha, a OIR interessava de perto ao governo brasileiro por ter a seu encargo a preparação e a execução da imigração coletiva. Velloso chegou, inclusive, a sugerir, em julho de 1946, que o Brasil participasse como membro do comitê executivo da OIR a ser composto por nove países eleitos bienalmente: os *big five*. Considerava como concorrentes do Brasil alguns *países de origem* dos refugiados, tais como Polônia, Iugoslávia, Tchecoslováquia, além de Bélgica e Holanda[25].

A sugestão da secretário geral para o chefe da Comissão de Organismos Internacionais foi de que o Itamaraty adiasse o seu pronunciamento até que todos os órgãos brasileiros opinassem a respeito: Ministério da Fazenda, Ministério da Agricultura, Conselho de Imigração e Colonização, Ministério das Relações Exteriores e Presidência da República[26]. Uma única dúvida pairava no ar: – *Conviria ao Brasil fazer parte da Organização?*

O primeiro parecer antissemita não demorou a ser emitido e assinado por A. Camillo de Oliveira, chefe do Departamento Político e Cultural do Itamaraty. O teor de sua retórica merece aqui ser reproduzido, pois espelha muito bem a mentalidade intolerante da maioria dos diplomatas brasileiros:

> A mim, me parece que não convirá. É sabido que entre os milhares de refugiados e pessoas deslocadas, cujo futuro depende da OIR, há um número considerável de judeus, de doentes, de gente sem lei nem rei, que seremos obrigados a receber, a reboque de um número muito limitado de imigrantes de real utilidade para nós. Não será melhor que destinemos tão respeitável soma de dinheiro ao fim de encaminhar para o Brasil o imigrante originário das nossas fontes tradicionais de emigração, selecionado por nós para o povoamento do *hinterland* brasileiro? O que tenho lido sobre a gente que forma o grosso dos atuais campos de refugiados na Alemanha não autoriza opinar em favor da nossa adesão à OIR[27].

Independentemente da adesão do Brasil, a Comissão Preparatória foi instalada em 31 de dezembro de 1946 e atuou entre 1º de julho de 1947 (após a extinção oficial do Comitê Intergovernamental e da UNRR) e 20 de agosto de 1948 (quando a OIR entrou em operação)[28]. Apesar de seu *caráter provisório*,

24   Memorando de R.. Bittencourt, 2ª secretário geral do MRE para o chefe da Comissão de Organismos Internacionais, 4 fev. 1947, p.6.
25   Carta –telegrama de Pedro Leão Velloso, chefe da Delegação do Brasil junto a ONU para o MRE. Nova York, 17 jul. 46, v. 79/3/4, AHI/RJ.
26   Ofício de Raul Fernandes,ministro das Relações Exteriores para o General Eurico Gaspar Dutra, presidente da República, Rio de Janeiro, 19 de março de 1947, Lata 1.897, Maço 36.314, AHI/RJ.
27   Ofício de A. Camillo de Oliveira, chefe do Departamento Político e Cultural para secretário geral do MRE, Rio de Janeiro, 14 fev. 1947, Lata 1.897, Maço 36.314, AHI/RJ (em destaque no original).
28   Competia à OIR todas as responsabilidades anteriormente outorgadas ao Alto Comissariado da Liga e ao Comitê Intergovernamental. A OIR deveria cuidar de repatriação; identificação, registro e classificação; auxílio e assistência; proteção jurídica e política; transporte; reassentamento e restabelecimento de pessoas sob o seu mando. J. H. Fischel de Andrade, op. cit., p. 113.

49. Sobreviventes da Marcha da Morte, provenientes do campo de Lódz, dirigem-se para Berlim em busca de refugio, em 1945.

a OIR só encerrou suas atividades em 28 de fevereiro de 1952, ao ser substituída pelo ACNUR, órgão adaptado às novas situações e conflitos do pós-guerra[29]. Dos 418.371 refugiados que receberam assistência da OIR até o primeiro semestre de 1950, 113.900 eram de origem polonesa, 93.686 dos países bálticos (Estônia, Letônia e Lituânia), 60.342 ucranianos e 21.271 iugoslavos. Calculava-se que uma quarta parte desses refugiados era constituída de judeus[30].

Nesse *interregno*, o governo brasileiro ainda relutava em aderir à OIR, além de não acenar com qualquer possibilidade de abrir as portas à emigração judaica. Hélio Lobo – como representante *honorário* do Brasil em Londres – procurava acobertar a imagem de país racista, alegando que a seleção aos imigrantes se pautava apenas por critérios econômicos. O Brasil continuava a sustentar a *política das aparências*, ainda que interpelado oficialmente pelo Congresso Mundial Judaico, pelo governo norte-americano e pela ala dos deputados comunistas brasileiros na Câmara dos Deputados. Importante papel teve a imprensa brasileira, que, entre 1947 e 1948, cumpria sua função de formadora de opinião pública[31].

Os principais diários das metrópoles brasileiras de destino, cientes das atrocidades praticadas pelos nazistas, publicaram uma série de matérias informando sobre o drama vivenciado pelos deslocados de guerra (incluindo os judeus) nos campos de refugiados na Europa e sobre o papel da OIR como organização recém-criada. Fundamentando-se em textos produzidos pela própria OIR, os jornalistas enfatizavam o perfil profissional dos refugiados, mostrando-os como mão de obra apta para atender o mercado brasileiro: "um terço dos homens era de trabalhadores especializados, um quarto de agricultores e um oitavo exerce profissões liberais". Apesar do lento processo de construção da cidadania, a imprensa, as organizações comunitárias e os sionistas foram – ao longo dos anos de 1950 – abrindo caminho entre os racistas. Nessa reavaliação do passado, constatamos que os casos mais graves de antissemitismo sempre se registraram no campo da política imigratória que, entre 1937 e 1948 atingiu seu ponto máximo de manifestação no Brasil[32].

---

29 Fischel de Andrade apresenta uma extensa bibliografia que coloca em discussão as *reais* datas de extinção desses organismos internacionais. Para este trabalho, assumimos as datas endossadas por esse autor, quando confirmadas pela documentação do Itamaraty.

30 Imigração dos Deslocados de Guerra, Sessão Livros e Revistas, *Revista de Imigração e Colonização*, 1º sem. 1950, p. 129.

31 O jornal *O Estado de S.Paulo* publicou entre 6 e 14 de novembro uma série de artigos na coluna "A Batalha contra a Imigração"; deputados comunistas interpelaram o MRE na Câmara dos Deputados. Ver Entrada de Judeus no Brasil. Pedido de Esclarecimentos da Câmara dos Deputados, Rio de Janeiro, 2 jul. 1947, 558/99, AHI/RJ; *Aonde Vamos*, Rio de Janeiro, 3 jul.-18 nov. 1947; 30 dez. 1948; *O Jornal*, 9 jul. 1947, apud L. Senkman, op. cit., p. 293-294, 13n -16n.

32 Resenha extraída de uma publicação da OIR sobre a imigração dos deslocados, *O Dia*, Curitiba, 7 mar. 1950; L. Petry, Imigração: Problema Importante, *Correio do Povo*, Porto Alegre, 10 mar. 1950; R. M. Barreto, Trabalho e Imigração, *Diário de São Paulo*, 30 mar. 1950; Entrevista com Giulio Mombelli, cônsul geral da Itália em São Paulo, *Jornal de Notícias*, 31 mar. 1950; Entrada de Imigrantes: Dados Estatísticos, *Diário Trabalhista*, 21 abr. 1950.

Uma Questão de Princípios

Abril de 1947: o mundo ainda tentava se adaptar às novas siglas e personagens que ocupavam o cenário da Europa em reconstrução. As populações desalojadas que se encontravam acampadas na Alemanha sofriam pressão para que retornassem a seu país de origem devido à iminência de uma crise no sistema que lhes garantia auxílio e manutenção[1]. Até então, o exército norte-americano dividia com a UNRRA as despesas com os refugiados na zona de ocupação americana, situação que era apenas paleativa. A esperança estava na aprovação de futuros projetos de colonização para garantir o acolhimento dessa população depauperada em todos os sentidos.

A situação era de incertezas. A possibilidade de uma *crise econômica* – decorrente da redução de verbas por parte dos Estados Unidos – favorecia a opinião dos governos russo, polonês e iugoslavo, que defendiam o *princípio da repatriação* dos refugiados políticos, ainda que compulsória. No entanto, uma grande parte desses refugiados não desejava retornar a seu país de origem, que lhes acenava com condições incertas dadas suas dissidências ideológicas. Estava em questão o direito de emigração fundamentado no *princípio da livre determinação individual e escolha de domicílio*, concepção defendida pelos Estados Unidos e pela Grã-Bretanha[2].

As incertezas tornavam-se ainda mais amplas diante da perspectiva de que a UNRRA encerraria suas atividades em 30 de junho sem dar tempo à OIR de criar fundos orçamentários destinados à *repatriação* e à *emigração* dos refugiados e dos DPs. O general Clay, comandante norte-americano na zona de ocupação, ao anunciar a gravidade da situação, alertara que "a assistência do povo norte-americano, através das forças armadas dos Estados Unidos, não poderia continuar indefinidamente". Naquela região encontravam-se cerca de quinhentos mil pessoas: 153 mil poloneses, 53 mil poloneses-ucranianos, 153 mil judeus e 104 mil bálticos (incluindo letões, estonianos e lituanos)[3].

Diante desse quadro, os países representados na I Sessão da Assembleia Geral da ONU, em Nova York, foram consultados sobre suas possibilidades em programar emigração. Essa situação motivou o então presidente do Brasil, general Eurico Gaspar Dutra, a *encomendar* a Oswaldo Aranha um levantamento de opiniões sobre a imagem do Brasil no exterior, assim como da posição latino-americana e internacional acerca daquela questão. Aranha

---

1   *The New York Times*, 15 abr. 1947.
2   Ofício de Oswaldo Aranha à Raul Fernandes, Nova York , 30 abr. 1947, p.1-2.
3   Idem, p.2.

encontrava-se em uma posição favorável nos Estados Unidos como empresário da firma de importações Gastal s.a., ex-embaixador do Brasil nos EUA e ex-ministro das Relações Exteriores. Não lhe seria difícil ouvir a cúpula política e empresarial daquele país, assim como a imprensa norte-americana, sendo sua presença nos EUA antecipada por um convite da *Time Magazine* para participar do Council of World Affairs (Cleveland) em janeiro de 1947.

Essa *encomenda* resultou em um extenso documento, produzido por Oswaldo Aranha, que demonstrava ser negativa a imagem do Brasil no exterior, avaliada pela mínima extensão dos seus princípios humanitários e políticos. Esclarecia, em uma primeira instância, que os círculos internacionais "duvidavam seriamente da existência de uma política imigratória coerente e decidida no governo brasileiro". Em sua opinião, alguns fatos haviam colaborado para esse julgamento: a relutância do Brasil em aderir à OIR, a revogação das disposições liberais contidas na nova lei de imigração promulgada em setembro de 1945, a timidez e a inatividade do governo no planejamento da imigração[4].

Aranha definiu essa incoerência da política imigratória brasileira como um *zigue-zague*: *estávamos* (na maior parte dos anos de 1930 até o final da guerra), *saímos* (no pós-guerra até 1947) e *voltamos* (em 1947) a uma *fase racista, restritiva e confidencial*. Entre um e outro período racista, vivenciamos uma fase liberal (*logo no pós-guerra*), em que abundaram declarações oficiais favoráveis a um ataque amplo ao problema do despovoamento. Portanto, era inadiável a definição de uma política imigratória baseada em critérios objetivos antes que *em preconceitos raciais ou políticos*. Daí Aranha dividir sua análise em duas partes, demarcadas segundo o *conflito de opiniões* e as *diversas alternativas* que se apresentavam em matéria de política imigratória brasileira[5].

Conflitos de opiniões

Fundamentando-se em impressões de estudiosos norte-americanos, Oswaldo Aranha procurou demonstrar que a política sustentada pelo governo brasileiro era tímida e bizarra, em consequência da existência de duas *escolas de opinião*. As dúvidas pairavam sobre a urgência e a utilidade de um programa agressivo de imigração, uma baseando-se em critérios étnicos e outra, em argumentos técnico-econômicos.

Em sua opinião, o argumento da *etnia básica de nacionalidade* (sustentada pelos partidários da seleção racial) não se adequava à realidade do pós-guerra, sendo frequentemente levada a um *ridículo exagero que ameaçava degenerar numa variante mameluca do racismo ou, na melhor das hipóteses, resultava em pura e simples inércia*. A prática do princípio das etnias básicas (espanhola, portuguesa e italiana) já não era mais possível, desde há muito tempo, em decor-

4 Idem, p. 4.
5 Idem, p. 5.

rência do nacionalismo político e do colonialismo sustentado por Portugal e Espanha. Do seu ponto de vista, esses países estavam muito mais interessados em preservar o seu capital demográfico do que em incentivar a emigração.

Confirmando a prática de uma política antissemita durante o governo Vargas, Aranha ressalta que essa era a variante mais grosseira do argumento da seleção racial que se confunde com o antissemitismo, *que por tanto tempo orientou a política brasileira antes da guerra, fazendo-nos perder excelentes oportunidades de importar técnicos e cientistas e operários especializados*. Esqueceu-se o ex-ministro do Itamaraty de que foi durante a sua gestão (1938-1944) que as circulares secretas antissemitas valorizaram o *visto capitalista* como critério de seleção para os judeus refugiados do nazifascismo. Em um tom de crítica (e sem fazer uma autocrítica), Aranha comentou:

> a tentativa de selecionar a imigração judia mediante um critério puramente financeiro resultou num afluxo do elemento especulativo, que é considerado como argumento decisivo para demonstrar a inadaptabilidade social e biológica do judeu às atividades agrícolas, em que pesem experiências em contrário na Palestina e na Rússia. Segundo os partidários dessa forma virulenta de seleção racial, é necessária a maior cautela no problema imigratório, especialmente no que toca aos refugiados e populações desalojadas da Europa, para se evitar incursões de *judeus disfarçados*[6].

Criticando os resultados da aplicação do princípio da seleção segundo critérios das *etnias básicas*, Aranha reconhecia como mais racional a nova lei de imigração, de 18 de setembro de 1945, que reconhecia a importância e a urgência econômica da imigração e recomendava que "o critério propriamente racial fosse suplementado por outros critérios seletivos, a saber, o físico, o ocupacional e o social". Segundo esse critério, chegar-se-á à conclusão de que os baltas (não incluídos no conceito de etnias básicas) possuíam um nível de técnica agrícola superior ao do imigrante lusitano. Esse artifício – de aproveitamento de mão de obra especializada – estava sendo positivamente empregado pelos Estados Unidos, pela Grã-Bretanha, pela França e pela Bélgica, enquanto o Brasil se mantinha na inércia.

A segunda *corrente de opinião* seria aquela que, por estar fundamentada em argumento de ordem técnico-econômica, mereceria mais atenção por se revestir de um caráter científico. Os partidários desse grupo defendiam a ideia de que o aumento de produtividade média ou marginal da mão de obra no Brasil dependia muito mais do *apressamento da formação de capital, expresso principalmente em termos de energia elétrica ou mecânica por trabalhador* do que da necessidade de movimentos imigratórios. Aranha concorda que há boa dose de verdade nesse argumento, que enfatiza a existência de potencial interno estagnado e que poderia ser reaproveitado. O problema de escassez de braços na agricultura poderia ser resolvido *não por adição de novos trabalhadores, mas*

6   Idem, ibidem. (Grifo nosso.)

O Processo de Gestação da Cidadania   359

por mecanização e adubagem, melhoramentos técnicos e dietéticos que aumentariam o rendimento da terra e do lavrador.

Na opinião de Aranha, nenhum desses argumentos justificavam a vacilação e o *purismo* do governo brasileiro em matéria imigratória. Esta, se devidamente orientada e planejada, poderia exercer o mesmo papel dinâmico que exerceu nos Estados Unidos e na Argentina, além de suprir a taxa anual decrescente de crescimento populacional e a porcentagem da população economicamente produtiva em relação à população total. Ao avaliar mais detalhadamente a questão da população economicamente produtiva, Aranha cita a existência de um "abundante material para estudos desta ordem que estavam sendo preparados pelo prof. Giorgio Mortara, de cujas monografias entretanto não dispomos"[7]. Ao lado dessa sua referência, segue a anotação de um dos representantes da corrente antissemita do Itamaraty, que assinou à margem: "*Sábio, mas tendencioso, assim como um judeu que é! J. Latour*"[8].

Tanto Oswaldo Aranha como Jorge Latour referem-se ao reconhecido professor Giorgio Mortara, judeu italiano *dispensado* da Universidade de Milão em 14 de dezembro de 1938, em decorrência da aplicação das leis raciais adotadas por Mussolini. Até essa data, Mortara era professor ordinário de estatística, especialidade que continuou a desenvolver no Brasil, para onde emigrou no início de 1939, na condição de refugiado. Em 1940, foi nomeado consultor técnico do IBGE, então dirigido por José Carneiro Felipe, estratégia que dava sustentabilidade científica àquele projeto estatístico, pois, segundo estudiosos dessa área, Mortara era *um dos mais importantes pesquisadores de ciências estatísticas da Itália no início do século XX*. Deveria organizar a Comissão Censitária para as atividades do Censo de 1940, nesse momento tendo um papel marginal na definição do censo brasileiro. Ao assumir o cargo, os rascunhos dos questionários do censo, que incluíam a questão sobre raça, já "haviam sido produzidos pela comissão de consultores técnicos", segundo o próprio Mortara. Ele formou a primeira turma de demógrafos do IBGE, que, anos mais tarde, lideraram os estudos sobre estatística demográfica no Brasil. Esse foi o legado do prof. Mortara aos estudos demográficos brasileiros.

7   G. Mortara, Memories of a Life-time, em *Omaggio a Giorgio Mortara: Vita e Opera*, p. 61-94; Dispense dal servizio di personale universitario di razza ebraica, em *Il Gionale della Scuola Media*, a. VIII, n. 5, 1938; Edward Telles, *Racismo à Brasileira: Uma Nova Perspectiva Sociológica*; Roberto Schmidt de Almeida; V. L. Cortes Abrantes, O Pensamento Científico dos Pioneiros do IBGE, em R. A. Martins et al. (eds.), *Filosofia e História da Ciência no Cone Sul*, p. 418.

8   Ofício de Oswaldo Aranha a Raul Fernandes, p. 10. Esse comentário de Jorge Latour é expressivo do pensamento antissemita da elite política do governo Vargas, que teve seu continuísmo no governo Dutra. Latour será o responsável pela edição de novas circulares secretas antissemitas no pós-guerra. Ver A. R. C. Bigazzi, *Italianos: História e Memória de uma Comunidade*; M. L. T. Carneiro, *O Veneno da Serpente*.

Teorias da exclusão

Após ter apresentado uma série de dados estatísticos, Aranha concluiu em duas direções: a da *conveniência econômica do desenvolvimento de correntes imigratórias* e a da *disponibilidade em larga escala dos movimentos imigratórios italianos e eslavos*. Dentre as alternativas possíveis, tendo em vista as *disponibilidades de capital demográfico*, considerava a Itália e a Alemanha como opções positivas de fontes de correntes imigratórias. As correntes portuguesa e espanhola, apesar de atraentes, eram escassas. A imigração japonesa , a seu ver "não era desejável a não ser que efetivada em pequena escala, o que não parecia praticável em futuro imediato"[9].

Com relação à Alemanha – ainda que esta dispusesse de imenso capital demográfico –, Aranha faz algumas ressalvas apresentando sua opinião com relação aos refugiados, incluindo os judeus. Afastava qualquer possibilidade de emigração alemã "enquanto não se liquidasse o problema dos refugiados e pessoas desalojadas, que orçam em cerca de um milhão". Argumenta que "a composição étnica dos grupos era predominantemente eslava, com preponderância numérica de poloneses, seguidos pelos bálticos (letões, estonianos e lituanos), ucraniano-poloneses e iugoslavos". E, com relação à imigração judia, considerava que: "está na contingência da *solução do problema da Palestina e apresenta características especiais que tornariam necessários critérios de seleção ocupacional mais rigorosos* que os aplicados a imigrantes de outros tipos étnicos"[10].

Excluídos os judeus, os alemães (refugiados) e os japoneses, Aranha sugere dois critérios para a seleção imigratória: a *adaptabilidade social ou política* e o *rendimento econômico*. O nacionalismo exacerbado praticado pelos governos fascistas (e desfavorecido no pós-guerrra) é avaliado como uma das principais causas do baixo coeficiente de assimilação dos italianos e alemães nos países de imigração. Como etnias desejáveis, indica as do tipo mediterrâneo, especialmente o *português*, cujas solidariedade cultural e tolerância racial apressariam o necessário caldeamento. Do mesmo modo, exalta o tipo *italiano* que sempre "revelou um alto coeficiente de assimilação, que no pós-guerra será ainda aumentado pelo enfraquecimento do estado italiano e neutralização do nacionalismo agudo do período fascista"[11].

As restrições mais radicais são feitas às populações eslavas, maioria entre os refugiados judeus e os deslocados de guerra. Segundo Oswaldo Aranha, o Brasil tinha pequena experiência colonizadora com esse grupo: poloneses no Paraná e lituanos em São Paulo. Invertendo os fatos históricos – visto que os judeus não saíram de livre e espontânea vontade de seus países de origem –, o ex-chanceler brasileiro transforma os apátridas em meros dissidentes políticos e em indivíduos alterados por efeitos de uma ação exterior, ou seja: "em estado psicologicamente plástico" (sic). Com o propósito de evitar futuras

9   Idem, p. 12-13.
10   Idem, p. 13 (grifo nosso).
11   Idem, ibidem.

O Processo de Gestação da Cidadania   361

distorções dessa posição de Oswaldo Aranha, apresentamos, a seguir, essa sua afirmação na íntegra. Vale a pena ler com muita atenção:

> Certamente apresentarão condições excepcionais de adaptabilidade, por tratar-se de populações praticamente *apátridas*, que *renunciaram aos seus países de origem por motivos de dissidência política* e que se acham portanto em estado *psicológico plástico*. Nessas condições, a possibilidade de *enquistamento* político dessas populações seria negligível [12].

Com relação aos critérios técnicos e econômicos, Aranha faz novamente uma inversão de valores: a imigração ibérica é suplantada pelas populações bálticas, cujo nível técnico agrícola e educacional supera o de Portugal, apesar de ser inferior ao do italiano. Do seu ponto de vista, uma classificação dos tipos imigratórios sob o critério técnico-econômico colocaria em primeiro lugar a imigração alemã, a polonesa e, com pequenas diferenças de nível, a espanhola, a portuguesa e a iugoslava. A imigração judaica "apresentaria provavelmente uma grande heterogeneidade de níveis técnicos, dependendo da respectiva nacionalidade e distribuição ocupacional". Em síntese: o potencial demográfico para imigração em larga escala ficava "reduzido ao elemento italiano e eslavo (excluindo-se o elemento judeu, que apresenta aspectos mais complexos)" [13].

Após a apresentação dos critérios para seleção do *imigrante desejável* para o Brasil, Oswaldo Aranha sugere a negociação direta com o governo italiano, negociações com o Comitê Intergovernamental para os Refugiados e adesão à OIR. Após ter enumerado as vantagens financeiras que essa organização traria para o Brasil, Aranha faz uma análise política das dificuldades enfrentadas pela Comissão Preparatória da OIR, para conseguir colocá-la em funcionamento. Com a redução dos recursos financeiros do Exército norte-americano de ocupação, a política americana havia assumido caráter restritivo, atenuando as divergências com a Grã-Bretanha. Esta condicionava sua participação na OIR a uma *mudança da política americana na zona de ocupação*: os EUA deveriam restringir a entrada dos refugiados judeus provenientes da Europa Oriental. Havia certo receio por parte dos ingleses de que esse influxo aumentasse a pressão favorável à emigração para a Palestina.

Em junho de 1947, o Brasil, representado pelo embaixador João Carlos Muniz, confirmou sua adesão à OIR na condição de vigésimo membro. Em entrevista à imprensa, declarou que o Brasil já havia aceito oitocentas famílias deslocadas "dando mais uma demonstração do seu propósito de colaborar com as Nações Unidas para a solução dos problemas do nosso tempo" [14]. Enfim, cada qual – de acordo com seus interesses – ensaiava uma solução para a questão judaica.

---

12 Idem, p. 14 (grifos nossos).
13 Idem, p.15.
14 O Brasil no Exterior. O Brasil na OIR. Recorte de jornal (não identificado), Rio de Janeiro, 26 jun. 1947, Lata 1.897, Maço 36.314, AHI/RJ.

Eretz Israel: Ensaio de uma Solução para a Questão Judaica

Desde o início dos anos de 1930, a ideia de que os judeus fossem considerados como uma nacionalidade semelhante às outras incomodava ao governo brasileiro, que, dessa forma, teria de lhes garantir um espaço particular nas cotas de imigração. Traduzindo em números, isso significava legitimar o ingresso de um grande número de cidadãos indesejáveis no país, que, na realidade, configuravam a imagem de um povo desprovido de um território.

A "solidariedade dos ofendidos e dos indignados", como muito bem lembrou L. Poliakov, sempre se prestou a instigar o antissemitismo[1]. O fato de grupos sionistas estarem se organizando nas várias capitais brasileiras para angariar fundos Pró-Palestina era considerado como *perigoso* para o Brasil, dado o caráter político dessas iniciativas. Ações como essas interrompiam o controle do Estado, que se sentia ameaçado diante do fortalecimento dos símbolos de identidade de certa minoria nacional. Sionistas e judeus comunistas eram avaliados como *grupos de risco* identificados por suas *ações de interferência, ações de solidariedade* e *ações simbólicas*. Segundo Montserrat Guibernau, estudioso dos nacionalismos no século XX, "as solitações nacionalistas das minorias são entendidas como uma ameaça à integridade do Estado"[2].

Para o Estado varguista, tanto os sionistas como os judeus comunistas eram perigosos por serem estrangeiros e *subversivos* por tradição, marcas registradas de muitos refugiados. Desse ângulo, o sionismo era interpretado como um problema interno político por proporcionar a organização de grupos clandestinos *financiados com capital internacional*. Nesse sentido, o antissionismo servia para alimentar o antissemitismo político sustentado pelo Estado, dedicado a aniquilar a identidade específica das minorias nacionais. Daí a política de homogeneização sustentada pelo governo Vargas, que colocou em confronto *nacionalismo* (Estado Nacional) versus *nacionalismos* (minorias étnicas, idiomáticas). Se, por um lado, o nacionalismo inspira ações fascistas, por outro, ele também presta-se a fortalecer a autodeterminação das minorias nacionais.

Deve-se considerar que os movimentos reivindicatórios dos judeus – tanto na Europa como na América –, além de serem uma reação ao recrudescimento do antissemitismo, são também uma tentativa de reconhecimento do grupo como nação, com cultura e identidade próprias. Assim, muitos dos judeus que emigraram para o Brasil, tornaram-se herdeiros das utopias assimiladas

---

1   *Do Anti-Sionismo ao Anti-Semitismo*, p. 37.
2   M. Guibernau, *Nacionalismos*, p. 113-114.

a partir de suas experiências adquiridas com os partidos políticos europeus. Entre 1926 e 1928, com a vinda de Aron Bergman ao Rio de Janeiro, foi organizado o Poalei Tzion (Partido Social-Democrata dos Trabalhadores) e, em 1946, era publicado no Brasil *A Luta de Classes e a Questão Nacional*, de autoria de Ber Borochov (1905). Em 1949, a organização da Pioneira Judia lançava em tradução para o português a clássica obra de Theodor Herzl, *O Estado Judeu*, traduzido por David José Pérez[3].

As atividades políticas do grupo identificado com as ideias do Bund incomodavam o governo brasileiro, pelo fato desse movimento ter crescido paralelamente ao sionismo, sendo seus representantes radicalmente antissionistas: defendiam a formação de uma região autônoma judaica na Diáspora e recusavam o hebraico em favor do ídiche. Na Rússia, atuavam em conjunto com os revolucionários; mas, após a tomada do poder pelos bolcheviques, viram decretado o fim do Bund nacional separatista. A partir daí, a Polônia tornou-se o centro dos bundistas, que ali desenvolveram ampla atividade, expandindo-se para Berlim na década de 1920. O fato de muitos judeus refugiados serem originários da Polônia e da Rússia, seu *país de emigração*, interferia negativamente na construção da imagem desses grupos, estigmatizados como *subversivos*.

Entre os anos de 1940 e 1950, o Dror – Movimento Juvenil Social-Socialista – era um dos focos de concentração daqueles que estavam preocupados em definir o conceito de povo judeu. Nacionalidade e socialismo faziam parte das questões que direcionavam seus debates, inspirados em leituras *sediciosas* (segundo o Deops/SP). Dentre os autores citados constavam Karl Renner, Otto Bauer, Lênin, Stálin, Ber Borochov, Ernest Renan e Haim Jitlovski.

Ao vivenciarem o cotidiano brasileiro dos anos de 1930, os ativistas judeus não conseguiram ocultar sua utopia aguçada pelo desencanto com o governo varguista, que, apesar de ter comandado uma revolução em prol da liberal-democracia, caminhava em direção às práticas autoritárias. Falsa revolução de 1930, expressão que, do meu ponto de vista, foi *construída* pelo grupo *vencedor* com o objetivo de justificar um golpe de Estado. Tanto assim que os órgãos de repressão e controle estadonovistas (Dops e DIP) preferiram investir contra os nacionalismos das minorias nacionais a conviver com as diferenças. Os aparelhos de vigilância foram colocados em estado de alerta, visando desarticular qualquer forma de reunião social, estratégia que exigia um alto grau de inventividade por parte dos sionistas convictos e da esquerda judaica concentrada no bairro do Bom Retiro, no caso de São Paulo. Foi assim que um segmento sionista promoveu um festival no Conservatório de

---

3   Vários destes imigrantes haviam sido membros do Bund – Allgemeine Ydische Arbeiter Bund in Lite, Polyn und Rusland (União Geral dos Trabalhadores Judeus na Lituânia, Polônia e Rússia), nascido em Vilna (Rússia) em 1897 e que cresceu paralelamente ao sionismo; outros haviam participado do Partido Operário Social Democrata Russo, criado em 1898, e do Partido Social-Democrata dos Trabalhadores (Poalei Tzion), fundado em 1906 sob a liderança de Ber Borochov, cujos escritos influenciaram a ideologia sionista-socialista. A partir de 1920, o Poalei Tzion dividiu-se em duas facções: Linke (defensora de um marxismo radical e antissionista) e Rechte (em prol de um sionismo-socialista, cujos líderes, Ben-Zvi, Ben-Gurion e Berl Katzenelson, moldaram a colonização judaica na Palestina.

São Paulo em prol do Fundo Nacional Israelita Pró-Palestina[4]. O tema proposto para a conferência inaugural a ser proferida pelo cap. Levy Cardoso colocou a polícia política em estado de alerta contra *a colonização dos fugitivos israelitas alemães na Palestina.*

Ao solicitar autorização oficial da chefatura policial, os organizadores informaram que a conferência não tinha nenhum caráter político ou religioso ou de reivindicações sociais. Destinava-se apenas "a promover moralmente o levantamento altruístico da colônia israelita residente nesta capital, para o fim de materialmente cooperarem em benefício dos seus correligionários emigrados para a Palestina"[5]. Decepcionado, o investigador Rodrigues, presente no evento, anotou em seu relatório: "Tal conferência [...] não foi nos moldes a interessar a esta Delegacia". Anexo ao relatório, foi colocado o volante de um *soirée* dançante organizado pelo Beitar, em 14 de janeiro de 1934, complementado por um texto em hebraico (sem tradução)[6]. Assim, a polícia política foi compondo, ao longo dos anos de 1930 e 1940, o perfil subversivo do grupo *idiomático ídiche*, conforme classificação anotada junto ao prontuário do Partido Comunista Brasileiro[7].

O tema da partilha da Palestina não fazia parte apenas do *menu* sionista do dossiê policial. O Itamaraty, desde setembro de 1936, já se encontrava às voltas com a questão da *conciliação entre árabes e judeus*, tema de rotina nos múltiplos relatórios políticos do embaixador brasileiro em Londres, Régis de Oliveira. Naquela ocasião, ecoavam os protestos árabes contra o sionismo, obrigando o governo britânico a encarar com habilidade as negociações políticas em curso na Palestina. Os mais sensatos procuravam harmonizar o conflito levando em consideração que árabes e judeus tinham direito à terra. A Agência Judaica para a Palestina declarava que os judeus, ao irem para a Palestina, "não desejavam nem dominar nem serem dominados", isto é, "os judeus realistas pugnam por um espírito de igualdade entre as duas raças"[8].

Manchete nos principais periódicos do mundo, a questão da região apresentava-se também como uma solução para o drama dos judeus na Diáspora. Os jornais londrinos procuravam informar a opinião pública sobre os motivos do conflitos ocorridos naquela região e que se prestavam a justificar o mandato britânico que, segundo as autoridades mandatárias, "seria mantido a todo transe"[9].

---

4   Informe de investigação de J. Rodrigues para Ignácio da Costa Ferreira, delegado da Delegacia de Política e Ordem Social de São Paulo, São Paulo, 8 jan. 1934, Doc. n. 5, Prontuário n. 2.807, Deops/sp, Apesp.
5   Requerimento de Maurício (ilegível) e Jacob Nebel ao chefe da Polícia do Estado de São Paulo, São Paulo, 2 jan. 1934, Pront. n. 2.807, Doc. n. n. 2, Deops/sp.
6   Volante *soirée* dançante Beitar, 14 de janeiro de 1934. Sede social, à Rua Amazonas, 6, Prontuário n. 2.807, Doc. n. 4, Deops/sp.
7   Prontuário n. 6899, Partido Comunista Brasileiro, Deops/sp, Apesp.
8   Ofício n. 336, de Régis de Oliveira, embaixador do Brasil em Londres, para José Carlos de Macedo Soares, ministro das Relações Exteriores, Londres, 11 set. 1936, Lata 1.041, Maços 18.220-18.233, ahi/rj.
9   A Division for Palestine, *The Times*, Londres, 9 set. 1936; Arab and Jew. A Palestine Peace Plan, *The Times*, Londres, 9 set. 1936; Palestine in Suspense, *The Times*, Londres, 9 set. 1936; Cabinet and Palestine, *The Times*, Londres, 9 set. 1936; Carrying out Mandate, *The Times*, Londres, 9 set. 1936.

Em setembro de 1939, uma conferência especial convocada por McDonald, secretário de Estado das Colônias Britânicas, chamou a atenção do mundo para o conflito árabe-judaico no Oriente Médio. Se essa conferência não desse resultado, o governo britânico "estaria com as mãos livres para determinar outra vez a política a seguir". Vozes dissidentes responsabilizavam o governo britânico pelos conflitos que lá ocorriam, há dois anos, em decorrência da Declaração Balfour e do Mandato. Segundo Régis de Oliveira, embaixador do Brasil em Londres, a tarefa de conciliação não era nada fácil, visto que "a falta de decisão do governo britânico e as reservas levantadas ao relatório da Comissão Técnica encorajavam ataques terroristas por parte dos árabes, que não compreendiam o alcance político da proposta de divisão"[10].

À tensão entre árabes e judeus encontrava-se expressa nos pedidos de ambos os lados: os árabes da Palestina pediam a cessação da imigração judaica, a proibição de vendas de terras aos judeus, a revogação da Declaração de Balfour, a renúncia do Mandato pela Grã-Bretanha e o abandono por ela do plano de criação do Estado hebraico da Palestina. Os judeus, por sua vez, queriam o cumprimento da promessa britânica quanto à soberania, a continuação do Mandato, o afastamento das atuais restrições para a imigração e a liberdade para comprar terras[11].

Em julho de 1938, o Comitê Permanente de Mandatos da Liga das Nações fez sérias objeções ao relatório da comissão britânica e ao projeto relativo à constituição dos Estados judeu e árabe. A Liga sugeria duas alternativas: 1. a organização da Palestina em cantões federados, sob o controle da potência mandatária; 2. a criação de dois mandatos separados, um para os judeus e outro para os árabes. Essas sugestões foram acatadas pelo governo britânico, que se propôs a constituir uma comissão técnica cuja tarefa seria modificar o primeiro projeto e estudar se a Palestina poderia ou não ser dividida. O embaixador do Brasil em Londres considerava que essa crise poderia ser ampliada se as autoridades britânicas não assumissem medidas enérgicas e imediatas: "só assim poderia-se garantir a sustentação da política liberal e generosa iniciada pela Declaração Balfour"[12].

O empenho das autoridades britânicas em encontrar um solução viável para a Palestina era *observado* de longe pelo governo brasileiro, que via, naquele projeto de conciliação, uma solução para o problema dos refugiados judeus. A ideia de se encontrar um *espaço ideal* para a reacomodação da

---

10 Em 1936, havia sido nomeada uma comissão para, *in loco*, buscar uma fórmula pacificadora; em julho de 1937, esta propôs a partilha da Palestina em dois Estados soberanos, um judeu e outro Árabe, e a retenção, sob o Mandato permanente da Grã-Bretanha, das áreas que compreendem os Lugares Santos. Do encontro em Londres, participavam delegados dos principais países árabes, isto é, Egito, Iraque, o Iêmem, Transjordânia e Saudi-Arábia. Ofício n. 44, de Régis de Oliveira, embaixador do Brasil em Londres, para Cyro de Freitas Valle, ministro interino das Relações Exteriores, Londres, 7 fev. 1939, Lata 1.041, Maços 18.220-18.233, AHI/RJ.

11 Idem, p. 2.

12 Ofício n. 421, de Régis de Oliveira, embaixador do Brasil em Londres, para Oswaldo Aranha, ministro das Relações Exteriores, Londres, 6 jul. 1938, Lata 1.041, Maços 18.220-18.233, AHI/RJ.

imensa massa de *deslocados sem pátria* soava positivo para o governo brasileiro. A *Terra Prometida* aos judeus pelas grandes potências poderia ser em Madagascar, Tanganica, Birobidjan, Palestina ou qualquer outro lugar. Desde que o território escolhido não fosse o Brasil, não haveria problema em apoiar qualquer projeto que fosse. Nesse sentido, a demagogia brasileira tinha seus méritos garantidos, camuflados pelo antissemitismo.

O interesse imediato do Estado brasileiro era de vigiar os judeus refugiados em território nacional e impedir que novos grupos entrassem pelos portos brasileiros ou clandestinamente pelas fronteiras sulinas. Efetivava-se, assim, a geopolítica do controle, estratégia característica dos regimes totalitários diante da mobilidades das minorias étnicas *indesejáveis*. Nesse caso, a habilidade estava em mapear o fluxo e detectar as redes de informações sustentadas pela comunidade judaica brasileira que, em conjunto com organizações sionistas internacionais, formava uma *frente de pressão* pró-Palestina.

Frentes de solidariedade e forças antissionistas

A ideia dos grupos sionistas era de sensibilizar os vários governos representados na Liga das Nações (posteriormente ONU) em prol da partilha da Palestina. Valendo-se de manifestos públicos, apelos telegráficos, cartas de protestos e artigos publicados na imprensa local, sionistas do mundo inteiro inauguraram uma corrente única a favor da criação de um lar nacional judaico. O governo brasileiro, por sua vez, procurou, por meio de uma sistemática censura postal, manter-se informado sobre essas conecções, que poderiam contrariar seus princípios étnico-políticos. Inúmeras foram as cartas interceptadas pela Censura Postal do Brasil, que mantinha agentes acampados nas sedes do Departamento de Correios e Telégrafos.

Dentre os documentos copiados e analisados pelo censor, em setembro de 1944, cabe citar um que apresentava dados demográficos de refugiados residentes no Rio de Janeiro, além de descrever o processo de manutenção das instituições de assistência a eles. Detalhes sobre operações de caixa e indicação de coleta financeira entre os judeus foram copiados ao lado da relação nominal de *administradores* da União Associação Beneficiente Israelita do Rio de Janeiro e de Buenos Aires, presididas por Paulo Zander e J. B. Lightman, respectivamente. Segundo esse relatório, residiam no Distrito Federal (RJ), em 1944, um total de 16.524 refugiados judeus classificados segundo as respectivas nacionalidades. A maioria, possivelmente, havia entrado de forma ilegal, considerando-se que, após 1942, a imigração, de

O Processo de Gestação da Cidadania   367

um modo geral, havia sido interrompida[13]. No entanto, muitos desses encontravam-se em situação ilegal por terem entrado no país portando visto de turista ou de trânsito.

População de refugiados judeus radicados no Rio de Janeiro (DF), 1944

NACIONALIDADES	TOTAL DE REFUGIADOS
Austríacos	725
Tchecoslovacos	186
Alemães	3.472
Italianos	53
Poloneses	3.697
Diversos	7.585
Apátridas	806
TOTAL	16.524

Fonte: *Correspondência confidencial apreendida pela Censura Postal do Brasil em 20 de setembro de 1944.* Relatório n. DF-21799, registro n. 83.716, 3 p., Lata 1.913, Maço 36.380, AHI/RJ.

As pressões dos grupos sionistas sobre o Itamaraty ocorreram no período imediato ao pós-guerra. O chanceler Pedro Leão Velloso, que iria chefiar a delegação brasileira na ONU, recebeu inúmeras moções de apoio e cartas de agradecimentos da comunidade judaica brasileira, atenta ao projeto da partilha da Palestina. Alguns, mais eufóricos, procuravam encaminhar ao presidente Truman votos de louvores por sua dedicação à causa dos judeus. Truman foi cumprimentado, via Itamaraty, em 3 de outubro de 1945, pela "esquerda democrática do Rio Grande do Sul" por provocar no seio das Nações Unidas a solução para o caso judaico[14]. Dois dias depois, a Nova Organização Sionista do Brasil protestou ao presidente Vargas contra a "desumana negativa do governo britânico em abrir as portas palestinenses à livre imigração judaica como solução única inadiável de Israel"[15].

Os sionistas mostravam-se apreensivos, ainda que confiantes no espírito de justiça e de humanidade que direcionava os trabalhos na ONU. A rede de solidariedade e de força sionista foi se espalhando por todo o continente americano. Sionistas convictos interpelavam as autoridades governamentais para que estas enviassem seus protestos e manifestações de solidariedade às nações (re)unidas em Nova York. Pelo rádio e por meio da imprensa judaica

---

13 Correspondência confidencial apreendida pela Censura Postal do Brasil em 20 set. 1944, Relatório n. DF-21799, Registro n. 83.716, 3 p., Lata 1.913, Maço 36.380, AHI/RJ.
14 Telegrama de Galemo Pianta, Zulnier Pinto, Orvilao Schmidt e José Antonio Aranha para o Itamaraty, Porto Alegre, 3 out. 1945, Lata 1.913, Maço 36.380, AHI/RJ.
15 Carta de Israel Scolbocov e Emil Tillinger, presidente e secretário da Nova Organização Sionista do Brasil, para Getúlio Vargas, Rio de Janeiro, 5 out. 1945, Lata 1.913, Maço 36.380, AHI/RJ.

50. Refugiado desembarca no porto de Haifa.

e nacional, os judeus do Brasil procuravam acompanhar o encaminhamento da polêmica, que, em breve, poderia lhes garantiria o *status* de nação.

A embaixada do Brasil em Buenos Aires – a fim de atender a um pedido feito pelo delegado na América do Sul da Agência Judaica para a Palestina e do Fundo de Reconstrução – remeteu ao governo brasileiro, em 22 de outubro de 1945, a cópia de uma declaração na qual os judeus argentinos apelavam para a anulação do Livro Branco da Palestina e em favor da reabilitação e do reconhecimento do povo judaico. A ideia era formar uma corrente de solidariedade chamando a atenção dos vários governos sul-americanos para a postura inflexível do governo britânico[16].

Esse angustiado *chamado* da coletividade israelita argentina – produto de um ato público realizado no dia 7 de outubro, no estádio Luna Park (Buenos Aires) –, além de reafirmar o ideário sionista, expressava a profunda dor diante da "tumba aberta de milhões de irmãos barbaramente massacrados na Europa pelo regime nazi". Movidos pelo ideal de justiça e de determinação, os sionistas argentinos pretendiam unir as fragmentadas comunidades judaicas americanas em favor de sua definitiva reabilitação, com o pleno gozo de seus legítimos direitos. A mensagem de estímulo era também direcionada à "valente e abnegada população eretzisraelita por sua heroica e dramática luta pelos sagrados e inadiáveis direitos do povo judeu sobre Eretz Israel".

A declaração foi assumindo um tom, cada vez mais firme, de protesto ao governo britânico, responsável pela manutenção do Livro Branco para a Palestina, de 1939. Esse documento era avaliado como absolutamente ilegal, não sendo jamais reconhecido pelo povo hebreu. Com o Livro Branco, a Grã-Bretanha desconsiderava os compromissos assumidos em 1917 em prol da causa sionista e não reconhecia a extraordinária obra construtiva realizada pelos judeus na Palestina nem sua enorme contribuição, igual à de todos os judeus do mundo. Segundo os sionistas argentinos, "só a Palestina poderá salvar definitivamente as centenas de milhares de sobreviventes judeus da Europa"[17].

Apelando a seus compatriotas e agradecendo o empenho do presidente Truman – nomeado de "paladino da democracia, da justiça e dos direitos humanos"–, a comunidade judaica argentina pedia que:

- [se] anulasse de imediato a vigência do Livro Branco;
- [se] abrissem as portas da Palestina a uma livre imigração judaica sem restrições de qualquer espécie;
- [se] facilitasse a constituição de um *comonwealth judio* na Palestina, terra que por direito histórico e jurídico e por sanção da justiça pertence ao povo hebreu"[18].

---

16 Declaración de la Colectividad Israelita de la Argentina con Relación al Problema de Palestina, Buenos Aires, 7 out. 1945, Anexo ao Ofício da Embaixada do Brasil em Buenos Aires para o MRE, Buenos Aires, 22 out. 1945, Lata 1.913, Maço 36.380, AHI/RJ.
17 Idem, p. 2.
18 Idem, ibidem.

A Organização Sionista do Brasil, setor São Paulo, também organizou uma grande manifestação pública em prol da abolição do Livro Branco para a Palestina. Esse encontro ocorreu na noite de 12 de novembro de 1945, no Ginásio do Pacaembu, onde compareceram "todas as classes sociais, sem distinção de credo político ou religioso". Jornalistas, sacerdotes, escritores, empresários e políticos evidenciavam em seu discurso que "todas as Nações civilizadas estavam envolvidas com a construção de um lar judaico na Palestina: era inadiável oferecer aos remanecentes judeus da Europa o único refúgio que lhes era permitido". Saudava-se a democracia mundial pela vitória "sobre as forças do mal e declarava-se solidariedade com os judeus vítimas de perseguições e sofrimentos sem par". Reconhecia-se o direito de os judeus "terem uma Pátria que lhes permitia desenvolver sua vida como povo livre e democrático, sem prejuízo dos demais povos e especialmente dos com os quais pretende conviver". O convite era para que "todos apoiassem a causa justa das aspirações do Povo Judeu"[19].

Em 11 de julho de 1946, outro comício público, organizado pelo Centro Sionista de Belo Horizonte (MG), expressou a maneira de pensar da opinião pública e democrática mineira. Segundo documento assinado por Alberto Avritzer, presidente daquele centro sionista, a população do país mostrava-se indignada com os últimos acontecimentos na Palestina. Os britânicos eram acusados de prender personalidades e seviciar milhares de *irmãos judeus*, lembrando *os métodos da Gestapo*. Clamava-se por justiça ao povo judaico, que havia dado *tributo de sangue* na guerra, na luta junto às nações aliadas contra o nazifascismo. Unidos exigiam a libertação imediata dos irmãos na Palestina, o cumprimento solene dos compromissos assumidos pela Declaração Balfour e a admissão de cem mil judeus da Europa no lar nacional judaico, conforme recomendação da comissão anglo-americana de inquérito[20].

Em 2 de julho, um manifesto contra o *terrorismo inglês na Palestina* chegou às mãos do ministro das Relações Exteriores, assinado pelo Centro Católico Maritainista, que esperava da representação brasileira na ONU uma postura de indignação por um mundo mais justo[21]. Dias depois, esse protesto foi reforçado por outro encaminhado pela Comunidade Israelita de Belo Horizonte (MG) em prol da partilha da Palestina e do estado nacional judaico[22].

19 Carta de Marcos Frankenthal, presidente da Organização Sionista do Brasil, setor São Paulo, para João Neves da Fontoura, ministro das Relações Exteriores, São Paulo, 24 nov. 1945, Lata 1.913, Maço 36.380, AHI/RJ. O MRE.
20 Esta moção, encaminhada ao Itamaraty em julho de 1946, encontra-se assinada por Alberto Deodato, senador Hamilton Nogueira, deputado José Monteiro de Castro, dr. Newton Ferreira de Paiva, dr. Francisco de Salles Oliveira, Hélio Pelegrino (Associação Brasileira de Escritores), Paulo Belfer (Centro Sionista de Belo Horizonte), Cecília Silbiger (Damas Israelitas), Gehula Boglioli (Wiza), Jaime Galinkin (Banco Israelita) e Jacob Grinberg (Juventude da União Israelita de Belo Horizonte), Belo Horizonte, jul. 1946. Lata 1.913, Maço 36.380, AHI/RJ.
21 Telegrama de Alfredo Bevilacqua, do Centro Católico Maritainista, para o MRE, Rio de Janeiro, 2 jul. 46, Lata 1.913, Maço 36.380, AHI/RJ.
22 Telegrama da Comunidade Israelita de Belo Horizonte ao MRE. Belo Horizonte, 15 jul. 1946, Lata 1.913, Maço 36.380, AHI/RJ. Assinam este documento Paulo Belfer, Alberto Avritzer, Guela Bogliolo, Kuperman, Kraiser e Siliger.

Como era de se esperar, protestos antissionistas foram emitidos por outros segmentos internacionais, demonstrando que não havia um concenso sobre o fato de Eretz Israel transformar-se no lar nacional para os judeus da Diáspora. Um radical manifesto veio por parte do acatado líder do pensamento judaico na Austrália, Isaac Isaacs, ex-governador geral. Isaacs tomou uma atitude de "desassombrada oposição aos princípios esposados pelo movimento sionista". Isaac era considerado um combatente sério e decidido da campanha contra o sionismo nos meios semitas de Cambarra (Austrália). Seus ataques ao movimento eram causticantes e refletiam a convicção pessoal de que as violências perpetradas na Terra Santa derivavam, acima de tudo, "da intransigência de chefes desatinados e arrebatados". Do seu ponto de vista, a política dos sionistas "não deveria se desviar do terreno das exigências extremas", pois seria impossível reinar a paz na Palestina[23].

Isaac Isaacs era contra a criação de um Estado judaico, assim como era contra a imigração judaica irrestrita ou o controle desta pela organização sionista. Classificava essas investidas como "um astucioso engodo para a formação do ambicionado Estado sob o domínio dos judeus"[24], tese recentemente retomada pelo polêmico historiador norte-americano Norman G. Finkelstein sob um viés antissemita, em *A Indústria do Holocausto*. Como australiano de fé judaica, Isaacs não aceitava duas nacionalidades, como não lhe era possível conceber a dualidade de religião. A simples ideia de uma nacionalidade judaica à base do fundamento racial "não passava de um eco da malograda tentativa nazista, além de reforçar o preconceito antissemita". Mas o ex-governador não era contrário a que se radicassem na Palestina "aqueles que assim o desejassem", especialmente, aqueles que sofriam perseguições da concepção hitleriana. No entanto, mantinha-se inabalável na repulsa à premissa do Estado judaico e à imigração semita irrestrita para a Palestina. Não lhe parecia necessário distinguir entre os "malefícios da dominação pelo judeu e os riscos da dominação pelo árabe". A solução estava "em aceitar o Reino Unido como árbitro justo, ao mesmo tempo que poderoso protetor"[25].

Essa posição não era unicamente de Isaac Isaacs. Décadas antes, o barão Hirsh havia inaugurado colônias sul-americanas (na Argentina e no Brasil) com o propósito de ali *criar um espaço ideal para os judeus sem pátria*, filosofia que encontrou adeptos entre as múltiplas comunidades judaicas da Diáspora, inclusive no Brasil. O conceito de *dupla nacionalidade* é ainda uma questão não resolvida entre muitos judeus que imigraram para Israel após 1948, o mesmo acontecendo com aqueles que, permanecendo em seu país de origem, se identificam como *judeus brasileiros, judeus argentinos, judeus norte--americanos* etc.

---

23   Ofício da Legação do Brasil em Cambarra para João Neves da Fontoura, ministro das Relações Exteriores, Camberra, 14 jul. 1946, Lata 1.913, Maço 36.380, AHI/RJ.
24   Idem, p. 2.
25   Idem, ibidem.

Um estado geral de ansiedade tomou conta das imprensas carioca, paulista e gaúcha, que, atentas ao encaminhamento dado pelas Nações Unidas, procuravam manter seus leitores informados sobre o problema palestino[26]. As referências ao movimento sionista no jornal *O Estado de S.Paulo* tornaram-se veementes entre 1941 e 1945, quando os noticiários se concentraram nos temas dos refugiados e da partilha da Palestina. Mas nem todas as matérias publicadas pelo jornal paulista transmitiam posições favoráveis ao ideário sionista. Segundo análise elaborada por Antonio Guglielmo, o movimento migratório dos judeus chegou a ser comparado, em *O Estado de S.Paulo*, ao êxodo do Egito, matéria reforçada pelos cometários de que seria muito difícil conseguir uma solução racional para a questão judaica. Um correspondente de *O Estado de S.Paulo* em Londres (E. Carlos) publicou, em 12 de julho de 1945, um artigo intitulado "Síria e Líbano", no qual avaliava a ocupação da França e da Inglaterra no Oriente Médio, defendendo a entrega desses territórios aos árabes, incluindo a Palestina. Os argumentos eram direcionados a favor dos árabes e da sua condição de autogestão dos territórios[27]. Um outro artigo "Inglaterra e o problema da Palestina", de Frank Breese, comentava, em 29 de julho de 1945, a posição dos trabalhistas britânicos sobre a possível abertura da Palestina aos judeus. Estes consideravam que "embora a Partilha atendesse às reivindicações sionistas, seria uma provocação ao mundo árabe"[28].

Surdo aos protestos mundiais, o governo britânico anunciou, em 12 de agosto de 1946, que iria tomar providências enérgicas para pôr termo à imigração ilegal de refugiados judeus na Palestina. A Grã-Bretanha havia declarado que os imigrantes ilegais, ao invés de desembarcarem na Palestina, seriam concentrados na Ilha de Chipre e em outros pontos do Império Britânico, na espectativa de uma decisão definitiva a respeito do futuro destes *cidadãos do mundo*. A presença ilegal de judeus na Palestina era interpretada como uma violentação da soberania britânica, na qualidade de potência mandatária. Os britânicos alegavam que, sobretudo, buscavam uma solução mais favorável aos judeus nas discussões sobre o problema da Terra Santa.

26 O Gabinete Britânico Está Debatendo Amplamente o Problema Palestino, *Jornal do Brasil*, 14 out. 1945; Declarações do Presidente da Organização Sionista da América, *O Estado de S.Paulo*, 10 jul. 1945, Londres, 9, p. 6; Socorro aos Judeus da Grécia, *O Estado de S.Paulo*, 10 jul. 1945; Reconhecimento da Palestina como Estado Judaico Autônomo, *O Estado de S.Paulo*, 18 jul. 1945, AESP/SP.

27 E. Carlos, Síria e Líbano, *O Estado de S.Paulo*, 12 jul. 1945, p. 16, apud A. R. Gugliemo, *A Questão Judaica e o Holocausto Enquanto Notícia*, p. 351.

28 F. Breese, Inglaterra e o Problema da Palestina, *O Estado de S.Paulo*, 29 jul. 1945, p. 1, apud A. R. Guglielmo, op. cit., p. 351.

A Palestina e os Refugiados Judeus como Notícia:
Jornal *O Estado de S.Paulo*, 1941-1945[29]

- as *campanhas sustentadas pelos sionistas norte-americanos* que tentavam levantar 12,6 milhões de dólares para socorrer judeus perseguidos em todo o mundo;
- a *Conferência Anglo-Americana sobre a questão dos refugiados*, e que admitia a formação de um Conselho intergovernamental para tratar da questão em 1943;
- o *julgamento dos judeus Souri e Hakims*, no Egito, que teriam atentado contra a vida do embaixador do Cairo e agido como *filhos da Palestina*;
- a *prisão de judeus por porte ilegal de armas* e que pertenciam à organização *Haganá*, descrita como grupo terrorista semita secreto;
- a *Parada da Vitória em Jerusalém*, divulgada em 10 de maio, como uma demonstração política ao contar com a presença de milhares de judeus portando cartazes com os dizeres: "Queremos a imigração livre", "Que o remanescente do nosso povo sacrificado venha para a Palestina", "Abaixo o Livro Branco";
- *pronunciamentos dos promotores da Conferência Sionista Mundial*, que clamavam pelo lar nacional judeu na Palestina como questão de vida ou de morte para, pelo menos, um milhão de judeus sobreviventes do Holocausto. Pediam também a exclusão da política do Livro Branco;
- *pedido de reconhecimento da Palestina como estado judaico autônomo*, lançando o clamor das organizações sionistas que almejavam um governo provisório que tornaria possível a proclamação do estado judaico autônomo.
- pedido para que o governo britânico organizasse a transferência voluntária dos judeus para Palestina e estabelecesse sua representação na ONU.

Fonte: Cf. Levantamento realizado por A. R. Guglielmo, *A Questão Judaica e o Holocausto Enquanto Notícia*, p. 279-285.

O conteúdo desse documento britânico é expressivo das crenças que mobilizavam as autoridades, que culpavam as *maquinações sionistas* de promover e, até mesmo forçar, a emigração para a Palestina de elementos fixados na Europa Oriental. Os ingleses acusavam as organizações sionistas de manterem agentes na Europa Oriental e Meridional, que encaminhavam os futuros imigrantes procedentes de países distantes vindos desde a Polônia até as margens do Mediterrâneo – os transportes eram providenciados por esses agentes, que abarrotavam velhos navios desprovidos de segurança e alimentação para seus passageiros. Segundo as autoridades mandatárias, os emigrantes – iludidos por suas utopias – embarcavam nessa cilada recebendo documentos falsos e provisões indevidamente desviadas dos estoques da UNRRA e de outras agências de socorro nos países devastados[30].

---

29 Auxílio aos Judeus, A Questão dos Refugiados, Estudos do Problema Judaico Depois da Guerra, Organização Secreta de Judeus, Parada da Vitória em Jerusalém; Conferência Sionista Mundial; Declarações do Presidente da Organização Sionista da América; Socorro aos Judeus da Grécia; Reconhecimento da Palestina como Estado Judaico Autônomo, *O Estado de S.Paulo*, 18 fev. 1941, p.16, Nova York (R); 25 abr. 1943, p. 1, Bermudas, 24 (R); 26 out. 1943, p. 6, Londres, 25 (R); 17 mar. 1945, p. 1, Londres, 16 (R); 7 jul. 1945, p. 1, Londres, 6 (R); 10 jul. 1945, p. 6, Londres, 9 (R); 10 jul. 1945; 18 jul. 1945, p. 6. Levantamento feito por A. R. Guglielmo, op. cit., p. 279-285.

30 Ofício de Muniz de Aragão, embaixador do Brasil em Londres, para Samuel de Souza Leão Gracie, ministro interino das Relações Exteriores, Londres, 13 ago. 1946, Lata 1.913, Maço 36.380, AHI/RJ.

51. Palestina, 27 de julho 1946: A corveta Joshua Wedgewwod, com 1.300 judeus europeus refugiados é capturada pelos britânicos quando se dirigia para a Palestina.

A imprensa londrina descrevia, em detalhes, as condições desses navios ilegais que navegavam sob as bandeiras do México, do Panamá ou da Costa Rica, acobertando a origem de seus passageiros, que, na maioria, eram provenientes dos países da Europa Oriental. Denunciava-se que raramente esses tripulantes provinham dos campos para pessoas deslocadas, cuja evacuação era a real preocupação das potências responsáveis pela transmigração dos refugiados; muitos menos eram vítimas do nazifascismo. Os passageiros judeus ilegais eram descritos como "jovens, robustos, muitos deles exercitados como guerrilheiros na técnica do terrorismo ou então mulheres grávidas, cuja gestação se completaria no território palestino dando vida aos *reais filhos de Israel*". O jornal londrino *The Times*, de 9 de agosto, acusava a governo romeno de estar envolvido com o tráfego ilegal de refugiados para a Palestina. A ideia de que existia um *plano sistemático de emigração* foi confirmada pelo general *sir* Frederick Morgan, chefe das operações da UNRRA na Europa, durante uma entrevista concedida à imprensa em Frankfurt, em 2 de janeiro. Após essas declarações, o general Morgan foi asperamente criticado e ameaçado com a perda de seu posto[31].

Ao mesmo tempo, a persistência de *pogroms* na Europa Oriental, em países sob a influência russa, constituía-se em elemento instigador dos atritos entre Grã-Bretanha e Rússia. Os britânicos acusavam a União Soviética de não ter colaborado com a comissão mista anglo-americana que visitou a Europa inquirindo as condições das populações judaicas no continente. Essa situação de *troca de farpas* tornava-se ainda mais tensa com as deportações em massa dos alemães nazistas da Polônia e da Tchecoslováquia, incentivadas pelas recomendações de Postdam. O conceito de justiça e de crime de guerra ainda era confuso entre as potências vitoriosas, assim como o conceito de nação judaica.

Ventos frios do inverno de 1946

Durante todo esse *interregno* – do final da guerra até a votação da partilha da Palestina na ONU em 1947 –, o governo brasileiro procurou se esquivar das pressões internacionais que investiam na ideia de incluí-lo entre as nações eleitas como *território de trânsito e de acolhimento* dos refugiados políticos e, em particular, dos judeus. O Brasil preferia muito mais acreditar na imagem idílica da Terra Prometida para ser o *Estado-nação dos judeus do mundo*. No entanto, a realização de projetos dessa categoria envolviam – e sempre envolverá – pactos políticos, anexações de territórios e guerras. Naquele momento, a omissão não contava como voto a favor; ao contrário, comprometia negativamente a imagem do Brasil no Exterior diante da causa humanitária.

31 Idem, p.3.

No entanto, a questão da partilha não era tão simples assim, razão pela qual até hoje não se conseguiu negociar a paz no Oriente Médio. Ao se *pensar* os limites de um Estado-nação para os judeus, não deveriam ser ignoradas as identidades culturais, linguísticas e religiosas dos grupos que estavam dentro de suas fronteiras. Do mesmo modo, dever-se-ia evitar o uso da violência, de forma a conservar a soberania interna e externa, elementos de garantia do reconhecimento internacional de seu *status* como nação[32]. Nesse sentido, podemos considerar que o término da Segunda Guerra Mundial e a promulgação da Carta do Atlântico, endossada pelas nações aliadas, favoreceram o fortalecimento de movimentos nacionalistas, dentre os quais o sionista. O combate às políticas genocidas executadas, sobretudo, pelo regime hitlerista, fundamentou a necessidade emergencial das nações modernas encontrarem uma solução para os judeus *sem pátria*.

Foi no contexto histórico-político da Guerra Fria que o tema dos refugiados foi incluído na I Assembleia Geral das Nações Unidas, em outubro de 1946. A nova Organização Sionista da França já havia protestado aos embaixadores norte-americanos e ingleses contra as recomendações da Comissão de Inquérito Anglo-Americana no que dizia respeito à Palestina. O grupo sionista francês alertava para o número de refugiados que se encontravam na Europa, vivendo nas piores condições econômicas e sociais em decorrência da deterioração psicológica e espiritual a que estavam submetidos. Era inconcebível que essa comissão, durante suas investigações nos países árabes, não tivesse registrado que "ali se encontram cerca de um milhão e meio de judeus que viviam em condições de escravidão como no Iraque e no Iêmem, sob um verdadeiro terror" .

A Organização Sionista da França desmentia também que Eretz Israel (a Palestina) fosse incapaz de absorver todos esses judeus e o trabalho dos especialistas, os mais qualificados, especialmente o projeto do autor M. P. Lowdermilk, diretor do Departamento da Conservação da Terra em Washington. A comissão estabeleceria exatamente o contrário: a cifra de cem mil judeus a serem admitidos em Eretz Israel foi considerada arbitrária, não atendendo senão a um desejo político que era de "dividir a opinião pública tanto judaica como não judaica, dando a aparência de satisfazer a certas demandas filantrópicas urgentes"[33].

O Brasil esteve representado na I Assembleia das Nações Unidas por uma delegação chefiada, inicialmente, pelo embaixador Pedro Leão Velloso assessorado por outros três embaixadores: Carlos Martins Pereira e Souza, Gilberto Amado, Antonio Camillo de Oliveira e João Carlos Muniz, os dois últimos, antissemitas convictos[34]. Telegramas diários informavam o Itamaraty acerca das repercussões políticas que corriam pelos corredores da sede das Nações Unidas em Nova York. Dois temas estavam sob a mira dos delegados brasileiros: a da palestina e as ofertas dos países de emigração para acolher os refugiados políticos.

---

32 M. Guibernau, Estados sem Nação, op. cit., p. 126-127.

33 E. Seaer (secretário geral da Nova Organização Sionista da França), Protestation Adressee aux Ambassadeurs de Grande Bretagne et Des Etats-Unis a Paris, par la Nouvelle Organization Sioniste de France, Paris, 14 maio 1946, Anexo ao Ofício n. 63, da Embaixada brasileira em Paris para MRE, Paris, 21 maio 1946, Lata 1.913, Maço 36.380, AHI/RJ.

34 Cf. nomeação no *Diário Oficial*, 11 out. 1946.

Soou ser de bom-tom a mensagem de Henry Truman anunciando que o governo norte-americano "tomaria a peito a entrada de cem mil judeus na Palestina", advogando a divisão da Terra Santa como solução do problema. Essa postura, tornada pública em 1946, explica a orientação dada por Raul Fernandes a Oswaldo Aranha (por ocasião da votação da partilha da Palestina na Assembleia Geral da ONU) que acompanhasse o voto dos EUA[35].

No entanto, a declaração pública de Truman, em outubro de 1946, extrapolava a questão da Palestina ao mascarar interesses políticos internos. Seu gesto revelava, além do espírito humanitário, intenções eleitorais. Naquele momento, o senador Meas saía como candidato democrata ao cargo de governador do estado de Nova York, cuja capital sediava a maior comunidade judaica da Diáspora. Telegramas de apoio e elogios *choveram* ao presidente Truman. Segundo o embaixador brasileiro Carlos Martins, o partido democrata poderia, certamente, tirar proveito dessa oportunidade para "fechar a brecha entre esquerda e direita aberta pelo *incidente Wallace*"[36]. Tanto assim que os círculos interessados na questão assediaram o presidente Truman para colocar em prática os pontos de sua proposta.

Cada qual procurou tirar proveito da *partilha* como se fosse um bolo de chocolate a ser fatiado ao gosto de cada potência. Herbert Lehman, candidato a senador pelo estado de Nova York, apressou-se a endossar publicamente a política de Truman. Thomas Dewy, candidato a reeleição como governador daquele estado, discursou sobre a matéria e declarou-se a favor de "não só cem mil judeus para a Palestina, mas muito mais". Os comentaristas políticos lamentavam que Truman tivesse tirado partido dessa questão como "arma eleitoral e objeto de campanha pela vitória dos democratas em Nova York"[37].

A declaração de Truman havia sido dada a conhecer ao governo britânico com certa antecedência e estava sendo avaliada como uma *pressão dos meios políticos judaicos de Washington*. A Grã-Bretanha lamentou a publicação dessas declarações, em outubro de 1946, fato que adiaria a conferência sobre a partilha da Palestina, tendo em vista a chegada do inverno. O ministro do Exterior da Grã-Bretanha havia declarado que "o presidente Truman havia sabotado as negociações do difícil problema da Palestina, tendo em vista objetivos de campanha política nos Estados Unidos"[38]. Notas de protestos vieram de vários lados: do rei Ibn Saud, da Arábia, da legação americana em Beirute, dentre outros. Ventos frios atrapalhavam a causa judaica, que foi levada ao fórum de debate do XXII° Congresso Sionista realizado em Basileia, no mês de dezembro de 1946[39].

35 Telegrama n. 316, de Carlos Martins Pereira e Souza, da Embaixada do Brasil em Washington, para MRE, Nova York, 8 out. 1946, Lata 1.913, Maço 36.380, AHI/RJ.
36 Idem.
37 Telegrama de Carlos Martins, da Embaixada do Brasil em Washington, para o MRE, Nova York, 11 out. 1946, Lata 1.913, Maço 36.380, AHI/RJ.
38 Telegrama de Hugo Gouthier, da Embaixada brasileira em Londres, para o MRE, Londres, 11 out. 46, Lata 1.913, Maço 36.380, AHI/RJ; Telegrama n. 97, da Embaixada Brasileira em Washigton, para MRE, Washington, 27 fev. 1947, Lata 1.913, Maço 36.380, AHI/RJ.
39 *Informations de Palestine. Bulletin Bimensuel*, n. 187. Genève, 17 janvier 1947.

O Brasil diante da questão da Palestina

Omissão e indecisão pontuaram a postura do governo Dutra, que, de longe, tentava comandar os pronunciamentos dos delegados brasileiros. Até 31 de dezembro de 1946, o Brasil ainda não havia se decidido pela adesão à OIR: continuava *examinando* a questão dos refugiados. Como primeira tarefa, solicitou à delegação brasileira na ONU que apurasse os aspectos financeiros dos acordos até então firmados e as providências práticas que estavam sendo adotadas na Europa para a seleção dos refugiados[40]. Carlos Martins apressou--se em informar o Itamaraty que se estudava a possibilidade da transferência de refugiados para o Brasil. O *Washington Post* havia publicado matéria informando que os Estados Unidos e a Grã-Bretanha previam que duzentos mil refugiados ou mais poderiam ser recebidos pelo governo brasileiro[41].

Em 17 de janeiro de 1947, o embaixador Pedro Leão Velloso veio a falecer em Nova York, fato que levou o chanceler Raul Fernandes a convidar Oswaldo Aranha que, por acaso, se encontrava em Cleveland, proferindo uma palestra no Council of World Affairs, em 5 de janeiro, para substituí-lo. Este aceitou com a condição de permanecer no cargo até abril, por estar envolvido com sua empresa de importações Gastal S.A., que abarcava cerca de vinte indústrias, além de lhe garantir contatos com a alta cúpula empresarial norte-americana.

Nomeado em 1º de fevereiro para chefiar a delegação brasileira, Aranha tornou-se também representante do Brasil no Conselho de Segurança da ONU. Dias depois, assumiu a presidência do referido Conselho, que, por rotatividade, cabia ao Brasil. A Associação dos Ex-Combatentes do Brasil – Seção do Distrito Federal foi um dos primeiros grupos a cumprimentá-lo "confiante no espírito democrático com que o *Grande Chanceler da Vitória* soube orientar os destinos do Brasil"[42].

A posição de Aranha era estratégica, interessando tanto aos Estados Unidos como ao Brasil, que, durante a primeira reunião da Comissão de Desarmamento Convencional, procurou fortalecer um acordo continental que o equiparasse politicamente à Argentina, além de colocá-lo em uma posição militarmente superior esse país[43]. Em um acerto de compadrio, propôs que se desse competência aos Estados Unidos para controlar o armamento continental. Nesse meio tempo, um desconforto pairou sobre a delegação brasileira, que se deparou com a existência de *certo* compromisso (firmado "não sei por quem") que corria na contramão dos princípios étnico-políticos brasileiros:

---

40 Telegrama n. 36, de Exteriores para a Delegação Brasileira na ONU, Rio de Janeiro, 31 dez. 1946, v. 79/3/14, AHI/RJ.

41 Telegrama n. 188, de Martins para MRE, Washington, 28 ago. 1946, Lata 1.913, Maço 36.380, AHI/RJ.

42 Telegrama n. 24, de Exteriores em nome da Associação dos Ex-Combatentes do Brasil- Seção do Distrito Federal, Rio de Janeiro, 21 fev. 1947, v. 79/3/14, AHI/RJ (grifo nosso).

43 Cf. verbete sobre Oswaldo Aranha, em I. Beloch; A. A. de Abreu (coords.), *Dicionário Histórico--Biográfico Brasileiro*, p. 185.

o cidadão polonês Conrad Wrzos havia sido cotado para dirigir o escritório do Brasil na ONU, cargo de confiança que deveria ser ocupado por um brasileiro. Em carta pessoal a Oswaldo Aranha, o secretário geral do Itamaraty, Hildebrando Accioly, afirmou estar contente com a escolha do dr. Cata Preta em substituição ao polonês *indesejável*. A orientação do Itamaraty foi de guardar aquele lugar para um brasileiro, caso o dr. Cata Preta fosse nomeado para outro cargo no Rio de Janeiro. O sr. Wrzos poderia ser nomeado assistente, mas nunca diretor[44].

Resolvido o *affair* Wrzos ou Cata Preta, a delegação brasileira voltou-se para as questões de fundo: a instalação do Comitê para o Desenvolvimento Progressivo do Direito Internacional, aprovada na sessão de 12 de maio de 1947. Esse comitê deveria tratar de uma codificação internacional apropriada a três assuntos de natureza substantiva: o crime de genocídio, a formulação de princípios do Tribunal de Nuremberg e os direitos e deveres dos Estados[45].

Em maio de 1947, Aranha preparava-se para regressar ao Brasil quando foi lembrada sua candidatura à presidência da sessão extraordinária da Assembleia Geral, convocada a pedido da Grã-Bretanha (abril-maio, 1947) para examinar o caso da Palestina. Esse debate deveria preparar a Assembleia ordinária de setembro, de forma a se encontrar uma solução satisfatória para aquela difícil situação. Apesar da urgência em retornar ao Brasil, Aranha acabou por não *fugir àquela responsabilidade*, conforme confessou a Raul Fernandes, consultado com antecedência. Eleito presidente, por 45 dos 50 votos, Aranha assumiu a direção da Assembleia extraordinária. Tanto em seu discurso de abertura como no de encerramento, Aranha ressaltou o papel das Nações Unidas na manutenção da paz e da segurança internacionais, e na solução do problema da Palestina. Concluiu com a sugestão de que a independência era o objetivo final[46]. "A tarefa não foi fácil, mas foi levada a bom termo", relatou Oswaldo Aranha. "Como presidente cabia-me a função ingrata de tratar com imparcialidade e frieza um problema impregnado de paixão e sofrimento [...] Esforcei-me sempre para conciliar os campos opostos e, mesmo quando encontrei certa relutância inicial de uma das partes, consegui ao cabo a aceitação de soluções justas[47].

A atuação de Aranha como mediador das divergências rendeu dividendos à imagem do Brasil no Exterior, além de fortalecer o papel da ONU como "uma espécie de superestrutura internacional dedicada a tomar conta do mundo e exercer o controle total das relações entre as nações". Daí a necessidade de "salvaguardar e reafirmar o sistema pan-americano, esssencial à vida dos povos deste continente". Em seu relatório, o chanceler brasileiro não deixou de observar que, muitas vezes, o Brasil era visto com desconfiança como *aliado*

---

44 Telegrama pessoal de Accioly, da Secretaria Geral do Itamaraty, para o embaixador Oswaldo Aranha, delegado do Brasil na ONU, Rio de Janeiro, 14 mar. 1947, v. 79/3/14, AHI/RJ.
45 Comunicado n. 94, de Oswaldo Aranha, da Delegação Brasileira na ONU, para Raul Fernandes, ministro das Relações Exteriores, Nova York, 19 maio 1947, v. 78/4/5, AHI/RJ.
46 Idem, p. 5.
47 Idem, p. 6.

52. Nova York, 29 de novembro de 1947: Oswaldo Aranha (centro), Trygvie Lie, secretário geral da onu (esquerda) e Herschel Johnson, embaixador norte-americano durante a II Assembleia Geral da onu.

certo dos Estados Unidos, ainda que lhe coubesse o papel natural de conciliador de interesses, de mediador entre latino-americanos e aquele país. Essa era, por assim dizer, a imagem pretendida pelo Brasil como nação entre as Nações. Em um artigo, Sumner Welles comenta sobre a posição de Oswaldo Aranha, que delegara aos Estados Unidos, como Nação, a liderança dos países latino-americanos[48].

Realmente, não era fácil mediar com imparcialidade em meio às ideologias e correntes por vezes antagônicas que permeavam as Nações Unidas. Uma postura imparcial foi cobrada de Trygve Lie, secretário geral das Nações Unidas que, durante a sessão especial da Assembleia Geral, coordenou a formação de uma Comissão de Inquérito na Palestina. Comprometido com o seu passado político socialista, Trygve Lie ganhou antipatias, apesar de ter dado provas de independência. Por sua escolha em Londres ter contado com o apoio da União Soviética, Trygve Lie foi acusado, *à boca pequena*, de favorecer os interesses russos. *Falava-se* até de certo livro publicado em alemão (e cuja edição

[48] *New York Herald Tribune*, 24 maio 1947, v. 78/4/5, ahi/rj.

se achava inteiramente esgotada), no qual Trótski o citava como membro do Kommitern. Cauteloso, Trygvie Lie declarou que não iria incluir nem judeus e nem muçulmanos nas posições chaves do secretariado da nova Comissão de Inquérito. Com essa postura, Lie calou as bocas críticas[49].

Emigração intracontinental e extracontinental

Os trabalhos desenvolvidos pela Assembleia Geral da onu e as atividades programadas pela Comissão Preparatória da oir tinham um objetivo em comum: encontrar uma solução *rápida e completa* para o problema dos refugiados e das populações desalojadas pela guerra. A onu tinha em vista a partilha da Palestina como uma possível solução para a questão judaica; e a Comissão Preparatória da oir pensava em estimular tipos diversificados de emigração: uma continental e outra extracontinental. O futuro da oir e dos refugiados encontrava-se favorecido pelo fato de a Austrália e a China terem aderido à oir e pelo interesse revelado por alguns países europeus – especialmente Inglaterra, Bélgica e França – em importar mão de obra para atenuar a crise econômica por eles vivenciada[50].

A existência de *duas comissões preparatórias* anunciava que a questão dos refugiados exigia a atenção mundial: uma prepararia o debate para a ii Sessão da Assembleia Geral, que trataria do *nascimento* oficial da oir, e outra, da partilha da Palestina. A Comissão Preparatória da oir, durante a reunião realizada em Lausanne (maio de 1947), apresentou a dimensão da tragédia com base na população contabilizada em três categorias. A ideia era de distribuí-las promovendo a emigração intracontinental e extracontinental:

* 879.950 pessoas necessitando de *assistência completa* (econômica, política e legal);
* quatrocentas mil pessoas capazes de prover a sua subsistência, mas carecendo de *proteção legal e política, bem como de auxílio financeiro* para emigração ou repatriação;
* quatrocentas mil pessoas necessitando unicamente de proteção legal e política.

---

49 Ofício Reservado, de M. de Vargas Gomes, da delegação do Brasil na onu, para Raul Fernandes, ministro das Relações Exteriores, Nova York, 4 jun. 1947, v. 78/4/5, ahi/rj.

50 Com a adesão da Austrália e da China, os países signatários da oir totalizavam dezesseis. Desses, apenas cinco haviam aderido incondicionalmente ou apresentado instrumentos de ratificação. Para sua entrada em funcionamento, a oir precisava ter, até 30 de junho, quando assumiria os encargos da unrra, quinze ratificações. Ofício de M. de Vargas para Raul Fernandes, ministro das Relações Exteriores, Nova York, 28 maio 1947, p. 5, v. 78/4/5, ahi/rj.

Distribuição dos refugiados por áreas de concentração com necessidade de assistência completa – 1947

ÁREAS DE CONCENTRAÇÃO	POPULAÇÃO
Alemanha	657.500
Áustria	128.500
Itália	36.000
Oriente Médio	30.000
China	12.000
França	12.000
Bélgica	1.800
África do Norte	400
Espanha	500
Portugal	250
TOTAL	879.950

Fonte: Ofício M. de Vargas Gomes para Raul Fernandes, ministro das Relações Exteriores, Nova York, 28 maio 1947, p. 2, v. 78/4/5, ahi/rj.

A questão da migração extracontinental é a que mais preocupava o governo brasileiro, que – segundo declarações de Herbert Emerson, diretor do Comitê Intergovernamental de Refugiados – deveria receber imediatamente "um máximo de cinco mil pessoas". Acordos semelhantes haviam sido firmados com Chile, Venezuela, Equador, Peru e Colômbia, inaugurando uma espécie de corrida em busca de mão de obra europeia. Seriam beneficiados os países que agissem com maior presteza, obtendo os melhores contingentes demográficos do ponto de vista qualitativo[51].

Em agosto de 1947, a Austrália apresentou-se na OIR para negociar a obtenção de espaço marítimo para um extenso programa de imigração: havia assinado um acordo no qual se propunha receber quatro mil refugiados em 1947 e doze mil em 1948. Esperava-se também que cerca de 36 mil cidadãos britânicos emigrassem para a Austrália nos próximos três anos. O país oferecia ainda contribuir com 160 dólares por cabeça para custear a viagem de veteranos norte-americanos que desejassem emigrar para o Pacífico. Esse projeto visava transformar a Austrália em uma potência asiática capaz de resistir a qualquer agressão japonesa[52]. A iniciativa do governo australiano iria favorecer a indicação de Herbert Evatt para presidir a II Assembleia da ONU, função cogitada por Oswaldo Aranha.

---

51 Idem, p. 5.
52 Carta-Telegrama n. 79, de João Carlos Moniz, da Delegação Brasileira na ONU, para o MRE, Nova York, 18 ago. 1947, v. 79/3/4, AHI/RJ.

O plano da partilha da Palestina

A *partilha da Palestina*, segundo relatório de João Carlos Muniz, membro da delegação do Brasil, apresentava-se como um momento decisivo na vida das Nações Unidas, cujo destino dependia do sucesso ou insucesso desse empreendimento. Ao mesmo tempo, a partilha simbolizava a concretização do ideal sionista e a garantia de um estatuto de cidadania ao povo judeu, até então negado pelos regimes totalitários. A tragédia dos refugiados seria ampliada caso não se concretizasse a criação do Estado de Israel. Clamava-se pela justiça da comunidade internacional convocada para votar na II Assembleia Geral das Nações Unidos agendada para novembro de 1947.

A questão, se não resolvida, colocaria em perigo a existência daquela organização, uma vez que a paz estaria ameaçada. Caberia à Grã-Bretanha abrir mão de suas funções administrativas sobre a Palestina, conservando-as tão somente nas áreas em que suas forças ainda se encontrassem, onde governariam apenas com leis militares: almejava-se uma transferência progressiva de autoridade, sem conflitos, o que seria difícil. Nesses casos – de conflitos violentos entre árabes e judeus –, a quem caberia o restabelecimento da ordem? Alguns entendiam que a responsabilidade seria dos ingleses até aquele momento[53].

Em maio de 1947, foi criada a Comissão Especial das Nações Unidas para a Palestina (United Nations Special Committee on Palestine-Unscop), que deveria preparar relatório/proposta para o período de transição do Mandato Britânico para a *nova situação*. Participavam da Comissão Especial onze países[54], sendo a presidência ocupada por Oswaldo Aranha. Interessava aos países árabes que a independência da Palestina fosse também incluída na pauta de emergência, intenção contornada por Oswaldo Aranha, que garantiu exclusividade ao pedido da Grã-Bretanha[55].

Após três meses, esse relatório foi assinado por sete dos onze membros que defendiam a partilha em dois Estados. Para a Agência Judaica para a Palestina, ainda que a divisão não correspondesse, em grande parte, aos ideais sionistas, a partilha seria uma forma de legitimar internacionalmente a criação de um Estado judeu, intenção não compartilhada pelos árabes. Em 11 de outubro, Henry Truman, presidente dos Estados Unidos, declarou-se favorável à partilha e, dois dias depois (para surpresa de muitos), foi seguido pelo voto da URSS.

Para os sionistas, a anuência dessas duas superpotências era parte de um longo processo iniciado em 1939 com a criação do American Zionist Emergency Council (Azec), parte de uma estratégia para conquistar o apoio dos sionistas e demais judeus norte-americanos, que totalizavam (na data da

---

53 Idem, p. 2.
54 Os onze países representados no Unscop eram: Austrália, Canadá, Guatemala, Índia, Irã, Países Baixos, Peru, Suécia, Uruguai, Tchecoslováquia e Iugoslávia, cf. Resolução n. 106, S-1, ONU.
55 N. B. Santos, O Brasil e a Questão Israelense nas Nações Unidas, em N. B. Santos (org.), *Brasil e Israel: Diplomacia e Sociedades*, p. 24.

Partilha) cerca de 2,5 milhões. A posição assumida pela URSS é, ainda hoje, uma questão polêmica entre os historiadores, divididos por suas vesões: há aqueles que analisam o apoio à partilha pelo viés ideológico-pragmático, ou seja, pelo fato de muitos líderes sionistas serem socialistas e verem os *kibutzim* (fazendas coletivas) como exemplo de prática de um sistema comunista. Enfim, a tensão ideológica entre EUA e URSS permeou, de forma muito intensa, as negociações que transformaram a partilha da Palestina em um ato político-ideológico.

Em 28 de julho de 1947, o *The New York Times* comentava a possibilidade de diversos candidatos à presidência da próxima Assembleia Geral da ONU. O jornal anunciava os seguintes candidatos: Aranha, Masaryk, Spaak e Evatt[56]. Os soviéticos opunham-se à candidatura de Aranha, e os Estados Unidos interessavam-se pela reeleição deste até certo ponto. Tanto assim que a delegação norte-americana chegou a propor a Aranha uma barganha: a presidência do Comitê da Justiça em troca da presidência da II Assembleia. Já era público o apoio dos Estados Unidos a Herbert Evatt, ministro das Relações Exteriores da Austrália.

Para Eurico Gaspar Dutra, presidente do Brasil, a indicação de Aranha poderia atrapalhar a entrada do Brasil no Conselho Econômico e Social da ONU, posição que, realmente, lhe interessava garantir. Raul Fernandes aconselhou ao chanceler Aranha "só aceitar se fosse convidado". Aranha – apesar de ter anunciado que pretendia voltar ao Brasil para reassumir seus negócios particulares – acabou sendo reeleito por uma comissão que apurou 29 votos contra 22[57].

Polêmico foi o voto da União Soviética a favor da reeleição de Oswaldo Aranha, pois esta, segundo comentários locais, pretendia tê-lo como aliado no combate ao Plano Marshall, projetado para reorganizar as relações comerciais no pós-guerra. Raul Fernandes também não escondeu suas críticas: "a reeleição de Aranha burlava a política de rotatividade traçada pelas delegações integrantes da ONU". Diante do fato consumado, a orientação do Itamaraty foi de que Aranha "deveria procurar uma solução de compromisso entre as partes litigantes, evitando favorecer abertamente uma ou outra facção e [...] *acompanhando o voto dos Estados Unidos*"[58]. Em síntese: dever-se-ia garantir o alinhamento com os Estados Unidos, como forma de conter o expansionismo da União Soviética. Como os árabes se mostravam contrários à partilha, Fernandes sugeriu que Aranha "votasse com as grandes potências, em caso de impasse [leia-se aqui Estados Unidos], pois caberia a elas a responsabilidade de colocar em prática a resolução da partilha".

---

56 Aranha Boomed to Head Assembly, *The New York Times*, 28 jul. 1947; Carta-telegrama n. 68, de João Carlos Muniz, da Delegação Brasileira na ONU, para o MRE, v. 79/3/4, AHI/RJ.

57 Cf. verbete sobre Oswaldo Aranha, em I. Beloch; A. A. de Abreu (coords.), op. cit., p. 186.

58 Telegrama n. 122, de Raul Fernandes, ministro das Relações Exteriores, para Oswaldo Aranha, representante do Brasil na Delegação Brasileira nas Nações Unidas, Rio de Janeiro, 12 set. 1947, AHI/RJ. (Grifo nosso.)

Em 31 de agosto de 1947, o UNSCOP entregou ao secretário geral da ONU um relatório composto de cinco volumes, que se referiam a doze recomendações gerais, uma recomendação especial sobre a situação de Jerusalém e duas propostas para a solução do problema político de fundo. As duas propostas expressavam bem as dúvidas acerca da questão: 1. propunha a Partilha da Palestina em um Estado árabe e um Estado judeu (ponto de vista sionista, defendido pela maioria); 2. propunha a criação de um Estado federal composto por uma unidade árabe e outra judia.

Entre setembro e novembro de 1947, ocorreu a II Sessão Ordinária da Assembleia da ONU, presidida por Oswaldo Aranha e decisiva para a questão Palestina. As duas propostas de resoluções foram recusadas por uma pequena diferença de votos, visando solicitar à Corte Internacional de Justiça um parecer consultivo sobre a partilha. Nessa ocasião, o Brasil votou ao lado dos países árabes, postura que deve ser levada em consideração *a posteriori*.

Uma terceira proposta foi apresentada pelo Comitê *ad hoc*, e votada em 25 de novembro para ser apresentada na Assembleia Geral: a divisão da Palestina em oito partes, sendo três delas destinadas à formação de um Estado judeu, outras três para um Estado árabe e as demais caberiam a Jerusalém, controlada por um regimento internacional especial. Resultado: 25 votos a favor, 13 contra e 17 abstenções, estando dois países ausentes. Formatada pela maioria, a resolução foi levada para votação na Assembleia Geral, onde deveria alcançar dois terços dos votos para sua aprovação.

O painel dos resultados expressa muito bem o impasse e o jogo de forças:

Em votação:
solicitação de parecer à Corte Internacional de Justiça

	A FAVOR DA CONSULTA	CONTRA A CONSULTA	ABSTENÇÕES
Proposta I	18 votos	25 votos	11 votos
Proposta II	20 votos	21 votos	13 votos
Proposta III	25 votos	13 votos	17 abstenções

Fonte: United Nations, general Assembly Official Records, Second Session, Palestine Committee, p. 203, apud E. Glick, *Latin America and the Palestine Problem*, Nova York: Theodor Herzl Foundation, 1958, p. 91.

Longos discursos sionistas foram proferidos com o objetivo de retardar a votação. Oswaldo Aranha, pró-partilha, encerrou a sessão no final da tarde. As lideranças judaicas ganharam tempo com o feriado de Ação de Graças, intervalo que favoreceu o jogo de forças. Nesse meio tempo, Aranha – cumprindo seu papel de presidente – procurou imprimir racionalidade à votação ao tentar conscientizar os delegados, em reuniões informais em seu gabinete, da responsabilidade daquela sessão ordinária[59]. A meu ver, a ação de Aranha foi movida muito mais por *convicções políticas* do que por *convicções* pessoais. Relendo seus textos produzidos na época em que ele foi ministro das Relações Exteriores (1938-1944), fica evidente seus interesses na concretização dos ideais sionistas e sua posição *americanófila*. Reafirmo aqui a posição defendida por Norma Breda dos Santos e contesto a posição de Jeffrey Lesser de que "Aranha, contudo, não era um judeófobo", apesar de "concordar com muitos dos estereótipos antissemitas utilizados por outros políticos da América e de todo o mundo" (sic). Acho difícil ser *meio-antissemita*, ainda que suas ideias "contenham um componente filossemita"[60].

Em apenas quatro dias, os judeus conseguiram aumentar de 25 para 33 os votos *sim*. A resolução que criava dois novos Estados no Oriente Médio estava irremediavelmente aprovada.Para muitos países, a criação de um lar judaico apresentava-se como solução imediata para o problema dos refugiados judeus, que, além de passarem a dispor de pátria própria, precisariam menos dos *países de refúgio*. E, ao votar ao lado dos Estados Unidos (e também da União Soviética), o Brasil – além de impor a *imagem da respeitabilidade* diante das demais nações – fazia valer também sua posição de país-chave em relação aos desafios da Guerra Fria. Interessava ao governo brasileiro garantir espaço no cenário internacional, principalmente por ter conseguido apenas um assento temporário no Conselho de Segurança da ONU, quando lhe interessava a vaga de membro permanente.

Em 29 de novembro, foi aprovada a Resolução n. 181 (II), que, além do Plano de Partilha da Palestina, estabelecia a proteção dos lugares santos e o Estatuto Internacional de Jerusalém, que ficaria sob a tutela da ONU[61]. Trinta e quatro países votaram a favor, dentre os quais o Brasil, que considerava a partilha como única solução plausível para a questão judaica, apesar das críticas à ineficácia da implementação da Resolução n. 181. Anos mais tarde, Ramiro Saraiva Guerreiro, 3º secretário da comissão permanente em Nova York, comentou em suas memórias as intenções de voto do governo brasileiro: "o Brasil teria preferido a formação de um único Estado, leigo e liberal,

---

59 Após a morte de Aranha, produziu-se intensa historiografia de exaltação à atuação do chanceler brasileiro na ONU. Inquestionável deve ter sido a sua habilidade em *discutir, esclarecer e sugerir*, procurando orientar as várias delegações sobre a *dignidade da responsabilidade que lhe fora cometida*. Ver H. R.Valle, Aranha na ONU, II, *Correio da Manhã*, 10 fev. 1960; J. He. de Araújo; M. H. Simonsen, *Oswaldo Aranha: A Estrela da Revolução*, p. 334.

60 N. B. dos Santos, op. cit., p. 28; J. Lesser, *O Brasil e a Questão Judaica*, p. 47-48, 218, 319.

61 Jerusalém – ao ser *internacionalizada* por força da Resolução n. 181 – ficou dividida em duas partes: a cidade velha coube aos árabes e a cidade nova, aos judeus. Essa situação promoveu a saída de 650 mil palestinos árabes, que se estabeleceram, principalmente, na Jordânia e no Egito. Entrando no terceiro milênio, os palestinos ainda são considerados como a *maior população de refugiados do planeta tendo se espalhado, nestes últimos 50 anos, por todas as partes do mundo*. Em dezembro de 2000, uma matéria publicada pelo jornal *O Estado de S.Paulo* calculou esse contingente em cerca de 3,6 milhões concentrados na Jordânia, na Síria, no Líbano, na Faixa de Gaza e na Cisjordânia. Essa população encontra-se assistida pela Relief e pela UNRWA – Works Agency das Nações Unidas. Os Refugiados Pelo Planeta, *O Estado de S.Paulo*, 10 dez. 2000, p. A20.

em que convivessem árabes e judeus em paz. Como essas duas comunidades não se entendiam, forçoso era reconhecer que teriam de viver separadas, cada um com seu Estado próprio"[62].

O fato de os Estados Unidos e a União Soviética terem votado a favor da partilha expressa o quanto aquela região significava no jogo de forças da Guerra Fria[63]. A Argentina, apesar de se abster de votar nessa sessão decisiva, foi o primeiro país latino-americano a reconhecer oficialmente Israel e a estabelecer relações diplomáticas.

Resultados da votação da proposta de Partilha da Palestina

	A FAVOR DA PARTILHA	CONTRA A PARTILHA	ABSTENÇÕES
IDENTIFICAÇÃO DAS DELEGAÇÕES	Austrália, Bélgica, Bolívia, Brasil, Bielorrússia, Canadá, Costa Rica, Tchecoslováquia, Dinamarca, República Dominicana, Equador, França, Guatemala, Haiti, Islândia, Libéria, Luxemburgo, Holanda, Nova Zelândia, Nicarágua, Noruega, Panamá, Paraguai, Peru, Filipinas, Polônia, Suécia, Ucrânia, União Sul Africana, EUA, URSS, Uruguai, Venezuela	Afeganistão, Cuba, Egito, Grécia, Índia, Irã, Iraque, Líbano, Paquistão, Arábia, Saudita, Síria, Turquia e Yêmen	Argentina, Chile, China, Colômbia, Salvador, Etiópia, Honduras, México, Reino Unido e Iugoslávia
TOTAL	34	12	10

Fonte: United Nations, General Assembly Official records, Second Session, Palestine Committee, p. 203, apud E. Glick, *Latin America and the Palestine Problem*, Nova York, Theodor Herzl Foundation, 1958, p. 91.

Em meio ao processo de votação, o rádio desempenhou importante papel na transmissão do escrutínio, acompanhada, à noite, pelos habitantes do Mandato Britânico na Palestina (Belém, Jerusalém, Tzova, Ramallah e demais cidades da região). Assim também o fez a comunidade judaica brasileira, que, ao pé do rádio, acompanhou a *partilha* e, após o anúncio do resultado, a transmissão do *Hatikvá* provocou choro em muitos ouvintes.

Infelizmente, a euforia que tomou conta da comunidade judaica mundial não chegou a sensibilizar o governo brasileiro, que sustentou nos dois primeiros anos imediatos à Partilha posição intrigante, se não duvidosa. Em 14 de maio de 1948 – no mesmo dia em que se proclamava oficialmente a criação do Estado de Israel e oito horas antes da conclusão do mandato britânico na Palestina –, o Brasil votou a favor da Resolução n. 186, s-2, que autorizava a nomeação de um mediador para tentar conciliar árabes e judeus. No dia seguinte, os países árabes invadiram a Palestina, dando início à Guerra da

62 R. S. Guerreiro, *Lembranças de um Empregado do Itamaraty*, p. 172. Saraiva Guerreiro foi ministro das Relações Exteriores do Brasil entre 1979-1985.
63 Idem. Ver também N. B. dos Santos, op. cit., p. 23-24.

Independência, conflito que terminou com a ampliação, em 37%, do território de Israel atribuído pelo Plano da Partilha votado em 1947. A gravidade dessa situação promoveu a fuga de milhares de palestinos árabes dos territórios ocupados por Israel, cujo *retorno* foi imposto por Arafat em pleno ano de 2001 como uma das condições para a paz no Oriente Médio.

Em maio de 1949, durante a Assembleia Geral da ONU, o Brasil se absteve na votação sobre a admissão de Israel nessa organização (aprovada pela Resolução n. 273, III), condicionando seu voto à *estrita implementação por Israel das resoluções relativas a internacionalização de Jerusalém e à questão dos refugiados árabes*. Esse posicionamente justificava-se pelos fatos:

A. de o Brasil, país católico por tradição, não estar interessado em se opor ao Vaticano, que havia se manifestado em prol da internacionalização de Jerusalém;

B. de o Brasil não querer desagradar aos países árabes, cujas relações comerciais seriam intensificadas ao longo dos anos de 1960 e de 1970.

O Brasil retardou para 7 fevereiro de 1949 seu reconhecimento oficial ao Estado de Israel e, para 1952 o estabelecimento das legações diplomáticas. Essa distância pragmática (de conciliação) manteve-se até 1975, quando o governo brasileiro, atingido pela crise mundial do petróleo, optou por uma postura radical: votou na Assembleia Geral da ONU a favor da Resolução n. 3.379, que qualifica o sionismo como forma de racismo e discriminação racial[64]. Ainda hoje, em pleno ano de 2009, a posição do governo brasileiro continua dúbia e tendenciosa: o governo Lula recebeu, no mesmo mês de novembro, Shimon Peres, presidente de Israel, e Mahmoud Ahmadinejad, presidente do Irã, que nega o Holocausto e tem como proposta *varrer Israel do mapa.*

---

64   N. B. dos Santos, op. cit., p. 24.

Sob o Signo
da Modernidade

Ao avaliarmos a postura do Brasil diante da questão dos refugiados durante a Segunda Guerra Mundial, levamos em consideração um conjunto de fatos que servem como diretrizes para nossas considerações acerca da postura antissemita do governo brasileiro. Dentre estes, cabe citar: a entrada do Brasil na guerra, ao lado dos Aliados (1942); a adoção de acordos e a criação de órgãos de assistência internacional aos refugiados ligados à ONU; a partilha da Palestina (1947); a criação do Estado de Israel; e a adoção da Declaração Universal dos Direitos Humanos e da Convenção contra o Genocídio (ambas em 1948). Considerando que algumas dessas questões já foram analisadas nos capítulos anteriores, tomaremos como ponto de partida a posição assumida pelo Brasil após 1945, quando milhões de deslocados de guerra e apátridas – muitos dos quais sobreviventes do Holocausto – aguardavam soluções coletivas e individuais por parte das nações vitoriosas.

Imediatamente após a aprovação da partilha da Palestina, milhares de judeus se dirigiram para Eretz Israel, onde vivenciaram dias de euforia e emoção. Anos magistrais e árduos foram registrados pelas lentes de Robert Capa (um dos ilustres homens da Diáspora), Moshe Milner e Yehuda Salomon: *Israel the Early Years*. No olhar de cada cidadão desembarcado no porto de Haifa, estava a alegria de pisar, finalmente, na Terra Prometida. Caminhando em direção a oeste, outros grupos haviam optado por se radicar em algum país da América. Um programa sistemático de colonização foi colocado em prática por alguns *países de imigração*, dentre os quais o Brasil, que firmou um acordo para receber refugiados através do estado de São Paulo.

Em 1950, foi criado o Alto Comissariado das Nações Unidas para Refugiados (Acnur), a mais ativa agência humanitária da ONU, que, em 2000, completou meio século de existência. Estabelecido pela Assembleia Geral das Nações Unidas em 14 de dezembro, esse órgão teve um mandato inicial de três anos, com a incumbência de transferir para outros países cerca de um milhão de refugiados europeus da Segunda Guerra. Dava-se início a uma nova etapa na história dos direitos humanos. Atualmente, essa organização, que começou com 33 funcionários e um orçamento inicial de trezentos mil dólares, conta com um corpo de cinco mil funcionários e está presente em 120 países, dispondo de um orçamento anual de cerca de um bilhão de dólares. O número de refugiados no mundo passou, segundo matéria publicada pelo jornal *O Estado de S.Paulo*, de um milhão para 22,3 milhões[1].

A ação da ACNUR apoia-se na Convenção das Nações Unidas sobre o Estatuto de Refugiados, assinada em 1951 por 106 países, incluindo o Brasil. Naquela época, os signatários definiram o termo refugiado (mais uma vez): "qualquer pessoa que, devido a um temor bem fundado de perseguição por razões de raça, religião, nacionalidade, participação em determinado grupo social ou opiniões políticas, está fora do país de sua nacionalidade, e não pode ou, devido a este temor, não quer valer-se da proteção daquele país"[2].

Com relação ao tema do *genocídio*, a manifestação do governo brasileiro na ONU, em 1947, foi *voltada para o umbigo do país*. As declarações apresentadas por Gilberto Amado – representante do Brasil no Comitê para Desenvolvimento do Direito Internacional e sua Codificação – não se justificam, ainda que apoiadas na declaração da Grã-Bretanha de que "não havia tempo e nem informações suficientes para discutir o fundo da questão"[3]. Para Gilberto Amado, essa questão não nos dizia respeito, hábil artifício para não nos envolvermos com o problema alheio:

> A população do Brasil é formada de raças diferentes que se misturam. Em meu país não há preconceitos; creio mesmo que não há lugar no mundo onde a teoria da igualdade fundamental das raças e das culturas seja mais aceita. O povo brasileiro é um povo homogêneo, formado por raças heterogêneas. *O problema do genocídio não nos interessa diretamente, portanto.* É um crime difícil de imaginar para o homem comum do Brasil, mas que lhe causa a maior aversão[4].

Essa declaração expressa o perfil camaleônico do governo brasileiro, que, apesar de ter optado por lutar ao lado dos Aliados, sempre se mostrou indeciso entre autoritarismo e democracia, liberdades individuais (direitos humanos) e interesses nacionais[5]. Tanto assim que não relutou em *autorizar*, entre 1946 e 1948, por intermédio da Missão Militar Brasileira em Berlim, a entrada no país dos alemães nazistas, mas continuou a dificultar a entrada dos judeus sobreviventes do Holocausto por meio de Circulares Secretas e resoluções. Assim mesmo, se comparado com a Argentina, o governo Dutra permitiu a entrada de um número maior de judeus do que aqueles admitidos na Argentina entre 1946 e 1947. Segundo Leonardo Senkman, autor de um estudo comparativo

---

1 A. Marcolini, Há 50 Anos a ONU Ampara os Refugiados, *O Estado de S.Paulo*, 10 dez. 2000, p. A20.

2 Convenção das Nações Unidas sobre o Estatuto de Refugiados, ONU, 1951. Observação: atualmente, nos Estados Unidos, Canadá e França, o conceito também incorpora as mulheres vítimas do fundamentalismo islâmico, que sofrem mutilação genital.

3 Ofício de João Carlos Moniz, da Delegação do Brasil na ONU, para Raul Fernandes, ministro das Relações Exteriores, Nova York , 19 jun. 1947, v. 78/4/5, AHI/RJ.

4 Declarações do embaixador Gilberto Amado sobre Genocídio, Anexo 1, Ofício de João Carlos Moniz, 10 jun. 1947 (grifo nosso).

5 Processo similiar ocorreu na Argentina contemporânea (1976-1983), onde a *violação dos direitos humanos teve grande impacto sobre a sociedade em geral e os judeus em particular*. Sobre esse tema, ver L. Senkman; M. Sznajder (orgs.) *El Legado del Autoritarismo*, edição baseada no Colóquio coordenado por Edy Kaufman.

entre esses dois países, o Brasil recebeu 1.485 judeus em 1946, enquanto na Argentina entraram legalmente apenas 295; e, em 1947, entraram no Brasil 2.637 judeus, número vantajoso se comparado aos 126 na Argentina[6].

Apesar dessa vantagem numérica e de Gilberto Amado ter declarado publicamente na ONU que o Brasil *não tem preconceitos*, o governo Dutra (1946--1951) continuou a manter confidencialmente restrições raciais, econômicas e ideológicas como critérios para seleção de imigrantes. Em fevereiro de 1947, os apátridas portadores de títulos de viagem ou passaporte Nansen perderam toda a credibilidade, ainda que a intenção fosse apenas de obter um visto de trânsito para o Brasil. Tendo a Argentina como modelo, a orientação dada pelo Itamaraty ao consulado do Brasil em Paris foi de negar vistos aos três mil apátridas alemães, poloneses e húngaros que, a caminho do Paraguai, pretendiam transitar pelo Brasil. Persistia, portanto, a crença preconceituosa do *perigo semita em trânsito*[7].

Antecipando-se ao veredito do Conselho Nacional de Imigração e Colonização, a secretaria geral do Itamaraty considerou que, dadas as facilidades existentes para apátridas e pessoas sem nacionalidade definida obterem títulos de viagem ou salvo-conduto, seria conveniente "desencorajar o reconhecimento do passaporte Nansen como instrumento válido para desembarque no Brasil"[8].

Em 1º de fevereiro de 1948 o Conselho Nacional de Imigração e Colonização, presidido por Jorge Latour e autorizado pelo presidente da República, instruiu o Itamaraty a preparar a Circular Reservada n. 589. O *veneno da serpente* voltava a incomodar. Ao lermos na íntegra o texto dessas instruções, fica evidente o legado do autoritarismo varguista. Mais uma vez o governo brasileiro fechava suas portas aos judeus, muitos dos quais eram certamente sobreviventes do Holocausto. Importante enfatizar, ainda que óbvio, que muitos desses indivíduos eram velhos e crianças orfãs, desnutridos, doentes e sem qualquer documento de identidade. Consigo traziam apenas dignidade e força de vontade para recomeçar a vida no Brasil.

Composta de oito itens, a Circular Reservada n. 589 instruía os consulados brasileiros a:

a. manter as instruções do Conselho de Imigração e Colonização em vigor no momento da suspensão do visto;

b. *não visar passaportes de judeus;*

c. só conceder visto às pessoas que se encontram no país e que compareçam ao consulado pessoalmente;

d. não visar *passaportes de velhos* (maiores de 60 anos) *nem de menores com parentesco de primeiro grau para os velhos e até o segundo grau para os menores de 18 anos, quando órfãos de pai e mãe;*

6   L. Senkman, La Política Inmigratoria del Primer Peronismo..., em B. Gurevich; C. Escudé (orgs.), op. cit., p. 267.

7   Telegrama de Edgar Fraga de Castro, do Consulado-Geral em Paris, para o MRE, Paris, 8 fev. 1947, Lata 1.583, Maço 34.365, AHI/RJ.

8   Minuta (sem assinatura) para o CIC, Rio de Janeiro, jul. 1947, Armário, Maço 39.166, AHI/RJ.

53. Refugiada n. 247, vítima do processo de despersonalização implementado pelo regime nazista, originária de Viena, aguarda ser transferida de Harwich para Dovercourt Bay.

54. Celas de prisioneiros nazistas acusados de crime contra a humanidade, Nuremberg, 1946.

COPIADO PARA O MAÇO

Exmo.Sr.Dr.Oswaldo Aranha
DD.Ministro de Estado das Relações Exteriores.

S. DE E. DAS RELAÇÕES EXTERIORES
Divisão de Comunicações e Arquivo
7 JUL. 1939
N.º 12072

MARGARIDA SCHWARTZ SCHULMANN, de nacionalidade Hungara, casada, com 34 anos de edade, radicada no Paiz, com Atelier de Alta Costura, em sua residencia a Rua Ministro Viveiros de Castro, 46 ap.44 nesta Capital autorisada pelo seu esposo ISIDORO SCHULMANN, respeitosamente requer a V.Excia.se digne autorisar o Sr.Consul do Brasil em BUDAPEST, a visar o passaporte de sua irmã, REGINA Eichman Sándor, de nascimento SCHWARTZ, casada com 33 anos de edade e seu sobrinho, MIKLO de 11 anos de edade, ambos de nacionalidade Hungaros e residentes naquele Paiz, para virem em sua companhia, responsabilisando-se os requerentes pela manutenção de seus parentes no Territorio Nacinal.

Nestes termos
P.deferimento
Rio de Janeiro,

55. Vistos indeferidos aos judeus húngaros Regina Eichman Sándor, 33 anos e seu sobrinho Miklo, de 11 anos, conforme requerimento encaminhado por Margarida Schwartz Schulmann a Oswaldo Aranha, Ministro das Relações Exteriores do Brasil.

e. não visar passaportes de *enfermos* e observar rigorosamente os dispositivos dos artigos 113 e 144;

f. tormar o compromisso por escrito do imigrante quanto ao exercício no Brasil da profissão declarada;

g. a vinda de parentes de estrangeiros, residentes no Brasil, só poderá ser solicitada diretamente ao Conselho de Imigração e Colonização pelo próprio estrangeiro residente no país;

h. outrossim, o senhor presidente da República esclareceu que, quanto aos países americanos e em relação às instruções já transmitidas à Divisão de Passaportes do Ministério das Relações Exteriores, os vistos devem ser dados aos naturais e não aos nacionais, desde que sejam solicitados em território americano[9].

Imediatamente após ter recebido essas instruções, José Cochrane de Alencar, do consulado do Brasil em São Francisco (Califórnia) solicitou orientação para visar passaportes europeus semitas, procedentes de Xangai com destino aos países limítrofes do Brasil. As dúvidas estavam em saber se o regulamento em vigor abrangia também as pessoas possuidoras de passaporte regular ou somente aquelas que portavam certificado de identidade expedido pela UNRRA[10]. A resposta foi curta: "os vistos não devem ser concedidos. Exteriores"[11].

Em janeiro de 1949, os consulados brasileiros continuavam a cumprir a Circular Reservada n. 589, a exemplo de Orlando Leite Ribeiro, cônsul geral em Lisboa. Este, ao endossar a postura racista do governo brasileiro, comentou que aquele consulado continuaria "a conceder vistos permanentes a todos os indivíduos de 18 a 60 anos, de boa saúde e que interessem à composição étnica da população brasileira, desde que vão exercer uma profissão lícita"[12].

À persistência de uma postura intolerante por parte do Brasil explica-se pelo continuísmo no poder de certos funcionários antissemitas que, gerenciando setores ligados a imigração, tiveram a oportunidade de colocar em prática suas teorias. Haja vista que Jorge Latour (cujo pensamento intolerante foi gestado no que havia de pior em Varsóvia) assumiu a presidência do Conselho de Imigração e Colonização e autorizou as instruções secretas contra os refugiados judeus; e João Luis de Guimarães Gomez (ex-cônsul de primeira classe em Berlim) ocupou a Divisão de Passaportes do Itamaraty. Não podemos nos esquecer de que o mesmo general Eurico Gaspar Dutra, ex-ministro da Guerra (1936-1945) do governo Vargas, foi quem preparou o golpe de 10 de novembro de 1937, que liquidou com as liberdades democráticas impondo a ditadura do Estado Novo[13].

---

9   Circular Reservada n. 589, Instruções para concessão de passaportes n. 117/511.3, de João Alberto, do CIC para Hildebrando Accioly, secretário geral do MRE, Rio de Janeiro, 1º fev. 1947, Lata 1.583, Maço 34.365, AHI/RJ (grifo nosso).

10 Telegrama n. 3, de José Cochrane de Alencar, cônsul geral do Brasil em San Francisco, Califórnia, para o MRE, San Francisco, 11 fev. 1947, Lata 1.583, Maço 34.365, AHI/RJ.

11 Cf. anotação manuscrita à margem do telegrama n. 3, 11 fev. 1947.

12 Carta-telegrama n. 3, de Orlando Leite Ribeiro, do Consulado-Geral do Brasil em Lisboa, para o MRE, Lisboa, 31 jan. 49, Armário, Maço 39.162, AHI/RJ.

13 Sobre o papel político de Eurico Gaspar Dutra, ver I. Beloch; A. A. de Abreu (coords.), *Dicionário Histórico-Biográfico Brasileiro*, v. II, p. 1129-1154.

Esse perfil é característico do Estado moderno intervencionista que, ao longo do século XX, constituiu uma *tecnologia de poder* visando o controle e a domesticação dos cidadãos. Além de educação, saúde pública e política trabalhista, o controle do fluxo migratório tornou-se um de seus principais instrumentos políticos. Uma elite de intelectuais orgânicos identificados com a ideologia oficial garantiu a produção de um saber técnico que, sob o signo da modernidade, se prestou a acobertar a mentalidade racista e das autoridades brasileiras.

As centenas de estudos publicados entre 1946 e 1952 pelos periódicos *Revista de Imigração e Colonização* (porta-voz do Conselho de Imigração e Colonização, Rio de Janeiro) e *Boletim do Departamento de Imigração e Colonização* (porta-voz da Secretaria de Agricultura do estado de São Paulo) são provas de que teorias da exclusão subsidiavam as diretrizes imigratórias aprovadas pelo governo no pós-guerra. Ao reafirmar a vocação agrária do país e se propor a *racionalizar* a presença do imigrante no campo ou na cidade, o Estado brasileiro continuou a incluir os judeus na categoria das *raças indesejáveis*. Médicos eugenistas, psiquiatras, educadores, diplomatas e bacharéis do Direito internacional, dentre outros, foram convocados para *pensar* uma solução para a imigração, avaliada como problema nacional. Os traumas de guerra e de vida transformaram-se em elementos referenciais de exclusão segundo avaliação dos médicos psiquiatras, coniventes com essa política racista[14].

Hélio Lobo chegou a comentar, em artigo publicado pelo *O Estado de S.Paulo*, em dezembro de 1947, que a OIR estava encarregada do transporte e das despesas iniciais no país de destino, "além da *seleção, em esforço combinado* com os nossos médicos"[15]. Ao inaugurar essa *nova fase imigratória* que caracterizou o período pós-guerra, o governo brasileiro nada mais fez do que legitimar seu projeto étnico-político em gestação desde o início do século. Inovou ao selecionar um contingente de técnicos qualificados, cuja formação profissional e nível cultural lhes garantiu melhor padrão de absorção, se comparado ao dos imigrantes radicados no Brasil nas primeiras décadas do século XX.

A Construção de um Saber Técnico pelos Intelectuais Orgânicos

INTELECTUAIS	PALAVRAS-CHAVE: DIRETRIZES IDEOLÓGICAS	FONTE
1945		
Ari Leão	**Expulsão** de estrangeiro	RIC
Assis Chateaubriand	Colonização germânica	RIC
Costa Rego	Os **melhores** imigrantes	RIC
Fernando Mibielli de Carvalho	Imigração um **problema nacional**	RIC

---

14 Retorna ao cenário nacional o médico psiquiatra Xavier de Oliveira, cuja participação ao lado de Miguel Couto, em 1934, instigou o debate racista durante a sessão que discutiu as emendas para a Constituição de 1934. Nessa data foi votada a adoção do sistema de cotas para a imigração brasileira. Ver F. V. Luizetto, *Os Constituintes em Face da Imigração.*.

15 *O Estado de S.Paulo*, 30 dez. 1930.

Hélio Lobo	Os **problemas demográficos** e a última reunião de Genebra	RIC
J. R. Castro Filho e A. Kastrup	Contratos de **trabalho** e **Súditos do Eixo**	RIC
Leão Velloso	Imigração **indesejável**	RIC

1946

Antônio Xavier de Oliveira	Da **profilaxia psicorracial** da imigração para o continente americano	RIC
A. C. Pacheco e Silva	**Medicina e Higiene (Imigração e Eugenia)**	RIC
Antônio de Queirós Teles	Sugestões para a **solução do problema** da imigração	RIC
António Vianna	O imigrante estrangeiro em face da **política biológica**	RIC
Aristides Ricardo	A **assimilação** do estrangeiro	RIC
Deusdedit Araújo	Imigração e **Eugenia**	RIC
Jaime Poggi	O **papel do médico** na realização do magno problema	RIC
João Martins de Almeida	Alguns aspectos de **seleção do imigrante** sob o ponto de vista **médico**	RIC
Homero Braga	Imigração e **Eugenia**	RIC
Napoleão Lopes	Colônias para estrangeiros que ingressem **irregularmente** no território brasileiro	RIC
Péricles de Carvalho	**Planejamento** imigratório para o Brasil	RIC

1947

Adalberto Lyra de Cavalcante	A imigração **em face do trabalho**	RIC
Adalberto Lyra de Cavalcante	Aspectos **psicológicos** na imigração pós-guerra	RIC
Cândido Mota Filho	O **problema** imigratório	RIC
Jorge Latour	Imigração e **colonização**	RIC
Jorge Latour	**Displaced Persons**	RIC

1947

Assis Cintra	**Quanto vale** um imigrante?	RIC
Barreto Leite Filho	A imigração e **o futuro do Brasil**	RIC
B. Manhães Barreto	A **escolha das** *Displaced Persons* destinadas ao Brasil	RIC
João Daut de Oliveira	Precisamos de capitais, técnicos e braços para o nosso **desenvolvimento**	RIC
Keith Garner	O aproveitamento dos **desajustados**	RIC
Kennsth Chamberlain Waddell	**O papel do médico** na colonização do Brasil	RIC
Kennsth Chamberlain Waddell	Sobre colonização, **quistos e coisas congêneres**	RIC
Kennsth Chamberlain Waddell	**Problemas** da imigração. Critérios de **seleção**	RIC
Hélio Silva	**Displaced Persons**	RIC
Osório Nunes	**Nova política** imigratória	RIC
Osório Nunes	**Novo conceito** de imigrante	RIC
Paul Vanorden Shaw	A tragédia dos **deslocados**	RIC
Raphael Azambuja	Ainda **o problema da imigração**	RIC
Sud Mennuci	A **inassimilação** do imigrante	RIC

1948		
Alcírio Dardeau Carvalho	Reflexos sobre a **expulsão** de estrangeiros	RIC
A. Xavier de Oliveira	Da incidência das **psicoses nos estrangeiros** no Brasil	RIC
Jorge Latour	**Seleção profissional** de imigrantes	RIC

1949		
Alberto de A. Albuquerque	Da atividade **profissional ou econômica** do estrangeiro no Brasil	RIC
Kingsley Davies	**Problemas** imigratórios	RIC
Jacir Porto	Vantagens e **inconvenientes** da imigração estrangeira para o Brasil	RIC
J. M. Andrade Sobrinho	**Psicotécnica** e imigração	RIC

1950		
Arnette F. Ruellan	**Geografia médica** e colonização	RIC
José Artur Rios	O imigrante e o **problema da terra**	RIC
Hélio Lobo	**O drama dos deslocados**	BDIC
H. Dória de Vasconcelos	Imigração para a **lavoura** cafeeira	BDIC
H. Dória de Vasconcelos	O **problema** da imigração no pós-guerra	BDIC
H. Dória de Vasconcelos	**Seleção** dos deslocados	BDIC
B. Manhães Barreto	**Trabalho** e imigração	RIC
Valentim Bouças	A imigração não é despesa é **capital**	RIC
Dom Hélder Câmara	Imigração e diretrizes da **Igreja Católica** brasileira	RIC
José Fernando Carneiro	As **interdições** ao estrangeiro	RIC
Josué de Castro de	Já passou o tempo da **imigração desordenada** e da colonização dos **pioneiros individualistas**	RIC

1951		
Giovanni Mazzoni	Uma **aglomeração** de quinhentas famílias agrícolas da mesma nacionalidade não representa um *quisto* **social**	RIC
Alcino Teixeira Melo	**Seleção médica** de imigrantes	RIC

1952		
Irênio Delgado	***Estrada dos búlgaros*** e ***Postes dos iuguslavos***	RIC
Vasco dos Reis	A **Igreja Católica** e a imigração	RIC

Fonte: Amostragem temática dos artigos e autores dos principais periódicos oficiais de imigração, *Boletim do Departamento de Imigração e Colonização* (BDIC), São Paulo: Secretaria de Agricultura do Estado de São Paulo. MI/SP; RIC – *Revista de Imigração e Colonização. Memorial do Imigrante/ SP*[16]. (Grifo nosso.)

São Paulo transformou-se em *metrópole de destino* dos deslocados de guerra, judeus refugiados e sobreviventes do Holocausto, que aqui encontraram condições para recomeçar a vida. A posição de *modernidade* da cidade de São Paulo justificou um acordo do governo do Estado com a União com o objetivo

16 Cf. E. P. Peres, *A Inexistência da Terra Firme: A Imigração Galega em São Paulo (1956-1964)*; "Proverbial Hospitalidade"? A *Revista de Imigração e Colonização* e o Discurso Oficial sobre os Imigrantes (1945-1955), *Acervo, Revista do Arquivo Nacional*, Rio de Janeiro, v. 10, n. 2, p. 53-70.

D. I. C.

. IMIGRANTES DESLOCADOS DE GUERRA

LOCALIZAÇÃO SEGUNDO OS ESTADOS

Dados fornecidos pelo Departamento Nacional de Imigração do
Ministério do Trabalho, Indústria e Comércio

QUADRO A-8

ESTADOS	1947	1948	1949	TOTAL
SÃO PAULO	2.540	3.726	4.813	11.079
PARANA	481	960	3.165	4.606
RIO GRANDE DO SUL	206	566	1.388	2.160
DISTRITO FEDERAL	72	407	1.226	1.705
GOIAS	—	138	714	852
SANTA CATARINA	—	3	757	760
RIO DE JANEIRO	131	123	299	553
MINAS GERAIS	58	73	332	463
BAHIA	—	8	378	386
CEARA	—	—	12	12
ESPIRITO SANTO	—	—	9	9
PERNAMBUCO	—	—	9	9
TERRITORIO DO ACRE	—	—	6	6
RIO GRANDE DO NORTE	—	—	5	5
SERGIPE	—	—	4	4
TOTAIS	3.488	6.004	13.117	22.609

NOTA: — Além dos supra-citados, chegaram para São Paulo, vindos de outros Estados,
mais os seguintes deslocados de guerra:

1947	40
1948	236
1949	258
Total	534

56. Tabela de imigrantes deslocados de guerra
radicados em vários estados brasileiros.

O Processo de Gestação da Cidadania   401

de absorver esse contingente imigratório cujo perfil profissional adequava-se a sua posição de maior centro industrial da América Latina[17]. Segundo Henrique Rattner, os judeus estabelecidos em São Paulo após 1950 "ingressaram numa sociedade dinâmica, em pleno desenvolvimento econômico e social, com possibilidades de mobilidade praticamente ilimitadas, porém sofrendo duplamente os efeitos desintegradores e despersonalizadores da rápida urbanização e industrialização"[18].

O processo de integração dessas *comunidades dos refugiados* à comunidade judaica em geral foi facilitado por uma verdadeira rede de contatos articulada pors suas organizações comunitárias (*Landsmannschaften*). Estas supriam a lacuna deixada pelo Estado, que não prestava nenhuma assistência aos recém-chegados. A*s* entidades acabaram por assumir a função de *organizadoras da diáspora judaica nas capitais de destino*, valendo-se da informalidade para operar junto às autoridades e aos órgãos de controle oficiais. Os refugiados, por uma questão de identidade e de segurança, procuravam seus grupos nacionais (*asquenazitas, sefaraditas* e *orientais*), que funcionavam como elos com sua cultura de origem[19]. Essa situação explica, em grande parte, a versão apresentada por muitos sobreviventes do Holocausto de que, *nunca sentiram qualquer manifestação de antissemitismo* e que *foram sempre muito bem tratados pelo Brasil, que os recebeu de braços abertos*" (leia-se aqui comunidade judaica e não governo brasileiro).

Tabela comparativa: alteração da população judaica no Brasil

ESTADOS	1940	1950
São Paulo	20.379	26.443
Distrito Federal	19.473	25.222
Rio de Janeiro	1.920	2.209
Rio Grande do Sul	6.619	8.048
Bahia	955	1.076
Paraná	1.033	1.340
Minas Gerais	1.431	1.528
TOTAL NO BRASIL	55.666	69.957

Fonte: J. Lesser, Apêndice 1, *O Brasil e a Questão Judaica*, p.315.

Podemos considerar o antissemitismo político sustentado pelo governo Dutra como um legado do autoritarismo varguista. Em 1947, o presidente

17 Ofício n. 943, Autos 236.403, de Alcides Leme, diretor superintendente da Secretaria da Agricultura, Rio de Janeiro, 18 jun. 1947; Acordo entre a União e o Estado de São Paulo para a introdução de imigrantes, *Boletim do Departamento de Imigração e Colonização*, São Paulo, Secretaria de Agricultura do Estado de São Paulo, 5 dez. 1950.
18 H. Rattner, *Tradição e Mudança*, p. 134-135.
19 R. Mizhari, *Imigração e Identidade*; R. Grün, Construindo um Lugar ao Sol: Os Judeus no Brasil, em B. Fausto (org.), *Fazer a América*, p. 364-365.

Eurico Gaspar Dutra relutou em incorporar aos primeiros contingentes imigratórios dos DPs uma cota destinada aos judeus sobreviventes dos campos de concentração. Essa prática encontra-se expressa nos números de DPs desembarcados no Rio de Janeiro em 16 de março de 1947: nenhum era judeu. Segundo Senkman, "dos 861 DPs, 45% eram católicos apostólicos romanos, 16% eram católicos gregos, 30% fiéis da Igreja ortodoxa grega e 9% protestantes"[20].

Durante os anos de 1946 a 1948, o governo brasileiro continuou a sustentar a mesma postura intolerante (e antissemita) registrada durante o Estado Novo, apesar de ter reconhecido o Acordo Relativo à Emissão de um Documento para Refugiados firmado pelo Comitê Intergovernamental em novembro de 1947. Mesmo assim, nessa ocasião, fez questão de frisar que só aceitaria o título de viagem *em casos excepcionais*[21].

Nacionalidades dos DPs registrados
na Hospedaria de Campo Limpo, São Paulo 1947-1949

NACIONALIDADES	1947	1948	1949	TOTAL
Apátridas	444	232	187	867
Baltas	363	234	420	1.017
Iugoslavos	58	402	338	798
Húngaros	11	267	595	873
Poloneses	923	1.024	1282	3.229
Russos	141	391	323	855
Tchecos	13	84	176	273
Ucracianos	439	517	430	1.386
Outras	-	636	944	1.767
Sem identificação	-	26	196	222
TOTAL	2.579	3.817	4.891	11.297

Fonte: Boletim do Departamento de Imigração e Colonização (BDIC), n. 5, 1950, Memorial do Imigrante, SP.

---

20 L. Senkman, La Política Inmigratoria del Primer Peronismo..., op. cit., p. 269.
21 Ofício do secretário geral do Itamaraty ao Comitê Intergovernamental, Rio de Janeiro, 10 nov. 1948; Condição de Refugiados e Apátridas. Competência para Legalização de Documentos Referentes à sua vida civil, 5 dez. 1951, em *Pareceres dos Consultores Jurídicos do* MRE *(1946-1951)*, Rio de Janeiro: Seção de Publicações, MRE, 19.967, p. 575; J. H. Fischel de Andrade, op. cit., p.107, 171n.

DPS Desembarcados no Rio de Janeiro
e em Santos 1946-1949

ANO	TOTAL DE DPS	SÃO PAULO
1947	3.726	2.540
1948	6.004	3.726
1949	13.117	4.813
TOTAL	22.847	11.079

Fonte: *Revista de Imigração e Colonização*, 1950.

As polícias políticas do Rio de Janeiro e de São Paulo não *baixaram a guarda* no pós-guerra. Ao discurso estereotipado das autoridades policiais somaram-se denúncias provenientes de parte da população local que, por sua formação católica, sua identificação com valores nazifascistas, seus interesses particulares ou divergências partidárias, aproveitava-se da ocasião para manifestar seu ódio aos judeus e aos comunistas. Dessa situação, mostra-se expressiva a carta de um *informante* (identificado em outro documento como Oto Guilherme) que, segundo funcionário do Deops-SP, já há muito vinha advertindo aquela "especializada" *sobre o perigo da colônia judaica*. Ele se mostrava apavorado com o progresso *dessa gente*, e dizia não saber "por que existia displicência das autoridades, não só do Brasil, como das Américas [...]. São Paulo, 5 nov. 1947"[22].

Essa nota da delegacia especializada é antecedida por um outro texto contendo informações acerca dos judeus que, a bordo do vapor italiano Sestriere, haviam desembarcado nos portos de Santos e do Rio de Janeiro, apesar de os passaportes estarem visados para o Paraguai. Como imigrantes, vinham para São Paulo auxiliados pelo Joint, que pretendia, em continuidade a seu *trabalho*, mantê-los em São Paulo[23]. Segundo o delator, os vapores Enricoe, Philippa e Andrea Gritt haviam trazido outros tantos judeus nas mesmas condições: o primeiro vapor havia chegado no dia 2 de novembro de 1947; o segundo, no dia 5; e o terceiro, no dia 16 do mesmo mês.

Os parágrafos subsequentes colocam em pauta quatro atributos expressivos da mentalidade antissemita: a de que esses judeus eram *hipócritas, falsos, comunistas* e *conspiradores*. Os argumentos apresentados são os seguintes:

---

22 Vapor italiano Sestriere. Santos, com Nota do setor, São Paulo, 5 nov. 1947, Deops/SP, Apesp.

23 Desde sua criação em Nova York, em 1914, por judeus de origem alemã, o Joint teve importante papel assistencial auxiliando os judeus necessitados dos EUA, na Europa Central e na Palestina. Entre 1933 e 1945, amparou os refugiados do nazismo e, entre 1945 e 1950, atuou junto aos sobreviventes do Holocausto, colaborando para sua reabilitação e imigração. No Brasil, a partir de 1937, esteve vinculado à Congregação Israelita Paulista, na qual o dr. Hamburguer atuava como secretário-geral e os doutores Lorsch, Friedmann e Wissmann eram membros de uma comissão tríplice. Em 1946, constituiu-o Comitê Auxiliar do Joint, que funcionou na capital paulista até 1959. Ver A. Hirschberg, *Desafio e Resposta*, p. 220-221; M. L. T. Carneiro, *Brasil, Um Refúgio nos Trópicos*, p. 86-90.

[que] como de costume, durante a viagem fingiam-se eles de católicos, usando cruzes e santinhos em locais visíveis (tudo hipocrisia); [que] na cidade de Santos, muitos desses judeus se manifestaram (isso nas intimidades), abertamente simpáticos à Rússia e ao seu credo, dando a impressão nítida de que se trata da preparação da quinta-coluna nas Américas, na qual tomam parte saliente os judeus; [que] esses indivíduos, quando se encontram em conversa com pessoas que não conheciam, *bancam* os anticomunistas[24].

Essa denúncia deu origem, em 27 de março de 1948, a uma série de outras investigações em torno das atividades do médico dr. Luiz Lorsch, presidente do Comitê Auxiliar do Joint em São Paulo. Tudo foi registrado com detalhes no dossiê do Centro Cultura e Progresso, suspeito de ser o principal aglutinador dos judeus comunistas de São Paulo: endereço residencial e do consultório do médico; coquetel oferecido à imprensa no Hotel Excelsior; em 13 de fevereiro, assim como das personalidades presentes; viagens para os Estados Unidos, etc. O Joint foi definido como "uma organização também destinada a colocar judeus pelo mundo todo e há um especial interesse em que eles imigrem para o Brasil". Concluiu-se ("e não restava dúvida", segundo o relator) que era do interesse da direção central do Joint na América do Norte estabelecer um escritório central para todo o Brasil, visto que até agora "essa organização de israelitas era dirigida na América Latina por um escritório central em Buenos Ayres"[25]. Em síntese, esses documentos – somados a tantos outros expressivos da trajetória da comunidade judaica em São Paulo – oferecem-nos interessante mosaico étnico-ideológico, representativo da ação/reação de uma minoria que lutava para sobreviver como povo e como nação.

Lamentamos que, naquela época, os governos Vargas e Dutra não tenham tido sensibilidade para decifrar essa mensagem. Múltiplas foram as máscaras da intolerância oficializada. No exterior, como nos tempos do *velho Vargas*, os representantes oficiais brasileiros procuravam acompanhar a dinâmica das nações modernas identificadas com a imagem da democracia. Sem poder se omitir, e sempre sob a tutela dos Estados Unidos, o Brasil continuou a participar dos comitês internacionais dedicados a prevenir o genocídio e em encontrar uma solução para os judeus apátridas. Ao longo dos anos, esses encontros ofereceram aos representantes brasileiros importantes lições de cidadania, matrizes para a efetiva (e difícil) abertura democrática nos anos de 1980.

Em 1948, João Neves da Fontoura participou da IX Conferência Internacional Americana, momento em que saudou a perspectiva de adoção pioneira da Declaração dos Direitos Humanos e Deveres Internacionais do Homem, além de reconhecer nos indivíduos *o caráter de sujeito de direito internacional público* e sugerir a criação de uma Corte Internacional de Proteção aos Direitos Humanos. Em 1949, o embaixador Cyro de Freitas Valle apresentou-se como

24 Vapor italiano Sestriere...
25 Investigações em torno das Atividades do Joint, Organização Judaica, São Paulo, 27 mar. 1948, Prontuário n. 105.673, Centro Cultura e Progresso, Pront/SP, Apesp.

O Processo de Gestação da Cidadania   405

representante do Brasil na IV Sessão da Assembleia Geral da ONU, aprovando a conclusão de um tratado internacional sobre direitos humanos. Em 1º de outubro de 1956, durante o governo de Juscelino Kubitschek, foi sancionada a lei brasileira n. 2.889, que define e pune o crime de genocídio, legislação que adotou a mesma definição da Convenção da ONU. Estabelece-se também a punição estipulada no art. 121, parágrafo 2º do Código Penal, em que o genocídio é enquadrado em homicídio qualificado com pena de reclusão de 12 a 30 anos. Em 1959, o Brasil pronunciou-se a favor de uma declaração de princípios, tendo como porta-voz o chanceler Tiago Dantas, durante a V Reunião de Consulta dos ministros das Relações Exteriores da OEA.

Limites das Utopias

A documentação produzida pelas autoridades brasileiras envolvidas com a questão dos refugiados judeus entre 1933 e 1948 pode ser avaliada como um verdadeiro atestado de inércia, se considerarmos que, diante do avanço das tropas nazistas em direção ao Leste Europeu e à proliferação do antissemitismo, cada visto liberado por dia significava centenas de vidas salvas. No entanto, barreiras fascistas e antissemitas precisariam ser eliminadas para garantir a vitória dos ideais democráticos. Os governos de Getúlio Vargas e de Eurico Gaspar Dutra fizeram jogo duplo na tentativa de não terem de assumir responsabilidades perante o mundo, que clamava por ajuda. Assim mesmo, apesar das restrições impostas e da inércia, milhares de judeus conseguiram entrar no Brasil, contribuindo para a configuração das modernas comunidades judaicas radicadas no Rio de Janeiro, em São Paulo, em Porto Alegre, em Curitiba, em Belo Horizonte e em Salvador. Esses centros, a partir de 1933, receberam centenas de refugiados que, enfrentando dificuldades de assimilação, ampliaram a população dos grupos de identidade *asquenazitas e sefarditas.*

A participação do Brasil nos inúmeros comitês internacionais de ajuda aos refugiados judeus deve ser avaliada como consequência da pressão contínua dos Estados Unidos, que, com a Grã-Bretanha, tentavam encontrar uma solução para a tragédia que era universal. Ficou evidente, no pronunciamento de Hélio Lobo – por ocasião do convite do presidente Roosevelt para uma reunião na Casa Branca, em 1939 –, que pelo menos em aparência, o Brasil havia aceitado colaborar ao comparecer à Conferência de Evian e ao designar um vice-presidente.

Entre 1938 e 1940, a situação (nacional e internacional) mostrava-se tensa em decorrência da pressão exercida pelos Estados Unidos, que, diante do avanço nazista na Europa, necessitava garantir parcerias. E o Brasil, por sua posição retraída e cheia de reservas, apresentava-se como uma incógnita, mas passível de manipulação. Hélio Lobo funcionava como uma espécie de ponte entre os comitês intergovernamentais, as associações pró-refugiados e o Ministério das Relações Exteriores do Brasil.

Uma política de aparências prestou-se a acobertar a prática antissemita sustentada pelas circulares secretas, que, aplicadas pelas missões diplomáticas no exterior, sustentavam as barreiras contrárias à entrada de judeus no Brasil. As expressões estereotipadas, racistas em essência, colocam-nos diante de um discurso que, (re)produzido em fontes diversificadas (populares, diplomatas, religiosas, integralistas, jornalísticas e policiais), tinham um objetivo em comum: do ponto de vista da mentalidade dos grupos de direita, justificar a razão da diferença e da exclusão. O repúdio aos judeus ocorreu, portanto, sob a trindade da maldade: judeu, explorador e comunista. A sensação que temos, ao acompanharmos a trajetória desses estigmas, é a de que essa minoria foi tratada segundo valores nazistas. Tanto é que, após 1942, quando o Brasil já havia entrado na guerra ao lado dos Aliados, os policiais não tiveram sequer a preocupação de diferenciar um alemão-judeu de um alemão *súdito do Eixo*.

Portanto, os atos antissemitas identificados no Brasil nos anos de 1933 a 1948 devem ser vistos como parte de uma ação de consenso das autoridades brasileiras cujo perfil conservador e racista não deixa dúvida se examinado à luz da documentação recentemente pesquisada por historiadores brasileiros, brasilianistas e israelenses. Assim, se efetuarmos um levantamento das áreas onde o antissemitismo oficial se manifestou de forma mais arraigada, verificaremos que os casos mais graves aconteceram no campo da diplomacia e no campo policial, como projeção da plataforma étnico-política idealizada pelo governo brasileiro.

Se o antissemitismo político encontrou condições para se manifestar no Brasil foi porque contou com os endossos da Igreja católica, do Exército e dos ministérios responsáveis pela imigração no Brasil, ou seja, das Relações Exteriores, da Justiça e Negócios Interiores e do Trabalho. Antissemitas convictos, atuaram como uma espécie de *articulistas políticos*, gerenciando cargos de poder junto aos governos xenófobos de Getúlio Vargas e de Eurico Gaspar Dutra. Alguns eram germanófilos declarados, como Filinto Müller, Francisco Campos e Góes Monteiro; outros eram americanófilos, como Oswaldo Aranha. Havia os antissemitas convictos, como Cyro de Freitas Valle, Jorge Latour, Labienno dos Santos, dentre outros; em comum tinham o fato de serem todos anticomunistas e racistas. Tanto Vargas como Dutra foram obrigados a sustentar a falsa imagem de presidentes *liberais* em decorrência das pressões dos Estados Unidos e da Inglaterra, o que explica o fato de as circulares contrárias à entrada de judeus no Brasil terem se mantido secretas mesmo no pós-guerra.

Nesse sentido, detectamos a total ausência de mecanismos oficiais que se prestassem a proteger os refugiados judeus, injustiçados e ameaçados quanto aos seus direitos de cidadania. Em vários momentos da história da repressão no Brasil, os judeus vivenciaram um sistema oficial de intolerância, acusados de serem comunistas, sionistas revolucionários, conspiradores e hipócritas.

Assim como na Argentina, esse antissemitismo oficial não ameaçou a existência da comunidade judaica, que continuou a cumprir suas funções religiosas, cultivando suas tradições culturais traduzidas nas grandes festas ou nas múltiplas cerimônias do ciclo de vida (brit-milá, bar mitzvá, casamento e morte). Impôs, isso sim, limites a suas utopias políticas, produção cultural e criatividade; impediu que a comunidade crescesse e se estruturasse a partir de uma imigração subvencionada pelo governo, visto que os anos de guerra e do pós-guerra exigiam atos de solidariedade e de sensibilidade com a condição humana. Se em todos os níveis de decisão persistiu uma discriminação sistemática contra judeus foi porque esta contou com o envolvimento dos vários ministérios e com o endosso de Getúlio Vargas, que, em seu diário particular, registrou total apoio às iniciativas antissemitas de seus representantes oficiais. Se *Eretz Israel* continua sendo um difícil ensaio de solução para a paz, por outro lado serviu para garantir *um norte* a todos os judeus do mundo, agora *cidadãos* com um Estado e com múltiplas nacionalidades.

Fontes

Acordos

_____ Acordo entre o governo da União e o do estado de São Paulo para o encaminhamento de imigrantes deslocados, *Boletim do Departamento de Imigração e Colonização*, São Paulo, Secretaria de Agricultura do Estado de São Paulo, n. 5, 1950-1952, BMI/SP.

_____ Acordo entre a União e o estado de São Paulo para a introdução de imigrantes, *Boletim do Departamento de Imigração e Colonização*, São Paulo, Secretaria de Agricultura do Estado de São Paulo, n. 5, 1950-1952, BMI/SP.

Avisos

1937

_____ n. 2E-1601, de Agamenon Magalhães, ministro do Trabalho, Indústria e Comércio, para Mário de Pimentel Brandão, ministro interino das Relações Exteriores, Rio de Janeiro, 22 jun., 601.34 (04), AHI/RJ.

_____ de Oswaldo Aranha, ministro das Relações Exteriores, para Francisco Campos, ministro da Justiça e Negócios Interiores, Rio de Janeiro, 1º out., Lata 1.291, Maço 29.633.

_____ DPP/79/511.14, de Oswaldo Aranha, ministro das Relações Exteriores, para Alexandre Marcondes Filho, ministro da Justiça e Negócios Interiores, Rio de Janeiro, 11 mar., Emitidos, 1944 (jan-dez).

1944

_____ DPP/79/511.14, de Oswaldo Aranha, ministro das Relações Exteriores, para Alexandre Marcondes Filho, ministro da Justiça e Negócios Interiores, Rio de Janeiro 11 mar., Emitidos, 1944 (jan-dez), AHI/RJ.

_____ Reservado n. 146.7 (00)42, de Alexandre Marcondes Filho, ministro da Justiça, para Oswaldo Aranha, ministro das Relações Exteriores, Rio de Janeiro, 24 mar., Recebidos, 1944 (jan-dez), 103-5-12.

Cartas

1936

_____ de Nicolau Fazani, do Balneário da Urca S.A., para o Ministério das Relações Exteriores, Rio de Janeiro, 29 jun., Lata 477, Maço 7.412, AHI/RJ.

1938

_____ de delação de anônimo para Israel Souto, delegado Especial de Segurança Política e Social, Rio de Janeiro, 3 maio, v. 103/4/15, APRJ/RJ.

_____ de Maximiliano de Sulima Arczynski, secretário provisório do Socorro aos Católicos Refugiados Perseguidos, para Hildebrando Accioly, secretário Geral do MRE, Rio de Janeiro, 9 set., AHI/RJ.

1939
_____ do *L'Accueil français aux autrichiens aux Ministère des Affaires Etrangères,* Service de L'Immigration, Paris, 18 mar, 601.34 (81) 42, AHI/RJ.

_____ de Israel Pinheiro da Silva, secretário da Agricultura de Minas Gerais, para Oswaldo Aranha, ministro das Relações Exteriores, Belo Horizonte, 25 maio, Pasta AO 39.05.26/2, CPDOC/FGV.

_____ de Myron C. Taylor, do governo dos Estados Unidos da América, para Hélio Lobo, representante do Brasil no Conselho de Administração da Repartição Internacional do Trabalho, Washington, 25 jul., Anexo I ao Ofício reservado n. 87, de Hélio Lobo para Oswaldo Aranha, ministro das Relações Exteriores, Genebra, 3 ago., 640.16 (99), Lata 1.616, Maço 34.888, AHI/RJ.

_____ de Andrés Pastoriza, ministro plenipotenciário da Holanda, para James N. Rosenberg, Nova York, 19 out., p. 1, Anexo ao Ofício de Carlos Martins Pereira e Souza, Washington, 1º nov., AHI/RJ.

_____ de Luthero Vargas a Getúlio Vargas, Berlim, 1939, Pasta GV 39.00.00/4, CPDOC/FGV.

1940
_____ reservada de Hélio Lobo para Labieno Salgado dos Santos, chefe da Divisão de Passaportes, Rio de Janeiro, 25 fev., Lata 741, Maço 10.561, AHI/RJ.

_____ de Varian M. Fry, diretor do Centre Americain de Secours, para Luis Martins de Sousa Dantas, embaixador do Brasil em Vichy, Marseille, 23 nov. Esta carta vem acompanhada de 13 anexos. Anexo ao Ofício de Luis Martins de Souza Dantas, de 22 nov., AHI/RJ.

1941
_____ de Luiz Porestrelo d' Orey, diretor da Cia. Comercial e Marítima, para Oswaldo Aranha, ministro das Relações Exteriores, Rio de Janeiro,17 abr., Lata 1.226, Maço 27.156, AHI/RJ.

_____ CS/261, do oabinete do ministro da Justiça para João Severiano da Fonseca Hermes, chefe da Divisão de Passaportes do MRE, Rio de Janeiro, 8 maio 1941, Lata 1.092, Maço 20.785, AHI/RJ.

_____ da Ybarra & Cia, S.en C. para Abelardo Roças, embaixador do Brasil em Madri, Madri, 27 out., AHI/RJ.

_____ Rio de Janeiro, 1º nov., Lata 1.091, Maço 20.785, AHI/RJ.

_____de Abelardo Roças, embaixador do Brasil em Madri, para Ibarra & Cia., Madri, 4 nov., Anexo 2, Lata 1.092, Maço 20.795, AHI/RJ.

1944
_____ confidencial apreendida pela Censura Postal do Brasil em 20 set., Relatório n. DF-21799, registro n. 83.716, 3 p., Lata 1.913, Maço 36.380. APRJ/RJ.

1945
_____ de Israel Scolbocov e Emil Tillinger, presidente e secretário da Nova Organização Sionista do Brasil, para Getúlio Vargas, Rio de Janeiro, 5 out., Lata 1.913, Maço 36.380, AHI/RJ.

_____ de Marcos Frankenthal, presidente da Organização Sionista do Brasil, setor São Paulo, para João Neves da Fontoura, ministro das Relações Exteriores, São Paulo, 24 nov., Lata 1.913, Maço 36.380, AHI/RJ.

1987
_____ de Ricardo Caldenhof à autora, Rolândia, Fazenda Belmonte, 20 nov. ATC/SP.

1988
_____ de Mathilde Maier à autora, Rolândia, 12 maio, ATC/SP.

1989
_____ de Johannes Schaulff à autora, Itália, Bolzano, 23 abr., ATC/SP.

_____ de Nikolaus Schauff à autora, Rolândia, 27 set., ATC/SP.

_____ de Mathilde Maier à autora, Rolândia, 26 set., ATC/SP.

1990

_____ de Johannes Schauff à autora, Bolzano, 23 abr., Arquivo Johannes Schauff, Bolzano/ Itália.

_____ de Herman Mathias Görgen, presidente da Associação Teuto-Brasileira à autora, Bonn, 8 maio e 26 jul., ATC/SP.

Aditamentos

1941

_____ Aditamento de Antonio Gonçalves Machado, secretário, ao inspetor da Inspetoria de Polícia Marítima e Aérea, Rio de Janeiro, 1º out., Inquérito Administrativo, p. 41, AHI/RJ.

Congressos e Conferências: Comunicados, Resoluções, Interferências e Programas

1936

Communiqué pour la Presse, Genève, 17 août, p. 3. Ier Congrès Juif Mondial, Legação do Brasil em Berna, 164/1936, Anexo n. 23, Lata 462, Maço 6.980, AHI/RJ.

Les tâches du Congrès Juif Mondial, Genève, 8-14 août 1936, Legação do Brasil em Berna, 164/1936, Anexo n. 24, Lata 462, Maço 6.980, AHI/RJ.

Communiqué pour la Presse, Genève, 17 août 1936. Ier Congrès Juif Mondial, Legação do Brasil em Berna 164/1936, Anexo n. 23, Lata 462, Maço 6.980, AHI/RJ.

Messages de bienvenue adressés au Premier Congrès Mondial, par Simon Dubnow, Legação do Brasil em Berna, 164/1936, Anexo 25, Lata 462, Maço 6.980, AHI/RJ.

Projet de Resolution sur la question des réfugiés provanant d'Allemagne, Ier Congrès Juif Mondial, Genève, août 1936, Legação do Brasil em Berna 164/1936, Anexo n. 27, AHI/RJ.

Pronunciamento de Hélio Lobo no Comitê Intergovermantal de Londres, 20 jul.1939, *Resolution relative à la Emigration. Commission Economique.* Ier Congrès Juif Mondial, AHI/RJ.

Communiqué pour la Presse, Genève, 17 août, p. 3, Ier Congrès Juif Mondial, Legação do Brasil em Berna, 164/1936, Anexo n. 23, Lata 462, Maço 6.980, AHI/RJ.

Messages de bienvenue adressés au Premier Congrès Mondial, par Simon Dubnow, Legação do Brasil em Berna, 164/1936, Anexo 25, Lata 462, Maço 6.980, AHI/RJ.

Resolution relative à la Emigration, Commission Economique, Ier Congrès Juif Mondial, Genève, août, Legação do Brasil em Berna, 164/1936, Anexo n. 29, Lata 462, Maço 6.980, AHI

1937

Actas Soixante-dix-huitième session do Conseil d'Administration du Bureau Internacional du Travail, Genève, 6 fev., 17 p. Lata 803, Maço 112.322/A, AHI/RJ.

1938

D'autres israelites de Galatz veulent émigrer au Brésil, Universul, 20 janv. (Trad. para o francês), Anexo ao Ofício n. 7, de Cyro de Freitas Valle, da Legação do Brasil em Bucareste, para Mário de Pimentel Brandão, Bucareste, 20 jan., AHI/RJ.

Addendum a La Liste Revisée Des Delegates, Comitê Intergouvernemental, Evian, 14 juil., Anexo ao Ofício n. 13, de Hélio Lobo para Oswaldo Aranha, ministro das Relações Exteriores, Genebra, 26 jul., Ofícios Recebidos, Lata 643, Maço 9.769, AHI/RJ.

Étudés et Documents Série O (migracion), n. 7. *Compte-rendu provisoire, 24ème session, Bureau International du Travail, Conférence International du Travail*, n. 18. *Expose de la Delegation Du Bresil. Comité Intergouvernemental.* Evian, juil., Anexo, AHI/RJ.

Allocution de SEM Henry Berenger, Délégué de la France, Comité Intergouvernemental, Evian, Juil., *Anexo ao Ofício n. 13, de Hélio Lobo para Oswaldo Aranha, ministro das Relações Exteriores*, Genebra, 26 jul., Ofícios Recebidos, Lata 643, Maço 9.769.

Provisional Minutes of the International Conference for the Adoption of a Convention concerning the Status of Refugees coming from Germany, par J. C. Hathaway, L.n. Conf/CR.S.A/P.V.1-4 (1938), *Addendum a La Liste Revisée Des Delegates, Comité Intergouvernemental, Evian*, 14 *juil*, Anexo ao Ofício n. 13, de Hélio Lobo para Oswaldo Aranha, ministro das Relações Exteriores, Genebra, 26 jul., Ofícios Recebidos, Lata 643, Maço 9.769, AHI/RJ.

Les tâches du Congrès Juif Mondial, Genève, 8-14 août, Legação do Brasil em Berna 164/1936, Anexo n. 24, Lata 462, Maço 6.980, AHI/RJ.

Communiqué pour la Presse, Genève, 17 août 1936, Ier Congrès Juif Mondial, Legação do Brasil em Berna, 164/1936, Anexo n. 23, Lata 462, Maço 6.980, AHI/RJ.

Intergovernamental Committes to Continue and Develop the Work of the Evian Meeting, London, 1938, The Position of the Jews Expelled from Germany to Poland in Oct., Memorandum by the Chairman, Confidencial LIC 640.16(99), Lata 630, Maço 9.697, AHI/RJ.

1939
Provisional Minutes of the International Conference for the Adoption of a Convention concerning the Status of Refugees coming from Germany, par J. C. Hathaway, L.n. Conf/CR.S.A/P.V.1-4 (1938), Declaração prestada por Cerf Brothers Ltd. Contra Cohnheim, Londres, July 15th, 1940, Anexo único, Lata 741, Maço 10.561, AHI/RJ

Pronunciamento de Hélio Lobo no Comitê Intergovermantal de Londres, 20 jul., AHI/RJ.

1940
PRO-MEMÓRIA, Legação da Polônia no Rio de Janeiro, Rio de janeiro, 8 out. 1940; *Ofício 307/ BR/63. da Legação da Polônia para o MRE*, Rio de Janeiro, 8 out., Lata 1.291, Maço 29.633, AHI/RJ.

1947
Informations de Palestine, Bulletin Bimensuel (n. 187), Genève, 17 janv. 1947, AHI/RJ.

Comunicado n. 94, de Oswaldo Aranha, da Delegação Brasileira na ONU, para Raul Fernandes, ministro das Relações Exteriores, Nova York, 19 mai., v. 78/4/5, AHI/RJ.

Declarações do embaixador Gilberto Amado sobre Genocídio, Anexo 1. Ofício de João Carlos Muniz, 10 jun., AHI/RJ.

Defesas

1942
_____ de Antônio Porciúncula, ex-consul honorário em Casablanca, por Sérgio Corrêa da Costa, diplomata -Classe J- do Quadro Permanente do MRE, Rio de Janeiro, 3 jun., Inquérito Administrativo, AHI/RJ.

_____ do embaixador Luiz de Souza Dantas, por Sebastião do Rego Barros, ao Dasp, Rio de Janeiro, 20 maio, 5 p., Inquérito Administrativo, AHI/RJ.

_____ Razões da Defesa, por Augusto Pinto Lima, Rio de Janeiro, 4 maio, Inquérito Administrativo, AHI/RJ.

Despachos

1940
_____ telegráfico n. 148, de L. M. de Souza Dantas para MRE,Vichy, 9 out., Lata 1.782, Maço 35.758, AHI/RJ.

_____ telegráfico n. 213, de Exteriores para a Embaixada em Paris, Rio de Janeiro, 12 out., Lata 1.782, Maço 35.758, AHI/RJ.

_____ telegráfico de Exteriores para Embaixada do Brasil em Paris-Vichy, Rio de Janeiro, 12 dez., Lata 964, Maço 15.149, AHI/RJ.

1941

_____ n. S.P./1, do MRE para a Embaixada de Vichy, Rio de Janeiro, 3 jan., Anexo n. 6 do Relatório da CI, às fls. 108, AHI/RJ.

_____ telegráfico n. 18, de Exteriores para o Consulado-Geral do Brasil em Lisboa, Rio de Janeiro, 7 abr, Lata 1.226, Maço 27.164, AHI/RJ.

_____ telegráfico n. 1, de Exteriores para o Consulado de Cádiz, Rio de Janeiro, 7 abr., Lata 1.552, Maço 33.793, AHI/RJ.

_____ GS/978, de Vasco T. Leitão da Cunha a Getúlio Vargas, Rio de Janeiro, 4 out., Inquérito Administrativo, p. 28, AHI/RJ.

_____ de Getúlio Vargas, pelo Gabinete Civil da Presidência da República, para o Ministério da Justiça, Rio de Janeiro, 11 out, AHI/RJ.

1942

_____ de Afonso de Mello Franco Filho, chefe da Divisão de Passaporte,s para o secretário Geral do Itamaraty, Rio de Janeiro, 17 dez, AHI/RJ.

Diário Pessoal

_____ de Albert Blume, 15 jun. 1924 a 29 nov. 1939, a/c Comissão Nacional de Investigação do Ouro Nazista, Ministério da Justiça, 1998, manuscrito em alemão, Arquivo Blume, BB/SP.

Diplomas

_____ de Ricardo Loeb-Caldenhof, *Produtor Modelo* 1984 *e Produtor Conservacionista* 1984, Ministério da Agricultura do Brasil, Brasília, 1984, ARLC/PR

Discursos

Direito e Saúde, *Discursos Parlamentares*, 1933.

Discurso proferido na sessão de 21 fev.1934, Assembleia Nacional Constituinte, *Documento de atividade parlamentar*, São Paulo, 1934.

Horácio Lafer: Discursos Parlamentares, Seleção e introdução de Celso Lafer, Brasília: Câmara dos Deputados/Centro de Documentação e Informação/Coordenação de Publicações, 1988.

Literatura Histórica

CUNHA, Vasco Leitão da. *Diplomacia em Alto-Mar: Depoimento ao CPDOC*. Rio de Janeiro: CPDOC/FGV, 1994.

LIMA, Antonio Austregésilo. Comportamento sexual (1934), Educação da Alma (1932), Perfil da Mulher Brasileira: Acerca do Feminismo no Brasil (1922), In: *Obras Completas*.Rio de Janeiro: Guanabara, 1945. v. III. BN/RJ.

OCTAVIO, *Eugenia: Seus Propósitos, Suas bases, Seus Meios*. São Paulo: Nacional, 1933.

PACHECO E SILVA, A. C. *Imigração e Higiene Mental (Eugenia)*.1926. BN/RJ.

PEIXOTO, Júlio Afrânio. *Sexologia Forense*. Rio de Janeiro: Guanabara, 1934, BN/RJ.

_____. *A Educação da Mulher*. São Paulo: Companhia Editora Nacional, 1936. (versão reeditada em 1947 como *Eunice, ou A Educação Nacional*, Rio de Janeiro: W. M. Jacson, 1947). BN/RJ.

HOLBORN, Louise W. The Legal Status of Refugees, 1920-1938, *The American Journal of International Law*, v. 32, n. 4, october, 1938, AHI/RJ.

Estatísticas

Les Donnees sur la Participation des Israelites à la Civilization Allemande Contemporaine; Doc. II
   Quelques Donnees Statistiques sur les Juifs Allemands, Apêndice 5, AHIJ/RJ.
Imigração Judaica e Geral para o Brasil, 1925-1947, In: Lesser, Jeffrey, *O Brasil e a Questão Judaica,* p. 319.
Estatística Geral Imigratória de 1941, Rio de Janeiro: Serviço de Estatística da Previdência e Trabalho, Ministério do Trabalho, Indústria e Comércio, 1942, p. 5.
Recenseamento Geral do Brasil. Série Nacional. População presente na data dos recenseamentos gerais, segundo algumas das principais características indivíduais, v.1, parte 1.
Boletim do Departamento de Imigração e Colonização, São Paulo, Secretaria de Agricultura do Estado de São Paulo,. n. 5, 1950-1952. BMI/SP.
Anuário Brasileiro de Imigração e Colonização, dirigido por Luiz Compagnoni, Rio de Janeiro, n. 2, 1961.

Informes

Vapor Italiano *Sestrier.* Santos com nota do setor, São Paulo, 5 nov. 1947. Deops/SP.
Informe de investigação de J. Rodrigues para Ignácio da Costa Ferreira, delegado da Ordem Social de São Paulo, São Paulo, 8 jan., 1934, Doc. n. 5, Pront. n. 2807, Deops/SP.
Informe de Oswaldo Aranha, ministro das Relações Exteriores para Getúlio Vargas, Rio de Janeiro, 14 out. 1941, Inquérito Administrativo, p. 62, AHI/RJ.

Inquérito Administrativo

_____ da Presidência da República n. 31.541/41, mandado instaurar pelo senhor presidente da República, a fim de apurar a responsabilidade de funcionários do MRE que concorreram, no Brasil ou no estrangeiro, para a concessão de vistos ilegais, Rio de Janeiro, 22 nov., Lata 1.587, Maço 34.502, AHI/RJ.

Legislação: Refugiados e Imigração
Internacional

Ajuste Provisório Relativo ao Estatuto dos Refugiados Provenientes da Alemanha. Provisional Arrangement Concerning the Status of Refugees coming from Germany, de 4 jul. 1936, League of Nations Treaty Series, 1939, p. 75-87.
Ante-Projeto de Convenção para prevenção e Repressão de Delitos contra a Ordem Social, Anexo ao Ofício Confidencial do Ministério das Relações Exteriores para (destinatário não identificado), Rio de Janeiro, 22 dez. 1933, Lata 1.188, Maço 25.730, AHI/RJ.
Constitution of International Refugee Organization, 15 dez. 1946, 18, *United Nations Treaty Series* (1948), p. 3-23.
Avant Projet de Convention, Conference Internationale pour l'adoption d'une convention relative aux refugiés provenant d'Allemagne, C.L. 214., 1937, Lata 1.100, Maço 21.157, AHI/RJ.
Avant Projet de Convencion, 12 p., Communication from the Secretary-General. L.n. Doc. C.L.58, dez. 1937, Lata 1.100, Maço 21.157, AHI/RJ.
Organisation, sur une Base Internationale, de L'Assistance aux Réfugiés (Israélites et Autres) Provenant d'Allemagne: Résolution adoptée par l'Assemblée le 11 oct. 1933, *League of Nations Official Jounrnal,* 12 dez. 1933, p. 1.616-1618.
Prontuario da Legislação Imigratória Brasileira a Informações Úteis aos Estrangeiros, Decisões e Jurisprudência, de Dulphe Pinheiro Machado, Rio de Janeiro: Borsoi, 1936.

Brasileira

Circulares
_____ Secreta n. 1.127, de 7 jun. 1937, emitida pelo MRE para as Missões Diplomáticas Brasileiros e Consulados de Carreira, Maço 29.653 a 29.655, AHI/RJ.
_____ n. 1.133, de 18 jun. 1937, em: Relatório apresentado à Getúlio Vargas por Mário de Pimentel Brandão, ministro das Relacões Exteriores, Rio de Janeiro: Imprensa Nacional, 1937.
_____ Secreta n. 1.249, regulamentando a entrada de israelitas em território nacional, encaminhada por Oswaldo Aranha às Missões Diplomáticas e Consulados de Carreira e às autoridadees de Imigração e policiais, Rio de Janeiro, 26/27 set. 1938, Ofícios Expedidos, 1938, AHI/RJ.
_____ Secreta n. 1.261, emitida por Oswaldo Aranha, ministro das Relações Exteriores, Rio de Janeiro, 14 nov. 1938, Maço 29.653 a 29.655, AHI/RJ.
_____ Secreta n. 1323, para as Missões Diplomáticas Encarregadas do Serviço Consular e aos Consulados de Carreira, MRE, Rio de Janeiro, 5 jul. 1939, Lata 996, Maço 16.177, AHI/RJ.
_____ n. 1.499 de Oswaldo Aranha, ministro das Relações Exteriores às Missões Diplomáticas e Consulados de Carreira, Rio de Janeiro, 6 jan. 1941, Lata 899, Maço ,13.858, AHI/RJ.
_____ n. 1.501, às Missões Diplomáticas e Consulados de Carreira, Rio de Janeiro, 24 jan. 1941 [rubrica: J. R. de M. S.)
_____ n. 1.522, que encaminhava às Missões Diplomáticas o texto do Decreto-lei n. 3.175, que restringia a imigração e dava providências e instruções para a aplicação das regras assentadas entre o MJNI, – MRE e CIC, Rio de Janeiro, 6 maio 1941 Lata 899, Maço 13.858, AHI/RJ.
_____ n. 1.547, do MRE, Rio de Janeiro, 16 jul. 1941, Lata 1.786, Maço 35.781, AHI/RJ.
_____ n. 1.548, encaminhada por Maurício Nabuco, secretário geral do MRE, às Missões diplomáticas encarregadas do serviço consular e repartições consulares, Rio de Janeiro, 27 ago. 1941, Lata 1.786, Maço 35.781, AHI/RJ.
_____ n. 589, Instruções para concessão de passaportes n. 117/511.3, de João Alberto, do CIC, para Hildebrando Accioly, secretário geral do MRE, Rio de Janeiro, 1º fev. 1947, Lata 1.583, Maço 34.365, AHI/RJ.

Decretos-Lei: Imigração
_____ n. 4.247, de 6 jan. 1921.
_____ n. 18.408, de 25 set. 1928.
_____ n. 24.215 e n. 24.258, ambos maio 1934, que convergiram para a nova orientação da Constituição de 1934.
_____ n. 383, de 18 abr. 1938.
_____ n. 406, de 4 maio 1938. Diário Oficial n. 102.
_____ n. 3.345, de 30 nov. 1938.
_____ n. 791, de 24 out. 1938.
_____ n. 406, de 4 mai. 1938. Diário Oficial n. 102. Cf. Regulamento sobre a Entrada de Estrangeiros: Decreto n. 3.010, de 20 ago. 1938, Decreto n. 639, de 20 ago. 1938, que modifica o Decreto-Lei n. 406, de 4 mai. 1938 , Manuais de Legislação Brasileira, v. XLIII, São Paulo: Ed. e Publicações do Brasil, [s.d.].
_____ n. 3.010, de 20 ago. 1938, Manuais de Legislação Brasileira, v. XLIII, São Paulo: Ed. e Publicações do Brasil, [s.d.].
_____ n. 1.352, de 23 ago. 1939
_____ n. 2.017, de 14 fev. 1940, de que trata a Circular n. 1.425, de 19 do mesmo mês e ano.
_____ n. 3.175, de 7 abr. 1941.
_____ n. 3.002, de 30 jan.1941.
_____ n. 2.017, de 14 fev.1940, de que trata a Circular n. 1.425, de 19 do mesmo mês e ano.
Lei de Nacionalidade n. 389, de 25 abril 1938.

Manuais e Compêndios
Manuais de Legislação Brasileira, v. XLIII, São Paulo: Ed. e Publicações do Brasil, [s.d.].

Promptuário da legislação Inmigratória Brasileira e inofrmações uteis aos estrangeiros. Decisões e jurisprudêencia, por Dulphe Pinheiro Machado, Rio de Janeiro: Borsoi & Cia, 1936.

Estrangeiros no Brasil em face do Estado Novo. Legislação, por Petronildo Santa Cruz Oliveira, Rio de Janeiro: Typ. Jornal do Comércio, 1938.

Legislação sobre estrangeiros, anotada e atualizada por Maurício Wellish, Rio de Janeiro: Imprensa Nacional, 1941.

Coleção das Leis da República dos Estados Unidos do Brasil. Atos do Poder Executivo, v. 7, out.-dez, 1945, p. 378-390.

Orientação Orgânica. Coordenação para a Imigração Dirigida. Documentos do MRE, Rio de Janeiro: Serviço de Publicaçãoes do MRE, 1948.

Legislação orgânica do Instituto Nacional de Imigração e Colonização, Rio de Janeiro: Inic, 1954.

Coordenação de Leis de Imigração e Colonização, por Luiz Demodoro. Rio de Janeiro: Inic, 1960.

Constituições do Brasil. Compilação e atualização por Adrani Campanhole e Hilton Lobo Campanhole. São Paulo: Atlas, 1983.

Leis

_____ de Extradição n. 394, 28 abr.1938.

_____ de Expulsão n. 497, 8 jun. 1938.

_____ de Entrada de Estrangeiros n. 639, 20 ago. 1938.

Regulamento

_____n. 4350/1938 ME, da Lei n. XV, Anexo ao Ofício n. 51, da Legação Brasileira em Budapeste para Oswaldo Aranha, ministro das Relações Exteriores, Budapeste, 29 jul. 1938, 640.16 (87), Lata 1.041, Maço 18.228, AHI/RJ.

Resolução

_____ n. 39, de 23 jun. 1939, CIC, Ofícios Emitidos, nov. 1938 a dez. 1939, AHI/RJ.

_____ n. 88, de 13 ago. 1941, CIC, Ofícios Emitidos, Lata 1.786, Maço 35.781, AHI/RJ.

Listas de Passageiros e Refugiados

_____ de passageiros do navio Cap Arcona, atracado no porto de Santos, Santos, 18 mar. 1938, MI/SP.

_____ des réfugiés catholiques ariens et nonariens auxquels le Ministère des Affaires Etrangères de Rio de Janeiro a déjá accorder le visa brésilien et des réfugiés catholiques ariens et nonariens qui sont proposés par le Socorro aos Catolicos Perseguidos, Rio de Janeiro, pour le visa brésilien, octobre 1938/janvier 1939, Anexo 1 e 2; Liste I e II Bureau Central de Charité Lucerne.

_____ der auf Grund der Austauschgeschäfte Ausgewanderten, [s.d.], Arquivo Johannes Shauff, Bolzano/Itália.

_____ de vistos concedidos pela Embaixada do Brasil na Santa Sé a israelitas católicos, de conformidade com a Resolução n. 39, Rio de Janeiro, 23 jun. 1939, no CIC, AHI/RJ.

_____ de personalidades polonesas refugiadas no Brasil, portadores de passaportes diplomáticos e oficiais, Anexo único, Ofício de Oswaldo Aranha, ministro das Relações Exteriores para Francisco Campos, ministro da Justiça e Negócios Interiores, Rio de Janeiro, 1º out.1940, Lata 1.291, Maço 29.633, AHI/RJ.

_____ de desembarque no Porto de Santos: Navio Cabo de Buena Esperanza, Santos, 26 de set. 1941, MI/SP (Lista 1: Passageiros que desembarcaram, além dos 10 portadores de vistos de Cádiz; Lista 2: Passageiros que desembarcaram com vistos de Cádiz (judeus); Lista 3: Passageiros retidos a bordo pela polícia marítima nesta Capital, Inquérito Administrativo, p. 23, AHI/RJ.

_____ de diplomatas e altos funcionários poloneses munidos de passaportes diplomáticos e oficiais, Anexo ao Ofício de Oswaldo Aranha, ministro das Relações Exteriores, para Francisco Campos, ministro da Justiça e Negócios Interiores, Rio de Janeiro, 1º out. 1940, Lata 1.291, Maço 29.633, AHI/RJ.

_____de desembarque no porto de Santos: vapor Cabo de Hornos, Santos, 20 out. 1941, MI/SP.

_____ de passageiros que desembarcaram, além dos 10 portadores de vistos de Cádiz, 1941, Inquérito Administrativo, p. 38, AHI/RJ.

Memorandum
_____ *l'Oeuvre en faveur des refugies d'Allemagne, James G. MacDonald, juillet, 1935. Haut Commissariat pour Refugies (Israelites et autres) provenant d'Allemagne.Anexo ao Ofício n. 294 Consulado brasileiro em Genebra para Jose Carlos de Macedo Soares, Genebra, 9 set. 1935. Lata* 1243, Maço 27864, AHI/RJ.
_____ *de Ilzeu Vaz de Mello para a Secretaria Geral do* MRE (com cópia para Getúlio Vargas, presidente da República), Rio de Janeiro, 29 abr. 1937, Lata 803, Maço 1232/A AHI/RJ.
_____ *do governo dos Estados Unidos para o Ministério das Relações Exteriores.* Washington, 23 nov. 1938, AHI/RJ.
_____ *do Departamento de Estado dos Estados Unidos sobre a Conversação com João Carlos Muniz,Washington,* 15 fev. 1939, 832.55 J/1, Narc-w
_____ *Conversation with Mr. Wohlthat: Strictly Confidencial Memorandum, do Vice-diretor Robert Pell para Herbert Emerson, diretor da Comissão de Londres.* Berlim, 3 mar. 1939, Anexo 1. *Ofício n. N-32 de Hélio Lobo* Genebra, 14 abr. 1939, 640.16 (99), AHI/RJ;
_____ *for Mr. Wohlthat,* Genebra, 22 mar.1939, Anexo 2. *Ofício n. N-32 de Hélio, Genebra,* 14 abr. 1939, 640.16 (99), AHI/RJ.
_____ *by Chaiman. The position of the jews expelled from Germany to Poland in october 1938,* Anexo: *Confidencial L.I.C. 27 ao Ofício n. N-23 de Hélio Lobo, representante do Brasil no Conselho de Administração da Repartição Internacional do Trabalho para Cyro de Freitas Valle, ministro interino das Relações Exteriores, Genebra,* 6 mar. 1939, 640.16 (99), Lata 630, AHI/RJ.
_____ *Imigração poloneza no Brasil, por C.S. de Ouro Preto, Consul de 3ª Classe para o chefe da Divisão Política e Diplomática, Rio de Janeiro,* 1º mar. 1939, p. 3, 4, Lata 1.291, Maço 29.633, AHI/RJ.
_____ *do Conselho de Imigração e Colonização ao Minsitro de Estado das Relações Exteriores,* Rio de Janeiro, 19 dez. 1939, Lata 741, Maço 10.561, AHI/RJ.
_____ *de Labienno Salgado dos Santos, chefe da Divisão de Passaportes para o secretário Geral do Itamaraty,* Rio de Janeiro, 27 fev. 1940. 558.(99), AHI/RJ.
_____*da Divisão de Passaportes para o Secretario Geral do* MRE*, Rio de Janeiro,* 20 jan. 1941, Lata 1.291, Maço 299632, AHI/RJ.
_____ *de (assin. Ileg.) para secretário Geral do* MRE*, Rio de Janeiro,* 27 mai.1940, Lata 118, Maço 25733, AHI/RJ.
_____ *de Jose Julio Moraes, da Divisão de Passaportes do* MRE *para Presidência da República, Rio de Janeiro,* 3 jul. 1941, Lata 1.226, Maço 27.156, AHI/RJ.
_____ *de Maurício Nabuco, presidente da Comissão de Inquérito e secretário Geral do Itamaraty à Oswaldo Aranha, Rio de Janeiro,* 21 out. 1941.Lata 1.782, Maço 35.758, AHI/RJ.
_____ *de Meira.. (assin. ileg.) para Afrânio de Mello Franco Filho, chefe da Divisão de Passaportes,* Rio de Janeiro, 14 abr. 1943, Lata 1558, Maço 33833, AHI/RJ.
_____ *de R. Bittencourt, 2º Secretario Geral do* MRE *para o chefe da Comissão Organismos Internacionais, Rio de Janeiro,* 4 fev. 1947.Lata 1987, Maço 36.313, AHI/RJ.

Memoriais, Moções e Manifestos

Memorial ao ministro do Exterior da Alta Comissão Pró refugiados (judeus e demais), procedentes da Alemanha, por James G. McDonald, Alto Comissionado Pró-Refugiados, Rio de Janeiro, 18 mar. 1935, Lata 1243, Maço 27864, AHI/RJ.
Memoire de sir Herbert Emerson sur son entretien avec M. Wohlthat, Genebra, 6 juin 1939, Anexo ao*Ofício de Hélio Lobo, representante do Brasil no Conselho de Administração da Repartição Internacional do Trabalho para Oswaldo Aranha, ministro das Relações Exteriores,* Genebra, 1º jul. 1939, 640.16(99), AHI/RJ

Declaracion de la colectividada israelita de la Argentina com relacion al problema de Palestina, Buenos Aires, 7 out. 1945. Anexo ao *Ofício da Embaixada do Brasil em Buenos Aires para o* MRE. Buenos Aires, 22 out. 1945, Lata 1.913, maço 36.380, AHI/RJ.
Moção da comunidade israelita de Belo Horizonte, por Alberto Deodato e outros, Belo Horizonte, jul. 1946. Lata 1.913, Maço 36.380, AHI/RJ
Protestation Adressee aux Ambassadeurs de Grande Bretagne et Des Etats-Unis a Paris, par la Nouvelle Organization Sioniste de France, por Eugène Seaer, secretário Geral da Nova Organização Sionista da França. Paris, 14 mai 1946. Anexo *ao Ofício n. 63 da Embaixada brasileira em Paris para* MRE. Paris, 21 mai. 1946, Lata 1.913, Maço 36.380, AHI/RJ.

Notas Verbais

_____ n. 287, da Legação da Polônia no Brasil para o MRE, Rio de Janeiro, 16 mai. 1939, p. 3, 640.16 (99), AHI/RJ.

_____ de Oswaldo Aranha, ministro das Relações Exteriores, para o encarregado de Negócios interino da Polônia, Rio de Janeiro, 19 maio 1939, Anexo ao Ofício n. 478/8, de João Carlos Muniz, presidente do CIC, para Oswaldo Aranha, Rio de Janeiro, 8 jun. 1939, 640.16 (99), AHI/RJ.

_____ do MRE para a Legação da Polônia, Rio de Janeiro, 17 jun. 1939, 640.16 (99), AHI/RJ.

_____ da Divisão de Passaportes para o presidente do CIC, Rio de Janeiro, 15 out. 1940, Lata 1.291, Maço 29.633, AHI/RJ.

_____ n. 558 (12), da Divisão de Passaportes do MRE para o presidente do CIC, Rio de Janeiro, 15 out. 1940, Lata 1.291, Maço 29.633, AHI/RJ.

_____ SP/103/511.14, do MRE para a Legação da Polônia, Rio de Janeiro, 18 nov. 1941, Lata 1.092, Maço 20.785, AHI/RJ.

_____ Nota (traduccion) entregada por los Consejos de Catalunya y Euuskadi al Exmo. Embajador de los Estados Unidos en Londres, Londres, 8 abr. 1941, Anexo ao Ofício de Muniz de Aragão, de 15 abr. 1941, AHI/RJ.

_____ n. 35, do embaixador da França para o Ministério das Relações Exteriores, Rio de Janeiro, 22 maio 1941, Lata 1.226, Maço 27.156, AHI/RJ.

_____ n. 32, do Ministério das Relações Exteriores para a Embaixada da França, Rio de Janeiro, 29 1941, Lata 1.226, Maço 27.156, AHI/RJ.

_____ Declaratória de Nicolau Fazani, do Balneário da Urca S.A., para MRE, Rio de Janeiro, 27 jun. 1936.

_____ n. 316, da Embaixada dos Estados Unidos da América para o MRE, Washington, 28 jan. 1947, Lata 1.987, Maço 36.313. AHI/RJ.

Obras

COLLOR, Lindolfo. *Europa,* 1939. Introdução de Francisco de Assis Barbosa. 2. ed. Porto Alegre: Fundação Paulo Couto e Silva/Fundação Casa de Rui Barbosa, 1989 (1ed. 1941).

GINESY, R. *La Seconde Guerre Mondiale et les Déplacements de Populations: les Organismes de Protection.* Paris: Pedone, 1948.

FORD, Henry. *O Judeu Internacional.* Porto Alegre: Livraria do Globo, 1933.

LE BOM, Gustave. *Les lois psycologiques de l'evolution des peuples* (1894), 1902

PEREIRA, Astrojildo. *Interpretações.* Rio de Janeiro: Casa do Estudante, 1944, p. 161-178.

RENAN, E. *Dialogues philosophiques,* 1851, t. 1.

SIMPSOM, J. H. *The Refugee Problem: Report of a Survey.* London: Oxford University Press/Royal Institute Affairs, 1939

VIANNA, Oliveira. *Populações Meridionais do Brasil.* São Paulo: Companhia Nacional, 1933. [1. ed. 1918].

ZOLA, Emile. J'accuse (Eu acuso), *L'Aurore,* 13 nov. 1898.

Ofícios

1928

_____ de Raul de Campos, da Secretaria de estado das relações Exteriores, para Dulphe Pinheiro Machado, diretor do Serviço de Povoamento, Rio de Janeiro, 31 mar. 1928 (ms), v. 293/3/6, AHI/RJ.

1931

_____ n. 118, de Luiz de Lima e Silva, da Embaixada Brasileira em Viena, para Afrânio de Mello Franco, ministro das Relações Exteriores, 2 jul. 1931, 6 (82) 4.016, Lata 1.041, Maço 18.227, AHI/RJ.

1932

_____ de Luiz de Lima e Silva, da Legação dos Estados Unidos do Brasil em Viena, para Afrânio de Mello Franco, ministro de estado das Relações Exteriores, Viena, 6 jul. 1932, Lata 1.101, Maço 21.168, AHI/RJ.

_____ n. 12, de Heraclito H. de Vasconcelos, cônsul geral do Brasil em Cobija, para Afrânio de Mello Franco, ministro das Relações Exteriores, Cobija, 27 set. 1932, AHI/RJ.

1933

_____ de (nome ilegível), da Legação do Brasil em Berlim, para Afrânio de Mello Franco, ministro das Relações Exteriores, Berlim, 3 abr. 1933, Lata 1.041, Maço 18.225, AHI/RJ.

1934

_____ n. 113, de Muniz de Aragão, secretário geral do MRE, para Cap. Filinto Müller, chefe de polícia do Distrito Federal, Rio de Janeiro, 7 nov. 1934, Lata 456, Maço 6855, AHI/RJ.

_____ de Carlos Alves de Souza Filho, da Legação dos Estados Unidos do Brasil em Viena, para Afrânio de Mello Franco, ministro das Relações Exteriores, Viena, 20 nov. 1934, Lata 1.101, Maço 21.168, AHI/RJ.

1935

_____ de Manoel Coelho Rodrigues, da Legação Brasileira em Bogotá, Bogotá, 17 ago.1935. 601.34 (81) (33), Lata 1.101, Maço 21.165; *El Tiempo*, Bogotá, 30 maio e 16 jun. 1935, AHI/RJ.

_____ de Muniz de Aragão, embaixador do Brasil em Berlim, para Macedo Soares, ministro das Relações Exteriores, Berlim, 24 abr. 1936, AHI/RJ

_____ de Mário de Pimentel Brandão, ministro interino das Relações Exteriores, para o secretário geral das Nações Unidas, Rio de Janeiro, 2 jul. 1937, LA/27/601.34 (04), Lata 1.100, Maço 21.157, AHI/RJ

_____ n. 43, de Francisco de M. Mascarenhas, cônsul geral do Brasil em Bordeaux, para José Carlos de Macedo Soares, ministro de estado das Relações Exteriores, Bordeaux, 12 set. 1935, Lata 1.243, Maço, AHI/RJ.

_____ n. 415, do Consulado Brasileiro de Genebra para José Carlos de Macedo Soares, ministro das Relações Exteriores, Genebra, 18 dez. 1935, Lata 1.243. Maço 27864, AHI/RJ

1936

_____ de Oscar Coelho de Sousa, inspetor da polícia marítima e aérea do Distrito Federal, para Hildebrando Accioly, secretário geral interino do MRE, Rio de Janeiro, 18 jan. 1936, Lata 1.092, Maço 20.778, AHI/RJ.

_____ de T. Grabowski, ministro da Polônia, para Mário de Pimentel Brandão, ministro interino das Relações Exteriores, Rio de Janeiro, 20 jan. 1937, Lata 803, Maço 1.132/A, AHI/RJ.

_____ Reservado n. 37, de Muniz de Aragão, da Legação Brasileira em Berlim, para José Carlos de Macedo Soares, ministro das Relações Exteriores, Berlim, 21 jan. 1936, Lata 1.041, Maço 18.225, AHI/RJ.

_____ da Liga das Nações para o Ministério das Relações Exteriores do Brasil, Genebra, 18 mar.1936, 640.34 (04), Lata 1.100, Maço 21.157, AHI/RJ.

_____ de Hildebrando Accioly, em nome do ministro de Estado, para José Joaquim Muniz de Aragão, embaixador do Brasil em Berlim, Rio de Janeiro, 7 mai 1936, Ref. 42/511.14 (193), AHI/RJ.

_____ de Grabowski, ministro da Polônia, para Armando de Salles Oliveira, governador do estado de São Paulo, Rio de Janeiro, 14 jul. 1936, AHI/RJ.

_____ de Grabowski para Benedito Valladares Ribeiro, governador do estado de Minas Gerais, Rio de Janeiro, 14 jul. 1936, Lata 803, Maço 112.322/A, AHI/RJ.

_____ n. 164 e n. 189, da Legação Brasileira de Berna para José Carlos de Macedo Soares, ministro das Relações Exteriores, Berna, 17 ago. e 14 set. 1936, 140.16, Lata 462, Maço 6.980, AHI/RJ.

_____ n. 336, de Régis de Oliveira, embaixador do Brasil em Londres, para José Carlos de Macedo Soares, ministro das Relações Exteriores, Londres, 11 set. 1936, Lata 1.041, Maços 18.220-18.233, AHI/RJ.

_____ de Hildebrando Accioly, Ministério das Relações Exteriores, para Mário Moreira da Silva, cônsul do Brasil em Budapeste, Rio de Janeiro, 23 set. 1936, Lata 650, Maço 9.798, AHI/RJ.

_____ reservado n. 90, de J. P. de Barros Pimentel, da Legação do Brasil em Varsóvia, para José Carlos de Macedo Soares, ministro de estado das Relações Exteriores, Varsóvia, 30 set. 1936, Lata 622, Maço 9.650, AHI/RJ.

_____ reservado de Jorge Latour, Encarregado de Negócios na Legação Brasileira em Varsóvia, para José Carlos de Macedo Soares, ministro das Relações Exteriores, Varsóvia, 15 nov. 1936, p.3 AHI/RJ.

_____ de Carlos de Macedo Soares, ministro das Relações Exteriores, Varsóvia, 15 nov. 1936, p. 3, AHI/RJ.

_____ de Carlos de Ouro Preto, em nome do ministro das Relações Exteriores, para Antonio Roussoulières, chefe da polícia do estado do Rio de Janeiro, Rio de Janeiro, 25 nov. 1936. Ofícios semelhantes foram encaminhados para o Capitão Filinto Müller, chefe da polícia do Distrito Federal e para José Maria de Alkimin, secretário da Segurança Pública do estado de Minas Gerais, Lata 479, Maço 7.589, AHI/RJ.

1937

_____ de Hildebrando Accioly, secretário interino do MRE, Rio de Janeiro, 20 jan. 1937, Lata 1.092, Maço 20.778, AHI/RJ.

_____ de T. Grabowski, ministro da Polônia, para Mário de Pimentel Brandão, ministro interino das Relações Exteriores, Rio de Janeiro, 20 jan. 1937, Lata 803, Maço 1.132/A, AHI/RJ.

_____ de Mário de Pimentel Brandão, ministro interino das Relações Exteriores, para João Carlos Muniz, cônsul geral do Brasil em Genebra, Rio de Janeiro, 26 jan. 1937, Lata 803, Maço 112.322/A, AHI/RJ.

_____ de Mário de Pimentel Brandão, ministro das Relações Exteriores, para o gen. Arnaldo de Souza Paes de Andrade, chefe do Estado-Maior do Exército, Rio de Janeiro, 27 jan. 1937, Lata 803, Maço 112.322/A, AHI/RJ.

_____ Secreto n. 13, do gen. Arnaldo de Souza Paes de Andrade, chefe do Estado-Maior do Exército, para o ministro do Trabalho, Indústria e Comércio, Rio de Janeiro, 2 fev.1937, AHI/RJ.

_____ do Trabalho, Indústria e Comércio, Rio de Janeiro, 20 mar. 1937, Lata 11.232/A, AHI/RJ.

_____ de Dulphe Pinheiro Machado, diretor do DNP, para Agamenon Magalhães, ministro do Trabalho, Indústria e Comércio, Rio de Janeiro, 20 mar. 1937, Lata 11.232/A, AHI/RJ.

_____ de Mário de Pimentel Brandão, ministro interino das Relações Exteriores, para Agamenon Magalhães, ministro do Trabalho, Indústria e Comércio, Rio de Janeiro, 14 abr.1937, 601.34(06), Lata 1.100, Maço 21.157, AHI/RJ.

_____ Confidencial, de Hildebrando Accioly, em nome do ministro das Relações Exteriores, para José Bonifacio de Andrada e Silva, embaixador do Brasil em Buenos Aires, Rio de Janeiro, 14 abr. 1937, Lata 803, Maço 11.232/A, AHI/RJ.

_____ Confidencial, de José Bonifácio de Andrada e Silva, embaixador do Brasil em Buenos Aires, para Mário de Bonifácio de Andrada e Silva, embaixador do Brasil em Buenos Aires, Rio de Janeiro, 14 abr. 1937, Lata 803, Maço 1.232/A, AHI/RJ.

_____ de Dulphe Pinheiro Machado, diretor do Departamento Nacional de Povoamento, para o chefe de polícia do estado do Amazonas, Rio de Janeiro, 15 abr. 1937, Lata 741, Maço 10.561, AHI/RJ

_____ Confidencial, de José Bonifácio de Andrada e Silva, embaixador do Brasil em Buenos Aires, para Mário de Pimentel Brandão, ministro das Relações Exteriores, Buenos Aires, 27 abr. 37, AHI/RJ.

_____ Confidencial, de Hildebrando Accioly, em nome do ministro das Relações Exteriores, para José Pimentel Brandão, ministro das Relações Exteriores, Buenos Aires, 27 abr. 1937, Lata 803, Maço 1.232/A, AHI/RJ.

_____ Confidencial-Urgente, de Hildebrando Accioly, secretário geral interino do MRE, para Arthur Leite de Barros Junior, secretário da Segurança Pública do estado de São Paulo, Rio de Janeiro, 11 jun. 1937, Lata 602, Maço 9.458, AHI/RJ.

_____ Reservado n. 283, de Muniz de Aragão, da Embaixada Brasileira em Berlim, para Mário de Pimentel Brandão, ministro interino das Relações Exteriores, Berlim, 2 jul. 1937, Lata 1.041, Maço 18.225, AHI/RJ.

_____ Reservado, de Muniz de Aragão, da Embaixada do Brasil na Alemanha, para Mário de Pimentel Brandão, ministro das Relações Exteriores, Berlim, 2 jul. 1937, Lata 1.041, Maço 18.225, AHI/RJ.

_____ Secreto, de Hildebrando Accioly, secretário geral interino do Ministério das Relações Exteriores, para Dulphe Pinheiro Machado, diretor geral do Departamento Nacional do Povoamento, Rio de Janeiro, 26 jul. 1937, Ref. 511.14, AHI/RJ.

_____ de Dulphe Pinheiro Machado, diretor geral do Departamento Nacional de Povoamento, para Hildebrando Accioly, ministro plenipotenciário e secretário geral do Ministério das Relações Exteriores, Rio de Janeiro, 18 ago. 1937, Ref. 511.14, AHI/RJ.

_____ Reservado de Muniz de Aragão, da Embaixada do Brasil na Alemanha, para Mário de Pimentel Brandão, ministro das Relações Exteriores, Berlim, 18 ago. 1937, Lata 1.041, Maço 18.225, AHI/RJ.

_____ Reservado, de Muniz de Aragão, da Embaixada do Brasil na Alemanha, para Mário de Pimentel Brandão, ministro das Relações Exteriores, Berlim, 23 set. 1937, Lata 1.041, Maço 18.225.

_____ Reservado n. 130, de Jorge Latour, encarregado de Negócios na Legação de Varsóvia, para José Carlos de Macedo Soares, ministro das Relações Exteriores, Varsóvia, 8 nov. 1936, Lata 622, Maço 9.650, AHI/RJ.

_____ de Carlos de Macedo Soares, ministro das Relações Exteriores, Varsóvia, 15 nov. 1936, p. 3, AHI/RJ.

_____ de E. Montarroyos, delegado do Brasil no Intituto Internacional de Cooperação Intellectual, para Mário de Pimentel Brandão, ministro das Relações Exteriores, Paris, 23 dez. 1937, Lata 1.118, Maço ,, AHI/RJ.

1938

_____ n. 223 de Souza Dantas, da Embaixada do Brasil, para Oswaldo Aranha, ministro das Relações Exteriores, 10 nov. 1938, Lata 1.041, Maço 18.225, AHI/RJ.

_____ Secreto n. 66/511.14 (701), de Carlos de Ouro Preto, em nome do ministro das Relações Exteriores, para Mário de S. Brisson, cônsul geral do Brasil em Paris, Rio de Janeiro, 29 dez. 1938, Lata 602, Maço 9.438, AHI/RJ.

_____ Confidencial, de Araújo Jorge, da Legação do Brasil em Berlim, para Afrânio de Mello Franco, ministro das Relações Exteriores, Berlim, 6 nov. 1938, Lata 1.041, Maço 18.225, AHI/RJ.

_____ Secreto, de Mário Moreira da Silva, do Consulado do Brasil em Budapeste, para Oswaldo Aranha, ministro das Relações Exteriores, 1º abr. 1938, Lata 650, Maço 9.798, AHI/RJ.

_____ n. 64, da Legação do Brasil em Budapeste (assinatura ilegível) para Oswaldo Aranha, ministro das Relações Exteriores, Budapeste, 15 ago. 1938, 640.16 (87), Lata 1.041, Maço 18.228, AHI/RJ.

_____ n. 53, de Mário Moreira da Silva, do Consulado Brasileiro em Budapeste, para Oswaldo Aranha, ministro das Relações Exteriores, Budapeste, 25 abr. 1938, 640.16 (87), Lata 1.041, Maço 18.228, AHI/RJ.

_____ Reservado, de Oswaldo Aranha, ministro das Relações Exteriores, para Hélio Lobo, representante do Brasil na Repartição Internacional do Trabalho, Rio de Janeiro, 22 jun. 1938, 101.34, Lata 560, Maço 9.140, AHI/RJ.

_____ Reservado n. 1, de Hélio Lobo, da Repartição Internacional do Trabalho, para Oswaldo Aranha, ministro das Relações Exteriores, Paris, 30 jun. 1938, 101.34, AHI/RJ.

_____ de Oswaldo Aranha, ministro das relações Exteriores, para Hélio Lobo, delegado do Brasil no Comitê Intergovernamental para os Refugiados Políticos, Rio de Janeiro, 2 dez. 1938, p. 3.

_____ n. 13 de Hélio Lobo para Oswaldo Aranha, ministro das Relações Exteriores, Genebra, 26 jul. 1938, Ofícios Recebidos, Lata 643, Maço 9.769, AHI/RJ.

_____ n. 321, de J. R. de Barros Pimentel, da Legação Brasileira de Berna, para Oswaldo Aranha, ministro das Relações Exteriores, Berna, 16 set. 1938, Lata 1.243, Maço 27.865, AHI/RJ.

_____ n. 326, de J. R. de Barros Pimentel, da Legação Brasileira de Berna, para Oswaldo Aranha, ministro das Relações Exteriores, Berna, 23 set. 1938, Lata 1.243, Maço 27.865, AHI/RJ.

_____ n. 6, de Hélio Lobo, representante do Brasil na Conferência de Evian, para Oswaldo Aranha, ministro das Relações Exteriores, Genebra, 25 julho 1938, p. 1-2, Ofícios Recebidos, 101.34, AHI/RJ.

Telegrama n. 56 do Ministério das Relações Exteriores para a Embaixada Brasileira em Londres, Rio de Janeiro, 8 ago. 1938. 640.16 (99), Lata 1.617, Maço 34.894, AHI/RJ; Telegrama n. 112 de Régis de Oliveira para Oswaldo Aranha, ministro das Relações Exteriores, Londres, 9 ago. 1938. 640.16 (99), Lata 1.617, Maço 34.894, AHI.

_____ Reservado n. 2 de Hélio Lobo para Oswaldo Aranha, ministro de Estado das Relações Exteriores, Genebra, 16 jul. 1938, Ofícios Recebidos, 101.34, AHI/RJ.

_____ Reservado, de Hildebrando Accioly para Raul Régis de Oliveira, embaixador do Brasil em Londres, Rio de Janeiro, 25 jul. 1938, p. 2, Ofícios Recebidos, NP/65/101.34, AHI/RJ.

_____ Reservado, de Hildebrando Accioly para Raul Régis de Oliveira, embaixador do Brasil em Londres, Rio de Janeiro, 25 jul. 1938, p. 3, Ofícios Recebidos, NP/65/101.34, AHI/RJ.

_____ Reservado, de Hildebrando Accioly para Raul Régis de Oliveira, embaixador do Brasil em Londres, Rio de Janeiro, 25 jul. 1838, p. 4, Ofícios Recebidos, NP/65/101.34, AHI/RJ.

_____ n. 8, de Hélio Lobo para Oswaldo Aranha, ministro das Relações Exteriores, Genebra, 25 jul. 1938, Ofícios Recebidos, 101.34, AHI/RJ.

_____ n. 276, de Régis de Oliveira, da Embaixada Brasileira em Washington, para Oswaldo Aranha, ministro das Relações Exteriores, Washington, 25 nov. 1938, 640.16 (99), Lata 1.617, Maço 34.894, AHI/RJ.

_____ de J. Olinto de Oliveira, do Consulado Brasileiro em Genebra, para Mário de Pimentel Brandão, ministro das Relações Exteriores, Genebra, 10 jan. 1938, 601.34 (04), Lata 1.100, Maço 21.157, AHI/RJ.

_____ Confidencial n. 38, de Hélio Lobo para Oswaldo Aranha, Genebra, 8 dez. 1938, AHI/RJ.

_____ de Oswaldo Aranha, ministro das Relações Exteriores, para Hélio Lobo, delegado do Brasil no Comitê Intergovernamental para os Refugiados Políticos, Rio de Janeiro, 2 dez. 1938, p. 2

_____ de Oswaldo Aranha, ministro das Relações Exteriores, para Hélio Lobo, delegado do Brasil no Comitê Intergovernamental para os Refugiados Políticos, Rio de Janeiro, 2 dez. 1938, 640.1.6 (99), Lata 630, Maço 9.697, AHI/RJ.

_____ e Relatório Confidencial n. 38, de Hélio Lobo para Oswaldo Aranha, Genebra, 8 dez. 1938, p. 12-13.

_____ Reservado n. 44, de Hélio Lobo para Oswaldo Aranha, ministro das Relações Exteriores, Genebra, 14 dez. 1938, p. 1-2, 640.16 (99), Lata 630, Maço 9.697, AHI/RJ, Anexo ao de Régis de Oliveira, da Embaixada Brasileira em Londres, para Oswaldo Aranha, ministro das Relações Exteriores, Londres, 3 dez. 1938, 640.16 (99), AHI/RJ.

_____ de Carlos Alves de Souza, do MRE, para o chefe dos Serviços Políticos, Rio de Janeiro, 20 ago. 1938, Maço 9.601, Imigração, Lata 612, AHI/RJ.

_____ Secreto, de Mário Moreira da Silva, do Consulado do Brasil em Budapeste, para Oswaldo Aranha, ministro das Relações Exteriores, Budapeste, 10 set. 1938, Lata 741, Maço 10.561, AHI/RJ, Anexo ao n. 7, de Cyro de Freitas Valle, da Legação do Brasil em Bucareste, para Mário de Pimentel Brandão, Bucareste, 20 jan. 1938, AHI/RJ.

_____ de Muniz de Aragão, embaixador do Brasil em Berlim, para Oswaldo Aranha, ministro das Relações Exteriores, Berlim, 26 abr. 1938, Ref. 511.14 (193), 511.1.

_____ de J. R. de Barros Pimentel, da Legação de Berna, para Oswaldo Aranha, ministro das Relações Exteriores, Berna, 1º abr. 1938, Lata 1.041, Maço 18.225.

_____ de Israel Souto, delegado especial de Segurança Política e Social, para Oswaldo Aranha, ministro das Relações Exteriores, Rio de Janeiro, 21 maio 1938, v. 103/4/15, AHI/RJ.

_____ Secreto, de Mário Moreira da Silva, do Consulado do Brasil em Budapeste, para Oswaldo Aranha, ministro das Relações Exteriores, Budapeste, 10 set. 1938, Lata 741, Maço 10.561, AHI/RJ.

_____ n. 421, de Régis de Oliveira, embaixador do Brasil em Londres, para Oswaldo Aranha, ministro das Relações Exteriores, Londres, 6 jul. 1938, Lata 1.041, Maços 18220-18233, AHI/RJ.

1939

_____ de C. de Freitas Valle, secretário geral do MRE, em nome do ministro de Estado, para Luis Martins de Souza Dantas, Rio de Janeiro, 18 abr. 1939, Lata 1.092, Maço 20.778, AHI/RJ.

_____ de Mário de Saint-Brisson, cônsul geral do Brasil em Paris, para Oswaldo Aranha, ministro das Relações Exteriores, Paris, 16 jun. 1939, Lata 1.092, Maço 20.778, AHI/RJ.

_____ de C. de Freitas Valle, secretário geral do MRE, para Oscar Coelho de Souza, inspetor geral da polícia marítima e aérea do Distrito Federal, Rio de Janeiro, 18 abr. 1939, Lata 1.092, Maço 20.779, AHI/RJ.

_____ de Mário de Saint-Brisson , do Consulado-Geral do Brasil em Paris, para Oswaldo Aranha, ministro das Relações Exteriores, Paris, 13 jun. 1939, Lata 741, Maço 10.561, AHI/RJ.

_____ da Legação da Polônia no Brasil, para o MRE, Rio de Janeiro, 16 maio 1939, p. 2-3, 640.16 (99), AHI/RJ.

_____ n. 478/8, de João Carlos Muniz, Presidente do CIC, para Oswaldo Aranha, Rio de Janeiro, 8 jun. 1939, 640.16 (99), AHI/RJ.

_____ de Cyro de Freitas Valle, ministro das Relações Exteriores, para o ministro plenipotenciário da Polônia, Rio de Janeiro, 28 fev. 1939, 640.16 (99), Lata 630, Maço 9.697, AHI/RJ.

_____ do MRE para a Embaixada do Brasil em Londres, Rio de Janeiro, 9 nov. 1939, 511.14 (547)/324, Maço 29.630, Lata 1.291, AHI/RJ.

_____ do MRE para a Embaixada Brasileira em Londres, Rio de Janeiro, 13 nov. 1939, 511.14 (547)/324, Lata 1.291, Maço 29.630, AHI/RJ.

_____ Confidencial n. 6, de Hélio Lobo para Oswaldo Aranha, ministro das Relações Exteriores, Genebra, 6 jan. 1939, 640.16 (99), Lata 630, Maço 9.697, AHI/RJ.

_____ Confidencial n. 10, de Hélio Lobo para Oswaldo Aranha, ministro das Relações Exteriores, Genebra, 27 jan. 1939, 640.16 (99), Maço 630, Lata 9.697, AHI.

_____ Confidencial n. 10, de Hélio Lobo para Oswaldo Aranha, ministro das Relações Exteriores, Genebra, 27 jan. 1939.

_____ n. 32, de Hélio Lobo para Oswaldo Aranha, ministro das Relações Exteriores, Genebra, 14 abr. 1939, 640.16 (99), AHI/RJ.

_____ de Cyro de Freitas Valle, em nome do ministro de Estado, para Luis Martins de Souza Dantas, embaixador do Brasil em Paris, Rio de Janeiro, 18 abr. 1939,

_____ Reservado, de Mário de Saint-Brisson, do Consulado-Geral do Brasil, para Oswaldo Aranha, ministro das Relações Exteriores, Paris, 16 jun. 1939, Lata 1.092, Maço 20.778, AHI/RJ.

_____ n. 50, de Hélio Lobo para Oswaldo Aranha, ministro das Relações Exteriores, Genebra, 12 maio 1939, 640.16 (99).

_____ de Hélio Lobo, representante do Brasil no Conselho de Administração da Repartição Internacional do Trabalho, para Oswaldo Aranha, ministro das Relações Exteriores, Genebra, 1º jul. 1939, 640.16(99), AHI/RJ.

_____ Reservado n. 86, de Hélio Lobo, representante do Brasil no Conselho de Administração da Repartição Internacional do Trabalho, para Oswaldo Aranha, ministro das Relações Exteriores, Genebra, 28 jul. 1939, SP/36/640.16(99), Lata 1.616, Maço 34.888, AHI/RJ.

_____Reservado n. 87, de Hélio Lobo para Oswaldo Aranha, ministro das Relações Exteriores, Genebra, 3 ago. 1939, 640.16 (99), Lata 1.616, Maço 34.888, AHI/RJ.

_____ n. 95, de Hélio Lobo, representante do Brasil no Conselho de Administração da Repartição Internacional do Trabalho, para Oswaldo Aranha, ministro das Relações Exteriores, Genebra, 19 ago. 1939, 640.16 (99), Lata 1.616, Maço 34.888, AHI/RJ.

_____ de Oswaldo Aranha, ministro das Relações Exteriores, para Hélio Lobo, delegado do Brasil no Comitê Intergovernamental para os Refugiados Políticos, Rio de Janeiro, 2 dez. 1938, p. 2., 640.16 (99), Lata 630, Maço 9.697, AHI/RJ.

Fontes   427

_____n. 107, de Hélio Lobo, representante do Brasil no Conselho de Administração da Repartição Internacional do Trabalho, para Oswaldo Aranha, ministro das Relações Exteriores, Genebra, 5 out. 1939, 640.16 (99), Lata 1.616, Maço 34.888, AHI/RJ.

_____ de Mário da Costa Guimarães, da Embaixada Brasileira em Washington, para Oswaldo Aranha, ministro das Relações Exteriores, Washington, 10 out. 1939, 640.16 (oo) , Lata 1.616, Maço 34.888, AHI/RJ.

_____ de Carlos Martins Pereira e Souza, embaixador do Brasil em Washington, para Oswaldo Aranha, ministro das Relações Exteriores, Washington, 1º nov. 1939, 640.16 (99), Lata 1.616, Maço 34.888, AHI/RJ.

_____ Reservado n. 10, de Hélio Lobo, representante do Brasil no Conselho da Administração da Repartição Internacional do Trabalho, para Oswaldo Aranha, ministro das Relações Exteriores, Genebra, 27 jan. 1939, 640.16 (99), Lata 630, Maço 9.697, AHI/RJ.

_____ de Aloisi Masella, núncio do Rio de janeiro, para Getúlio Vargas, 14 abr. 1939, Fundo Secretaria da Presidência da República, Série Conselho de Imigração e Colonização, CIC-PR/SC 31171-21711197, n. 9404/39, NA/RJ.

_____ Reservado, de Oswaldo Aranha, ministro das Relações Exteriores, para o presidente do CIC, Rio de Janeiro, 8 fev. 1939, NP/SN/640.16 (99), Lata 630, Maço 9.697, AHI/RJ.

_____ de Oswaldo Aranha para Hélio Lobo, Rio de Janeiro, 2 fev. 1939.

_____ Reservado n. 109, do CIC para o ministro de estado das Relações Exteriores, Rio de Janeiro, 2 mar. 1939, 641.16 (99), Lata 630, Maço 9.697, AHI/RJ.

_____ de Hélio Lobo, representante do Brasil no Conselho de Administração da Repartição Internacional do Trabalho, para Oswaldo Aranha, ministro das Relações Exteriores, Genebra, 29 mar. 1939, 640.16 (99), AHI/RJ.

_____ n. 33, de Hélio Lobo, representante do Brasil no Conselho de Administração da Repartição Internacional do Trabalho, para Oswaldo Aranha, ministro das Relações Exteriores, Genebra, 19 abr. 1939, 640.16 (99), AHI/RJ.

_____ de Ciro de Freitas Valle, secretário geral do MRE, para Hélio Lobo, representante do Brasil no Conselho de Administração da Repartição Internacional do Trabalho em Genebra, Rio de Janeiro, 31 maio 1939, 640.16 (99), AHI/RJ.

_____ n. 89, de Hélio Lobo, representante do Brasil no Conselho de Administração da Repartição Internacional do Trabalho, para Oswaldo Aranha, ministro das Relações Exteriores, Genebra, 4 ago. 1939, (558.80e) e 640.16 (99), Lata 1.616, Maço 34.888, AHI/RJ.

_____ de Labienno Salgado dos Santos, chefe da Divisão de Passaportes do MRE, para o diretor do Accueil Français aus Autrichiens, Rio de Janeiro, 4 maio 1939, SP/601.34 (85) (81), Lata 1.101, Maço 21.164, AHI/RJ.

_____ n. 552, de João Carlos Muniz, presidente do CIC, para Cyro de Freitas Valle, secretário geral do Ministério das Relações Exteriores, Rio de Janeiro, 30 jun. 1939, 558. (99), Lata 741, Maço 10.561, AHI/RJ.

_____ de Cyro de Freitas Valle, ministro das Relações Exteriores, para o ministro plenipotenciário da Polônia, Rio de Janeiro, 28 fev. 1939, 640.16 (99), Lata 630, Maço 9.697, AHI/RJ.

_____ da Legação da Polônia no Brasil, para o MRE, Rio de Janeiro, 16 maio 1939, p. 2-3, 640.16 (99), AHI/RJ.

_____ Reservado n. 13, de Muniz de Aragão, da Embaixada Brasileira em Berlim, para Mário de Pimentel Brandão, Berlim, 11 jan. 1939, p. 1-2, 640.16 (87), Lata 1.041, Maço 18.225, AHI/RJ.

_____ n. 30, de Edgardo Barbedo, do Consulado-Geral do Brasil na União Sul Africana, para Cyro de Freitas Valle, ministro de Estado interino das Relações Exteriores, Capetown, 22 mar. 1939, Lata 741, Maço 10.561, AHI/RJ.

_____ Confidencial n. 60, de H. Pinheiro de Vasconcelos, do Consulado-Geral do Brasil em Londres, para Cyro de Freitas Valle, ministro de Estado interino das Relações Exteriores, Londres, 22 mar. 1939, Lata 741, Maço 10.561, AHI/RJ.

_____ Confidencial n. 351, de Cyro de Freitas Valle, embaixador do Brasil em Berlim, para Oswaldo Aranha, ministro das Relações Exteriores, Berlim, 2 nov. 1939, Lata 741, Maço 10.561, AHI/RJ.

_____ do MRE para a Embaixada do Brasil em Londres, Rio de Janeiro, 9 nov. 1939, 511.14 (547)/324, Maço 29.630, Lata 1.291, AHI/RJ.

_____ do MRE para a Embaixada Brasileira em Londres, Rio de Janeiro, 13 nov. 1939, 511.14 (547)/324, Lata 1.291, Maço 29.630, AHI/RJ.

_____ de Labienno Salgado dos Santos, chefe da Divisão de Passaportes do MRE, ao diretor do L'Accueil Français aux autrichiens aux Ministère des Affaires Étrangères, Rio de Janeiro, 4 maio 1939, SP/601.34 (85), Lata 1.101, maço 21.164, AHI/RJ.

_____ n. 44, de Régis de Oliveira, embaixador do Brasil em Londres, para Cyro de Freitas Valle, ministro interino das Relações Exteriores, Londres, 7 fev. 1939, Lata 1.041, Maços 18220-18233, AHI/RJ.

1940

_____ n. 10, de Carlos Sussekind Mendonça, presidente da Comissão de Inquérito, para Oswaldo Aranha, ministro das Relações Exteriores, Rio de Janeiro, 24 jun. 1940, Lata 1.782, Maço 35.758, AHI/RJ.

_____ de J. R. de Macedo Soares, do MRE, para João Carlos Muniz, do CIC, Rio de Janeiro, 20 ago. 1940, Lata 1.291, Maço 29.633, AHI/RJ.

_____ Secreto n. 42, de Mário Moreira da Silva, do Consulado do Brasil em Budapeste, para Oswaldo Aranha, ministro das Relações Exteriores, Budapeste, 4 abr. 1938, Lata 741, Maço 10.561, AHI/RJ.

_____ da Legacão da Polônia no Rio de Janeiro, para o MRE, Rio de Janeiro, 8 out. 1940, Lata 1.291, maço 29.633, AHI/RJ

_____ n. 29, de Osório Dutra, cônsul geral do Brasil em Lyon, para Oswaldo Aranha, ministro das Relações Exteriores, Lyon, 30 jul. 1940, Lata 38, Maço 280, AHI/RJ.

_____ n. 331, da Embaixada Brasileira na Guatemala, para Oswaldo Aranha, Guatemala, 20 dez. 1940, 640.16 (99), Lata 1.913, Maço 36.380, AHI/RJ.

_____ n. 307/BR/63, da Legação da Polônia para o MRE, Rio de Janeiro, 8 out. 1940, Lata 1.291, Maço 29.633, AHI/RJ.

_____ da Embaixada do Brasil na Santa Sé para a Secretaria de estado do Vaticano, Roma, 4 mar. 1940, Ofícios Recebidos, out. 1939 a jul. 1940, AHI/RJ.

_____ da Legacão da Polônia no Rio de Janeiro, para o MRE, Rio de Janeiro, 8 out. 1940, Lata 1.291, maço 29.633, AHI/RJ.

_____ de J. R. de Macedo Soares, do MRE, para João Carlos Muniz, do CIC, Rio de Janeiro, 20 ago. 1940, Lata 1.291, Maço 29.633, AHI/RJ.

_____ de Hoonholtz Martins Ribeiro, inspetor da polícia marítima e aérea, para Labienno Salgado dos Santos, conselheiro chefe da Divisão de Passaportes do MRE, Rio de Janeiro, 21 dez. 1940, Lata 1341, Maço 31.076, AHI/RJ.

_____ Reservado, de Maurício Nabuco, em nome do ministro Oswaldo Aranha, para Joaquim Pinto Dias, cônsul geral do Brasil em Lisboa, Rio de Janeiro, 9 dez. 1940, Lata 1.782, Maço 35.758, AHI/RJ.

_____ Reservado, de Oswaldo Aranha, ministro das Relações Exteriores, para Murilo Martins de Souza, cônsul geral do Brasil em Marselha, Rio de Janeiro, 26 dez. 1940, Lata 1.782, Maço 35.758, AHI/RJ.

_____ n. 40, de Osório Dutra, do Consulado-Geral do Brasil em Lyon, para Luis Martins de Souza Dantas, da Embaixada do Brasil em Vichy, Lyon, 25 jul. 1940, Anexo ao n. 32, de Osório Dutra, do Consulado-Geral do Brasil em Lyon, para Oswaldo Aranha, ministro das Relações Exteriores, Lyon, 1 ago. 1940, Lata 38, maço 280, AHI/RJ.

_____ Confidencial n. 53, de Osório Dutra, do Consulado-Geral do Brasil em Lyon, para Oswaldo Aranha, com tendências, ministro das Relações Exteriores, Lyon, 17 out. 1940, Lata 38, Maço 280, AHI/RJ.

1941

_____ de Oswaldo Aranha, ministro das Relações Exteriores, para Getúlio Vargas, Rio de Janeiro, 16 abr. 1941, Ref. 0/511.16, AHI/RJ.

_____ de Luiz Simão Lopes, presidente do Dasp, para Getúlio Vargas, Rio de Janeiro, 1º mar. 1941, Lata 1.782, Maço 35.758, AHI/RJ.

_____de Luis Martins de Souza Dantas, embaixador brasileiro em Vichy, para Oswaldo Aranha, ministro das Relações Exteriores, Vichy, 22 nov. 1940, Lata 741, Maço 10.561, AHI.

_____Reservado, de Oswaldo Aranha, ministro das Relações Exteriores, para Luis Martins de Souza Dantas, embaixador do Brasil em Vichy, Rio de Janeiro, 3 jan. 1941, Anexo 6 ao Inquérito Administrativo, Lata 1587, Maço 34.502, AHI/RJ.

_____ Confidencial, de Oswaldo Aranha, ministro das Relações Exteriores, para Getúlio Vargas, presidente da República, Rio de Janeiro, 28 out. 1941, Inquérito Administrativo.

_____ de J. S. da Fonseca Hermes, chefe da Divisão de Passaportes do MRE, para Luis P. d'Orey, diretor da Cia. Comercial e Marítima, Rio de Janeiro, 22 abr. 1941, Lata 1.226, Maço 27.156, AHI/RJ.

_____ do Consulado-Geral do Brasil em Lisboa para Oswaldo Aranha, ministro das Relações Exteriores, Lisboa, 15 abr. 1941, Lata 1.226, Maço 27.164, AHI/RJ.

_____ Confidencial GS-1000, do ministro da Justiça e Negócios Interiores para Dulphe Pinheiro Machado, ministro do Trabalho, Indústria e Comércio, Rio de Janeiro, 17 out. 1941, Inquérito Administrativo.

_____ de Oswaldo Aranha, ministro das Relações Exteriores, para Francisco Luiz da Silva Campos, ministro das Relações Exteriores, Rio de Janeiro, 16 out. 1940, Lata 1.291, Maço 29.633, AHI/RJ.

_____ de Muniz de Aragão, embaixador geral do Brasil em Londres, para Oswaldo Aranha, ministro das Relações Exteriores, Londres, 15 abr. 1941, Lata 1.226, Maço 27.156, AHI/RJ.

_____ de Maurício Nabuco, secretário geral do MRE, para Getúlio Vargas, Rio de Janeiro, 17 nov. 1941, Lata 1.092, Maço 20.785, AHI/RJ.

_____ n. 52, encaminhado a Oswaldo Aranha em 15 abr. 1941, Lata 1.226, Maço 27.164.

_____ n. 216, de Abelardo Roças, embaixador do Brasil em Madri, para Oswaldo Aranha, ministro das Relações Exteriores, 14 nov. 1941

_____da Legação da Polônia ao MRE, Rio de Janeiro, 9 ago. 1941, Lata 1.092, Maço 20.785, AHI/RJ.

_____ do cônsul brasileiro em Cádiz, dirigido ao inspetor da polícia marítima do Porto do Rio de Janeiro (cópia), Cádiz, 26 ago. 1941, Inquérito Administrativo, p. 26-27.

_____ n. 31, da Embaixada da Espanha no Rio de Janeiro, para Oswaldo Aranha, ministro das Relações Exteriores, Rio de Janeiro, 7 abr. 1941, Lata 1.226, Maço 27.164, AHI/RJ.

_____ do Consulado-Geral do Brasil em Lisboa, para Oswaldo Aranha, ministro das Relações Exteriores, Lisboa, 15 abr. 1941, Lata 1.226, Maço 27.164, AHI/RJ.

_____ do Comité International Pour le Placement des Intellectuels Réfugiés ao Département Féderal de Justice et Police, Division de Police. Genebra, 21 mar. 1941, ANS-Arquivo Nacional da Suíça

_____ n. 25, de Osório Dutra, cônsul geral do Brasil em Lyon, para Oswaldo Aranha, ministro das Relações Exteriores, Lyon, 16 fev. 1941, Lata 899, maço 13.858, AHI/RJ.

_____ Reservado 12/511.12, de Labienno Salgado dos Santos, pelo secretário geral do MRE, para Joaquim de Pinto Dias, cônsul geral do Brasil em Lisboa, Rio de Janeiro, 29 jan. 1941, AHI/RJ.

_____ n. 40, de Jorge Kirchhofer Cabral, do Consulado Brasileiro de Frankfurt, para Oswaldo Aranha, ministro das Relações Exteriores, Frankfurt/Meno, 5 jul. 1941, Lata 1.913, Maço 36.380, AHI/RJ.

_____ n. 25, de Osório Dutra, cônsul geral do Brasil em Lyon, para Oswaldo Aranha, ministro das Relações Exteriores, Lyon, 16 fev. 1941, Lata 899, maço 13.858, AHI/RJ.

_____ Reservado 12/511.12, de Labienno Salgado dos Santos, pelo secretário geral do MRE, para Joaquim de Pinto Dias, cônsul geral do Brasil em Lisboa, Rio de Janeiro, 29 jan. 1941, AHI/RJ.

_____ de Maurício Nabuco, em nome de Oswaldo Aranha, ministro das Relações Exteriores, para L. M. de Souza Dantas, Rio de Janeiro, 23 out. 1941, Anexo 9 do Inquérito Administrativo.

_____ n. 199, de L. M. de Souza Dantas, embaixador geral do Brasil em Vichy, para Oswaldo Aranha, ministro das Relações Exteriores, Vichy, 24 nov. 1941, Anexo 10 do Inquérito Administrativo.

_____ de Vasco T. Leitão da Cunha à Getúlio Vargas, Rio de Janeiro, 4 out. 1941, Inquérito Administrativo, p. 24, 25, 27-38.

_____ Confidencial GS-1000 do ministro da Justiça e Negócios Interiores para Dulphe Pinheiro Machado..de 17 out. 1941, p.6.

_____de Vasco T. Leitão da Cunha a Getúlio Vargas, Rio de Janeiro, 12 nov. 1941, Inquérito Administrativo, p. 9.

_____ de Hull para Caffery, 8 nov. 1941, 840, 48, Refugiados/2752, Narc-w, apud J. Lesser, op. cit., p. 261, 162n.

_____ n. 16, de L. M. de Souza Dantas, da Embaixada do Brasil em Vichy, para Oswaldo Aranha, ministro das Relações Exteriores, Vichy, 15 de nov, Lata 1.782, Maço 35.758, AHI/RJ.

1942

_____ n. 177.377, de José Agustin Martinez, ministro de Estado das Relações Exteriores de Cuba, para Oswaldo Aranha, ministro das Relações Exteriores do Brasil, Cuba, 20 nov. 1942, Lata 1468, Maço 33.365, AHI/RJ.

_____ de Moacir Briggs, presidente substituto do Dasp, para o chefe da Divisão de Pessoal do Ministério das Relações Exteriores, Rio de Janeiro, 9 maio 1942, Inquérito Administrativo, p. 184.

_____ de Bittencourt Sampaio ao chefe da Divisão do Pessoal do Ministério das Relações Exteriores, Rio de Janeiro, 28 abr. 1942, Inquérito Administrativo, p. (s.e.), Informação de (assinatura ilegível), presidente substituto do Dasp, Rio de Janeiro, 6 maio 1942, Inquérito Administrativo, p. 182.

1943

_____ de Oswaldo Aranha, ministro das Relações Exteriores, para Fernando Antunes, chefe do Expediente do MJNI, Rio de Janeiro, 13 mar. 1943, Lata 1.558, Maço 33.833, AHI/RJ.

_____ Reservado n. 112, de Hildebrando Accioly, da Embaixada do Brasil na Santa Sé, para Oswaldo Aranha, ministro das Relações Exteriores, Cidade do Vaticano, 1º out. 1942, 940/00-640.16(99), Lata 1.913, Maço 36.380, AHI/RJ.

_____ n. 104, de Muniz de Aragão, secretário geral do MRE, para cap. Filinto Müller, chefe de polícia do Distrito Federal, Ro de Janeiro, 31 out. 1943.

1945

_____ n. 204, da Embaixada do Brasil na Santa Sé para a Secretaria de Estado das Relações Exteriores, Roma, 1º dez. 1945, Lata 1.913, Maço 36.380, AHI/RJ.

1946

_____ da Legação do Brasil em Canberra para João Neves da Fontoura, ministro das Relações Exteriores, Camberra, 14 jul. 1946, Lata 1.913, Maço 36.380, AHI/RJ.

_____ de Muniz de Aragão, embaixador do Brasil em Londres, para Samuel de Souza Leão Gracie, ministro interino das Relações Exteriores, Londres, 13 ago. 1946, Lata 1.913, maço 36.380, AHI/RJ.

1947

_____ de Oswaldo Aranha, delegado do Brasil nas Nações Unidas, para Raul Fernandes, ministro das Relações Exteriores, Nova York, 30 abr. 1947, p. 4, Lata 1.897, Maço 36.314, AHI/RJ.

_____ Opinião emitida por Oswaldo Aranha, delegado do Brasil nas Nações Unidas, em seu ofício dirigido ao chanceler Raul Fernandes, Nova York, 30 abr. 1947, Lata 1.897, Maço 36.314, AHI/RJ.

_____ de Raul Fernandes, ministro das Relações Exteriores, para o general Eurico Gaspar Dutra, presidente da República, Rio de Janeiro, 19 mar. 1947, Lata 1.897, Maço 36.314, AHI/RJ.

_____ de A. Camillo de Oliveira, chefe do Departamento Político e Cultural, para o secretário geral do MRE, Rio de Janeiro, 14 fev. 1947, Lata 1.897, Maço 36.314, AHI/RJ.

_____ de Oswaldo Aranha a Raul Fernandes, Nova York, 30 abr. 1947, p. 1-2.

_____ Reservado, de M. de Vargas Gomes, da delegação do Brasil na ONU, para Raul Fernandes, ministro das Relações Exteriores, Nova York, 4 jun. 1947, v. 78/4/5, AHI/RJ.

_____ de M. de Vargas para Raul Fernandes, ministro das Relações Exteriores, Nova York, 28 maio 1947, p. 5, v. 78/4/5, AHI/RJ.

_____ de João Carlos Muniz, da Delegação do Brasil na ONU, para Raul Fernandes, ministro das Relações Exteriores, Nova York, 19 jun. 1947, v. 78/4/5, AHI/RJ.

_____ n. 943, Autos n. 236.403, de Alcides Leme, diretor superintendente da Secretaria da Agricultura, Rio de Janeiro, 18 jun. 1947.

_____ do secretário geral do Itamaraty ao Comitê Intergovernamental, Rio de Janeiro, 10 nov. 1947.

_____ n. 283, de J. Souza Leão, da Embaixada dos Estados Unidos do Brasil,, para Oswaldo Aranha, ministro das Relações Exteriores, 11 jul. 1938, 183/601.34 (82) (00) 1938.

_____ do MRE ao CIC, Rio de Janeiro, 6 out. 1939, 640.16 (99), Lata 1.616, Maço 34.888, AHI/RJ.

Ordens de Serviço

_____ de Getúlio Vargas, presidente da República, para Carlos Martins Pereira e Souza, da Embaixada do Brasil em Washington, Rio de Janeiro, 8 nov. 1941, GV 41.11.07, CPDOC/FGV.

_____ n. 25, Visto em passaporte de apátrida, Rio de Janeiro, 25 maio 1937, Anexo, Lata 602, Maço 9.458, AHI/RJ.

Pareceres

_____ de Dulphe Pinheiro Machado, diretor do DNP para o MTIC, Rio de Janeiro, 23 jul. 1937, DNP, Ofícios Emitidos, 1937, AHI/RJ.

_____ de Dulphe Pinheiro Machado para Agamenon Magalhães, ministro do Trabalho, Indústria e Comércio, Rio de Janeiro, 19 jun. 1937, 601.3 (04), Lata 1.100, Maço 21157, AHI/RJ.

_____ Condição de Refugiados e Apátridas. Competência para Legalização de Documentos Referentes à sua vida civil, 5 dez. 1951, em: Pareceres dos Consultores Jurídicos do MRE (1946-1951), Rio de Janeiro: Seção de Publicações, MRE, 1967, p. 575.

Pedido

Entrada de judeus no Brasil. Pedido de esclarecimentos da Câmara dos Deputados, Rio de Janeiro, 2 jul. 1947, 558/99, AHI/RJ.

Relatórios

_____ do ministro das Relações Exteriores ao presidente da República, Rio de Janeiro, 1957.

_____ de investigações em torno das Atividades do Joint, organização judaica, São Paulo, 27 mar. 1948, Pront. n. 105.673, Centro Cultura e Progresso, Deops/SP, Apesp.

_____ A Emigração Israelita da Polônia para o Brasil: Considerações inatuais e observações atuais a propósito deste Mal, por Jorge Latour, Varsóvia, 8 nov. 1936, 42 p., Anexo ao Ofício Reservado n. 130, de Jorge Latour, AHI/RJ.

_____ Estudo Inconvenientes da Emigração Semita, por Labienno Salgado dos Santos, primeiro secretário da Legação, Bucareste, 1938, Lata 741, Maço 10.561, AHI/RJ.

_____ PRO-MEMÓRIA, da Legação da Polônia no Rio de Janeiro, 8 out. 1940, AHI/RJ.

Resoluções

_____ *sur le Boycottage. Commission de l'Organisation de la Self-Défense*, Legação do Brasil em Berna 164/1936. Anexo n. 35, Lata 462, Maço 6.980, AHI.
_____ *on International Assistance to Refugees adopted by Ninteenth Assembly of the League of Nations on 30 September 1938. Comissão Preparatória da Organização Internacional para os Refugiados.*
_____ *Diário Oficial*, 11 out. 1946.
_____ *New York Herald Tribune*, New York, 24 maio 1947, v. 78/4/5, AHI/RJ.
_____ Aranha Boomed to Head Assembly, *The New York Times*, New York, 28 jul. 1947.
_____ Há 50 anos a ONU ampara os refugiados, por Adriana Marcolini, *O Estado de S.Paulo*, São Paulo, p. A20, 10 dez. 2000.

Policiais

Despacho de Vicente Ráo referente ao ofício n. 7438, de 14 out. 1935, emitido por Filinto Müller, Lata 158, Policias, 1935, AN/RJ.
Informe de investigação de J. Rodrigues para Ignácio da Costa Ferreira, delegado da Ordem Social de São Paulo, São Paulo, 8 jan. 1934, Doc. n. 5, Pront. n. 2807, Deops/SP.
Lista de elementos que fazem parte do PC e de extremistas amigos dos bolchevistas, Pront. n. 1253, de Domingos Trombelli ou Taveira, Deops/SP. Ofício de Vicente Ráo, ministro da Justiça e Negócios Interiores para Filinto Müller, chefe da Polícia do Distrito Federal, Rio de Janeiro, outubro de 1934.
Ofício reservado n. 7438, de Filinto Müller, chefe da Polícia Civil do Distrito Federal, para Vicente Ráo, ministro da Justiça e Negócios Interiores, Rio de Janeiro, 14 out. 1935.
Ofício de Vicente Ráo, ministro da Justiça e Negócios Interiores para ministro do Trabalho, Indústria e Comércio, Rio de Janeiro, 29 out. 1935.
Ofício de Filinto Müller, chefe da Polícia do Distrito Federal, para Cavalcanti de Lacerda, embaixador encarregado do Expediente do Ministério das Relações Exteriores, Rio de Janeiro, 4 jan. 1933, Lata 479, Maço 7.580, AHI/RJ.
Plano de Ação Comunista, Pront. n. 2431, Partido Comunista Brasileiro, v. 7, Doc. n. 613, fls. 134-142, Deops/SP.
Relatório de investigação de Antonio Júlio Penna para Costa Ferreira, delegado da Ordem Social, São Paulo, 7 fev. 1934, Doc. n. 3, Pront. n. 2808, Comitê Provisório Pró-Auxílio dos Refugiados israelitas da Alemanha, Deops/SP, AESP.
Relação dos Brigadistas Brasileiros [s.d.], Pront. n. 5290, Carlos da Costa Leite, Deops/SP, AESP.

Processos Administrativo Dasp

Processo n. 1.956-40, Dasp, conforme publicação no *Diário Oficial*, 22 jun. 1940.

Prontuários Deops/SP

n. 747 – Federación Española
n. 2.431 – Partido Comunista Brasileiro (16 v.)
n. 2.808 – Comitê Provisório Pró-Auxílio dos Refugiados Israelitas da Alemanha.
n. 5.290 – Carlos da Costa Leite.
n. 5.293 – Nemo Canabarro.
n. 5.294 – David Capistrano.
n. 5.295 – Hermenegildo de Assis Brasil.

n. 5.303 – Apolônio de Carvalho.
n. 5.304 – Matias Garcia.
n. 5.326 – Homero de Castro Jobim
n. 23.696 – Delcy Silveira.
n. 23.697 – Nicolau Smaritchercky.

Petição

Petição n. 17.508, de Max Stukart a Getúlio Vargas, Rio de Janeiro, maio 1941.

Relatórios

_____ da Comissão de Inquérito-CI, Rio de Janeiro, 11 ago. 1942, p. 2-3 (Aprovado em 17.08.42), Inquérito Administrativo.

_____ Confidencial n. 38, de Hélio Lobo, representante do Brasil no Conselho de Administração da Repartição Internacional do Trabalho, para Oswaldo Aranha, ministro das Relações Exteriores, Genebra, 8 dez. 1938, 640.16 (99), Lata 630, Maço 9.697, p. 8 e 10, AHI/RJ.

_____ de atividades da Legação de Bucareste durante o ano de 1939, pelo ministro C. de Ouro Preto para Oswaldo Aranha, ministro das Relações Exteriores, Bucareste, 1939, Lata 650, Maço 9.797, p. 1, AHI/RJ.

Requerimentos

_____ da côlonia israelita de São Paulo, assinado por Kuthno Fany, Aron Schmitz e Gudik Gutkind, para o chefe de Polícia de São Paulo, São Paulo, 29 maio 1935, Doc. n. 6, Pront. 2808.

_____ de Leon Orban para Oswaldo Aranha, ministro das Relações Exteriores, Rio de Janeiro, 26 dez. 1938, indeferido em 18 maio 1939, Lata 650, Maço 9.798, AHI.

_____ de Maria Vamos para Oswaldo Aranha, ministro das Relações Exteriores, Rio de Janeiro, 26 dez. 1938, indeferido, Lata 650, Maço 9.798, AHI/RJ.

_____ de Maurício (ilegível) e Jacob Nebel ao chefe da Polícia do Estado de São Paulo, São Paulo, 2 jan. 1934, Pront. n. 2807, Doc. n. 2, Deops/SP.

Resumos

_____ *d'une conversation avec M. Wohlthat*, por H. W. Emerson, 17 jul. 1939, Anexo A e B, Ofício Confidencial n. 90, de Hélio Lobo para Oswaldo Aranha, ministro das Relações Exteriores, Genebra, 4 ago. 1939, 640.16 (99), Lata 1.616, Maço 34.888, AHI/RJ.

_____ da Ata da 126ª Sessão do Conselho Deliberativo, Divisão do Departamento Administrativo do Serviço Público, Rio de Janeiro, 20 mar. 1941, *Diário Oficial*, 1º abr. 1941, Lata 1.782, Maço 35.758, AHI/RJ.

Telegramas e Cartas-Telegrama

1935
Telegrama n. 20, do MRE para o Consulado-Geral em Paris, Rio de Janeiro, 28 maio 1935.
Telegrama n. 13, do MRE para o Consulado-Geral em Paris, Rio de Janeiro, 11 abr. 1935.
Telegrama n. 11, do MRE para o Consulado-Geral em Paris, Rio de Janeiro, 25 mar. 1935.

1936
Telegrama n. 15, do MRE para o Consulado-Geral em Paris, Rio de Janeiro, 28 maio 1936, Lata 477, Maço 74.121 AHI/RJ.
Telegrama n. 21, do MRE para o Consulado-Geral em Paris, Rio de Janeiro, 7 jul. 1936, Lata 477, Maço 74.121, AHI/RJ.
Telegrama confidencial da Secretaria de Estado das Relações Exteriores para o Consulado geral do Brasil em Genebra, Rio de Janeiro, 3 nov. 1936, Lata 803, Maço 112.322/A, AHI/RJ.

1937
Telegrama confidencial de João Carlos Muniz, do Consulado-Geral do Brasil em Genebra, para Mário de Pimentel Brandão, ministro interino das Relações Exteriores, Genebra, 8 fev. 1937.
Actas Soixante-dix-huitième session do Conseil d'Administration du Bureau Internacional du Travail, Genève, 6 fevrier 1937, 17 p., Lata 803, Maço 112.322/A, AHI/RJ.
Telegrama confidencial n. 36, do MRE para a Embaixada do Brasil em Genebra, Rio de Janeiro, 9 mar. 37, Lata 803, Maço 1.232/A, AHI/RJ.
Ofício de Dulphe Pinheiro Machado, diretor do Departamento Nacional do Povoamento, para Agamenon Magalhães, ministro do Trabalho, Indústria e Comércio, Rio de Janeiro, 20 mar. 1937, Lata 803, Maço 11.232, AHI/RJ.
Telegrama confidencial n. 28, da Secretaria de Estado das Relações Exteriores para a Embaixada do Brasil em Buenos Aires, Rio de Janeiro, 13 abr. 1937, Lata 803, Maço 112.322/A, AHI/RJ.
Telegrama secreto n. 30, de José Bonifácio de Andrade e Silva, embaixador do Brasil em Buenos Aires, para o ministro das Relações Exteriores, Buenos Aires, 20 abr. 1937, Lata 803, Maço 1.232/A, AHI/RJ.
Telegrama secreto n. 31, do MRE para a Embaixada do Brasil em Buenos Aires, Rio de Janeiro, 20 abr. 1937.
Telegrama secreto n. 19, do MRE para a Embaixada do Brasil em Montevidéu, Rio de Janeiro, 28 abr. 1937.
Telegrama secreto de Lucílio Bueno, da Embaixada do Brasil em Montevidéu, para o MRE, Montevidéu, 1º maio 1937.
Telegrama confidencial n. 28, do MRE para o Consulado-Geral do Brasil em Genebra, Rio de Janeiro, 2 maio 1937, Lata 803, Maço 1.232/A, AHI/RJ.
Telegrama confidencial de Nabuco Gouvea, da Embaixada brasileira em Lima, para o MRE, Lima, 4 ago. 1937, Lata 803, Maço 1.232/A, AHI/RJ.
Telegrama n. 5, de Miranda Mascarenhas, cônsul geral do Brasil em Bordeaux, para a Secretaria de Estado das Relações Exteriores, Bordeaux, 16 set. 1935, Lata 1.243, Maço 27.865, AHI/RJ.
Telegrama da Legação brasileira em Varsóvia para o MRE, Varsóvia, [?] out. 1937.
Telegrama confidencial da Secretaria de Estado das Relações Exteriores para o Consulado geral do Brasil em Genebra, Rio de Janeiro, 3 nov. 1936, Lata 803, Maço 112.322/A, AHI/RJ.
Telegrama dirigido ao MRE pela Legação brasileira em Varsóvia, Varsóvia, [?] out. 1937.
Telegrama n. 27, de Sebastião Sampaio, da Legação do Brasil em Praga, para o MRE, Praga, 12 dez. 1937, v. 40/3/3, AHI/RJ.
Telegrama secreto n. 28, de Sebastião Sampaio, da Legação do Brasil em Praga, para MRE, Praga, 12 dez. 1937, v. 40/3/3.
Telegrama secreto n. 18 de Exteriores para Sebastião Sampaio, da Legação brasileira em Praga, Rio de Janeiro, 20 dez. 1937, v. 40/3/5, AHI/RJ.

1938
Telegramas n. 6 e n. 7, de Sebastião Sampaio, da Legação brasileira em Praga, para MRE, Praga, 26 mar. 1938, v. 40/3/3, AHI/RJ.
Telegrama n. 14 de Sebastião Sampaio, da Legação do Brasil em Praga, para MRE, Praga, 22 maio 1938, v. 40/3/3, Maço 104.561, AHI/RJ.
Telegrama secreto n. 10, de Exteriores e Vasconcellos, da Legação brasileira de Berna, para o MRE, Berna, 14 jun. 1939, 558 (99) Lata 741, para *Legação de Praga*, Rio de Janeiro, 16 jun. 1938, v. 40/3/35, AHI/RJ.

Fontes   435

Ofício secreto n. 42, de Mário Moreira da Silva, do Consulado do Brasil em Budapeste, para Oswaldo Aranha, ministro das Relações Exteriores, Budapeste, 4 abr. 1938, Lata 741, Maço 10.561, AHI/RJ.

Telegrama secreto n. 17, de Sebastião Sampaio, da Legação de Praga, para MRE, Praga, 14 jun. 1938, v. 40/3/3, AHI/RJ.

Telegrama secreto n. 10, de Exteriores para Legação de Praga, Rio de Janeiro, 16 jun. 1938, v. 40/3/5, AHI/RJ.

Telegrama n. 21, do Ministério das Relações Exteriores para a Legação de Berna, Rio de

Telegrama de Souza Dantas, em nome de Hélio Lobo, ao Ministério das Relações Exteriores, Paris, 11 jul. 1938, Telegramas recebidos, Ref. 101.34, p. 1, AHI/RJ.

Telegrama n. 71, de Souza Dantas, em nome de Hélio Lobo, ao Ministério das Relações Exteriores, Paris, 11 jul. 1938, Telegramas recebidos, Ref. 101.34, 2.054, AHI/RJ, p. 2.

Telegrama n. 50 e n. 51, de Oswaldo Aranha, ministro das Relações Exteriores, para Hélio Lobo, delegado do Brasil na Conferência de Evian, Rio de Janeiro, 11 e 13 jul. 1938, Telelegramas Emitidos, AHI/RJ.

Telegrama n. 73, de Souza Dantas, em nome de Hélio Lobo, ao Ministério das Relações Exteriores, Paris, 13 jul. 1938, Telegramas recebidos, Ref. 101.34, 2.074) AHI/RJ.

Telegrama n. 52, de Oswaldo Aranha, ministro das Relações Exteriores, para Hélio Lobo, delegado do Brasil na Conferencia de Evian, Rio de Janeiro, 14 jul. 1938, AHI/RJ.

Telegrama n. 75, de Souza Dantas, em nome de Hélio Lobo ao Ministério das Relações Exteriores, Paris, 15 jul. 1938, Telegramas recebidos, Ref. 101.34, 2.115, AHI/RJ, Ofício reservado n. 2, Genebra, 16 jul. 1938, p. 11.

Telegrama n. 76, de Souza Dantas, em nome de Hélio Lobo, ao Ministério das Relações Exteriores, Paris, 15 jul.1938, p. 2, Telegramas recebidos, Ref. 101.34, 2.115, AHI/RJ.

Telegrama n. 77, de Souza Dantas, em nome de Hélio Lobo, ao Ministério das Relações Exteriores, Paris, 17 jul. 1938, Telegramas Recebidos, Ref. 101.34, 2.119, AHI/RJ.

Telegrama n. 78, de Souza Dantas, da Embaixada Brasileira em Paris, para Oswaldo Aranha, ministro das Relações Exteriores, Paris, 22 jul. 1938, Lata 602, Maço 9.458, AHI/RJ.Telegrama n. 82, de Souza Dantas, embaixador brasileiro em Paris, para Oswaldo Aranha, ministro das Relações Exteriores, Paris, 1º ago. 1938, 101.34, Lata 1.617, Maço 34.894, AHI/RJ.

Telegrama n. 57, de Oswaldo Aranha, ministro das Relações Exteriores, para Régis de Oliveira, embaixador do Brasil em Londres, Rio de Janeiro, 10 ago. 1938, 640.16 (99), Lata 1.617, Maço 34.894, AHI/RJ.

Telegrama n. 57 e n. 62, de Oswaldo Aranha para a Embaixada brasileira em Londres, Rio de Janeiro, 10 e 26 ago. 1938, 640.16 (99), Lata 1.617, Maço 34.894, AHI/RJ.

Telegrama secreto n. 18, de de Sebastião Sampaio, da Legação do Brasil em Praga, para MRE, Praga, 31 ago. 1938, v. 40/3/3, AHI/RJ.

Telegrama n. 105, do Ministério das Relações Exteriores para a Embaixada brasileira em Washington, Rio de Janeiro, 5 set. 1938, 640.16 (99), Lata 1.617, Maço 34.894, AHI/RJ.

Telegrama n. 66, do Ministério das Relações Exteriores para a Embaixada brasileira em Londres, Rio de Janeiro, 5 set. 1938, 640.16 (99), Lata 1.617, Maço 34.894, AHI/RJ.

Telegrama n. 142, de Pimentel Brandão, da Embaixada brasileira de Washignton, para Oswaldo Aranha, ministro das Relações Exteriores, Washington, 9 set. 1938, 640.16 (99), Lata 1.617, Maço 34.894, AHI/RJ.

Telegrama secreto n. 24, de Sebastião Sampaio, da Legação de Praga, para MRE, Praga, 19 set. 38. v. 40/3/3, AHI/RJ.

Telegrama n. 16, de Exteriores para a Legação do Brasil em Praga, Rio de Janeiro, 20 set. 1938, v. 40/3/5, AHI/RJ.

Telegrama n. 3,1 do Ministério das Relações Exteriores para o Consulado geral em Genebra, Rio de Janeiro, 23 nov. 1938, 640.16 (99), Lata 1.617, Maço 34.894, AHI/RJ.

Telegrama n. 183, de Pimentel Brandão, da Embaixada de Washinton, para Oswaldo Aranha, ministro das Relações Exteriores, Washington, 24 nov. 1938, 640.16 (99), Lata 1.617, Maço 34.894, AHI/RJ.

Telegrama n. 151, do Ministério das Relações Exteriores para a Embaixada brasileira em Washington, Washington, 24 nov. 1938, 640.16 (99), Lata 1.617, Maço 34.894, AHI/RJ.

Ofício de Oswaldo Aranha, ministro das Relações Exteriores, para Hélio Lobo, delegado do Brasil no Comitê IntergovernamentaL para os Refugiados Políticos, Rio de Janeiro, 2 dez. 1938, 640.16 (99), Lata 630, Maço 9.697, AHI/RJ.

Telegrama de Régis de Oliveira, embaixador do Brasil em Londres, para o Ministério das Relações Exteriores, Londres, 3 dez. 1938, 640.16 (99), Lata 630, Maço 9.697, AHI.

Telegrama confidencial de Renato de Carvalho, do Consulado brasileiro em Genebra, para Oswaldo Aranha, ministro das Relações Exteriores, Genebra, 29 dez. 1938, 640.16 (99), Lata 630, Maço 9.697.

1939

Telegrama do Ministério das Relações Exteriores para o Consulado-Geral do Brasil em Genebra, Rio de Janeiro, 14 jan. 1939, 640.16 (99), AHI/RJ.

Telegrama do Ministério das Relações Exteriores para Hélio Lobo, a/c do Consulado-Geral de Genebra, Rio de Janeiro, 3 fev. 1939, 64016 (99), Maço 630, Lata 9.697, AHI/RJ.

Telegrama n. 18, do MRE para Hélio Lobo, a/c Embaixada Brasileira em Londres, Rio de Janeiro, 16 fev. 1939.

Telegrama do MRE para o ministro da Polônia, Rio de Janeiro, 16 fev. 1939.

Telegrama do secretário geral do MRE para o presidente do CIC, Rio de Janeiro, 17 fev. 1939; *Intergovernmental Committees to Continue and Develop the Work of the Evian Meeting*, London, 1938; *The Position of the Jews Expelled from Germany to Poland in October* 1938; *Memorandum by the Chairman*, Confidencial LIC 640.16(99), Lata 630, Maço 9.697, AHI/RJ.

Telegrama do secretário geral do MRE para o presidente do CIC, Rio de Janeiro, 17 fev. 1939.

Telegrama n. 88, de Souza Dantas para o MRE, Paris, 10 jun. 1939, Lata 656, maço 9.823, AHI/RJ.

Telegrama de Mário de Barros e Vasconcellos, da Legação brasileira de Berna para o MRE, Berna, 14 jun. 1939, 558 (99) Lata 741, Maço 104.561, AHI/RJ.

Telegrama n. 64, de Exteriores para a Embaixada do Brasil em Paris, Rio de Janeiro, 21 jun. 1939, Lata 656, Maço 9.823, AHI/RJ.

Telegrama n. 34, de Milton Weguelim Vieira, do Consulado-Geral em Genebra, para a Secretaria de Estado das Relações Exteriores, Genebra, 7 jul. 1939, 640.16 (99), AHI/RJ.

Telegrama n. 30, do Ministério das Relações Exteriores para o Consulado-Geral em Genebra, Rio de Janeiro, 11 jul. 1939, 640.16 (99), AHI/RJ.

Telegrama reservado de Régis de Oliveira, da Embaixada de Londres (em nome de Hélio Lobo), para o Ministério das Relações Exteriores, Londres, 20 jul. 1939, 640.16 (99), AHI/RJ.

Telegrama n. 53, do Ministério das Relações Exteriores para a Embaixada do Brasil em Londres, Rio de Janeiro, 22 jul. 1939, 640.16 (99), AHI/RJ.

Telegrama n. 35, do MRE para Hélio Lobo, representante do Brasil no Conselho de Administração da Repartição Internacional do Trabalho, Rio de Janeiro, 16 ago. 1939.

Telegrama n. 52, de Hélio Lobo, representante do Brasil no Conselho de Administração da Repartição Internacional do Trabalho, para o MRE, Genebra, 21 set. 1939, 640.16 (99), Lata 1.616, Maço 34.888, AHI/RJ.

Telegrama n. 55, de Hélio Lobo, a/c de M. C. Weguelin Vieira, do Consulado-Geral do Brasil em Genebra, para o MRE, Genebra, 21 set. 1939, 640.16 (99), Lata 1.616, Maço 34.888, AHI/RJ.

Telegrama n. 161, do MRE para a Embaixada do Brasil em Washington, Rio de Janeiro, 12 out. 1939.

Telegrama n. 40, do MRE para o Consulado-Geral do Brasil em Genebra, Rio de Janeiro, 16 out. 1939, 640.16 (99), Lata 1.616, Maço 34.888, AHI/RJ.

Telegrama n. 48, de Hélio Lobo, a/c de Weguelin Vieira, do Consulado-Geral do Brasil em Genebra, para Oswaldo Aranha, ministro das Relações Exteriores, Genebra, 16 out. 1939, 640.16 (99), Lata 1.616, Maço 34.888, AHI/RJ.

Telegrama de Carlos Martins Pereira e Souza, da Embaixada do Brasil em Washington, para o MRE, Washington, 18 out. 1939, 640.16 (99), Lata 1.616, Maço 34.888, AHI/RJ.

Telegrama de Carlos Martins Pereira e Souza, embaixador do Brasil em Washington, para MRE, Washington, 20 out. 1939, 640.16 (99), Lata 1.616, Maço 34.888, AHI/RJ.

Telegrama (sem assinatura) do CIC para a Legação brasileira em Bucarest (Minuta), Rio de Janeiro, 30 out. 1939, (ms). 640.16 (99), AHI/RJ.

Minuta de Telegrama (sem assinatura) do CIC para a Legação brasileira em Bucareste, Rio de Janeiro, 30 out. 1939, (ms). 640.16 (99), AHI/RJ.

1940
Telegrama de Moacyr Briggs, presidente interino do Dasp, ao MRE, Rio de Janeiro, 4 mar. 1940, Lata 1.782, Maço 35.758, AHI/RJ.

Telegrama Confidencial n. 62, de L. M. Souza Dantas para o MRE, Vichy, 2 maio 1942, Lata 1.782, Maço 35.758, AHI.

Telegrama de L. M. Souza Dantas, da Embaixada do Brasil em Vichy, para o MRE, Vichy, 8 out. 1940, Anexo n. 3, Relatório da C.I., fls. 94.

Telegrama de L. M. Souza Dantas ao MRE, Vichy, 8 out. 1940.

Telegrama n. 148, da Embaixada Brasileira em Paris-Vichy, Vichy, 9 out. 1940.

Telegrama de Exteriores para a Embaizada de Vichy, Rio de Janeiro, 12 out. 1940, Lata 964, Maço 15.149, AHI/RJ.

Telegrama n. 20, de Exteriores para o Consulado de Lião, Rio de Janeiro, 11 dez. 1940, Lata 38, Maço 280, AHI/RJ.

Telegrama do MRE para Souza Dantas, da Embaixada Brasileira de Vichy, Rio de Janeiro, 12 dez. 1940, Anexo 5, Relatório da C.I., p. 13.

1941
Telegrama n. 88 de Luis Martins de Souza Dantas, embaixador geral do Brasil em Vichy, para o MRE, Vichy, 1 maio 1941, Lata 1.226, Maço, 27.156, AHI/RJ.

Telegrama de Oswaldo Aranha, ministro das Relações Exteriores, para Luiz Martins de Souza Dantas, embaixador do Brasil em Vichy, Rio de Janeiro, 14 maio 1941, Anexo 7 do Inquérito Administrativo.

Telegrama n. 114 e n. 55, de Exteriores para a Embaixada Geral do Brasil em Vichy e Embaixada Geral do Brasil em Londres, respectivamente, Rio de Janeiro, 14 maio 1941, Lata 1.092, Maço 20.785, AHI/RJ.

Telegramas n. 6 e n. 7, de Exteriores para o Consulado do Porto, Rio de Janeiro, 29 e 31 maio 1941, Lata 1.227, Maço 27.171/A.

Telegrama n. 125, de Souza Dantas, da Embaixada Geral do Brasil em Vichy, para Oswaldo Aranha, ministro das Relações Exteriores, Vichy, 30 jun. 1941, Anexo 8 do Inquérito Administrativo.

Telegrama de Indalecio Prieto, ex-ministro republicano espanhol, para o MRE, México, 14 ago. 1941, Lata 1.092, Maço 20.785, AHI/RJ.

Telegrama n. 57, de Murillo Martins de Souza, do Consulado Brasileiro em Marselha, para Secretaria de Estado das Relações Exteriores, Marselha, 5 set. 1941, Lata 1.092, Maço 20.785, AHI/RJ.

Telegrama n. 70, de Exteriores para o Consulado de Marselha, Rio de Janeiro, 8 set. 1941, Lata 1.092, Maço 20.785, AHI/RJ.

Telegrama de Carlos Martins Pereira e Souza, da Embaixada do Brasil em Washington, para Oswaldo Aranha, ministro das Relações Exteriores, Washington, 7 nov. 1941, Pasta CG 411.11.07, CPDOC/RJ.

Telegramas ao capitão Batista e aos passageiros a bordo informando sobre as tentativas em terra para se conseguir autorizações para desembarque, All America Cables and Radio, INC. Frank W. Phelan, President Service Message, 26 e 30 set., 2 out, 8 e 15 nov. 1941.

1942
Telegrama n. 10, de Edgar Fraga de Castro, do Consulado-Geral do Brasilem Paris, para o Ministério das Relações Exteriores, Paris, 8 fev. 1947, Lata 1.583, Maço 34.365, AHI/RJ.

Telegrama de Saint Brisson para L. M. Souza Dantas, da Embaixada de Vichy, Rio de Janeiro, 29 abr. 1942, Telegramas Emitidos, 1942, AHI/RJ.

Telegrama de L. M. Souza Dantas para Mário Saint Brisson, ministro interino das Relações Exteriores, Vichy, 1º maio 1942, Telegramas Recebidos, 1942, AHI/RJ.

Telegrama de Afrânio de Mello Franco Filho, chefe da Divisão de Passaportes do MRE, para L. M. Souza Dantas, da Embaixada de Vichy, Rio de Janeiro, 6 maio 1942, Telegramas Emitidos, 1942, AHI/RJ.

Telegrama de Souza Dantas, da Embaixada Brasileira em Paris-Vichy, para o MRE, Vichy, 17 ago. 1942, 640.16 (99), AHI/RJ.

Telegrama de L. M. de Souza Dantas, da Embaixada Brasileira em Vichy, para o MRE (em aditamento ao Telegrama n. 102), Vichy, 21 ago. 1942, 640.16 (99), AHI/RJ.

Telegrama n. 459, de Cyro de Freitas Valle, embaixador do Brasil em Berlim, para Oswaldo Aranha, ministro das Relações Exteriores, Berlim, 30 dez. 1940, Lata 1.782, Maço 35.758.

1943

Telegramas n. 50, de Mário de Deus Fernandes, do Consulado-Geral do Brasil em Buenos Aires, para o MRE, Buenos Aires, 10 mar. 1943.

Telegrama n. 48, do MRE ao Consulado-Geral do Brasil em Buenos Aires, Rio de Janeiro, 11 mar. 1943, Lata 1.558, Maço 33.833, AHI/RJ.

1945

Telegrama de Galemo Pianta, Zulnier Pinto, Orvilao Schmidt e José Antonio Aranha para o Itamaraty, Porto Alegre, 3 out. 1945, Lata 1.913, maço 36.380, AHI/RJ.

1946

Nomeação da delegação do Brasil à Assembleia Geral das Nações Unidas. Telegrama n. 20, de Exteriores para a Delegação do Brasil no Conselho de Segurança da ONU, Rio de Janeiro, 11 out. 1946, v. 79/3/14, AHI/RJ.

Cartas-telegrama n. 3 e n. 35, de *Pedro Leão Velloso, delegado do Brasil na Organização das Nações Unidas, para o MRE*, Nova York, 22 de junho e 1 nov. 1946. v. 79/3/4, AHI/RJ.

Telegrama de Alfredo Bevilacqua, do Centro Católico Maritainista, para o MRE, Rio de Janeiro, 2 jul. 1946, Lata 1.913, Maço 36.380, AHI/RJ.

Telegrama da Comunidade Israelita de Belo Horizonte ao MRE, Belo Horizonte, 15 jul. 1946, Lata 1.913, maço 36.380, AHI/RJ. Assinam este documento Paulo Belfer, lberto Avrizzer, Guela Bogliolo, Kuperman, Kraiser e Siliger.

Carta-telegrama de Pedro Leão Velloso, chefe da Delegação do Brasil na ONU, para o MRE, Nova York, 17 jul. 1946. v. 79/3/4, AHI/RJ.

Telegrama n. 316, de Carlos Martins Pereira e Souza, da Embaixada do Brasil em Washington para MRE, Nova York, 8 out. 1946, Lata 1.913, Maço 36.380, AHI/RJ.

Telegrama de Carlos Martins, da Embaixada do Brasil em Washington para o MRE, Nova York, 11 out. 1946, Lata 1.913, maço 36.380, AHI/RJ.

Telegrama de Hugo Gouthier, da Embaixada brasileira em Londres, para o MRE, Londres, 11 out. 1946, Lata 1.913, Maço 36.380, AHI/RJ.

Telegrama n. 36, de Exteriores para a Delegação Brasileira na ONU, Rio de Janeiro, 31 dez. 1946, v. 79/3/14, AHI/RJ.

1947

Telegrama de Edgar Fraga de Castro, do Consulado-Geral em Paris, para o MRE, Paris, 8 fev. 1947, Lata 1.583, Maço 34.365, AHI/RJ.

Telegrama n. 24, de Exteriores, em nome da Associação dos Ex-combatentes do Brasil- Seção do Distrito Federal, Rio de Janeiro, 21 fev. 1947. v. 79/3/14, AHI/RJ (grifo nosso)

Telegrama n. 97, da Embaixada brasileira em Washigton, para MRE, Washington, 27 fev. 1947, Lata 1.913, Maço 36.380, AHI/RJ.

Telegrama pessoal de Accioly, da Secretaria Geral do Itamaraty, para o embaixador Oswaldo Aranha, delegado do Brasil na ONU, Rio de Janeiro, 14 mar. 1947, v. 79/3/14, AHI/RJ.

Minuta (sem assinatura) de telegrama para o CIC, Rio de Janeiro, jul. 1947, Armário, Maço 39.166, AHI/RJ.

Carta-Telegrama n. 79, de João Carlos Muniz, da Delegação Brasileira na ONU, para o MRE, Nova York, 18 ago. 1947. v. 79/3/4, AHI/RJ

Telegrama n. 188, de Martins para MRE, Washington, 28 ago. 1946, Lata 1.913, maço 36.380, AHI/RJ.

Telegrama n. 122, de Raul Fernandes, ministro das relações Exteriores, para Oswaldo Aranha, representante do Brasil na delegação brasileira nas Nações Unidas, Rio de Janeiro, 12 set. 1947, AHI/RJ.

Carta-telegrama n. 68, de João Carlos Muniz, da Delegação Brasileira na ONU, para o MRE, v. 79/3/4, AHI/RJ.

Telegrama n. 3, de José Cochrane de Alencar, cônsul geral do Brasil em São Francisco da Califórnia, para o MRE, São Francisco, 11 fev. 1947, Lata 1.583, Maço 34.365, AHI/RJ.

1949

Carta telegrama n. 3, de Orlando Leite Ribeiro, do Consulado-Geral do Brasil em Lisboa, para o MRE, Lisboa, 31 jan. 1949, Armário, Maço 39.162, AHI/RJ.

Publicações

Periódicos

A Gazeta, São Paulo, abr. 1938; mar. 1939.
A Tribuna, Santos, dez. 1940.
Aonde Vamos, Rio de Janeiro, 3 jul. 1947; 18 nov. 1947; 30 dez. 1948.
Christian Science Monitor, Boston, nov. 1938.
Correio da Manhã, Rio de Janeiro, fev.1960.
Diário Carioca, Rio de Janeiro, dez. 1941.
Diário de Notícias, Rio de Janeiro, 25 nov. 1940, Lata 1.782, Maço 35.759, AHI/RJ.
Diário Oficial, abr. 1941.
Diário Oficial, nov. 1940.
Diário Trabalhista, abr. 1950.
Jornal de Notícias, São Paulo, mar. 1950.
Jornal do Brasil, Rio de Janeiro, 1994.
Journal des Debats du Mercredi, Paris, nov. 1938.
La Gazette de Lausanne, Lausanne, juillet, 1938.
L'Osservatore Romano, Roma, nov. 1945.
New York Herald Tribune, New York, oct. 1938.
O Dia, Curitiba, mar. 1950.
O Estado de S. Paulo, São Paulo, 1933-1948.
O Jornal, 9 jul. 1947.
Nação Armada, n. 26, jan. 1942, p. 150; n. 24, nov. 1941.
Recueil de Cours de l'Académie de Droit International, 1949.
Revista de Colonização e Imigração, V (4), dez. 1946.; 1º sem. 1950.
The Evening Star, Londres, oct. 1939.
The New York Times, New York, abr.1947.
The Times, Londres, set. 1936; nov. 1938.
The Washington Post, Washington, 10 jul. 1938.
Times-Herald, Pennsylvania, Poct. 1939.
Universe, dec. 1938.
Veja, São Paulo, mar. 2000.

Artigos

A Division for Palestine, *The Times*, Londres, 9 set. 1936.
Afrânio Peixoto, romancista, por R. de Almeida, *Revista do Brasil*, v. 16, n. 62, p. 119, fev. 1921.
Arab and Jew: A Palestine Peace Plan, *The Times*, Londres, 9 set. 1936.
Aranha na ONU, II, por Henrique Rodrigues Valle, *Correio da Manhã*, Rio de Janeiro, 10 fev. 1960.

Agricultor Bate Recorde de safra, *Folha de S. Paulo,* São Paulo, 17 abr. 1982, Apesp.

American Opportunity, *New York Post,* New York, 18 october 1939.

A Entrada de Judeus em Shangai, *Estado de S. Paulo,* São Paulo, 15 ago. 1936, p. 36, Apesp.

A la Conférence d'Evian, *La Gazette De Lausanne,* Lausanne, 6 juillet, 1938, Lata 643, Maço 9.769, AHI/RJ.

Apelam para o Chefe do Governo os Refugiados do Cabo de Buena Esperanza. Ameaçados de Voltar para os Campos de Concentração, Transcrição de notícia de jornal [não identificado].

A trágica situação dos judeus expulsos da Áustria, *O Estado de S.Paulo,* São Paulo, 1º jan. 1938, IEB/USP.

Brazil Pledges Aid On Refugee Issue And Defense Plan, *Christian Science Monitor,* Boston, 17 nov. 1938.

Archbishop Pays Secret Visit to Reich, *Universe,* 2 december 1938.

Arroz em Terraços, *O Estado de S.Paulo,* São Paulo, 20 mai. 1985, *Suplemento Agrícola.*

Arroz Irrigado em Patamares de Terra Roxa, *O Estado de S.Paulo,* São Paulo, 20 mai. 1981, p. 3.

Auxílio aos Judeus, A Questão dos Refugiados, Estudos do Problema Judaico depois da Guerra, Organização Secreta de Judeus, Parada da Vitória em Jerusalém; Conferência Sionista Mundial; Declarações do Presidente da Organização Sionista Americana; Socorro aos Judeus da Grécia; Reconhecimento da Palestina como Estado Judaico Autônomo, *O Estado de S.Paulo,* São Paulo, 18 fev. 1941, p.16, Nova York (R); 25 abr. 1943, p. 1, Bermudas, 24 (R); 26 out. 1943, p. 6, Londres, 25 (R); 17 mar. 1945, p. 1, Londres, 16 (R); 7 jul. 1945, p. 1, Londres, 6 (R); 10 jul. 1945, p. 6, Londres, 9 (R); 10 jul. 1945; 18 jul. 1945, p. 6. [Levantamento feito por Antonio Roberto Guglielmo, *A Questão Judaica e o Holocausto Enquanto Notícia...,* op. cit., p. 279-285].

Cabinet and Palestine *The Times,* Londres, 9 set. 1936

Carryng out Mandate, *The Times,* Londres, 9 set. 1936.

Cerca de 1400 Judeus Presos em Munich, *O Estado de S.Paulo,* São Paulo, p. 16, 12 nov. 1938.

Conferees Heartened by Progress in Refugee Problem, *The Evening Star,* Londres, 18 oct. 1939.

Confortatrici ed Illuminate Parole del Sommo Pontefice in Risposta all'Omaggio Riconoscente di Ebrei Profughi, *L'Observatore Romano,* Roma, 30 nov. 1945.

Da Profilaxia Psicorracial da Imigração para o Continente Americano, por Antonio Xavier de Oliveira, *Revista de Colonização e Imigração,* V (4), dez. 1946, BMI/SP.

Declarações do Presidente da Organização Sionista America, *O Estado de S.Paulo,* São Paulo, 10 jul. 1945, Londres, 9, p. 6.

Definição de Empresa Israelita, *O Estado de S.Paulo,* São Paulo, p. 117 jun. 1938.

De l'exterritorialité, *Journal des Debats du Mercredi,* Paris, 9 nov. 1938.

Displaced Persons and International Law, de E. Reut-Nicolussi, 73 (II), *Recueil de Cours de l'Académie de Droit Internacional,* 1948.

Dispense dal Servizio di Personale Universitario di Razza Ebraica, *Il Gionale della Scuola Media,* a. VIII, n. 5, 1938.

Dominicans Open Doors to Refugees, *Times-Herald,* Pennsylvania, 26 oct. 1939.

Entrada de Imigrantes. Dados estatísticos. *Diário Trabalhista,* 21 abr. 1950.

Estrangeiros no Brasil, *Gazeta,* São Paulo, 1º abr. 1938, Anexo ao Pront. n. 13, de Daniel Susano Cohen, Deops/SP.

Entrevista com Giulio Mombelli, Cônsul Geral da Itália em São Paulo, *Jornal de Notícias,* 31 mar. 1950.

Estudo sobre o Problema dos Refugiados Políticos, p. 16.

Exílio, Asylo: Estudo Sobre o Problema dos Refugiados Políticos, *Boletim Internacional,* LUX, *o Jornal,* Rio de Janeiro, 23 jan. 1934, 6 (04) 0034, Lata 402, Maço 6.049, AHI/RJ.

F. D. Requests Refugee aid for 20 Million, *Times-Herald,* Pennsylvania, 18 oct. 1939.

France, Terre d'Asile, por Jean Lassere, *Le Matin,* Paris, 29 août 1935, p. 6.

German Refugee Problem, *The Financial News,* Londres, 2 december 1938.

Sanctuary for refugees, *The Times,* Londres, 2 dec. 1938.

Imigração dos Deslocados de Guerra, *Revista de Imigração e Colonização,* 1º semestre, 1950. Sessão Livros e Revistas, p. 129.

Imigração-Problema Importante, por Leopoldo Petry, *Correio do Povo,* Porto Alegre, 10 mar. 1950.

Inglaterra e o Problema da Palestina, por Frank Breese, *O Estado de S.Paulo*, São Paulo, 29 jul. 1945, p.1.

Navio Cabo de Buena Esperanza, Recorte de jornal [não identificado], Setor Diversos, Pasta 18, Dossiê, Informação 243, Dops/Aperj.

Nations Fear Flow of Jews From Europe, por Gerald Gross, *The Washington Post*, Washington, 10 july 1938.

Historiador Identifica uma Indústria do Holocausto, *O Estado de S.Paulo*, São Paulo, 4 mar. 2001, *Caderno 2/Cultura*, p. D5.

Herman Görgen: Um Amigo do Brasil, por Roberto Campos, *Jornal do Brasil*, Rio de Janeiro, 1994.

In the Nation, *The New York Times*, New York, 19 oct. 1939.

La Colonisation au Brésil, *Revue Internationale du Travail*, fev. 1936.

L'Immigration et la colonisation au Brésil, *Revue Internationale du Travail*, fev. 1937.

Livro Sobre Holocausto Agita Alemanha, *O Estado de S.Paulo*, São Paulo, p. A20, 10 fev. 2001, Apesp.

Quelques aspects sociaux du développement présent et futur de l'économie brésilienne, pour F. Maurette, *Revue Internationale du Travail*, 1937.

L'immigration et la colonisation au Brésil, pour F. Maurette, *Revue Internationale du Travail*, fev. 1937.

Millions of Them, *The Washington Post*, Washington, 19 october 1939.

Nota Política, por J. A. Nogueira, *Revista do Brasil*, v. 13, n. 52, p. 364, abr. 1920.

Novas Medidas Contra os Judeus, *O Estado de S.Paulo*, São Paulo, p. 16, 12 nov. 1938, Apesp.

Numerosos judeus Poloneses Abandonaram a Áustria, Varsóvia, *O Estado de S.Paulo*, São Paulo, p. 24, 1º jan. 1938, Apesp.

Numerosos Judeus Internados em Campos de Concentração, *O Estado de S.Paulo*, São Paulo, p. 30, 13 nov. 1938, Apesp.

O Brasil no Exterior: O Brasil na OIR, Recorte de jornal (não identificado), Rio de Janeiro, 26 jun. 1947, Lata 1.897, Maço 36.314, AHI/RJ.

O Contrabando de Homens, *A Tribuna*, Santos, 8 dez. 1940, Lata 1.782, Maço 35.758, AHI/RJ.

O Gabinete Britânico Está Debatendo Amplamente o Problema Palestino, *Jornal do Brasil*, Rio de janeiro, 14 out. 1945.

O Governo Alemão Toma Novas Medidas Contra os Judeus, *O Estado de S.Paulo*, São Paulo, 15 nov. 1938, p. 16, Apesp.

Os Judeus Não Podem Emigrar para a Bulgária, Viena, 31 (UP), *O Estado de S.Paulo*, São Paulo, p. 24, 1º jan. 1938, Apesp.

O Papel do Médico na Realização do Magno Problema, por J. Poggi, *Revista de Imigração e Colonização*, São Paulo, V, 92, jun. 1946, BMI/SP.

Os Judeus Serão Responsabilizados pelo Assassinato do Sr. Vom Rath, *O Estado de S.Paulo*, São Paulo, p. 12, 11 nov. 1938, Apesp.

Palestine in Suspense, *The Times*, Londres, 9 set. 1936.

Passaportes, por Maurício de Medeiro, *Diário Carioca*, Rio de Janeiro, 29 dez. 1941.

Plano de Sociedade Financeira com Dinheiro dos Judeus, *O Estado de S.Paulo*, São Paulo, p. 16, 23 jun. 1938, Apesp.

Power Talks on Jews Begin To-Morrow, *Evening Standard*, december I, 1938, Anexo ao Ofício de Régis de Oliveira, da Embaixada Brasileira em Londres para Oswaldo Aranha, ministro das Relações Exteriores, Londres, 3 dez. 1938. 640.16 (99), AHI/RJ.

Preconceito Oficial, por Ronaldo França, *Veja*, São Paulo, 22 mar. 2000.

President Urges Long Range Plan for Refugee Care, *The New York Times*, New York, 18 oct. 1939.

Procuram-se, *Boletim ASA, Judaísmo e Progressismo*, Órgão Informativo e de Divulgação Cultural da Associação Scholem Aleichem de Cultura e Recreação, Rio de Janeiro, n. 53, p. 5, jul./ago. 1998.

Resenha Extraída de uma Publicação da OIR sobre a Imigração dos Deslocados, *O Dia*, Curitiba, 7 mar. 1950.

Reconhecimento da Palestina como Estado Judaico Autônomo, *O Estado de S.Paulo*, São Paulo, 18 jul. 1945, AESP/SP.

Refugee Proposal Irritates Allies, *The New York Times*, New York, 22 oct. 1939.

Roosevelt Modifies Plan for Refugies, *The Washington Post*, Washington, 26 oct.1939.
Refugiados de Guerra e Apátridas da Europa, *O Estado de S.Paulo*, 8 fev. 1945, Londres, 7 R, p. 2.
Restrições a Imigração na Áustria. Viena, 31 (UP), *O Estado de S.Paulo*, São Paulo, p. 1, 21 abr. 1938.
Síria e Líbano, por E. Carlos, *O Estado de S.Paulo*, São Paulo, p. 16, 12 jul. 1945.
Socorro aos Judeus da Grécia, *O Estado de S.Paulo*, São Paulo, 10 jul. 1945
Text of Roosevelt's Plea for Plan to Aid Refugees, *New York Herald Tribune*, New York, 18 oct. 1938.
The International Protection of Refugees, por Peter Weis, *American Journal of International Law*, Washington, 48 (2), 1954.
Trabalho e Imigração, por R. Magalhães Barreto, *Diário de São Paulo*, São Paulo, 30 mar. 1950.
Trigo Irrigado por Inundação Dá Bom Resultado, *O Estado de S.Paulo*, São Paulo, 10 set. 1986.
Um Amigo do Brasil, por Roberto Campos, *Jornal do Brasil*, Rio de Janeiro, 1994.
Urge Refugee Aid in Neutral Lands, *The New York Times*, New York, 19 oct. 1939.
Why Refugees Deserve Aid: Your Fireside, *The Christian Science Monitor*, Boston, 19 oct. 1939.
Vapores Atracados, Santos, 26, *O Estado de S.Paulo*, p. 10, 27 set. 1941, Apesp.
Vapor Cabo de Buena Esperanza, *O Estado de S.Paulo*, São Paulo, p. 8, 28 set. 1941, Apesp.
Viúva Salvou Judeus do Nazismo, *Folha de S. Paulo*, São Paulo, p. 5-6, 15 nov. 1992, Apesp.
Annes n. 1.718, *League of Nations Official Journal*, Communication n. 2, 19 (5-6), maio/jun. 1939.
Brésil, Hélio Lobo, ministre plénipotentiaire [jornal não identificado]. Anexo ao Ofício Reservado n. 1, de Hélio Lobo, da Repartição Internacional do Trabalho, para Oswaldo Aranha, ministro das Relações Exteriores, Paris, 30 jun. 1938, 101.34, AHI/RJ.
Word Peaceand the Refugee Problem (75 II), *Recueil de Cours de l'Académie de Droit Internacional*, 1949.

Propaganda do Brasil: Opúsculos, Atlas, Folhetos, Catálogos

Folheto: *Die entstandenen Städte beweisen den Fortschritt des Nordens von Paraná*, Cia. de Terras Norte do Paraná, [s.d.]. Coleção Loeb-Caldenhof.
Catálogo: *Brasilien als Aufnahmeland*, por H. Frankestein. Berlim, 1936. Staatsbibliothek, Munique/Alemanha.
Philo-Atlas. *Orientação à Imigração para o Brasil.* Berlim, 1938. Staatsbibliothek, Munique/Alemanha.
Opúsculo: *Jüdische Auswanderung.* Berlim, 1936. Coleção Irene Freudheim, São Paulo (SP).

Volante

Soirée Dançante Beitar, 14 jan. 1934, sede social, à Rua Amazonas, 6, Pront. n. 2807, Doc. n. 4, Deops/SP.

Testemunhos de Refugiados Judeus

_____ de *Inge Marion Rosenthal à autora*, Rolândia, 23 set. 1989.
_____ de *Jules Roger Sauer à autora*, Rio de Janeiro, 5 mar. 1990.
_____ de *Else Bruch à autora*, São Paulo, setembro de 1990.
_____ de *Ricardo Loeb-Caldenhof à autor*, Rolândia, setembro de 1989.
_____ de *Rabino Fritz Pinkuss à autora*, São Paulo, 21 fev. 1990.
_____ de *Mathilde Maier à autora*, Rolândia, 26 set. 1989.
_____ de *Ricardo Loeb-Caldenhoff à autora*, Rolândia, 25 set. 1989.
_____ de *Nikolaus Schauff à autora*, Rolândia, 27 set. 1989.
_____ de *Herta e Max Moser à autora*, 28 set. 1989 e 2 jul. 1996.
_____ de *Claudia Gentilli a autora*, São Paulo, 21 out. 1989.
_____ de *Nikolaus Schauff à autora*, Rolândia, 27 set. 1989.

Bibliografia

Obras

ATAÍDE, Maria das Graças Andrade de Almeida. *A Construção da Verdade Autoritária: Palavras e Imagens da Interventoria de Agamenon Magalhães em Pernambuco.* São Paulo: Humanitas, 2001.

ALTHUSSER, Louis. *Ideología y Aparatos Ideológicos del Estado.* Buenos Aires: Nueva Visión, 1974.

AMARAL JÚNIOR, Alberto do; PERRONE-MOISÉS, Cláudia (orgs.). *O Cinquentenário da Declaração Universal dos Direitos do Homem.* São Paulo: Edusp, 1999.

ARENDT, Hannah. *Eichmann em Jerusalém: Um Relato Sobre a Banalidade do Mal.* Tradução de José Rubens Siqueira. São Paulo: Companhia das Letras, 1999.

_____. *Homens em Tempos Sombrios.* São Paulo: Companhia das Letras, 1987.

_____. *Origens do Totalitarismo I: O Anti-Semitismo, Instrumento de Poder.* Rio de Janeiro: Documentário, 1975. (Coleção Documenta/Ideias.)

_____. *O Sistema Totalitário.* Lisboa: Dom Quixote, 1968.

BANDEIRA, L. A. M. *Estado Nacional e Política Internacional na América Latina: O Continente nas Relações Argentina-Brasil (1930-1992).* São Paulo: Ensaio, 1994.

BARROS, Edgard de. *O Brasil de 1945 a 1964.* São Paulo: Contexto, 1994.

_____. *A Guerra Fria.* São Paulo: Atual, 1984.

BAUMAN, Zygmunt. *Modernidade e Holocausto.* Tradução de Marcus Penchel. Rio de Janeiro: Jorge Zahar, 1998.

BIGAZZI, Anna Rosa Campagnano. *Italianos: História e Memória de uma Comunidade.* São Paulo: Companhia Editora Nacional (Série Lazuli Imigrantes Brasileiros).

BOLESTA-KOZIEBRODZKI, Léopold. *Le Droit d'asile.* Leiden: Sythoff, 1962.

BOM MEIHY, José Carlos Sebe. *A Guerra Civil Espanhola.* São Paulo: Ática, 1996. (Coleção História em Movimento.)

BOURDIEU, Pierre. *Ce que parler veut dire.* Paris: Fayard, 1982.

CANCELLI, Elizabeth. *A Violência na Era Vargas.* Brasília: UnB, 1997.

CARNEIRO, Maria Luiza Tucci. . *O Anti-Semitismo nas Américas: História e Memória.* Prefácio de Pilar Rahola. São Paulo: Edusp, 2007.

_____. *Preconceito Racial em Portugal e Brasil Colônia.* 3. ed. São Paulo: Perspectiva, 2004.

_____. *O Veneno da Serpente: Reflexões sobre o Anti-Semitismo no Brasil.* São Paulo: Perspectiva, 2003.

_____. *O Anti-Semitismo na Era Vargas: Fantasmas de Uma Geração.* 3. ed. São Paulo: Perspectiva, 2001.

_____. *Holocausto: Crime contra a Humanidade.* São Paulo: Ática, 2000. (Coleção História em Movimento.)

_____. *Brasil, Um Refúgio nos Trópicos: A Trajetória dos Refugiados do Nazifascismo.* São Paulo: Estação Liberdade, 1997.

CARNEIRO, Maria Luiza Tucci; TAKEUCHI, Marcia Yumi (orgs.). *Imigrantes Japoneses no Brasil: Trajetória, Imaginário e Memória.* São Paulo: Edusp, 2010.

CARONE, Edgard. *A Terceira República (1937-1945).* 2. ed. São Paulo: Difel, 1982.

COLLOR, Lindolfo. *Europa 1939.* 2. ed. Introdução de Francisco de Assis Barbosa. Porto Alegre: Fundação Casa de Rui Barbosa, 1989.

CORNWELL, John. *O Papa de Hitler: A História Secreta de Pio XII,* Tradução de Alfredo Barcellos Pinheiro de Lemos. Rio de Janeiro: Imago, 1999.

CORSI, Francisco Luiz. *Estado Novo: Política Externa e Projeto Nacional.* São Paulo: Ed. da Unesp, 2000.

CUNHA, Vasco Leitão da. *Diplomacia em Alto-Mar: Depoimento ao* CPDOC. Rio de Janeiro: CPDOC/ FGV, 1994.

CYTRYNOWICZ, Roney. *Guerra sem Guerra: A Mobilização e o Cotidiano em São Paulo durante a II Guerra Mundial.* São Paulo: Edusp/Geração, 2000.

D'ARAUJO, Maria Celina Soares. *O Segundo Governo Vargas, 1951-1954.* 2. ed. São Paulo: Ática, 1992.

DALLA CASA, Brunella; PRETI, Alberto. *La Montagna e la guerra: L'Appenino bolognese fra Savena e Reno* (1940-1945). Bologna: Aspasia, 1999.

DEUTSCH, Sandra McGee. *Las Derechas: The Extreme Right in Argentina, Brazil, and Chile* (1890-1939). Stanford: Stanford University Press, 1999.

DOUER, Alisa. *Israelische Künstler Österreichischer Herkunft: Israeli Artists of Austrian Origin.* Wien: Picus-Verlag Ges, 1995.

DULLES, John W. F. *O Comunismo no Brasil* (1935-1945). Rio de Janeiro: Nova Fronteira, 1985.

DUTRA, Eliana. *O Ardil Totalitário: Imaginário Político no Brasil dos anos 30.* Rio de Janeiro/Belo Horizonte: Ed. da UFRJ/Ed. da UFMG, 1997.

EIZIRK, Moysés. *Aspectos da Vida Judaica no Rio Grande do Sul.* Porto Alegre: Escola Superior de Teologia; Caxias do Sul: Editora da Universidade de Caxias do Sul, 1984.

ELISSAR, Eliahu ben. *La Diplomatie du* III *Reich et les Juifs(1933-1939).* Paris: Christian Bourgois, 1969.

ESCOBAR, Anthonius Jack Vargas. *Política e Poder.* Rio de Janeiro: Diadorim, 1996.

ESTUDIOS *Interdisciplinarios de América Latina y el Caribe. América Latina y la* II *Guerra Mundial* (II). Tel Aviv: Tel-Aviv University Press, n. 6 (v. 2), jul.-dic. 1995.

FALBEL, Nachman. *Estudos sobre a Comunidade Judaica no Brasil.* São Paulo: Federação Israelita de São Paulo, 1984.

FELDMAN, Marcos. *Memórias da Colônia de Quatro Irmãos.* São Paulo: Maayanot, 2003.

FINCHELSTEIN, Federico (Ed.) *Los Alemanes, el Holocausto y la Culpa Colectiva: el Debate Goldhagen.* Buenos Aires: Eudeba/ Universidad Buenos Aires, 1999.

FINLEKSTEIN, Norman G. *A Indústria do Holocausto.* Rio de Janeiro: Record, 2001.

FLORES, Gilberto. *Direitos e Deveres do Estrangeiro no Brasil.* Rio de Janeiro: Revista do Trabalho, 1938. FOUCAULT, Michel. *Microfísica del Poder.* Madrid: La Piqueta, 1978.

FRIEDLANDER, Saul. *Pie* XII *et le* IIIe *Reich: Documents.* Paris: Seuil, 1964.

GAMBINI, Roberto. *O Duplo Jogo de Getúlio Vargas.* São Paulo: Símbolo, 1977.

GILBERT, Martin. *A Noite de Cristal: A Primeira Explosão do Ódio Nazista Contra os Judeus.* Tradução de Roberto Muggiati. Rio de Janeiro: Ediouro, 2006.

GIRARDET, Raoul. *Mitos e Mitologias Políticas.* São Paulo: Companhia das Letras, 1997.

GLICK, Edward Bernard, *Latin America and the Palestine Problem.* New York: Theodor Herzl Foundation, 1958.

GOFFMAN, Erving. *Estigma: Notas Sobre a Manipulação da Identidade Deteriorada.* 4. ed. Rio de Janeiro: Jorge Zahar, 1982.

GOLDHAGEN, Daniel Jonah. *Os Carrascos Voluntários de Hitler: O Povo Alemão e o Holocausto.* Tradução de Luiz Sérgio Roizman. São Paulo: Companhia das Letras, 1997.

GORDO, Adolpho Afonso da Silva. *A Expulsão dos Estrangeiros.* São Paulo: Espindola & Cia., 1913.

GOULART, Silvana, *Sob a Verdade Oficial: Ideologia, Propaganda e Censura no Estado Novo.* São Paulo: Marco Zero, 1990.

GRINBERG, León; GRINBERG, Rebeca. *Psicoanálisis de la Migración y del Exilio.* Madrid: Alianza, 1984.

GRITTI, Isabel Rosa. *Imigração Judaica no Rio Grande do Sul: A Jewisch Colonization Association e a Colonização de Quatro Irmãos.* Porto Alegre: Martins Livreiro, 1997.

GUIBERNAU, Montserrat. *Nacionalismos: O Estado Nacional e o Nacionalismo no Século* XX. Tradução de Mauro Gama e Claúdia M. Gama, Rio de Janeiro: Jorge Zahar, 1997.

GUREVICH, Beatriz; ESCUDÉ, Carlos (orgs.). *El Genocidio Ante la Historia y la Naturaleza Humana.* Buenos Aires: Universidad Torcuato Di Tella, 1994.

HILTON, Stanley. *Oswaldo Aranha: Uma Biografia.* Rio de Janeiro: Objetiva, 1994.

HIRSCHBERG, Alice. *Desafio e Resposta: A História da Congregação Israelita Paulista.* São Paulo: CIP, [s.d.].

IANNI, O. *A Ideia de Brasil Moderno.* São Paulo: Brasiliense, 1992.

_____. *Estado e Planejamento Econômico no Brasil* (1930-1970). Rio de Janeiro: Paz e Terra, 1985.

INTEGRATION *de Immigration Catolique*, IV Congresso Internacional organizado pela Comissão International Catolique Pour les Migrations. Otawa, 1960.

IOKOI, Zilda Márcia Grícoli. *Intolerância e Resistência: A Saga dos Judeus Comunistas entre a Polônia, a Palestina e o Brasil* (1935-1975). São Paulo/Itajaí: Humanitas/Univali, 2004.

KIMCHE, Jon; KIMCHE, David. *The Secret Roads: The Illegal Migration of a People, 1938-1948.* London: Secker and Warburg, 1954.

KLEMPERER, Victor, LTI: *A Linguagem do Terceiro Reich.* Tradução, apresentação e notas de Miriam Bettina Paulina Oelsner. Rio de Janeiro: Contraponto, 2009.

KOIFMAN, Fábio, *Quixote nas Trevas: O Embaixador Souza Dantas e os Refugiados do Nazismo.* Rio de Janeiro: Record, 2002.

KOSMINSKY, Ethel. *Rolândia, a Terra Prometida: Judeus refugiados do Nazismo no Norte do Paraná.* São Paulo: Centro de Estudos Judaicos/FFLCH-USP, 1985.

LASCH, Christopher. *O Mínimo Eu: Sobrevivência Psíquica Em Tempos Difíceis.* Tradução de João Roberto Martins Filho. 2. ed. São Paulo: Brasiliense, 1986.

LEITE, Dante Moreira. *O Caráter Nacional Brasileiro: História de uma Ideologia.* 3. ed. São Paulo: Pioneira, 1976.

LESSER, Jeffrey. *O Brasil e a Questão Judaica, Imigração: Diplomacia e Preconceito.* Rio de Janeiro: Imago, 1995.

_____. *Jewisch Colonization no Rio Grande do Sul, 1904-1925.* São Paulo: CEDHAL/FFLCH-USP, 1991. (Cadernos do CEDHAL).

LEVIN, Helena (org.). *Judaísmo: Memória e Identidade.* Rio de Janeiro: Eduerj, 1997.

LEVINE, Étan. *Diáspora: Exile and the Contemporary Jewish Condition.* New York: Steimatzky/Shapolsky, 1986.

LOBATO, Monteiro. *Urupês.* São Paulo: Brasiliense, 36. ed., 1992.

LOPES, Roberto. *Missão no Reich: Glória e Covardia dos Diplomatas Latino-Americanos na Alemanha de Hitler.* São Paulo: Odisseia, 2008.

LUCA, Tania Regina de. *A Revista do Brasil: Um Diagnóstico para a (N)ação.* São Paulo: Editora da Unesp, 1999.

LYRA, Heitor: *Minha Vida Diplomática.* Brasília: Editora da UNB, 1972.

MANN, Thomas. *Ouvintes Alemães: Discursos Contra Hitler (1940-1945).* Rio de Janeiro: Zahar, 2009.

MARINHO, Ilmar Penna. *Política Imigratória Brasileira.* Rio de Janeiro: MRE, 1961.

MELLO, Lucius de. *A Travessia da Terra Vermelha.* São Paulo: Novo Século, 2007.

MEMÓRIAS. *Seminário de Migraciones Internacionales en Colômbia.* Colômbia, Santa Fé de Bogotá, Departamiento Administrativo de Seguridad, DAS, 4 y 5 de agosto de 1999.

MICHAUSKI, Yan Michauski. *Ziembinski e o Teatro Brasileiro.* São Paulo/Rio de Janeiro: Hucitec/Ministério da Cultura/Funarte, 1995.

MILGRAM, Avraham. *Portugal, Salazar e os Judeus.* Lisboa: Gradiva, 2010.

_____. *Os Judeus do Vaticano: A Tentativa de Salvação de Católicos Não Arianos da Alemanha ao Brasil através do Vaticano (1939-1942).* Rio de Janeiro: Imago, 1994.

MIZHARI, Rachel. *Imigração e Identidade: As Primeiras Comunidades Judaicas do Oriente Médio em São Paulo e no Rio de Janeiro.* São Paulo: Ateliê, 2005.

MONTGOMERY, John Flournoy. *Hungria: Satélite Contra a Vontade.* Tradução de Tibor Rabóczkay e Edith Piza. São Paulo: Edusp/Comarte, 1999.

MORAIS, Fernando. *Olga: A Vida de Olga Benário Prestes, Judia Comunista Entregue a Hitler pelo Governno Vargas (1933-1974).* 4. ed. São Paulo: Alfa-Omega, 1985.

MOTA, Carlos Guilherme. *Ideologia da Cultura Brasileira: Pontos de Partida para uma Revisão Histórica (1933-1974).* 4. ed. São Paulo: Ática, 1978. (Coleção Ensaios 30.)

MOURA, Gerson. *Brazil Foreign Relations, 1939-1950: The Changing Nature of Brazil Relations During and after the Second World War*, Ph.D. Dissertation, Londres, University of London, 1982. Edição em português: *Sucessos e Ilusões: Relações Internacionais do Brasil Durante e Após a Segunda Guerra Mundial.* Rio de Janeiro: FGV, 1991.

_____. *Autonomia na Dependência: A Política Externa Brasileira de 1935-1942.* Rio de Janeiro: Nova Fronteira, 1980.

MÜLLER-HILL, Benno. *Ciência Assassina: Como os Cientistas Alemães Contribuíram para a Eliminação de Judeus, Ciganos e Outras Minorias Durante o Nazismo.* Tradução de Reinaldo Guarany. Rio de Janeiro: Xenon, 1993.

MÜLLER, Telmo Lauro. *Nacionalização e Imigração Alemã.* São Leopoldo: Unisinos, 1994.

NESTROVSKI, Arthur; SELIGMANN-SILVA, Márcio (orgs.). *Catástrofe e Representação.* São Paulo: Escuta, 2000.

PERAZZO, Priscila Ferreira. *Prisioneiros da Guerra: Os Súditos do Eixo nos Campos de Concentração Brasileiros.* São Paulo: Imesp/Humanitas, 2009.

PERES, Elena Pájaro. *A Inexistência da Terra Firme: A Imigração Galega em São Paulo 1946-1964.* São Paulo: Edusp/Fapesp/Imprensa Oficial, 2003.

PIMENTEL, Irene Flunser. *Judeus em Portugal Durante a II Guerra Mundial: Em Fuga de Hitler e do Holocausto.* Lisboa: Esfera dos Livros, 2006.

POLIAKOV, Leon. *Do Anti-Sionismo ao Anti-Semitismo.* São Paulo: Perspectiva, 2000. (Coleção Debates.)

PORAT, Dina; STAUBER, Roni; VAGO, Raphael (Eds.). *Anti-Semitism Worldwide 1995/6: Anti-Defamation League, The Word Jewish Congress.* Tel Aviv: Tel Aviv University Press, 1996.

POUTIGNAT, Philippe; STREIFF-FENART, Jocelyne. *Teorias da Etnicidade.* São Paulo: Editora da Unesp, 1998.

PRADES, Eduardo Pons. *Morir por la Libertad: Españoles en los Campos de Exterminio Nazis.* Madrid: Vosa, 1995.

RATTNER, Henrique (org.). *Brasil no Limiar do Século XXI.* São Paulo: Edusp, 2000.

_____. *Tradição e Mudança: A Comunidade Judaica em São Paulo.* São Paulo: Ática, 1977. (Ensaios 27.)

REIS FILHO, Daniel Aarão; FERREIRA, Jorge; ZENHA, Celeste (orgs.). *O Século XX: O Tempo das Crises – Revoluções, Fascismos e Guerra*, v. 2. Rio de Janeiro: Civilização Brasileira, 2000.

RICHARD, Lionel. *L'Art et la guerre: Les Artistes confrontés à la Seconde Guerre Mondiale.* Paris: Flammarion, 1995.

RÓNAI, P. *Escola de Tradutores.* 6. ed. Rio de Janeiro: Nova Fronteira, 1987.

_____. *A Tradução Vivida.* 3. ed. Rio de Janeiro: Nova Fronteira, 1981.

SANTOS, Francisco Ruas. *Coleção Bibliográfica Militar.* Rio de Janeiro: Biblioteca do Exército, 1960.

SANTOS, Norma Breda dos (org.). *Brasil e Israel: Diplomacia e Sociedades.* Brasília: Ed. da UNB, 2000.

SANTOS, Viviane Terezinha dos. *Os Seguidores do Duce: Os Italianos Fascistas no Estado de São Paulo.* São Paulo: Arquivo do Estado/Imesp, 2001. (Col. Inventário Deops)

SARAIVA GUERREIRO, Ramiro. *Lembranças de um Empregado do Itamaraty.* São Paulo: Siciliano, 1992.

SAYD, Abdelmalek. *A Imigração ou Os Paradoxos da Alteridade.* São Paulo: Edusp, 1998.

SCHAUFF, Karin. *Schreib mir alles, Mutter: Briefe aus dem Brasilianischen Garten.* Pfullingen: Neske,1987.

SCHEINOWITZ, A. S. *De Terre et de larmes, 1940-1945.* Bélgica: Foxmaster, 1994.

SCHNAIDERMAN, Boris. *Guerra em Surdina: Histórias do Brasil na Segunda Guerra Mundial.* 3. ed. rev. São Paulo: Brasiliense, 1995.

SCHOENBERNER, Gerhard. *A Estrela Amarela: A Perseguição aos Judeus na Europa 1933-1945.* Tradução de Rachel Abi-Sâmara. Rio de Janeiro: Imago, 1994.

SCHOUTZ, Lars. *Estados Unidos, Poder e Submissão: Uma História da Política Norte-Americana em Relação à América Latina.* Tradução de Raul Fiker. Bauru: Edusc, 2000.

SCHWARTZMAN, Simon et. al. *Tempos de Capanema.* São Paulo/ Rio de Janeiro: Edusp/Paz e Terra, 1984.

SCHWARTZMAN, Simon. *Bases do Autoritarismo Brasileiro.* 2. ed. Rio de Janeiro: Campus, 1982.

SEITENFUS, Ricardo. *A Entrada do Brasil na Segunda Guerra Mundial.* Porto Alegre: Editora da PUC-RS, 2000.

_____. *O Brasil de Getúlio Vargas e a Formação dos Blocos (1930-1942): O Processo do Envolvimento Brasileiro na II Guerra Mundial.* São Paulo/Brasília: Nacional/INL-Fundação Pró-Memória, 1985.

SENKMAN, Leonardo; SZNAJDER, Mario. *El Legado del Autoritarismo: Derechos Humanos y Antisemitismo en la Argentina Contemporánea.* Buenos Aires: Latinoamericano, 1995.

SIMONSEN, Mário Henrique. *Oswaldo Aranha: a Estrela da Revolução.* São Paulo: Mandarin, 1996.

SIMPSON, John Hope. *The Refugee Problem: Reporto f Survey.* Genebra: Royal Institute Affairs/ Oxford: Oxford University Press, 1939.

SKIDMORE, Thomas. *Brasil: de Getúlio a Castelo (1930-1964).* Rio de Janeiro: Saga, 1969.

SONTAG, Susan. *A Doença como Metáfora e A Sida e as suas Metáforas*. Tradução de Jorge Lima. Lisboa: Quertzal, 1998.

SOUZA, Ismara Izepe. *República Espanhola: Um Modelo a Ser Evitado*. São Paulo: Arquivo do Estado/ Imesp, 2001. (Coleção Inventário Deops.)

SZNAJDER, Mario; STEMHELL, Zeev; ASHÉRI, Maia (orgs.). *Nascimento da Ideologia Fascista*. Lisboa: Bertrand, 1995.

TELLES, Edward. *Racismo à Brasileira: Uma Nova Perspectiva Sociológica*. Rio de Janeiro: Relume Dumará, 2003.

THOMAS, Gordon; MORGAN-WITTS, Max. *El Viaje de los Malditos: La Travesia del St. Louis*. Tradução de Adolfo Martin. Barcelona: Plaza & Janés, 1977.

THOMPSON, Edward et al. *Exterminismos e Guerra Fria*. São Paulo: Brasiliense, 1985.

TODOROV, Tzvetan. *Frente al límite*. Madrid: Siglo Veintiuno de España, 1993.

_____. *Nós e os Outros: A Reflexão Francesa sobre a Diversidade Humana-1*. Tradução de Sérgio Góes de Paula. Rio de Janeiro: Jorge Zahar, 1993.

TOTA, Antonio Pedro. *O Imperialismo Sedutor: A Americanização do Brasil na Época da Segunda Guerra*. São Paulo: Companhia das Letras, 2000.

TRINDADE, Antônio Augusto Cançado (Ed.). *A Proteção dos Direitos Humanos nos Planos Nacional e Internacional: Perspectivas Brasileiras (Seminário de Brasília, jul. de 1991)*. São José/Brasília: IICH/Friedrich Naumann Stiftung, 1992.

VIEIRA, José Maria Gouvêa. *O Capital Estrangeiro no Desenvolvimento do Brasil*. São Paulo: Difel, 1975.

VILLANUEVA, Orion. *Rolândia: Terra de Pioneiros*. Londrina: [s.n.], 1974.

VIZENTINI, Paulo Gilberto Fagundes. *Da Guerra Fria à Crise (1945-89)*. 3. ed. Porto Alegre: Editora da UFRGS, 1996.

WANG, Diana. *Hijos de la Guerra: La Segunda Generación de Sobrevivientes de la Shoá*. Buenos Aires: Marea, 2007.

WIAZOVSKI, Taciana. *O Mito do Complô Judaico-Comunista no Brasil: Gênese, Difusão e Desdobramentos (1907-1954)*. São Paulo: Humanitas/Fapesp, 2008.

_____. *Bolchevismo e Judaísmo: A Comunidade Judaica sob o Olhar do Deops*. São Paulo: Arquivo do Estado/Imesp, 2001. (Col. Inventário Deops)

XIBERRAS, Martine. *As Teorias da Exclusão: Para a Construção do Imaginário do Desvio*. Tradução de José Gabriel Rego. Lisboa: Instituto Piaget, 1993.

YUNDT, Keith W. *Latin American States and Political Refugees*. New York: Praeger, 1988.

ZIEGLER, Jean. *El Oro Nazi: La Historia de La Convivencia Mortífera Entre la Gran Banca Suiza y el Tercer Reich*. Tradução de María Del Mar Duró. Barcelona: Planeta, 1997.

Artigos

ABREU, Marcelo de Paiva. O Brasil e a Economia Internacional. *História Geral da Civilização Brasileira*, t. 3, v. 4, Rio de Janeiro: Bertrand Brasil, [s.d.].

ALMEIDA, Roberto Schmidt de; ABRANTES, Vera Lucia Lúcia Cortes. O Pensamento Científico dos Pioneiros do IBGE. In: MARTINS, R. A. et al. (Eds.). *Filosofia e História na Ciência no Cone Sul: III Encontro*. Campinas: AFHIC, 2004.

AVNI, Haim. Cárdenas: México y los Refugiados 1938-1940: E.I.A.L. Tel-Aviv: Universidad de Tel Aviv, v. 3, n. 1.

_____. El Antisemitismo Bajo Regímenes Democráticos y Sistemas Dictatoriales: La Experiencia de las Comunidades Judías Latinoamericanas. *Maj'shavot/Pensamientos*, Buenos Aires, ano XXXIII, n. 1-2, enero-junio 1994 (tevet-sivam 5754).

BAUMAN, Zygmunt. Racismo, Antirracismo y Progreso Moral. In: GUREVICH, Beatriz; ESCUDÉ, Carlos (orgs.). *El Genocidio Ante la Historia y la Naturaleza Humana*. Buenos Aires: Universidad Torcuato Di Tella, 1994.

BELLINGHINI, Ruth Helena. Pio XII: O Papa que Cometeu o Pecado da OMISSÃO. *O Estado de S.Paulo*, São Paulo, 26 mar. 2000. Caderno 2, p. D-9.

CARACAS, J. Imigração Holandesa e Italiana, *Revista de Imigração e Colonização*, v.1, 1952.

CARNEIRO, Maria Luiza Tucci. La polizia politica brasiliana: il lato fascista del governo Vargas. In: PASSETTI, Matteo (org). *Progetti Corporativi Tra Le Due Guerre Monduali*. Roma: Carocci, 2006.

_____. A Arte de Lasar Segall: Folhetins de Denúncia Social. In: CARNEIRO, Maria Luiza Tucci (org.). *Judeus e Judaísmo na Obra de Lasar Segall*. São Paulo: Ateliê, 2004. (Coleção Brasil Judaico, v. 1.)

_____. O Mito da Conspiração Judaica e as Utopias de uma Comunidade. In: CARNEIRO, Maria Luiza Tucci (org.). *Minorias Silenciadas*. São Paulo: Edusp, 2000.

_____. O Êxodo das Crianças Judias. *O Estado de S.Paulo*, São Paulo, 26 mar. 2000. Caderno 2, p. D-9.

_____. Literatura de Imigração: Memórias de uma Diáspora. *Acervo, Revista do Arquivo Nacional*, Rio de Janeiro, v. 10, n. 2, jul./dez. 1997.

_____. República, Identidade Nacional e Antissemitismo. *Revista de História*, São Paulo, n. 129-131, ago./dez., 1993/1994. (Dossiê Racismo, FFLCH/USP).

_____. O Fogo e os Rituais de Purificação: a Teoria do Malefício. *Resgate, Revista de Cultura*, Campinas, n. 3, 1991.

_____. Guardiães da Memória Diplomática. *Acervo, Revista do Arquivo Nacional*. Rio de Janeiro, v. 4/5, n. 2/1, 1989/1990.

CARNEIRO, Maria Luiza Tucci; KOSSOY, Boris, Propaganda e Revolução: Os Caminhos do Impresso Político 1930-1945. In: TORGAL, Luiz Reis; PAULO, Heloisa (orgs.). *Estados Autoritários e Totalitários e Suas Representaçoes*. Coimbra: Imprensa da Universidade de Coimbra, 2007.

DANTAS JUNIOR. Cap.-Mor João D'Antas dos Imperiais Itapicurú. *Revista do Instituto Genealógico da Bahia*, Salvador, ano 15, n. 15, 1967.

DIETRICH, Ana Maria; O Partido Nazista em São Paulo. In: DIETRICH, Ana Maria; ALVES, Eliane Bizan; PERAZZO, Priscila Ferreira. *Alemanha*. São Paulo: Imesp/ Arquivo do Estado, 1977. (Col. Inventário Deops).

DUARTE, Adriano Luiz. Domesticação e Domesticidade: A Construção das Exclusões. *Tempo Social, Revista de Sociologia da USP*, v. 4, n. 1-2, 1992.

FISCHEL DE ANDRADE, José Henrique. O Direito Internacional dos Refugiados em Perspectiva Histórica. In: AMARAL JÚNIOR, Alberto do; PERRONE-MOISÉS, Cláudia (orgs.). *O Cinquentenário da Declaração Universal dos Direitos do Homem*. São Paulo: Edusp/Fapesp, 1999.

GOMES, Angela de Castro. Ideologia e Trabalho no Estado Novo. In: PANDOLFI, Dulce (org.). *Repensando o Estado Novo*. Rio de Janeiro: FGV, 1999.

GRUMAN, Sara Markus. Morning, Shangai. *Boletim ASA*, n. 72, set.-out. 2001.

GRÜN, Roberto. Construindo um Lugar ao Sol: Os Judeus no Brasil. In: FAUSTO, Boris (org.). *Fazer a América*. São Paulo: Edusp, 1999.

HALPERIN, Jean. Uma Abordagem Judaica à História. *Herança Judaica*, São Paulo, v. 2, n. 8, 1971.

HATHAWAY, James C. The Evolution of Refugee Status in International Law: 1920-1950. *International and Comparative Law Quarterly*, Boston, v. 33, n. 2, 1984.

KOHLHEPP, Gerd. Rolândia (Norte do Paraná): Início e Desenvolvimento Econômico da Colônia Alemã no Brasil (1932-1982). *Revista Brasileira de História*, n. 4.

KOVADLOFF, Santiago. Antisemitas: La lógica del Odio. In: *La Nueva Ignorancia:Ensayos Reunidos*. Buenos Aires: REI Argentina, 1992.

LEVINE, Robert. Brazil's Jews During the Vargas Era and After. *Luso-Brazilian Review*, v. 5, n. 1, jun. 1968.

LIWERANT, Judit Bokser. O México nos Anos 1930: Cardenismo, Imigração Judaica e Anti-Semitismo. In: CARNEIRO, Maria Luiza Tucci (org.). *O Anti-Semitismo nas Américas: História e Memória*. São Paulo: Edusp, 2008.

LOBO, Alzira. Estrangeiros e Ordem Social (São Paulo, 1926-1945). *Revista Brasileira de História*, São Paulo, v. 17, n. 33 (ANPHU/Uniju).

MILGRAM, Avraham. O Itamaraty e os Judeus. In: CARNEIRO, Maria Luiza Tucci (org.). *O Anti-Semitismo nas Américas: História e Memória*. São Paulo: Edusp, 2008.

MORTARA, Giorgio. Memories of a Life-time. In: *Omaggio a Giorgio Mortara: Vita e Opera*. Roma: Universitá Degli Studi di Roma *La Sapienza*, 1985.

MOTTA, Rodrigo Patto Sá. O Mito da Conspiração Judaico-Comunista. *Revista de História*, São Paulo, n. 138, 1998.

NOGUEIRA, Adelaine La Guardia, A Metáfora no Contexto da Análise de um Poema Metafísico. In: PAIVA, Vera Lúcia Menezes de Oliveira e (org.), *Metáforas do Cotidiano*. Belo Horizonte: UFMG, 1998.

OLIVEIRA, Antonio Xavier de. Da Incidência das Psicoses nos Estrangeiros no Brasil, *Revista de Imigração e Colonização*, n.4, 1948.

OLIVEIRA VIANNA, Francisco José de. Os Imigrantes Germânicos e Eslavos e sua Caracterização Antropológica, *Revista de Imigração e Colonização*, ano X, jan-dez., 1949.

PAIVA, Vanilda Oliveira Vianna: Nacionalismo ou Racismo? In: *Encontros com a Civilização Brasileira*. Rio de Janeiro: Civilização Brasileira, 1978.

PERES, Elena Pájaro. "Proverbial Hospitalidade"?. A *Revista de Imigração e Colonização* e o Discurso Oficial sobre o Imigrante (1945-1955). *Acervo, Revista do Arquivo Nacional*, v. 10, n. 2, jul.-dez. 1997.

PINHEIRO, Letícia. A Entrada do Brasil na Segunda Guerra Mundial. *Revista* USP, n. 26, ago. 1995.

SANTOS, Norma Breda dos. O Brasil e a Questão Israelense nas Nações Unidas: da Criação do Estado de Israel ao Pós(?)-Sionismo. In: SANTOS, Norma Breda dos (org.). *Brasil e Israel: Diplomacia e Sociedades*. Brasília: Ed. da UNB, 2000.

SENKMAN, Leonardo. O Brasil de Vargas e as Relações Diplomáticas com Israel: Análise Comparativa com a Argentina, 1949-1955. In: SANTOS, Norma Breda dos (org.). *Brasil e Israel: Diplomacia e Sociedades*. Brasília: Ed. da UNB, 2000.

_____. The Transformation of Collective Identities: Immigrant Communities under the Populist Regimes of Vargas and Perón. In: *Constructing Collective Identities:* Latin American PAHTS. [S.l.]: Luis Roniger and Mario Sznajder, 1997.

_____. La Política Inmigratoria del Primer Peronismo Respecto de los Refugiados de la Postguerra: Una Perspectiva Comparada con Brasil, 1945-1954. In: GUREVICH, Beatriz; ESCUDÉ, Carlos (orgs.). *El Genocidio Ante la Historia y la Naturaleza Humana*. Buenos Aires: Universidad Torcuato Di Tella, 1994.

VIGEVANI, Tullo; KLEINAS, Alberto. Brasil-Israel: da Partilha da Palestina ao Reconhecimento Diplomático (1947-1949). In: SANTOS, Norma Breda dos (org.). *Brasil e Israel. Diplomacia e Sociedades*. Brasília: Editora da UNB, 2000.

VIZENTINI, Paulo Guilherme Fagundes. A Guerra Fria. In: REIS FILHO, Daniel Aarão et. al. (orgs.). *O Século* XX: *O Tempo das Crises – Revoluções, Fascismos e Guerras*, v. II. Rio de Janeiro: Civilização Brasileira, 2000.

VULKAS, B. International Instruments Dealing with the Status of Stateless Persons and of Refugees. *Revue Belgue de Droit International*, Bruxelles, v. 8, n. 1, 1972.

Catálogos

Blue and White in Color. Visual Images of Zionism, 1897-1947, Edited by Rachel Arbel. Tel Aviv: Beth Hatefutsoth. The Nahum Goldmann Museum Of the Jewish Diaspora, 1997.

Catálogo 5. Arquivo Multimeios. Divisão de Pesquisas. Centro Cultural São Paulo; Walter Zanini (org.). In: *Brasilien. Die deutschsprachige Emigration, 1933-1945. Berlin: Die Deutsche Bibliotek, Leipzig, Frankfurt am Main, 1994.

Foreign Affairs and Yad Vashem. The Holocaust Martyrs and Heroes Remembrance Authority, [s.d.].

Fugindo a Hitler e ao Holocausto. Refugiados em Portugal entre 1933-1945. Fotografias e Documentos. Lisboa: Goethe-Institut, 1994.

História da Arte no Brasil,v. II. São Paulo: Instituto Walther Moreira Salles, 1983.

Lasar Segall 1891-1957. Berlin: Staatliche Kunsthalle, 1990.

Marcas da II *Guerra em Caldas da Rainha.* Catálogo da Exposição, 1º out.-15 nov. 1998, Caldas da Rainha: Osíris Galeria Muncipal.

Visa for Life. Diplomats Who Rescued Jews. Curadores: Eric Saul, São Francisco; Eli Dlin, Jerusalem. The Israel Ministry of Exile, Jerusalem, 2000.

Obras de Referência

BARNAVI, Élie (org.). *História Universal dos Judeus*. Belém: Cejup, 1992.

BARRACLOUGH, Geoffrey; PARKER, Geoffrey. *Atlas da História do Mundo*. Londres/São Paulo: The Times/Folha de S. Paulo, 1995.

BELOCH, Israel; ABREU, Alzira Alves de (coords.). *Dicionário Histórico-Biográfico Brasileiro 1930-1983*. Rio de Janeiro: Forense-Universitária/FGV/CPDOC/Finep, 1984

BOBBIO, Norberto. *Dicionário de Política*. Tradução de Carmen C. Varrialle et al. Brasília: Ed. da UNB, 1995, 2 v.

BRASIL. *A Palavra do Brasil nas Nações Unidas, 1946-1985*. Brasília: Funag, 1995.

BRASIL. *Coleção das Leis da República dos Estados Unidos do Brasil. Atos do Poder Executivo*. Brasília, v. 7, out.-dez. 1945.

CASHMORE, Ellis. *Dicionário de Relações Étnicas e Raciais*. Tradução de Dinah Klevej. São Paulo. São Paulo: Summus, 2000.

GILBERT, Martin. *Atlas of Holocaust*. London: Pergamon Press/Steimatzky, 1988.

HOVET JR., Thomas; HOVET, Erica. *A Chronology and Fact Book of the United Nations, 1941-1976*. Dobbs Ferry: Oceana, 1976.

Israel and the United Nations Report of a Study Group Set by the University of Jerusalem Prepared for the Carnegie Endowment for International Peace. New York: Manhattan Publishing Company, 1956.

Pareceres dos Consultores Jurídicos do MRE (1946-1951). Rio de Janeiro: Seção de Publicações, MRE, 1967.

SILVA, Benedicto (coord.). *Dicionário de Ciências Sociais*. Rio de Janeiro/Brasília: FGV/MEC, 1986.

Literatura de Imigração e Memórias

BRILL, Marte. *Der Schmelztiegel*. São Paulo: [s.n., s.d]. (Mimeo.)

CUNHA, Vasco Leitão da. *Diplomacia em Alto-Mar: Depoimento ao CPDOC*. Rio de Janeiro: CPDOC/FGV, 1994.

CZASPKA, I. *Nossa Vida de Imigrantes no Brasil (1941-1983)*. Tradução de Inês Czapski Dellape. São Paulo: [s.n.], 1983. (impresso).

_____. *Nosso Caminho de Obra para o Brasil (1939-1941)*. Tradução de Inês Czapski Dellape. São Paulo: [s.n.], 1982. (Impresso.)

HERSBERG, Rolf. *O Mundo do Meu Pai*. São Paulo: [s.n.], 1994. (Mimeo.)

LEVI, Primo. *Si Esto es un Hombre*. Barcelona: Muchnik, 1995.

MAIER, Max Hermann. *Um Advogado de Frankfurt se Torna Cafeicultor na Selva Brasileira: Relato de um Imigrante (1938-1975)*. Tradução de Mathilde Maier. Rolândia: Velox, 1975 (*Ein Frankfurter Rechtsanwalt wird Kaffeepflanzer im Urwald Brasiliens*. Frankfurt: Josef Knecht, 1975).

PINCHERLE, Livio Tulio. *Meus Dois Mundos: História de Vida de um Médico Judeu Ítalo-Brasileiro*. São Paulo: Roswitha Kempt, 1987.

PINKUSS, Rabino Fritz. *Estudar, Ensinar, Ajudar: Seis Décadas de um Rabino em Dois Continentes*. São Paulo: Livraria Cultura, 1989.

ROLNIK, Malka Lorber. *Os Abismos*. Curitiba: Montanha, 1990.

SCHAULFF, Karin, *Schreibe mir alles, Mutter. Briefe aus dems Brasilianischen Garten*. Stuttgart: Gunther Neske, 1987.

Dissertações e Teses

BARBOSA, Renata Mazzeo. *Solidariedade e Resistência em Tempos Sombrios: As Associações Judaicas no Estado de São Paulo*. Dissertação de mestrado em História Social, FFLCH/USP, São Paulo, 2009.

BATTIBUGLI, Thais. *A Militância Antifascista: Comunistas Brasileiros na Guerra Civil Espanhola (1936-1939)*. Dissertação de mestrado em História Social, FFLCH/USP, São Paulo, 2000.

CANCIAN, Nadir, *Cafeicultura Paranense:. Estados de Conjunturas (1900-1970)*. Tese de doutorado em História, FFLCH/USP, São Paulo, [s.d.].

GUGLIELMO, Antonio Roberto. *A Questão Judaica e o Holocausto Enquanto Notícia: Ideologia e Memória nas Páginas de O Estado de S. Paulo*. Dissertação de mestrado em Língua Hebraica, Cultura e Literatura Judaicas, FFLCH/USP, São Paulo, 1998.

LUIZETTO, Flávio Venâncio. *Os Constituintes em Face da Imigração: Estudo sobre o Preconceito e a Discriminação Racial e Étnica na Constituinte de 1934*. Dissertação de mestrado em História Social, FFLCH/USP, São Paulo, 1995.

MONTEIRO, Yara Nogueira. *Da Maldição Divina à Exclusão Social: Um Estudo da Hanseníase em São Paulo*. Tese de doutorado em História Social, FFLCH/USP, São Paulo, 1995.

OBERDIECK, H. I. *A Imigração Judaico-Alemã no Norte do Paraná: O Caso de Rolândia*. Dissertação de mestrado em História, Instituto de Letras, História e Psicologia, Unesp, Assis, 1989.

RIBEIRO, Mariana Cardoso dos Santos. *Expulsão de Estrangeiros: O Mito da Nocividade no Brasil (1937-1945)*. Tese de doutorado em História Social, FFLCH/USP, São Paulo, 2008.

Dossiês – II Guerra Mundial e Holocausto

Dossiê 50 anos de Final de Segunda Guerra. *Revista USP*, São Paulo, n. 26, jun.-ago. 1995.

Dossiê Sociedade de Massa e Identidade. *Revista USP*, São Paulo, n. 32, dez.-fev. 1997.

Icons of War: Yevgeny Khaldei; Soviet Photographer, Word War II. Tel Aviv: Beth Hatefutsoth, 1999.

SHALOM. Documento: A Resistência Judaica na Segunda Guerra Mundial *Shalom*, São Paulo, n. 299, 1993.

América Latina y Segunda Guerra Mundial (I). *Estudios Interdisciplinarios de América Latina y El Caribe*. Tel Aviv, v. 6, n. 1, enero-junio, 1995.

Itália e Svizzera, 1943-1945: Relazioni diplomatiche,emigrazione politica, rapporti culturali. Roma: Amaltea, 1996.

Iconografia

1. Hitler e seu Estado-Maior durante o desfile que inaugurou o Congresso Nacional-Socialista, 1934. Fotografia enviada pelo Condor-Lufthansa. PH.FOT.019. Arquivo Nacional do Rio de Janeiro.
2. Trabalhadores judeus do início do século XX. Coleção Lívio Spliegler, Paris.
3. Campanha contra Vargas. Herodes [?]. Panfleto confiscado pelo Deops. Anexado ao Prontuário n. 3602. Fundo Deops/Apesp.
4. Berlim, 1933: Dois homens são forçados pela ss a desfilar portando cartazes com os dizeres *Os alemães não devem comprar dos judeus!* Films & Photo Dept. Archives. Fotografia reproduzida de Yitzhak Arad (ed.), *The Pictorial History of the Holocaust*, Jerusalém: Yad Vashem, 1994, p. 34.
5. Judeu combatente da Primeira Guerra Mundial. *Herr Silbergulden*. Fotógrafo não identificado. Coleção Lívio Splieger, Paris.
6. Imigrantes, década de 1930. Autor desconhecido. Matriz inspiradora de *Navio dos Imigrantes* (1939-1941), óleo sobre tela de Lasar Segall. Arquivo Fotográfico do Museu Lasar Segall, Iphan/MinC, São Paulo.
7. Crianças judias abrigadas em Londres, Inglaterra, salvas pela operação conhecida como *Kindertransport*. Arqshoah/LEER-USP, São Paulo.
8. Xangai, 1937. Cartão-postal, fotógrafo não identificado. Arquivo Tucci Carneiro, São Paulo.
9. Lisboa, 1940: Refugiados aguardam autorização para embarcar. Fotografia Roger Kahan. Coleção particular Moisés Fernandes. Reproduzida da revista *Egoísta*, Cassino Estoril, , n. 23, junho, 2005.
10. Grupo Görgen: lista de refugiados que, como católicos e com passaportes tchecos, conseguiram vistos de entrada para o Brasil. Arquivo Nacional da Suíça, Berna. Cópia enviada por Mathias Görgen.
11. Passaporte de Else Bruch, que ingressou no Brasil com visto de católica. Arquivo Tucci Carneiro, São Paulo. Reprodução autorizada pela família.
12. Passaporte de Ricardo Loeb-Caldenhoff, refugiado em Rolândia com visto de turista. Arquivo Tucci Carneiro, São Paulo.
13. Johannes Schauff, do Partido (Católico) do Centro, que se refugiou em Rolândia, Paraná. Fotógrafo não identificado, [s.d.]. Acervo Schauff, Rolândia (PR).
14. Johannes Schauff junto ao Papa Pio XII. Fotógrafo não identificado, [s.d.]. Arquivo Lucius de Mello.
15. Página do passaporte de Otto Karpfen (Otto Maria Carpeaux), com anotação de *visto concedido aos israelitas católicos*, datado em Antuérpia, 25 de julho 1939. Processo de naturalização n. 1240026. AN/RJ.
16. Passaporte de Sílvia Caldenhoff, esposa de Ricardo Caldenhoff, com visto de 2 março 1938. Arquivo Tucci Carneiro, São Paulo.
17. Relação das 59 famílias refugiadas em Rolândia, norte do Paraná, por meio de Johannes Schauff ,que intermediou a compra de terras através dos *negócios triangulares*. Acervo Schauff, Rolândia (PR).
18. Ricardo Loeb-Caldenhof em sua fazenda-modelo de produção de trigo e arroz. Fazenda Belmonte, Rolândia, 1989. Foto: Boris Kossoy.
19. Berlim, 1937: Judeus registrando-se para a emigração. Films & Photo Dept. Archives, Fotografia reproduzida de Yitzhak Arad (ed.), op. cit., p. 47.

20. Israel, 1937: Um dos cartões postais (com os dizeres "Longa Vida Tel-Aviv"), neste caso de Ano Novo, que alimentavam o sonho sionista e a imigração ilegal. Reproduzido de Rachel Arbel (ed.), *Blue and White in Color. Visual Imagens of Zionismo, 1897-1947*, Tel Aviv: Beth Hatefutsoth, 1997, p. 82.

21. Berlim, 1940: Deportação de judeus. Fotógrafo não identificado. Arquivo Fotográfico do Museu Lasar Segall, Iphan/MinC, São Paulo.

22. Ficha Consular de Qualificação de Aleksander Trzcinski, com visto permanente expedido em Varsóvia, em 17 de julho de 1939. Arquivo Nacional do Rio de Janeiro, Rio de Janeiro.

23. Cena do filme *Oswiecim* (Última Etapa). Fotografia sem data e autoria, confiscada do Consulado da Polônia em São Paulo, sob vigilância do Deops-SP, na década de 1940.

24. Postal representando o judeu "argelino". Coleção Lívio Splierger, Paris.

25. Paris, 1901: cartão-postal representando o judeu como "vendedor de óculos". Coleção Lívio Splieger, Paris.

26. Viena, março de 1938: Judeus vienenses são forçados a lavar as calçadas da cidade. Films & Photo Dept. Archives, Fotografia reproduzida de Yitzhak Arad (ed.), op. cit., p. 50.

27. Abril, 1933: Poster do *Dia do Boicote* incita o povo alemão para não comprar dos judeus. Films & Photo Dept. Archives, Fotografia reproduzida de Yitzhak Arad (ed.), op. cit., p. 35.

28. Lasar Segall, *Eternos Caminhantes*, 1919. Óleo sobre tela, 138 x 184 cm. Acervo Museu Lasar Segall, Iphan/MinC, São Paulo.

29 e 30. Varsóvia, 1937: Fotografias enviadas por Jorge Latour, da Legação do Brasil em Varsóvia, com o objetivo de apresentar imagens dos *judeus indesejáveis*. AHI/RJ.

31. Berlim, 1940: Velhos judeus são deportados pelos nazistas. Arquivo Fotográfico do Museu Lasar Segall, Iphan/MinC, São Paulo.

32. Alemanha, anos de 1939: cartão-postal representa judeus expulsos dos sanitários da estação de águas de Karlsbad. Coleção Lívio Splierger, Paris.

33. Gueto de Varsóvia, s. d.: Banco *permitido apenas para judeus*. Fotografia reproduzida de Amanda Hopkinson (org.), *150 Years of Photo Journalismus*, v. 11, London: The Hulton Deutsch Collection, 1996, p. 81.

34. Salvo conduto de Kurt Israel Alexander, expedido em São Paulo, em 11 maio 1945. Prontuário n. 22.705, fl. 22, Fundo Deops/SP, Apesp.

35. Xangai, 1930: cartão-postal mostra a ponte Waibaidu (em português: Ponte do Jardim). Fotógrafo não identificado. Arquivo Tucci Carneiro, São Paulo.

36. Judeus solidários a Eretz Israel protestam em Xangai, 1945. Fotógrafo não identificado. Reproduzida de *Heimat und Exil Emigartion der Deutschen Juden Mach 1933*. Frankfurt: Judischer, 2006, p. 142.

37. São Paulo, 1944: Samaritanas da Cruz Vermelha Brasileira angariam donativos para os refugiados na Europa durante o lançamento do filme Refúgio no Cine Olido. Fundo Deops/SP, Apesp.

38. Publicação do Joint no pós-Guerra chama a atenção para a situação dos sobreviventes. *Boletim S.O.S. Campanha de 1946*, n. 1, Comitê Auxiliar da Joint. São Paulo, set. 1946, AHJB/SP.

39. Gueto de Varsóvia, 1942. Fotografia reproduzida de Yitzhak Arad (ed.), op. cit., p. 149.

40. Refugiados judeus no Porto de Lisboa, 1940. Fotografia Roger Kahan. Coleção particular Moisés Fernandes. Reproduzida da revista *Egoísta*, Estoril da Povoa de Varzia, v. 23, jul. 2005.

41. Lisboa, 1940: Dois refugiados judeus à porta da Cozinha Econômica Israelita. Fotografia Roger Kahan. Coleção particular Moisés Fernandes. Reproduzida da revista *Egoísta*, Estoril da Povoa de Varzia, v. 23, jul. 2005.

42. Lisboa, 1940: Refugiada. Fotografia Roger Kahan. Coleção particular Moisés Fernandes. Reproduzida da revista *Egoísta*, Estoril da Povoa de Varzia, v. 23, jul. 2005.

43. Escritório da American Jewish Joint Distribution em Berlim, 1937. Fotografia de Roman Vishniac. Reproduzida de *Heimat und Exil Emigartion der Deutschen Juden Mach 1933*. Frankfurt: Judischer, 2006, p. 27.

44. Rolândia, 1938: Casa dos estagiários construída na Fazenda Jaú, para abrigar jovens alemães refugiados do nazismo. Todos que para alí deveriam ir, exceto Rosenthal, morreram em campos de concentração, pois não conseguiram o visto para emigrar. Arquivo Tucci Carneiro, São Paulo.

45. Rolândia, s.d.: Inge Maria (Sanches) Rosenthal, uma das crianças salvas pelo *Kindertransport*. Arqshoah/USP.

46. Criança da ex-região dos Sudetos (Tchecoslováquia), refugiada em Viena, aguarda ser transferida de Harwich para o campo de Dovercourt Bay, 1948. Reproduzida de Amanda Hopkinson et al. (org.)*150 Years of Photo Journalismus*, v. 2, Köln: Könemann, 1995, p. 139

47. Prisioneiros de guerra e sobreviventes de campos de concentração, presos por suas convicções políticas e religiosas. Fotografia reproduzida de Amanda Hopkinson et al. (org.), *150 Years of Photo Journalismus*, v. 11(2?), Londres: The Hulton Deutsch Collection, 1996, p.133.

48. Lisboa, 1944: Embaixador Luiz Martins de Souza Dantas (ao centro de mantô cinza e gravata borboleta), no aeroporto após ter sido trocado por prisioneiros alemães, após quatorze meses, iniciados em 5 de fevereiro de 1943, de "internação". Arquivo da Torre do Tombo, Lisboa, Portugal.

49. Sobreviventes da Marcha da Morte, provenientes do campo de Lódz, dirigem-se para Berlim em busca de refugio, em 1945. Fotografia reproduzida de Amanda Hopkinson et al.(org.), op. cit., v. 11 (2?,)p. 129.

50. Refugiado desembarca no porto de Haifa. Reproduzido de Moshe Milner; Yehuda Salomon, *Those Were The Days: Israel, The Early Years*, Kiriat Gat: Korim, 1997, p. 39.

51. Palestina, 27 de julho 1946: A corveta Joshua Wedgewwod, com 1.300 judeus europeus refugiados é capturada pelos britânicos quando se dirigia para a Palestina. Fotografia reproduzida de Yitzhak Arad (ed.), op. cit., p. 390.

52. Nova York, 29 de novembro de 1947: Oswaldo Aranha (centro), Trygvie Lie, secretário geral da ONU (esquerda) e Herschel Johnson, embaixador americano durante a II Assembleia Geral da ONU. Fotografia reproduzida da revista *Morashá*, São Paulo, dez., 2007, p. 29.

53. Refugiada n. 247, vítima do processo de despersonalização implementado pelo regime nazista, originária de Viena, aguarda ser transferida de Harwich para Dovercourt Bay. Fotografia reproduzida de Amanda Hopkinson et al. (org.), op. cit., v. 11, p. 139.

54. Celas de prisioneiros nazistas acusados de crime contra a humanidade, Nuremberg, 1946. PH.FOT.064. Arquivo Nacional do Rio de Janeiro.

55. Vistos indeferidos aos judeus húngaros Regina Eichman Sándor, 33 anos e seu sobrinho Miklo, de 11 anos, conforme requerimento encaminhado por Margarida Schwartz Schulmann a Oswaldo Aranha, Ministro das Relações Exteriores do Brasil. Rio de Janeiro, 7 de julho de 1939, maço 511.14(241). AHI/RJ.

56. Tabela de imigrantes deslocados de guerra radicados em vários estados brasileiros. Boletim de Imigração e Colonização, op.cit., Memorial do Imigrante de São Paulo, São Paulo.

Índice Onomástico

Accioly, Hildebrando 51, 52, 53, 70n, 109n, 111, 112, 159, 162n, 170, 177, 178, 179, 208, 232n, 239n, 260, 262, 268n, 275, 333n, 380, 397n
Adenauer, Konrad 156
Adlerova, Charlotte 268n
Affonso XII 85
Ahmadinejad, Mahmoud 246, 389
Albuquerque, Alberto de A. 400
Alexander, Kurt (Israel) 280
Almeida, João Martins 399
Almeida, José de Oliveira 309
Almeida, R. de 234
Almeida, Roberto Schmidt 360n
Althusser, L. 299n
Amado, Gilberto 377, 392, 393
Amaral Júnior, Alberto do 27n, 73n, 89n ,345, 349
Anau (família) 30n
Andrade Sobrinho, J. M. 400
Andrade, Arnaldo de Souza Paes de (gen.) 50, 51n, 201n, 203, 205n, 207n
Andrade, Carlos Drummond 268n
Andrade, José H. Fischel de 26, 28n, 29n, 73n, 82n, 90n, 93n ,94n, 95n, 285n, 289n, 347, 348n, 352n, 354n, 356n, 403n
Andrade, Mário de 268n
Andrae (Andre), W. C. Beucker 120n, 122, 129, 131
Aragão, José Joaquim de Lima e Silva Muniz de 76n, 78n, 79n, 239n, 256n, 258, 259, 260, 262, 263, 264, 293, 300, 304, 305, 306, 307, 308, 322n, 328, 329, 330, 331, 335, 336, 339, 340n, 350, 374n
Aranha, José Antonio 368n
Aranha, Oswaldo 15, 23n, 41n, 52n, 53n, 56n, 60n, 88, 91n, 94n, 95, 96n, 98, 99n, 101, 102, 103, 104, 106n, 107, 108, 109, 111, 112, 113, 114, 115n, 116n, 117, 118, 120, 121, 122, 123, 125, 126, 127, 128, 129, 130n, 131n, 132n, 133n, 135, 136n, 137n, 138, 139, 140, 141, 142, 143, 144n, 145n, 150, 164n, 168, 169n, 170, 171, 172, 173, 174, 186n, 189, 196n, 214, 215n, 217, 218n, 219n, 223 ,224n, 226, 239n, 240n, 247n, 249, 258, 264, 265, 266, 267, 268n, 272, 273, 274, 275, 276n, 280, 293, 294n, 299, 304, 305, 306n, 307, 308, 315, 316n, 317, 318, 321n, 322n, 330, 332n, 333, 334n, 335-336, 340, 346, 350, 353n, 354, 357, 358, 359, 360, 361, 362, 366n, 378, 379, 380, 381, 383, 384, 385, 386, 387, 396, 410
Araújo, Deusdedit 399

Arczynski, Maximiliano de Sulima 159, 162n
Arendt, Hannah 24n, 25, 26n, 33, 55, 129, 193, 1496n, 219, 273n
Arruda, Orlando 247n
Ataíde, Maria das Graças de Almeida 89n, 207
Azambuja, Raphael 399

Balog, E. 93n
Bandeira, Manuel 268n
Barão de Rothschild 335
Barbedo, Edgardo 53, 270, 271
Barbosa, Renata Mazzeo 32n
Barnavi, É. 92n, 94n, 225n, 295n, 296n, 298n, 318n, 338n
Barois, A. 294
Barreto, B. Manhães 399, 400
Barreto, R. M. 356n
Barros, Adhemar de 60n
Barros Junior, Arthur Leite de 70n
Barros, E. de 346n
Barros, João Alberto Lins de 332, 333n
Barros, Mário de 225n
Barroso, Gustavo 233
Bauer, Otto 364
Bauman, Zygmunt 262
Becker, John 121
Beer (família) 30n
Belck (ministro) 203
Benário [Prestes], Olga 258, 350
Berenger (Béranger), Henry 95, 96, 118, 120n, 127n, 129, 130, 135
Berger, Henry 53, 350
Bernardes, Carlos Alberto 293n
Berning (bispo) 167, 170
Bevilaqua, Clóvis 62n
Blume, Albert Willi Louis 162, 163, 164
Boczek, Benedykt 217
Bolesta-Koziebrodzki, Léopold 94n
Bolívar, Simon 55
Bondi (família) 30n
Bonnet, Georges 129
Borochov, Ber 364
Bouças, Valentim 400
Bourdieu, Pierre 247
Boxer, Oswald 65n
Braga, Homero 399
Brandão, Mário de Pimentel 50n, 76, 88n, 89, 90, 113, 114, 201n, 203n, 207n, 208, 209, 224, 256n, 260n, 263n, 264n, 275, 309
Brandt, Jorge, L. 99
Brentani (família) 30n

Bries, Erico 222
Broca 49
Bruch, Else 19, 158, 159
Bruins (prof.) 133
Bruml, Daniel 222
Bruni, Russio 158n
Bueno, Lucilio 209n
Butler, Harold 186

Cabral, Jorge Kirchofer 276, 277
Caffery (embaixador) 114, 332, 333, 334
Caldenhof, Ricardo Loeb 19, 162, 163, 165n, 182, 184, 188, 189
Caldenhof, Silvia 162, 182
Calderón, F. Garcia 96
Cales (família) 30n
Calles, Plutarco Elias 63, 295n
Câmara, Dom Hélder 400
Câmara, Mário 308n
Cammerini (família) 30n
Campos, Francisco 15, 89, 170, 215n, 217, 314, 410
Campos, Francisco
Canterbury (arcebispo de) 186
Capanema, Gustavo 338, 339, 340
Caracas, J. 49n, 347n
Cárcano, Angel 129, 131, 305n
Cardoso, Levy 365
Carf, Rudolf 248
Carneiro, José Fernando 400
Carneiro, Maria Luiza Tucci 30n, 42n, 52n, 55n, 60n, 61n, 63n, 66n, 67n, 89n, 105n, 141n, 152n, 156n, 161n, 165n, 166n, 169n, 170n, 196n, 197n, 208n, 211n, 229n, 232n, 268n, 273n, 280n, 314n, 320n, 328n, 350n, 360n, 404n
Carneiro, Paulo 351
Carpeaux, Otto Maria (Karpfen) 177
Carvalho, Alcírio Dardeau 400
Carvalho, Fernando Mibielli de 398
Carvalho, Péricles de 399
Carvalho, Renato de 128n
Castelli (eng.) 159n
Castro Filho, J. R. 399
Castro, Edgar Fraga de 320, 393n
Castro, José Monteiro 371n
Castro, Josué de 400
Cavalcante, Adalberto Lyra de 49, 399
Cecil of Chelwood (visconde) 73
Cevidalli (família) 30n
Chamberlaim, Neville 197n
Chamberlain 271
Charwat, Franciszek 217
Charwat, Wanda 217
Charwat, Andrzej 217
Chateaubriand, Assis 398
Cintra, Assis 399
Civita (família) 30n
Clervaux, Maurice 169n
Cohen, Daniel Musani 243
Cohen, Leonard 68, 69
Cohnheim, Erich 247, 248
Collor, Lindolfo 256

Corinaldi (família) 30n
Costa, Fernando 106
Cotton 129
Coulon 129
Couto, Miguel 49, 398n
Couto, Ribeiro 268
Çukurs, Hebert 92
Czartoryski, Matylde (princesa) 215, 217
Czartoryski, Olgierd (príncipe) 215, 216, 217
Czartoryski, Alexander 217
Czartoryski, Konstanty 217

Daladier, Edoaurd 197n
Dantas, Luiz Martins de Souza 59, 100n, 103n ,104, 105n, 106n, 112, 113n, 247n, 255, 294, 331n, 351, 352
Dante 25
Darányi, Kálmán 266
Davies, Kingsley 400
Debenetti 159n
De Fiori, Ernesto 30n
Delgado, Irênio 400
Dembowski, Karol 216
De Lapouge, Vacher 44n, 49
Dias, Joaquim Pinto de 219, 340n
Di Segni (família) 30n
Dubnow, Simon 83, 84
Dutra, Eliana 55n
Dutra, Eurico Gaspar 14, 15, 16, 41, 50n, 208n, 226n, 333n, 334, 354n, 357, 360n, 379, 385, 392, 393, 397, 402, 403, 405, 409, 410
Dutra, Osório 219, 274, 275

Ebert 269
Eichmann, Adolf 91n, 92, 129, 130n, 193, 194, 196
Eizerik. Moisés 46n
Ekes, Roman 217
Ekes, Ludmila 217
Elissar, Eliahu bem 64n
Emerson, Herbert W. 91, 94, 113, 131, 132, 133, 135, 136, 142n, 173, 285, 293, 294n, 296, 298n, 305n, 329, 33n, 337, 339, 383
Erdstein, David 26n
Espil, Felipe A. 142n

Falbel, Nachma 66n
Falcão, Ildefonso 66n, 67, 68, 275, 276
Fany, Kuthno 88n
Faro Júnior, Luís 293
Faulhaber, Michael (cardeal) 167, 168, 169n, 170, 172
Fausto, Boris 66n, 402n
Fazani, Nicolau 70
Felipe, José Carneiro 360
Ferreira, Ignácio da Costa 87n, 88n, 365n
Finkelstein, Norman 245, 246, 372
Fernandes, Raul 88n, 346n, 353n, 354n, 357n, 360n, 378, 379, 380, 382n, 383, 385, 392n
Finzi (família) 30n
Flögerhöver (família) 67
Flores, G. 45n

Floyar-Rajchman, Zofia 217
Floyar-Rajchman, Janina 217
Fontoura, João Neves da 371n, 372n, 405
Ford, Henry 94n, 229, 231, 233
Foucault, Michel 299n
Franco Junior, Afrânio de Mello 60n, 66, 67n,
   68n, 69n, 75n, 169, 236, 238, 239, 240n,
   242n, 258, 258n, 260n, 276n
Frankenthal, Marcos 371n
Freudnheim, Irene 182n, 443

Garner, Keith 399
Gaspry, Dorothea 268n
Gentille, Claudia(codinome)
Gigurtu 198
Gloss, Marg. 156
Ginesy, R. 94
Girardet, Raoul 48n
Gobineau, Joseph Arthur de 44n, 49
Godard, Justin 105
Goebbels, Paul Joseph 79
Göering, Hermann Wilhelm 130, 132, 194, 196n,
   198
Goldmann, Nahum 83n, 84
Gomes, Angela de Castro 43n, 48n, 200n, 206n,
   235n
Gomes, M. de Vargas 382n, 383
Gomez, João Luis de Guimarães 397
Gonçalves, Carlos Alberto 187
Gonçalves, Roberto Mendes 209
Gordilho, C. 62
Gordo, A. A. da S. 45n
Görgen, Herman Mathias 153, 156, 158
Gouthier, Hugo 378n
Gouvea, Nabuco 209n
Grabowski, Franz 174, 206, 207n
Grabowski, T. St. 50n, 201n, 203n
Gracie, S. S. Leão 55n, 374n
Grinfelder, B. 87
Grinszpan, Herschel 124
Gritti, I. R. 46n, 66n
Gross, Gerald G. 109
Gruman, Sara Markus 288n, 289n
Guimarães, Hedwing Kauffmann 264
Guimarães, Mario 306n
Guimarães, Wenceslau de Souza 264
Guglielmo, Antonio Roberto 59n, 124n, 125n,
   197n, 373, 374
Gutkind, Gudik 87, 88n, 434

Haar, Leopoldo 268n
Haber, Fritz 112
Hácha, Emil 198
Haczynski, Antoni 217
Haczynski, Luciana 217
Haczynski , Danuta 217
Haidorf, Alexandre 162
Halperin, Jean 78n
Hammon 49
Hartling, P. 285n
Hass, Raymond 274
Hathaway, James C. 89n

Heine, Christian Johann Heinrich 25
Helfferich, Karl Theodor 269
Henriot 294
Hepacazko, Antoni 217
Heydrich, Reinhard Tristan Eugen 91n, 194,
   196n-197n
Himmler, Heinrich Luitpold 130n
Hinsley, Arthur (cardeal) 169n
Hirschberg, A. I. 165n, 279n, 404n
Hirsch, Maurice de (barão) 46, 65n, 66n
Hitler, Adolf (Führer) 24, 29, 33, 39, 40, 60, 63,
   64, 79, 140, 147, 155, 165, 166, 183, 193,
   196, 197, 236, 238, 240, 242, 246, 256, 257,
   258, 264, 269, 324, 339n, 342, 348, 349
Hochschild, Maurício 295, 309
Holborn, L. W. 74n, 95n, 289n
Horak, M. 156
Huber, Dr. Max 91n
Hubicki, Otto 216
Hubicki, Bianka 216
Hugo, Victor 25
Hull, Cordell 142n, 332n, 33n, 334

Ianni, Octavio 43n, 299n
Imrédy, Béla 266, 267
Inman, Samuel Guy (prof.) 80, 210
Innitzer, Theodor (cardeal) 169n
Iokoi, Zilda Gricoli 249n

Jarblum, J. 83n
Jefroykin, I. 32n
Jitlovski, Haim 364
João Paulo (papa) 179
Jordan-Rozwadowski, Konstenty 216
Jordan-Rozwadowski, Franciszka 216
Jorge, José Guilherme de Araújo 240, 242, 260n

Kaas, Ludwig 170, 184
Kaphan 188
Kaspar (cardeal) 166n
Kastrup, J. R. Castro Filho e A. 399
Kreiser, M. 156
Kaufmann 268n
Kehl, Renato 44
Kobylanski, Thaddée 217
Korsak, Witold 216
Korsak , Ludmila 216
Korsak , Eva 216
Korsak, Maria 216
Kossoy, Boris 55n
Kovadloff, Santiago 75n, 229n
Kullmann, Gustave 91
Kutschmann, Walter 92
Kupczyk, Reverendo 211

Laach, Maria 169n
Lacerda, Cavalcanti de 75n
Lafer, Celso 33n, 251n
Lasch, Christopher 149n
Lassere, J. 80n, 95n
Lago, A. C. 294n
Lamas, Carlos Saavedra 209

Índice Onomástico   461

Latour, Jorge 15, 45n, 50, 204n, 205, 206, 249, 250, 251, 252, 253, 254, 350, 351, 360, 393, 397, 399, 400, 410
Le Bon, Gustave 49, 234, 235n
Le Bréton, Thomas A. 96, 115, 118, 135
Leão Filho, Joaquim de Souza 109, 337, 338n, 339n
Leão, Ari 398
Leão, Samuel de Souza 374n
Lechon, Jan 216
Leite Filho, Barreto 399
Lênin (ou Lenine), Vladimir 46n, 95, 364
Leoni, Claudia 178
Lesser, Jeffrey 60n, 66n, 89n, 101n, 105n, 125, 126n, 137, 141n, 150n, 166n, 169n, 170, 176n, 208n, 214n, 229n, 230n, 249n, 318n, 331n, 332n, 333n, 387, 402
Levi, Giorgio Renato 158n
Levi (família) 30n, 158
Levi, Primo 191, 227
Lobo, Fernando 302n, 318n
Lobo, Helio 41n, 94n, 95, 96n, 98n, 99, 100, 101, 102, 103, 104, 105, 106, 107, 108, 109, 111, 112, 114, 115, 116, 117, 118, 119, 120, 121, 122, 123n, 125, 126, 127, 128, 129, 130n, 131, 132, 133, 134, 135, 136, 137, 138, 139, 140, 150, 162, 164n, 167, 168, 169, 170, 171, 172, 173, 174, 175, 176, 186, 200n, 211, 212, 214, 225, 247n, 356, 398, 399, 400, 409
Loeb, Jacob 162
Lopes, Napoleão 399
Lucca, Tânia Regina de 234
Lima e Silva, Luiz de 60n, 236, 237, 238, 256, 257
Lipsky, Louis 83n
Liwerant, Judit Bokser 63n
Lobato, José Renato Monteiro 44
Lopes, João 69n
Lopes, R. Paula 101
Loundon, A. 142n
Luizetto, Flávio Venâncio 49n, 398n
Lusardo, Baptista 56

McDonald, James G. 73, 74, 76, 79, 80, 81, 99, 142n, 210, 296n, 366
Machado, Dulphe Pinheiro 45, 46, 47, 49, 51n, 89, 90, 184, 204, 205, 260, 262n
Mack, Julian W. 83n
Madej, Pe. 211
Magalhães, Agamenon 51n, 89, 90n, 204n, 205n, 207, 339, 340
Maglione, Luigi (cardeal) 168n, 170
Maier, Mathilde 186, 187, 188, 189n, 279n, 327n
Maier, Max 183n, 186, 187, 188, 279n
Malamud, Samuel 155
Malbran 99
Malcolm, Neill 81, 96
Mann, Thomas 25, 298, 338
Mantel, Adam 217
Mantel, Anina 217
Marcondes Filho, Alexandre 226, 330, 334n, 335n, 340
Markus, Boris 288

Markus, David 287, 288
Markus, Gênia 288n
Mascarenhas, Francisco de Miranda 79n, 82
Masella, Aloisi Benedetto (Núncio Apostólico) 168n, 169, 170, 172
Matarazzo, Dora (Zukerman) 158
Matarazzo, Paulo 158
Matarazzo, Francisco 158
Matos, Teixeira de 135
Maurette, F. 101
Max, Ludolf 68
Maximoff (ministro) 45
Mazzoni, Giovanni 400
Meding, Holger M. 26n
Meireles, Cecília 268n
Mello, Ildeu Vaz de 209, 210
Mello, Lucius de 152n, 170n, 187, 188n
Melo, Alcino Teixeira 400
Mengele, Josef 92
Mennuci, Sud 399
Meufeld, Mme 156
Michels, R. P. Th. 169n
Milano, Claudio 159n
Milano (família) 30n
Milgram, Avraham 101n, 105n, 165n, 166n, 169n, 170, 177, 178n, 229n, 311n, 327n, 331n, 350n
Monick 129
Monteiro, Pedro Aurélio de Góis 15, 50n, 226n, 410
Morgan-Witts, M. 131n
Montgomery, John Flournoy 198n, 255n, 266, 267n
Moser, Herta 152, 189n, 190
Moser, Herta [Löwenstein] Sara 289
Moser, Max 152, 189n, 190, 289
Moser, Ricardo 222
Mota Filho, Cândido 399
Motta, Rodrigo Patto Sá 48n, 201n, 320n
Moyse, Marcel (Moyset) 281
Müller, Filinto 75n, 76, 89, 200, 226n, 244, 247, 410
Müller, Heinrich 196
Müller, Erich 92
Muniz, João Carlos 50n, 89, 125, 126n, 175n, 201n, 203n, 207, 214n, 216n, 293n, 362, 377, 385n
Müller-Hill, Benno 140n
Mussolini, Benito 30, 172, 197, 360

Nabuco, Maurício 62, 293, 294n
Nascimento e Silva, Eulálio do 306
Nansen, Fridtjof (dr.) 27, 29, 318
Neiva, Arthur Hehl 49
Nepomuck, Jean 169n
Netzhammer, Raymond 169n
Neumann (prof.) 105
Nicolaiewsky, E. 66n
Noth, Ernest E. 25
Nothmann, Maximiliano 65n
Nusboim, H. 87
Nunes, Osório 399

Odinak, Mme. 156
Odon, Dom 168, 169

Oliveira, Antonio Camillo 299, 301n, 328n, 354, 377
Oliveira, Antônio Xavier de 49, 205n, 398n, 399, 400
Oliveira, Armando Salles 206n
Oliveira, Francisco de Salles 371
Oliveira, João Daut 399
Oliveira, Jorge Olinto de 88n, 95
Oliveira, Raul Régis de 68, 99, 109n, 111, 112, 113, 114, 115, 119n, 120n, 121n, 176, 365, 366
Orvieto, Angiolo 30
Osusky, Stefan 81
Ouro Preto, Carlos de 52, 53, 211n, 272, 273
Orban-Orlich, Helena 268
Orban, Leon 268
Oberdieck, Erich 183n
Orthoff, Gerard 268n
Oesterreicher (dr.) 169n

Pacelli, Eugênio Maria Giuseppe Giovanni 165, 166, 169n
Pacheco e Silva, Antonio Carlos 49, 205n, 399
Pandolfi, Dulce 43n, 48n, 200n, 206n, 235n
Pargendler, M. F. 66n
Passetti, M. 55n
Pastoriza, Andrés 144n
Paulo, H. 55n
Peixoto, Amaral 106
Pell, Robert T. 99, 115n, 129, 132, 133, 135
Pelegrino, Hélio 371n
Penna, Antônio Júlio 87
Peres, Moritz (rabino) 198
Peres, Shimon 389
Perez, Elena Pájaro 48n, 49n, 234, 235n, 400n
Perón, Juan Domingo 118n
Perrone-Moisés, Cláudia 27n, 73n, 89n, 345n, 349n
Petáin, Henri Philippe (marechal) 275
Pimentel, F. 311n
Pimentel, J. R. de Barros 23, 90, 91, 240n, 250
Pincherle Cardoso (família) 30n
Pinkuss, Fritz (rabino) 165n, 279n
Pio XII, Papa (ver Eugenio Maria Giuseppe Giovanni Pacelli)
Podoczaska, Eliza 217
Poggi, Jaime 204n, 399
Poliakov, Leon 24, 87n, 200n, 204n, 296n, 363
Poutignat, P. 149n
Porto, Jacir 400
Prades, E. P. M. 136n, 295n
Praschil-Kozlowski 216
Prestes, Olga Benário (ver Benário, Olga)
Priebke, Erich 92
Prieto, Julio 80

Radziwill, Wladyslaw (príncipe) 215, 217
Radziwill, Anna Maria (princesa) 215, 217
Radziwill, Monika 217
Radziwill,, Elzbieta Maria 217
Raffalovich, Isaias 69
Rado, Georg 268
Rajakowitsch, Erich 194
Ráo, Vicente 75n
Rathenau, Walther 269

Rattner, Henrique 66n, 345n, 402
Rausch, Friedrich 92
Reading, Lord 68
Rego, Costa 398
Reik, Curto (dr.) 223
Reis, Vasco dos 400
Renan, Ernest 230n, 364
Renner, Karl 364
Rey, Bruno 217
Ribeiro, Benedito Valladares 206n, 207n
Ribeiro, Joaquim A. de Souza 178
Ribeiro, Orlando Leite 397
Ricardo, Aristides 399
Ridder 129
Rinini (família) 30n
Rios, José Artur 400
Rodrigues, J. 88n, 365n
Rodrigues, Manoel Coelho 80n
Rónai, Paulo 268
Roosevelt, Eleanor 323
Roosevelt, Franklin Delano 94, 99, 100, 104, 111, 114, 115, 117, 135, 138, 139, 141, 142, 143, 145, 175, 338, 348, 409
Rosa, Guimarães 147, 170
Roschmann, Eduard 92
Rosenberg, James N. 144n
Rosenthal, Inge Marion 19, 122, 123n, 189, 325n, 326, 327n
Rosenthal, Jacob 327n
Rosenthal, Joanna 327n
Rosenthal, João 123n, 325n, 327
Rothschild, (família) 236, 237, 276
Rothschild, N. M. 68
Rublee, George 113, 129, 130, 150
Ruellan, Arnette F. 400

Saint-Quetin (conde de) 142n
Salgado Filho, Joaquim Pedro 68n
Sakic, Dinko 92
Saliège (monsenhor) 275
Saliger 152, 371
Salmini (família) 30n
Sampaio, Sebastião 221, 222, 223n
Sanchs, Alfred S. 122n
Santos, Labienno Salgado dos 174, 175n, 176, 177n, 216, 219, 269, 270, 322n, 410
Santos, Norma Breda 384n, 387, 388n, 389n
Sauer, André 155n
Sauer, Frida 155
Sauer, Jules Roger 153, 155
Sauer, Michel 155
Schacht (dr.) 128, 129, 130, 195
Schadler 156
Schauff, Johannes 166, 167, 170, 171, 181, 182n, 183, 184, 185
Schauff, Nikolaus 170n, 181n, 189n
Scheidmann 269
Schidel 156
Schiff, Otto M. 68
Schiffer, F. (dr.) 156
Schilesiger, M. Gloss 156
Schmitz, Aron 88n

Índice Onomástico 463

Schindler, Erwin 158
Schreiber, Maria Romani 158, 159n
Schreider (família) 30n
Schreiber, Giorgio 158n, 159n
Schreier (dr.) 156
Schwelm, Adolphus Julius 271, 272
Schwartzman, Simon 66n
Schürmann 67
Segall, Lasar 251
Senkman, Leonardo 26n, 42n, 105n, 208n, 333n, 334n, 356n, 392, 393n, 403
Shaw, Paul Vanorden 399
Shulze, Martin 39
Shuster (cardeal) 169
Silva , Israel Pinheiro da 169n
Silva, Hélio 399
Silva, Jose Bonifacio de Andrada e 208, 209, 232, 233n
Silva, José Joaquim de Lima e 350
Silva, Luiz de Lima 60n, 236, 237, 238, 256, 257
Silva, Mario Moreira da 60n, 223, 224, 232n, 265, 266, 267, 268n
Simpson, J. H. 74n, 94n, 285n
Soares, José Carlos de Macedo 50n, 73n, 78n, 79n, 81n, 86, 204n, 205, 206, 209, 250n, 258, 259n, 350n, 365n
Soares, J. R. de Macedo 216n, 337, 339n, 340n
Sorj, Bernardo 66n
Souto, Israel 280
Souza (Filho), Carlos Eduardo Alves de 146, 258
Souza, Carlos Martins Pereira e 141, 142n, 143n, 144n, 145n, 247n, 321n, 377n, 378n
Sproll (bispo) 169n
Sroka, Emil 216
Sroka , Katarzyna 216
Sroka, Maria Teresa 216
Stadthagen, Isaac P. 164
Stalin, Joseph 200n
Stamirowski, Janusz 217
Stamirowski, Zofia 217
Stamirowski, Olgierd 217
Stangl, Franz 92
Stevenson (família) 123n, 327
Storni 44
Strauss, Dieter 163n
Streiff-Fernart, J. 149n
Sturzo, Luigi 29n
Swebo (família) 30n
Sworskowski, Witold 217
Sworskowski, Helena 217
Sworskowski, Michael 217
Sznajder, Mario 26, 392n
Sugihara, Chiune 287

Takeuchi, Márcia Y. 314n
Tagliacozzo (prof.) 30n, 158n
Taine, Hippolyte Adolphe 49, 234, 235n
Taylor, Kressmann 39
Taylor, Myron C. 37, 41, 99, 104, 112, 115n, 117, 120n, 126, 127, 129, 131, 134, 135, 139, 140, 142n, 150
Teleki (conde) 267n

Teles, Antônio de Queirós 399
Téllez, Ignacio Garcia 310
Temin (família) 30n
Terni (família) 30n
Tietz A. G.. 67
Tiso 198
Todorov, Tzvetan 49n, 153, 230n, 235n, 242n, 249
Torgal, Luis Reis 55n
Topinard, Jean Finot e 235
Toscanini 25
Tota, Antonio Pedro 39n, 115
Trótski 95, 382
Trujillo, Leônidas 294n
Trzcinski, Aleksander 215

Unsain, Alejandro G. 209

Valle, Cyro de Freitas 172, 174, 175n, 178, 211, 212, 224n, 271n, 274, 350, 351, 366n, 405, 410
Valle, J. Rodrigues 49, 235
Valle, H. Rodrigues 387n
Vamos, Maria 268
Vargas, Antonius Jack Escobar 44n, 48n
Vargas, Darcy 332
Vargas, Getúlio Dornelles 14, 15, 16, 41, 43, 45, 50, 55, 56, 57, 58, 59, 71, 75, 87, 95, 106, 142, 165, 166, 168, 170, 172, 184, 189, 196n, 200, 204, 210n, 229, 230, 233, 234, 235, 236, 247, 249, 254, 256, 270, 289, 294, 306n, 320, 330, 332n, 333, 334, 336, 337, 340, 350, 351, 359, 360n, 363, 368, 397, 405, 409, 410, 411
Vasconcelos, H. Dória Pinheiro de 214, 247, 248, 270, 271, 272, 400
Vasconcelos, Heráclito H. de 75n
Vetulani, Zygmunt 216
Vetulani, Stanislawa 216
Vetulani, Wanda 216
Velloso, Pedro Leão 299, 301n, 305n, 328n, 331n, 334, 335, 336, 337n, 338n, 339, 340, 346n, 348n, 351, 354, 368, 377, 379, 399
Vianna, António 399
Vianna, F. J. de Oliveira 44, 45n, 48, 49, 235n, 254
Viera, Milton César Weguelin de 111, 113, 114, 139n, 140n, 156, 175n
Vom Rath, Ernst Eduard 124, 125n, 130
Vulkas, B. 94n

Waddell, Kennsth Chamberlain 399
Wagner, Gustav 92
Waley 129
Wassermann (dr.) 156
Weber (dr.) 188
Weinrieb, Hersch 76
Weinrieb, Lejb 76
Weiser, Koch 189
Welles, Sumner 142n, 381
Werner, Georges 91n
Weser-Koch, Erich 183, 190
Weser-Koch, Gert 183
Wiazovski, Taciana 45n, 48n, 243n, 281n, 337n
Wilheim (família) 30n

Winterton, Earl (Lord) 96, 99, 120n, 122, 129,
    131, 135, 142, 152, 212, 304, 336
Wise, Stephen S. 83n, 99
Wisliceny, Dieter 130n
Wohlthat 130, 131, 132, 133
Wollak, Franciska 268
Württemberg, Otto Von (monsenhor) 105, 169n, 172

Xiberras, Martine 58n, 149n, 150n, 242n

Yohanan (rabino) 78n
Yundt, Keith W. 74n

Zamojska, Izabela (condessa) 217
Zamojska, Maria 217
Zeeland, Paul Van 145
Zeller, Laurent 169n
Ziegler, Goetz 190
Zwartendijk, Jan 287

Índice Remissivo

Abissínia 269, 310n

abrigo 39, 40, 63, 81n, 91, 105, 288, 295, 311

acolhimento 32, 56, 133, 136, 139, 145, 149, 150, 292, 294, 298, 301, 307, 310, 329, 331, 333, 348, 349, 357, 376

Acordo de Transferência (*Haavará*) 129, 195

África (continente) 96, 143, 296n, 328, 383

África do Sul 32, 53, 100, 287, 289, 305, 329

Agência D. N. B. 79

Agência Domei 56

Agência Judaica para a Palestina 84, 128, 129, 132, 195, 224, 298, 329, 365, 370, 384

Agricultura, agricultores 45, 46, 52, 60, 63, 69, 102, 103, 121, 124, 126, 183, 188, 224, 240, 295, 310, 325, 327n, 356, 359

Al-Adab (editora) 246

alemã (nacionalidade) 34, 60, 61, 81n, 82n

Alemanha; alemães 24, 25, 26, 29-33, 39, 40, 46, 50, 51, 53, 55, 59-61, 63-69, 73, 74, 76, 79-85, 87, 88, 90, 91, 96-96, 98-102, 104, 105, 107, 108, 111, 112, 114-118, 120-122, 124, 127-133, 136, 139, 140, 143, 144, 150n, 152, 155, 156, 162-165, 167, 168, 170, 172-176, 179, 181-184, 189, 193, 195, 197, 199, 200, 204, 210-213, 221-226, 230, 236, 238-240, 242, 254, 256, 258-260, 262-264, 266, 269, 270, 272, 273, 276, 277, 285, 286, 288, 289, 294n, 295, 296, 298-300, 309-311, 314, 317, 318, 320-322, 324-328, 334n, 338, 339n, 340, 342, 349, 350, 351n, 352, 354, 357, 361, 368, 376, 383, 392, 393

Aliados 91, 118n, 144, 289, 320, 328, 334, 339n, 350, 391, 392, 410

Aliança Liberal 50n

Aliança Nacional Libertadora (ANL) 50n

Alsácia; alsacianos 155

Alto Comissariado da Liga das Nações para os Refugiados 93, 94n, 113n, 285, 296, 349, 354n

Alto Comissariado das Nações Unidas para Refugiados (Acnur) 356, 391, 392

América; americanos 19, 40-42, 46, 63, 64, 95, 96, 116, 128, 135, 143, 203, 209, 212, 233, 236, 289, 295, 309-311, 315, 317, 318, 332, 363, 387, 391, 404, 405

América Central 99, 107-108, 133, 294, 295

América do Norte 203, 324

América do Sul 80, 100, 114, 133, 222, 271, 274, 294, 295, 370

América Latina 32, 56, 63, 65N, 92, 104, 107, 115, 117, 140, 181, 318, 402

American Jewish Joint Distribution Comittee (Joint) 61n, 132, 152, 155, 291, 292, 295, 309, 328, 337, 404, 405

American Zionist Emergency Council (Azec) 384

americanófila (o) 60, 331, 387, 410

Amsterdã 69, 159

Andrea Gritt (navio) 404

Angola 296

antissemita; antissemitismo 23, 24, 29-31, 32n, 33, 39n, 40-43, 45, 46, 50, 52, 53, 58-60, 63, 64, 70, 76, 83, 84, 86, 88, 89, 93, 94n, 98, 99, 105-107, 109, 110, 124-126, 136n, 158, 172-174, 179, 186, 189, 193, 197, 200, 204, 206, 208, 210, 218, 219, 222-224, 229-231, 233, 235-240, 244-247, 249, 250, 252, 254-259, 262-264, 267, 269, 271, 272, 274-277, 279, 281, 294, 295n, 299-301, 309, 315, 318, 321, 323-325, 330, 331n, 336, 340, 342, 346, 350, 354, 356, 359, 360, 367, 372, 377, 387, 397, 402-404, 409-411

antissionismo 363, 364, 367, 372

Antuérpia 69, 155

apátrida 23, 25-27, 29, 30, 33, 40, 41, 52, 60, 61, 70, 76, 89, 90, 95, 98, 101, 112, 164, 165, 224, 264, 279, 285, 306, 349, 361, 362, 368, 391, 393, 403, 405

Apelo Judaico Unificado 296n

apristas 75n

árabe (s) 43, 45, 60, 107, 122, 237n, 246, 296n, 365, 366, 372, 373, 384-386, 387n, 388, 389

Argentina; argentinos 41, 42, 46, 47, 63, 65, 66, 73-75, 96, 99, 104, 106, 223-116, 118, 119, 122, 128, 129, 131, 135, 142, 155, 168, 181, 222, 271, 295, 304n, 305-308, 315, 317-320, 329, 331n, 360, 370, 372, 379, 388, 392, 393, 410

arianismo; arianização; ariano 31, 39, 44, 69, 108, 120, 124, 125, 130, 162, 163, 165, 200, 204, 218, 219, 229, 230n, 254, 260, 267, 273, 276

aristocracia 257

Armênia; armênios 26-30, 62, 81, 90, 98, 298, 317

arte degenerada 189

artesãos 32, 302

Ásia; asiática 29, 96, 101, 383

asquenazita 63, 67

assassinato 116, 124, 130, 140

assimilação 28n, 51, 95, 101, 104, 347, 361, 399, 409

assírios 28-30

assírios-caldeus 26-30, 317

assistência 26, 27, 32n, 66, 68, 69, 81, 82, 84,
89, 97, 131, 132, 135, 285, 287, 289, 315,
338, 347, 349, 354n, 356, 357, 367, 382,
383, 391, 402
associações 27, 32, 60, 61n, 62, 105, 108, 117,
125, 127, 132, 136, 144, 150, 198, 204, 211,
246, 292, 298, 301, 314, 316, 320, 371n,
373n, 409
Augsbourg 169n
Auschwitz 168, 191, 227, 345
Austrália 95, 96, 100, 117, 120, 122, 143
Áustria; austríacos 30, 31, 59, 60n, 61, 65n, 91-
96, 98-102, 107, 108, 111, 116, 117, 122, 127,
132, 133, 144, 152, 168, 172-174, 196n, 197-
200, 210, 223, 236-238, 240, 257, 258, 269,
270, 274, 285, 286, 288, 289, 295, 298, 300,
309, 310, 314, 322, 334n, 368, 383
autoritarismo 43, 55, 56, 88, 150n, 299

Baden-Baden 174n
Bagdá 215
Bahia 2639n, 402
Bálcãs 30
Baldwin Appeal 132
Banco Auspitz 236
Banco do Brasil 150n, 163n, 286n, 315
Banco Nacional 266
Banco Nacional de Descontos
(Golddiskontbank) 183
Banco Warburg 266
barbárie; barbarismo 41, 96, 139, 298
batismo 158, 159, 169
Beirute 246, 378
Bélgica; belgas 73, 74, 81, 95, 105, 107, 136, 138,
143, 145, 155, 156, 176, 181, 274, 287, 302,
305n, 306, 314n, 337, 354, 359, 382, 383, 388
Belo Horizonte (MG) 371, 409
beneditinos 169n
Berlim; berlinenses 39, 42, 47, 65n, 69n, 78n,
107, 120, 122b, 124, 129, 131, 133n, 152,
159, 162, 183, 194, 196, 199, 221, 222, 239,
240, 256, 259, 260n, 262-264, 274, 339n,
350n, 351, 354, 364, 392, 397
Berna 23, 24n, 61n, 83n, 84, 85n, 86, 90, 91n,
95n, 298n, 304, 322
Betar 288
Bessarábia 46n, 224, 225
Bielorrússia 388
Birodidjan (Birobidjan) 87
Boêmia 133, 196, 225
Bogotá 34n, 80n
boicote 31, 193, 239-241
bolchevique 45, 296, 364
bolchevismo, bolchevista 56, 78, 94n, 244, 256
Boletim do Departamento de Imigração e
Colonização 398, 400n, 402n, 403
Bolívia 99, 294n, 295, 305n, 309, 317, 331n, 388
Bom Retiro (bairro) 87, 158, 243, 364
Bordeaux 79, 80, 140, 155
Brasilianische Banck füer Deutschland 65n
brasilidade 43, 48
Bratislava 198

Brit Noar Tzioni 288
British Committee for Refugees from Czecho-
Slovakia 186
Bruxelas 46, 155n, 177
Bucareste 214, 224, 269, 272, 273n
Budapeste 221, 223, 224, 256, 265, 266, 267n,
268, 275
Buenos Aires 119, 155, 208, 209, 232, 233n, 292,
311, 316, 329n, 370
Bund; bundistas 288, 296, 364
Bulgária; búlgaros 27, 197, 198, 400
Bureau Central de Charité de Lucerne (Liga
Central de Lucerna) 168
Bureau Internacional do Trabalho 50, 138
Bureau Internacional Nansen 27, 29-31, 79, 80,
81, 90, 91, 93, 322

Cabo de Buena Esperanza (navio) 155, 314n,
328n
Cabo de Hornos (navio) 155, 327
CaixaS de Seguros 263
Califórnia 39, 397
campo de 33, 53, 91, 124, 140, 164, 170, 179,
186, 230, 245, 273, 323, 325-327, 329, 334n,
338, 340, 347, 403
campo de extermínio 41, 96, 166, 168, 246, 285,
295n, 298, 311n, 324n, 338
campo de refugiados 91, 138, 354, 356
campos de trabalho 91n, 285, 328
Campo Santo Teutônico (Vaticano) 181n
Canadá 83n, 95
Cap Arcona (navio) 158, 187
Capetown 53, 271n
capitalismo, capitalista 26, 218, 233, 254, 271, 315
carta(s) de chamada 69, 70, 182, 199, 204, 206,
246, 247, 254, 263, 271, 302n, 321n, 322n,
337, 338n, 368n, 371n, 380, 385n, 397n, 404
carta de circulação 275
carta de delação 279, 280
cartas de crédito 186
Carta das Nações Unidas 345
Carta do Atlântico 377
Casa Branca 120, 134, 135, 140, 141, 145
Cassino Balneário da Urca S. A. 70
Castro (PR) 181
catolicismo; católicos 29, 30n, 44, 64, 99-101,
103-105, 108, 111, 116, 120, 121, 127, 131,
138, 150, 156-159, 162, 165-170, 172-177,
179, 186, 218, 236, 263, 279, 301, 318, 333n,
350, 389, 403, 405
censura 26, 55, 149, 162, 167, 169, 292, 314,
316, 319, 320, 336-338, 367, 368
Centro de Emigração dos Judeus Austríacos 193
Centro de Emigração Judaica 91n, 196n
Centro para a Imigração Judaica 196
Centro Hebreu Brasileiro de Socorros aos Israelitas
Vítimas da Guerra 316, 319, 320
Centro Nacional de Ensino e Pesquisas
Agronômicas do Ministério da Agricultura 37
Centro Sionista de Belo Horizonte 371
Chile 42, 63, 99, 104, 222, 294n, 295, 305n, 306,
311, 317, 329, 331n, 383, 388

468

Chiloé 295
China; chineses 30, 152, 288, 289, 382, 383, 388
Cia. de Terras Norte do Paraná 181-183, 188
Cia. Paraná Plantations 184
cidadania; cidadão 24, 33, 34, 51, 58, 61, 76, 162,
 165, 166, 197, 262, 264, 279, 280, 285, 286,
 289, 306, 315, 317, 318, 321, 322, 332, 337,
 338, 345, 346, 348, 349, 356, 363, 373, 380,
 384, 391, 398, 405, 410, 411
ciência; cientistas 48, 126, 140, 360
ciganos 112, 140, 272
clero 165, 167, 301
circulares secretas 42, 52, 53, 55, 59, 70, 98, 102,
 103, 112, 125, 126, 136n, 138, 141, 150n,
 152, 162, 171, 175, 176, 178, 186, 196, 208,
 214, 221, 223, 231, 255, 260, 262, 265, 267,
 268, 270, 275, 294, 309, 320, 321, 323, 330,
 32n, 336, 350, 351, 359, 360n, 392
Círculo Católico Maritainista 371
Cobija 75n
Colégio Sagrado Coração de Jesus 158
Colômbia 34, 80, 99, 103, 108, 117, 135, 222,
 305n, 353, 383, 388
Colombo 152, 287, 289
colônia(s) 45n, 46n, 51, 55, 65n, 80, 100, 103,
 105, 117, 122, 144, 145, 152
Colônia (Köln) 66, 67n, 275, 276n, 327
Colônia Barão de Hirsch 46, 106
Colônia Baronesa Clara 46, 106
Colônia Bueña Tierra 295, 309
Colônia Philippson 46, 69n, 106
Colônia Quatro Irmãos 46, 69n, 106
Colônia Rezende (RJ) 105
Colônia Rio Padre 46
Colônia Sosua 295
colonização 40, 46-48, 50, 65n, 66n, 68, 74, 85,
 87, 100, 105, 133, 145, 146n, 294n, 323, 332,
 333, 336, 357, 364n, 365, 391, 399, 400
colono 65n, 69n, 76, 181
comércio; comerciantes 31-33, 46n, 63, 66, 67,
 108, 123, 124, 126, 128, 288, 310, 346
Comissão de Inquérito Anglo-Americana 377
Comissão de Inquérito na Palestina 381
Comissão de Londres 170, 172, 173, 175, 212
Comissão de Socorro aos Católicos Perseguidos 159
Comissão Internacional de Peritos 50
Comissão Nacional de Investigação dos
 Patrimônios Nazistas 165n
Comissão Peel 296n
Comissariado do Povo para Assuntos Internos
 (NKVD /URSS) 287
Comitê (Comissão) de Londres 103, 116-118,
 120n, 121, 122, 126, 128, 132, 133, 139
Comitê Central Israelita Mexicano 295, 310n
Comitê Central para a Ajuda dos Judeus
 Russos 65n
Comitê de Defesa dos Israelitas da Europa Oriental
 e Central 105
Comitê dos Católicos Refugiados 105
Comitê Especial de Refugiados e Deslocados 352
Comitê Intergovernamental para Migrações
 Europeias (Cime) 61n

Comitê Intergovernamental para os Refugiados
 Políticos 94n, 109, 113-115, 116n, 120, 121n,
 123, 126, 129, 131, 133, 134, 137n, 141, 144,
 149, 150, 171, 175, 195, 210, 212-214, 285, 286,
 292-296, 299, 300, 304, 305, 306n, 307, 321-323,
 329, 334-337, 339, 348, 349, 354, 362, 383, 403
comitê internacional da Cruz Vermelha 27
Comitê Internacional Pour les Placement des
 Intellectuels Réfugiés 156
Comitê para Assistência Internacional aos
 Refugiados 81, 114
Comitê Permanente de Apoio aos Refugiados 211
Comitê Preparatório da Organização Internacional
 para Refugiados 285n
Comitê Pró-auxilio dos Refugiados na Alemanha 87
Comitê Provisório Pró-Auxílio dos Refugiados
 Israelitas da Alemanha 87n
Comitê Representativo dos Judeus Alemães junto
 ao Congresso Judaico Mundial 319
Comite voor Joodsche Vluchtelingen 132
Companhia de Navegação Polonesa 214
Comunidade Israelita de Belo Horizonte 371
Comunidade Israelita de Lisboa 311
comunismo; comunistas 44, 45, 47, 51-53, 56, 64,
 75, 76, 78, 87, 152, 165, 204, 208, 218, 242,
 244, 270-272, 337, 356, 363, 385, 404, 405, 410
Conferência de Colonização e Imigração 209, 210
Conferência de Evian 40, 41, 60n, 93-111, 115,
 117, 127n, 128, 130, 135, 170, 175, 210, 294,
 305, 306, 309, 310n, 323, 409
Conferencia de Lima 56
Conferência de Londres 111, 112, 114, 122, 167
Conferência de Munique 197n
Conferência de St. James 225
Conferência de Wannsee 130n, 197n
Conferência Internacional Americana 405
Conferência Internacional do Trabalho 209
confisco 46n, 124, 133
Congresso das Minorias 60n
Congresso de Nuremberg 86
Congresso Mundial Judaico 85, 86, 99, 100, 298,
 300, 302, 315, 316, 318-320, 333n, 334n
Congresso Sionista 378
Conselho de Administração da Repartição
 Internacional do Trabalho 186n, 207
Conselho de Imigração e Colonização (CIC) 52,
 89, 103, 125, 137, 138, 146, 168, 172, 173,
 175, 214, 217, 293, 299-301, 322, 328, 330,
 335, 340, 350, 353, 354
Conselho Nacional de Imigração (CNI) 51
Conselho Nacional de Serviço Social do MES 339
Conservatório de São Paulo 88
Constituição 45n, 48n, 49, 102, 193, 203, 211, 398n
consulados 158, 159, 171n, 174, 178, 198, 199,
 211, 265, 266, 271n, 272, 275, 287, 304, 309,
 316, 318, 319, 320n, 333, 397
Convenção para Prevenção e Repressão de Delitos
 contra a Ordem Social 75
Coordenação da Mobilização Econômica 332n, 333
Coscapa 295, 310n
cotas 33, 41, 48n, 51, 52, 63-65, 70, 94, 96, 102,
 103, 107, 108, 112, 118, 122, 125-127, 136,

Índice Remissivo   469

138, 139, 152, 170-172, 175-177, 199, 209, 210, 212, 218, 306, 323, 331n, 353, 363, 398n
Council for German Jewry 132, 285
Cozinha Israelita 153
Cracóvia 83n, 140
criança (s) 74, 117, 120, 122, 123n, 130, 242, 285, 300, 323-342, 393
Criméia 87n
cristão 28n, 119, 251, 267, 286, 289, 328
cristãos-novos 168, 238, 273
cristianismo 174, 179
Cruz de Ferro 168
Cruz Vermelha 61n, 116, 289, 292, 306n, 336-338, 342
Cuba; cubano 42, 63, 117, 131, 305n, 317, 318, 388
csarismo [ver tsarismo]

Dachau 124
Daily Herald (jornal) 120
Daily Mirror (jornal) 120
Dantzig 124
Danúbio 268
darwinismo social 44n, 254
Declaração Universal dos Direitos Humanos e da Convenção contra o Genocídio 345, 391
decretos-leis 34, 45n, 48, 53n, 75n, 103, 111, 112n, 118n, 136n, 146n, 286n, 300, 307n, 315, 316, 321, 350n
delegações brasileiras 61n, 73, 79, 80, 83, 95, 96, 99, 100, 103, 104, 107, 111
democracia; democráticos 26, 29, 30, 94n, 165, 317, 336, 346, 351n, 364, 368, 370, 371, 379, 392, 405, 409
Departamento Estadual de Ordem Política e Social (Deops/SP) 45n, 66n, 87, 243, 244, 280, 311n, 337, 338, 365n, 404
Departamento de Correios e Telégrafos 316, 337, 320n, 367
Departamento de Estado dos Estados Unidos 99, 113, 125n, 226, 332, 334
Departamento de Imprensa e Informações para Assuntos Especiais da América Latina 156
Departamento de Ordem Política e Social (DOPS/RJ) 292n, 337n, 364
Departamento de Propaganda Nacional 79
Departamento do Interior e da Justiça do MJNI 340n
Departamento Federal de Justiça e Polícia 304
Departamento Nacional de Imigração 176, 235n, 247
Departamento Nacional de Povoamento 45n, 51n, 89, 184, 205, 260
Deportação; deportados 155, 164, 179, 197, 244, 298, 300, 328, 334, 349, 376
deslocados 49, 140, 149, 285, 289, 320, 346, 348, 349, 353, 354, 356, 361, 362, 367, 376, 391, 399, 400
desterrado 23, 109, 128, 149, 317
Detroit 94n
Diário Húngaro (jornal) 268
Diário Social Democrata (jornal) 55
Diáspora 40, 42, 64, 83, 91, 110, 166, 250, 251, 346, 364, 365

Dinamarca 32, 73, 81, 95, 136, 138, 305n, 388
diplomacia; diplomatas 59, 156, 168, 170, 178, 179, 187, 216, 218, 229, 230, 239, 240, 245, 247, 248, 252, 255-257, 260, 264, 270, 272-274, 277, 286, 294, 298, 309, 350, 351, 354, 398, 410
Departamento de Imprensa e Propaganda (DIP) 292n, 337n
Direito 23, 26-28, 31, 32n, 33, 49, 61, 78, 79, 81n, 82n, 85, 89, 103, 141
Direitos Humanos 18n, 26, 32, 33, 40, 56, 58, 59, 61, 78, 79, 81, 82n, 83, 84, 99, 110, 139, 149, 166, 226, 262, 322, 345, 391
discriminação 40, 63, 138, 330, 389, 411
Distrito Federal (RJ-Brasil) 75n, 76, 89, 104, 239n, 247
ditadura 30, 95, 142, 189, 350, 397
Divisão de Atos, Congressos e Conferências Internacionais 293n, 294n, 306n, 308, 329n
Divisão de Passaportes da Secretaria de Estado das Relações Exteriores 300, 301n, 316, 330n, 331
doença; doentes 44, 130, 140, 238, 239, 248, Doutrina Monroe 55

Einsatzgruppen 196
Eixo 55, 286, 399, 410
El Tiempo (jornal) 80n
elite 245, 254, 360n, 398
embaixada(s) 155, 174n, 199, 214n, 219, 259, 263n, 264n, 274, 275, 218, 292n, 302, 304n, 305n, 306n, 310, 311, 315, 316n, 318, 3199, 321, 322, 330-332, 334-336, 338n, 339, 340, 350n, 351, 353, 370, 377n, 378n
Emigdirect 61n, 68, 69
Emigrant Residents Union 289n
Empresa de Locação Ludolf Marx 68
engenheiros 66, 69, 124, 155n
Enricoe (navio) 404
Equador 144, 222, 294n, 295, 305n, 317, 383, 388
Escola de Aviação Militar 50n
Escola de Freiras de Santana 178
Escola Politécnica de Antuérpia 155
escola (s) 32, 46n, 121, 123n, 124, 162, 358
escravidão 234, 377
eslovacos 222
Espanha; espanhóis 30, 32, 60, 73, 90, 94, 95, 136, 138, 155, 156, 169, 183, 295, 302, 305, 307, 358, 361, 362, 383
Estado-Maior do Exército 50, 51, 201
Estado Novo 48, 55, 106, 206, 211n, 234, 238, 24n, 260, 289, 314, 322n, 350, 351, 397
Estados Unidos da América; norte-americanos 22, 32, 33, 39-42, 48, 51, 55, 56, 59, 60n, 61n, 63-65, 73, 74, 93-96, 99, 100, 102-104, 106, 107, 109, 111-118, 120, 121, 125n, 126-129, 131, 133-136, 139-142, 144, 145, 149, 150, 175, 200, 206, 209, 218, 219, 225, 226, 245, 255n, 266, 267, 273, 289, 292-295, 298, 300, 304n, 305-308, 315-320, 322, 327, 332, 336n, 339n, 340, 345, 346, 348, 352n, 353, 356-358, 362, 368, 372, 374, 377, 378, 381, 383, 384, 397, 399

470

Estatuto 28, 62, 81-84, 89, 90, 296, 384, 387, 392
estereótipos 112, 150n, 232, 233, 237, 269
Estocolmo 55, 215
Estônia 60, 356
Estoril 153
estrangeiros 45n, 47-49, 51, 52, 56, 61n, 62, 75, 76, 80, 89, 95, 103, 111, 119, 121, 141, 146n, 150, 235, 242, 262-264, 286, 287, 294, 300, 304, 307, 309, 310, 314, 315, 317, 328, 363, 397-400
Etiópia 269, 388
etnia; étnicos 25, 27, 28n, 43-53, 58, 59, 66, 70, 76, 87, 101, 107, 108, 118, 122, 138, 146, 229, 233, 242, 243, 254, 255, 263, 346, 348, 350, 358, 359, 361, 363, 367, 379, 397, 398, 405, 410
eugenia 43, 48, 49, 51, 150n, 204, 229, 230, 399
Europa; europeus 24, 26, 29-32, 40, 41, 43, 44, 50, 51, 59-61, 63, 64, 65n, 69, 70, 76, 78, 80, 83, 88, 90, 92, 95, 96, 100, 101, 109, 114, 116, 139, 140, 143, 144, 150, 152, 155, 163, 165, 172, 174, 175, 196, 197, 199, 206, 213, 221, 222, 225, 226, 232, 233, 236, 238, 240, 242, 246, 247, 249, 254-256, 258, 262, 267, 269, 271, 277, 279, 285-289, 291, 293-296, 298, 300, 302, 305, 310, 317, 318, 320, 328n, 329, 330, 338, 339, 346, 349, 350, 353, 356, 357, 359, 362-364, 370, 371, 374, 376, 377, 379, 382, 391, 397, 404n, 409
Evening Standard (jornal) 120
Evian (Évian-les-Bain) 41, 78, 90, 94n, 95, 96n, 100-102, 106, 107, 109, 112-114, 115n, 135, 137, 149, 150n;
excluído(s) -; exclusão,
Exército 211, 222, 311, 339n, 357, 362, 410
Exílio; exilado 42, 80, 94, 95, 112, 252, 272, 298, 302
expatriação; expatriados 74, 95, 98, 100
expulsão; expulsos 23, 24, 28, 29, 31, 70, 82n, 8, 89, 112, 116, 117, 127, 130, 158, 242, 295n, 310, 328n, 398, 400,
extermínio 83, 130n, 166n, 179, 230, 264, 298, 302

Fascismo; fascista 23, 26, 30, 41, 55, 66n, 83, 88, 94, 142, 254, 262, 310n, 311, 314, 322n, 329, 350, 361, 363, 409
Fazenda Amália 158
Fazenda Belmonte 184
Fazenda Breesen 123n
Fazenda dos Kaphan 325
Fazenda Gross Breesen 325
Fazenda Jaú 188, 326
fazendas 46, 325, 385
Federação do Comércio 80
Federação dos Emigrados Procedentes da Áustria 93
Federação Sionista Portuguesa 311
Filipinas 133, 136, 143, 150, 295, 352, 388
filossemítico; filossemita 68, 104, 112, 141, 323, 342, 387
Foreign Office 135
França; franceses 30, 32, 46n, 64, 73, 74, 79-81, 94-96, 99, 103-107, 113, 116-118, 120, 127n, 129,

130, 135, 136, 138, 142, 143, 152, 155, 156, 164, 172, 174, 176, 181, 197, 199, 222, 256, 263, 269, 274, 275, 277, 286-288, 293, 294-296, 298, 300, 302, 305n, 306-308, 311, 314n, 323, 324, 328-330, 334, 335, 337, 339, 340, 342, 351-353, 359, 377, 382, 383, 388, 392n,
Frankfurt 158, 186, 276, 376
fuga 23, 31, 40, 64, 70, 78, 90, 124, 151, 152, 155, 285-287, 300, 302, 324n, 328, 332, 389
funcionários públicos 32, 66
Fundo Nacional Israelita Pró-Palestina 88, 365

Galatz 224
Galícia 46n
Genebra 27, 28, 31, 41n, 50, 62, 73n, 81, 83, 88, 90, 94n, 95, 96n, 98n, 99n, 101n, 104n, 106n, 107n, 112n, 113, 115n, 117n, 119n, 120n, 121n, 127n, 128n, 129n, 130n, 131n, 132n, 133n, 135n, 136n, 137n, 138n, 139n, 140, 141n, 150n, 156, 168n, 171n, 203, 205, 207-209, 211, 318, 332n, 399
genocídio 28n, 246, 345, 349, 380, 391n, 392, 405, 406
Gênova 30n
German Emergency Committee 132
Gestapo 130n, 196, 258, 295n, 314n, 350, 371
Grã-Bretanha; britânico 24, 46n, 59, 64, 73, 74, 95, 96, 114, 115, 117, 120, 122, 129, 135, 136, 138, 139, 150, 152, 176, 187, 196, 210, 222, 271, 277, 286, 287, 289, 293, 296, 301, 304-307, 327-330, 333, 336, 339n, 342, 357, 359, 362, 365, 366, 368, 370, 371, 373-376, 378-380, 383, 384, 388, 392, 409
gregos 27, 98, 333, 403
Guadalupe 118
Guatemala 274
guerra 24, 27, 32n, 49, 79, 112, 118n, 122n, 130n, 139, 140, 142, 144, 149, 153, 174, 178, 179, 196, 263, 269, 271, 285-289, 293, 294, 295n, 297, 300-302, 306, 309, 311, 314, 319, 320, 327, 329, 332n, 335n, 337-340, 342, 345-349, 356, 358, 359, 361, 371, 376, 382, 391, 397, 398, 400, 401, 410, 411
Guerra Civil Espanhola 30, 302, 309-310
Guerra do Ópio 288
Guerra Fria 346, 350, 353, 377, 387, 388
guetos 31, 121, 130n, 196, 261, 271, 288, 298
Guiana, francesa 118; holandesa 122, 136, 144; inglesa 51, 115, 122, 133, 136, 138, 150, 295, 314

Haia 133
Hamás 246
Hamburgo 158, 162, 170, 178, 182
hanseníase 238
Harvard 94n
hebraico; hebreus 78n, 102, 251, 364, 365, 370
Heimat (sc) 183
Hebrew Immigrant Aid Society (Hias) 61n, 68, 69, 338
Hicem 47, 61, 68
Higienização; higienistas 44, 59

Índice Remissivo   471

hindus 118
Holanda; holandeses 32, 64, 73, 74, 99, 103, 107,
116, 120, 122, 129, 136, 138, 142-144, 168,
172, 176, 177, 186, 187, 268, 274, 287, 295,
305, 308, 323, 354, 388
Holocausto 24, 25, 59n, 165, 179, 225n, 245,
325, 346, 349, 350, 372, 374, 389, 391-393,
400, 402, 404n
homossexuais 272
Hong Kong 152, 287, 289
Hongkew 288
Hungria; húngaros 60, 152, 198, 199, 222-224,
240, 255n, 265-268, 270, 275, 320, 335, 338n,
393, 403

Ibiporá 187
ICA (ver Jewish Colonization Association (JCA))
identidade 27, 33, 34, 60, 81, 89, 98, 149
ideologias 23, 24, 27, 44n, 49, 55, 75, 115, 203,
242n, 254, 258, 347, 349, 364n, 381, 398
Iêmem 366n, 377
Igreja 168, 169, 179, 247, 333n, 400, 403, 410
Igreja de São Estanislau (Curitiba) 211
IMIGDIREKT 47
imperialismo; imperialistas 24, 50, 197, 200, 345
imprensa 55, 59n, 86, 95, 109, 124, 131, 133,
145, 152, 155, 198, 2063, 210, 243, 269, 279,
286, 295, 298, 304, 309, 314n, 333, 337, 356,
358, 362, 367, 368, 373, 376, 405
impuro 60, 149
indesejáveis 26, 28, 29, 31, 34, 43, 44, 51, 63, 75,
76, 122, 127, 139, 143, 149, 150, 194, 243,
246, 262, 338, 350, 363, 367, 380, 398, 399
indigentes 67, 112
industrialização; indústrias 24, 44n, 46n, 52, 65n,
66, 67, 70, 80, 90, 103, 108, 120, 122, 124,
126, 145, 245-247, 254, 310, 372, 379, 402
Inglaterra; ingleses 32, 64, 74, 79, 103, 106, 118,
120, 122, 143, 144, 197n, 266, 269, 271, 289,
295, 296n, 304, 327, 335, 348, 353, 362, 371,
373, 374, 377, 382, 384, 410
Inspetoria Federal de Imigração 158
Instituto de Ecologia Agrícola 337
Instituto Estatal de Documentação de Guerra dos
Países Baixos 194
intelectuais 24, 45n, 48, 64, 70, 100, 124, 133,
229, 234, 235n, 240, 242, 245, 247, 254, 256,
288, 317, 330, 346, 398
International Hebrew Christian Alliance 132
intolerância; intolerante 41, 58, 116, 118, 193,
231, 251, 256, 264, 300, 346, 350, 351, 354,
397, 403, 405
Irã 246, 305, 384n, 388, 389
Iraque 29, 51, 203, 305, 366n, 377, 388
Irlanda do Norte 95
Israel; israelense 24, 40, 52, 61n, 125, 195, 245, 246,
250-252, 254, 271, 273, 296, 325, 363, 368, 370,
372, 377, 384, 388, 389, 391, 410, 411
israelita 42, 45, 52, 60, 65n, 68-70, 76, 78, 80n,
87, 88, 96, 98-100, 102, 104, 107, 108, 109,
111, 112, 117-121, 124-128, 130, 132, 133,
136-139, 152, 169, 172-174, 176, 186, 200,

201, 208, 212-214, 218, 219, 221, 238, 243,
247, 250, 257, 259, 260, 262-264, 269, 271-
273, 275, 292, 295, 296, 300, 302, 315, 319,
320, 322, 328, 337, 365, 370, 404, 405
Itália; italianos 30, 32, 40, 41, 60, 73, 79, 94, 95,
98, 101, 152, 155, 172, 178, 183, 211, 244,
269, 270, 286, 307, 310n, 328n, 356n, 358,
360, 361, 362, 368, 383, 404
Itamaraty [ver Ministério das Relações Exteriores
do Brasil]
Iugoslávia 73, 198
IV Internacional 155n

Japan Advertiser (jornal) 56
Japan Times (jornal) 56
Japão; japoneses 43, 51, 56, 70, 152, 79, 183, 234,
235, 286-288, 314, 347, 361, 383
Jerusalém 83n, 251, 334n, 374, 386-389
Jew Deal 94n
Jewish Colonization Association 46, 47, 61n, 65,
68, 105, 106, 132, 292n
Jewish Chronicle 120
Jewish Graphic 47
Jogos Olímpicos 187n
Joint [ver American Jewish Joint Distribution
Committee]
Jornal do Brasil 373n
Juiz de Fora (MG) 156
julgamento 49, 128, 129

Karlsbad 259
Katowitz 140
Kaunas (Kovno) 83n, 287
Kindertransport 122, 123, 326, 327
Kobe 287
Konin 298

L'Accueil Français aux Autrichiens 174, 175n
La Mañana (jornal) 56
Lainzer Coutry Club 257
lar nacional judaico na Palestina 84, 100, 150
Lausanne 29n, 73
Le Matin (jornal) 80n, 95n
legação 175, 201, 205, 210, 212-214, 218, 222,
223, 238-240, 253, 258, 259n, 266, 267n, 269,
272, 274, 298n, 304n, 332
legislação/leis 23, 30, 31, 33, 41, 43, 45n, 48n,
49, 51, 52, 60, 62, 66, 75, 80, 82n, 85, 89, 98,
100, 108, 109, 112, 116, 119, 120, 124, 139,
143, 146n, 156, 172, 176, 184, 197, 209, 216,
232, 235, 239, 242, 286n, 296, 300-302, 309,
314, 319, 321, 331, 337, 354, 258-360, 406
Leis de Nuremberg 33, 76, 78, 162, 198, 258, 267n
Leste Europeu 91n, 255, 348, 409
Letônia 32, 60, 69n, 315, 356
Líbano 29, 373, 387n, 388
Liga Central de Lucerna 168, 169
Liga das Nações Unidas 27-31, 50, 62, 73, 78, 79,
81-85, 88, 90n, 91, 93, 94n, 96, 99, 102, 105,
156, 209, 210, 213, 289, 296, 316, 317, 3236,
332n, 342, 366, 367
Liga para os Refugiados 113, 131

Liga Marítima e Colonial 211
Lima 209
linha marginot 155
Lisboa 153, 154, 156, 200, 269, 311, 324, 325n, 351n, 397
literatura 210, 229, 233, 268
Lituânia; lituana/lituanos 32, 45, 69n, 87, 244, 287, 214, 356, 357, 361, 364n
Livorno 30n
Livro Branco 296, 370, 371, 374
Lodz 83n
Londres 47, 68, 73, 83n, 96, 106, 108, 109, 111-116, 118, 119n, 120n, 121, 128, 129, 131, 134n, 135, 137, 138, 141, 183, 186, 214, 225, 247, 248, 270, 292, 293n, 297, 300, 304, 305n, 306, 307n, 308, 322, 327-331, 334-336, 338, 339, 340n, 350, 351, 356, 365, 366, 373n, 374n, 378n, 381
Londrina (PR) 181, 183, 184
Luftwaffe 197
luteranismo 162
Lwow 83n
Lyon 155, 219, 256, 274

Maçonaria 269
Madagascar 118
mal; maldade; malignidade 249, 296, 347, 371, 372, 410
Málaga 309
Mar Negro 45
Marechal Mallet (PR) 211
Marselha 30n
massacre 28n, 145, 166, 197, 238, 287, 298, 323
medicina; médicos 31, 43, 44, 48, 66, 105, 122, 123n, 140
mestiçagem; mestiço 49, 70
metáfora 233, 234, 238, 239, 243-247, 250, 286, 346
México 42, 63, 155, 294, 295n, 305n, 306n, 307, 309, 310, 317, 331n, 376, 388
Milão 169n, 178, 360
Minas Gerais 65n, 159, 169n, 206, 239n, 402
Ministério da Agricultura, Indústria e Comércio 45, 189, 337, 354
Ministério da Cultura 340
Ministério do Trabalho, Indústria e Comércio 247
Ministério da Economia do Reich 131
Ministério da Educação e Saúde 338
Ministério da Fazenda 215, 354
Ministério da Instrução Pública 238
Ministério da Justiça e Negócios Interiores do Brasil 48, 62, 88, 201, 207, 217, 286, 299, 301, 314, 316, 330, 334, 335, 338, 340
Ministério das Relações Exteriores do Brasil 45, 50, 52, 53n, 55n, 56, 62, 66-70, 74-76, 80, 88, 95n, 99n, 100, 101, 103n, 104-106, 109, 111-113, 115n, 116-119, 120n, 127, 128n, 129, 134, 135n, 136, 138-140, 141n, 142n, 143n, 144n, 146, 150, 152, 159, 169n, 171n, 174, 176n, 178, 189, 196, 200, 201, 203n, 206-209, 212, 214, 219n, 222, 225, 232, 236, 240, 242, 243, 247, 256, 260, 262, 264, 267n, 262, 272,

275, 280, 292-294, 298, 299, 301, 304, 305, 307n, 309, 314, 316, 318, 319n, 330-332, 337, 338, 339n, 347n, 351, 397, 406, 409
Ministério da Viação e Obras Públicas do Brasil 316n, 320n, 337n
Ministério do Trabalho e Negócios Interiores do Brasil 45n, 51, 69
Ministério do Trabalho, Indústria e Comércio do Brasil 67, 68, 88, 201, 260
Ministério dos Negócios Exteriores da Polônia 203
Missão Militar Brasileira 42, 162, 392
mito 25, 48, 55, 78, 94, 201, 210, 245, 279, 299
Montevidéu 56, 207-209, 311
Moravia 133, 196
Moscou; moscovita 45, 95, 287
Munique 124, 167, 168, 169n, 172
Münster 162

Nação; nacionalidade 27, 28n, 29n, 34, 52, 53n, 60, 61, 70, 81n, 82n, 91n, 93, 102, 103, 111, 136n, 143, 230, 235, 239, 242-244, 252, 258, 260, 263, 269, 270, 277, 285, 295, 296, 300, 302, 310, 318, 323, 329, 332, 336, 337, 362, 363, 370, 376, 377, 381, 392, 400, 403, 405, 411
nacionalismo; nacionalistas 24, 25, 48, 49, 55, 56, 62, 63, 83, 109, 230, 234, 262, 279, 287, 299, 346, 359, 361, 363, 364, 377
Nacional-Socialismo; nacional-socialistas 23, 24, 29, 41, 50, 60, 63, 64, 78, 86, 93, 121, 156, 163, 166, 168, 170, 187n, 221, 238-240, 256, 257, 259, 260, 263, 266, 273, 276, 299, 311n
Nansen, passaporte 27, 28, 69, 306, 316, 317, 320, 393; refugiado 91, 94n
Napoleônicas, leis 162
Nápoles 178
nazismo; nazistas 23, 24n, 29, 31, 32, 39, 40, 42, 55, 61, 64, 66n, 80, 91n, 92, 93, 96, 98, 104, 117, 118, 124, 125, 129-131, 133, 136n, 140, 145, 153, 155, 156, 158, 162, 166, 168-170, 174, 178, 179, 183, 184, 186-189, 193, 195, 197, 200, 204, 210, 214, 218, 221, 225, 226, 229, 230, 235, 236, 238, 246, 255, 257-260, 262-264, 266, 272, 275-277, 280, 288, 292, 317, 323, 325, 331n, 351n
negros 43, 51, 70, 206, 230n, 234, 235
NKVD [ver Comissariado do Povo para Assuntos Internos]
New Deal 94n
Nicarágua 135
Nice 83n
Noite dos Cristais (Kristallnacht) 91n, 122, 124, 164, 186, 193, 194, 296n, 317
Normandia 155
Noruega; norueguês 27, 81, 95, 318
Notícias Judaicas Locais (programa de rádio) 288
Nova Caledônia 118
Nova York 46n, 61n, 65, 69n, 70, 83n, 88n, 123n, 150, 308, 315, 318, 319, 324, 328, 337, 348n, 349n, 353n, 354n, 357, 368, 374n, 377-379, 380n, 381n, 382n, 387, 388, 392n, 404n
Nova Organização Sionista do Brasil 368, 371

Nova Zelândia 95, 293, 305n, 388
NSDAP [ver Partido Nacional Socialista dos
Trabalhadores Alemães]

O Estado de S. Paulo (jornal) 124, 197, 198, 296,
320, 356n, 373, 374, 387n, 392, 398
O Judeu Internacional 94n, 229, 233
operação Barbarossa 225n
Ordem dos Advogados do Brasil 226, 258
Organizações, americanas 144; de
socorro 198; internacionais 26, 59, 85, 88;
intergovernamentais 60; privadas 61n, 73-
75, 81, 82, 144, 145; israelita/judaicas 47, 59,
83, 85, 96, 97, 132, 150, 206, 337, 349; não
judaicas 132
Organizações das Nações Unidas (ONU) 384, 391,
406
Organização Internacional para os Refugiados
(OIR) 94n, 113n, 352
Organização Sionista da América 373n, 374n
Organização Sionista de Xangai (ZOZ) 288
Organização Sionista do Brasil 371
Oriente Médio 366, 373, 377, 383, 387, 389

Países Baixos 81, 95, 113, 129, 132, 135, s287,
298, 304n, 306n
países neutros 143, 144
Palestina 30, 32, 52, 64, 74, 84, 85, 92, 100, 107,
122, 129, 139, 193, 195, 196, 213, 224, 225,
296, 320, 329, 348, 359, 361, 362, 365-368,
370-378, 379-382, 384-389, 391, 404n
Panamá 271, 288, 376
Paraguai 99, 135, 317, 320, 388, 393, 404
Paraná (PR) 87, 122, 152, 167, 170, 184, 186-
188, 211, 239n, 325, 327, 402, 361
Paraná Plantations 182-184, 186
parasita, parasitarismo 44, 46, 49, 89, 223, 233,
237, 243, 252, 260, 321
párias 31, 61, 83
Paris 46n, 61n, 66n, 69, 70, 81, 96, 100n, 102n,
103n, 104n, 105n, 106n, 112, 113n, 116, 124,
129, 177, 225, 281n, 298, 320, 334, 345n,
351, 377n, 393
Partido do Centro 166, 167
Partido Comunista Brasileiro (PCB) 243, 244, 365
Partido da União Social Cristã 156
Partido Democrata 94n
partido fascista 66n
partido hitleriano 256
partido integralista 66n
Partido Nacional-Socialista dos Trabalhadores
Alemães [Nationalsozialistische Deutsche
Arbeiterpartei - NSDAP] 86, 162-164, 193, 260,
276
Partido Nazista [ver Partido Nacional Socialista dos
Trabalhadores Alemães]
passaporte 27, 28, 34, 61, 69, 70n, 98, 130, 152,
156, 157, 159, 169, 173, 176, 177, 212-214,
219, 246-248, 260, 262, 264, 268, 275, 281,
306, 317, 318, 320, 322, 350n, 397
Patagônia 115
Pealr Harbor 288

Península Ibérica 238, 273, 310
Pensilvânia 117
Pernambuco 89n
Peru 305n, 317, 331n, 383, 384n, 388
peste negra 238
Pester Lloyd (jornal) 223, 224
Petersburgo 222
Philippa (navio) 404
Poalei Tzion 288, 364
Plough Settlement of Kenya 132
poetas 229, 240, 256
pogrom 32n, 84, 193, 273, 276
polícia federal 175, 291, 337, 338
Polícia 26, 43, 48, 49, 56, 75n, 76, 87-89, 104,
201, 235, 242-246, 260, 275, 279, 286, 287,
292, 311n, 333n
Polônia; poloneses 30, 32, 40, 46, 50, 51, 60, 63,
73, 76, 91, 95, 98, 101, 116, 117, 140, 181,
196-201, 203-220, 225, 240, 244, 250, 254,
270-272, 274, 287-289, 298, 301, 302, 305,
314n, 320, 328, 353, 354, 356, 357, 361, 62,
364, 368, 374, 376, 380, 393, 403
portos 30n, 45, 152, 155, 158, 200, 236, 242,
287, 311, 314n, 315, 327, 350n, 369, 391, 404
Porto Alegre (RS) 61n, 67, 68, 121
Porto Novo (RS) 183
Portugal; portugueses 94, 155, 156, 169, 219,
256, 302, 305, 311, 324, 328, 329, 331n, 332,
359, 362, 383
pós-guerra 25, 28, 41, 49, 79, 111, 118n, 145,
226, 299, 306, 334n, 342, 345-348, 353, 356,
358, 361, 368, 385, 398-400, 404, 410, 411
Praga 83n, 194, 196, 198, 221-223
Primeira Guerra Mundial 13, 26, 29, 61, 63, 76,
84, 98, 122n, 168, 229, 266, 270
Primeiro Congresso Mundial Judaico 30, 31, 61,
83, 84
professores 49, 124
profilaxia 229, 238, 242, 246-248
propaganda 23, 52, 129, 166, 176, 211, 243,
310n, 314, 349
Property Control Banch 162
propriedades 28n, 124, 128, 133, 327
prostituição 75n
protestantes 29, 127, 131, 133n, 403
Protocolos dos Sábios de Sião 94n, 210, 233, 244, 246
Província de Udine 178
províncias romanas 251

Quakers (grupo religioso) 117
Quênia 122
questão judaica 229, 230, 233, 240, 250, 259, 276

Raça 25-27, 33, 40, 43, 44, 46-48, 51, 59, 60, 63,
65n, 66, 67, 69, 74, 76, 78, 80n, 94, 105, 106,
108, 109, 121, 125, 131, 165, 166, 173, 174,
176, 200, 204, 210, 218, 223, 229-231, 234,
235, 238, 244, 246, 252, 255, 258, 259, 260,
262, 267, 271, 276, 277, 302, 310n, 321, 329,
332n, 337, 348, 349, 360, 365, 392, 398
racismo; racistas; racialistas 25, 31, 43, 44, 48-50,
63, 74, 75, 85, 87, 88, 116, 138, 165, 200, 201,

474

203, 231, 238, 242, 258, 260, 264, 299, 330, 345, 348, 356, 358, 389, 397, 38, 409, 410
rádio 298
Rathaus 256
Recife (PE) 155, 221
Refugee Economic Corporation of America 132
Reich 25, 30, 31, 33, 34, 60, 61, 63, 64, 73, 74, 76, 78-80, 81n, 82n, 85, 86, 89, 90, 91n, 92, 102, 105, 107, 108, 113, 116, 120, 124, 127-133, 136, 165, 179, 183, 187, 193, 195, 196, 198, 224, 225, 231, 236, 240, 255, 256, 259, 263, 264, 276, 277, 289, 323, 340, 342
Reichs Bank 128, 129, 195
Reichstag 166
Reino Unido 95, 129
Relief 155, 387n
religião; religiosos 27, 30, 46, 65n, 122n, 159, 165, 166, 168, 173, 247, 285, 294, 332, 334n, 337, 348, 349, 365, 371, 372, 392
Renânia 67, 68, 79
Reno 155
Repartição Internacional do Trabalho 50, 101, 102n, 103n, 115, 117n, 133n, 135n, 139n, 140, 150n, 207-209
repressão; represálias 25, 26, 50n, 55, 79, 82n, 89, 120, 124, 136n, 314, 364, 410
República de Weimar 189
República Dominicana 133, 294, 305n, 352
República; republicanos 22n, 23, 39, 58, 65n, 95, 102, 150
resistência 27, 88, 136n, 153, 211, 255n, 295, 301, 314, 335, 345, 351
Revista de Colonização e Imigração 234, 398
Revista do Brasil 234
revolução/revoluções; revolucionários 23, 27, 33, 45, 50n, 94, 95
Rezende (RJ) 66, 105, 106, 244, 295, 364
Riga 83
Rio de Janeiro 46n, 47n, 49, 50n, 51n, 52n, 60n, 61n, 62n, 65n, 67, 68, 69n, 70, 74n, 75n, 76n, 89n, 90n, 95n, 99n, 103n, 104, 106, 109n, 111n, 113n, 114n, 116n, 121, 123n, 126n, 128n, 132n, 134n, 139n, 140n, 141n, 146n, 155, 158, 159, 170, 172, 178, 205, 206, 212, 239n, 247, 262n, 268, 280n, 289, 294n, 299n, 301n, 304n, 305n, 306n, 308, 311, 314n, 315, 316n, 319, 320, 322n, 327, 328n, 330n, 331n, 333n, 334n, 335n, 336n, 337n, 338, 339n, 340n, 346n, 347n, 352n, 354n, 356n, 362n, 364, 367, 368, 373n, 379n, 380, 385n, 393n, 397n, 398, 400n, 402-404, 409
Rio Grande do Sul (RS) 68, 69n, 106, 181, 211, 239n, 256, 368, 402
Rodésia 133, 136, 295
Rolândia (PR) 122, 123n, 152, 162n, 163, 165n, 167, 170n, 181-190, 289n, 325-327
Roma; romano 95, 99, 152, 158, 178, 251, 350, 351
Romênia; romenos 32, 46, 98, 101, 197-199, 224, 240, 269, 270, 272, 309, 314, 376
rota 92, 151, 152
Rússia; russos 26-29, 40, 45, 46, 62, 65n, 76, 78, 81, 87, 90, 91, 94, 152, 155n, 181, 199, 244,

270, 272, 288, 298, 306, 314, 317, 320, 353, 357, 359, 364, 376, 381, 403, 405

St. Louis (navio) 131
San Martin (navio) 328n
Salvador (BA) 155, 409
salvo-conduto 275, 293
Salzbourg 169n
Sandersted 123n
Santa Catarina (SC) 181, 211
Santa Sé 170, 177, 179, 275
Santos 68, 160; porto de 187
São Domingos 136, 143, 150, 177
São Francisco (EUA) 39
São Paulo 30n, 50n, 60n, 61n, 65n, 67, 68, 70n, 87, 88, 158, 184, 187, 206, 239n, 244, 268, 289, 291, 292, 315, 337n, 339n, 361, 364, 365, 371, 391, 398, 400, 402-405, 409
Sarre 79, 80n
Schwarze-Korps 263
Schweizer Hilfswerk für Emigraten Kinder 132
Secretaria de Estado do Ministério das Relações Exteriores 47, 51, 52n, 62, 69, 80n, 98, 139, 141, 240n, 272
Secretaria de Agricultura 207, 398, 400, 402n
Secretaria de Estado do Vaticano 159n
Secretaria do Ministério das Relações Exteriores 292n, 302n, 307n, 308n, 310n, 316, 318, 319, 330n, 335n
Segunda Guerra Mundial 39n, 91, 213, 225, 255, 279, 285, 345, 350, 377, 391
Seleções do Reader's Digest 39
semita 45n, 58, 60, 63, 67, 76, 102, 109, 118, 120, 125, 128,138, 141, 150, 174, 200, 209, 214, 218, 221, 224-226, 230n, 231, 236, 246, 248, 252, 256, 264, 265, 269, 270, 274-277, 299, 309, 318, 330, 350, 372, 374, 393
Serviço de Estatística 125, 176
Serviço de Imigração, Reflorestamento e Colonização 235n
Serviço de Povoamento 45, 46, 47n
Serviço de Repressão ao Lenocínio e Meretrício 75n
Serviço dos Limites e Actos Internacionais e de Passaportes 209
Serviço Especial de Migração de Trabalhadores para a Amazônia (Semta) 332n
Serviços Jurídicos do Ministério das Relações (Holanda) 120n
Sesi Serviço Social da Indústria 61n
Shangai Jewish Club (SJC) 288
Sibéria 27, 352
Silésia 325
sinagogas 124, 252
sindicalistas 64
sionismo; sionistas 88, 100, 194-196, 243, 288, 296, 314, 337, 356, 363-365, 367, 368, 370-374, 377, 384, 385
Síria; sírios 28n, 45, 373, 387n, 388
socialista 155n, 244, 385
Sociedad de Protección a los Imigrantes Israelitas 292
Sociedade Internacional de Colonização de Varsóvia 206

Índice Remissivo 475

Sociedade para Estudos Econômicos do Além-Mar 181
Sociedade São Raphael de Munique 170
Sociedade Teuto-Brasileira 156
solução final 25, 92, 130n, 149, 193, 197n, 230, 239, 323
Southampton 187
ss/Schutztaffel [ver Waffen-ss]
subcomitê anglo-americano-brasileiro 308
subversão; subversivos 50, 52, 60, 87
Sudetos 133, 168, 197
Suécia 73, 95, 143, 293, 302, 305n, 307, 323, 340, 384n, 388
Suíça; suíços 73, 74, 81, 95, 105, 107, 112, 136, 138, 143, 156, 168, 172, 175, 176, 178, 287, 292, 298, 302, 304, 305n, 328, 332, 337, 340
Suriname 144, 295

Tanganica (Tanganyka) 115, 122
Tchecoslováquia; tchecos; tchecoslovacos 30, 32, 46, 59, 60, 73, 74, 81, 122, 131, 132, 144, 156, 169n, 172, 173, 186, 196-200, 221-223, 225, 285, 286, 298, 302, 305, 306, 315, 328n, 354, 376, 384n, 388, 403
teatro 39, 124, 256, 267, 288
Tel-Aviv 83n
Terra Nova 181
The Christian Council for Refugees from Germany and Central Europe 132
The Daily Mail (jornal) 120
The Daily Telegraph (jornal) 120
The Financial News (jornal) 120
The New York Times (jornal) 385
The Society of Friends 132
The Times (jornal) 120
Tokyo Nichi-Nichi (jornal) 56
Tóquio 56n, 152, 287
Totalitarismo; totalitário 23, 25, 33, 34, 55, 56, 59, 63, 95, 149, 150n, 153, 166, 238, 255, 309, 367, 384
Toulose 275
tratados 25, 46n, 78n, 79, 84, 196n
Tribunal de Nuremberg 380
Trieste 30n, 70, 158, 169n
Trinidad 152
tsarismo 46n, 94
Tsuruga 287
turcos 27-30, 45
turista 126, 128, 162, 289, 318, 321, 368

Ucrânia; ucranianos 87n
Uganda 115
União Central dos Poloneses 211
União das Caixas de Seguros 263
União das Escolas Polonesas 211
União das Repúblicas Socialistas Soviéticas (URSS) 28n, 30, 46n, 79, 87n, 93n, 197, 225n, 287, 305n, 306n, 345, 376, 387, 385, 388

União Sul Africana 270, 271n, 388
United Hias Service 61n, 68, 69
United Press 113
United Services for New Americans 61n
Universe (jornal) 120, 121
universidades 32, 94n, 156, 158, 162, 169n, 237, 256, 334n, 360
Unrra 349, 353
urbano; urbanismo; urbanização 24, 45, 63, 102, 107, 124, 125, 218, 226, 402
Uruguai 63, 73, 99, 209, 222, 271, 294n, 305n, 317-320, 384n, 388
Urupês (livro) 44

Varsóvia 50n, 83n, 140, 197, 198, 201, 204-206, 211, 215, 221, 249, 253, 261, 271, 296n, 298, 350, 397
Vaticano 101n, 167, 168n, 170, 275n, 300, 327n, 389
Vladivostok 287n
Venezuela 108
Vera Cruz 295, 310n
Verband Schweizerisch Israelitischer Armenpflegen 132
Vervier 155
Vichy 219, 274, 275, 300, 328, 351n
Viena; vienense 59, 60n, 83n, 105, 107, 162, 169n, 194, 222, 236-238, 256-258, 304
Vilna 83n
visto 31, 42n, 59, 60, 64, 66, 70, 79, 98, 101n, 123n, 128, 137, 139, 150, 152, 153, 155, 156, 158, 165-168, 172-174, 178, 179, 182, 186, 198, 199, 214-216, 218, 219, 246, 248, 255, 263, 265-268, 272, 274, 275, 281, 287-289, 294, 300, 311, 314-316, 318-321, 323, 327, 329, 331n, 332, 336, 350, 351n, 359, 368, 393, 397, 409
Voelkischer Beobachter 76-78

Waffen-ss 196, 334
Washington (EUA) 96, 111, 113, 114, 115n, 134, 138, 140, 141, 142n, 143n, 144n, 145n, 146
Washington Post (jornal) 109, 379
Washington Representative of Inter-American Jewish Council 302n
Weimar, República de 39, 189
Wehrmacht 197
Westfalia 67
Wizo 288, 292

Xangai 152, 153, 190, 287, 288, 289, 290, 397
Xenofobia; xenófobo 231, 346, 410

Yad Vashem 325

Zentrumspartei [ver Partido do Centro]
Zurique 162, 169n

COLEÇÃO PERSPECTIVAS

Eleonora Duse: Vida e Arte
Giovanni Pontiero

Linguagem e Vida
Antonin Artaud

Aventuras de uma Língua Errante: Ensaios de Literatura e Teatro Ídische
J. Guinsburg

Afrografias da Memória
Leda Maria Martins

Mikhail Bakhtin
Katerina Clark e Michael Holquist

Ninguém se Livra de Seus Fantasmas
Nydia Lícia

O Cotidiano de uma Lenda: Cartas do Teatro de Arte de Moscou
Cristiane Layher Takeda

A Filosofia do Judaísmo
Julius Guttman

O Islã Clássico: Itinerários de uma Cultura
Rosalie Helena de Souza Pereira

Todos os Corpos de Pasolini
Luiz Nazario

Fios Soltos: A Arte de Hélio Oiticica
Paula Braga (org.)

História dos Judeus em Portugal
Meyer Kayserling

Os Alquimistas Judeus: Um Livro de História e Fontes
Raphael Patai

Memórias e Cinzas: Vozes do Silêncio
Edelyn Schweidson

Giacometti, Alberto e Diego: A História Oculta
Claude Delay

Cidadão do Mundo: O Brasil diante do Holocausto
e dos Judeus Refugiados do Nazifascismo (1933-1948)
Maria Luiza Tucci Carneiro

Pessoa e Personagem: O Romanesco dos Anos de 1920
aos anos de 1950
Michel Zéraffa

Vsévolod Meierhold: Ou a Invenção da Cena
Gérard Abensour

Oniska: Poética do Xamanismo na Amazônia
Pedro de Niemeyer Cesarino

Sri Aurobindo ou a Aventura da Consciência
Satprem

Testemunhas do Futuro: Filosofia e Messianismo
Pierre Bouretz

O Redemunho do Horror
Luiz Costa Lima

Eis Antonin Artaud
Florence de Mèredieu

Averróis: A Arte de Governar
Rosalie Helena de Souza Pereira

Sábato Magaldi e as Heresias do Teatro
Maria de Fátima da Silva Assunção

Diderot
Arthur M. Wilson

A Alemanha Nazista e os Judeus, Volume 1:
Os Anos da Perseguição, 1933-1939
Saul Friedländer

A Alemanha Nazista e os Judeus, Volume 2:
Os Anos de Extermínio, 1939-1945
Saul Friedländer

Norberto Bobbio: Trajetória e Obra
Celso Lafer

Hélio Oiticica: Singularidade, Multiplicidade
Paula Braga

Caminhos do Teatro Ocidental
Barbara Heliodora

Alda Garrido: As Mil Faces de uma Atriz Popular Brasileira
Marta Metzler

Na Senda da Razão: Filosofia e Ciência no Medievo Judaico
Rosalie Helena de Souza Pereira (org.)

Ziembinski, Aquele Bárbaro Sotaque Polonês
Aleksandra Pluta

Este livro foi impresso em 2018
nas oficinas da Meta Solutions, em Cotia,
para a Editora Perspectiva.